39.-

Baselbieter Heimatbuch 28

Baselbieter Heimatbuch 28

Mir wei hirne

Bildung und Wissen im Baselbiet

Herausgegeben von der Kommission
für das Baselbieter Heimatbuch

2011 VERLAG
des Kantons Basel-Landschaft

Kommission für das Baselbieter Heimatbuch:

Martin Stohler, Präsident
Letizia Schubiger, Vizepräsidentin
Yves Binet
Peter Hellinger
Beat Meyer
Peter Plattner
Barbara Saladin
Susanne Wäfler-Müller

Redaktion und Lektorat:
Yves Binet

Chronik:
Alby Schefer

Gesamtherstellung: Schwabe AG, Druckerei, Muttenz/Basel
Umschlagfoto: Barbara Saladin, Thürnen, und Martin Stohler, Basel
Umschlaggestaltung: Thomas Lutz, Schwabe AG
Einband: Buchbinderei Grollimund AG, Reinach

Diese Publikation wurde mit Mitteln
aus dem Lotteriefonds ermöglicht Basel-Landschaft

© Copyright  Liestal 2011

ISBN 978-3-85673-114-4   EAN 978 3856731144

Inhaltsverzeichnis

9	Vorwort	Kommission für das Baselbieter Heimatbuch Martin Stohler, Präsident
13	Wissen und Wissenschaft – die ungleichen Schwestern	Gottfried Schatz
19	«Wir sind alle Sternenstaub» Roland Buser – Astronom und Philosoph	Denise Battaglia
27	Forscher ohne Unidiplom: die Vogelberinger der Ulmethöchi	Barbara Saladin
35	Augusta Raurica: dem Wissen auf der Spur	Beat Rütti
53	Schulhausbauten im Baselbiet	Brigitte Frei-Heitz
63	Heinrich Zschokke und die Volksbildung	Markus Heinzer
71	Schnellkurs in Politik – die Lernprozesse der Baselbieter während der Kantonstrennung	Beat Stüdli
81	Viel Vergangenheit – wenig Zukunft? Der Erziehungsrat im Wandel der Geschichte	Martin Leuenberger
87	Liebe zu Zahlen und Poeten Justus Stöcklin: der Vater des roten Rechnungsbüchleins	Lukas Boser
95	Der «Zegliger Peter» – Naturheiler und Legende	Barbara Saladin
101	Baselbieter Sagen (Altes) Wissen der Leute?	Dominik Wunderlin
111	Das Statistische Amt und seine historischen Wurzeln	Johann Christoffel, Corinne Hügli
119	Das Amtsblatt – mausgraue Wissensvermittlung für Bürger und Bürgerinnen	Seraina Gartmann
127	Gesammeltes Wissen: das Kantonsmuseum und das Staatsarchiv	Daniel Hagmann, Christoph Manasse
137	www.geschichte.bl.ch – Geschichte multimedial	Daniel Hagmann
145	«Heimat, deine Sterne» Heimatforschung und Wissensvermittlung durch Heimatkunden, Heimatblätter und Heimatbuch	Dominik Wunderlin
153	Schwabe – Wissensmanagement seit 1488	David Marc Hoffmann

163	Die Gründung des Verlags des Kantons Basel-Landschaft	Fritz Epple
167	25 Jahre Verlag des Kantons Basel-Landschaft (1986 bis 2011) *Kleines Intermezzo über das Sammeln und Aufbereiten von Wissen aus dem Baselbiet*	Charles Martin
177	Schule und Museum – eine Beziehung im Umbruch	Pascal Favre, Pit Schmid, Marc Limat
185	Museale Wissenskooperation: gemeinsam die Kulturschätze des Kantons heben und vermitteln	Jörg Hampe
193	Wissensgesellschaften brauchen Bibliotheken – aber welche?	Gerhard Matter
201	Kulturgeschichte inventarisiert	Axel Gampp
205	Buchstart Baselland	Sibylle Rudin
209	Illettrismus oder Wenn das Lesen und Schreiben ein Problem ist	Barbara Gadient
217	Rundgang durch die Baustellen der Schweizer Volksschule	Silvia Grossenbacher
225	Der lange Weg zur neuen Schule *Ringen um das HarmoS-Konkordat*	Michael Rockenbach
233	Der Kanton Basel-Landschaft und PISA *Über welche schulischen Fähigkeiten verfügen Jugendliche am Ende der Volksschule?*	Urs Moser, Domenico Angelone
243	«Sieh, das Gute liegt so nah!» – Goethe *Zweisprachige Matur am Gymnasium Laufen*	Isidor Huber
251	Viele Wege führen zum Gesundheits-Traumberuf *Rosanna Sivarajah (23) bildet sich in einem Altersheim zur «Fachfrau Gesundheit» aus*	Esther Ugolini
257	Berufsberatung im Spiegel der Zeit	Beatrice Kunovits-Vogt
271	«Wir wollen die Zahl der Lehrstellen in zukunftsträchtigen Berufen erhalten und erhöhen» *Hanspeter Hauenstein über die Ziele der Berufsbildung im Baselbiet*	Peter Hellinger
279	Der Förderverein Universität Basel	Jean-Luc Nordmann
291	Die Fachhochschule Nordwestschweiz – woher kommt sie, wohin geht sie?	Peter Schmid

301 **Erwachsenenbildung aus dem Schosse der Uni Basel** Beatrice Montanari Häusler
Volkshochschule und Senioren-Universität beider Basel

Würdigung

313 **Jörg Krähenbühl** Thomas Gubler
Im Erfolg und im Misserfolg sich treu geblieben

Chroniken

321 **Chronik 2009** Alby Schefer
354 Legislatur
356 Regierungsratsentscheide
357 Landratsbeschlüsse
360 Abstimmungen
361 Jubilarinnen und Jubilare
364 Totentafel
365 Preise und Ehrungen
366 Aus der Sportwelt

369 **Chronik 2010** Alby Schefer
404 Legislatur
406 Regierungsratsentscheide
406 Landratsbeschlüsse
409 Wahlen
410 Abstimmungen
411 Jubilarinnen und Jubilare
412 Totentafel
413 Preise und Ehrungen
415 Aus der Sportwelt

Anhang

419 **Abkürzungsverzeichnis**

421 **Autorinnen und Autoren**

425 **Weitere Baselbieter Heimatbücher**

Vorwort

Am Anfang eines neuen Bandes der Reihe *Baselbieter Heimatbuch* steht jeweils die Suche nach dem Thema, das die Klammer für die einzelnen Beiträge abgibt. Dabei kann die Kommission grundsätzlich jedes Thema aufgreifen, das ihr geeignet erscheint. Der Entscheid, diesmal die Begriffe «Wissen» und «Bildung» aufzufächern, erfolgte allerdings nicht im «luftleeren Raum». Der Anstoss zu unserer Themenwahl lässt sich klar benennen. Er ist dem 550-Jahre-Jubiläum der *Universität Basel* im vergangenen Jahr und den Debatten um *HarmoS* und die Reform der Volksschule geschuldet.

Ist der Entscheid gefallen, gilt es, das gewählte Thema so in unterschiedliche Bereiche aufzufächern, dass möglichst viele seiner Facetten sichtbar werden, sowie seine Bezüge zum Kanton Basel-Landschaft herauszuarbeiten und die entsprechenden Autorinnen und Autoren zu finden.

Spätestens wenn die Texte vorliegen und das Buch in den Satz gehen kann, ist der Moment gekommen, da eine zündende Idee für die Gestaltung des Buchdeckels erwünscht ist und ein Buchtitel gefunden werden soll, der hoffentlich potenzielle Leserinnen und Leser anspricht. Letzteres ist für uns Kommissionsmitglieder jeweils eine grosse Herausforderung. Die Erfahrung hat uns nämlich gelehrt, dass eine solche Buchtitelfindung zu einer recht harzigen Sache werden kann. Beim vorliegenden Band war das glücklicherweise nicht der Fall. Auf Anhieb hatten wir zwei Vorschläge, die uns auch in «zweiter Lesung» noch gefielen. Von den beiden obsiegte schliesslich «Mir wei hirne», nicht zuletzt weil er eine typisch baselbieterische Wendung aufnimmt.

Unser kurzes Brainstorming ging allerdings nicht ohne ein kleines ‹Gschtürm› über die Bühne. Stein des Anstosses war das Wörtlein «wei». Schreibt man wirklich «wei»? Eine kleine Minderheit favorisierte die Schreibweise «wai», die Argumente flogen hin und her. Was tun? Das *Baselbieter Wörterbuch*[1] war nicht zur Hand – wobei sowieso fraglich gewesen wäre, ob es als orthografische Autorität anerkannt worden wäre –, und so einigte man sich darauf, dass man ‹luege› wolle. Das Resultat der Nachforschungen fiel allerdings nicht eindeutig aus. Während eine Anthologie von Baselbieter Mundarttexten mit dem Titel «Mir wei luege»[2] Richtung «e» wies, erhielten wir von einem Oberbaselbieter Praktiker die Auskunft, er ziehe die Schreibweise «wäi» vor, aber eigentlich sei es egal, wie man das Wort schreibe. Mit dieser Antwort konnten alle leben, und so entschieden wir uns schliesslich für «wei».

Ein ansprechender Titel ist zwar wichtig, damit ein Buch wahrgenommen und die Neugier von möglichst vielen Leserinnen und Lesern geweckt wird. Entscheidend bleibt letztlich aber der Inhalt. Er soll, so hoffen wir, nicht nur das Wissen über die Produktion von verschiedenartigem Wissen und seine Weitergabe in unserem Kanton vermehren, sondern auch Anstösse zum Nachdenken über die Bedeutung von Bildung und Wissen für unsere Gesellschaft vermitteln. In dieser Absicht haben wir eine

Reihe von Autorinnen und Autoren eingeladen, Einblick in unterschiedliche Gebiete zu geben, auf dass wir Neues kennen lernen und an Altes erinnert werden – und hoffentlich etwas zum (Weiter-)Hirnen haben.

Kommission für das Baselbieter Heimatbuch,
Martin Stohler, Präsident

Anmerkungen
1   Hans Peter Muster, Beatrice Bürkli Flaig: Baselbieter Wörterbuch. Basel 2001.
2   Mir wei luege: eine Sammlung von Baselbieter Mundarttexten seit 1832. Liestal 1982.

Mir wei hirne

Bildung und Wissen im Baselbiet

1 Heimat der Wissenschaft ist nicht das gesicherte Wissen, sondern dessen äusserste Grenze, wo sie dem Unwissen direkt in die Augen sieht und es in Wissen zu verwandeln versucht.

Gottfried Schatz

Wissen und Wissenschaft – die ungleichen Schwestern

Vor etwa 40 Jahren hielt der Bakterienforscher Packer Berry an der berühmten amerikanischen *Harvard-Universität* für die frischgebackenen Doktoren die Festrede. Dabei konnte er es sich nicht verkneifen, den selbstbewussten jungen Damen und Herren den folgenden kleinen Dämpfer zu verpassen: «Unsere grosse Universität hat ihr Bestes getan, um Ihnen die neuesten Erkenntnisse der Wissenschaft zu vermitteln, doch etwa die Hälfte dessen, was wir Sie lehrten, ist wahrscheinlich falsch. Leider kann ich Ihnen heute nicht sagen, welche Hälfte.» Die anwesenden Professoren quittierten diese Worte mit zustimmendem Kopfnicken, die anwesenden Eltern jedoch, die für die Ausbildung ihrer Kinder tief in die Tasche gegriffen hatten, reagierten mit Unverständnis und Ärger.

Unsere Gesellschaft erwartet ja von der Wissenschaft, dass sie sicheres und endgültiges Wissen produziert, dass sie dieses Wissen sorgfältig verwaltet und dass sie es an junge Menschen weitergibt. Unsere Politiker werden nicht müde, Wissen als Rohstoff für neue Technologien und damit für Fortschritt und Wohlstand anzupreisen. Für Gesellschaft und Politik sind Wissen und Wissenschaft identisch – untrennbare Teile eines Ganzen mit der gleichen Aufgabe. Und da die Erfüllung dieser Aufgabe viel Geld verschlingt, will unsere Gesellschaft dieses Ganze fest im Griff behalten und möglichst genau steuern.

Dieses Bild von Wissen und Wissenschaft verzerrt jedoch die Realität und verursacht viele der Probleme, mit denen wir Wissenschaftler heute zu kämpfen haben. Wir beschäftigen uns nämlich nicht so sehr mit Wissen als mit Unwissen. Wir wollen dieses Unwissen in Wissen verwandeln, wobei uns der Akt der Umwandlung wichtiger ist als dessen Produkt. Für die meisten von uns ist das geschaffene Wissen ein Nebenprodukt, dessen Verwertung wir gerne anderen überlassen. Für uns ist ein Lehrbuch der Biochemie nicht «Biochemie», sondern «Geschichte der Biochemie». Das Buch beschreibt, was wir bereits wissen oder zumindest wissen müssten. «Biochemie» ist für uns ein überraschendes Resultat im Laboratorium, ein wichtiger Hinweis von Fachkollegen oder ein Vortrag über eine neue Entdeckung. Unsere Heimat ist nicht das gesicherte Wissen, sondern dessen äusserste Grenze, wo wir dem Unwissen direkt in die Augen sehen und es in Wissen zu verwandeln versuchen.

Dieses Wissen ist jedoch keine Ware, die man fein säuberlich verpacken, etikettieren und für alle Zeiten sicher ablegen kann. Unser Wissen gleicht einem Gehege wilder Fabeltiere, die sie trennende Gitter oft niederreissen, um sich dann zu vermischen und unerwartete Nachkommen zu zeugen. Jean-Paul Sartre hat gesagt: «Nicht wir machen Krieg; der Krieg macht uns.» Ähnliches gilt für unser Wissen. Der unablässige Ansturm wissenschaftlicher Forschung verändert unser Wissen ohne Unterlass – und damit auch uns. Wir können unser Wissen zwar kurzfristig beherrschen oder sogar manipulieren, doch auf lange Sicht ist es immer stärker als wir. Es gehorcht seiner eigenen Dynamik und seinen eigenen Gesetzen, die wir weder genau kennen noch ändern können. Die Behauptung «Nichts ist mächtiger als eine Idee, deren Zeit gekommen ist» wird zwar fälschlicherweise Victor Hugo zugeschrieben, trifft aber dennoch zu.

Obwohl wir unser Wissen nur beschränkt steuern können, ist es für uns dennoch lebenswichtig. Wir Menschen besitzen nämlich nicht nur ein Vererbungssystem, sondern deren zwei: ein chemisches System und ein kulturelles System. Das chemische System besteht aus DNS-Fadenmolekülen und einigen Zellstrukturen und bestimmt, was wir sein könnten. Das kulturelle System besteht aus der Weitergabe von Wissen und überlieferten Werten und bestimmt, was wir dann tatsächlich werden. Unser chemisches System erhebt uns kaum über andere Säugetiere, doch unser kulturelles System ist in der Natur ohne Beispiel. Es schenkt uns Sprache, Kunst, Wissenschaft und sittliche Verantwortung. Beide Vererbungssysteme tragen Wissen mit hoher Verlässlichkeit von einer Generation zur anderen, machen jedoch gelegentlich Fehler. Übermittlungsfehler des chemischen Systems, die so genannten Mutationen, verändern unseren Körper; Übermittlungsfehler im kulturellen System verändern unser Denken und Verhalten. Langfristig schützen uns diese Übertragungsfehler vor biologischer und kultureller Erstarrung, doch kurzfristig können sie auch in Katastrophen münden. Wenn die Fehlerrate im chemischen System zu hoch wird – wie zum Beispiel bei starker radioaktiver Bestrahlung –, stirbt eine Population oder eine ganze Spezies. Und wenn die Fehlerrate im kulturellen System zu hoch wird, stirbt eine Sprache, eine Volksmusik oder eine ganze Kultur.

Während unserer Entwicklung von Tieren zu modernen Menschen hat sich das in unserem chemischen Vererbungssystem gespeicherte Wissen nur sehr wenig vermehrt. Ein Menschenaffe oder auch eine Maus haben fast ebenso viele Gene wie ein Mensch. Das in unserem kulturellen System gespeicherte Wissen hat sich jedoch im Verlauf unserer Menschwerdung um viele Grössenordnungen vermehrt und überfordert heute die Übertragungskapazität dieses Systems. Wir müssen dringend bessere Wege finden, um unser gemeinsames Wissen sicher zu bewahren und an folgende Generationen weiterzugeben.

Diese Aufgabe ist heute schwieriger denn je. Der neue *Large Hadron Collider* am *Conseil Européen pour la Recherche Nucléaire* (CERN) in Genf wird bei vollem Betrieb täglich etwa 10 Terabytes an Daten liefern, eine Datenmenge, die einer eineinhalb Kilometer langen Bücherreihe entspricht. Diese Daten werden nur einzelne Messpunkte sein, die Computer dann zu Informationen umwandeln müssen. Und dann braucht es Menschen, welche die Informationen zu Wissen veredeln, um mit diesem Wissen zu verstehen, was sich im Bauch dieser Riesenmaschine abspielt.

Daten, Informationen, Wissen und Verständnis haben in den letzten zwei Jahrhunderten explosionsartig an Menge und Komplexität zugenommen. Vor allem im Bereich der Naturwissenschaften und der Technologie sind sie ab der Mitte des 18. Jahrhunderts exponentiell, und ab der zweiten Hälfte des 20. Jahrhunderts sogar hyperbolisch angewachsen. Wenn dieses hyperbolische Wachstum anhält, dann sollte unser Wissenszuwachs um die Mitte dieses Jahrhunderts ins Unendliche explodieren. Natürlich ist dies unmöglich, denn jedes exponentielle oder gar superexponentielle Wachstum stösst unweigerlich an seine Grenzen. Wir erkennen diese Grenze heute daran, dass es für Forscher immer schwieriger wird, ihre Resultate in einer gedruckten Zeitschrift zu veröffentlichen.

Die digitale Revolution lässt uns mit dieser steigenden Informationsflut scheinbar mühelos Schritt halten und gigantische Datenmengen blitzschnell speichern, ordnen, untersuchen und in alle Welt versenden. Die Zahl der Transistoren in den Gehirnen unserer Computer hat sich in den letzten vier Jahrzehnten alle 18 Monate verdoppelt, und dieser exponentielle Anstieg dürfte sich noch jahrzehntelang fortsetzen. Ähnliches gilt für das Fassungsvermögen elektronischer Speicher, die heute auf wenigen Quadratzentimetern ganzen Bibliotheken Platz bieten. Und obwohl elektronische Gehirne und Speicher sich derzeit ihren physikalischen Grenzen nähern, werden sich diese mit neuen Erfindungen überwinden lassen, so dass wir unser stetig anwachsendes Wissen wohl auch in Zukunft im Griff behalten werden.

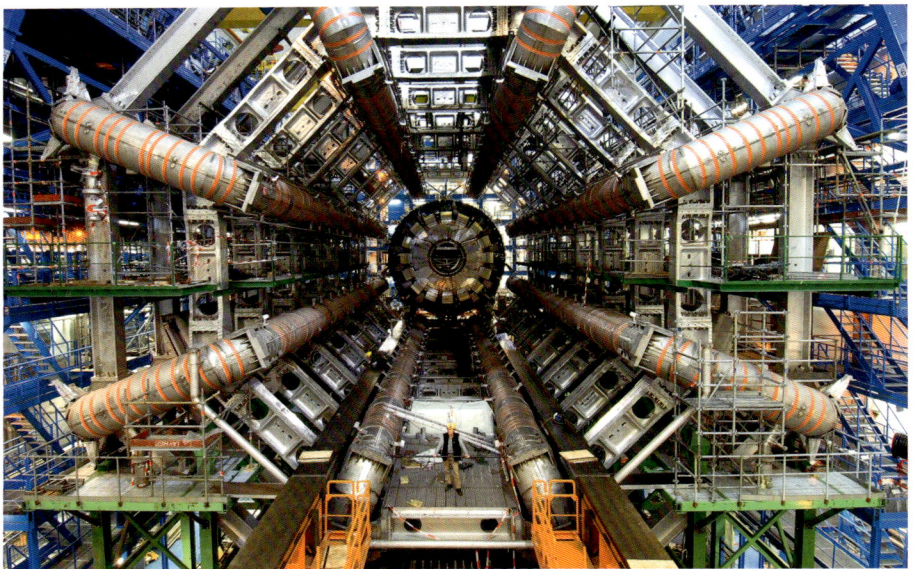

2 Der 46 Meter lange und 7000 Tonnen schwere ATLAS-Detektor bei der Installation der Kalorimeter (2005): ATLAS ist eins der vier Experimente am *Large Hadron Collider* LHC am CERN in Genf. Ziel ist die Erforschung der grundlegenden Bausteine der Materie und der fundamentalen Kräfte der Natur, die unser Universum geformt haben. Dabei wird die Wissenschaft enorme Informationsmengen verarbeiten und zu Wissen zu veredeln versuchen.

Damit ist dieses Wissen jedoch keineswegs gesichert, denn die heutigen digitalen Speicher sind nicht beständig. Magnetbänder, Festplatten und optische Medien können Daten nur selten länger als einige Jahrzehnte sicher aufbewahren. Auf der Suche nach beständigen Speichern versuchen wir derzeit, analoge oder digitale Daten mit einem feinen Strahl elektrisch geladener Atome auf hochbeständige Metalloberflächen zu ätzen, als winzige Eisenkristalle in ebenso winzigen Röhrchen aus reinem Kohlenstoff zu fixieren oder in Form geordneter Silberkörner auf neuartigen Mikrofilmen zu speichern. Doch bis diese Technologien ausgereift sind, müssen wir unser gespeichertes Wissen unablässig durch Umkopieren «auffrischen» – und so gleichsam von einem sinkenden Schiff auf ein anderes umladen, das ebenfalls bald sinken wird. Doch selbst beständige digitale Speicher würden Informationen nicht langfristig sichern, da zukünftige Computer sie nicht mehr lesen könnten. Schon heute wissen unsere Computer mit 10 bis 20 Jahre alten Datenträgern nichts mehr anzufangen. Sollen wir gespeicherte Daten laufend in die neuesten Formate umschreiben und auf die neuesten Datenträger kopieren? Sollen wir sie elektronisch in das für sie gültige Betriebs- und Leseprogramm «verpacken»? Oder sollen wir gar Archive alter Computer, Lesegeräte und Betriebssysteme anlegen? Und selbst wenn wir dies wollten: Welche Bibliothek könnte sich dies leisten?

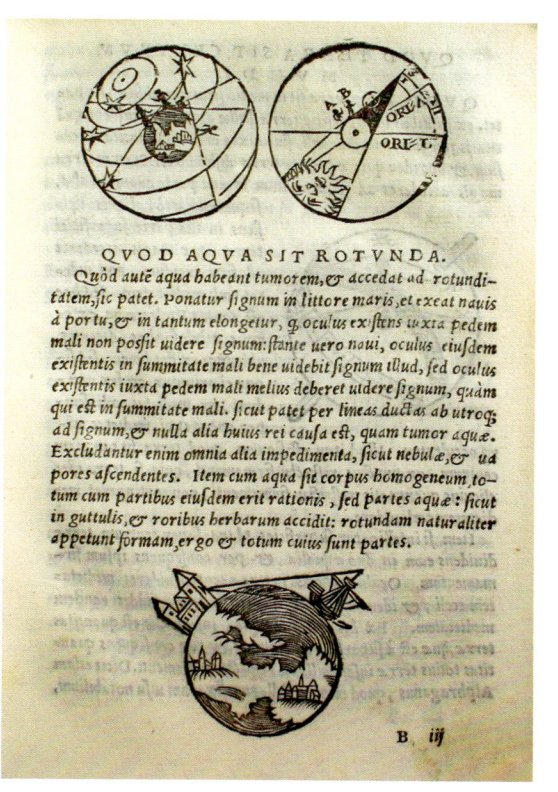

3 Der schottische Mathematiker und Astronom Johannes de Sacrobosco, der an der Sorbonne in Paris lehrte, veröffentlichte im Jahre 1230 «Tractatus de Sphaera», das für die nächsten 400 Jahre in westeuropäischen Universitäten als führendes Lehrbuch der Astronomie anerkannt wurde. Das Werk basierte noch auf dem ptolemäischen Weltbild, in dem die Erde fixer Mittelpunkt des Universums ist, um den die anderen Planeten in perfekten Kreisbahnen kreisen, zeigt aber auch, dass das Wissen um die Kugelgestalt der Erde – im Gegensatz zur Vorstellung einer flachen Erdscheibe – im Mittelalter schon lange bekannt war.

Beunruhigend ist schliesslich auch die Verletzlichkeit digital gespeicherten Wissens gegenüber zufälliger oder absichtlicher Verfälschung. Digitale Daten lassen sich spielend leicht abändern, ohne dass diese Änderungen Spuren hinterlassen. Ein Foto beweist heute gar nichts mehr, da es sich beliebig digital manipulieren lässt. In seiner bedrückenden Zukunftsvision «1984» beschrieb George Orwell ein totalitäres Regime, das Berichte über gegenwärtige und vergangene Geschehnisse konsequent so fälscht, dass diese Fälschungen immer der vom Regime vorgetäuschten «Realität» entsprechen und zu keinem Zeitpunkt nachweisbar sind. Ich begrüsse die Bemühungen der Europäischen Gemeinschaft, unser kulturelles Erbe so vollständig wie möglich zu digitalisieren, sorge mich aber auch um die Verletzlichkeit dieser Daten. Die zynische Frage des Pilatus «Was ist Wahrheit?» ist in der digitalen Welt allgegenwärtig.

Dass Wissen nicht endgültig ist und heute noch nicht sicher gespeichert werden kann, ist für uns Wissenschaftler jedoch nicht so bedrohlich, wie es klingen mag. Wie ich bereits erwähnte, haben wir zu Wissen ein gespaltenes Verhältnis: Wir wollen es zwar schaffen, doch sobald wir es geschaffen haben, misstrauen wir ihm und hinterfragen es ohne Unterlass. Der Besitz von Wissen ist uns weniger wichtig als die Überzeugung, dass wir unsere Welt durch Beobachtung und kritisches Denken begreifen können. Da diese Welt sich unablässig ändert, kann Wissen allein nie unsere Zukunft sichern. Dies kann nur die erneuernde Kraft wissenschaftlichen Denkens. Dazu braucht es Menschen mit neuen Ideen, die überliefertes Wissen und Dogmen anzweifeln und bereit sind, gegen den Strom zu schwimmen. Es braucht Menschen, die sehen, was jeder sieht, dabei aber denken, was noch niemand gedacht hat. All dies erfordert Mut – die wichtigste Gabe eines Forschers. Echte Forscher zögern nicht, gefährliche Gewässer anzusteuern, wenn diese neues Wissen versprechen. Der amerikanische Gelehrte John A. Shedd hat ihnen folgende Worte ins Stammbuch geschrieben: «Ein Schiff im Hafen ist sicher; doch deswegen baut man keine Schiffe.»

Obwohl sich Wissenschaft in erster Linie mit Unwissen befasst, arbeiten dennoch die meisten Wissenschaftler am Verwalten und der Weitergabe von Wissen. Nur eine kleine Minderheit unter ihnen, die kreativen Forscher, verwandeln Unwissen in Wissen. Und in dieser Minderheit von Forschern ist es wiederum nur eine winzige Elite, die das höchste Ziel der Wissenschaft verwirklicht: neues Unwissen zu schaffen; etwas zu entdecken, von dem wir nicht wussten, dass wir es nicht wussten. Als Gregor Mendel die Einheiten der Vererbung, Sigmund Freud das Unterbewusste und Albert Einstein das Relativitätsprinzip entdeckten, eröffneten sie uns geheimnisvolle neue Welten, die es zu erforschen galt und die unser Weltbild entscheidend veränderten.

Wissen ist wertvoll, doch wir dürfen es nicht überbewerten. Wir setzen heute zu einseitig auf Wissen und ersticken dabei die Wissenschaft. Unsere Bildungssysteme betonen zu sehr das Wissen und zu wenig das unabhängige und kritische Denken. Und viele Politiker erwarten, dass vorausbestelltes Wissen im Takt von Vierjahresplänen produziert wird – anstatt Wissenschaftlern den Freiraum zu geben, überraschendes neues Unwissen zu schaffen. Schulen, Universitäten und Forschungspolitik dürfen nie vergessen, dass Wissen und Wissenschaft zwar Schwestern sind, dass diese Schwestern aber unterschiedliche Charaktere haben und in gegensätzlichen Welten zuhause sind.

Anmerkung
Teile dieses Textes sind einer Rede entnommen, die der Autor im Mai 2010 vor der *Österreichischen Akademie der Wissenschaften* hielt.

Bildnachweis
1. Holzschnitt eines unbekannten Künstlers. Aus: Camille Flammarion: L'atmosphère: météorologie populaire, Paris 1888. Die ursprüngliche Legende lautet: «Ein Missionar des Mittelalters berichtet, er habe den Ort gefunden, wo Himmel und Erde sich berühren.» *Wikimedia Commons*.
2. Maximilien Brice, *Conseil Européen pour la Recherche Nucléaire* (CERN), Genf.
3. Johannes de Sacrobosco: Tractatus de Sphaera, Ausgabe von 1550. *Wikimedia Commons*.

1 Roland Buser wirft in der *Sternwarte St. Margarethen* mit Hilfe des Merz-Refraktors einen Blick in den Nachthimmel.

Denise Battaglia

«Wir sind alle Sternenstaub»
Roland Buser – Astronom und Philosoph

Roland Buser, emeritierter Astronomieprofessor an der *Universität Basel*, bezeichnet sich als Minnesänger. Er besingt die Schönheit des Universums und hofft damit die Menschen für den Kosmos begeistern und zum Nachdenken anregen zu können.

Als Bub wollte Roland Buser Speisewagenkoch bei den *Schweizerischen Bundesbahnen* (SBB) werden. Als Speisewagenkoch, dachte er, könne er jeden Tag reisen und durch das Fenster die schöne Schweizer Landschaft betrachten. Roland Buser wurde Astronom. Ein Astronom reist viel weiter als ein Koch der SBB. Er reist zu den Sternen. Und durch das Fenster des Fernrohrs blickt er in das Universum.

Dass er Sternenforscher wurde, war so abwegig nicht. Die Sterne hat ihm zuerst sein Vater in Sissach, wo Buser aufgewachsen ist, am Himmel gezeigt. Der Reallehrer war ein leidenschaftlicher Himmelsbeobachter und hat den Sohn mit seiner Begeisterung angesteckt. Er habe ihm viel über die Sterne erzählt, ihm auch die griechischen Mythologien und Sternsagen weitergegeben, sagt Buser. Durch diese Erzählungen

2 Die Spiralgalaxie mit dem Katalognamen *NGC 1232* ist ein grosses, scheibenförmiges Sternsystem im südlichen Sternbild *Eridanus* (Himmelsfluss). Ihr äusseres Aussehen ist, so wissen wir inzwischen, demjenigen unserer eigenen Milchstrasse sehr ähnlich! Ein paar Spiralarme winden sich locker um ein relativ kleines, ein wenig längliches, balkenartiges Zentralgebiet. Die Spiralarme zeichnen jene Gegenden in der flachen Scheibe nach, in denen molekulares Gas und Staubwolken konzentriert sind, aus denen immer wieder junge, helle Sterne und Sternhaufen entstehen vor dem gleichmässigen Hintergrund der schon älteren und schwächeren Sterne.

habe er erfahren, welch grosse Deutungswelt die Sterne für die Menschen einst darstellten. In der Antike versuchte man sich über den Kosmos die Welt zu erklären. Die Menschen verehrten die Planeten als Götter: *Jupiter*, den Göttervater, *Mars*, den Kriegsgott, oder *Venus*, die Göttin der Liebe. Sie glaubten, dass diese mächtigen Wesen die Welt lenken und unser Schicksal beeinflussen. Und die ewig gleichförmige Bewegung der Sterne auf ihren konzentrischen Kreisbahnen war für sie die Manifestation der Ordnung. Der griechische Begriff «Kosmos» bedeutet nicht nur Schönheit – er bedeutet auch Ordnung, sogar Weltordnung. «Mein Vater erklärte mir: ‹Am Himmel kann man die Gesetze der Welt ablesen, die Naturgesetze›», erinnert sich Buser.

Roland Buser studierte die Naturgesetze: Astronomie, Mathematik, Physik, zudem Philosophie. Als Astronom widmete er sich vor allem der Erforschung unserer Milchstrasse und anderer Galaxien. Von 1990 bis zu seiner Emeritierung im Jahr 2010 war er Astronomieprofessor an der *Universität Basel*. Zuvor forschte der Baselbieter eine Zeit lang für die Amerikaner. Die nationale Luft- und Raumfahrtbehörde NASA hatte ihn in den Jahren 1985 und 1986 als wissenschaftlichen Berater an das *Space Telescope Science Institute* in Baltimore geholt. Dort arbeitete er an der Entwicklung des

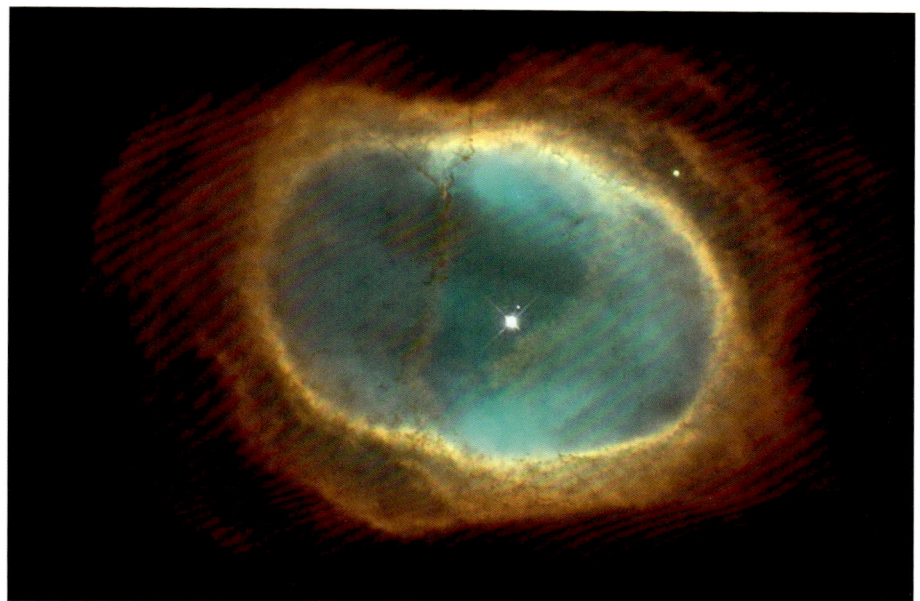

3 Dieser so genannte «Planetarische Nebel» mit dem Katalognamen *NGC 3132* ist, wie alle seine über 1500 in der Milchstrasse bekannten Artgenossen, ein «ins Alter gekommener Stern», der seinen Kernbrennstoff beinahe erschöpft hat und darum einen substanziellen Teil seines gas- und staubförmigen Materials wie einen Schleier in die Umgebung abgestossen hat. Die blaue Farbe rührt von ionisierten Sauerstoffatomen her, die durch die immer noch heisse Strahlung des Zentralsterns zum Leuchten angeregt werden. Am Rand des Nebels ist die Temperatur niedriger, so dass dort die gelblich-rötliche Emission der viel zahlreicheren Wasserstoffatome dominiert.

Übersetzungsschlüssels für die vom *Hubble Space Telescope* bei der Beobachtung der Himmelskörper gewonnenen Daten. Denn: Ein Teleskop ist nichts anderes als ein Lichtsammler. Damit man zum Beispiel etwas über das Alter, die Temperatur oder die chemische Beschaffenheit von Himmelskörpern aussagen kann, muss man ihr gesammeltes Licht, die Photonen, in die Sprache der Physik übersetzen. Dass wir heute die mit dem *Hubble*-Weltraumteleskop gemachten, fantastischen Galaxienbilder lesen können und wissen, wie sie physikalisch zu interpretieren sind – das verdanken wir unter anderem dem «Dictionnaire», den der Baselbieter Astronom in Baltimore mit angelegt hat. Diese so genannte «Bibliothek theoretischer Sternspektren» ist heute weltweit unter dem Namen «BaSeL» – *Basel Stellar Library* (Basel-Sternbibliothek) – bekannt.

Buser interessiert sich jedoch nicht nur für physikalische Daten, ist nicht allein um der Astronomie willen Astronom geworden. Es waren auch philosophische Fragen, «Fragen des Lebens», wie er sagt, die ihn zu den Sternen führten. Schon damals wollte er, wie Goethes *Faust*, verstehen, was die Welt im Innersten zusammenhält. Er wollte wissen, warum die Welt so beschaffen ist, wie sie ist, wie alles gewachsen ist und woher wir kommen. Er habe sich mit der Astronomie nicht allein deshalb beschäftigt, weil er schon etwas wusste, sondern weil er auch etwas glaubte, sagt Buser. Er glaubte als Student daran, dass es etwas Umfassendes gibt, ein Ganzes, in das wir alle eingebettet sind. Heute weiss der 66-jährige Astronom: «Alles ist mit allem verknüpft.» Im Laufe seiner Forschung habe er gemerkt: «Was dort ist, ist auch hier.»

Für ihn gehöre zum Wunder unserer Existenz die Tatsache, «dass wir letztlich Sternenstaub sind», sagt Buser. Wir Menschen seien gebaut aus Substanzen, die einmal selbst in einem Stern produziert worden sind, aus schon existierenden, noch urtümlicheren Stoffen. «Jedes Atom unseres Körpers war schon einmal Bestandteil eines Sterns. Diese Elemente werden von den Sternen produziert», erklärt der Sternenforscher. Und so, wie im Universum nichts isoliert, sondern alles durch vielerlei Kräfte und durch eine gemeinsame Geschichte miteinander verbunden sei, so müsse auch ein menschliches Leben etwas Zusammenhängendes sein. «Sonst wird es nicht als Ganzes gefühlt, fehlt ihm eine eigene Identität.» Buser sieht viele Parallelen zwischen der Welt dort oben und der Welt da unten, wobei er diese beiden Welten nicht voneinander trennt, sondern als ein Ganzes wahrnimmt. Das Universum dürfe man nicht als etwas von uns Entlegenes auffassen, betont er. Im Gegenteil: «Im Universum haben wir unsere eigentliche Heimat.»

Wir sind also, laut Buser, unauflöslich verknüpft mit der Existenz des Kosmos und mit allem, was seit Milliarden von Jahren in den Sternen abläuft. Der Blick in den Sternenhimmel fördere das Zu-sich-Kommen, im Sinne eines Geschichtsbewusstseins. «Es wird einem etwas bewusster, woher wir eigentlich stammen. Und jedem, der nicht nur sich selbst einen Wert zugesteht, sondern für den auch der Andere und die uns alle umfassende Welt etwas zählen – dem ist es nicht egal, woher der Mensch selbst kommt», sagt Buser. Das Bewusstsein von einem umfassenden Ganzen sei schon deshalb wichtig, weil wir Menschen uns doch auch in unzähligen verschiedenen Teilen zurechtfinden müssen. «Wenn wir an das Ganze glauben und es als Ganzes erkennen können, entsteht Vertrauen, Weltvertrauen.»

Auch deshalb hat es den Astronomen «zutiefst geschmerzt», als die *Universität Basel* im Jahre 2008 das *Astronomische Institut* aus Spargründen schloss. Betroffen gemacht habe ihn «die Ignoranz» der Universität gegenüber der Astronomie. Dabei bedeute doch das Wort «Universitas» gerade «das Ganze». Daher versucht Roland Buser in seinen Vorlesungen und Volkshochschulkursen weiterhin, das Ganze zu vermitteln. Die Titel seiner Vorlesungen lauten zum Beispiel «Kosmologie und Metaphysik» oder «Der Mensch im Kosmos». So, wie sein Vater ihn für den Sternenhimmel begeisterte, so vermag auch der Astronom seine Zuhörer mitzureissen, fort zu den Sternen. Er spricht nicht nur den Verstand an, er spricht auch zum Herzen. Das ist auch gewollt: Roland Buser sieht sich selbst als Minnesänger. Er besingt die Schönheit des Universums und hofft, dass er damit seine Zuhörerinnen und Zuhörer für den Kosmos einnehmen kann. Er will die Menschen auf bisher zu wenig oder überhaupt nicht beachtete Zusammenhänge aufmerksam machen und dadurch einen Beitrag zu einem menschenfreundlicheren, friedlicheren Umgang miteinander und mit den Ressourcen der Natur leisten. Er wolle, sagt er, der Natur helfen, sich auszudrücken.

4 Das *Hubble Space Telescope* (HST) in seiner Umlaufbahn in über 600 Kilometern Höhe über der Erdoberfläche. Die Vorteile dieses seines «Standorts» bestehen darin, dass das HST die Strahlung der Himmelskörper vor ihrem Durchgang durch die Erdatmosphäre und deshalb frei von Abschwächung und Verfärbung (Extinktion) sowie auch frei von Ablenkung und Verschmierung (Szintillation) aufnehmen kann. Dadurch können schärfere Bilder gewonnen werden von schwächeren Objekten mit grösserer Naturnähe und auch noch in sonst unzugänglichen Wellenlängenbereichen – wie zum Beispiel dem Ultravioletten oder dem Infraroten, die von der Erdatmosphäre fast gänzlich verschluckt werden. Das sind alles Faktoren, die für den Erkenntnisfortschritt von entscheidender Bedeutung sind.

Er fühle sich dazu verpflichtet. Er wolle den Menschen bewusst machen, dass wir alle «Kinder des Universums» sind, herausgewachsen aus der seit rund 15 Milliarden Jahren andauernden kosmischen Entwicklung. Wer das wisse, der müsse Respekt haben vor diesem Vorgang, vor der Natur. Buser selbst fühlt sich den Naturphilosophen verbunden, die nicht nur «über die Befindlichkeiten des Menschen» nachdenken, sondern auch über die Natur als den Urgrund, aus dem der Mensch entstanden ist und aus dem er sich entwickelt hat. Er fand Nahrung bei Philosophen, die auch Naturwissenschafter und oft auch noch Theologen in Personalunion waren, wie bei *Nikolaus von Kues* oder *Kopernikus*.

Buser ist ehrlich ergriffen von «dieser grossartigen kosmischen Entwicklung, die mit Wasserstoff begann und zu intelligenten Lebewesen führte». Seine Vorträge sind im wahrsten Sinn des Wortes hin-reissend. Wem alles zu schnell geht, der darf fragen, ja muss fragen. Buser überlegt sich vor den Vorträgen nicht nur, was er erzählt, sondern auch, wie man das, was er unbedingt mitteilen will, verstehen kann. Deshalb hält er alle Vorträge frei. Der Verstehensprozess wird während des Vortrags entwickelt – im Kontakt und Austausch mit dem Publikum. Buser geht auf Fragen ein, keine Frage ist ihm zu banal. Auch der Speisewagenkoch soll zu den Sternen reisen

5 Die zwei Spiralgalaxien *NGC 2207* und *IC 2163* ziehen sich durch ihre Gravitation an. Dabei kommen sie sich im Lauf der Zeit so nahe, dass sie sich bei der gegenseitigen Durchdringung zunächst verbiegen und verzerren und alle bisherigen Strukturen immer mehr auflösen, bis sie schliesslich miteinander zu einer einzigen, riesigen elliptischen Galaxie verschmolzen sein werden. – Dieser hier bereits in einem fortgeschritteneren Stadium befindliche Prozess wird sich in vielleicht 4 Milliarden Jahren auch mit unserer Milchstrasse und ihrer grossen Schwester, der *Andromeda-Galaxie*, abspielen …

dürfen, soll verstehen. Buser vermittelt Wissen und Wissenschaft im Dialog. Sein Vorbild ist der griechische Philosoph *Sokrates*, der seine Gesprächspartner – meistens ohne dass sie es merkten – in einen Erkenntnisprozess verwickelte. Er möchte, sagt Buser, bei seinen Zuhörenden die Lust am Nachdenken und Hinterfragen anregen. Wer zu denken beginne, könne Bereiche entdecken, von denen er bisher nicht gewusst habe, dass sie ihm zugänglich sind: «Wer nachdenkt, gelangt zu Erkenntnissen.» Erkenntnisse wiederum prägen das individuelle Handeln, verwandeln den Menschen. Denken bedeutet für Buser Verantwortung übernehmen.

Oft wird ihm, dem Erforscher des Sternenhimmels, die Frage nach Gott gestellt. Ob ihn sein Beruf zum Atheisten gemacht habe; oder umgekehrt: ob er Gott gefunden, wer seiner Ansicht nach alles in Bewegung gesetzt habe. «Ich bin nie zum Atheismus verführt oder gezwungen worden», antwortet Buser. Allerdings sehe er hinter der Welt und ihrem Lauf auch nicht den Willen eines persönlichen Gottes. Das spezifische Ineinandergreifen der Naturkräfte und die daraus wachsende Entwicklung des Seienden seien für ihn zwar durchaus göttlich – im Sinne von übergeordnet. Aber wenn schon Gott personal oder als Person gedacht werden solle, sagt Buser, dann im ursprünglichen Wortsinn von «personare». Dieses lateinische Wort bedeutet «durchklingen». «Gott ist für mich etwas, das alles durchklingt, alles in Schwingung versetzt und zum Klingen bringt.» Buser nennt es auch Energie, die in allem und jedem steckt.

Buser ist – wen wundert's? – ein Nachtmensch. Er geht nachts gerne mit dem Hund Maika in der Umgebung von Füllinsdorf, wo er wohnt, wandern. Er freue sich immer, wenn er die Sterne sehe, weil sie ihn inspirieren, sagt er. Und was sieht er, wenn er in den Sternenhimmel blickt? Buser: «Schönheit in allem, auch im Vergehen, das unauflöslich mit dem Werden verbunden ist.» Er sehe die Gegensätze, die Ordnung und das Chaos – und wie sie aufeinander angewiesen sind.

Der Forscher sieht auch den Wandel des Universums, sieht, wie er im Laufe der Zeit vom Einfachen zum Komplexen führte. Seine grösste Erkenntnis als Astronom ist die, dass die Entwicklung des Kosmos in eine bestimmte Richtung erfolgt. Richtung ist ein anderes Wort für Sinn. Die Richtung komme dadurch zustande, erklärt Buser, dass die Dinge nicht einfach nur entstehen und wieder vergehen – in quasi ewiger Wiederholung des Gleichen –, sondern dass die Akte der Destruktion und Konstruktion mit der Zeit zu Neuem führen und dieses Neue wieder zur Grundlage von Neuem wird. Ebendiese Entwicklung des Neuen gehe in Richtung grösserer Freiheit. Buser nennt sie die «Naturgeschichte der Freiheit». Bisher erkennbar seien drei Stufen der Freiheit: Zuerst machte der Urknall aus der Einheit lauter Einzelteile, Materie. Die Einzelteile sind aber in ihrer Bewegungsfreiheit stark eingeschränkt, die Sterne, Planeten, Galaxien werden durch die Gravitationskraft zusammengehalten und auf ihren Bahnen geführt. Dann entsteht das Leben, die zweite Stufe der Freiheit: Die Tiere können sich freier, nämlich von sich aus bewegen, können die universelle Gravitationskraft überwinden. Die dritte Stufe der Freiheit ist in uns Menschen erreicht: Wir können uns nicht nur im Raum bewegen, sondern auch in der Zeit – dank unseres Denkvermögens. Wir können uns gedanklich in die Vergangenheit und in die Zukunft versetzen. Buser: «Das ist doch eine grossartige Errungenschaft! Wenn man sich vorstellt, womit es angefangen hat und wozu es geführt hat, dann ist man doch einfach stolz auf die Kapazität und Verfassung dieser Welt. Da kann man sich doch nur glücklich fühlen, dass man zu jenen gehört, die diese Metamorphose der Materie jetzt verkörpern.» Wir Menschen seien dank unseres Bewusstseins in der Lage, diesem Ganzen einen Wert zu verleihen. «Und einen Wert verleihen wir dem Ganzen, indem wir es auch als Wert behandeln; also mit ihm so umgehen, wie wir mit allem umgehen, was wir für wertvoll erachten.» Das muss der Mensch zuerst sehen und erkennen, das heisst: Er muss innehalten und in den Sternenhimmel blicken.

Bildnachweis
1   Friedel Ammann, Fotograf, Basel.
2   *European Southern Observatory* (ESO), Garching.
3, 4   *The Hubble Heritage Team* (STScI/AURA/NASA/ESA).
5   *National Aeronautics and Space Administration* (NASA) and *The Hubble Heritage Team* (STScI).

1 Hoch über dem Alltag: Blick von der Ulmethöchi ins Baselbiet.

Barbara Saladin

Forscher ohne Unidiplom: die Vogelberinger der Ulmethöchi

Nicht alle Forscher haben ihr Metier an der Universität studiert. Es gibt auch eine Vielzahl von Nicht-Akademikern, die mit viel Faszination, Herzblut und selbst angelesenem Wissen der Wissenschaft ihre Dienste erweist. Ein Beispiel sind die Ornithologen der Ulmethöchi, die seit fast einem halben Jahrhundert im Faltenjura Vögel fangen und beringen, um dem Geheimnis des Vogelzugs auf die Schliche zu kommen.

Der Morgen ist kalt im Faltenjura. Eine Handvoll in Wollpullover und *Goretex*-Jacken gepackter Freiwilliger verliert sich auf den Bergwiesen der Ulmethöhe, eines abgelegenen Passes, der von Lauwil ins Nirgendwo führt. Hierhin verirrt sich ausser Wanderern – und auch das nur bei schönem Wetter – kaum jemand. Hier grasen die Kühe auf den Weiden, und die Silberdisteln wachsen an den Hängen. Und hier befindet sich eine unsichtbare Hochleistungsstrasse: Jeden Frühling und jeden Herbst passieren Abertausende von Zugvögeln die Ulmethöhe auf ihrem Weg zwischen Winterquartier und Brutgebiet.

Im Frühling fliegen sie ungestört. Im Herbst kann es sein, dass sie sich in Netzen verfangen und so, völlig unfreiwillig, Teil der ornithologischen Forschung werden. Denn genau deshalb sind die Freiwilligen in Wollpullovern und *Goretex*-Jacken hier oben auf 973 Metern über Meer, sechs Wochen lang insgesamt.

«Es sind zum grossen Teil keine studierten Biologen und keine Akademiker, die alljährlich auf der Ulmethöhe die Stellung halten», sagt Viktor Roth aus Liestal. Der 53-Jährige gehört auch zu den «unstudierten Forschern». Er lernte Bauzeichner und

2 Das Befreien der Vögel aus den Fangnetzen geschieht mit viel Fingerspitzengefühl.

wurde dann Polizist. Seit rund zehn Jahren leitet er eine der sechs Gruppen, die sich wöchentlich ablösen, die mit Begeisterung die Vögel fangen, beringen, vermessen, wägen und anschliessend wieder in die Freiheit entlassen.

Eine Gruppe besteht jeweils aus etwa acht bis zwölf Freiwilligen: «Neben dem Beringer und dem ‹Sekretär›, der die Daten in den Laptop gibt, braucht es vor allem auch Leute, die beobachten und die Vögel aus den Netzen holen», so Roth. Neben ihm, dem Polizisten, finden sich unter den Gruppenleitern zwei Schreiner, ein Maurer, ein Forstingenieur, ein Architekt, eine Hausfrau – nur ein Einziger ist ein «Profi», also studierter Biologe. Die Mitglieder der sechs Gruppen setzen sich ebenfalls aus allen möglichen Berufen zusammen, sind Lehrer, Maler oder Krankenpfleger, Bäckerin oder Personalchefin. Was sie verbindet, ist ihre Begeisterung für die Ornithologie und ihr oft beträchtliches biologisches Wissen, das sie sich selbst oder in Kursen des *Basellandschaftlichen Natur- und Vogelschutzverbands* (BNV) angeeignet haben. Die wenigen Studenten, die auf der Ulmet anzutreffen sind, geben für ihren Aufenthalt eine Ferienwoche hin, genau wie alle anderen auch.

«Es sind lange Tage, aber auch spannende», fasst Roth die Arbeit der Freiwilligen zusammen. Jeweils eine halbe Stunde vor Sonnenaufgang ist man auf der Passhöhe. Man wartet ab, bis es hell wird, und macht dann die erste Kontrolle an den Fangnetzen, die über die Wiesen gespannt sind. «Wir sind den ganzen Tag oben, egal, ob die Sonne scheint, ob es stürmt oder schneit.»

3 Mit Feldstecher und Fernrohr lauern die Hobbyornithologen den Zugvögeln auf.

Die Netze müssen regelmässig kontrolliert werden. Wenn sich ein Vogel darin verfangen hat, wird er sorgfältig herausgelöst, in einen Stoffsack gestopft und in der kleinen Beringerstation auf der Passhöhe begutachtet.

«Als Allererstes bestimmen wir natürlich die Art», erklärt Roth. Ebenfalls erhoben werden weitere Daten über das Körpergefieder, die vorhandenen Fettreserven oder das Alter des Vogels – sofern dies möglich ist. Auch die Länge der dritten Handschwinge, einer Feder am Flügel, wird gemessen und der Vogel gewogen. «Dann kriegt er einen Ring verpasst und kann gehen», so Roth.

Während ihres Einsatzes schlafen die Freiwilligen in einer Hütte in der Nähe der Beobachtungsstation, zwischen Passhöhe und dem Hofgut *Ulmet*. Wenn die Nacht über die Jurahöhen hereingebrochen ist, ziehen sich die Vogelbeobachter in diese Hütte zurück, kochen, jassen und erzählen sich Geschichten. «Wir schmeissen den Haushalt gemeinsam, wir sind wie eine grosse WG», sagt Roth dazu.

Übrigens kann es geschehen, dass sich auch nachts Vögel in den Netzen verfangen, was den Beringern dann eine «Nachtschicht» beschert. Dies kommt allerdings nicht oft vor, denn nachts fliegen die Vögel aus Sicherheitsgründen höher, wie Roth weiss, und kommen daher zumeist «ungeschoren» durch.

Seit bald einem halben Jahrhundert auf der Ulmet

Bei der Hütte, in der die Freiwilligen einquartiert sind, handelt es sich um eine Holzbaracke, die ursprünglich dem *Bürgerspital Basel* gehörte und während des Zweiten Weltkriegs Rekonvaleszente beherbergte. Seit fast 50 Jahren steht sie nun im Dienste der Ornithologie, denn seit den frühen 1960er-Jahren werden auf der Ulmet Vögel beobachtet. Einer, der sich noch gut an die Anfänge erinnern kann, ist der Gelterkinder Naturschützer Attilio Brenna. Auch er ist kein «Studierter», sondern ein Autodidakt, von Beruf Maurer/Polier, mittlerweile Rentner.

4 Während der Beringungssaison kommt auch der Spass nicht zu kurz.

Alles begann, als man den herbstlichen Vogelzug genauer beobachten wollte: «Am Anfang waren wir jeweils nur samstags und sonntags oben», erzählt der 80-Jährige, «wir waren auch nicht auf der Ulmet selber, sondern in einem benachbarten Gebiet.» Geschlafen wurde im Stall, tagsüber beobachtet, aber mit wenig Erfolg. Erst mit der Zeit fiel den Hobbyornithologen auf, dass die Ulmet von den Vögeln stark frequentiert wurde, und sie wechselten den Standort. Offiziell besteht die Beringungsstation auf der Ulmet seit 1962 und kann somit im Jahr 2012 ihr 50-Jahre-Jubiläum feiern.

Wieso aber wählen die Vögel ausgerechnet diesen Passübergang für ihre Reise gen Süden? «Es ist nicht so, dass sie alle genau da durchfliegen», erklärt Viktor Roth. «Sie überqueren den Jura auf der ganzen Breite, aber die Ulmet ist von der Topographie her speziell günstig: Sie ist einer der relativ tiefen, nicht bewaldeten Übergänge und in Richtung Nordosten–Südwesten gelegen, darum konzentrieren sich die Vögel hier.»

Das «Fangglück» hängt natürlich stark vom Wetter ab. Betrachtet man die Berichte vom Herbst 2010, so schwanken die Zahlen der Fänglinge zwischen 210 und 1100 wöchentlich.

Immer wieder gebe es auch Seltenheiten und Sensationen zu sehen, erzählt Roth, zum Beispiel, als sich einmal eine Zwergschnepfe im Netz verhedderte. Eine Art, die es in der Schweiz eigentlich gar nicht gibt, sondern die ihre Brutgebiete in Russland hat. Auch zwei Steinadler konnten einmal während zwei Wochen auf der Ulmet beobachtet werden, und wer die Artenliste allein des Jahres 2010 betrachtet, findet neben den Beobachtungen von verschiedensten Singvögeln auch Schwarzstorch, Raufusskauz und Fischadler. Im Netz landeten unter anderem auch eine Fledermaus sowie ein Buchfink mit spanischem Ring und eine Blaumeise aus Litauen.

So ist immer wieder für Überraschungen gesorgt, auch wenn die Resultate oft ähnlich aussehen. Es sind viele Meisen und Rotkehlchen, die sich in den Netzen ver-

5 Jeder gefangene Vogel wird bestimmt, ausgemessen, gewogen, beringt – und wieder in die Freiheit entlassen.

fangen, Finken und Drosseln. Das Jahr 2010 brachte eine ganze Menge Eichelhäher, die nur ungefähr jedes siebte Jahr in Invasionen als Zugvögel auftreten. Während der Woche, in der Roth als Leiter auf der Ulmet war, konnten die Freiwilligen 35 Eichelhäher fangen und ungefähr 2000 beobachten. Bei Vögeln von ihrer Grösse ist übrigens bereits Vorsicht geboten, denn die gefangenen Tiere sind nicht einfach wehrlose Opfer: Sie verbeissen sich entschlossen in jeden Finger, der sich vor ihren Schnabel verirrt.

Aber auch Kleinere wissen sich zu wehren: «Meisen sind sehr rabiat – und sie picken immer genau ins Nagelbett», weiss Viktor Roth aus eigener, schmerzlicher Erfahrung zu berichten.

Nur ein Bruchteil wird gefangen

Alle erhobenen Daten – sowohl von der Beringung als auch von den Beobachtungen – gehen direkt an die *Vogelwarte* in Sempach, wo sie schon für verschiedene wissenschaftliche Arbeiten Verwendung fanden. «Natürlich fangen wir nur einen Bruchteil der vorbeiziehenden Vögel», sagt Viktor Roth. Es gebe Arten, die fange man quasi nie; auch deshalb sei das zusätzliche Beobachten so wichtig.

6 Viktor Roth beringt einen Fängling, interessiert beobachtet von Zaungästen.

Der BNV ist der offizielle Ansprechpartner, wenn es um die Ulmet geht, die Organisation der Einsätze läuft allerdings direkt über die sechs Gruppenleiter, die sich in der «Ulmetkommission» zusammengeschlossen haben. Ihr Obmann: ein Schreiner.

Heute gibt es nicht mehr viele Reibereien zwischen Arbeitern und Akademikern unter den Ornithologen. Doch das war mal anders. Davon kann Attilio Brenna ein Lied singen: «Als wir die Beringerprüfung machten, wollten sie eigentlich keine Nicht-Akademiker zulassen, aber es gab halt zu wenige Studierte», erinnert er sich. Seine Kollegen – Arbeiter in der ‹Stängelibiegi› in Zunzgen – und er als Maurer durften also an die Prüfung, aber es wurde ihnen gesagt, sie dürften keinen Fehler machen. Machten sie auch nicht.

Was der ‹Büezer› bis aufs Blut nicht ausstehen konnte, war Anbiederung an die Studierten. So erzählt Brenna – und solches Verhalten macht ihn auch Jahrzehnte später noch wütend –, wie einzelne Nicht-Akademiker sich sofort von den Arbeitern getrennt und den Professoren an die Fersen geheftet hätten, wenn es beispielsweise bei einer Beringertagung in Sempach zur Durchmischung kam. «Aber manchmal mussten dann halt auch die Studierten, die auf der Ulmet zu Besuch waren, draussen schlafen, wenn einer von uns eine Gruppe leitete», ergänzt er und schmunzelt.

Brenna entdeckte seine Faszination für Vögel als Ausgleich zur Arbeit. Gleich nach der Lehre wurde er Vorarbeiter, was ihn stark forderte, und er merkte, wie gut es ihm tat, sich in die Natur zu begeben. Abzuschalten. So kam er zur Ornithologie und zur Botanik, wurde Beringer und Exkursionsleiter und gab sein breites Wissen an Hunderte andere weiter, die nach ihm kamen.

Im Herbst geht die Zugunruhe los

Viktor Roth hingegen sagt von sich, seine Liebe zur Natur sei ihm bereits in die Wiege gelegt worden. Der Grossvater war Baumwärter und Bauer und nahm den Jungen oft mit. Später, in der Schule, war sein Biologielehrer ein begeisterter Ornithologe. Aufgewachsen in Reigoldswil, ging Roth bereits als Schüler in den Herbstferien auf die Ulmet und zeltete auf der Hundsmatt nebenan. Und weil es sich bald herumsprach, dass er ein «Händchen» für Tiere habe, wurden immer mal wieder verunfallte oder kranke Vögel bei ihm abgegeben, und ein Onkel, der Jäger war, brachte auch mal ein angemähtes Rehkitz oder einen aufgefundenen Marder vorbei. «Mir konnte man alles bringen», sagt Roth und lacht.

Auch heute ist er immer mit dem Feldstecher unterwegs und schaut auch während des Jahres, nicht nur während einer Woche im Herbst, in den Himmel, um zu beobachten, was sich da bewegt.

Doch der Herbst ist speziell: «Im September geht bei uns die Zugunruhe los, genau wie bei den Vögeln», sagt Roth. «Dann wollen wir alle rauf auf die Ulmet. Denn wenn du oben bist, bist du nicht nur von der Höhenlage her über dem Alltag, sondern auch sonst. Du bist mit Gleichgesinnten zusammen und vergisst alles andere.» Dann werde eine Woche lang nur über Vögel geredet und viel gelacht. «Das ist fast wie Psychotherapie», fügt er hinzu – und lacht wieder.

Auf seinen Lieblingsvogel angesprochen, kann Roth sich nicht festlegen. Er habe mehrere, sagt er. Der Rotmilan mit seiner majestätischen Erscheinung und den schönen Farben beispielsweise gefalle ihm sehr gut. Vom Charakter her ist sein Favorit allerdings die Blaumeise: «Die gibt nie auf. Sie ist eine richtige Kämpferin.»

Bildnachweis
1   Rico Braun, Ramlinsburg.
2–6   Viktor Roth, Liestal.

1 Die Römerstadt *Augusta Raurica* zur Blütezeit um 230 n. Chr. Blick von Süden. Arbeitsmodell in der Ausstellung «Augusta Raurica: Modellstadt Stadtmodell» im *Museum Augusta Raurica* (2010–2012) von Otto Lukas Hänzi, Basel.

Beat Rütti

Augusta Raurica: dem Wissen auf der Spur

Die Forschungsgeschichte von *Augusta Raurica* ist beinahe 500 Jahre alt und von vielen Wechselfällen geprägt: Das Schicksal der Römerstadt bewegte sich in dieser Zeit zwischen Dornröschenschlaf, passiver Erhaltung, unwissendem Desinteresse, lukrativem Kommerz, mutwilliger Zerstörung, aktiver Vermittlung und zukunftsgerichteter Planung.

2 Das Gebiet von *Augusta Raurica* im Frühen Mittelalter um 650 n. Chr. Die einstige römische Oberrheinmetropole auf der Anhöhe ist zerfallen und von Pflanzen überwuchert. Kaiseraugst am Rhein ist ein Bauern- und Fischerdorf in den Mauern des spätrömischen Kastells.

Um 200 n. Chr. erlebte die römische Koloniestadt *Augusta Raurica* ihre grösste Blüte. Die Stadt war ein bedeutendes Zentrum mit Marktplätzen und -hallen, Handelshäusern und Transportgesellschaften. Sie besass ein monumentales szenisches Theater, ein grosses Amphitheater sowie mehrere Tempel und Heiligtümer. Zu den Verwaltungseinrichtungen zählten eine imposante Gerichts- und Versammlungshalle sowie ein Rathaus. *Augusta Raurica* besass damals rund 15'000 Einwohnerinnen und Einwohner. Ein halbes Jahrhundert später, um die Mitte des 3. Jahrhunderts, setzte ein allmählicher Niedergang der antiken Oberrheinmetropole ein. Ursachen dafür waren Plünderungen und Zerstörungen durch die germanischen Alamannen, möglicherweise ein oder mehrere Erdbeben, eine Pockenpandemie, eine Klimaverschlechterung mit Missernten sowie innere Krisen und Aufstände im Römischen Reich selbst. Mit dem Bau des grossen Kastells um 300 n. Chr. verlagerte sich das Zentrum der stark verkleinerten Siedlung an den Rhein. Die ehemalige Oberstadt rund um das Forum und das Theater blieb zwar stellenweise noch bewohnt, verödete aber allmählich, bis die Ruinen praktisch vollständig von Pflanzen überwuchert waren.[1]

Schätze von Geistteufeln besessen

Das in der Renaissance einsetzende Wiederaufleben der Antike führte erst 1000 Jahre später, im 15. und 16. Jahrhundert, zu einem Interesse an der römischen Vergangenheit. Das damals noch nicht interpretierte Ruinengelände südlich von «Augst an der Brugg» an der Ergolz und im «Dorf Augst», in Kaiseraugst, trat allmählich ins Bewusstsein eines kleinen humanistisch gebildeten Personenkreises.[2]

Das alte «heidnische Gemäuer» in Augst war schon immer bekannt. Doch galt das Interesse weniger der «hehren Antike», sondern vielmehr geheimnisvollen Geschichten von grossen Reichtum verheissenden verborgenen Schätzen. Wie schon zur Zeit des Niedergangs der Koloniestadt *Augusta Raurica* diente das ausgedehnte Ruinengelände zudem als willkommener Steinlieferant für Gebäude in der Umgebung und vor allem für Bauten der aufstrebenden Stadt Basel. Mit einer Sammelleidenschaft für antike Gegenstände kam nun auch das gezielte Suchen nach Schätzen hinzu. Die ersten wissensbegierigen, jedoch eher an der Mystik des Ortes als an Geschichte interessierten Besucher der Augster Ruinen trafen im früheren 16. Jahrhundert noch auf von Gestrüpp überwachsene Steinhalden und baumgekrönte Ruinen.

Im Fokus der Humanisten

Nach den reformatorischen Unruhen hatte Basel mit der Reorganisation und Wiedereröffnung der 1460 gegründeten Universität im Jahr 1532 und dank des Buchdrucks einen Aufschwung genommen, der auch durch mehrere Pestepidemien nicht gebremst

3 Ansicht der überwachsenen Theaterruine mit Entlastungsbögen, um 1544. Als Erster bildete der Basler Hebraist und Kosmograf Sebastian Münster das Augster Theater ab, das man damals für ein Schloss hielt.

werden konnte. Zahlreiche Gelehrte mit ihren weitgespannten Netzwerken trugen zu einer Internationalisierung bei und machten die Stadt am Rheinknie attraktiv für zugezogene Wissenschaftler, Studierende und Künstler. Hier lebten und wirkten die an den römischen Ruinen interessierten Kreise. Augst wurde ein beliebtes Ausflugsziel in der Umgebung der Stadt. Für weiter Gereiste waren die Augster Ruinen in einer Art Reiseführer bereits damals als historische Sehenswürdigkeit aufgeführt.[3] Zu den an der Antike Interessierten gehörte der Historiker und Philologe Beat Bild aus dem Unterelsass, genannt «Beatus Rhenanus». Er stand in engem Kontakt zum holländischen Humanisten Erasmus von Rotterdam, einem der geachtetsten Gelehrten seiner Zeit, der ein paar Jahre in Basel lebte. Beatus Rhenanus, der 1531 ein dreibändiges Werk über die Ur- und Frühgeschichte Germaniens herausgab[4], lieferte den ersten Anstoss zu einer Neubewertung der Augster Ruinenlandschaft und machte auf die Inschrift des Gründers der *Colonia Raurica*, Lucius Munatius Plancus, auf dessen monumentalem Grabmal in Gaeta an der Küste zwischen Rom und Neapel aufmerksam.

Lukrative Kuriositäten

Für die ansässige Bevölkerung, die aus Bauern und Handwerkern bestand und die zu dieser Zeit grösstenteils weder lesen noch schreiben konnte – und damit das in den Gelehrtenkreisen gebräuchliche Latein nicht verstand –, blieben die Ruinen weiterhin rätselhaft. Das von Steinen und Kleinfunden durchsetzte Land war für die Augster nur insofern interessant, als sich damit Geld machen liess: Die Bauern nutzten die Nachfrage der gebildeten Basler nach antiken Kuriositäten und verkauften ihnen Münzen und andere Kleinfunde. Andere liessen ausgegrabene Steinquader als begehrtes Baumaterial auf Schiffen nach Basel transportieren. Auch in Augst selbst, beim Neubau der Brücke über die Ergolz im Jahr 1590, wurden – von der Obrigkeit offiziell abgesegnet – römische Steine verwendet.[5]

Erste Ausgrabungen

1582 begannen auf Anregung des Basler Juristen und Kunstsammlers Basilius Amerbach erste Ausgrabungen in Augst. Auftraggeber war der weit gereiste und gebildete Basler Handels- und Ratsherr Andreas Ryff. Wenige Jahre später unternahm Amerbach selbst Nachgrabungen im von Pflanzen überwucherten Theaterhügel und liess die Anlage in vorbildlicher Weise vom Kunstmaler Hans Bock in einem Plan dokumentieren. Amerbach erkannte, dass das Gelände mit turmartig aus einem Hügel herausragenden Ruinen und deshalb als «Neun Thürme» bezeichnete alte Gemäuer als Theater oder Amphitheater gedient hatte und nicht als Schloss oder Burg, wie damals vermutet wurde.[6] Wenig später, im Jahr 1592, entdeckte im fernen Italien der Tessiner Ingenieur und Baumeister Domenico Fontana bei Kanalarbeiten in der Nähe von Neapel römi-

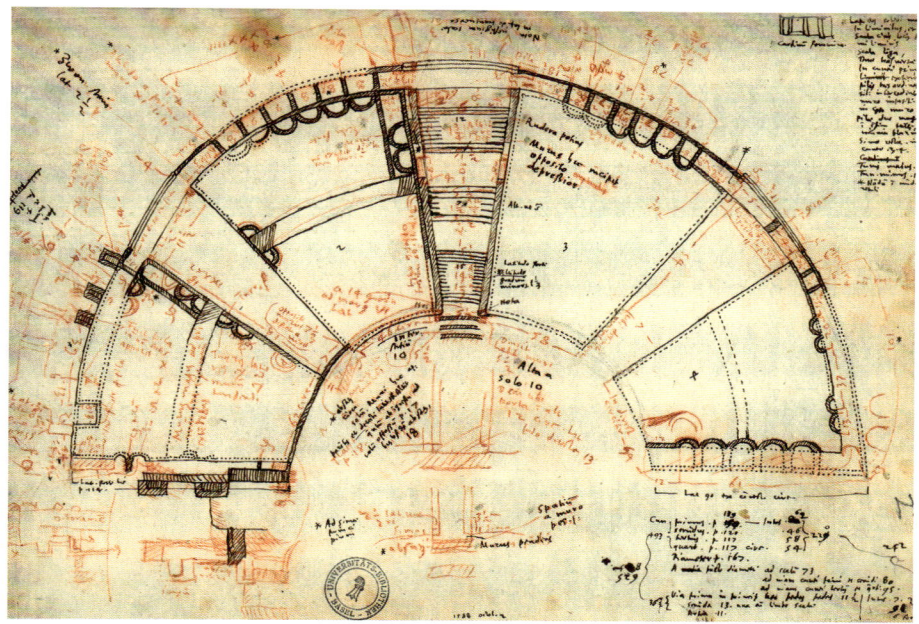

4 Grundrissplan des Augster Theaters von Basilius Amerbach und Hans Bock mit Notizen zu den Ausgrabungen um 1588.

sche Inschriften, für die sich aber noch niemand interessierte. Dass er dabei das antike Pompeji entdeckt hatte, erkannte man erst 170 Jahre später!

Station auf der «Grand Tour»

Das folgende 17. Jahrhundert war für die Erforschung von *Augusta Raurica* unergiebig. Infolge von schlechtem Klima und daraus entstandenen Hungersnöten, einer Pestepidemie und des verheerenden 30-jährigen Krieges, der vor allem im habsburgischen Fricktal zu Plünderungen und Kriegsopfern führte, blieb das Interesse an den antiken Ruinen verständlicherweise sehr gering. Erst Mitte des Jahrhunderts besuchten wieder vornehme Reisende die Gegend. Anstatt in den Süden, nach Italien oder Griechenland, zu reisen, statteten sie den Augster Ruinen einen Besuch ab, so auch der schöngeistige Pariser Jurist, Arzt und Numismatiker Charles Patin, den seine «Grand Tour» zu den Basler Privatsammlungen und ins Augster Ruinengelände führte. Patin, der sich despektierlich über die einfache Landbevölkerung äusserte, erwarb bei seinem Besuch in Augst von den Bauern Münzen für seine Sammlung.[7]

5 Der Pariser Antikensammler Charles Patin besuchte um 1670 die Ruinen von *Augusta Raurica* und kaufte von Bauern Münzen für seine Privatsammlung.

Die Antike als Ideal

In Italien stiess 1710 ein Bauer beim Ausschachten eines Brunnens südlich von Neapel per Zufall auf die Reste des Theaters des antiken *Herculaneum*.[8] Daraufhin erwarb ein französischer Aristokrat das Areal und beutete durch unterirdische Stollen, die ausschliesslich der Schatzsuche dienten, das Gelände aus. Später leitete der Spanier Roque Joaquín de Alcubierre mit Genehmigung des Königs von Neapel «Ausgrabungen», nun auch in Pompeji, um die Sammlungen des Königshauses und andere europäische Königshäuser mit schönen und wertvollen Fundstücken auszustatten. Erste systematische und dokumentierte Ausgrabungen, die diese Bezeichnung verdienten, gab es in den Vesuvstädten erst ab 1750 unter der Leitung des Schweizer Militäringenieurs Karl Weber.[9] Illustriert mit prachtvollen Fundstücken und Monumenten, kursierten bald Prachtbände im Kreis der europäischen Elite, die die Kunstschätze der antiken Vesuvstädte zeigten. Die Antike wurde zum Ideal, die Nachahmung des Altertums im Klassizismus zum Programm. Geistiger Initiator dieses Epochenstils war im deutschsprachigen Raum Johann Joachim Winckelmann, der auch als Begründer der wissenschaftlichen Archäologie und der Kunstgeschichte gilt.[10]

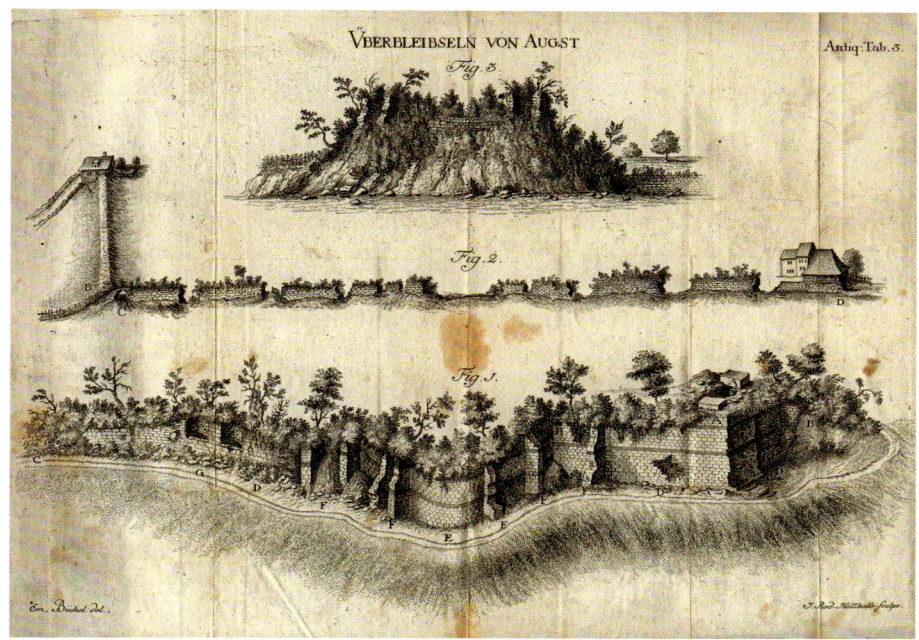

6 Zeichnungen von römischen Ruinen in *Augusta Raurica*: so genannter Rundbau, wohl ein Siegesmonument, auf einer Rheininsel bei Augst, heute verschwunden (Fig. 3), die Kastellmauer in Kaiseraugst (Fig. 2) und die Basilicastützmauer mit der Curia in Augst (Fig. 1), die man für einen Teil der antiken Stadtmauer hielt.

Ein Glücksfall der Wissensvermittlung

Zu dieser Zeit brach auch in *Augusta Raurica* eine neue Epoche an: Ein Lichtblick in der Ausgrabungsgeschichte war der Basler Jurist, Lokalhistoriker und Grossrat Daniel Bruckner (1707–1781). Im letzten Band seines 23 Bände umfassenden Monumentalwerks «Versuch einer Beschreibung historischer und natürlicher Merkwürdigkeiten der Landschaft Basel» widmete er 1763 mit über 300 dicht bedruckten Seiten der Bestandesaufnahme aller damals sichtbaren Monumente. Besonders wertvoll machen Bruckners Ausführungen die zahlreichen Abbildungen des Zeichners und Aquarellisten Emanuel Büchel, der Bruckner bei allen Grabungen zur Seite stand. Das Werk von Bruckner blieb während 150 Jahren das Standardwerk über die römischen Ruinen von Augst. Weil es nicht, wie andere gelehrte Werke, in Latein, sondern in Deutsch geschrieben war, öffnete es einer breiteren Schicht den Zugang zu den Augster Ruinen. Mit grossem Interesse betrieb Bruckner kritisch interpretierende Forschung und bewirkte schliesslich, dass der Vogt auf der Farnsburg, dem Augst zu dieser Zeit unterstellt war, vom Basler Rat angewiesen wurde, allfällige Entdeckungen von Gewölben, Gemäuern und Säulen zu melden.[11]

Und die Sammlung wächst

Prinzipiell hatte die Basler Regierung das Zerstören der Ruinen und das Verwenden von antiken Steinen zu Bauzwecken verboten, jedoch war sie wenig an einer systematischen Erforschung interessiert. Auch weiterhin wurden römische Architekturstücke, Grabsteine und Skulpturen als Baumaterial verwendet. Noch 1779 zerschlug der Augster Papiermüller für den Bau seiner Mühle Marmorsteine. Zur selben Zeit wurde in der Orchestra des Theaters Gemüse angepflanzt. Und noch immer diente das Monument als lukrativer Steinbruch.

Auch machte die Landbevölkerung weiterhin die Nachfrage der Basler Oberschicht zu Geld, die für ihre Privatsammlungen Kuriositäten und antike Münzen hortete. Milchmänner und Marktbauern brachten die wertvollen Fundstücke nach Basel. Reisende, die sich nach Augst begaben, um die Ruinen zu besichtigen, erwarben von Bauern als Andenken römische Münzen und anderes.[12]

Antikenfieber der Bildungsbürger

Waren es bis ins 18. Jahrhundert in erster Linie Gelehrte und eine kleine Oberschicht, die sich für die Römer und vor allem für deren Schätze interessierte, verstärkte sich nach der Französischen Revolution (1789–1799) das Interesse an der Vergangenheit in weiteren Bevölkerungskreisen. Bildung für alle gehörte zum Programm der Revolution.

7 Karikatur des passionierten Sammlers Johann Jakob d'Annone (1728–1804), Dozent für römisches Recht, Numismatik, Naturgeschichte und Eloquenz an der *Universität Basel*.

8 Plan vom Gelände in Augst um 1803 mit Ruinen, Fundstellen und Ausgrabungen von Aubert Parent. Bemerkenswert ist die – falsche – Rekonstruktion der antiken Stadtmauer: Damals hielt man die Basilicastützmauer (in der oberen rechten Bildhälfte) für einen Teil der Stadtmauer von *Augusta Raurica*.

Um 1800 erfasst das Antikenfieber auch die Basler. Die Ruinen in Augst – das «lokale Pompeji» – waren jetzt nicht nur profaner Steinbruch, sondern eine Quelle begehrter antiker Bauelemente, die man zur Zierde der Gärten, Villen und Lustpavillons freilegte und nach Basel transportierte. Das Interesse der betuchten Bildungsbürger an originalen, römischen Architekturstücken war unersättlich. Dem Zeitgeist der Romantik entsprechend, arrangierte man die begehrten Objekte in den Gärten zu künstlichen Ruinen, als Ehrfurcht einflössendes Zeugnis für den Glanz der versunkenen Kultur und – vor allem – um sie stolz seinen Gästen zu präsentieren.[13]

Romantische Pavillons

In dieser Zeit unternahm der Architekt und Bildhauer Aubert Joseph Parent (1753–1835), dessen Kunst der französische König Louis XVI hoch geschätzt hatte, an vielen Fundstellen «Ausgrabungen», um Schätze zu fördern.[14] Die Landbesitzer, die ihr Land unentgeltlich zur Verfügung stellten, erhielten als Belohnung alle behauenen Steine. Zudem konnten sie sich als bezahlte Erdarbeiter betätigen. Als jedoch ein Arbeiter tödlich verunglückte, wurden die Grabungen eingestellt, die im Übrigen keine der erwarteten Schätze gefördert hatten. Doch Parent wusste sich als Architekt zu verwirklichen: Er gestaltete die markante Tempelruine in der Grienmatt zu einer lauschigen

9 Romantische Ansicht des Heiligtums in der Grienmatt in Augst um 1803 von Aubert Parent.

Anlage mit Fusswegen und Sitzgelegenheiten um. Den Theaterhügel verwandelte er zu einer Einsiedelei mit Schaukeln, Glockentürmchen, chinesischen Tempelchen und Aussichtsterrasse: Das Ruinengelände wurde zu einem romantischen Ausflugsziel.[15]

Die hehren Ziele der Revolution von einer Bildung für alle und die romantischen Ruinenanlagen fielen jedoch bald den schwierigen Verhältnissen im frühen 19. Jahrhundert zum Opfer. In unserer Gegend liessen die Besetzung des Fricktals durch französische Truppen und katastrophale Missernten sowie eine daraus resultierende Verelendung der Landbevölkerung die Gegend verwahrlosen und die Ruinen in Augst verfallen. Die Antike interessierte in dieser Zeit niemanden mehr.

Neues Interesse an den Altertümern

Der Papierfabrikant und Besitzer der Augster Papiermühle Johann Jakob Schmid war nicht nur ein leidenschaftlicher Sammler, sondern auch wissenschaftlich interessiert. Unmittelbar nach der Kantonstrennung führte er zwischen 1833 und 1843 auf eigene Kosten auf dem Schönbühl, auf Kastelen, am Theater und im Kaiseraugster Gräberfeld Ausgrabungen durch.

Trotz des wachsenden historischen Interesses ging die Zerstörung der Kulturgüter unvermindert weiter: Die Überreste des Heilbads in der Grienmatt wurden geplündert und Steinplatten nach Basel transportiert, ebenso alles, was beim nahe gelegenen Grienmatttempel gefunden wurde. Selbst für den Bau einer Ergolzbrücke verwendete man noch in dieser Zeit viele grosse Quader, zum Teil mit Inschriften, aus der Kastellmauer in Kaiseraugst![16]

Im Verlaufe des 19. Jahrhunderts wurden die Ruinen in *Augusta Raurica* wieder zu einem beliebten Ausflugsziel. So lud im Jahr 1845 das 23. *Neujahrsblatt für Basels*

10 Touristen beim Nordostvomitorium des Augster Theaters im Jahre 1899. Unten rechts sitzt möglicherweise der junge Karl Stehlin.

Jugend die jungen Leser ein, im Frühling mit dem Wanderstab die Augster Ruinen zu besuchen, «wo sie im Gebüsch den einsamen Vogel piepen hören, wo (im Theater) einst die Masse des Volkes toste».[17] So beliebt waren die Ruinen, dass die Augster Heimatkunde von 1863 das Verschwinden der Tracht unter anderem auf die vielen Touristen zurückführte. Vermehrt widmeten sich nun auch Lehrer den Augster Ruinen. Und Vorträge über *Augusta Raurica* erschlossen die Forschungsergebnisse einem breiteren Publikum.

Erste systematische Ausgrabungen

Ab 1878 führte der Basler Gymnasiallehrer Theophil Burckhardt-Biedermann in Augst und Kaiseraugst systematische wissenschaftliche Untersuchungen am Theater und an der vermeintlichen Stadtmauer im Violenried – der Basilicamauer und der Curia –, dem Schönbühltempel und der Kastellmauer durch. Dies hatte zur Folge, dass man sich in Basel neu und stärker für die römischen Ruinen in Augst, und speziell für das Theater, zu interessieren begann. 1884 gelang es der *Basler Historisch-Antiquarischen Gesellschaft* mit Hilfe einer grosszügigen Schenkung von Johann Jakob Merian, das ganze Theatergelände samt dem Schönbühl aufzukaufen und damit für die Forschung zu sichern.[18] Wenig später begann der Jurist, Historiker und Archäologe Karl Stehlin mit seinen Ausgrabungen und setzte in den folgenden Jahrzehnten mit viel eigenem Geld die Arbeit seiner Vorgänger zielstrebig fort. Sein Haupterfolg war die Entdeckung des

11 Der Grossindustrielle und Weltenbummler René Clavel, der in der Villa auf dem Kastelenhügel wohnte, liebte die römische Antike und stiftete das *Römerhaus*.

Haupt- und des so genannten Südforums.[19] Nach Stehlins Tod 1934 zeichnete sich ab, dass eine Fortsetzung der Arbeiten ohne dauerhafte Geldquellen nicht möglich war. Zu diesem Zweck gründete die *Historisch-Antiquarische Gesellschaft* 1935 eine selbstständige Stiftung unter dem Namen «Pro Augusta Raurica», die mit ihrem Kapital den Unterhalt der Ruinen, die Durchführung von Ausgrabungen sowie die Bearbeitung der Fundstücke sicherstellen sollte. Daneben setzte sich die Stiftung auch die Aufgabe, sich besonders für die Vermittlung neuer Erkenntnisse über die antike Stadt in der Öffentlichkeit einzusetzen.

Augusta Rauracorum[20]

Erde deckte dich, alte Römerstadt,
Seit die Wut der Alamannen dich zerstörte.
Ein Jahrtausend es nicht anders gewusst hat,
Als dass das, was versank, der Erde gehörte.

Es gibt eine menschliche Neugier, die sucht,
Zugeschüttetes, Abhandengekommenes – und heisst Altertumskunde.
Sie füllt dem gebildeten Bürger, der Geld bucht,
Freiwillig gern manche Abendstunde.

Menschenalter hindurch lag Augst den Baslern im Kopf.
Dort liegen vielleicht zu versilbernde Werte?
Oder wichtige Urkunden? – Da hob an ein Geklopf –
Das Rundum des Theaters liegt frei, das unversehrte!

Jahrzehntelang wurde Basel-Augst durchdrungen.
Der Totschlag der Geschichte wurde gutgemacht von Büssern.
Das Historische Museum bei den Barfüssern
Erfüllte sich mit antiken Ausgrabungen.

Altertumsfreunde, die seither heimgingen,
Widmeten Zeit und Leben römischen Ueberresten.
Jahr für Jahr mit Eifer und Erfolg fingen
Fund um Fund, diese Besten.

Nun liegt eine archäologische Grosstat von der Ergolz umspült.
Ein ergrabenes Altertumsfeld ohne gleichen.
Man hat nicht umsonst die Landschaft aufgewühlt.
Leben von einst will dem heutigen die Hand reichen.

Unsere «Antiquarische» erfreut sich grosser Taten.
Von der Erforschung von Augst will sie nicht ablassen.
Alles, was freigelegt wird vom Spaten,
Hat ein Recht darauf, sich wieder einzupassen.

Schöneres kann man sich nicht ausmalen
Beim Blick auf einstige Trümmerfelder,
Als Ruinen in einst verwüsteten Talen
Ueberwachsen als verjüngte Zeugen und Melder.

Carl Albrecht Bernoulli
März 1935

Augusta Raurica wird populär

Für die wachsende Begeisterung breiter Bevölkerungskreise für *Augusta Raurica* und die Römer sorgten zunächst zwei starke Persönlichkeiten, Rudolf Laur-Belart und René Clavel.

Mit Rudolf Laur-Belart trat 1934 ein Forscher mit grosser Tatkraft an die Öffentlichkeit, nicht mehr wie seine Vorgänger als Privatmann, der sich mit der Antike beschäftigte, sondern im Auftrag der *Basler Historisch-Antiquarischen Gesellschaft* und als erster Dozent für Ur- und Frühgeschichte an der *Universität Basel*. Durch seine Ausstrahlung und Begeisterung bei Führungen, in Zeitungsartikeln und Interviews erfuhren die archäologischen Arbeiten in *Augusta Raurica* eine grosse Popularität in der Region.[21]

René Clavel, Grossindustrieller aus der Begründerfamilie der Basler Farbchemie, Weltenbummler und Liebhaber der Antike, stiftete 1955 das «Römerhaus», ein nachgebautes Haus, wo die römische Kultur lebensnah gezeigt werden sollte. Damit war Clavel der Pionier einer neuen Form der Vermittlung: Mit dem Grundgedanken eines emotionalen Zugangs zur Römerzeit – speziell auch für ein Laienpublikum – war er

12 Im Jahr 1957 konnte das *Römermuseum* als Ausstellungs- und Depotgebäude eröffnet werden. Das obere Stockwerk diente als Abwartswohnung. Das Museum wurde an das 1955 errichtete *Römerhaus* angebaut. Auf dem Parkplatz erwarteten die Autofahrer römische Architekturstücke.

seiner Zeit weit voraus. Nicht mehr Jahreszahlen, Schlachten und staubige Ruinen standen im Mittelpunkt der Wissensvermittlung, sondern der römische Alltag.[22]

Der Kanton Basel-Landschaft engagiert sich

Zwei Jahre nach dem *Römerhaus* konnte 1957 das *Römermuseum* eröffnet werden. Fortan sollte das vom Kanton Basel-Landschaft finanzierte Museum die Funde der laufenden Ausgrabungen aufnehmen und sie in Ausstellungen einem interessierten Publikum näherbringen. Spektakuläre Funde wie der im Winter 1961/1962 in Kaiseraugst entdeckte Silberschatz sorgten in den folgenden Jahren für stetig steigende Zahlen begeisterter Museumsbesucherinnen und -besucher. Die grosse Bautätigkeit in den 1960er- und 1970er-Jahren löste eine wahre Lawine von archäologischen Untersuchungen aus.[23] Überall dort, wo in Augst und Kaiseraugst Baumaschinen ansetzten, kamen römische Mauern und Fundstücke zum Vorschein. Es war nicht mehr möglich, diese Ausgrabungen allein mit den Geldern der 1935 gegründeten Stiftung *Pro Augusta Raurica* zu finanzieren. Vom damaligen Kantonsarchäologen Jürg Ewald in die Wege geleitet, übernahm 1975 der Kanton Basel-Landschaft die volle Verantwortung für *Augusta Raurica* und regelte in einem Vertrag mit den Kantonen Aargau und Basel-Stadt sowie der Stiftung *Pro Augusta Raurica* und der *Basler Historisch-Antiquarischen Gesellschaft* detailliert die Landbesitzverhältnisse, die Finanzierung der Ausgrabungen, des Museums und der Konservierung der Funde. Damit war die Römerforschung und die Wissensvermittlung, die vom 16. Jahrhundert bis 1975, gut 400 Jahre lang, reine Privatsache gewesen war, in *Augusta Raurica* eine Aufgabe der öffentlichen Hand.

13 Beim Bau der Autobahn im Süden von *Augusta Raurica* mussten in kürzester Zeit grosse Flächen archäologisch untersucht werden.

Das Wissen «explodiert»

Nach der intensiven Ausgrabungstätigkeit der vergangenen zwei Jahrzehnte stand in den 1980er- und 1990er-Jahren die wissenschaftliche und populäre Wissensvermittlung im Zentrum der Aktivitäten in *Augusta Raurica*. Mit Alex R. Furger, der 1985 archäologischer Leiter von *Augusta Raurica* wurde, nahm das Wissen über *Augusta Raurica* explosionsartig zu: Innerhalb von 20 Jahren erschienen rund 30, zum Teil sehr umfangreiche Fachpublikationen über Ausgrabungen und Funde, jährlich veröffentlichte Rechenschaftsberichte sowie mehrere Führer, Ausstellungshefte und Comics, die

14 Die Ausgrabungen der 1960er- und 1970er-Jahre lieferten eine Vielzahl von spektakulären Funden. Die 63 Zentimeter hohe Bronzestatue der Siegesgöttin Victoria mit Rundschild und Jupiterbüste kam 1963 im antiken Stadtzentrum südöstlich des Theaters zum Vorschein.

15 Seit 1980 informieren die *Jahresberichte* aus Augst und Kaiseraugst über die Aktivitäten in *Augusta Raurica*. Sie sind einerseits Rechenschaftsberichte über die geleistete Arbeit auf den Ausgrabungen, im Museum und in der Administration und andererseits ein Publikationsorgan für wissenschaftliche Artikel.

sich auch an ein Laienpublikum richteten.[24] Das archäologische Gelände wurde in der Folge mit Informationstafeln ausgestattet, die den Touristinnen und Touristen Erklärungen zu den Monumenten lieferten. In der Kulturvermittlung setzte bereits in den 1970er-Jahren ein grundlegender Wandel vom «Musentempel» zum attraktiven Lernort ein, der auch jüngere Kinder für die Römerzeit gewinnen konnte. Den Kern der Vermittlungsarbeit bildeten die Funde und Befunde von *Augusta Raurica*.[25] Neben wechselnden Ausstellungen im Museum luden verschiedene Workshops wie «Römisch Brot backen» und die so genannte Publikumsgrabung junge und ältere Gäste zum aktiven Mitmachen ein. In dieser Zeit wurden auch die Räume des Römerhauses vollständig für das Publikum geöffnet; die Besucherinnen und Besucher konnten nun, ganz wie zur Römerzeit, die Antike hautnah erleben.

Erleben, erhalten, erforschen

Die Institution *Augusta Raurica* ist heute eine Hauptabteilung des *Amtes für Kultur* der *Bildungs-, Kultur- und Sportdirektion* des Kantons Basel-Landschaft. Sie hat den Auftrag, die römische Stadt *Augusta Raurica* vor der Zerstörung zu bewahren und wissenschaftlich zu erforschen, die Fundstücke zu dokumentieren, auszuwerten, zu konservieren und dem Publikum zu vermitteln. Besonderheit und Attraktivität von *Augusta Raurica* liegen in der Kombination von Erlebnisraum in Form eines ausgedehnten, landschaftlich reizvollen Geländes mit römischen Monumenten, dem *Römerhaus*, dem Museum, einem Kompetenzzentrum der Römerforschung, einem breiten Vermittlungsangebot und einem vielfältigen Veranstaltungsprogramm im römischen Theater. Noch immer sind Kinder und Jugendliche eine wichtige Zielgruppe der Kulturvermittlung, doch neue Angebote richten sich auch an Erwachsenengruppen wie Lehrkräfte, Seniorinnen und Senioren sowie speziell an der Römerforschung interessierte Kreise. Das bereits in den 1990er-Jahren erfolgreich etablierte *Römerfest* ist

16 Das Theater steht nach umfangreichen Sanierungsarbeiten seit 2007 wieder im Mittelpunkt des Veranstaltungsprogramms in *Augusta Raurica*. Das imposante Monument wurde beim Römerfest in der ersten Saison nach der Theatereröffnung von Besucherinnen und Besuchern geradezu überrannt.

heute weit über die Grenzen der Region hinaus bekannt und bei einem grossen Publikum mit unterschiedlichsten Ansprüchen äusserst beliebt: Kulturgeschichte darf auch Spass machen. Wie sich *Augusta Raurica* dereinst präsentieren wird und wie das Freilichtareal in seine Umgebung eingebettet sein wird, ist in diesen Tagen Thema bei der Erarbeitung eines Entwicklungskonzepts, das zusammen mit den Gemeinden Augst und Kaiseraugst entworfen wird:[26] Die römische Stadt *Augusta Raurica* lebt – und sie bleibt so lange lebendig, wie sie alltäglich gedacht und vermittelt wird.

Anmerkungen

1 Zusammenfassend zur Geschichte von *Augusta Raurica*: Ludwig Berger: Führer durch Augusta Raurica. Basel 1998, 6. Auflage, 11–23. Ein neuer Führer durch Augusta Raurica von Ludwig Berger ist zurzeit in Arbeit. Vgl. auch Markus Schaub und Alex R. Furger: Panorama Augusta Raurica. 700 Jahre Stadtgeschichte in Rekonstruktionsbildern. *Augster Museumshefte* 31. Augst 2001.
2 Über die Forschungsgeschichte von *Augusta Raurica* im Wandel der Zeit informieren Benz et al. 2003, Furger 2011 und Salathé 2007 detailreich, mit zahlreichen Abbildungen und weiterführender Literatur. Für Hinweise zu den frühesten Ausgrabungen danke ich Thomas Hufschmid und Rudolf Känel, Basel.
3 Salathé 2007, 335.
4 Beatus Rhenanus, Rerum Germanicarum libri tres. Basel 1531; Benz et al. 2003, 7, 9.
5 Salathé 2007, 334.
6 Benz et al. 2003, 11; Salathé 2007, 335 f.
7 Benz et al. 2003, 12 f.
8 Maria Paola Guidobaldi: Schatzgräber und Archäologen. Die Geschichte der Ausgrabungen von Herculaneum, in: Josef Mühlenbrock et al. (Hg.): Verschüttet vom Vesuv. Die letzten Stunden von Herculaneum. Mainz 2005, 17–26.
9 Christopher Charles Parslow: Rediscovering Antiquity. Karl Weber and the Excavation of Herculaneum, Pompeii and Stabiae. Cambridge, New York, Melbourne 1995.
10 Wolfgang Leppmann: Winckelmann. Ein Leben für Apoll. Berlin 1996.
11 Benz et al. 2003, 16–19; Salathé 2007, 336 f.
12 Salathé 2007, 334.
13 Salathé 2007, 338 f.

14 Karin Kob: Vom Königshof nach Augst, in: Benz et al. 2003, 24.
15 Benz et al. 2002, 22–25.
16 Salathé 2007, 339.
17 Theophil Burckhardt-Biedermann: Zerstörung und Erhaltung der römischen Ruinen zu Augst, in: *Basler Jahrbuch* 1892, 36.
18 Benz et al. 2003, 30, 32–33; Salathé 2007, 339 f.
19 Gerhard Matter: Augster Forscherpersönlichkeiten: Theophil Burckhardt-Biedermann (1840–1914) und Karl Stehlin (1859–1934), in: Benz et al. 2003, 37.
20 Gedicht von Carl Albrecht Bernoulli aus dem Sonntagsblatt der *Basler Nachrichten* Nr. 13, 29. Jg., 31. März 1935, 56.
21 Alex R. Furger: Wer entscheidet?, in: Benz et al. 2003, 43.
22 Beat Rütti: René Clavel und sein Römerhaus, in: Benz et al. 2003, 58.
23 Benz et al. 2003, 60–65; Alex R. Furger: Römerstadt und Baselbieter Politik, in: Benz et al. 2003, 61.
24 Alex R. Furger: Publikationen als Spiegel der Forschungsintensität, in: Benz et al. 2003, 72; Salathé 2007, 343 f.
25 Catherine Aitken: Die Entwicklung eines «Lernorts» – Angebote für Kinder und Schulen, in: Benz et al. 2003, 54; Beat Rütti: Die Vermittlung der Römerstadt, in: Benz et al. 2003, 71.
26 http://www.baselland.ch/Newsdetail-Regierungsrat.309166+M57aa8ba9dc1.0.html (2. Februar 2011).

Bibliografie

Marion Benz et al.: Augusta Raurica. Eine Entdeckungsreise durch die Zeit. *Archäologie der Schweiz* 26, 2003/2.
Alex R. Furger: Ruinenschicksale. Naturgewalt und Menschenwerk. Basel 2011.
René Salathé: Römerforschung. Aus den Ruinen von Augst erwuchs Basel, in: René Salathé et al.: Augst und Kaiseraugst. Zwei Dörfer – eine Geschichte. Liestal 2007, 329–346.

Bildnachweis

1 Susanne Schenker, *Augusta Raurica*.
2 Markus Schaub, *Augusta Raurica*.
3 Sebastian Münster, Cosmographie, Basel 1544.
4 Basilius Amerbach und Hans Bock 1588, *Universitätsbibliothek Basel*.
5 Charles Patin: Relations historiques et curieuses…, Paris 1673.
6 Emanuel Büchel, in: Daniel Bruckner: Versuch einer Beschreibung historischer und natürlicher Merkwürdigkeiten der Landschaft Basel, Basel 1763, Band 23, Taf. 3.
7 Daniel Burckhardt-Wildt in: Eugen A. Meier: *Basler Almanach*, Basel 1989, Band 2, 129.
8 Aubert Parent: Mémoire sur Augst, 1806, Plan 1, *Universitätsbibliothek Basel*.
9 Aubert Parent: Mémoire abrégé sur la continuation des recherches… 1809, 24, *Universitätsbibliothek Basel*.
10 Archäologisch-Historische Landesdokumentation der *Schweizerischen Gesellschaft für Ur- und Frühgeschichte*, Doss. Augst Nr. 20, Nachlass Jakob Heierli.
11 Familienarchiv Frey Clavel.
12 Elisabeth Schulz, Basel.
13 Archiv Ausgrabungen Augst/Kaiseraugst, G1967055_07130.
14 Susanne Schenker, *Augusta Raurica*.
15 Ursi Schild, *Augusta Raurica*.
16 Susanne Schenker, *Augusta Raurica*.

Das euphorische Gedicht über *Augusta Raurica* erschien kurz vor der Gründung der Stiftung *Pro Augusta Raurica* (29. Juni 1935) Ende März im Sonntagsblatt der *Basler Nachrichten*, siehe Anmerkung 20.

1 Am Münsterplatz in Binningen gab der Lehrer in einer getäfelten Stube im Erdgeschoss seines Wohnhauses Unterricht.

Brigitte Frei-Heitz
Schulhausbauten im Baselbiet

Der Schulhausbau ist von Beginn an eine obrigkeitliche Aufgabe. Die Schulhäuser aus den vergangenen Jahrhunderten widerspiegeln in ihren Bauformen die Aufgaben, den gesellschaftliche Stellenwert und die Pädagogik der Schule. In den folgenden Ausführungen sollen in einer chronologischen Rundschau repräsentative Schulhausbauten vorgestellt werden.

Die erste Schule auf der Landschaft bestand in Liestal spätestens seit 1524. Sie stand unter der Aufsicht des Deputatenamtes, welches auch die Kirche, das Kirchengut und das Armenwesen auf der Landschaft verwaltete und kontrollierte. Die Lehrer an den Deputatenschulen waren meist universitär ausgebildete Pfarramtskandidaten. Die Liestaler *Deputatenschule*, wie die erste Schule bezeichnet wurde, zog 1589 in ein von der Stadt erbautes Schulhaus am Zeughausplatz.[1] In rascher Folge entstanden weitere Deputatenschulen, 1589/1590 in Waldenburg, im Jahre 1598 in Muttenz, 1624 in Sissach und 1626 in Bubendorf. Gleichzeitig richteten einzelne Gemeinden so genannte Dorfschulen ein, die ohne obrigkeitliche Unterstützung auskommen mussten.

2 Die Aufgliederung des Gebäudes in Wohn- und Wirtschaftsteil ist bis heute erhalten geblieben. Bezeichnend sind die grossen Rechteckfenster der Schul- und Wohnräume, das Korbbogenportal der Scheune mit dem Lüftungsschlitz sowie das Portal auf der Strassenseite mit profiliertem Gewände.

Meist entstanden sie auf private Initiative hin und wurden teilweise auch finanziell abgestützt durch eine Erbschaft oder Schenkung.[2] Auch hier gaben in erster Linie Geistliche den Unterricht. Die Gemeinden stellten ihnen ein Wohnhaus, Brennholz, allenfalls Pflanzland zur Verfügung, und die Eltern trugen mit dem Schulgeld zur oft bescheidenen Entlöhnung bei. Im 17. Jahrhundert gab es bereits 18 Dorfschulen. Bis 1767 stieg die Zahl der Schulen auf 42, bis 1798 auf 54, womit immer noch 15 Gemeinden ohne Schule waren.[3]

Zwei dieser Dorfschulen aus dem 17. und 18 Jahrhundert haben sich bis heute erhalten.[4] Beide befinden sich – wie die meisten dieser Dorfschulen – in der Dorfmitte. Es sind bescheidene Wohn- respektive Bauernhäuser, die nebst der Wohnung für den Lehrer ein bis zwei Zimmer im Erdgeschoss für den Unterricht der meist sehr grossen Klassen anboten. Sowohl die Bauweise, die architektonische Gestaltung wie auch die Raumaufteilung unterscheiden sich nicht von einem herkömmlichen Wohnhaus.

Nach der Jahrhundertwende nahm die Bevölkerung auf der Landschaft rasch zu. Die Bereitstellung von Schulen wurde zu einer dringlichen Aufgabe und war den Politikern des jungen Kantons ein grosses Anliegen. In den Dörfern entstanden meist in der Dorfmitte kleine Vielzweckbauten, die sich in ihrem architektonischen Ausdruck ganz an der traditionellen Bauweise für Bauernhäuser orientierten. Die regelmässige

3 Der grosse Baukörper zeigt die typischen Stilmerkmale des Klassizismus. Der Dachreiter mit dem Glöckchen zeichnet das Gebäude als öffentlichen Bau aus.

Reihung der Fenster und die teilweise architektonisch ausgezeichneten Portale sind erste Hinweise auf Repräsentation der öffentlichen Funktion. Die meist zweigeschossigen Gebäude mit Walm- oder Satteldach beherbergten im Erdgeschoss Schulräume, im Obergeschoss Wohnräume für den Lehrer oder, wie in Lupsingen, für die Armen. Die zweite Gebäudehälfte war für die Landwirtschaft reserviert. Stall und Scheune sicherten dem Lehrer und seiner Familie das notwendige Einkommen. Bei einigen Bauten wie in Lupsingen war auch das Spritzenhaus untergebracht. Oft wurde das Schulhaus mit einem kleinen Glockenturm ausgezeichnet. Solche kleinen Mehrzweckbauten entstanden 1822 in Lupsingen, 1824 in Wenslingen und Maisprach, 1825 in Hemmiken und Häfelfingen, 1829 in Giebenach und Arisdorf und 1830 in Nusshof. Im Laufe der Zeit sind die Ökonomieteile für Wohnzwecke umgebaut worden. Einige dienen noch bis heute entweder als Gemeindeverwaltung (Giebenach) oder als Schulhaus (Häfelfingen).

Aus der zweiten Hälfte des 19. Jahrhunderts respektive aus dem beginnenden 20. Jahrhundert stammen die ersten repräsentativen Schulhausbauten, die einen städtebaulichen und architektonischen Anspruch erheben. Aufgrund der veränderten gesellschaftlichen Verhältnisse waren die Schulhäuser nicht mehr Wohnstatt des Lehrers, sondern boten auf allen Geschossen Schulzimmer oder allenfalls noch Räume

4 Das *Domplatzschulhaus* mit grosszügigem Pausenplatz und Laubengang.

für die Gemeindeverwaltung an. Die Schulhausbauten sind ganz der Eleganz des klassizistischen Baustils verpflichtet und wurden vorwiegend nach Plänen des damaligen Bauinspektors Benedikt Stehle erbaut. Die sich ähnelnden Schulhäuser stehen oft an prominenter, städtebaulicher Lage, deren direkte Umgebung nun neu auch in die Gestaltung einbezogen wurde. Erste Pausenplätze entstanden, die den Schulkindern einen festgefügten Aussenraum zuweisen. Viele Schulbauten bestehen aus einem dreigeschossigen Baukörper mit zentralem Treppenhaus und breitem Gang, an den auf einer oder auf beiden Seiten Schulzimmer anschliessen. Sie sind geräumig und dank grossen Fenstern hell ausgeleuchtet. Typische Beispiele für die von Bauinspektor Benedikt Stehle errichteten Schulhäuser befinden sich in Ziefen (1843), in Bubendorf (1850), in Ettingen (1856) und in Wenslingen (1868).

In dieselbe Zeit fällt der Bau von sehr grossen Schulhäusern, die sich durch den gewählten Architekturstil, die mitgestaltete Umgebung und die dekorative, das Schulkind ansprechende Gestaltung auszeichnen. In Grellingen beauftragte der Gemeinderat 1908 ein auswärtiges Architekturbüro mit dem Schulhaus-Neubau und realisierte eines der wenigen Jugendstil-Schulhäuser auf heutigem Kantonsgebiet. Die lebendige Dachlandschaft, die stark durchgeformte Fassade sowie die Bandfriese mit aufgemalten einheimischen Sträuchern und Bäumen überspielen den monumental wirkenden Bau-

5 Blick auf die Baugruppe mit Schulhaus, Eingangshalle und Abwartsgebäude.

körper mit Leichtigkeit. Auch an zeitgleichen Schulhausbauten, wie beim Schulhaus an der Gartenstrasse von 1909 in Allschwil, beim *Margrethen-Schulhaus* von 1910 in Binningen, beim *Domplatzschulhaus* von 1913 in Arlesheim und beim *Rotacker-Schulhaus* von 1916 in Liestal, fällt das Hauptaugenmerk auf den Bauschmuck und auf die Ausstattung, welche die Vorstellungswelt der Schulkinder aufgreift. Eine Steinplastik wie der «Lesende Schüler» in Arlesheim ziert die Eingangspartie; Motive aus Flora und Fauna schmücken Fassaden und Eingangspartien, und Wandbrunnen im Treppenhaus zählen zur festen Ausstattung. Zur Lebendigkeit der Dachlandschaft mit einem wimpelbekrönten Dachreiter gehört auch die stiltypische Vielfalt der verschiedenen Oberflächen an den Fassaden: Rustikale Haussteine betonen Sockel und Gebäudeecken, und unterschiedlich aufgetragene Verputze brechen das Tageslicht. Damit wurden die damaligen Forderungen des Heimatschutzes nach einem reich modellierten Baukörper erfüllt. Als neue Aufgabe wurde nun auch die Gestaltung des Pausenplatzes formuliert. In Arlesheim führt ein Laubengang vom Schulhaus zum gegenüberliegenden Spritzenhaus mit Abwartswohnung und teilt somit den Pausenplatz auf. Ein kreisrunder Brunnen mit zentralem Brunnenstock zählt ebenfalls zur Erstausstattung. Zur Anlage gehörte auch eine Turnhalle. Der neue Lehrplan von 1851 schrieb den Turnunterricht verbindlich vor. War bis anhin im Freien oder in Mehrzweckräumen geturnt worden,

6 Blick auf das Schulhaus mit Innenhof der *Sekundarschule Lärchenstrasse* in Münchenstein.

so werden um die Jahrhundertwende die ersten Turnhallen von den Gemeinden erbaut: Die Dorfturnhalle in Pratteln (1906), die Turnhalle in Birsfelden (1910), die Turnhalle des *Rotacker-Schulhauses* in Liestal und die Konzert- und Turnhalle an der Gartenstrasse in Allschwil (1926) sind hierfür schöne Beispiele.

In der Nachkriegszeit nahm der Schulhausbau wieder zu. Die Zuzüger, welche mit dem Wirtschaftsaufschwung in den Agglomerationsgemeinden Wohnsitz nahmen, waren vorwiegend junge Familien. Die Grenzen der Raumkapazitäten waren erreicht, nicht zuletzt auch im Nachgang der Mittelschulreform von 1946, welche einen grösseren Bedarf an Schulräumen und an Fachlehrkräften mit sich zog.

Typische Beispiele für Schulanlagen der 1950er-Jahre sind die Anlagen *Neusatz* in Binningen und *Lärchenstrasse* in Münchenstein. Weitab vom Dorfzentrum, wurden die Schulanlagen in neu erschlossenen Baugebieten geplant, dort, wo sich junge Familien ihr Eigenheim bauen konnten. Gemäss den damaligen Forderungen sollte die Schule den Bedürfnissen des Schulkindes nach Naturnähe und überschaubaren Räumen gerecht werden. So wurde in Münchenstein zusammen mit den eigentlichen Schulhausbauten und der Turnhalle ein Naturkundepavillon errichtet. Die 1952 errichtete Schulanlage *Neusatz* besteht aus einer winkelförmig angeordneten Baugruppe mit Schulhaus, Empfangshalle, Abwartswohnhaus und Turnhalle. Die Baugruppe fasst den

7 Die Fassaden des Schulhauses sind durch geschosshohe Sichtbetongitter gestaltet, deren Ausfachungen vollständig verglast sind. Dieses Rastersystem sowie das Material Beton sind auch für die Gestaltung der Umgebung übernommen worden. Der Pausenplatz bildet mit dem Schulhaus eine gestalterische Einheit.

rückwärtigen Pausenplatz ein. Die Gesamtanlage befindet sich von der ruhigen Wohnstrasse zurückversetzt in einer Grünanlage mit Sträuchern und zeittypischen Föhren. Blumenfenster ermöglichen den Lehrern, hier kleine Lebenswelten für Tiere und Pflanzen zu unterhalten. Der Eingang zur Schulanlage führt über die eingeschossige, geräumige Empfangshalle mit Wandbänken und einem Wandgemälde von Otto Abt, welches Kinder beim ‹Indianerlis›-Spiel zeigt.

Mit dem neuen Abkommen zwischen den beiden Halbkantonen bezüglich Gymnasien und im Zeichen des pädagogischen Aufbruchs in den 1960er-Jahren zeichnete sich eine erneute Welle von Schulhausbauten ab. Als sich eine weitere starke Bevölkerungsentwicklung abzeichnete, drängte die Stadt den Landkanton dazu, für eigene höhere Schulen zu sorgen. 1963 wurde in Liestal das erste Baselbieter Gymnasium eröffnet, gefolgt von den Gymnasien in Münchenstein (1964), Muttenz (1972) und Oberwil (1972).

Der Schulhausbau wurde zu einer renommierten Bauaufgabe. Die Gemeinden respektive der Kanton richteten Wettbewerbe aus und verhalfen damit einer hohen architektonischen Qualität zum Durchbruch. Richtungsweisend für die Schulhausbauten waren die Architekten der Solothurner Schule. *Rasser & Vadi* erstellten mit Bauten wie dem Schulhaus *Spiegelfeld* in Binningen (1961) oder mit dem Schulhaus

8 Das Verständnis der Architektur als Betonskulptur wird konsequent bis zur Ausgestaltung der Fassaden umgesetzt.

Breite in Allschwil (1968) Musterbeispiele an formaler und konstruktiver Präzision. Die Materialien beschränkten sich meist auf Stahl, Glas und Beton. Häufig bestanden die Schulanlagen aus einer Anzahl unterschiedlicher, skulptural wirkender Kuben, die sich um differenziert gestaltete Aussenräume gruppierten:

Die 1959 bis 1966 erbaute Schulanlage *Gerenmatte* in Arlesheim, das Sekundarschulhaus *Herrenmatt* von 1963 in Läufelfingen oder die Schulanlage *Rheinpark* von 1968 in Birsfelden veranschaulichen den Grundgedanken einer «räumlich als kleine Stadt» funktionierenden Schulanlage. «Das pädagogisch reflektierte Klassenzimmer wurde zum Ausgangspunkt einer neuen Schularchitektur und folglich der Pavillon das Grundelement der Einwürfe.»[5]

Eine ganz andere Architektursprache zeigt die Aescher Schulanlage *Neumatt* (1958–1962), die mit monolithischen Baukuben die Anlage grossräumig bestimmt. Auch hier ist bis in die Durchgestaltung der Innenräume die skulpturale Auffassung von Architektur fassbar. Der Beton wird zum Gestaltungsmaterial, dessen Oberfläche unterschiedlich bearbeitet und zu Skulpturen ausgeformt wird. Bei der Mehrzahl der Schulhausbauten wird nun das Treppenhaus zum Aufenthaltsort bestimmt und in das Zentrum verlegt. Die teilweise geschosshoch verglasten Klassenzimmer gruppieren sich um das Treppenhaus und ermöglichen vielfältige Nutzungen für fächer- und klassenübergreifenden Unterricht.[6]

In den 1990er-Jahren und im beginnenden 21. Jahrhundert verlagert sich die Bautätigkeit bei Schulanlagen auf die haustechnische und energetische Sanierung respektive auf Umbauten, welche den veränderten Bedürfnissen im Unterricht gerecht werden.

Anmerkungen
1   Die Liegenschaft hat heute die Adresse Zeughausplatz 34. Da bis heute keine bauhistorischen Untersuchungen gemacht wurden, können keine weiteren, konkreteren Aussagen über dieses älteste Schulhaus gemacht werden. Hans-Rudolf Heyer: Die Kunstdenkmäler des Kantons Basel-Landschaft, Band II, Bezirk Liestal. Basel 1974, 263.
2   In Oberwil vermachte J. J. Wehrlin in seinem Testament sein Haus der Gemeinde als Schulhaus. Das Bauernhaus wurde 1784 zum Schulhaus umgebaut: Im Erdgeschoss sind zwei Stuben zu einem grösseren Raum zusammengefasst worden.
3   Nah dran, weit weg, Geschichte des Kantons Basel-Landschaft, Band IV, Dorf und Herrschaft. Liestal 2001 (QF 73.4),177–178.
4   Binningen, Münsterplatz 2, erbaut 1624. Oberwil, Hauptstrasse 25, zum Schulhaus umgebaut 1784 ff.
5   Christoph Allenspach: Architektur in der Schweiz. Bauen im 19. und 20. Jahrhundert. Zürich 1998, 95.
6   Katja Hasche, Michael Hanak: Bauten im Baselbiet, eine Architekturgeschichte mit 12 Spaziergängen. Basel 2010, 27–28.

Bildnachweis
Bildarchiv der *Kantonalen Denkmalpflege Basel-Landschaft*, Liestal.

1 Porträt von Heinrich Zschokke, 1941. Stahlstich von Alexander Zschokke (1811–1859).

Markus Heinzer
Heinrich Zschokke und die Volksbildung

Demokratie umfasst neben der rechtlichen Freiheit auch politische Partizipation, und die ist nicht ohne Bildung zu haben. Das ist die Botschaft, die der damals weitherum bekannte Aarauer Publizist und Politiker Heinrich Zschokke 1836 in Lausen verkündete.

Am 10. April 1836 sprach in Lausen an einer Versammlung der «basellandschaftlichen Abtheilung des schweizerischen Vereins für Volksbildung»[1] ein Redner, auf dessen Referat die Anwesenden sicher gespannt waren. Mit Johann Heinrich Daniel Zschokke aus Aarau, der kurz vorher zum Ehrenmitglied des Vereins ernannt worden war, hatte man nämlich einen engagierten Vorkämpfer für eine moderne Schweiz eingeladen.

Heinrich Zschokke galt als brillanter Redner, auch wenn es für heutige Ohren klingt, als habe er in seinem Einstieg eher dick aufgetragen: Der Verein für Volksbildung sei ein «heiliger Bund», denn sein Zweck, «die Veredlung der Menschheit, ihre Emporhebung aus dem Staube eines thierischen Daseins zum Göttlichen», sei «die heiligste aber auch schwierigste aller Aufgaben».[2] Der Verein für Volksbildung steht, so Zschokke weiter, in einer Linie mit den «Unsterblichen Griechenlands und Roms» und mit den «Freiheits- und Glaubenshelden aller Nationen». An der Spitze dieses heiligen Bundes steht gar niemand Geringeres als Jesus Christus.[3] Trotz dieser prominenten Verbündeten dämpft Zschokke die Ambitionen ab: Die Aufgabe werde nie vollkommen lösbar sein.[4] Er habe selbst 30 Jahre für diese Aufgabe gelebt und nicht einmal 30 tröstende Erinnerungen an das Gedeihen dieser Anstrengungen.

Die «Ketten des Vorurtheils»

In einer schönen Reminiszenz an die Aufklärung sieht Zschokke in der Volksbildung die «Freimachung eines Volks von allen seinen Sklavenbanden; von den Fesseln politischer Gewaltherrschaft; von den Fesseln der Unwissenheit und Rohheit, der Irreligion und des religiösen Aberglaubens; von den Lastern der Üppigkeit und der Armut»[5]. Denn wie soll ein freigelassener Sklave seine Freiheit nutzen, wenn er nicht weiss, wie? Politisch zwar frei geworden, schleppen viele Völker «noch die Ketten der Finsternis, des Aberglaubens und des Vorurtheils nach»[6]. Wie bezüglich der Wirtschaft gilt für Zschokke auch punkto Freiheit:

> «Wer sein Vermögen nicht vergrössert, bei dem vermindert es sich von selbst (…). Was nicht fortschreitet, bewegt sich rückwärts. Politische Freiheit ist nur eine einseitige Freiheit, für sich allein unhaltbar, für sich allein unvermögend, ein glückseliges Volk zu schaffen. Sie muss vergrössert, gestärkt, gehoben werden durch sittliche Freiheit, durch Entfesselung des Volksverstandes von Unwissenheit und Irrthum.»[7]

Bildung als «Volksbefreiung»

Eine Demokratie brauche gebildete Bürger, so der Redner weiter, denn diese müssten nicht zum Guten gezwungen werden, sondern begännen von selbst über die öffentliche Ordnung und Moral zu wachen. Sie wählten die «unbescholtensten, rechtschaffensten und kenntnisvollsten» Männer zu ihren Gesetzgebern und Regenten, anstatt sich von Verwandtschaften und Privatinteressen leiten zu lassen.[8] Ein gebildetes Volk

2 Zschokke – hier im Garten seines Landhauses «Blumenhalde» in Aarau – setzt 1836 in Lausen in seiner Rede Volksbildung mit Volksbefreiuung gleich: «Ihr Edeln und Guten der Basellandschaft, gedenket Eurer Nachkommenschaft, Ihr lebet für sie! Hinterlasset ihnen ein noch höheres Gut, als den Buchstaben der freien Verfassung!»

erkenne den Wert der Bildung, und es verlange und unterstütze einen guten öffentlichen Unterricht für seine Kinder. Dass auch «die Bewohner dieses schönen Landes» (Basel-Landschaft) der neu eroberten Freiheit durch Bildung würdig werden wollen, glaubt Zschokke an der grossen Aktivität in der lokalen Sektion des *Schweizerischen Vereins für Volksbildung* zu sehen.[9]

Früher sei die Landschaft von der Stadt absichtlich in «thierischer Verwilderung» praktisch ohne Bildung gelassen worden, weil man sie sich zur dauerhaften Dienstbarkeit erziehen wollte.[10] Damit wurde die Volksbildung als zentrale Basis der Freiheit massiv eingeschränkt, weil «man sie sehr richtig, als das wirklich anerkannte, was sie war: als Volksbefreiung»[11].

Rhetorisch ganz klassisch appelliert Zschokke am Schluss noch einmal an die Emotionen seiner Zuhörer: «Ihr Edeln und Guten der Basellandschaft, gedenket Eurer Nachkommenschaft, Ihr lebet für sie! Hinterlasset ihnen ein noch höheres Gut, als den Buchstaben der freien Verfassung!»[12]

Zschokkes Hintergrund

Es gab viele Gründe, warum die basel-landschaftliche Sektion des Vereins für Volksbildung Zschokke als Referenten einlud. Einerseits war er langjähriges Mitglied und zeitweise auch Präsident der *Helvetischen Gesellschaft*, deren Ableger der Verein für Volksbildung war. Zschokke war eine schillernde Figur und einer der herausragenden Köpfe in dieser Zeit der Umwälzungen, und wer sich mit ihm befasst, stösst sehr schnell auf unzählige Spuren, die dieser umtriebige und intelligente Geist zwischen der Helvetik und der Gründung des Schweizer Bundesstaates 1848 hinterlassen hat.

Zschokke war in Deutschland geboren worden und liess sich 1796 nach seiner Promotion in Philosophie und Theologie in der Schweiz nieder. Den Aufstieg in das Schweizer «Who's who» schaffte er 1798 durch seine Berufung in ein wichtiges Amt in der Zentralregierung der Helvetischen Republik: Er wurde vom Kultur- und Bildungsminister Albert Stapfer als Direktor des *Bureaus für Nationalkultur* nach Luzern berufen. Dieses Amt hatte den Auftrag, die Stimmung in der Öffentlichkeit zu erfassen und für die Helvetische Republik Propaganda zu machen.[13] Im November 1798 gründete Zschokke die Zeitschrift *Der Aufrichtige und Wohlerfahrene Schweizerbote*, die sich mit einer einfachen und verständlichen Sprache an das Volk richtete und die zu einem der meistgelesenen Blätter in der damaligen Eidgenossenschaft werden sollte.[14] Zschokke gründete in den folgenden Jahren noch weitere Zeitschriften und schrieb diverse Bücher. Er gehörte zu den bekanntesten Schriftstellern im deutschen Sprachraum.

Im Jahr 1800 wurde Zschokke zum Regierungsstatthalter in Basel ernannt, als dort gerade die blutigen Unruhen um den «Bodenzinssturm» im Gang waren. In diesem Amt, das die Krönung seiner Beamtenlaufbahn in der Helvetischen Republik darstellte, wurde er mit den Verhältnissen in Stadt und Landschaft Basel vertraut.[15] Später zog Zschokke nach Aarau, wo er weiterhin in der Politik ganz vorne mitredete.[16]

Eine weitere Berührung mit dem Baselbiet sollte 1831 folgen, als Zschokke im Trennungskonflikt der beiden Basler Halbkantone eine beratende Rolle spielte. Weil er auf eine Anfrage aus der Stadt mit einer klaren Stellungnahme zu Gunsten des Selbstbestimmungsrechts der «achtbaren Männer der Landschaft» antwortete, schenkten ihm die Regierung und der Landrat des Kantons Basel-Landschaft im April 1833 das kantonale Ehrenbürgerrecht.[17] Dieses erforderte auch ein Gemeindebürgerrecht, und da Zschokkes Sohn Emil bereits seit Januar 1833 in Lausen als Pfarrer amtete, lag eine Anfrage an diese Gemeinde auf der Hand, die dann auch positiv beantwortet wurde.[18] Zschokke hielt seine Rede 1836 also in seiner Ehrenheimat.

Politisch hielt Zschokke durchgehend an einem radikalen Liberalismus fest, wobei er stets eine enge Verknüpfung von politischer Freiheit und materiellem Wohlergehen hervorhob. Als zentrales Fundament der Demokratie betrachtete Zschokke das Wissen der Aufklärung und die dafür notwendige allgemeine Bildung.[19] Diese Liebe zum Thema Bildung, die zum Grundverständnis des Schweizer Liberalismus gehörte, taucht überall in Zschokkes Texten wieder auf. Auch im *Schweizerboten* erschienen oft Texte über das Schulwesen.[20]

Weil ein staatliches Schulsystem zwar aufgegleist war, aber für eine umfassende Bildung des gesamten Volkes nicht ausreichen würde, versuchte Zschokke 1819 das allgemeine Bedürfnis nach Bildung gerade auch der Erwachsenen mit der Gründung des «bürgerlichen Lehrvereins» zu befriedigen. Dieser Verein bot für junge Männer in diversen Fächern Weiterbildungsgänge an, die unentgeltlich besucht werden konnten, weil sich Männer aus Politik und Wirtschaft ehrenamtlich als Lehrer engagierten. Hier zeigt sich Zschokke einmal mehr als Macher, der im herrschenden Widerspruch zwischen der politischen Aufbruchstimmung und den staatlichen (finanziellen) Handlungsmöglichkeiten eigene originelle Wege suchte.

Die Aufgaben des Vereins für Volksbildung

Der Idee einer «Volksbildung», wie sie Zschokke und anderen Liberalen vorschwebte, lag die Vorstellung zugrunde, dass zusätzlich zu einer allgemeinen Schulpflicht und der gemeinsamen Unterrichtung der Kinder aus allen Ständen in öffentlichen Schulen eine Erweiterung der Bildungsanstrengungen auf die gesamte Gesellschaft nötig sei. Nur so könne eine breite Öffentlichkeit entstehen, an der sich auch das Volk beteiligt und die im Stande ist, den Staat zu tragen und zu kontrollieren.

Es ist deshalb nicht verwunderlich, dass die *Helvetische Gesellschaft* – diese wichtige Gruppe von freiheitlich gesinnten Persönlichkeiten, die wie niemand sonst die Transformation der politischen Ordnung in der Schweiz im Übergang vom Alten Regime zur Demokratie mitverfolgte und prägte[21] – 1834 den *Schweizerischen Verein für Volksbildung* gründete. Weil die Schulen allein nicht genügten, um das gesamte Volk zum neuen Staatsleben zu erziehen, sollte der Verein bestimmte Bücher und Schriften, die für die angestrebte freiheitliche Ordnung als förderlich angesehen wurden, billig drucken und unter die Leute bringen.

Der Versuch des neu gegründeten Vereins, in allen Kantonen Sektionen zu errichten, löste in diversen Kantonen ablehnende Reaktionen aus.[22] Der Verein wurde wohl als Ableger der *Helvetischen Gesellschaft* und deshalb als allzu liberal und progressiv wahrgenommen. In Bern, Aargau, Graubünden, Glarus, St. Gallen, Luzern und auch in Basel-Landschaft scheint die Eröffnung von Kantonalsektionen hingegen leicht vorangekommen zu sein. Die rege Unterstützung des neuen Vereins im jungen Kanton Basel-Landschaft verstärkte noch das bereits vorhandene grosse Wohlwollen[23], mit dem die *Helvetische Gesellschaft* der Basler Landschaft und ihrem Freiheitskampf gegenüberstand.[24]

In seiner Rede in Lausen lobte Zschokke zwar das Vorhaben des Vereins, er beurteilte allerdings den bisher «dünn und dürftig ausgestreuten Samen» als «höchst unbedeutend» (bisher waren in der ganzen Schweiz nur 2580 Schriften verteilt worden). In seinem Plädoyer forderte er deshalb mehr und mutigere Taten jedes

3 Im Stadtpark von Aarau erinnert diese Statue an den bekannten Schriftsteller und Politiker, brillanten Redner und engagierten Vorkämpfer für Volksbildung Heinrich Zschokke.

Einzelnen in seiner Familie und in seinem Dorf[25], und von den Bürgern, dass sie den gleichen Eifer, den sie bei der Befreiung des Volkes an den Tag gelegt hatten, auch bei seiner Weiterentwicklung durch Bildung aufbringen sollten. Denn «die Barbaren der Vorwelt leben noch häufig unter uns; sie haben nur Thierfelle und Höhlen der alten Zeiten mit der Tracht und Bauart unserer Tage vertauscht»[26].

Zschokke sieht für dieses Problem nur eine Lösung:

> «Der bessere Theil des Volks muss durch That und Wort Bildner und Lehrer der erziehungslosen Menge werden; muss seine nützlichen Kenntnisse unter der kenntnisarmen Menge verbreiten; muss, was kein Hörensagen, kein Bücherlesen bewirkt durch eignen Vorgang in Verbesserungen der Haus- und Landwirthschaft die Menge nachlocken; muss durch Beispiel edlern Geschmacks, anständigerer Sitte und ächten Seelenadels im Umgang bei dem noch vorhandenen Pöbel ein Gefühl der Scham vor sich selber erwecken.»[27]

Dass Zschokke gerade an einer solchen Vereinsversammlung den Vereinszweck, nämlich einfach gute Schriften im Volk zu verbreiten, als allzu kleinmütig darstellt und das Konzept einer Volksbildung – für die Anwesenden wohl eher demotivierend – zu einem derart flächendeckenden und damit utopischen Appell an die Bürgertugend überhöht, deutet darauf hin, dass Zschokke mit seinem grossen Eifer dem zaghaften Vorgehen des Vereins gegenüber nicht nur positiv eingestellt war.

Steiniger Boden

Nach vier Jahren wurde der Volksbildungsverein bereits wieder aufgelöst.[28] Am Schluss war neben den Sektionen Aargau und Luzern nur noch diejenige von Basel-Landschaft lebendig, die deswegen noch in der Schlussberichterstattung geehrt wurde: «Ehre dem Kanton Basel-Landschaft, wo eine wohlorganisierte Vereinsabteilung ihre schönen Jahresversammlungen feierte und ansehnliche Beiträge einlieferte»[29]. Grund für den Misserfolg des Vereins war wohl primär, dass die verteilten Schriften eine für viele allzu progressive politische Richtung vertraten. Der *Helvetischen Gesellschaft* schienen diese zwar interessant und zentral, aber eine breite Leserschaft erreichten sie nie.[30] Bis 1838 wurden etwa 4000 Bücher zur Staats- und Kirchengeschichte, zum Liberalismus und zu naturkundlichen Themen verteilt. Darunter auch zwei Schriften von Heinrich Zschokke: die «Branntweinpest» (eine Geschichte zur Warnung vor dem Alkoholmissbrauch) und eine gedruckte Version der in Lausen gehaltenen Rede «Volksbildung ist Volksbefreiung».

In der Retrospektive erscheint Zschokkes Lausener Rede als eine weitere und nicht unbedeutende Station auf der Linie der demokratischen Ideenentwicklung, wie sie im schweizerischen Liberalismus verfolgt wurde. Dieses Denken und der Konsens, dass eine partizipative Demokratie ohne Bildung nicht möglich ist, stehen ihrerseits in der Tradition der Denker um den Marquis de Condorcet[31], die während und nach der Französischen Revolution Pläne für ein Schulsystem in der Demokratie entwarfen und diskutierten, auf denen noch unsere heutigen Schweizer Schulsysteme aufbauen.

Anmerkungen

1 Der *Schweizerische Verein für Volksbildung* war am 14. Mai 1834 an einer Tagung der *Helvetischen Gesellschaft* gegründet worden, vgl. Cirkular vom 25. Mai 1834 sowie den «Aufruf an die Bewohner von Basel-Landschaft zum Beitritt zum schweizerischen Verein für Volksbildung» von 1835, StA BL, Neueres Archiv NA 2183 Vereine und Gesellschaften, F 07 Volksbildungsvereine. Das erwähnte «Cirkular» und der Aufruf sind die einzigen Unterlagen, die sich dort finden (Mitteilung von Beat Meyer).
2 Zschokke 1859, 171.
3 Zschokke 1859, 171.
4 Zschokke 1859, 171.
5 Zschokke 1859, 171.
6 Zschokke 1859, 176.
7 Zschokke 1859, 176.
8 Vgl. Zschokke 1859, 174 f.
9 Zschokke 1859, 176 f.
10 Zschokke 1859, 178.
11 Zschokke 1859, 181.
12 Zschokke 1859, 189.

13 Vgl. Ort 1998, 36.
14 Vgl. Ort 1998, 43.
15 Vgl. Ort 1998, 73, und Manz 1991, 356 ff.
16 Vgl. Ort 2003, 22 ff.
17 StA BL, Neueres Archiv NA 2002 Landratsprotokolle 4. und 5. März sowie 15. und 23. April 1833 und NA 2077 Bürgerrecht A 3.9.
18 Vgl. Heimatkunde-Kommission Lausen 1997, 219.
19 In seiner berührenden Erzählung «Das Goldmacherdorf, oder wie man reich wird» zeichnet Zschokke das Bild einer idealen Gesellschaftsentwicklung. Die Erzählung erschien erstmals 1817 in Aarau und wurde seither wiederholt aufgelegt.
20 Zschokke war übrigens auch mit Johann Heinrich Pestalozzi (1746–1827) bekannt und hatte sich mit dessen Vorstellungen des Schulunterrichts intensiv auseinandergesetzt (vgl. Ort 2003, 235).
21 Zur Geschichte der *Helvetischen Gesellschaft* im 18. Jahrhundert, siehe zum Beispiel Hof und Capitani 1983.
22 Allen voran scheint der Kanton Basel-Stadt sehr «frostig» geantwortet zu haben (Zinniker 1932, 50).
23 Zinniker 1932, 81.
24 Vgl. Zinniker 1932, 75 ff.
25 Zschokke 1859, 183.
26 Zschokke 1859, 185 f.
27 Zschokke 1859, 186.
28 Otto Zinniker hat den Verein als «hellaufleuchtendes, aber rasch erlöschendes Strohfeuer» bezeichnet (Zinniker 1932, 51).
29 Zinniker 1932, 81.
30 Vgl. Zinniker 1932, 51 f.
31 Vgl. Crotti 2007, 78 ff.

Bibliografie

Claudia Crotti: In einer Republik darf kein Pöbel sein, weder in Seiden noch in Zwillich. Staatsreform und Bildungsreform in der Schweiz im 19. Jahrhundert. In: Claudia Crotti, Philipp Gonon & Walter Herzog (Hg.): Pädagogik und Politik. Historische und aktuelle Perspektiven. Bern 2007, 69–88.

Heimatkunde-Kommission Lausen: Lausen. Hrsg. von der Gemeinde Lausen. Liestal 1997.

Ulrich Im Hof & François de Capitani: Die Helvetische Gesellschaft: Spätaufklärung und Vorrevolution in der Schweiz. Frauenfeld 1983.

Matthias Manz: Die Basler Landschaft in der Helvetik (1798–1803). Über die materiellen Ursachen von Revolution und Konterrevolution. Liestal 1991.

Werner Ort: Die Zeit ist kein Sumpf; sie ist Strom. Heinrich Zschokke als Zeitschriftenmacher in der Schweiz. Bern 1998.

Werner Ort: Der modernen Schweiz entgegen. Heinrich Zschokke prägt den Aargau. Baden 2003.

Otto Zinniker: Der Geist der Helvetischen Gesellschaft des 19. Jahrhunderts, besonders zwischen 1807 und 1849. Ein Beitrag zur Geschichte des Liberalismus in der Schweiz. Biel 1932.

Heinrich Zschokke: Volksbildung ist Volksbefreiung. In: Heinrich Zschokke's Gesammelte Schriften. Aarau 1859, 170–189. Wiederabgedruckt in Holger Böning & Werner Ort (Hg.): Das Goldmacherdorf oder wie man reich wird – Ein historisches Lesebuch von Heinrich Zschokke. Bremen 2007, 229–246.

Bildnachweis

1 Alexander Zschokke (1811–1859): Heinrich Zschokke, Aarau 1841. Stahlstich, ¾-Profil rechts. Abgedruckt in: Heinrich Zschokke: Eine Selbstschau, 1. Teil, Aarau 1842. Frontispiz.
2 *Staatsarchiv Aargau*, Aarau. Alle Rechte vorbehalten.
3 Zur Verfügung gestellt *(Wikimedia Commons)*.

1 Der Freiheitsbaum war eines der symbolischen Mittel, mit dem die Baselbieter Revoluzzer für ihre Sache warben.

Beat Stüdli

Schnellkurs in Politik – die Lernprozesse der Baselbieter während der Kantonstrennung

Wenn man das politische Leben im Baselbiet vor und nach der Kantonstrennung betrachtet, tritt ein scharfer Kontrast hervor: Während in der Zeit davor nur ein Fünftel der Grossräte aus dem Baselbiet stammte, die politischen Diskussionen keine öffentliche Plattform fanden und sich sämtliche staatlichen Institutionen in Basel befanden, konnte und musste nach der Trennung in der Landschaft ein eigenes Kantonswesen errichtet und belebt werden. Die Veränderungen, die in der Politik stattgefunden hatten, setzten Lernprozesse voraus. In diesem Beitrag soll der «Schnellkurs in Politik» beschrieben werden, der während und nach der Kantonstrennung stattfand.

Die Basler Kantonstrennung erstreckte sich über die Jahre 1830 bis 1833. Während dieser Zeit kämpften die Baselbieter auf der einen Seite mit Worten und Taten für eine rechtliche Gleichstellung und auf der anderen Seite die Stadtbasler für den Erhalt ihrer Privilegien oder zumindest für eine geordnete Veränderung der Zustände. Der Verlauf der Ereignisse sollte jedoch zu einem Blutvergiessen auf beiden Seiten und zur Gründung des unabhängigen Kantons Basel-Landschaft führen.

Wie alle Lernprozesse bedingten auch jene im Baselbiet geeignete Voraussetzungen und eine geeignete Gruppe von Schülern. Das politische Know-how, das während dieser Zeit erlernt und angewendet wurde, beinhaltete erstens die Übernahme politischer Vorstellungen, zweitens die Fähigkeit, sich mit Sprache, Symbolen und Medien auszudrücken, und drittens das Beherrschen verschiedener politischer Handlungsmuster.

Um zu verdeutlichen, dass sich Politik nicht nur auf die Politiker und Staatsmänner und auf das Handlungsfeld der Reden und Beschlüsse beschränkt, wird im Einklang mit einer neueren Forschungsrichtung von «politischer Kultur» gesprochen. Dadurch kann ein grösserer Kreis von politischen Akteuren einbezogen und ein weiterer Anwendungsbereich der Politik beschrieben werden. Die solcherart erlangte Breite des Untersuchungsfeldes bringt jedoch mit sich, dass sich dieser Beitrag auf Beispiele aus den verschiedenen Bereichen des politischen Schnellkurses beschränken muss.

Das Lernsetting: Europa in der Zeit um 1830

Das Lernsetting, welches die politischen Lernprozesse der Baselbieter ermöglichte, entstand durch eine produktive Verbindung von äusseren und inneren Begebenheiten. Die äusseren Begebenheiten waren durch die liberale Julirevolution von 1830 geprägt, bei welcher das französische Volk die Abdankung ihres Königs erzwungen hatte. Sie brachte neue Dynamik in das konservative Europa der Restaurationszeit. Die politischen Begehren, die allerorts laut wurden, schlugen sich in der belgischen Staatsgründung, den Verfassungen mehrerer deutscher Länder und den Regierungen und Verfassungen von Schweizer Kantonen nieder. In den kantonalen Revolutionen von 1830/1831 war es die Bevölkerung der benachteiligten Landschaften, welche gegen die Hauptstädte aufbegehrte und eine rechtliche Gleichstellung verlangte. Die Basler Kantonstrennung war folglich ein Teil dieser landes- und europaweiten Dynamik.

Die inneren Begebenheiten können durch die damalige gesellschaftliche Situation erklärt werden. Das Baselbiet verfügte wie die anderen von der Revolution erfassten Kantone über eine sich in wirtschaftlichem Aufstieg befindende Landbürgerschaft, die sich aus Kaufleuten, Grossbauern, Metzgern, Müllern, Wirten, Ärzten, Apothekern, Advokaten und Industriellen zusammensetzte.[1] Sie setzte sich für mehr Rechte gegenüber den alten Eliten der eidgenössischen Städte ein und konnte dabei auf die Unterstützung eines Teils der Unterschichten zählen, der sich von einer Veränderung bessere Erwerbsmöglichkeiten und Steuererleichterungen erhoffte.

2 Die Presse spielte eine wichtige Rolle bei der Verbreitung des liberalen Gedankengutes. Von den Lesekünsten der Landbevölkerung hatte man allerdings nicht überall eine hohe Meinung, wie die Karikatur dieses Zeitungslesers von L. A. Kelterborn zeigt.

Schliesslich stellte auch der zu einem gewissen Grad zufällige Verlauf der Ereignisse die Baselbieter vor Aufgaben, die nur mit Hilfe von Lernprozessen zu bewältigen waren.

Die Teilnehmer des Lernprozesses

Am aktivsten waren während der Kantonstrennung natürlich die Revolutionäre selbst am politischen Lernprozess beteiligt. Deren Verteilung und Zusammensetzung lässt sich an den Volksabstimmungen von 1831 und 1832 und an den Verurteilungen der «Insurgenten» ablesen, welche im *Basler Kantonsblatt* publiziert wurden. Die Befürworter der revolutionären Anliegen stammten vor allem aus dem Norden des Kantons, von Sissach und Liestal bis zum Birseck, oder aus dem Oberbaselbiet in und um das Städtchen Waldenburg. Hier hatten die Gewerbetreibenden die Oberhand. Dagegen hielten sich die Heimarbeiter der südlichen Juratäler mehrheitlich von der Revolution fern, da sie die wirtschaftlichen Beziehungen zur Stadt nicht gefährden wollten.[2]

Am deutlichsten tritt beim politischen Lernprozess eine neuartige Gruppe von Politikern hervor, welche die Baselbieter Führungsriege stellte. Die Angaben über sie entnehmen wir den Basler Urteilen gegen 19 Personen, die selbst von der zweiten, erweiterten Amnestie vom Oktober 1831 ausgenommen waren.[3] Zu ihnen gehörten unter anderen Stephan Gutzwiller, Emil Remigius Frey, Johann Jakob Hug und Johann Jakob Buser. Sie waren im Durchschnitt 34 Jahre jung, gingen einem Gewerbe nach oder gehörten Berufen von höherer Bildung an, unterhielten zum Teil enge Beziehungen zur Stadt Basel und hatten oftmals ein Gemeinde- oder Grossratsamt inne. Sowohl die Gemeindebeamten als auch die Ratsabgeordneten hatten durch die Teilnahme an den Ereignissen der Kantonstrennung ihren bisherigen politischen Wirkungskreis durchbrochen und somit einen Lernprozess durchlaufen.

Mit dem Verlauf der Ereignisse, den Abstimmungen, Wahlen, Kampfhandlungen und der Gründung des neuen Kantons Basel-Landschaft konnte sich auch der nichtrevolutionäre Bevölkerungsteil den neuen Anforderungen der Politik nicht entziehen. Auch sie mussten in kurzer Zeit lernen, auf neue Weise ihre Interessen geltend zu machen.

Die Aneignung von neuen politischen Vorstellungen

Die Baselbieter haben sich während der Kantonstrennung neue politische Vorstellungen, jene des Liberalismus, zu eigen gemacht. Diese Aneignung lässt sich an den Schriften von Stephan Gutzwiller und an der ersten Baselbieter Kantonsverfassung beobachten.

Die kritischen Stimmen, welche die Verfassungsrevision des Kantons Basel und letztendlich die Kantonstrennung bewirkten, sind zum ersten Mal im Spätjahr 1830 in der «Bubendorfer Petition» nachweisbar, die von Stephan Gutzwiller formuliert und auf einer Versammlung in Bubendorf beschlossen wurde. Die Petition forderte eine neue Verfassung, welche Land- und Stadtbürgern gleiche Rechte gewährt, und verwendete dazu die Begriffe «Freiheit», «Gleichheit» und «Volksrechte».[4] In einer anderen, zur gleichen Zeit erschienenen Schrift forderte Gutzwiller, «dass die Souverainität, das ist: die oberste Macht in dem Volke liegen soll»[5].

Woher stammte die von Gutzwiller in der Basler Landschaft eingeführte liberale Sprache? Sie wurde von den Schweizer Liberalen übernommen, die ihrerseits von den liberalen Strömungen in Frankreich und Deutschland beeinflusst worden waren. Aus Frankreich waren vor allem die Schriften von Benjamin Constant bekannt, und in Deutschland walteten die Universitäten als Horte des oppositionellen Liberalismus. Emil Remigius Frey und Stephan Gutzwiller, die zwei Hauptexponenten des neuen Kantons, hatten beide vorübergehend in Deutschland studiert und waren dort mit deutschen Liberalen in Kontakt gekommen. Da der Liberalismus in Deutschland unterdrückt wurde, wanderten zudem mehrere deutsche Gelehrte in die Schweiz aus, um hier als Dozenten und Publizisten tätig zu sein.

Einer von ihnen war Ludwig Snell, der Bruder von Wilhelm Snell, der in Basel als Professor wirkte. Als Redaktor der Zeitung *Der Schweizerische Republikaner* veröffentlichte er im Januar 1831 einen Verfassungsentwurf für den Kanton Zürich.[6] Ein Vergleich dieses Verfassungsentwurfs mit der ersten Verfassung des Kantons Basel-Landschaft von 1832 zeigt, dass die beiden Texte in ihrer Struktur sehr ähnlich aufgebaut sind und einander bisweilen im Wortlaut entsprechen. Es sind jedoch auch Unterschiede feststellbar, besonders bei den Paragrafen über die Ausgestaltung der Volkssouveränität. In Ludwig Snells Verfassungsentwurf übertragen die Bürger die Ausübung der Volkssouveränität explizit an die Abgeordneten, während sie in der Baselbieter Verfassung an gleicher Stelle der Gesamtheit der Aktivbürger obliegt. Dass es sich damit nicht nur um eine unterschiedliche Formulierung handelt, wird im Paragraf ersichtlich, der den Baselbietern das Vetorecht in Gesetzesfragen zugesteht.[7] Trotz vieler Entsprechungen offenbaren diese Unterschiede den Gegensatz zwischen dem für Zürich vorgesehenen «reinen und ächten Repräsentativsystem» und dem demokratischen Einschlag der Verfassung des Kantons Basel-Landschaft von 1832.

Der Vergleich der beiden Verfassungstexte zeigt erstens, dass die Verfassung des Kantons Baselland unter Verwendung einer liberalen Sprache und nach dem Muster der liberalen Verfassungen erstellt wurde. Zweitens zeigt er aber auch, dass die Baselbieter die liberalen Verfassungselemente nach ihren eigenen Bedürfnissen adaptierten und mit ihnen ein Gemeinwesen schufen, das ihren Vorstellungen und Erfahrungen entsprach.

Das Erlernen der Fähigkeit, sich ausdrücken zu können

Es genügt nicht, eine liberale Sprache und liberale Vorstellungen zur Verfügung zu haben, die Sprache muss auch angewendet und die Vorstellungen zum Ausdruck gebracht werden. Dafür müssen Medien zur Verfügung stehen, und tatsächlich wurden während der Kantonstrennung Petitionen und Flugschriften verfasst und die erste politische Zeitung im Baselbiet, *Der unerschrockene Rauracher*, in Betrieb genommen. Zur Fähigkeit, sich auszudrücken, gehörte auch ein wirkungsvoller Umgang mit Symbolen und symbolischen Handlungen wie der Errichtung von Freiheitsbäumen, dem Tragen von Kokarden und Schweizer Fahnen und der Abhaltung von Volksversammlungen.

Eine Petition, welche die Einsassen von Waldenburg an den Verfassungsrat des Kantons Basel-Landschaft richteten, der gerade mit der Ausarbeitung der Verfassung beschäftigt war, zeigt, dass es selbst den Baselbietern zweiter Klasse gelang, die liberale Sprache für ihre eigenen Zwecke zu verwenden. Als Einwohner einer Ortschaft, in der sie kein Bürgerrecht besassen, waren die Einsassen politisch und wirtschaftlich benachteiligt. Sie machten geltend, dass sie für die politischen Neuerungen gekämpft hatten und sie es nicht goutierten, wenn ihnen die neuen Verhältnisse nun Nachteile bringen würden:

3 Petition, mit welcher die benachteiligten Einsassen von Waldenburg dem Verfassungsrat ihre Wünsche für die erste Verfassung des Kantons Baselland von 1832 mitteilten.

> «Wir hätten daher anstatt freyheit und gleichheit der Bürgerlichen Rechte, uns zu unserem Schaden eine vollkommene Einschränkung erkämpft, wo doch wir so viel als wie der Bürger auch einige wohl mehr für die Sache gestritten haben, und dadurch sich gegenwärtig hinsichtlich des Verdiensts grossen Schaden zugezogen haben. Denn wenn eine Petizion oder eine Trennungsfrage zu gunsten der Landschaft zum unterzeichnen Zirkuliert so haben die Nahmen der Einsassen, so viel als die der Bürger geleistet, auch in Zeiten der Gefahren sind wir nicht weniger als der Bürger Thätig gewesen wo mit den Waffen hat gekämpft werden müssen desshalb thut es uns bedauern dass im ersten Augenblick wo für uns eine Neue Regierung solte gebildete werden wir vernehmen müsten, dass wir jetzt noch mehr als vorher sollten Eingeschränkt werden, so dass wir uns nicht für freyer, sondern für gedrückter ansehen könten; zu welchem Zwecke wir selbst so viel als in unserem Vermögen gestanden dazu beygetragen hätten.»[8]

Die Waldenburger Einsassen hatten klare Erwartungen bezüglich der neuen Verfassung. Da sie sich in den Trennungswirren auf der Seite der revolutionären Landschäftler eingesetzt hatten, was für sie Risiken und Verdiensteinbussen bedeutete, wollten sie von der Neuordnung profitieren, und hofften, dass sich nun ihre ökonomische und rechtliche Lage verbessern würde. «Gleichheit» oder «Rechtsgleichheit» bedeutete für sie, in gleicher Weise wie die Ortsbürger vom Gemeindewald profitieren zu können sowie das Recht zu haben, an den Gemeindeversammlungen mitzureden. Zur Legitimation ihrer Forderungen griffen sie auf eine liberale Sprache zurück und wendeten sie auf ihren spezifischen Kontext an. «Freiheit», «Gleichheit» und «bürgerliche Rechte» hatten bis dahin in Hinsicht auf die Emanzipation der Landschaft gegenüber der städtischen Obrigkeit gegolten, nun aber wurden diese Begriffe auf den Kontext der Gemeinde angewendet, wo ebenfalls rechtliche und wirtschaftliche Ungleichheit herrschte.

Neue Handlungsmuster

Während der Kantonstrennung wurden politische Handlungsmuster erlernt und zur Anwendung gebracht. Die Baselbieter setzten Massenpetitionen in Umlauf, vervielfältigten Flugblätter, unternahmen Handlungen demonstrativen und symbolischen Charakters, hielten Versammlungen ab und zogen mit der Landwehr ins Feld. Teils konnten diese Praktiken von älteren Baselbietern wie Johann Jakob Buser erlernt werden, welche die Helvetische Revolution von 1798 erlebt hatten und noch politisch aktiv waren. Jene Ereignisse waren zudem in der «Geschichte der Stadt und Landschaft Basel» von Peter Ochs überliefert. Teils wurden diese Praktiken gleichzeitig auch in den politischen Bewegungen anderer Kantone angewendet.

Auch die Abstimmung, eine Handlung, die uns heute selbstverständlich erscheint, musste während der Kantonstrennung und im neuen Kanton erst eingeführt und erlernt werden. Vor 1831 hatte in der Basler Landschaft gerade mal eine Abstimmung stattgefunden, und zwar jene über die zweite Helvetische Verfassung. Die Baselbieter konnten lediglich ihre Abgeordneten für den *Grossen Rat* wählen. Insbesondere Sachabstimmungen waren also fast gänzlich unbekannt. Dies lässt sich an der Abgabe und der Auszählung der Stimmen beobachten: Je nach Abstimmung konnte man nur in seinem Bürgerort oder auch in seinem Wohnort abstimmen, je nach Abstimmung wurden die Nichtstimmenden zu den Befürwortern gezählt oder nicht.

Des Weiteren folgte auch die konkrete Stimmabgabe keinem einheitlichen Muster: Von den beiden Abstimmungen im Jahr 1831 fand die erste offen statt und die zweite geheim. In der Verfassungsabstimmung wurde

> «(...) eines jeden einfache und unbedingte Erklärung, ‹ob er für die Genehmigung oder Verwerfung derselben stimme›, vernommen, und solche von dem die Feder führenden Beamten, mit Namensanführung, in die hierüber zu eröffnenden Register eingetragen.»[9]

Die Stimmabgabe fand also offen vor der Gemeindeversammlung statt, und das Resultat wurde noch während der Versammlung für jedermann nachvollziehbar festgehalten.

4 Zur politischen Kultur der 1830er- und 1840er-Jahre gehörten zahlreiche Volksversammlungen und Zusammenkünfte wie hier «Liestals Gedaechtnisfeyer für die am 21ten August 1831 im Kampfe gefallenen – Gehalten am 21ten August 1832» in einem Stich von Adolphe Daudiet.

In der Abstimmung über die Trennung vom Kanton Basel im November des gleichen Jahres galten jedoch neue Bestimmungen, die Stimmabgabe erfolgte nun geheim und mittels Stimmzettel und Wahlurnen, wie die Instruktionen des *Kleinen Rats* zeigen:

> «Der Gemeinderath lässt alsdann im Beiseyn der Beigeordneten von den anwesenden stimmfähigen Bürgern jeden einzeln, Mann für Mann vor sich treten, verzeichnet den Namen des Stimmenden, übergiebt ihm eine Stimmkarte, und weist ihn an, solche je nach seiner gewissenhaften Ueberlegung in das eine oder das andere Kistchen zu legen.»[10]

Der Gemeinderat musste zudem dafür sorgen, dass im Abstimmungslokal «jeder im Augenblick des Stimmens seine Karte ungesehen in eines der Kistchen abgeben kann». Die Kästchen wurden anschliessend versiegelt und von den eidgenössischen Repräsentanten ausgewertet. Die Verfassungsabstimmung im neuen Kanton erfolgte ebenfalls geheim, wenn auch ohne Verwendung einer Wahlurne.[11]

An den Vorschriften zu diesen drei Abstimmungen von 1831/1832 ist ein Übergang von der offenen zur geheimen Stimmabgabe zu beobachten. Die geheime

Stimmabgabe unter Gebrauch von Urne und Stimmkabine sollte sich im Verlauf des 19. Jahrhunderts durchsetzen. Zur Zeit der Kantonstrennung und auch noch in späteren Jahren war die geheime Stimmabgabe aber noch nicht fest in den Köpfen der Bürger und Behörden verankert. Dies zeigt die Abstimmung über die 1838 erstmals revidierte Baselbieter Verfassung, bei der wieder auf ein offenes Verfahren zurückgegriffen wurde. Der Verdacht auf Opportunismus der jeweiligen Behörden, die für einen vorteilhaften Ausgang der Abstimmungen sorgen wollten, ist naheliegend. Was die demokratische Praxis der geheimen Stimmabgabe betrifft, befanden sich die Baselbieter also noch mitten im Lernprozess.

Schluss

Der politische Schnellkurs, der während der Kantonstrennung im Konflikt mit der Basler Obrigkeit stattfand, beeinflusste auch die politische Kultur des neuen Kantons Basel-Landschaft und war für seine radikaldemokratischen Züge verantwortlich. So blieb das Verhältnis zwischen Volk und Regierung von Misstrauen geprägt, weshalb die Initiativen der letzteren oftmals einen schweren Stand hatten.

Die Lernprozesse der Baselbieter fanden in individueller Form statt, auch wenn sie durch entsprechende Vorgänge im In- und Ausland beeinflusst waren. Sie können aber in einem Wandel der politischen Kultur Westeuropas verortet werden, der Ende des 18. Jahrhunderts begann und sich über das 19. Jahrhundert fortsetzte und bei dem die frühneuzeitliche, «gottgegebene» Ständeordnung allmählich Nationalstaaten wich, die ihre Legitimation aus dem Volk bezogen.

Anmerkungen

1 Vgl. Roger Blum: Für Volkssouveränität und Fortschritt. Die Volksbewegungen der Jahre 1830–1833, in: Baselland vor 150 Jahren. Wende und Aufbruch. Liestal 1983, 210–234; Alfred Kölz: Neuere schweizerische Verfassungsgeschichte. Ihre Grundlinien vom Ende der Alten Eidgenossenschaft bis 1848. Bern 1992, 227–235; sowie Andreas Suter: Direkte Demokratie. Historische Reflexion zur aktuellen Debatte, in: Bruno Wickli: Politische Kultur und reine Demokratie. St. Gallen 2006, 217–273.
2 Karl Weber: Die Entstehung und Entwicklung des Kantons Basellandschaft, in: Geschichte der Landschaft Basel und des Kantons Basellandschaft, Bd. 2. Liestal 1932, 696.
3 Beschluss des Grossen Rats betreffend die stattgehabten Aufregungen in unserm Kanton und die Wiederherstellung der Ruhe und gesetzlichen Ordnung, 10./11. Oktober 1831, in: Kantonsblatt Basel-Stadt; Angaben über die einzelnen Personen in den ebenda publizierten Gerichtsurteilen.
4 Ehrbietige Bittschrift an den grossen Rath des Kantons Basel, Begleitschreiben an den kleinen Rath und die Gleichheitsurkunde vom 20. Jenner 1798. Basel 1830, 11.
5 Stephan Gutzwiller: Basels Verfassungsänderungen in den Jahren 1798, 1803 und 1814, ihr Verhältnis unter sich und zum Jahr 1830. Zürich 1830, 42 f.
6 Ludwig Snell: Entwurf einer Verfassung nach dem reinen und ächten Repräsentativsystem, das keine Vorrechte noch Exemptionen kennt, sondern auf der Demokratie beruht. Zürich 1831.
7 Verfassung für den Canton Basel-Landschaft. Liestal 1932, § 40.
8 Petition der Einsassen von Waldenburg. StA BL, NA 2006, Verfassung B 1.2, 18. März 1832.

9   Gesetz über die Art und Weise wie die Verfassung der Genehmigung der Bürgerschaft unterlegt werden soll, 11. Februar 1831, in: Revidierte Verfassung des Kantons Basel samt Ausführungsgesetzen. Basel 1831.
10 Instruktion für die Gemeinderäthe bei Vornahme der Abstimmung über die Trennungsfrage, 19. November 1831, reproduziert in: Markus Wiedmer: Als Aristokrat unter Revoluzzern. Der Sissacher Pfarrer Daniel Burckhardt im Strudel der Trennungswirren 1830–1833. Liestal 1997, 73.
11 Gesetz betreffend die Abstimmung über die Verfassung und die Einführung der neuen Behörden, 30. April 1832, in: Gesetzessammlung für den Kanton Basel-Landschaft. Liestal 1838.

Bildnachweis
1   Ludwig Adam Kelterborn (1811–1878): «Der Fraiheitsbaum von Binningen, 1832», Lithografie koloriert, 29,7 × 20,7 cm, *Grafische Sammlung Museum.BL*, Liestal.
2   Ludwig Adam Kelterborn (1811–1878): «Aufklärung durch Pressefreiheit», Lithografie koloriert, 16,6 × 22,4 cm, *Grafische Sammlung Museum.BL*, Liestal.
3   Petition der Einsassen von Waldenburg. *Staatsarchiv BL*, NA 2006, Verfassung B 1.2, 18. März 1832.
4   Adolphe Daudiet (1807–1872) / B. Steiger: «Liestals Gedaechtnisfeyer für die am 21ten August 1831 im Kampfe gefallenen – Gehalten am 21ten August 1832», Lithografie, 37,2 × 54 cm, *Grafische Sammlung Museum.BL*, Liestal.

1 Im Laufe der Zeit haben sich nicht nur die Schule, sondern auch die Aufgaben des Erziehungs- beziehungsweise des Bildungsrats gewandelt.

Martin Leuenberger

Viel Vergangenheit – wenig Zukunft?
Der Erziehungsrat im Wandel
der Geschichte

Nachdem der junge Kanton Basel-Landschaft in den 1830er-Jahren bereits einmal für kurze Zeit einen Erziehungsrat besessen hatte, wurde mit dem Schulgesetz von 1911 – also vor genau 100 Jahren – erneut ein solches Gremium geschaffen. Es existiert als *Bildungsrat* heute noch. Geht es nach einer Mehrheit des Landrates, so verliert dieser die meisten der ihm verbliebenen Kompetenzen. Ob ihr der Souverän in der Volksabstimmung folgt, wird sich erst nach Redaktionsschluss dieses Buches erweisen.

Die Geschichte des Baselbieter Erziehungsrates beginnt einige Jahrzehnte vor der Gründung des eigenen Kantons: Die schweizerischen Erziehungsräte sind nämlich Kinder der Französischen Revolution. Unter dem Eindruck entsprechender bildungspolitischer Ideen und Diskussionen in unserem Nachbarland wurden diese Räte in der Zeit der Helvetik (1798–1803) unter dem damaligen Bildungsminister Philipp Albert Stapfer geschaffen. Mit den Reformen jener Zeit sollten in unserem Land nicht nur zum ersten Mal eine nationale Post oder gemeinsames Geld geschaffen und Zölle zwischen den Kantonen aufgehoben werden – dank den Reformen der Helvetik gibt es auch Erziehungsräte.

Im damaligen Stand Basel wurde ein solcher Rat 1799 eingeführt. Eine echte Verwaltung sucht man zu jener Zeit vergeblich. Der Erziehungsrat unterstützte die Regierung in Erziehungsfragen – und kontrollierte sie auch. Das gehörte zum neuen politischen Instrumentarium jener Tage.

Dass im neuen, 1833 entstandenen Kanton Basel-Landschaft ein Erziehungsrat geschaffen wurde, ist dem Umstand geschuldet, dass er sich zu den radikalen Kantonen rechnete. Ein tiefer politisch-religiöser Graben durchzog damals die Schweiz. Die führenden Politiker der Basler Landschaft waren Radikale. Sie bereiteten das Feld nicht nur für einen eigenen Kanton, sondern auch für den Zuzug vieler anderer Demokraten, die – aus ihren Heimatstaaten vertrieben – Aufenthalt im Baselbiet nehmen konnten. Darunter waren viele Deutsche. Sie beförderten die Bildung. «Volksbildung ist Volksbefreiung», hiess ihre Losung.

1833. Alte Zeit, nicht gute Zeit

Man hatte keine Lehrer, und die, die man hatte, konnten nicht viel mehr als ihre Schulkinder. Man hatte keine Schulhäuser, und die vorhandenen waren muffig, heruntergekommen, zu klein, zu eng. Es gab keine etablierten Schulen. Die Zustände waren katastrophal. Viele Landleute hielten die Schule zudem für überflüssig. Die Arbeit ging vor. Die Kinder erschienen längst nicht immer regelmässig zum Unterricht. Alles musste neu geschaffen werden. Man suchte die besten Männer. Und die fand man zum Glück im Baselbiet jener Jahre. Sie halfen mit, ein eigenes Schulwesen für den Kanton aufzubauen. Dass die erste Kantonsverfassung das «Instrument» Erziehungsrat vorsah, ist vor diesem Hintergrund keine Überraschung. Erstaunen hingegen ruft viel eher hervor, dass der Erziehungsrat schon bald nach seiner Einführung wieder abgeschafft wurde. Nur gerade fünf Jahre hielt seine erste Ausgabe. Die Situation wurde unübersichtlich. Man wusste nicht mehr recht, wer wem was zu sagen hatte. Der elanvolle Anfang kam rasch ins Stocken. Nicht nur in Erziehungsfragen. Mit der Reorganisation der Baselbieter Regierung im Jahr 1838 verschwand der Erziehungsrat aus dem Staatsleben, 1851 wurde er auch im Gesetz getilgt.

Für den Rest des 19. Jahrhunderts kam der Kanton Basel-Landschaft ohne Erziehungsrat aus.

1911. Der Erziehungsrat etabliert sich

Erst das neue Schulgesetz von 1911 führte den Erziehungsrat wieder ein, und zwar auf Wunsch der Lehrerschaft. Im Kampf um Löhne und Nebenverdienste, um Pflich-

2 Die Jahre des Zweiten Weltkriegs waren geprägt von Anbauschlacht und Mangelwirtschaft. Ein neues Bildungsgesetz wurde erst nach Kriegsende verabschiedet. – Blick auf das Liestaler *Rotackerschulhaus* 1945.

ten und Aufgaben suchte diese schon längere Zeit nach einem Gremium, in dem sie ihren Einfluss in der Politik geltend machen könnte. Die Gemeindebehörden und die Schulpflegen unterstützten die Lehrerschaft. Sie fanden auch, ein Erziehungsrat wäre als Unterstützung der Erziehungsdirektion sinnvoll, etwa wenn es um neue Lehrmittel gehe. Offenbar machte der Regierungsrat nicht immer den besten Eindruck. Seine Mitglieder wären derart mit anderem beschäftigt, dass sie sich unmöglich «auch noch mit Schulfragen befassen könnten», hiess es etwa. Ein Erziehungsrat könne Bedürfnisse und Neuerungswünsche besser erkennen und ihre Einführung optimaler vorbereiten. Die Mehrheit wollte ihn, und so blieb der Erziehungsrat im Entwurf zu einem neuen Schulgesetz, dessen Realisierung einige Jahre in Anspruch nahm. Steter Tropfen der Lehrerschaft höhlte den Stein, könnte man sagen.

Im Laufe der Zeit konsolidierte sich die Stellung des Erziehungsrates; er wurde zu einer festen Grösse in der Baselbieter Erziehungs- und Bildungspolitik. Seine damaligen Aufgaben und Pflichten lassen sich folgendermassen umschreiben:
– er war für die Wahl der Lehrer in der Volksschule zuständig;
– er beaufsichtigte die Lehrer, die Qualität des Unterrichts war sein zentrales Anliegen;
– er war auch Beschwerdeinstanz;
– er verabschiedete die Lehrpläne und die Stundentafeln.

Fast alles, was im Erziehungswesen von Relevanz war, lief über ihn. Er war die «Begutachtungs- und gleichzeitig eine Vorberatungsbehörde, anderseits eine Art Einigungsamt zwischen Lehrerschaft und Oberbehörde bei Beschwerden, drittens ist er in reduziertem Masse Wahlinstanz», schrieb die Baselbieter Regierung im Februar 1930 ihren Kollegen im Kanton Waadt, die sich für die Institution interessierten.

1946. Beschleunigter Wandel nach dem Krieg

Selbstverständlich ging die Zeit des Zweiten Weltkriegs nicht ohne Folgen am Erziehungsrat vorbei. Anbauschlacht und Mangelwirtschaft prägten diese Jahre. Schule wurde da auch manchmal ausgesetzt, wenn das Holz knapp war. Das neue Schulgesetz wurde denn auch erst nach dem Krieg realisiert, obwohl es bereits in den Jahren vor dem Kriegsausbruch Gegenstand der bildungspolitischen Diskussion gewesen war. Als dringlich wurde die Realisierung eines 9. Schuljahres angesehen. Die Zahl der Bezirksschulen müsse heraufgesetzt werden; sie müssten zudem den Charakter eines Progymnasiums erhalten, um die Schüler besser auf die städtischen Gymnasien und das Lehrerseminar vorbereiten zu können, wurde argumentiert. Bei den Fortbildungsschulen, einer Art früher Berufsfachschulen, sollte es mehr Schulkreise geben. Der Realschulkreis Aesch-Reinach sollte in zwei Schulkreise aufgeteilt werden. An den gemischten Realschulen sollten auch Lehrerinnen unterrichten dürfen.

Allerdings ging die heile Welt, die eine rasche Verabschiedung des Gesetzes nach dem Weltkrieg möglich gemacht hatte, irgendwann verloren. Die Welt, auch die beschauliche kleine Baselbieter Welt, veränderte sich rasch. Neue gesellschaftliche Erscheinungen beschäftigten auch den Erziehungsrat: Sexualität, Kino und Fernsehen, Freizeitverhalten, Alkohol, Zigaretten, Mopeds prägen das Leben der Jugendlichen, sie bestimmten auch die Diskussionsthemen des Erziehungsrates.

1968. Neue Grundsätze, neue Pädagogik

In der Zeit der 1970er-Jahre wurde vieles – und zum Teil – radikal in Frage gestellt. «1968» ist mehr als nur eine Jahreszahl. Die Ziffern sind ein Stempel, ein Code für eine Zeit und für eine Generation, die kaum einen Stein auf dem andern liess. Für viele positive Entwicklungen tragen die «AchtundsechzigerInnen» die Verantwortung. Erziehung zu Frieden und Gewaltlosigkeit sowie die Gleichstellung (nicht zuletzt in der Schreibweise) waren zentrale Anliegen. 1972 wurde endlich die erste Frau in den Erziehungsrat gewählt. «Blockzeiten», «Tagesschule», «Mittagstisch», «Familienergänzung», «demokratische Schule» sind die Schlagworte, welche die gesellschaftliche Diskussion im Erziehungswesen bestimmten. Neue pädagogische Grundsätze prägten die Schule der 1980er- und 1990er-Jahre. Nicht alle waren erfolgreich. So wurden die antiautoritäre Schule, das «Modell Summerhill», und die «Kinderläden» nicht zum Erfolgsmodell, aber das Schulgesetz von 1979 trug dem gesellschaftlichen Wandel Rechnung und führte moderat an die neuen Gegebenheiten heran. Es brachte wichtige Änderungen: Schülerinnen- und Schülermitsprache, obligatorische Lehrerinnen- und Lehrerfortbildung. Krabbel-, MUKI-, Spielgruppen wurden normal. Das Vorschulalter der kleinen Kinder wurde überhaupt erst als Alterskategorie ernst genommen. Für die Frauen taten sich endlich neue Berufsfelder auf. Lange war Pädagogik den Männern vorbehalten gewesen. Noch 1967 galten heiratende Lehrerinnen als «doppelverdienende» Frauen; ihnen wurde sofort gekündigt.

2003. Im Spannungsfeld der (Partei-)Politik

Mit dem Bildungsgesetz von 2003 wurden Erziehungsrat und Berufsbildungsrat zusammengelegt. Sie bildeten den neuen *Bildungsrat*. Dank guter Vorbereitung durch die Bildungsdirektion und dank hervorragender Führung der Bildungskommission durch ihren Präsidenten passierte das Gesetz in seltener Einmütigkeit und in vergleichsweise kurzer Zeit die parlamentarische Kommission und das Plenum des Landrates.

Gebildet wird der *Bildungsrat* von 13 Mitgliedern. Drei davon werden von der *Amtlichen Kantonalkonferenz der basellandschaftlichen Lehrerinnen und Lehrer* (AKK BL) mandatiert und ein Mitglied vom *Lehrerinnen- und Lehrerverein Baselland* (LVB), die anderen Mitglieder vertreten die Kirche, die Parteien sowie die Verbände und Gewerkschaften.

Doch im Streit um die Informatik und um die Entscheidung für die zweite Fremdsprache an der Primarschule, um den Lehrplan der Sekundarstufe wurde der *Bildungsrat* immer mehr in die parteipolitische Auseinandersetzung einbezogen. Nichts aber macht diesen Rat überflüssiger, als wenn man ihn als tagespolitische Behörde darstellt. Er war dieser Auseinandersetzung mit dem Landrat auch gar nicht gewachsen. Er hatte der geölten Maschine Parlamentsnetzwerk nichts Adäquates entgegenzusetzen. Seit 2004 drehte sich die Diskussion immer mehr um seine Aufgaben und Rechte. Zu einer Lösung fand das Parlament jedoch nicht. Die Debatte zog sich über Jahre hin.

Schon 2003 hatte der Kanton Basel-Landschaft eine Standesinitiative zur schweizerischen Harmonisierung der Volksschule eingereicht, wie sie dann 2007 als *HarmoS-Konkordat* unter den Kantonen vereinbart wurde. Die Debatte um den Baselbieter *Bildungsrat* gehört bestimmt in dieses weite Feld. Was zunächst auch im Landrat als ganz klare Sache angesehen wurde, entpuppte sich immer mehr als Streitobjekt. Die Harmonisierung der Schule wurde plötzlich scharf attackiert. Davon blieb der *Bildungsrat* nicht unberührt. Er bezog Schelte für etwas, das nicht zutraf und wofür er am wenigsten konnte. Er galt als der Direktion nahestehendes Gremium; bisweilen wurde er gar als Alibigremium dargestellt, das ausschliesslich und willfährig den «bürokratischen Reformwahn» der Bildungsdirektion und der Lehrerschaft absegne.

1833. 2011. Fazit und Ausblick

Heute sind die Kompetenzen des *Bildungsrates* umstrittener denn je. Wie immer die definitive Lösung aussieht, die man für ihn findet: Für die Wahl, Aufsicht und Beschwerden über die Lehrpersonen ist er schon lange nicht mehr zuständig. Die ihm zuletzt verbliebenen Entscheidungsbefugnisse – Lehrpläne, Stundentafeln, Lehrmittel der Volksschule – sind letztlich ebenfalls von der Zustimmung des Landrates abhängig. Im Grund genommen liegt der einzige Unterschied in der Ausführlichkeit der parlamentarischen Diskussion. Ob der Landrat wie bis anhin die Pläne des *Bildungsrates* via Budgetdebatte genehmigt oder wie aus den Reihen des Landrats gefordert nach einlässlicher Diskussion eines jeden einzelnen Geschäfts, ändert an der letztendlich klar definierten Zuständigkeit wenig. Wohl aber am Image und am Ansehen des *Bildungsrates* ... und des Baselbieter Parlaments.

Die Stimmen für und gegen den *Bildungsrat* in der Debatte der letzten Jahre lassen erkennen, dass die Geschichte des Erziehungsrates auf verschiedene Arten gelesen werden kann:

1. Die auf den Einzelfall bezogene Lesart wird die Praxis des Erziehungsrates immer aus vielen verschiedenen Einzelfällen zusammengesetzt sehen. Er bemüht sich stets redlich und sucht nach einer auf den jeweiligen Einzelfall bezogenen Lösung.
2. Eine mehr gesellschaftliche Interpretation interessiert sich für die Muster des erziehungsrätlichen Handelns. Sie findet heraus, dass der Erziehungsrat in vielen Fällen zurückhaltend vorgeht, dass er den Lehrpersonen eine Stimme gibt. Sie stellt aber auch fest, dass praktisch alle Neuerungen im Erziehungsrat diskutiert wurden.
3. Die auf das Fachliche bezogene Lesart wird die Unterstützung, die Beratung anführen, welche der Erziehungsrat als Behörde der Erziehungsdirektion zukommen lässt. Er wird als pädagogische Fachkommission verstanden, die gescheites Expertenwissen in die Diskussion einbringen kann.
4. Die politische Deutungsart betont, welch grosse Entscheidkompetenz der Erziehungs- bzw. der *Bildungsrat* hat, die doch so im politischen System gar nicht vorgesehen sei. Dieser Deutung muss fast zwangsläufig das Bild eines Kompetenzkonflikts zwischen Erziehungsrat, Regierungsrat und Landrat folgen.

Diese vier Lesarten schliessen sich gegenseitig nicht aus. Man kann sie kombinieren, wenn man dies will. Wie die basellandschaftliche Bildungslandschaft sich in Zukunft weiterentwickelt, wird sich nach der Volksabstimmung über die Kompetenzen des *Bildungsrates* weisen. Für weitere Diskussionen ist gesorgt. Das ist das Spannende an den Variationen, die uns die Geschichte bietet.

Literatur
Martin Leuenberger: Der dritte Rat am Wagen. Der Erziehungsrat des Kantons Basel-Landschaft und seine Geschichte, Liestal: Kantonsverlag 2010.

Bildnachweis
Beide Bilder Sammlung Heinz Spinnler, Tecknau.

1 Justus Stöcklin. Holzschnitt von Walter Eglin.

Lukas Boser
Liebe zu Zahlen und Poeten
Justus Stöcklin: der Vater des roten Rechnungsbüchleins

Einer der einflussreichsten Schulmänner des ausgehenden 19. und des beginnenden 20. Jahrhunderts war der in Liestal lebende und arbeitende Lehrer Justus Stöcklin. Hunderttausende von Schweizer Kindern erlernten das Rechnen mit Hilfe seiner Bücher, und die Stadt Liestal verdankt ihm den Beinamen «Poetennest».

Anfang Juli 1943 beschäftigte sich die Schweizer Presse eingehend mit der Landung der alliierten Truppen auf Sizilien und der beginnenden Schlacht um die «Festung

Europa». Inmitten dieser weltpolitisch hochbrisanten Ereignisse vermochte am 13. Juli und in den folgenden Tagen eine lokale Nachricht, welche von verschiedenen Tageszeitungen sowie der *Schweizerischen Lehrerzeitung*[1] verbreitet wurde, das Interesse der Schweizerinnen und Schweizer auf sich zu lenken. Dabei handelte es sich um die Meldung vom Ableben des Baselbieter Lehrers und Buchautors Justus Stöcklin. Etliche Zeitungen fügten der Nachricht auch ein Porträt des Verstorbenen bei. Text und Bild gaben Auskunft über eine Person, welche unzähligen Schweizerinnen und Schweizern dem Namen nach wohl bekannt war. Allerdings wussten vermutlich die meisten kaum mehr von ihm, als dass er das bekannte «rote Rechnungsbüchlein» (so genannt wegen der Farbe des Einbandes) verfasst hatte. Ein Lehrmittel, mit welchem seinerzeit grosse Teile der Schweizer Bevölkerung das Rechnen erlernt hatten.

Wer war dieser Mann, diese «knorrige Eiche»[2], wie der Autor eines Nachrufes im Liestaler *Landschäftler* schrieb?

Eine vielschichtige Persönlichkeit

Beim Lesen der verschiedenen Zeitungsberichte zeichnet sich das Bild einer vielschichtigen Persönlichkeit mit interessanter Biografie ab. Während seiner Jugend in Ettingen war der 1860 geborene Justus oft krank und verbrachte beinahe ebenso viel Zeit lesend zu Hause wie in der Primar- und Bezirksschule.[3] Nachdem er im *Seminar Kreuzlingen* bei Ulrich Rebsamen eine Primarlehrerausbildung genossen hatte, trat Stöcklin in der Gemeinde Seltisberg seine erste längere Stelle an.[4] 1884 wurde er nach Liestal berufen, wo er fortan bis zu seiner Pensionierung unterrichtete. Neben seiner Unterrichtstätigkeit als Primarlehrer betätigte er sich auch als Autor von Mathematiklehrmitteln und eines Geschichtsbuchs, wobei letzteres ein Manuskript geblieben ist. Zusammen mit anderen bekannten und einflussreichen Persönlichkeiten des Kantons Baselland kaufte er 1910 den *Landschäftler Verlag*. In diesem Verlag hatte Stöcklin in den folgenden 21 Jahren verschiedene leitende Funktionen inne.

1922 erschien Stöcklins «Poetennest». Dieses Buch war darauf angelegt, sieben Dichtern und Schriftstellern einerseits und der Stadt Liestal andererseits ein literarisches Denkmal zu setzen.

Stöcklin war nicht nur Primarlehrer und Buchautor, sondern er wirkte auch als Experte an den *Eidgenössischen Rekrutenprüfungen*, wo er an der Ausarbeitung der Prüfungsfragen in Mathematik beteiligt war. Neben Mathematik, Geschichte und Dichtung interessierte er sich auch für andere aktuelle Fragen des schulischen Lebens, Unterrichtens und Lernens. Dies zeigte sich etwa an seiner Mitgliedschaft in der *Schweizerischen Gesellschaft für Schulgesundheitspflege*, an der Auseinandersetzung mit der Entwicklungspsychologie von Jean Piaget[5] oder an seinem langjährigen Engagement als Präsident der *Basellandschaftlichen Lehrer-, Witwen- und Waisenkasse*[6].

Alle postumen Beschreibungen stellen Stöcklin als eine eindrückliche Persönlichkeit dar, mit wachem Geist und starkem Charakter. Gleichzeitig wird auch immer wieder darauf hingewiesen, dass der Umgang mit ihm oft nicht einfach gewesen sei. Das Bild der «knorrigen Eiche» bezog sich nicht nur auf das hohe Alter von 83 Jahren, sondern auch auf den streitbaren Charakter Stöcklins und seine, wie es ein Autor in der *Schweizerischen Lehrerzeitung* formulierte, «Neigung zu hartem moralischem Urteil und scharfem Wort»[7]. Wenn er sich in seinen Rechten beschnitten fühlte, dann scheute Stöcklin sich nicht, wenn nötig auch einen ganzen Kanton zu verklagen. So geschehen noch wenige Jahre vor seinem Tod. Als die *Erziehungsdirektion des Kantons Aargau* das Stöcklin'sche Rechenbuch ohne die Zustimmung des Autors überarbeiten liess, verklagte Stöcklin den Kanton vor Bundesgericht wegen Verletzung des Urheberrechts. Dass das Bundesgericht seine Klage abwies, verletzte ihn tief, wie der Basler Pfarrer A. Wolfer zu berichten wusste.[8]

Die Erinnerungen und Nachrufe von Angehörigen, Trauergesellschaft und Zeitungsjournalisten können aber keine ausreichende Basis sein, um die historische Person Justus Stöcklin und ihr Werk genauer zu beschreiben. Daher wollen wir im Folgenden auf einen Teil des Werks Stöcklins selbst genauer eingehen. Näher betrachtet werden sollen seine zwei publizistischen Hauptwerke, die vieles von dem preisgeben, was in den Nachrufen nur angetönt wurde oder gar nicht zur Sprache kam.

Das rote Rechnungsbüchlein

1887 erschienen die ersten von Stöcklins Rechenbüchern. Stöcklin soll die Hefte zuerst bloss als Hilfsmittel für den eigenen Gebrauch entwickelt haben. Zu der Zeit, als er zu unterrichten anfing, war das durchaus nicht ungewöhnlich. Zwar war im 19. Jahrhundert in der Schweiz kein Mangel an Rechenlehrmitteln zu beklagen – im Zuge der Einführung der staatlichen Volksschulen in den Kantonen in den 1830er-Jahren und deren stetigen Ausbaus in der Folgezeit waren Dutzende von neuen Rechenlehrmitteln entstanden –, allerdings bedurften, wegen der Umstellung der alten schweizerischen auf die neuen metrischen Masse und Gewichte im Jahr 1877, die meisten der vorhandenen Rechenbücher einer grundlegenden Überarbeitung. Als Stöcklin in ebendiesem Jahr 1877 in den Schuldienst trat, herrschte hier also Handlungsbedarf. Dass Stöcklin nicht wie andere Autoren einfach ein vorhandenes Lehrmittel umarbeitete, sondern ein neues entwickelte, lässt sich vor dem Hintergrund seines Anspruchs verstehen, dass «jede Zeit besondere Bedürfnisse [weckt], und die Schule mit dem Leben marschieren und genau Schritt halten [muss]»[9]. Ein weiteres wichtiges Anliegen Stöcklins war die Harmonisierung des schweizerischen Schulwesens. Dieses Anliegen legte er 1912 ausführlich dar, wie in der Folge noch dargestellt wird. Ein Anklang dieser Idee findet sich bereits in den Titeln seiner ersten Rechenbücher: Die «Aufgaben zum schriftlichen Rechnen für schweizerische Volksschulen» und das «Rechenbuch für schweizerische Volksschulen». Stöcklins Plan war die Herstellung und Verbreitung eines gesamtschweizerischen Rechenlehrmittels.

Liebe zu Zahlen und Poeten **89**

2 Ein Bestseller auf dem Lehrmittelmarkt: Stöcklins rote Rechnungsbüchlein.

Damit versuchte Stöcklin der Tendenz in der nationalen Bildungspolitik, die föderalen Schulstrukturen beizubehalten, entgegenzuwirken. 1874 wurde zwar erstmals in der Bundesverfassung ein Bildungsartikel aufgenommen. Dieser beliess jedoch die Schulhoheit bei den Kantonen. Damit wurde ein Bildungsföderalismus zementiert, welcher durch den zum Teil heftigen Widerstand gegen ein zentrales eidgenössisches Schulsekretariat (die so genannte Schulvogtabstimmung 1882) noch verstärkt wurde.[10]

Bereits im Jahr 1888 wurden Stöcklins Hefte (zum Preis von je 15 Rappen) im Verzeichnis der in den obligatorischen Primarschulen der Schweiz gebräuchlichen Lehrmittel aufgeführt.[11] 1891 fanden sich Stöcklins «Aufgaben zum schriftlichen Rechnen» auf einer Liste der «gratis zu beziehenden obligatorischen Lehrmittel» des Kantons St. Gallen.[12] Hier wurden im Schuljahr 1891/1892 10'288 Hefte von Stöcklin (zu je 17 Rappen) abgegeben.[13] Ein Jahr später wurden Stöcklins «Aufgaben zum schriftlichen Rechnen» für die Klassen 1 bis 6 und das «Rechenbuch für schweizerische Volksschulen» für die Halbtags- und Repetierschulen im Kanton Baselland für obligatorisch erklärt und an die Schüler abgegeben.[14] Die Rechenbücher fanden rasch Verbreitung in der ganzen deutschsprachigen Schweiz. Stöcklin selbst rechnete aus, dass im Jahr 1912 von zirka 370'000 Schulkindern in der deutschsprachigen Schweiz rund 280'000 das Rechnen mit seinen Büchern erlernten.[15] Die Erhebung seiner Bücher in den Stand von obligatorischen Lehrmitteln und die Übernahme der Kosten durch die Kantone bescherten Stöcklin einen steten Fluss von beträchtlichen Einnahmen, welche er noch zu mehren wusste, indem er die Bücher ab 1910 von seinem eigenen Verlag herstellen und vertreiben liess. Dass Stöcklin mit seinen Büchern reich wurde, stiess besonders bei seinen Standeskollegen nicht immer auf Zustimmung. «Wie oft vernahm man, leise oder hart als Vorwurf gesagt, er habe es verstanden reich zu werden. Was man jedem Wein- oder Suppenverkäufer ohne weiteres zugibt, soll beim Lehrer an öffentlichen Volksschulen nicht recht sein.»[16] So beschrieb der Berichterstatter in der *Schweizerischen Lehrerzeitung* den latenten Neid von Stöcklins Berufsgenossen. Stöcklin selbst schämte sich seines Erfolges nicht.

Zur Popularität der Stöcklin'schen Rechenbücher trugen verschiedene Faktoren bei. Die Grundidee, dass das Rechnen nicht mechanisch gelernt werden sollte, sondern dass auch im Mathematikunterricht die alltägliche Erfahrung zentral sei – nach dem Motto: «aus dem Leben für das Leben»[17] –, war ebenso wichtig wie die Vorstellung, der Rechenunterricht fördere «die Bildung des Denkvermögens, die Befähigung der heranwachsenden Generation, die Rechenfälle des praktischen Lebens [...] sicher und rasch zu beurteilen und zu lösen und – last not least – die Erziehung der Persönlichkeit im Sinne der Vervollkommnung und Veredelung».[18] Ähnlich wichtig wie die pädagogischen und methodischen Überlegungen war, so lässt sich vermuten, Stöcklins Vereinheitlichungsprogramm. Dieses führte nämlich dazu, dass Stöcklin beständig darauf achtete, wie sich die Schulgesetzgebung in den einzelnen Kantonen entwickelte, um seine Lehrbücher entsprechend anzupassen. Und auch dort, wo er kantonsspezifische Lehrmittel schrieb, wie etwa für die Kantone Zürich, Aargau, Bern, sah er nicht primär die Unterschiede, sondern zählte darauf, dass die grosse Übereinstimmung seiner Bücher zu einer Vereinheitlichung beitragen würde. «Nicht durch amtliche Vorschrift, wohl aber dadurch, dass die gleichen Rechenlehrmittel in dem weitaus grösseren Teil der deutschen Schweiz Eingang gefunden haben, ist die gewünschte Uebereinstimmung für dieses Landesgebiet aber bis zu einem gewissen Grad erreicht»[19], schrieb er 1912, und er hatte mit dieser Feststellung nicht Unrecht. Stöcklin hatte sicherlich mehr zur Vereinheitlichung des schweizerischen Schulsystems beigetragen als viele (Bildungs-)Politiker vor und zeitgleich mit ihm. «Wir wollen einig fühlen, ohne einheitlich zu sein.»[20] Dieser Ausspruch Carl Spittelers trifft sicher auch auf die Ambitionen Stöcklins zu.

Sein rotes Rechnungsbüchlein trug ihm neben Geld auch Ruhm und Ehre ein. In den 1910er-Jahren war er (unter anderen zusammen mit dem damaligen ETH-Professor Albert Einstein) Mitglied der *Commission internationale de l'Enseignement mathématique*, und 1937 ehrte die *Universität Zürich* Justus Stöcklin für sein Werk mit einem Ehrendoktortitel.

Liestaler Poetennest

Während Stöcklin sich in seinen mathematischen Werken als ein überzeugter Gesamtschweizer verstand, der überdies voller Stolz darauf hinwies, dass sein Werk selbst in Russland und in den USA Beachtung fand, zeigte sich im «Poetennest» der Lokalpatriot Stöcklin. Das «Poetennest» ist ein Denkmal für seine Wahlheimat Liestal (das Nest der Poeten), wie auch für die Dichter und Schriftsteller Carl Spitteler, Josef Victor Widmann, Arnold von Salis, Wilhelm Senn, Josef Victor von Scheffel, Georg Herwegh[21] und Theodor Opitz[22].

3 Ansicht von Liestal. Stich aus Stöcklins «Poetennest».

Im «Poetennest» widerspiegelte sich Stöcklins Interesse an Geschichte und Gegenwart seiner Wohngemeinde. Darin gab er Beschreibungen von Stadt und Umgebung sowie der sie bewohnenden Menschen ebenso wieder wie Kurioses, etwa die Geschichte, wie Beethovens Flügel ins Liestaler Pfarrhaus gelangte. Deutlich wird in der Auswahl der Zitate aus Werken der behandelten Autoren Stöcklins Sinn für Humor, gerade wenn es darum ging, seine Landsleute und Standesgenossen zu porträtieren. Beispielsweise gab er die Beschreibung eines mit Basellandschäftlern besetzten Eisenbahnwagens des Mundartdichters Wilhelm Senn wieder:

> «Jsebähnler mit Blouse, Pfarhere mit Cylinder, Neudörflere mit Zaine, Husierer mit Musterpäckli, Metzger mit dicke Büch, Offizier mit grüßlige Schnäuz und enge Hose, fröndi Inschniör und Staatsröt mit grossartige Pläne vo ähnleche Bahne bi ihne deheim – und Schulmeister mit Quartalzäpfe[23] so chlei – i mag's gar nid säge.»[24]

Besonders angetan hatte es Stöcklin der «hier und da allerdings ätzende» Humor von Carl Spitteler.[25]

Auch im «Poetennest» manifestiert sich Stöcklins kritischer Geist, welcher seine Umwelt genau beobachtete und der etwa in Herweghs Freiheitsdichtung durchaus auch aktuelle politische Bezüge fand. Dass er Herweghs Ausspruch «Germania, mir graut vor dir!»[26] schon 1922 prophetischen Charakter zugeschrieben hatte, bewahrheitete sich in den letzten Lebensjahren Stöcklins.

Mit seinem eindrucksvollen Lebenswerk verdiente sich Stöcklin einen Platz in der Geschichte Liestals und der Basler Landschaft. Das «Poetennest» hat heute seinen Platz im *Dichter- und Stadtmuseum Liestal*.

Abkürzungen

BN   *Basler Nachrichten*
BT   *Berner Tagblatt*
JBUWS *Jahrbuch des Unterrichtswesens in der Schweiz*
LS   *Landschäftler*
NZZ   *Neue Zürcher Zeitung*
SLZ   *Schweizerische Lehrerzeitung*

Anmerkungen

1 NZZ, BN, LS (alle vom 13. Juli 1943), *Bund* und BT (vom 15. Juli 1943), SLZ vom 30. Juli 1943.
2 LS vom 14. Juli 1943.
3 So berichtete Stöcklins Sohn anlässlich der Abdankungsfeier (LS vom 17. Juli 1943).
4 Seine allererste Stelle in Roggenburg im Berner Jura hatte er nur gerade drei Tage innegehabt (LS vom 17. Juli 1943).
5 Der gebürtige Neuenburger Jean Piaget war Professor für Psychologie, Wissenschaftsphilosophie und Soziologie an der *Universität Neuchâtel* (1925–1929) und Professor für Wissenschaftsgeschichte, Soziologie und experimentelle Psychologie in Genf (1929–1970). Daneben war er auch Leiter des *Bureau International d'Education* und des *Institut Jean-Jacques Rousseau* in Genf. Piaget wurde bekannt durch seine psychologischen Entwicklungstheorien, welche er insbesondere in Werken über das Erwachen der Intelligenz (1936), den Aufbau der Wirklichkeit (1937) und die Entwicklung der Symbolfunktion (1945) darlegte (vgl. Vidal 2010). Stöcklin kritisierte anhand von Piagets Entwicklungspsychologie die Verwendung der so genannten Zählmethode im Rechenunterricht (LS vom 17. Juli 1943).
6 Von allen seinen Leistungen sei ihm persönlich diese am wichtigsten gewesen, berichtete sein Sohn (LS vom 17. Juli 1943).
7 SLZ Nr. 88, 570.
8 LS vom 17. Juli 1943.
9 Stöcklin 1912, 59.
10 Vgl. Mösch 1962.
11 JBUWS 1888, Bd. 2, 218.
12 JBUWS 1891, Bd. 5, 47.
13 JBUWS 1891, Bd. 5, 20. Im Jahr 1897 stieg die Anzahl verteilter Exemplare auf über 32'000.
14 JBUWS 1892, Bd. 6, 61.
15 Stöcklin 1912, 26.
16 SLZ Nr. 88, 571.
17 Stöcklin 1907, II.
18 Stöcklin 1912, 17.
19 Stöcklin 1912, 26.
20 Spitteler 1947, 581.
21 Zu Herwegh und seiner Verbindung zum Kanton Baselland, vgl. Stohler 2007, 271–276.

22 Stöcklin war im Besitz des Briefnachlasses von Opitz. Einige der, nach Ansicht Stöcklins, wichtigsten Briefe an Opitz werden im «Poetennest» in Auszügen wiedergegeben.
23 Quartalsweise ausbezahlter Lohn.
24 Senn, zitiert nach Stöcklin 1922, 143.
25 Stöcklin 1922, 29.
26 Herwegh, zitiert nach Stöcklin 1922, 182.

Bibliografie

Johannes Mösch: Der Schulvogt. Der Kampf für und gegen ein eidgenössisches, zentralisiertes Primarschulgesetz 1882, Olten 1962.
Schweizerische Konferenz der kantonalen Erziehungsdirektoren (Hg.): Jahrbuch des Unterrichtswesens in der Schweiz, Zürich 1897–1912.
Carl Spitteler: Unser Schweizer Standpunkt, in: Gesammelte Werke. Carl Spitteler, Zürich 1947, 579–594.
Justus Stöcklin: Organisation der Volksschule in der Schweiz, in: Der mathematische Unterricht in der Schweiz. H. Fehr (Hg.), Genf 1912, 9–63.
Justus Stöcklin: Ein Poetennest, Liestal 1922.
Justus Stöcklin: Schweizerisches Kopfrechenbuch und Methodik des Rechenunterrichts, Liestal 1907.
Martin Stohler: Georg Herwegh. Republik als Heimat, in: Heimat?, BHB 26, Liestal 2007, 271–276.
Fernando Vidal: Piaget, Jean, in: Historisches Lexikon der Schweiz (HLS), Version vom 28.9.2010, URL: http://www.hls-dhs-dss.ch/textes/d/D16625.php.

Bildnachweis

1 *Schweizerische Lehrerzeitung*, 88. Jahrgang, Nr. 31, S. 570. (Rechts neben dem Bild ist vermerkt: «Holzschnitt von W. Eglin».) Reproduktion: Felix Gysin, *Mikrofilmstelle des Kantons Basel-Landschaft*, Liestal.
2 Felix Gysin, *Mikrofilmstelle des Kantons Basel-Landschaft*, Liestal.
3 Felix Gysin, *Mikrofilmstelle des Kantons Basel-Landschaft*, Liestal.

1 In solchen ‹Gütterli› transportierte der «Zegliger Peter» seine Tinkturen. Im Hintergrund ist die Original-Medizinschatulle des Wunderheilers zu sehen, die sich immer noch in Familienbesitz befindet.

Barbara Saladin
Der «Zegliger Peter» – Naturheiler und Legende

Früher kannte ihn im Baselbiet jedes Kind, und in Zeglingen ist dies auch heute noch so: Der «Zegliger Peter» war Homöopath, Naturheiler, Wunderdoktor, Lebensretter, Kurpfuscher – je nach Ansicht. Und er war derart populär und ein Original, dass sich bereits zu Lebzeiten viele Geschichten und Anekdoten um ihn rankten.

Gesichertes ist über den «Zegliger Peter» relativ wenig bekannt. Verbrieftes Material ist rar, und daran trägt vor allem der Brand seines Hauses Schuld, der sich im Jahr 1936, 21 Jahre nach seinem Tod, ereignete. Was sich vor gut 30 Jahren über ihn noch in Erfahrung bringen liess, hat Dominik Wunderlin 1980 für die *Baselbieter Heimatblätter* zusammengetragen. «Der Zegliger Peter, ein Baselbieter Naturheiler in Akten, Anekdoten und Zeugnissen», heisst das Heft[1], das im Anschluss an eine von *Radio DRS* zwei Jahre zuvor ausgestrahlte Sendung entstand und auch als Separatdruck vorliegt.[2]

Der «Zegliger Peter», mit bürgerlichem Namen Peter Rickenbacher, wurde am 30. Oktober 1841 geboren. Er wuchs in Zeglingen als sechstes von acht Kindern auf und machte in Ormalingen eine Lehre als Wagner. Diesen Beruf übte er allerdings nie aus, sondern er heiratete mit 22 Jahren, führte dann einen Bauernbetrieb in Zeglingen – und wurde Naturheiler.

Auch heute noch wird gebaut, wo einst das Haus des «Zegliger Peter» stand. In der Bauernküche wird Kaffee und Süssmost ausgeschenkt, als Ueli und Christine Rentsch über ihren bekannten Vorfahren berichten. Ueli Rentsch ist dessen Urgrosssohn, seine Schwägerin Christine Rentsch-Nebiker sozusagen seine Urgross-Schwiegertochter.

Beide kannten den «Zegliger Peter» selbstverständlich nicht mehr persönlich, kamen Jahrzehnte nach seinem Tod zur Welt, aber für beide ist er immer noch präsent. Nicht nur, weil vereinzelte Dinge, die den Brand überstanden haben, sich noch heute in Familienbesitz befinden: eine Holzkiste und ein paar ‹Gütterli› zum Beispiel. Als Kind sei es alltäglich gewesen, auf den «Zegliger Peter» angesprochen zu werden, erinnert sich Urenkel Ueli Rentsch. Immer wieder wurden Geschichten erzählt, die sich darum drehten, wem der legendäre Naturheiler geholfen habe – und wem eben nicht.

In einer Sendung von *Radio DRS* im Jahr 1978 kamen etliche Menschen zu Wort, die von ihren Erlebnissen mit dem «Zegliger Peter» berichteten. Was 1978 noch ging, ist heute nicht mehr möglich: Heute lebt keiner mehr, der sich an ihn erinnern kann. Peter Rickenbacher starb am 31. Januar 1915.

Wie ein Lauffeuer

Wie er Naturheiler wurde, bereits darüber gibt es verschiedene Versionen. Eine davon ist jene, dass er bei einem Wunderdoktor im Aargau ‹Mitteli› für seine kranke Frau holte und dass dieser ihn auserkoren habe, von ihm zu lernen. Eine andere Geschichte besagt, er habe als Wagnerlehrling in Ormalingen Schweine geheilt und so seine Fähigkeiten entdeckt. Diese Sage sei allerdings falsch, wird in der Radiosendung gesagt: Die Hilfe für die Schweine sei erst später gekommen, als eine Seuche im Homburgertal grassierte. Den Namen «Säupeter» habe er daraufhin von einem – durchaus neidischen – Sissacher ‹Vehdokter› erhalten.

Wie dem auch war: «Zegliger Peters» Fähigkeiten, Schmerzen zu lindern und Krankheiten zu heilen, sprachen sich herum wie ein Lauffeuer, und sonntags warteten manchmal über 100 Personen vor seiner Praxis. Sie kamen aus fast der ganzen Schweiz, aus dem Elsass und dem Schwarzwald. Sie kamen nach Zeglingen, um behandelt und geheilt zu werden – und mussten oftmals ohne Konsultation wieder nach Hause zurückkehren, wenn zu viele Patienten da waren.

In der Sendung von *Radio DRS* sprechen alte Leute von ihren Erlebnissen und dem, was sie von ihren Eltern und Verwandten gehört haben. Ein im Jahr 1978 90-jähriger Mann aus Kienberg erzählt, wie er zu Fuss nach Zeglingen ging, um ‹Gütterli›

2 Das Poträtgemälde des «Zegliger Peter» hängt noch heute im Haus seiner Nachkommen an der Hauptstrasse in Zeglingen.

und Behandlungs-Anleitungen für seinen Ausschlag am Arm zu holen. Ein ‹Gütterli› kostete ein ‹Fränkli›.

Ein anderer erzählt, an seiner Aushebung habe er die Botschaft erhalten, er werde nicht mehr lange leben. Auf Geheiss des «Zegliger Peter» massierte er sich etwa 30 Jahre lang das Herz – und erzählte seine Erinnerungen 1978 schliesslich als 96-jähriger Greis.

Das Vertrauen der Menschen in Peter Rickenbacher war gross. «Geh zum Peter», hiess es, «wenn der nicht mehr helfen kann, kann keiner mehr helfen.» Oft brachten Leute, die von weit her nach Zeglingen kamen, gleich ganze Mengen von Urinfläschchen mit, denn Peter machte auch Ferndiagnosen. Sogar in Fernheilung verstand er sich und heilte Leute in den USA, heisst es.

Der Anekdoten über das Wissen und die Behandlungsmethoden des «Zegliger Peter» gab es viele. Man erzählte sich von wundersamen Heilungen, aber auch von der direkten und ungehobelten Art, in der er mit allen umzugehen pflegte. Durchs Band sprach der «Zegliger Peter» alle mit «du» an.

Er fuhr oft Postkutsche, denn einmal in der Woche hatte er Sprechstunde in einem Wirtshaus in Sissach. Von Zeglingen liess er sich mit der Postkutsche zur Sommerau fahren und nahm dann das ‹Läufelfingerli› talabwärts. Daran erinnert sich der letzte Postillion des Homburgertals in der Radiosendung, der jeweils eine Tagestour von

Der «Zegliger Peter» – Naturheiler und Legende

32 Kilometern von der Bahnstation Sommerau in die umliegenden Dörfer fuhr. Die Bahnstrecke durch den Hauenstein-Basistunnel bei Tecknau gab es damals noch nicht – sie wurde erst 1916 eröffnet.

So geschah es oft, dass der «Zegliger Peter» im gleichen Kurs wie Frau Pfarrer Senn von Kilchberg fuhr. Wenn er mal wieder zu oft fluchte, regte sich die Dame auf und schwärzte ihn bei der Kreispostdirektion in Basel an, was dazu führte, dass der «Zegliger Peter» einen Monat lang nicht mit der Postkutsche fahren durfte.

Peter war reich, aber auch grosszügig, erzählt man sich. Er hatte ein Herz für die armen Buben in der *Knabenanstalt Sommerau* und warf darum immer wieder Geld aus der Kutsche. Auch einen neuen Leichenwagen für Zeglingen finanzierte weitgehend er, obwohl er gesagt haben soll, man könne ihn «wägemyne im e Schnägg[3] uf Chilchbrg ufefüere».

Nicht alle aber wollten den Künsten des Peter glauben. Immer wieder kamen Leute mit Kuh- oder Pferdeurin in Fläschchen, um den Homöopathen hinters Licht zu führen. Doch dieser durchschaute die Täuschungsversuche und stellte den Tester gewöhnlich mit einem Spruch bloss.

Neid von den Schulmedizinern

Peter Rickenbacher war populär und verhalf vielen Menschen zur Genesung, als Homöopath durfte er aber keine Operationen durchführen. Auch Hausbesuche machte er bis auf wenige Ausnahmen keine. Wenn er merkte, dass er nicht weiterhelfen konnte, verwies er auf einen Schulmediziner.

Dennoch waren diese zumeist nicht gut auf ihn zu sprechen. Ärzte und Tierärzte verfolgten sein Tun argwöhnisch. Mehrmals wurde Peter Rickenbacher beim Sanitätsrat angezeigt, 1871 wurde er wegen einer verstorbenen Patientin gar vor den Staatsanwalt zitiert und verhört. Zu einer Verurteilung kam es damals nicht, 14 Jahre später wurde er allerdings in einem anderen Fall zu einer Geldbusse wegen «verbotenen Arznens» verurteilt.

Die erfolgreiche Tätigkeit des Homöopathen Rickenbacher hätte im Kanton Baselland fast zu einer Änderung des Sanitätsgesetzes geführt. An einer entsprechenden Volksabstimmung wurde das Begehren aber abgelehnt, und homöopathische Heiler wie der «Zegliger Peter» durften auch als «Nicht-Studierte» weiter praktizieren.

Dass Peter Rickenbacher keine Ausbildung zum Arzt hatte, tat seiner Beliebtheit in keiner Weise Abbruch. Im Alter von 60 Jahren wurde er gar in den Landrat gewählt, dem er während sieben Jahren angehören sollte.

Nach seinem Tod im Jahr 1915 führte seine Tochter Ida, verheiratete Rentsch, die Praxis erfolgreich weiter. Auch Rickenbachers Sohn wurde Arzt und ein Enkel Naturarzt. Enkel Paul Rickenbacher sagt in der Radiosendung von 1978: «Die Voraussetzung für Wunder ist der feste Glaube daran. Man sagt, 80 Prozent mache der Glaube aus, 20 Prozent das Medikament.»

Für ihn war sein Grossvater kein Wunderdoktor. Der «Zegliger Peter» habe vielmehr ein breites Wissen über Naturheilmittel besessen und mehrheitlich mit «einfachen Mitteln» wie Flachs oder Schmierseife gearbeitet: «Er war kein Übermensch.»

Dort, wo heute die Kühe stehen, war sein Haus

Heute, im Jahr 2011, sind nur noch wenige Geschichten bekannt. Und die Nachkommen des «Zegliger Peter» sind auch nicht mehr Ärzte. «Heute macht keiner mehr weiter», sagt Urgrosssohn Ueli Rentsch, selbst Zahnarzt in Rente. Doch seine Mutter habe die ganzen Rezepturen noch gekannt, sagt er: «Das war für mich völlig normal. Ich wuchs damit auf.»

Dass der Name noch lange präsent war, daran erinnert sich auch Christine Rentsch, die vor einem halben Jahrhundert in die Familie an der Zeglinger Hauptstrasse einheiratete und von ganzen Wandergruppen aus dem Aargau zu erzählen weiss, die sich nach dem Haus des «weltbekannten Zegliger Peter» erkundigt hätten. Doch sie suchten vergeblich, denn Peters Haus gibt es seit dem verheerenden Brand von 1936 nicht mehr. An seiner Stelle wurde ein neuer Bauernhof gebaut. Peters Wohnhaus und Arztpraxis lagen dort, wo heute die Kühe der Familie Rentsch stehen. Ueli und Christine Rentsch erzählen von dem Hausbrand, als sei er erst wenige Jahre her. Es war Brandstiftung, sagen sie. Jahrzehntelang habe niemand gewusst, wer der Täter gewesen sei, bis in den 1960er-Jahren ausgekommen sei: Es sei der Knecht gewesen, und zwar wegen einer nicht erwiderten Liebe.

Anmerkungen
1 *Baselbieter Heimatblätter* 4/1980, 633–661.
2 Marcel Wunderlin, Sendung des *Radio DRS*, ausgestrahlt am 8. Dezember 1978.
3 Ein ‹Schnägg› war ein früher in der Landwirtschaft gebräuchlicher Karren mit einem Schlitten-Vorderteil.

Bildnachweis
Barbara Saladin, Thürnen.

1 Sagenmotive geistern auch durch den 2008 entstandenen Baselbieter Film «Welthund»: Ein Wiedergänger (links, Tobias Scheidegger) begegnet dem Vaganten Ruedi (Florian Schneider).

Dominik Wunderlin
Baselbieter Sagen
(Altes) Wissen der Leute?

Ursprünglich wurden Sagen mündlich überliefert. Heute stehen sie – dank verschiedener Sammlungen – auch in schriftlicher Form zur Verfügung. Auch der Kanton Basel-Landschaft verfügt in dieser Hinsicht über einen reichen Schatz. Der vorliegende Artikel befasst sich mit verschiedenen Formen dieser gemeinhin als Erlebnisbericht dargereichten Geschichten, die zwar der Unterhaltung dienen, aber von ihren Zuhörerinnen und Zuhörern im Gegensatz zum Märchen Glauben erwarten.

Mitte Januar 2011 startete in der Zentralschweiz der Dokumentarfilm «Arme Seelen» (Regie: Edwin Beeler). Schon nach wenigen Wochen sahen ihn über 20'000 Menschen – vor allem in den Kinos rund um den Vierwaldstättersee –, was für einen Dokumentarfilm ein grossartiger Erfolg ist. Weniger Zulauf fand der Film hingegen in der Nordwestschweiz: Das Thema wurde als «zu katholisch» klassiert, obwohl Wiedergänger auch im reformierten Baselbiet als ein keineswegs unbekanntes Phänomen gelten.

Ab Sommer 2008 geisterte der «Welthund» im ersten Oberbaselbieter Spielfilm durch die Kinos. Der Low-Budget-Film von Ueli Ackermann (Regie) und Barbara Saladin (Idee und Buch) verzeichnete regional einen schönen Achtungserfolg und brachte einige tausend Besucher vor die grosse Leinwand. Das Drehbuch basiert auf dem in der *Volksstimme* publizierten Sommerroman «Ein etwas anderer Sommer»[1] von Barbara Saladin, der eine in der Gegenwart spielende Geschichte erzählt, in welche Motive aus dem regionalen Sagenschatz verwoben sind.

Mit über 100'000 Zuschauern war Michael Steiners «Sennentuntschi» im Jahre 2010 der erfolgreichste Schweizer Streifen. Der Film, der nur Zuschauerinnen und Zuschauern mit starken Nerven zu empfehlen ist, handelt von einer Sennenpuppe, die sich an den Männern auf der Alp blutig rächt. Die zentrale Figur dieses Films findet sich in zahlreichen Sagensammlungen des ganzen Alpenbogens, vom Oberwallis bis nach Kärnten.[2]

«Arme Seelen», «Welthund», «Sennentuntschi»: nur drei aktuellere Beispiele, die zeigen, dass sagenhafte Erzählungen in moderner Umsetzung ein Publikum finden, das zudem oft jünger und urban ist. Es lässt sich dabei mit Stoffen konfrontieren und in Atem halten, die sehr viel älter sind als die filmische Kunst. Die Menschen wurden schon einst durch Märchen wie durch Sagen in Bann gehalten. Letztere konnten aber durch die oft vorhandene Verortung noch mehr, nämlich auch altes Wissen über historische Tatsachen, enthalten.

Einst kein volksläufiger Begriff

Das deutsche Wort «Sage» kommt vom Verb «sagen» und bedeutet im Grunde genommen «Gesagtes, das zu Sagende». Der Begriff verweist somit deutlich auf die mündliche Überlieferung. Zur festen Bezeichnung für eine bestimmte Erzählgattung wurde «Sage» nach 1816 durch die Brüder Jakob und Wilhelm Grimm. Sie verstanden darunter eine Erzählung, die historisch nicht belegt werden kann. Erst später gelangte der Begriff auch in die Umgangssprache, setzte sich aber nie ganz durch. So werden Sagen im Sarganserland ganz einfach ‹Gschichte› genannt, im Haslital hingegen ‹Zelleni› und im Oberwallis ‹Zellute› oder ‹Lugine›.

Die ethnologische Erzählforschung kann den Begriff «Sage» nicht eindeutig bestimmen und sieht vor allem Schwierigkeiten in der Abgrenzung gegenüber anderen populären Erzählgattungen, namentlich gegenüber Schwank und Märchen. Wie alles Erzählen dienten auch die Sagen der Unterhaltung in geselliger Runde und wurden üblicherweise nicht so losgelöst dargeboten, wie sie uns in einer gedruckten Sagensammlung begegnen.

Märchen und Sage

Bei der Einstellung des Erzählers zu seinen Geschichten ergibt sich ein deutlicher Unterschied zwischen Märchen und Sage. Für den Märchenerzähler ist die Geschichte tatsächlich unwahr, der Erzähler einer Sage dagegen, der oft in der Ich-Form berichtet, steht für die Wahrheit des Erzählten ein und erwartet auch von den Zuhörern Glauben.

Neben der Erlebnis- oder Glaubenssage, dem Memorat, für die das soeben Ausgeführte gilt, kennt die Sagenforschung als weitere wichtige Untergattung die Erzähl- oder Unterhaltungssage, das Fabulat. Diese ist erzählerisch entwickelter und nicht selten als Wandersage einzuordnen.

Die besonderen Merkmale der Erzählgattung «Sage» sind die Festlegung nach Zeit, Ort und Personen, ferner die beim Memorat knappe, unepische Form, ihr tiefer Ernst und ihr oft verhängnisvoller Ausgang.

Nicht jede Sage in unseren Sagensammlungen ist ein Unikat. Sie mag zwar in einem bestimmten Dorf oder in einem bestimmten Wald spielen, doch vom Typ und von den Motiven her kann man ihr ganz ähnlich auch anderswo begegnen. So ist eine um 1850 in Zeglingen aufgeschriebene Sage von der belohnten Gastfreundschaft[3] unübersehbar eine Kopie der bekannten Thunersee-Sage vom «einkehrenden Zwerg», die dank der Aufzeichnung des Berners Johann Rudolf Wyss 1816 durch die Brüder Grimm veröffentlicht wurde. Auf welchem Wege die Geschichte dann nach Zeglingen gelangt ist, muss ebenso offen bleiben wie die Frage, wer ihr dort die lokale Färbung verpasst hat.

Unerlöste und Wetterkünder

Wie anderswo ist auch die Sagenwelt der Nordwestschweiz reich bevölkert mit Zwergen, Erdmännchen, Erdweibchen, Teufeln, Zauberern und Hexen, es ist aber auch oft die Rede von Geisterzügen und Totenheeren sowie von unerlösten Gestalten, die einen Frevel büssen müssen.

Ein ganz schlimmer Frevel war das widerrechtliche Versetzen von March- und Grenzsteinen. Gerade an Orten, wo die Grenze einen eigentümlichen Verlauf nimmt, finden sich immer wieder Sagen, die eine solche Erklärung liefern. Und häufig ist es dann am Ort des Frevels auch unheimlich, weil man dort zu gewissen Zeiten einen Schimmelreiter hören oder ‹Brenndlige› (feurige Gestalten) sehen kann. Solche Erscheinungen, wie sie übrigens ebenfalls im erwähnten Film «Arme Seelen» geschildert werden, können auch gedeutet werden als ruheloser Selbstmörder, als unerlöste Kindsmörderin oder als büssender Fuhrmann, der zu Lebzeiten seine Pferde geschunden hat. Ob es diese Untaten in Lausen, am Liestaler Fischmarkt oder am Grammont (Berg zwischen Liestal und Lausen) tatsächlich gegeben hat, kann nicht mehr eruiert werden. Interessant ist aber, dass die hochaltertümliche, einst kirchlich abgestützte

2 Die widerrechtliche Versetzung von March- und Grenzsteinen war ein schlimmer Frevel. Häufig galt ein Ort, an dem ein solcher Frevel geschah oder vermutet wurde, als unheimlich. – Baum- und Grenzsteinfrevler von Walter Eglin.

Vorstellung von büssenden Geistern noch Jahrhunderte nach der Reformation im reformierten Baselbiet lebendig war.

Wer einem Wiedergänger begegnet, dem kann dasselbe geschehen, wie jenem, der einen ‹Welthund›, ‹Dorfhund› oder ‹Bachpfattli› sieht: Er kann einen geschwollenen Kopf bekommen, oder er stellt fest, dass es kurz danach zu regnen beginnt.[4] Ist Ersteres wohl die Folge einer angstbedingten Halluzination, so zeigt Letzteres, dass ein bevorstehender Wetterumschlag stark wetterfühlige Menschen für halluzinatorische Begegnungen mit geisterhaften Gestalten empfänglich machen kann. Warum aber so disponierte Menschen ausgerechnet einen Hund, einen geisterhaften Schimmelreiter oder gleich einen kompletten Geisterzug «sehen» oder «hören», erklärt sich wohl dadurch, dass die Halluzinierenden aufgrund der lokal bestehenden Überlieferungen auf ganz bestimmte Bilder und Töne eingestellt sind. So kann in der Einsamkeit einer nächtlichen Wanderung dieses «Wissen» sehr leicht aktiviert werden – erst recht natürlich, wenn dem Fussgänger ein real existierendes Tier begegnet oder es sich gar zu ihm gesellt. Dann stellt sich ein Phänomen ein, das die Sagenforschung einprägsam mit «reziproker Fundierung» bezeichnet.

Spuren der Vergangenheit

Wenn hier der Frage nachgegangen werden soll, ob sich in Sagen (altes) Wissen findet, dann eignen sich zur Überprüfung vor allem die Erklärungssagen (ätiologische Sagen). Diesen Erzähltyp gibt es auch in der Baselbieter Sagensammlung von Strübin und Suter in grosser Zahl: Unter den 1123 Nummern plus über 300 Varianten finden sich unter anderem zahlreiche Erklärungen von merkwürdigen Orts- und Flurnamen, Geschichten über untergegangene Siedlungen sowie Begründungen für unnatürliche Grenzziehungen und seltsame Lagen von Dorfkirchen.

3 Ein bevorstehender Wetterumschlag kann bei stark wetterfühligen Menschen zu Halluzinationen führen. Illustration von Willy Stäheli zur Sissacher Sage vom Wettergeist mit dem ‹Dreischnörehuet› (Dreispitz).

Einige Beispiele:
Aus Anwil erfahren wir von einem früheren Weidbrunnen nördlich des Dorfes, welcher «Täufersgruebe» genannt wurde. Man meint, dass dort zur Zeit der Täufer-Bewegung Taufen stattgefunden hätten.[5]

Auf Ebnet soll einst ein Kloster gestanden haben, wusste man in Ziefen zu erzählen.[6] Tatsächlich hat eine Exploration ergeben, dass sich dort Ruinen einer römischen Villa im Boden befinden.

Das «Krämerkreuz» auf dem Blauen habe seinen Namen von einem ermordeten Krämer, der über den Plattenpass ziehen wollte. Auf diesen Vorfall weist bereits im frühen 18. Jahrhundert eine Markbeschreibung hin,[7] und der mutmassliche Mord ist auch kaum überraschend, galt doch der Übergang als unsicher und das damals auf der Anhöhe bestehende Plattenwirtshaus als schlimme «Räuberhöhle».

Dass das Gebiet der Wasserfallen seltsamerweise nicht zu Reigoldswil, sondern zu Waldenburg im benachbarten Tal gehört, wird mit alten Grenzstreitigkeiten begründet. Nach mündlicher Überlieferung soll aber der später schmerzlich empfundene Verlust der Waldgebiete entweder durch ein Verschachern um ein paar Mass Wein oder durch eine ungesetzliche Grenzsteinversetzung verursacht worden sein.[8]

Baselbieter Sagen 105

4 Warum lag die Kirche von Lausen ursprünglich ausserhalb des Dorfs? – Wird in einer Sage auf solche Fragen eine Antwort versucht, dann spricht man von einer Erklärungssage.

Sehr verbreitet ist der Versuch, eine plausible Erklärung für die Tatsache zu finden, dass die Kirche nicht im Dorf steht. Auch im Baselbiet gibt es mehrere solche Beispiele, so etwa in Lausen. Die heute inmitten von Häusern des letzten Jahrhunderts stehende Kirche lag ursprünglich ganz allein auf der anderen Seite der Ergolz und somit abseits der Durchgangsstrasse, an welcher sich das alte Dorf befand. Für diesen eigenartigen Standort konnte nur eine unbekannte Macht verantwortlich sein, vielleicht auch, wie oft anderswo, der Teufel – oder gar Bruder Klaus? Oder weil sich dort schon in vorchristlicher Zeit eine Kultstätte befunden hatte?[9] Die Antwort im Fall von Lausen gaben Ende des 20. Jahrhunderts die Archäologen, konnten sie doch bei der Kirche sowohl eine im 1. Jahrhundert gegründete römische Siedlung als auch eine nachfolgende frühmittelalterliche Siedlung ausgraben, die nachweislich Bettenach geheissen hatte.[10]

Wiederholt wird in Sagen auch von einem unterirdischen See berichtet. Im Laufental berichtet man von einem See im Innern des Buchbergs bei Laufen und vom unterirdischen «Ottmartsee» oberhalb Dittingen am Blauen. Bei Hochwasserkatastrophen sagten die Leute (so noch 1936), der See habe sich entleert.[11]

Die ergiebigen Quellen an der Schafmatt, insbesondere die Gallislochquelle in Oltingen, liessen Einheimische, aber auch die vom Elsass kommenden Einsiedlen-Wallfahrer, vermuten, es befände sich ein grosser See im Berginnern. Letztere sollen jeweilen Gebete gesprochen haben, Gott möge den See nicht ausbrechen und das Tiefland überschwemmen lassen.[12] Ob die Menschen schon wussten, dass es im karstigen Jura tatsächlich unterirdische Seen gibt?

Alte Geschichten und «urban legends»

Die vorstehenden Geschichten sind mehr als nur Versuche des Menschen, die menschliche Neugier zu befriedigen und zu erklären, woher etwas kommt und warum etwas so ist, wie es ist. Sie sind nämlich auch zugleich Zeugnisse «zur Erhellung des volkstümlichen Geschichtsbewusstseins»[13] und belegen, dass Wissen über viele Generationen mündlich tradiert werden konnte.

Obwohl Sagen, die ab dem Moment, da sie in gedruckter Form publiziert werden, zumeist nur noch «ein papierenes Dasein»[14] führen, dürfen wir dem Duo Eduard Strübin (1914–2000) und Paul Suter (1899–1989) für seine sorgfältig zusammengetragene Sammlung von Sagen und sagenartigen Geschichten dankbar sein.[15]

Mit den «Baselbieter Sagen» hatten der Kulturgeograf Suter und der Volkskundler Eduard Strübin, beide im Broterwerb Oberstufenlehrer, ein altes Versprechen eingelöst. Bereits 1931 hatte nämlich Paul Suter, damals zusammen mit seinem Kollegen Gustav Müller (1897–1962), mit dem Sammeln von Sagen begonnen. Sie formulierten das ehrgeizige Ziel, «die zahlreichen Sagen, die im Volke noch lebendig sind oder sich in schriftlichen Quellen (Archiven, handschriftliche Heimatkunden, Ortschroniken) finden, möglichst lückenlos zu sammeln und durch Publikation (ähnlich wie ‹Sagen aus Uri› von J. Müller) zugänglich zu machen»[16]. Dank der teilweise stark mithelfenden Lehrerschaft konnte 1937 eine Auswahl von 225 Sagen aus dem ganzen Kanton publiziert werden;[17] ein zweiter Band, der auch die älteren gedruckten Quellen berücksichtigt hätte, wurde nie druckreif. Sie wurden dann aber in den «Baselbieter Sagen» (1976 ff.) publiziert.

Mit gebotener Vorsicht wurden auch die Sammlungen des für Baselland wichtigsten früheren Sagensammlers einbezogen, nämlich jene von Johann Georg Lenggenhager (1805–1874). Der aus dem sankt-gallischen Degersheim stammende Pfarrer von Ormalingen (ab 1847) gab zwei Sagensammlungen heraus, wobei er die grösstenteils von Schülern der Bezirksschule erzählten Sagen im Stile der Zeit novellistisch ausschmückte.[18]

In den Nachtrag der Sammlung von Strübin und Suter von 1986 wurden zudem einige Berichte über die «weisse Frau im Belchentunnel» aufgenommen. Das 1980/1981 und wiederum 1983 für Gesprächsstoff und Zeitungsschlagzeilen sorgende ‹Bölchegschpängscht› ist ein Beispiel für eine «urban legend», wie sie von der ethnologischen Erzählforschung seit den 1960er-Jahren wahrgenommen werden.[19]

Am konkreten Beispiel der weissen Frau, die übrigens um 1980 auch im Luzernbiet und im Toggenburg zu sehen war,[20] lässt sich zeigen, dass es sich hier um ein Phänomen handelt, das im Grunde genommen gar nicht neu ist. Weisse Frauen werden in vielen Sagensammlungen als Erscheinungen auf Burgstellen geschildert, und Anhalter, die bald nach der Mitnahme urplötzlich verschwinden, sind ebenfalls kein modernes Phänomen. Fassbar wird der verschwundene Anhalter bereits in den 1870er-Jahren im asiatischen Raum. Auch in den «Baselbieter Sagen» finden wir die Geschichte von Fahrgästen, die in Rothenfluh plötzlich vom Fuhrwerk verschwunden

5 Die Geschichte der «weissen Frau im Belchentunnel» ist eigentlich eine modernisierte Sage. Die Sissacher *Volksstimme* inspirierte sie im Sommer 2001 zu einem kleinen Fotoroman.

waren.[21] Und eine ganz ähnliche Geschichte wurde auch im benachbarten Fricktal aufgezeichnet.[22]

Im Gegensatz zu vielen anderen «urban legends» ist die Geschichte vom verschwundenen Anhalter, auch jene der «weissen Frau vom Belchentunnel», eigentlich nur eine modernisierte Sage. Sie schlägt somit den Bogen von der Gegenwart, in der nie alle Rätsel auflösbar sein werden, zurück in die Zeit, wo die Menschen noch viel stärker konfrontiert waren mit Unerklärlichem und Merkwürdigem und ihr Wissen vor allem durch die orale Tradition genährt wurde.

Anmerkungen
1. *Volksstimme* (Sissach), Nr. 77 (29. Juni 2004) – Nr. 96 (12. August 2004).
2. Literarisch wurde der Stoff bereits 1972 durch den in Basel lebenden Hansjörg Schneider zum gleichnamigen Dialektschauspiel verarbeitet. Eine Schweizer Fernsehproduktion wurde 1981 zu einem Skandal. Nach Texten Schneiders komponierte Jost Meier zudem 1981/1982 eine Oper in 5 Akten.
3. Eduard Strübin & Paul Suter: Baselbieter Sagen. Liestal, 4. Aufl. 1992, Nr. 669.
4. Hans Trümpy: «drno sygs cho rägne»: Wetterfühligkeit und Sagenbildung. Schweizer Volkskunde 72, 1982, 65–68.
5. Strübin & Suter, Nr. 331.

6 Strübin & Suter, Nr. 319.
7 Léon Segginger: Brauchtum, Sagen, Legenden, Spuk- und Geistergeschichten im Laufental. Laufen 1981, 46.
8 Strübin & Suter, Nr. 959.
9 Strübin & Suter, Nr. 215.
10 Michael Schmaedecke: Ausgrabungen in Lausen-Bettenach. Liestal 1992. – Michael Schmaedecke: Die frühmittelalterliche Siedlung Lausen-Bettenach, in: ders. (Bearb.): Ländliche Siedlungen zwischen Spätantike und Mittelalter. Liestal 1995, 17–26. – Reto Marti: Zwischen Römerzeit und Mittelalter. Liestal 2000.
11 Léon Segginger (wie Anm. 7), 57.
12 Strübin & Suter, Nr. 502.
13 Strübin & Suter, 8.
14 Rudolf Schenda, Vorwort, in: Rudolf Schenda / Hans ten Dornkaat (Hg.): Sagenerzähler und Sagensammler der Schweiz. Bern 1988, 18.
15 Wie Anmerkung 3. – Die Erstauflage erschien 1976; es folgten 1978 und 1986 zwei Nachträge, die späteren Auflagen angefügt wurden.
16 Sagensammlung von Baselland. *Schweizer Volkskunde*, 21. Jahrgang, 1931, 116–121.
17 Gustav Müller & Paul Suter: Sagen aus Baselland. Liestal 1937.
18 Johann Georg Lenggenhager: Die Schlösser und Burgen in Baselland. Nachrichten über das Leben und Treiben der Ritter und Burgherren auf denselben, nebst einer Menge Volkssagen. Liestal 1848. – ders.: Volkssagen aus dem Kanton Baselland. Basel 1874.
19 Linda Dégh: The boyfriend's death, The hock, The runaway grandmother. Indiana Folklore 1, 1968, 46–77, 92–106. – Jan Harold Brunvand: The Vanishing Hitchhiker, American Urban Legends and Their Meanings. New York/London 1981. – Bengt Af Klintberg, Die Ratte in der Pizza und andere moderne Grossstadtmythen. Kiel 1990. – Rolf Wilhelm Brednich: Die Spinne in der Yucca-Palme. München 1990 etc.
20 Walter Heim (mit Ergänzungen von Rolf Thalmann und Dominik Wunderlin): Moderne Strassengeister. *Schweizer Volkskunde*, 71. Jahrgang, 1981, 1–5.
21 Strübin & Suter, Nr. 554.
22 Traugott Fricker & Albin Müller: Sagen aus dem Fricktal. Frick 3. Auflage 1987, Nr. 317 (Wegenstetten-Schupfart).

Bildnachweis
1 *WH Films*, Basel.
2 Sagen aus Baselland, herausgegeben vom Lehrerverein Baselland. Bearbeitet von Gustav Müller und Paul Suter. Illustriert von Walter Eglin. Liestal 1937.
3 Baselbieter Sagen, herausgegeben von Paul Suter und Eduard Strübin. Federzeichnungen von Willy Stäheli. Liestal 1976.
4 *Staatsarchiv des Kantons Basel-Landschaft*, Liestal.
5 Sammlung Dominik Wunderlin, Basel.

1 Ein Überblick über die Publikationen des *Statistischen Amtes des Kantons Basel-Landschaft.*

Johann Christoffel, Corinne Hügli
Das Statistische Amt und seine historischen Wurzeln

Die öffentliche Statistik der Schweiz kann auf eine über 150-jährige Geschichte zurückblicken, in welcher sie sich sowohl inhaltlich wie auch technisch stark gewandelt hat. Im folgenden Beitrag soll die Entwicklung der öffentlichen Statistik im Kanton Basel-Landschaft vor dem Hintergrund der Schweizer Geschichte aufgerollt werden.

Statistische Erhebungen gehören zu den Infrastrukturaufgaben des Staates und lassen sich bis weit in die vorchristliche Zeit zurückverfolgen. Bereits die alten Ägypter, Griechen und die Römer führten erste amtliche Volkszählungen sowie statistische Erhebungen zu Warenverkehr und Vermögen durch. Diese dienten hauptsächlich der Festsetzung von Steuern sowie der Rekrutierung von Wehrpflichtigen.[1] Statistiken versuchen so gut wie möglich, die Realität in Zahlen abzubilden und sie dadurch begreif- und steuerbar zu machen. Alt-Bundesrat Hans-Peter Tschudi bezeichnete die

2 Bundesrat Stefano Franscini (1796–1857).

Statistik in seiner Ansprache von 1960 zur 100-Jahr-Feier des *Eidgenössischen Statistischen Amtes* als ein unentbehrlich gewordenes Instrument. «Sinnvoll verstanden und gehandhabt, vermag sie nicht bloss den Einblick in das Wesen der Zustände und Geschehnisse zu vertiefen, sondern auch Urteil und Entschluss auf realeren Grund zu stellen und die öffentliche Diskussion sowie die politische Auseinandersetzung zu versachlichen.»[2]

In der Schweiz wurde mit der Gründung des modernen Bundesstaates 1848 die Statistik zur Staatsaufgabe erklärt und sollte zentral organisiert werden. Bereits zuvor wurden zwar in den verschiedenen Kantonen statistische Arbeiten durchgeführt, so auch im Baselbiet, jedoch nie koordiniert und gleichzeitig. Deshalb war erst die Volkszählung von 1850 schweizweit verwertbar. Andere Länder besassen zu diesem Zeitpunkt schon seit Jahrzehnten zentrale statistische Ämter und waren der Schweiz auf diesem Gebiet um einiges voraus.[3] Wie es im Rundschreiben zur Herstellung einer «Gesammtstatistik der Schweiz» von 1865 heisst, «erfordert aber gerade eine Gesammtstatistik der Schweiz ein weit sorgfältigeres Studium und umfassendere Arbeiten, als die eines jeden andern Landes von gleichem Umfang, weil ihr staatlicher Federalismus, die Manchfaltigkeit ihrer Gesetzgebung, die Abstufungen ihres Klimas und ihrer Culturarten, die rege Selbstthätigkeit des Volkes eine Fülle von Erscheinungen und von Charakterzügen zum Vorschein bringen, welche nicht so leicht in die Zwangsjacke einer Tabelle einzureihen sind».[4] Diese erwähnte Vielfalt erschwert auch bis ins 21. Jahrhundert noch die Erstellung manch einer Bundesstatistik für die Gesamtschweiz.

Stefano Franscini, der dem ersten Bundesrat angehörte, gilt als eigentlicher Vater der schweizerischen öffentlichen Statistik (Abbildung 2). Er liess die «Statistik der

Schweiz» 1849 als Geschäftszweig des *Departements des Innern* in das Organisationsgesetz aufnehmen. Die ersten Übersichten zu den Ergebnissen der ersten schweizweit koordinierten Volkszählung von 1850 wurden noch von ihm selbst und seinem Sekretär geschrieben. 1854 bewilligte die Bundesversammlung erstmals einen Kredit für die Nationalstatistik, welcher bis 1859 durchschnittlich 2600 Franken im Jahr betrug. Erst 1860 nach Franscinis Tod wurde im *Departement des Innern* das *Eidgenössische Statistische Büro* geschaffen, welches 1929 in «Statistisches Amt» umbenannt wurde.[5]

Die ersten nationalen statistischen Arbeiten gestalteten sich mehr als schwierig, da die Kantone die erforderlichen Daten für ihre Region noch auf freiwilliger Basis an den Bund liefern konnten. So wurden oft Schätzdaten geliefert, welche zu keinen aussagekräftigen Resultaten führten und den Wert der Nationalstatistik in Frage stellten. Infolge der Unvollständigkeit des gelieferten Materials wurden statistische Arbeiten teilweise nicht publiziert und nach grossem Zeitverlust wieder aufgegeben.

Zwischen 1865 und 1870 war das *Eidgenössische Statistische Büro* mit einer Vielfalt von Aufgaben betraut. Es beschäftigte sich unter anderen mit folgenden Arbeiten: Verwertung des Volkszählungsmaterials von 1860, Erstellung einer Militärstatistik, einer Statistik der Berufsarten, der Durchführung der Viehzählung, einer Statistik des Warenverkehrs mit den Nachbarstaaten, der Darstellung der Bevölkerungsbewegung, einer Zusammenstellung zu den schweizerischen Auswanderern, einer alljährlichen Statistik des Betriebs der Eisenbahnen, einer Erhebung zur Arbeit der Fabrikkinder in den Kantonen, einer Alpwirtschaftsstatistik sowie der Statistik über die Finanzen der schweizerischen Gemeinden. Seit 1891 wird das *Statistische Jahrbuch der Schweiz* in einer ununterbrochenen Reihe herausgegeben.[6]

1870 beschloss das Parlament ein knappes, auf organisatorische Fragen beschränktes Gesetz über die amtlichen statistischen Aufnahmen in der Schweiz, welches die Kantone zur Mitarbeit verpflichtete[7] und so die Erhebungsarbeiten von Gesetzes wegen erleichtern sollte. 1992 wurde mit dem neuen Bundesstatistikgesetz das Gesetz von 1870 abgelöst und durch eine moderne Grundlage für die Schweizer Statistik ersetzt.

Im Baselbiet gehen die ersten Anregungen zur Schaffung eines kantonalen Statistischen Amts zurück in die Zeit des Ersten Weltkriegs – über 50 Jahre nach der Gründung des *Eidgenössischen Statistischen Büros*. Die Kommission des Landrats zur Prüfung des staatlichen Voranschlages für das Jahr 1917 erklärte damals in ihrem Bericht: «Schon vielfach hat sich in unserer Staatsverwaltung der Mangel einer Statistik fühlbar gemacht. Es ist auch bereits in einer früheren Sitzung des Landrates die Schaffung eines Statistischen Amtes angeregt worden. Wir greifen diese Anregung auf und beantragen, dem Regierungsrat Auftrag zu erteilen, diese Frage näher zu prüfen und darüber Bericht zu erstatten.» Die Regierung erklärte das Anliegen aufgrund der mangelnden Staatsfinanzen jedoch für nicht angezeigt.[8]

Auch 1930 hielt der Regierungsrat auf erneute Anfrage die Zeit noch nicht für gekommen, ein solches Amt zu eröffnen. Statistische Erhebungen wurden zu dieser Zeit dezentral in den verschiedenen Direktionen durchgeführt oder Berufsstatistikern in

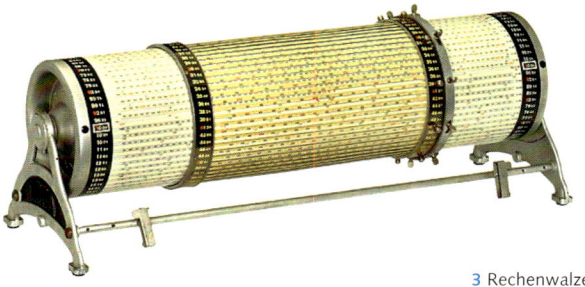

3 Rechenwalze «Loga», um 1930, Walzenbreite 60 cm. Hersteller: *Daemen, Schmidt & Co.*, Zürich.

Auftrag gegeben. Ebenfalls wurde mit dem Statistischen Amt in Basel-Stadt zusammengearbeitet. Dies ermöglichte zum Beispiel die 1930 durchgeführte Wohnungszählung im Baselbiet. Von 25 Kantonen hatten zu dieser Zeit nur gerade sechs ein eigenständiges Statistisches Amt (Bern seit 1865, Zürich seit 1868, Freiburg seit 1895, Genf seit 1896, Basel-Stadt seit 1902 und das Tessin seit 1930).[9]

Das Fehlen eines kantonalen Statistischen Amtes wurde in einem Bericht der landrätlichen Kommission im Oktober 1935 erneut bemängelt. Um zu prüfen, ob im Kanton Basel-Landschaft den statistischen Erhebungen tatsächlich zu wenig Aufmerksamkeit geschenkt werde, beschloss die Regierung deshalb, die jährlichen statistischen Erhebungen der einzelnen Direktionen zu erfassen.[10] Die Erziehungsdirektion meldete aufgrund der erwähnten Erhebung beispielsweise folgende elf jährlich durchgeführten Statistiken: Schülerein- und -austritte, Abgabe der Lehrmittel und Schulmaterialien, Staatsbeiträge an die Gemeinden für das Erziehungswesen, Vikariatsausgaben, Auswirkungen der Schülerversicherung, Auslagen des Kantons und der Gemeinden für die Schüler von Ausländern, Ausgaben der Gemeinden für das Schulwesen, Leistungen von Kanton und Gemeinden für die Ernährung und Bekleidung bedürftiger Schulkinder, Ausleihverkehr in der Kantonsbibliothek, Wechsel der Lehrkräfte sämtlicher Schulgattungen sowie als letzte die Stipendien für die Lehr- und Pfarramtskandidaten.

Die zahlreichen Rückmeldungen der Direktionen zeigten die dezentrale Vielfalt an statistischen Tätigkeiten und machten die Notwendigkeit einer zentralen Beschaffung und Bearbeitung des statistischen Materials in der Kantonsverwaltung deutlich. Im Anschluss wurde die *Direktion des Innern* beauftragt, einen statistisch geschulten Volkswirtschafter als Statistiker provisorisch auf ihre Rechnung anzustellen. Aus der provisorischen Anstellung entstand die statistische Abteilung der *Direktion des Innern*. Der Grundstein des heutigen *Statistischen Amtes des Kantons Basel-Landschaft* war somit gelegt.

1939 wurde Dr. rer. pol. Georg Siegrist als kantonaler Statistiker zu einem Jahresgehalt von 5500 Franken eingestellt. Gerade die wirtschaftliche Landesverteidigung während des Zweiten Weltkrieges erforderte viele Erhebungen, wie beispielsweise die umfangreichen jährlichen Anbauerhebungen. Dr. Siegrist wurde später Leiter der

4 Hewlett-Packard-85-Kleincomputer.

kantonalen Preiskontrollstelle, und gegen Ende des Krieges wurde ihm die Oberaufsicht über die kantonale Lebensmittelrationierungsstelle übertragen. Gleichzeitig blieb er Leiter der Abteilung «Statistik» im nach dem Zweiten Weltkrieg geschaffenen *Amt für Industrie, Gewerbe und Arbeit,* zu dessen Vorsteher er 1947 wurde.

Am 3. Dezember 1950 wurde über die Schaffung eines kantonalen Statistischen Amtes abgestimmt. Bei einer Stimmbeteiligung von 60,3 Prozent wurde diese jedoch mit 6355 Ja-Stimmen zu 12'569 Nein-Stimmen klar verworfen. Erst über 15 Jahre später, im August 1967, wurde das *Statistische Amt* im Organisationsgesetz als Dienststelle aufgeführt. Dr. Siegrist blieb bis zu seiner Pensionierung 1975 Kantonsstatistiker. Über 35 Jahre lang stand er damit im Dienste der kantonalen öffentlichen Statistik im Baselbiet.

1975 wurde Dr. iur. Karl Herzog formell zum Leiter des *Statistischen Amtes* bis zur organisatorischen Ablösung vom *Amt für Industrie, Gewerbe und Arbeit* 1982. Bereits 1975 übernahm August Lienin als Abteilungsleiter die fachliche und organisatorische Betreuung der Statistik und wurde ab 1982 offiziell zum Kantonsstatistiker und Leiter des *Statistischen Amtes* ernannt. Seit 1999 untersteht das Amt der *Finanz- und Kirchendirektion.* Im Jahr 2008 trat ein kantonales Statistikgesetz in Kraft, welches die öffentliche Statistik im Kanton regelt. Nach 34-jähriger Tätigkeit trat Lienin per Ende 2008 den Ruhestand an. Seither steht das *Statistische Amt Basel-Landschaft* unter der Leitung von Johann Christoffel. Das Amt hatte Anfang der 1970er-Jahre rund sechs Vollstellen, im Jahr 2011 sind es knapp 14, welche hauptsächlich durch Akademiker besetzt sind.

Inhaltlich beschäftigt sich das kantonale *Statistische Amt* unter anderem nach wie vor mit Themen, welche bereits in den 1940er-Jahren bearbeitet wurden. Eine Aufstellung der Tätigkeiten der Abteilung Statistik aus dem Jahre 1946 zeigt, womit sich die damalige Stelle beschäftigte. Erwähnt wird die Herausgabe der «Statistischen Veröffentlichungen» 1944/1945, eine Vorgängerversion des ab 1963 nach einem Landratsbeschluss jährlich publizierten «Statistischen Jahrbuches» des Kantons. Ebenfalls fand die Erhebung zur Bautätigkeit in den Gemeinden statt, welche nach wie vor zu den Aufgaben des *Statistischen Amtes* gehört. Weiter wurden Beschäftigungs- und

5 *Xerox 860*-Schreibautomat.

Lohnstatistik, Erhebung im Gastgewerbe, Mietzinserhebungen, Viehzählung sowie die Auswertung der Erhebung der Bauvorhaben erwähnt.[11]

Was sich im Verlaufe der 150-jährigen Geschichte der öffentlichen Statistik über die Zeit verändert hat, sind einerseits – je nach politischem Schwerpunkt – die bearbeiteten Themen sowie die zur Verfügung stehenden Arbeitsinstrumente. Noch Anfang des 20. Jahrhunderts mussten grössere Rechenoperationen mit grossem Aufwand und der Hilfe von Rechenwalzen (Abbildung 3) durchgeführt werden. Mit der rasanten Entwicklung der Elektronischen Datenverarbeitung (EDV) können inzwischen immer grössere Datenmengen bearbeitet werden. Auf kantonaler Ebene wurden bereits Ende der 1960er-Jahre einzelne Projekte mit Hilfe der EDV realisiert. Anfang der 1980er-Jahre wurde im Statistischen Amt ein *Hewlett-Packard-85*-Computer zur Erstellung von Gemeindestatistiken eingesetzt (Abbildung 4). Ab 1980 kam dann ein *Xerox 860*-Computer für Schreibarbeiten zum Einsatz (Abbildung 5).[12]

Im 21. Jahrhundert ist ein Statistisches Amt ohne Informatik nicht mehr vorstellbar. Praktisch jede statistische Erhebung wird auf elektronischem Weg erhoben und die Datenaufbereitung in eigenen Datenbanksystemen vorgenommen. Seit 2005 werden die statistischen Ergebnisse zum Baselbiet der interessierten Öffentlichkeit auch im Internet zugänglich gemacht unter www.statistik.bl.ch.

Auf Bundesebene hat sich die öffentliche Statistik organisatorisch auch international weiterentwickelt. Mit dem Inkrafttreten des bilateralen Statistikabkommens zwischen der Schweiz und der Europäischen Union im Jahr 2007 beteiligt sich die Schweiz wie die EU-Mitgliedsländer am statistischen Jahresprogramm der EU. Seit 2010 ist die Schweiz auch vollwertiges Mitglied des *Europäischen statistischen Systems (European Statistical System,* ESS).[13]

Tätigkeitsbereiche des *Statistischen Amtes Basel-Landschaft* 2011
- Volkszählungen und Betriebszählungen
- Bevölkerungsstatistik
- Bodenpreisstatistik
- Baustatistik (Bautätigkeit und Bauvorhaben)
- Leerwohnungszählung
- Statistik der Lernenden
- Statistik des Schulpersonals
- Statistik der Bildungsabschlüsse
- Personalstatistik
- Sozialhilfestatistik
- Krankenhausstatistik
- Medizinische Statistik
- Statistik der sozialmedizinischen Institutionen
- *Spitex*-Statistik
- Energiestatistik
- Steuerstatistik
- Staatsfinanzstatistik
- Gemeindefinanzstatistik
- Steuerfüsse und -sätze, Gebühren und Ersatzabgaben
- Aufbau und Führung des Kantonalen Personenregisters *arbo*
- Führung des Kantonalen Gebäude- und Wohnungsregisters
- Finanzaufsicht über die Gemeinden
- Beratung der Gemeinden in Rechungslegungs- und finanzpolitischen Fragen
- Durchführung des Finanzausgleichs

Anmerkungen
1. August Lienin: Das Statistische Amt und seine Aufgaben, in: *Infoheft des Kantons Basel-Landschaft* Nr. 58, 1984, 3.
2. Hans-Peter Tschudi: Zur Jahrhundertfeier des Eidgenössischen Statistischen Amtes. Vortrag an der Hundertjahrfeier des Amtes, in: Statistisches Lexikon der Schweiz, Kollektion «Historische Statistik», 9. Dezember 1960.
3. Bericht des Bundesrathes an die hohe Bundesversammlung betreffend die Leistungen und Hilfsmittel des eidgenössischen statistischen Büreaus, in: *Bundesblatt*, Band 2, 1873, H. 33, 1067–1099.

4   Johann Ludwig Spyri & Max Wirth: Rundschreiben in Sachen der Herstellung einer Gesammtstatistik der Schweiz, Bern, 28. März 1865.
5   Anton Meli: Zur Geschichte des Eidgenössischen Statistischen Amtes. Vortrag an der Hundertjahrfeier des Amtes, in: Statistisches Lexikon der Schweiz, Kollektion «Historische Statistik», 9. Dezember 1960.
6   Bundesamt für Statistik: in: http://www.bfs.admin.ch/bfs/portal/de/index/institutionen/oeffentliche_statistik/was_ist_die_oeffentliche/blank/zur_geschichte/historische_daten.html (7. Feburar 2011).
7   Bundesgesetz betreffend die amtlichen Statistischen Aufnahmen in der Schweiz vom 23. Juli 1870, *Schweizerisches Bundesarchiv* (BAR).
8   Landratsvorlage betreffend das Gesetz über die Schaffung eines Statistischen Amtes, 1. August 1950.
9   Landratsbeschluss Nr. 311 vom 22. Dezember 1930.
10 Regierungsratsbeschluss Nr. 3934 vom 26. November 1935.
11 Sta BL NA, 2179 Statistik, Schreiben vom 14. März 1946.
12 August Lienin: Das Statistische Amt und seine Aufgaben, in: *Infoheft des Kantons Basel-Landschaft* Nr. 58, 1984, 5.
13 Bundesamt für Statistik: in: http://www.bfs.admin.ch/bfs/portal/de/index/institutionen/oeffentliche_statistik/was_ist_die_oeffentliche/blank/zur_geschichte/historische_daten.html (7. Feburar 2011).

Bildnachweis
1   *Statistisches Amt des Kantons Basel-Landschaft*, Liestal.
2   *Bundesamt für Statistik*, siehe: http://www.portal-stat.admin.ch/chronostat/ (9. Februar 2011).
3   *LiveAuctioneers*, siehe: http://www.liveauctioneers.com/item/1017641 (9. Februar 2011).
4   David G. Hicks, *The Museum of HP Calculators*, siehe: http://www.hpmuseum.org (22. September 2011).
5   *DigiBarn Computermuseum*, siehe: http://www.digibarn.com/collections/systems/xerox860/index.html (10. Feburar 2011).

1 Wilhelm Schulz-Stutz (1807–1879), der erste «amtliche» Drucker des Kantons Basel-Landschaft.

Seraina Gartmann

Das Amtsblatt – mausgraue Wissensvermittlung für Bürger und Bürgerinnen

Schon wenige Wochen nach der Gründung des Kantons Basel-Landschaft wird auch das Amtsblatt aus der Taufe gehoben. Schritt für Schritt lässt sich aus dem mittlerweile mehrere Laufmeter umfassenden Publikationsorgan das Wachsen und Erwachsenwerden des Kantons nachlesen.

Heute ist das Amtsblatt ein mausgraues und nüchternes Publikationsorgan, ein Sammelsurium von Landratsbeschlüssen, Gesetzessammlungen, eidgenössischen Erlassen, allgemeinen Bekanntmachungen, Planauflagen, Baugesuchen, Grundbucheintragungen, Konkursen, Stellenausschreibungen und Handelsregistereinträgen und -löschungen.[1]

Zu diesen amtlichen und halbamtlichen Publikationen kommt noch eine Reihe kommerzieller Inserate. Die Druckauflage beträgt gegenwärtig rund 5000 Stück. Seit 1998 kann das Amtsblatt zudem online eingesehen werden, allerdings mit gewissen Einschränkungen aus Gründen des Datenschutzes.[2]

Eine historische Doppelnummer

Das Amtsblatt erscheint wöchentlich. Eine interessante Ausnahme von dieser Regel ist die Doppelnummer vom 16. August (Nr. 15 und 16) aus dem Jahr 1833. Zur Erinnerung: Am 3. August 1833 organisierte die Stadt Basel unter dem Druck der aufgeregten Bürger einen militärischen Auszug. Bei der Hülftenschanz kam es zum Gefecht, das mit der Flucht der Basler endete (4 Landschäftler, 63 Stadtbasler tot). Wilhelm Schulz-Stutz (1807–1879), der damalige Drucker des Amtsblattes, war selbst – wie er in seinen Memoiren berichtet – als Schaulustiger von Liestal in Richtung Pratteln ausgeflogen.[3] Logisch also, dass die für diesen Tag (3. August) vorgesehene Ausgabe erst nach Wochenfrist erscheinen konnte. Über die Vorfälle an der Hülftenschanz lesen wir dafür in der Doppelnummer:

> «[…] die Regierung von Basel (hat S. G.) zu wiederholten Malen die Verbindung einiger Landgemeinden mit der Stadt zum Vorwande und als Mittel gebraucht, um den von der hohen Tagsatzung feierlich gebotenen Landfrieden auf die frevelhafteste Weise zu brechen, den Kanton Basel-Landschaft mit Brand, Mord und Krieg zu überziehen, in der Absicht, die von der Eidgenossenschaft anerkannte Selbstständigkeit desselben zu zernichten, und sich ihrer Gewalt wiederum zu unterwerfen […].»[4]

Publizistische Sturzgeburt

Den wenigsten Leserinnen und Lesern von heute dürfte bewusst sein, dass das Amtsblatt kurz nach der Gründung des Kantons Basel-Landschaft am 17. März 1832 eine Art Sturzgeburt gewesen sein muss. Die erste Nummer ist nämlich schon gut zwei Monate später, am 26. Mai 1832, gedruckt worden. Dabei gilt es – ganz technisch – zu bedenken, dass der junge Kanton in dieser kurzen Zeitspanne zunächst einmal einen eigenen Drucker samt Druckerei anwerben beziehungsweise erwerben musste, denn beides gab es auf Baselbieter Boden vor der Kantonstrennung nicht. So kam es denn, dass der Verfassungsrat des eben aus der Taufe gehobenen Kantons in seiner Sitzung vom 11. April 1832 dem basellandschaftlichen Revoluzzer Benedikt Banga

(1802–1865) den Auftrag erteilte, er solle sich unverzüglich «nach Zofingen und Sursee begeben, alldorten die verkäuflichen Pressen untersuchen, um gutfindendenfalls die eine oder die andere zu Handen der Verwaltungscommission käuflich an sich bringen»[5]. Die Regierung spricht in ihrem Protokoll von «der Anschaffung einer Presse, deren dringende Nothwendigkeit sich täglich mehr zeige [...]»[6]. Benedikt Banga wird in Zofingen fündig, wo er einst als Zeichnungslehrer tätig gewesen war und vermutlich den ersten und einzigen amtlichen Buchdrucker des Kantons Basel-Landschaft, Wilhelm Schulz, kennen gelernt hatte.[7] Schulz, der gleichzeitig mit der Druckerei nach Liestal geholt wurde, hält in seinen Aufzeichnungen über die Beschaffung der Druckerpresse fest:

> «Die drei Jahre andauernde Basler Revolution nahm ihren Anfang Anno 1831 und gab, wie es eben geht, wenn die Geister aufeinander platzen, sogleich Anlass, viel zu reden, viel zu schreiben und wenn die Gedanken recht verbreiten werden sollen, viel zu drucken. In letzterem Falle war die Landschaft besonders im Nachtheil. Während die Basler Zeitung, die zwar auch erst begründet worden, Feuer und Flammen, Gift und Galle ausspie, konnte die Landschaft nicht genugsam ihr Recht vertheidigen, denn es existierte nur in Liestal die Lithographie von Kupferstecher Gysin. Es war demnach eine Buchdruckerei ein wahres Bedürfnis [...].»[8]

In seinen Memoiren erinnert sich Wilhelm Schulz auch an die Anfänge des Amtsblattes. Er schreibt:

> «Die ersten Arbeiten waren Sendschreiben an die Tagsatzung, an Kantonsregierungen und an landschaftliche Gemeinden. Auch viele Bulletins wurden gedruckt. Etwas später erschien das Amtsblatt und der Banga'sche ‹unerschrockene Rauracher›.»[9]

Druckereiwechsel und Preisentwicklung

Ein halbes Jahr nachdem die Baselbieter Regierung die Druckereimaschine gekauft hatte, verkaufte sie diese an Benedikt Banga, und so wurde aus der Staatsdruckerei die Privatdruckerei «Banga & Honegger». Diese war für den Druck des Amtsblattes bis 1839 zuständig. In diesem Jahr wurde Banga zum ersten Landschreiber des Kantons gewählt, und so kam es zu einem ersten von vielen Druckereiwechseln in der Geschichte des *Amtsblattes des Kantons Basel-Landschaft*.[10] Ab 1839 kam das Amtsblatt in der Druckerei von J. W. Förster unter die Presse.[11] Sieben Jahre später, also 1846, war für den Druck des Amtsblattes der Drucker Fürchtegott Wilhelm Hoch zuständig.[12] Nach weiteren zehn Jahren druckten Lüdin und Walser das Amtsblatt, wo es 1876 erstmals im neuen, grösseren und mit der heutigen Printausgabe nahezu identischen Format erschien.[13] In den folgenden Jahrzehnten sorgte eine Handvoll weitere Druckereien für das rechtzeitige Erscheinen des Amtsblattes. 1911 schliesslich kam der Auftrag für fast ein Jahrhundert zur «Buchdruckerei zum Landschäftler A.G.».[14]

Heute druckt die *Schaub Medien AG* in Sissach das Amtsblatt, das im Jahresabo 70 Schweizer Franken kostet[15], das vorläufige Ende einer steten Preisentwicklung. Etwas zu kosten begann das Amtsblatt allerdings verhältnismässig spät, erst in der ersten Nummer des Jahres 1887, damals zahlte man für ein Jahresabo 3.50 Schweizer Franken.[16] Noch später kam die Annahme privater Inserate im Amtsblatt. Zum ersten Mal war das im Januar 1930 möglich.[17]

Gründerzeit-Jahrgänge: zwischen Repression und Armut

Der junge Kanton stand nicht nur vor der Herausforderung, eine Druckerei zu beschaffen, sondern musste innert weniger Wochen – quasi noch in den Kinderschuhen – eine funktions- und handlungsfähige Verwaltung aus dem Boden stampfen. Wie dieser Prozess vor sich gegangen ist, lässt sich in den Gründerzeit-Jahrgängen des Amtsblattes exakt nachlesen: In der ersten Nummer wird ausführlich aus dem Protokoll der ausserordentlichen Tagsatzung vom 16. bis 18. Mai 1832 zitiert. Hier geht es im Wesentlichen darum, dass die vom Kanton Basel abgelösten Gemeinden unter den eidgenössischen Schutz der Tagsatzung gestellt werden.[18] Aus einem Beschluss vom 21. Mai geht hervor, dass Bürger des Kantons Basel-Landschaft, die an Sitzungen des Grossen oder Kleinen Rats in und von Basel-Stadt teilnehmen, per sofort «ausser dem Verlust ihres Staats- und Gemeindebürgerrechts, noch mit Kerkerstrafe zu belegen sind»[19], und dass sämtliche Behörden und Beamten, die «sich erfrechen, irgend einen Befehl oder irgend eine Weisung von Stadt Basel zu verfolgen»[20], sich schuldig machen.

Wer einen neuen Staat gründet, muss sich also nicht nur äusserst repressiv gebärden, sondern braucht natürlich auch eine Armee, und so scheint es naheliegend, dass ebenfalls in der ersten Ausgabe des Amtsblattes eine Anzeige über Musterungen auftaucht. Darin werden unter Androhung einer Geldstrafe bisher säumige Rekruten aufgerufen, sich zu stellen.[21] Wahlen sorgten dafür, dass neue politische Ämter im neuen Kanton besetzt wurden, als Beispiele aus dem ersten Amtsblatt seien hier etwa die Wahl eines Zivilrichters von Zeglingen und je eines Bezirksrichters von Allschwil und Schönenbuch (und für alle jeweils eines Stellvertreters) genannt. Gewählt wurden diese Personen übrigens per Vorschlag durch die Verwaltungskommission. Die Stellvertreter der Gewählten bestimmte nach alter Herren Sitte das Los.[22]

Bereits in der ersten Nummer des Amtsblattes findet sich eine Reihe bewilligter Ganten und je eine freiwillige und amtliche Auskündung: Einem Ormalinger wird der ganze Besitz (Behausung, Scheuer, Stallung samt Wagenschopf, Kraut- und Baumgarten) vergantet, einem Lauwiler Einsassen in Langenbruck das Pferd nebst Fahrnis, einem Wintersinger Metzger Liegenschaft und Land, einem Diegter der ganze Viehbestand.[23] Die Bevölkerung im jungen Kanton war eben nicht nur rebellisch und beseelt vom Wunsch, sich von der Stadt ganz abzunabeln, sondern auch stark von relativer Armut betroffen.

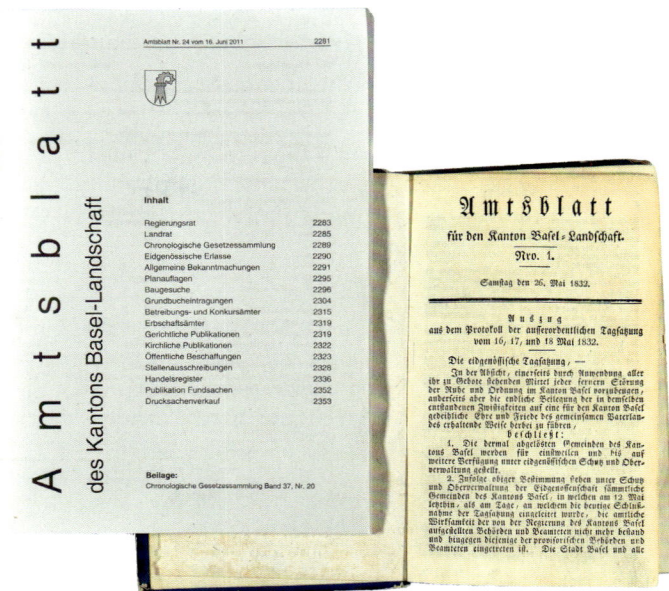

2 Das Amtsblatt heute und gestern.

Ein Fall von Kindesaussetzung

Das Thema «Armut» wird im Amtsblatt – Jahrgang für Jahrgang – ausführlich problematisiert.

Ein besonders berührendes Beispiel findet sich in der Nr. 7 des ersten Jahrganges:

> «Anzeige. In der Nacht vom 3. auf den 4. Dieses ward in dem Wagenschopf des Löwenwirthes in Biel, auf dem sich darinn befindlichen Dielenwagen, ein ungefähr vierteljähriges lebendes Kind weiblichen Geschlechts, in einigen alten Lumpen gewickelt, und einem Spreuersack liegend gefunden worden. E. E. Regierungsrath hat auf die Entdeckung dieser Aussetzung eine Belohnung von 40. Fr. gesetzt. Liestal den 5. Juli 1832. Kanzlei des Kantons Basel-Landschaft.»[24]

Diese Kindesaussetzung lässt aufhorchen. Solche (wahren) Geschichten wurden unter anderem auch durch das Medium Amtsblatt vermittelt und wirken heute beinahe wie eine Art «Aktenzeichen XY ungelöst von anno dazumal» – auch was die Spannung anbetrifft. Denn dieser Fall ist nicht singulär, es wimmelt in den erst nur wenige Seiten umfassenden und schliesslich immer umfangreicheren Amtsblättern geradezu von Diebstahlsanzeigen, Signalementen und Urteilen. Oft finden wir zu einzelnen

Anzeigen in späteren Nummern Fortsetzungen, so etwa auch im Fall dieser Kindesaussetzung.

Das Amtsblatt berichtet bis heute in nächster Nähe über meist sehr Unerfreuliches von den Menschen im Kanton Basel-Landschaft und ist – wenn auch von Amtes wegen verordnet[25] – gerade deshalb und trotz seines mausgrauen Anstrichs bei der Bevölkerung beliebt. Die narrative Qualität aus der Zeit der Gründerjahre ist heute allerdings unerreicht. Im Fall der Kindesaussetzung lesen wir im Urteil des Obergerichts vom 22. September 1832:

> «Im Namen des souveränen Volkes haben wir [...], in Sachen Magdalena Meyer von Blauen, Kantons Bern, 28 Jahr alt, unverheirathet, u. Fr. Martin v. Frenkendorf, 28 Jahr alt, unverheirathet, welche wegen Kindesaussetzung vom Löbl. Regierungsrath zur nähern Untersuchung und Beurtheilung [...] an uns überwiesen worden, nach erklärter Spruchreife der Akten, letzteren Folgendes als Gegenstand unserer Beurtheilung entnommen: Friedrich Martin und Magdalena Meyer dienten neben einander bei einem Landökonom zu Gundeldingen und gaben sich gegenseitig das Eheversprechen, wurden aber an der Ausführung desselben hauptsächlich durch die Schwierigkeiten, welche ihnen das Pfarramt Blauen machte, verhindert. Nachdem nun die Meyer in Folge dieses Verhältnisses Ende Maimonat laufenden Jahres in Blauen mit einem Töchterchen niedergekommen war, wurde sie bald darauf durch den Gemeinderath von Blauen aufgefordert, den Vater des Kindes aufzusuchen und denselben um seine Erhaltung anzugeben. Unter diesen Umständen nahm die Meyer ihr Kind in einen Plunderkorb, traf den Martin, nachdem sie ihn vergebens in Frenkendorf aufgesucht, in Pratteln an. Da er ihr aber, selbst Mangel leidend, nicht zu helfen vermochte, so kehrte sie in Begleit des Martin mit dem Kinde nach Blauen zurück. Hier versprach ihr Martin, dafür zu sorgen, dass das Kind in seiner Gemeinde Aufnahme finde. Da aber kein Bericht mehr von ihm erfolgte, machte sie sich abermals mit dem Kinde auf den Weg, und nachdem sie den Martin nach langem Suchen in Bottmingen gefunden, liess Martin in seiner Heimath Frenkendorf vor versammelter Gemeinde um Aufnahme und Verkostgeldung des Kindes bei seiner Base bitten, wurde aber auch hier abgewiesen und die Meyer mit dem Kinde des folgenden Tages den 4. Juli durch den Wächter zum Dorfe hinausgeführt. Auf dem nun eingeschlagenen Wege nach Pratteln wurde sie von Martin eingeholt, und nachdem sie in Pratteln etwas Cafe genossen, schlugen sie den Weg nach Basel ein, und von da an, nachdem sie die letzten Bazen für eine Flasche Wein und etwas Brod ausgegeben, zogen sie ohne bestimmtes Ziel weiter fort. Gegen 9 Abends im Dorfe Biel angekommen, fühlte sich die Meyer erschöpft und nun geriethen beide, während sie ausruhten, auf den Gedanken, durch Aussetzung sich des Kindes zu entledigen. Bei dem Hause des Löwenwirths zu Biel, welches ringsum von andern Häusern umgeben ist, nahm Martin der Mutter das Kind ab und legte es, eingewickelt in ein durchlöchertes Tuch, auf einem Spreuersäcklein in einem Wagen nieder, welcher in dem am Wirthshause angebauten Schopfe stand. Hierauf begaben sie sich miteinander bis vor Hofstätten, übernachteten daselbst im Freien und trennten sich dann, das eine dahin, das andere dorthin, einen Platz zu suchen. Gegen Morgen 4 Uhr hörte der Präsident von Biel, als er an die Arbeit wollte, das Schreien eines Kindes und machte die Entdeckung desselben, nahm es in sein Haus und nachdem er es daselbst verpflegt, wurde es im

Dorfe auf Gemeindekosten verkostgeldet. Anfangs war es munter, nach einigen Wochen aber erkrankte es und starb am 19. August an der Wasserruhr, nachdem es noch vorher am 23. Juli getauft worden. Fünf Tage nach dem Tode des Kindes kam die Meyer in das Wirthshaus zu Biel, ihrem Kinde nachzufragen, und wurde gleich arretirt. Martin zog Sonntags den 2. September durch Liestal und wurde ebenfalls festgenommen.»[26]

Beide wurden zu mehreren Wochen Haft verurteilt.

Anmerkungen

1. Vgl. ABI BL, Nr. 10, 10. März 2011, Sissach 2011.
2. Vgl. http://www.baselland.ch/Amtsblatt.273426.0.html (9. April 2011). Ich danke an dieser Stelle herzlich Frau Thomma, der Redaktorin des Amtsblattes, für Ihre Auskünfte während eines Interviews am 4. März 2011.
3. Vgl. Wilhlem Schulz-Stutz, Eine unheimelige Zeit. Ernste und heitere Berichte eines Zeitzeugen aus Baselland über die Jahre 1832 bis 1849, Liestal 2004, 48. Die Erstauflage erschien 1875 im Selbstverlag des Autors. – Zu Schulz vgl. auch: Martin Stohler: Die erste Druckerei des Kantons Basel-Landschaft. Aus den Erinnerungen von Wilhelm Schulz-Stutz, in: BHB 24, 91–95.
4. StA BL AD 100002, 1833/2, 131.
5. StA BL NA, Bestand 2002, Protokolle A 2.1 Verfassungsrat 1832 April 3.–1832 Mai 21.
6. StA BL NA, Bestand 2002, Protokolle A 2.1 Verfassungsrat 1832 April 3.–1832 Mai 21.
7. Vgl. Gartmann Seraina, Wilder Westen im Baselbiet – Kantonstrennung und Kantonsgründung aus der Sicht des Druckers Wilhelm Schulz-Stutz (1807–1879), in: Bhbl, Nr. 1, 72. Jg., 2007.
8. Schulz, Eine unheimelige Zeit, 18.
9. Schulz, Eine unheimelige Zeit, 19.
10. Zum weiteren Schicksal der Druckerei vgl. Stohler, Die erste Druckerei, BHB 24, 92.
11. Vgl. StA BL 100002 1839/1.
12. Vgl. StA BL 100002 1846/1. Die Druckerei von Fürchtegott Wilhelm Hoch (1820–1882) existierte in Liestal seit 1845; vgl. Kaspar Birkhäuser (Bearb.), Personenlexikon des Kantons Basel-Landschaft (= QF 63), Liestal 1997, 84.
13. Vgl. StA BL 100002 1876/1.
14. Vgl. StaBL 100002 1911/1 ff.
15. Vgl. ABI BL, Nr. 10 vom 10. März 2011, Sissach 2011, 962.
16. Vgl. StaBL 100002 1887/1.
17. Vgl. StaBL 100002 1930/1.
18. Vgl. StA BL: AD 100002 1832, 1–6.
19. StA BL: AD 100002 1832, 6.
20. StA BL AD 100002 1832, 6.
21. Vgl. StA BL AD 100002 1832, 6–7.
22. Vgl. StA BL AD 100002 1832, 7.
23. Vgl. StA BL AD 100002 1832, 8–9.
24. Vgl. StA BL Ad 100002 1832, 53–54.
25. Vgl. GS BL 27.607 und 36.0226.
26. StA BL AD 100002 1832, 178–181.

Bildnachweis

Staatsarchiv des Kantons Basel-Landschaft, Liestal.

1 Das am 16. April 2011 wiedereröffnete *Museum.BL* betreut in seinen Sammlungen, zusammen mit der *Archäologie Baselland*, über zwei Millionen Originale aus den Sparten Naturkunde, Europäische Ethnologie, Kunst, Fotografie und Archäologie.

Daniel Hagmann, Christoph Manasse

Gesammeltes Wissen: das Kantonsmuseum und das Staatsarchiv

Mit dem *Museum.BL* und dem *Staatsarchiv Basel-Landschaft* beherbergt Liestal zwei zentrale Pfeiler des basellandschaftlichen Gedächtnisses. Beide Institutionen haben einen gemeinsamen Ursprung und wurden durch ähnliche Entwicklungen geprägt. Doch sie erfüllen unterschiedliche Aufgaben.

Zweierlei Gedächtnisse – Museum und Staatsarchiv

Im Anfang war die Teilung. Aus dem Kanton Basel entstanden 1833 die beiden Halbkantone Basel-Stadt und Basel-Landschaft. Für die Stadt bedeutete die Aufteilung von Verwaltung und Vermögen im Folgejahr 1834 einen herben Verlust. Baselland übernahm auf dem Papier hohe Werte – doch in der Praxis musste die Staatsverwaltung neu aufgebaut werden. Das *Staatsarchiv Basel-Landschaft* und das *Museum.BL* (wie das ehemalige Kantonsmuseum seit 2004 heisst) verdanken ihre Anfänge vor allem einer Person: Benedikt Banga, dem zweiten Landschreiber und prägenden Kulturpolitiker im jungen Kanton. Die beiden Institutionen entwickelten sich in der Folge, obwohl räumlich und personell eng benachbart, unterschiedlich. Denn während das Archiv eine klare Dienstleistungsfunktion innerhalb der Verwaltung besass, blieb das Museum ein Steckenpferd einzelner Beamter, Lehrer und Pfarrer. Und während das Archiv sozusagen automatisch wuchs, als Sammelbecken der laufenden Aktenproduktion, wechselten im Museum die Sammlungsschwerpunkte wiederholt. Gemeinsam blieb beiden Institutionen bis nach 1960 ihr Standort, das Regierungsgebäude.[1]

Vom «Naturalien-Cabinet» zum Forum für aktuelle Fragen

> «Der bildende Nutzen und die geisterhebende Unterhaltung, welche die Anschauung von systematisch geordneten Sammlungen der verschiedenen Naturgegenstände der Erde für Alt und Jung gewährt, ist zu allgemein anerkannt, als dass die Erziehungsbehörde nicht schon vor Jahren hätte darnach streben sollen, eine den hiesigen Verhältnissen angemessene Kantonalsammlung aufzustellen. [...] Nicht unansehnliche Geschenke von Partikularen haben es in Verbindung mit den Bewilligungen des h. Landrates möglich gemacht, seit 1836 für die Anstalt einen guten Grund zu legen und wenn sie in den ihr im neuen Anbau des Regierungsgebäudes vorbehaltenen Räumen untergebracht sein wird, wird sie der Schuljugend sowie dem erwachsenen Publikum des Kantons schon ein ansehnliches und anregendes Feld zur Belehrung darbieten.»[2]

Diese wenigen Sätze aus dem Amtsbericht des Regierungsrates von 1851 verraten Wesentliches über die Anfänge des *Museum.BL*. Es handelte sich um eine Sammlung, die nur langsam Konturen annahm, ohne dass ein eindeutiges Gründungsdatum festgelegt werden könnte. Die ersten Nachweise stammen von 1836, das «Reglement über Beaufsichtigung, Benützung und Vermehrung der öffentlichen Bücher- und Naturaliensammlungen» datiert hingegen erst von 1838. Vor allem private Spender steuerten Tiere und Pflanzen bei. Bei der Teilung des ehemaligen Kantons Basel waren die Sammlungen der Universität, darunter das naturhistorische Kabinett, in Basel geblieben. Nach Liestal kamen nur Teile der militärischen Ausrüstung mit historischen Objekten. Bleibenden Aufenthalt fand die Sammlung erst 1852 in einem neuen Anbau des Regierungsgebäudes. Und sie diente vorrangig Unterrichtszwecken. Betreut wurde die Sammlung – einen Konservator sah das Reglement von 1838 nicht vor – vom Landschreiber und späteren Regierungsrat Benedikt Banga (1802–1865). Er betrieb nebenbei auch einen botanischen Garten bei der Kaserne, der 1852 der Militärverwaltung weichen musste.

In den Folgejahren, vor allem nach dem Tod des Gründers, führte das so genannte «Naturalien-Cabinet» eine bescheidene Existenz unter der wechselnden Betreuung von Finanzsekretär Friedrich Nüsperli, Schulinspektor Hans Kestenholz und Erziehungsdirektor Johann Brodbeck. Erst die *Naturforschende Gesellschaft* (aus der 1885 gegründeten *Natura Liestal* hervorgegangen) belebte das Museum wieder. Aus ihren Kreisen stammte Bezirkslehrer Franz Leuthardt (1861–1934), der 1890 vom Regierungsrat zum Konservator im Nebenamt gewählt wurde. Er ordnete, inventarisierte und erforschte die Sammlungen. Erstmals kamen nun auch so genannte Altertümer, archäologische Objekte und Münzen, in die Schauräume. Kulturgeschichte hielt Einzug ins Museum: Eine volkskundliche Sammlung entstand in den 1920er-Jahren, und der Sammlungsschwerpunkt verschob sich auch bei Fauna und Flora in Richtung «Heimat». 1938 formulierte es Erziehungsdirektor Hilfiker so:

> «Das sollte auch bei unserm Kts.museum wegleitend sein; es sei eine Sammelstelle alles dessen, was bei uns gefunden wurde oder sonst auf den Kanton Bezug hat. Alles Fremde dient dem Zweck eines Kts. museums nicht, sollte eliminiert oder in besonderen Räumen versorgt werden.»[3]

Die Konzentration auf das «Eigene» in den 1930er-Jahren war eng verbunden mit der politischen Diskussion über die Wiedervereinigung von Stadt und Land. Die Anfang des 20. Jahrhunderts aufgekommene Archäologie gewann an Bedeutung für die Identitätssuche. Walter Schmassmann (1890–1971), der 1935 als neuer Museumsleiter antrat, veranlasste eine Inventarisierung der Objekte und richtete ein archäologisches Fundarchiv ein. Auf Anregung der *Naturforschenden Gesellschaft* entstand 1937 die *Museumsgesellschaft*. Um die drängende Raumfrage zu lösen, wurden in den Folgejahrzehnten erfolglos verschiedene Areale und Bauten geprüft, Studien und Pläne erstellt.

Der nächste Konservator, Paul Suter (1899–1989), widmete sich ab Amtsantritt 1961 stärker kulturgeschichtlichen Themen. Im dritten Stock des Regierungsgebäudes entstand ein «Burgen- und Fahnenzimmer», im Estrich eine Werkstatt. Der grosse Aufbruch begann Ende der 1960er-Jahre. Der Regierungsrat wählte 1968 den Archäologen Jürg Ewald (*1938) als wissenschaftlichen Mitarbeiter, 1970 als Leiter der «Dienststelle Kantonsmuseum und Altertumsschutz». Im selben Jahr übernahm Ewald von Suter die Leitung des Museums. Neue Mitarbeitende (Präparator, Zeichner, Sekretärin) nahmen ihre Arbeit auf. Und mit dem Kredit für den Umbau des alten Zeughauses stand 1975 endlich ein eigener Bau in Aussicht. Nach Bau- und Umzugsarbeiten eröffnete 1984 das neue Museum im alten Zeughaus die erste Dauerausstellung, der Seidenbandweberei gewidmet. Bis 1988 folgten zwei weitere Dauerausstellungen zu Natur- und Kulturthemen. Damit war die Einrichtung des neuen Museums vorläufig abgeschlossen. Aus dem einstigen «Naturalien-Cabinet» und dessen Nachfolger, dem Heimatmuseum, war ein modernes Themenmuseum entstanden.

Eine Verwaltungsreorganisation schaffte 1995 grössere Selbstständigkeit für die Abteilungen «Museum», «Archäologie» und «Römerstadt Augusta Raurica». Mit Shop und Publikumscafé erweiterte das Museum sein Foyer. Nach der Pensionierung Jürg Ewalds Ende 1998 übernahm die bisherige Mitarbeiterin Pascale Meyer (*1961) die Leitung des Museums. Die kantonale Kunstsammlung kam neu in die Obhut des Museums. Die neue Dauerausstellung «leibundleben.bl.ch» ersetzte im Jahr 2000 die

2 Ein Blick in die erste Ausstellung nach der Wiedereröffnung des Kantonsmuseums mit dem Titel «Meine Grosseltern – Geschichten zur Erinnerung».

bisherige kulturhistorische Ausstellung von 1988. Die grösste Änderung unter der neuen Leiterin bestand aber darin, dass nicht mehr vorrangig eigene Sammlungen, sondern aktuelle Themen zum Anlass für Ausstellungen genommen wurden. Das Museum definierte sich in seinem Leitbild ausdrücklich als Forum für aktuelle Fragen, nicht mehr als Schaufenster des Kantons. Davon zeugten in der Folge Ausstellungsprojekte wie «Sechsundsechzig. Eine Ausstellung zum Alt und Grau werden» oder «Voll fett. Alles über Gewicht».

Der 2003 neu gewählte Name «MUSEHUM.BL» wurde nach anhaltender Kritik ein Jahr später in «Museum.BL» umgeändert. Als Nachfolgerin von Pascale Meyer trat die Geologin Barbara den Brok (*1967) an. Sie legte den Akzent nach fast 170 Jahren Museum erneut auf die Museumssammlungen. Diese standen im Zentrum der neuen Dauerausstellung «Zur Sache». Zudem wurde 2009 die bestehende Seidenband-Dauerausstellung neu gestaltet. Auf der Website des Museums hiess es entsprechend:

«Erlebnis und Wissenszuwachs: Die Themen unserer Ausstellungen arbeiten wir so auf, dass unsere Besucherinnen und Besucher einen direkten Bezug zu ihrem alltäglichen Erleben finden können.»

Nach 30 Jahren Betrieb erwies sich das Zeughausgebäude als sanierungsbedürftig. Während der Bauphase vom Sommer 2009 bis Frühling 2011 schloss das *Museum.BL*

3 Das neue Staatsarchiv wurde nach über zweijähriger Bauzeit schliesslich im Jahre 2007 eröffnet.

seine Türen. Mit der Wiedereröffnung fällt auch ein Wechsel in der Museumsleitung zusammen: Seit Sommer 2011 steht Marc Limat an der Spitze des ehemaligen Naturalienkabinetts.

Vom halbierten Archiv zum modernen Dienstleistungsbau

Die 1830er-Wirren führten 1833 nicht nur zur Teilung des Kantons Basel in zwei Halbkantone, sondern auch zur Aufteilung der Bestände des Staatsarchivs als Teil des gemeinsamen Staatsgutes. So beschloss die Tagsatzung am 26. August 1833, dass das gesamte Staatseigentum ohne irgendeine Ausnahme auf «billigem Fuss»[4] zwischen den beiden Landesteilen ausgeschieden und verteilt werden sollte. Die Liquidation des gemeinsamen Staatsvermögens sollte, so der Wille der Tagsatzung, durch ein Gremium durchgeführt werden, welches sich aus Persönlichkeiten der beiden Kantonshälften zusammensetze.

Am 30. September 1833 tagte die Teilungskommission erstmals in Aarau, dem Sitz des Schiedsgerichtes. Die Verhandlungen über die Teilung der Archivbestände erwiesen sich schon bald als schwierig und dauerten bis in das Jahr 1834 hinein. Erst im Sommer 1834 konnte mit dem Archivteilungsvertrag, der unter der tatkräftigen Mithilfe des Staatsarchivars Johannes Krug (1795–1866) ausgearbeitet worden war, eine Einigung erzielt werden, die am 13. August 1834 in Kraft trat. Darin wurde beschlossen, dass die Landschaft jene Akten und Unterlagen erhielt, die ausschliesslich die Landschaft betrafen. Die Stadt Basel konnte ihrerseits diejenigen Unterlagen behalten, welche die Belange der Stadt sowie gemeinsame Geschäfte betrafen.

Am 3. November 1834 begann schliesslich die tatsächliche Trennung der Bestände, was einen schweren Eingriff in die Homogenität der Archivbestände bedeutete. Der über die Jahrhunderte organisch gewachsene Archivkorpus wurde getrennt, und die inhaltlichen und thematischen Zusammenhänge wurden auseinandergerissen. Matthias Manz (*1954), der spätere Staatsarchivar von Baselland, bezeichnete deshalb dieses Ereignis auch als eigentliche Tragödie.

In den ersten Jahren wurden die an die Landschaft gefallenen Akten in der Kaserne und im Dachzimmer des Regierungsgebäudes untergebracht. Dieser Aufbewahrungsort war nicht optimal und hatte den Charakter eines Provisoriums, so dass Landschreiber Benedikt Banga, der nebenamtlich auch für das Archiv verantwortlich war, schon bald auf eine Verbesserung der räumlichen Situation und eine Neuordnung der Akten drängte. Dieser Wunsch wurde jedoch nur zum Teil umgesetzt: Zwar wurden die Akten aus dem Regierungsgebäude in den oberen Teil des *Kleinen Zeughauses* transferiert. Zu einer Neuordnung der Akten und zu einer Anstellung eines ordentlichen Archivars kam es jedoch nicht, auch weil der Landschreiber Jakob Jourdan 1841 der Meinung war, dass die Akten ausreichend geordnet seien.

Eine Verbesserung der räumlichen Situation trat erst 1850 ein, als der Landrat einen Kredit von 20'000 Franken für ein neues Archivgebäude bewilligte, welches 1853 bezogen werden konnte. Allerdings blieben die Bewirtschaftung und der Gebrauch des Archivs weiterhin prekär. So bemerkte der spätere Archivar Fürchtegott Wilhelm Hoch (1820–1882), dass der Gebrauch der Akten «höchst erschwert, in einigen Fällen sogar unmöglich» war.

> «Die von Basel an die Landschaft übergangenen Papiere seien leider noch in derselben losen Ordnung, wie sie in der Hast der Teilung sich haben ergeben müssen. Über die Akten seit der Trennung seien ja keine oder nur unzureichende Register vorhanden.»[5]

Dies änderte sich erst im Jahre 1863 mit der Ernennung des Finanzsekretärs und alt Bezirkslehrers Friedrich Nüsperli (1838–1890) zum nebenamtlichen Archivar. Er sichtete und verzeichnete bis 1867 diverse Archivalien und Schriften, insbesondere jene aus der Zeit der Trennung. 1867 legte Regierungsrat Emil Rudolf Frey einen Gesetzesentwurf vor, der die Anstellung eines Archivars forderte, welcher für die Ordnung des Archivs zuständig sein sowie sämtliche Bezirks und Kirchenarchive beaufsichtigen sollte. Am 16. Juni 1867 wurde das Gesetz in einer Volksabstimmung mit grossem Mehr angenommen. In der Folge wählte der Landrat am 30. September 1867 Jakob Jourdan von Waldenburg (1813–1870) zum ersten hauptamtlichen Staatsarchivar des noch jungen Kantons Basel-Landschaft.

Am 4. Juni 1870 verstarb Jourdan nach kurzer Krankheit. Zu seinem Nachfolger wurde Fürchtegott Wilhelm Hoch gewählt, der sein Amt am 1. Januar 1871 antrat.

Während seiner Amtszeit schuf Hoch eine Vielzahl von Verzeichnissen und Registraturen und baute den Archivplan aus, den sein Vorgänger bereits entwickelt hatte, um die Akten nach 1832 zu gliedern. Der Archivplan war nach dem Direktorialsystem, einer Art Provenienz- oder Herkunftssystem, angelegt und bestand aus einer Dreiteilung in «Auswärtiges», «eidgenössische Angelegenheiten» und «kantonale Verwaltung». Die Akten der kantonalen Verwaltung waren wiederum in acht Klassen unterteilt und gliederten sich in «Finanzwesen», «Inneres», «Bauwesen», «Justizwesen», «Kirchenwesen», «Schulwesen», «Militärwesen und Polizei» sowie «Sanitätswesen».

Für die meisten von der Stadt Basel übernommenen Unterlagen vor 1832 orientierte sich Hoch jedoch an den alten baselstädtischen Registraturen. Er verzeichnete diese allerdings teilweise neu und bildete daraus das «Repertorium von 1033 bis 1832». Von dieser Neuverzeichnung war insbesondere der Bestand «Ladensachen» betroffen, welcher von Archivar Daniel Bruckner (1701–1781) im 18. Jahrhundert angelegt worden war und ursprünglich 193 Laden umfasste, welche in «Landsachen (L)» und «Stadtsachen (St)» aufgeteilt waren. Bei der Kantonstrennung von 1833 übernahm der Kanton Basel-Landschaft die 100 «Landsachen Laden», die «Stadtsachen Laden» hingegen verblieben in der Stadt.

Mit dem Tod Hochs im Juni 1882 kann es zu einer erneuten Diskussion darüber, ob sich der Kanton Basel-Landschaft einen Staatsarchivar leisten wolle. Zunächst blieb die Nachfolge von Hoch vakant, ausserdem wurde die Frage geprüft, ob die Arbeiten im Archiv nicht auch von der Landeskanzlei übernommen werden könnten. Die Prüfung fiel allerdings negativ aus, so dass die Regierung 1884 den für die Besorgung des Staatsarchivs notwendigen Kredit bewilligte.

Im selben Jahr wurde der «mit Archivsachen wohlbewanderte Herr Professor Dr. Heinrich Boos von Basel»[6] (1851–1917) beauftragt, den Zustand des Staatsarchivs und der verschiedenen Bezirksarchive unter die Lupe zu nehmen. Sein Bericht fiel vernichtend aus: Neben einem Exkurs über die Funktion von Archiven im Allgemeinen beklagte er den lamentablen Zustand der einzelnen Archive und stellte die fachliche Qualifikation von Hoch in Frage. Gleichzeitig lieferte Boos jedoch auch Lösungsvorschläge zur Verbesserung der Archive und anerbot sich, diese Arbeiten gegen ein Honorar von 5000 Franken gleich selbst auszuführen. Die Erziehungsdirektion akzeptierte diesen Vorschlag und beauftragte Boos mit der Arbeit. Boos begann sofort und trennte unter anderem das «Neue» und das «Alte Archiv» vollständig. Das «Neue Archiv», das heisst die Verwaltungsakten ab 1832, stellte er gemäss dem neuen Archivplan so auf, dass bei allen Abteilungen noch Platz gelassen wurde für die Akten zukünftiger Ablieferungen. Aus den Beständen des «Alten Archivs», das heisst den Akten aus der Zeit vor der Kantonstrennung, wurden die Urkunden ausgegliedert und chronologisch gegliedert. Zudem verfasste Boos über das «Alte Archiv» ein neues, fünfbändiges Repertorium.

1887 wurden das Staatsarchiv der Landeskanzlei unterstellt und der Landschreiber zum nebenamtlichen Staatsarchivar erkoren. Ausserdem entstand im selben Jahr ein

4 Ein Blick in den Magazintrakt des Staatsarchivs: Auch im Kampf gegen wiederkehrende Platzprobleme hilft eine durchdachte und klar strukturierte Gliederung und Ordnung der Archivalien.

neues «Reglement zur Besorgung des Staatsarchivs», welches die Besorgung und Benutzung des Staatsarchivs regeln sollte. Dieses trat 1888 in Kraft und bildete für die kommenden Jahre die gesetzliche Grundlage für das basellandschaftliche Archivwesen.

Anfang des 20. Jahrhunderts machten sich zunehmend Platzprobleme im Archiv bemerkbar, trotz der Kassierung diverser Aktenbestände in früheren Jahren. Aus diesem Grund begann man 1911 mit der Neuordnung des Archivs, womit der erste Sekretär der Landeskanzlei, Adolf Hersberger, beauftragt wurde. Dieser erarbeitete einen neuen Archivplan nach dem Vorbild des Basler Repertoriums, welches 1878 vom Basler Staatsarchivar Rudolf Wackernagel entwickelt worden war. Dieses basierte auf dem so genannten Pertinenzsystem, einer Themenordnung. Damit vollzog sich eine Änderung vom Direktorialsystem hin zu einer sachthematischen Ordnung. Konsequent umgesetzt wurde das Pertinenzsystem allerdings erst durch Regierungsrat Gustav Adolf Rebmann (1845–1920), welcher zusammen mit Adolf Hersberger die Akten ab 1832 neu ordnete und daraus das «Neuere Archiv» bildete. Die Erschliessungsarbeit zog sich über Jahre hin und war erst 1927 mit der Erstellung des entsprechenden Repertoriums vollendet.

Infolge der zunehmenden Aktenmenge nach dem Zweiten Weltkrieg wurde die Bewirtschaftung des Pertinenzsystems immer schwieriger und arbeitsintensiver. Man entschloss sich deshalb in den 1950er-Jahren zu einem Systemwechsel hin zum Provenienzsystem: Nun wurden die Akten nicht mehr nach sachthematischen Kriterien abgelegt, sondern nach ihrer Herkunft archiviert. Dabei übernahm man den Aktenbestand einer Dienststelle als Ganzes und liess die vom Aktenbildner geschaffene Ordnung und Struktur bestehen. Allerdings verlief diese Umstellung nicht von einem Tag auf den andern, sondern erfolgte fliessend.

1959 endete die Personalunion zwischen Staatsarchivar und Landschreiber, als der Historiker Hans Sutter (1921–1988) zum Staatsarchivar gewählt wurde. Mit dem Bezug des Neubaus an der Wiedenhubstrasse, der einen seit Jahrzehnten bestehenden Platzmangel behob, übernahm Sutter auch die Leitung der Kantonsbibliothek, die ebenfalls in dem Neubau untergebracht war.

Trotz des Neubaus kam es jedoch schon bald wieder zu Platzproblemen, auch weil man damals die Gelegenheit ergriff, die grösseren Archivbestände und Nebenarchive zusammenzuführen. In der Folge unterkellerte man in den 1990er-Jahren das Magazingebäude mit einem weiteren Magazintrakt, eine Massnahme, welche die Platzprobleme jedoch nur vorübergehend zu lösen vermochte. Aus diesem Grund wurde im Jahr 2000 ein Wettbewerb für ein Archivgebäude am gleichen Standort ausgeschrieben, mit der Auflage, das bisherige Magazingebäude in den Neubau zu integrieren. Im selben Jahr löste die heutige Staatsarchivarin Regula Nebiker (*1957) ihren Vorgänger Matthias Manz (*1954) ab. 2005 konnte, nach der Überwindung einiger politischer Hürden, mit dem Neubau begonnen werden. Nach mehr als zwei Jahren Bauzeit wurde das neue Staatsarchiv schliesslich 2007 eröffnet.[7]

Anmerkungen

1 Der Artikel basiert auf Publikationen der beiden Autoren (Christoph Manasse: Geschichte des Staatsarchivs Basel-Landschaft, in: *Baselbieter Heimatblätter*, 2006, Heft 2, 37–58; Daniel Hagmann: Die angesägte Antilope. Entstaubte Museumsgeschichten, Basel: *Christoph Merian Verlag* 2008). Dort finden sich auch die Einzelnachweise und weiterführende Literaturhinweise.
2 Amtsbericht des Regierungsrates 1851, 87 ff.
3 StA BL PA 6266 Museumsgesellschaft, Versammlung zur definitiven Gründung der Museumsgesellschaft Baselland, Samstag, den 30. April 1938.
4 Gesetze, Verordnungen und Beschlüsse für den Kanton Basel-Landschaft. Erster Band. Liestal 1838, 297.
5 StA BL NA 2070 Behörden und Beamte, H 3.3, Hoch, Fürchtegott Wilhelm: Unser Archivwesen. Entwicklungsgeschichte. Bericht an tit. Archivkommission, abgegeben 29. Oktober 1873, Blatt 2.
6 Amtsbericht des Regierungsrates 1884, 129.
7 Regula Nebiker: Der Um- und Ausbau des Staatsarchivs Basel-Landschaft, in: Archive im (räumlichen) Kontext. Archivbauten und ihr Umfeld. Vorträge des 68. Südwestdeutschen Archivtags am 21. Juni 2008 in Ulm, Hg.: Beat Gnädinger, Stuttgart: *Kohlhammer*, 2009, 86–93.

Bildnachweis

1 Tom Bisig, *Museum.BL*, Liestal.
2 Martin Friedli, *Museum.BL*, Liestal.
3, 4 *Staatsarchiv des Kantons Basel-Landschaft*, Liestal.

1 Erfahren Sie mehr über Gleichstellung und Männerwelten: zum Beispiel beim Banntag wie hier 1949 in Seltisberg.

Daniel Hagmann
www.geschichte.bl.ch – Geschichte multimedial

Im Januar 2010 trat die Baselbieter Geschichtsschreibung in eine neue Dimension ein. Auf der Website www.geschichte.bl.ch laden seither Tausende von Artikeln, Bildern, Filmen und Tondokumenten zu Entdeckerrundgängen durch die Vergangenheit ein.

Können Sie sich vorstellen, wie das Diegtertal aussah, als die Autobahn gebaut wurde? Wie Wahlkämpfe abliefen, als es noch kein *Facebook* gab? Und haben Sie schon je ein ehemaliges Verdingkind von seinen Erfahrungen erzählen hören? All das und noch viel mehr gibt es seit dem 14. Januar 2010 erstmals zu lesen, zu hören und zu sehen – auf dem neuen Online-Geschichtsportal www.geschichte.bl.ch. Hier werden Texte der 2001 gedruckten Kantonsgeschichte mit zusätzlichen Bild- und Tonquellen präsentiert. Allerdings nicht aus allen sechs Bänden, die von der Urgeschichte bis zum Ende des 20. Jahrhunderts reichen. Das hätte den Rahmen des Projekts gesprengt. Die Präsentation konzentriert sich im engeren Sinne auf die Kantonsgeschichte, auf die Zeit seit der Gründung des Kantons Basel-Landschaft in den 1830er-Jahren, die in den Bänden 5 und 6 des Druckwerks beschrieben ist.

2 Erfahren Sie mehr zum Thema «politische Bewegungen»: zum Beispiel über die Besetzung des Bauplatzes für das *AKW Kaiseraugst* 1975.

34 Rundgänge stehen nun auf der Website zur Auswahl. Entweder begibt man sich auf eine Entdeckungsreise durch einstige Arbeitswelten und Freizeitkulturen. Oder man erfährt, wie die Entwicklung des Frauenstimmrechts mit der Wiedervereinigungsdiskussion verknüpft war. Angeboten werden auch Einblicke in das Brauchtum und dessen Wandel, zum Beispiel bei der Dorffasnacht. Und was der ungeheure Wachstumsschub nach 1950 an neuen Verkehrs-, Umwelt- und Bildungsaufgaben mit sich brachte, ist anhand eindrücklicher Beispiele nachvollziehbar. Exemplarisch porträtiert die Website zudem die wichtigsten Epochen vor der Kantonsgründung von 1832 – und die prägenden Politikergenerationen der letzten 200 Jahre.

Ein kleiner Reiseführer

Die 34 Rundgänge sind in fünf Grobkategorien eingeteilt: «Spezial», «Wirtschaft», «Gesellschaft», «Politik» und «Kultur». Wer Überraschungen mag, kann auch einfach einem der Schlaglichter auf der Startseite nachgehen und landet mitten im entsprechenden Thema. Per RSS-Feed erhält man alle 14 Tage Einladungen zu neuen Sprüngen.

Bei der Riesenmenge an Informationen – insgesamt über je 1000 Texte und Bild-/Tondokumente – sind Reisenotizen eine angenehme Hilfe. Unter «My History» können Benutzerinnen und Benutzer ihre persönliche Sammlung von Artikeln und Bildern speichern. Alle Texte und Bilder lassen sich dann in Form einer PDF-Datei ausdrucken. Aus urheberrechtlichen Gründen ist der Download von Video-, Ton- und Bilddateien nicht möglich. Dafür sind jeweils die Urheber angegeben, bei denen eine Kopie in hoher Auflösung bezogen werden kann.

3 Erfahren Sie mehr über lokale Wirtschaft mit globaler Bedeutung: zum Beispiel über Posamenterinnen wie hier in Rünenberg (1970er-Jahre).

Eine spezielle Dienstleistung bietet die Suchfunktion. Nicht nur die Website ist nach frei gewählten Begriffen oder Schlagworten durchsuchbar. Auf Wunsch wird auch angegeben, wo die Suchbegriffe in den sechs gedruckten Bänden der Kantonsgeschichte zu finden sind. Eine ausführliche Linksammlung orientiert über weiterführende Informationsmöglichkeiten on- und offline.

Eine Pioniergeschichte

Anlass für dieses Projekt war der anhaltende Geschichtshunger der Baselbieterinnen und Baselbieter. Die sechsbändige Kantonsgeschichte von 2001 ist nämlich seit Jahren vergriffen. Statt einfach eine Neuauflage zu drucken, könnte man doch einen Schritt weiter gehen, meinte die zuständige Verlagskommission und beschloss, das Buch ins Internet zu stellen. Nicht nur, weil damit ein noch breiteres Publikum erreicht werden kann. Die Idee war auch, eine neue Erlebnisdimension zu schaffen. Die beiden Bände über das 19. und 20. Jahrhundert sollten mit audiovisuellen Dokumenten ergänzt und internetgerecht aufbereitet werden. Das klingt einfacher, als es ist. Ein gedrucktes Buch und eine Website haben ja ganz unterschiedliche Strukturen, eine andere Logik der Lektüre. Das Buch besticht durch Geschlossenheit, Übersicht und klare Führung des Lesevorgangs, die Website durch theoretisch unendliche Fülle, bewegte Bilder und Verknüpfungsmöglichkeiten.

Eine Vorlage für einen solchen Medientransfer gab es nicht. Deshalb entwickelten Projektleiter Daniel Hagmann und die Firma *hausformat* eine eigene Form. Der Sinnzusammenhang der Buchkapitel bleibt auf der Website erhalten, neu hinzugekommen sind vielfältige Verbindungen. Ein Text über Bankengründung zum Beispiel enthält

4 Erfahren Sie mehr über Jugendkultur und Jugendleben: zum Beispiel wie hier in Lupsingen 1950.

Hinweise auf thematisch verwandte Texte, auf zeitgleiche Ereignisse und auf Texte, in denen dieselben Personen und Orte auftauchen. Die Benutzerinnen und Benutzer können so die regionale Geschichte auf klar signalisierten Rundgängen erforschen und an jeder Wegkreuzung ihre Route neu festlegen. Möglich wird das, weil bereits die Buchtexte von 2001 viele inhaltliche Querbezüge aufwiesen.

Gut beraten war die Projektleitung durch Fachleute aus kantonalen Geschichtsinstitutionen, Universität, Fachhochschule, Medien und Informatik. Wertvolle Hinweise kamen auch von einem Laien-Testteam.

Geschichte erzählen

www.geschichte.bl.ch wurde bewusst als «Internet-Geschichtsbuch» angelegt, das in attraktiver und qualitativ hochstehender Form Zusammenhänge sichtbar macht. Weder wird hier eine lexikonartige Datenbank wie zum Beispiel bei *Wikipedia* noch eine umfassende digitale Mediensammlung wie etwa beim Online-*Bildarchiv Basler Mission* geboten. Auch finden sich auf der Website keine Kopiervorlagen für Unterrichtszwecke. Umgekehrt ist www.geschichte.bl.ch keine dieser drögen Chronologien, denen man im Internet allzu oft begegnet, und auch keine spärlich illustrierte «Bleiwüste». Angesprochen werden interessierte Entdeckungsreisende: Ihnen stehen spontane Kurztrips durch Bilderwelten ebenso offen wie stundenlange Forschungsreisen durch sämtliche Informationsebenen.

Gerade im offenen und flüchtigen Medium Internet ist es wichtig, den Wert einer Information einschätzen zu können. Wer einmal via *Google* recherchiert hat, weiss, wie viel unkommentierter Datenschrott im Internet zirkuliert. www.geschichte.bl.ch macht deshalb überall die Autorschaft von Text und Bild sichtbar, dokumentiert Herkunft und Standort. Damit auch auf dem Papierausdruck erkennbar ist, wer hier Geschichte erzählt.

Eine ganz neue Dimension erschliessen die Film- und Tonbeiträge. Sie stammen aus privaten Nachlässen oder von Radio und Fernsehen. Insgesamt präsentieren sie einen Mix aus Zeitdokument und Kommentar – je nachdem, ob es sich um einen Beitrag für das Regionaljournal des Radios oder um einen Ferienfilm handelt. Die Benutzerinnen und Benutzer haben zum Beispiel die Wahl zwischen einem Text zur Veränderung der Parteienlandschaft, einem filmischen Porträt über einen Lokalpolitiker oder einer Radiodiskussion zum Politstil. So wird Geschichte plastisch, erhält Gesichter und Namen, Farbe und Atmosphäre.

Kantonsgeschichte hie und drüben

> «Für die geschichtsinteressierte Bevölkerung gibt es ein reiches historiographisches Angebot. Handliche Überblickwerke entstehen regelmässig und in der Öffentlichkeit ist kein dringender Wunsch nach einer […] vom Staat verfassten Kantonsgeschichte wahrnehmbar. […] Angesichts anderer dringlicher Staatsaufgaben scheint dem Regierungsrat eine teure Kantonsgeschichte nicht begründbar. Für die kostengünstigere Variante einfacherer und handlicher Überblickshistorien besteht durchaus ein Angebot. Der Regierungsrat ist deshalb zum Schluss gekommen, dass zum gegebenen Zeitpunkt kein Anlass besteht, seitens der Verwaltung ein Projekt Kantonsgeschichte weiterzuverfolgen.»[1]

Mit diesen Argumenten empfahl der Basler Regierungsrat im November 2010, drei parlamentarische Anzüge abzuschreiben, die ein altes Anliegen neu vorbrachten: für und über den Kanton Basel-Stadt eine zeitgemässe Geschichtsdarstellung zu schaffen. Das letzte umfassende Werk zur Basler Kantonsgeschichte war im frühen 20. Jahrhundert publiziert worden: Rudolf Wackernagels «Geschichte der Stadt Basel» in drei Bänden von 1907 bis 1924. Mit Verweis auf die hohen Kosten hatte es die baselstädtische Stimmbevölkerung 1991 abgelehnt, analog zur basellandschaftlichen Geschichtsforschung die eigene Vergangenheit aufzuarbeiten und attraktiv darzustellen. Und glaubt man der regierungsrätlichen Antwort von 2010, gilt in Basel auch heute noch: Die Auseinandersetzung mit der eigenen Geschichte ist Privatsache. Doch die Hoffnung stirbt zuletzt. Das basel-städtische Parlament beschloss im März 2011, die erwähnten Anzüge nicht abzuschreiben, sondern stehen zu lassen. Vielleicht wird in einigen Jahren auch www.geschichte.bs.ch aufgeschaltet?

5 Erfahren Sie mehr über Privatschulen und Bildungspolitik: zum Beispiel wie hier im Frenkendörfer Kindergarten 1941.

Vom Nutzen der Geschichte

Hinter der Hülftenschanz sah und sieht man das offenbar anders, sonst wäre im ausgehenden 20. und beginnenden 21. Jahrhundert nicht so viel Energie in die gedruckte Baselbieter Geschichte und in www.geschichte.bl.ch investiert worden. Natürlich stellte man sich auch in Liestal Fragen nach Aufwand und Ertrag, nach Angebot und Nachfrage: Ist es sinnvoll, ein Geschichtsbuch neu zu publizieren, dessen Inhalte bereits 10 Jahre alt sind? Hätte man statt der Neuauflage einer Eigensicht auf ‹Baselland› nicht lieber einen Anlauf nehmen können, eine Regionalgeschichte über Kantonsgrenzen hinaus zu schreiben? Könnte man nicht einfach sämtliche Einzelstudien, Aufsätze und Zeitungsartikel zur Baselbieter Geschichte digitalisieren und ins Netz stellen – auf dass sich jede und jeder selbst sein Geschichtsbild «zusammengoogelt»? Und wen interessiert Geschichte überhaupt noch, ob nun als «Paper-Book», E-Book oder als multimedialer Hypertext?

Offensichtlich tickt Baselland anders als Basel. Die Kantonstrennung hatte ausserhalb der Stadt das Interesse an der Geschichte beflügelt: War die erste Kantonsgeschichte von 1932 noch stark selbstbezogen und staatsbejahend, dominierte in den 1980er-Jahren, als das Projekt «Neue Baselbieter Geschichte» lanciert wurde, eine offene Neugier. 2007 dann, angesichts des 175-Jahr-Jubiläums des Kantons Basel-Landschaft, machte man wie beschrieben noch einen Schritt vorwärts. Es scheint hier unbestritten, dass Geschichte durchaus einen Bildungsnutzen hat, einem öffentlichen Interesse entspricht und zu den Aufgaben eines modernen Kantons gehört. Es muss nicht immer ein Buch sein – www.geschichte.bl.ch ist ja gerade der Versuch, attraktive Zugänge zur Geschichte zu ermöglichen. Aus Kreisen der Lehrerschaft sind beispielsweise begeisterte Rückmeldungen gekommen.

Dem Basler Stadtkanton wäre ein solches offenes Interesse an der eigenen Geschichte auch zu wünschen. Dass in naher Zukunft eine gemeinsame historische Initiative ergriffen wird, dass eine Regionalgeschichte für die Bedürfnisse und in den Formen des 21. Jahrhunderts entsteht, ist wohl aufgrund der aktuellen Verteilungskämpfe zwischen Stadt und Umland leider eher ein Zukunftsprojekt.

Anmerkungen
1   Regierungsratsbeschluss vom 16. November 2010, 7 ff.

Bildnachweis
1   Theodor Strübin, ST 4259, *Museum.BL*, Liestal.
2   Paul Dieterle. © Christina Dieterle, St. Gallen.
3   Edouard Winiger & *Museum.BL*, Liestal.
4   Theodor Strübin, ST 246, *Museum.BL*, Liestal.
5   Gert Martin, Frenkendorf.

1 Bei Eduard Strübin (links) und Paul Suter (rechts) liefen viele Fäden der Baselbieter Heimatforschung zusammen.

Dominik Wunderlin

«Heimat, deine Sterne»
Heimatforschung und Wissensvermittlung durch Heimatkunden, Heimatblätter und Heimatbuch

Heimatschutz, Heimatleben, Heimatmuseum, Kleid der Heimat, Volk + Heimat, Heimatvertriebene, ‹Heimetli›, Heimatschein, Heimaterde, Heimatdichter, Heimatrecht, Heimatwehr, Heimatbewegung, Heimatstil, Heimatkunde, Heimatpfleger, Heimatzeitung, Heimatblätter, Heimatbuch …

«Heimat» – ein Begriff, auf den wir in den verschiedensten Zusammenhängen immer wieder treffen. Manchmal verbinden wir ihn mit sentimentalen Gefühlen, dann aber begegnen wir ihm auch in einem eher ideologischen, ja kämpferischen Kontext. Gleich dem Begriff «Volk» (in Ein- und Mehrzahl) wird auch «Heimat» heute in gewissen Kreisen gerne vermieden und schon fast als politisch unkorrekt betrachtet: Gebrauch und Missbrauch des Begriffs «Heimat» in Blut-und-Boden-Ideologien der ersten Hälfte des 20. Jahrhunderts haben bewirkt, dass man ihn seither nicht mehr überall bedenkenlos verwenden mag. Dies selbst vor dem Hintergrund aktueller Euro-

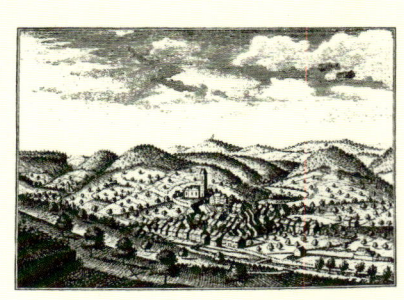 

2 Seit 1966 erschienen unter der Ägide der *Arbeitsgemeinschaft zur Herausgabe von Baselbieter Heimatkunden* zahlreiche Ortskunden, so als erste die von Gelterkinden und Pfeffingen.

päisierungs- und Globalisierungsvorgänge, da Bemühungen um das Bewahren regionaler Kultur und Sprache durchaus verständlich und auch notwendig sind.[1]

Im Kanton Basel-Landschaft werden gleich drei Publikationsreihen ediert, die «Heimat» im Titel führen: die «Heimatkunde», das «Baselbieter Heimatbuch» und die «Baselbieter Heimatblätter».

Heimatkunden

Weit ins 19. Jahrhundert zurück reicht die Geschichte der Baselbieter Heimatkunden als Monografien der Gemeinden. Die Initiative war 1862 von Friedrich Nüsperli, einem Pfarrer und Bezirksschullehrer, ausgegangen und an die kantonale Lehrerschaft gerichtet. Die nach einheitlicher Disposition verfassten Heimatkunden sollten primär dem Heimatkunde-Unterricht in den Dorfschulen und der lokalen Bevölkerung zur Kenntnis der lokalen Verhältnisse dienen. Zwar wurden in 63 von 74 Gemeinden Heimatkunden geschrieben, aber eine Verbreitung blieb ihnen damals versagt, da sie Manuskript blieben.[2]

Wiederum aus dem Kreise von Baselbieter Pädagogen kam um 1960 die Initiative für eine «Neuauflage» der Heimatkunden. Baselland befand sich damals inmitten einer Periode mit einer extrem starken Zuwanderung, und es drohte in den Wachstumsgemeinden der Zerfall des Gemeinschaftsgefühls und die Anonymisierung. Dagegen sollten Heimatkunden als Mittel der Wissensvermittlung eingesetzt werden, aber nicht etwa als faktenhuberische Geschichtsbücher, sondern als ansprechende Gegenwartskunden für Alteingesessene und Neuzuzüger. Den Anstoss hatte der Gelterkinder Lehrer und Volkskundler Eduard Strübin gegeben, der den Sissacher Pädagogen Ernst Martin und den Reigoldswiler Lehrer und Kulturgeografen Paul Suter ins Boot holte. Die drei Persönlichkeiten gründeten 1964 die *Arbeitsgemeinschaft zur Herausgabe von Baselbieter Heimatkunden*.[3] Seit 1966 erscheinen nun unter deren Ägide stets neue Ortsmonografien, die aber nicht mehr in jedem Falle auch die Bezeichnung «Heimatkunde» im Titel führen und sich auch zunehmend in Aufmachung und Format deutlich von den frühen Bänden unterscheiden. Längst alternativ sind die Monografien auch beim inhaltlichen Angebot: Die heutigen örtlichen Redaktionen mühen sich nämlich nicht mehr damit ab, der ab Mitte der 1960er-Jahre nachgelebten Ideal-Disposition Folge zu leisten.[4] Das Abrücken von der Einheitlichkeit erschwert natürlich den Vergleich zwischen verschiedenen Ortsmonografien, der aber durch die Erscheinungsweise ohnehin nur bedingt möglich ist.

Heimatblätter

Der vorgenannte Paul Suter (1899–1989) ist nicht nur bei den Heimatkunden, einem schweizweit einmaligen Unternehmen, an vorderster Front anzutreffen, sondern auch bei den *Baselbieter Heimatblättern* und beim *Baselbieter Heimatbuch*. Als an der *Universität Basel* promovierter Kulturgeograf mit einer starken Verwurzelung im hinteren Baselbiet, wo er auch zeitlebens im Lehrberuf stand, war ihm die Landeskunde und deren Vermittlung stets ein grosses Anliegen. Er hatte gleichermassen Zugang zur Archäologie wie zur Geschichte, zur Kunst wie zur Sprache, zur Volkskunde wie zur Geografie.[5]

Die Gelegenheit, seine breiten Kenntnisse über das Baselbiet auch anderen zugänglich zu machen, bot sich im Frühjahr 1936. Der Verlag der Liestaler Tageszeitung *Der Landschäftler* betraute damals Paul Suter und seinen Lausner Lehrerkollegen Gustav Müller mit der Redaktion einer neuartigen vierteljährlichen Beilage zur Zeitung, die den Namen *Baselbieter Heimatblätter* erhielt.

Unter der dann jahrzehntelang verwendeten Titelvignette des Künstlers Walter Eglin (1895–1966), der auch regelmässig als Illustrator tätig wurde, wandten sich in einem Editorial die beiden Redaktoren an ihr Publikum: «‹Schon wieder ein neues Blättli›, hast Du vielleicht unmutig ausgestossen, ‹wer soll denn das Zeug alles lesen?›»

Zumindest mit Blick auf das damalige Angebot an heimatkundlichen Periodika des Baselbietes eine klare Übertreibung, denn der Markt war keineswegs übersättigt. Vergleichbar mit dem neuen ‹Blättli› war lediglich noch der *Rauracher*, der 1928 von der im Vorjahr in Aesch (BL) gegründeten *Gesellschaft Raurachischer Geschichtsfreunde*

BASELBIETER HEIMATBLÄTTER
Organ der Gesellschaft für Baselbieter Heimatforschung

3 Der von Walter Eglin geschaffene Hof in Baselbieter Landschaft zierte viele Jahre lang den Kopf der *Baselbieter Heimatblätter*.

als Quartalszeitschrift ins Leben gerufen worden war.[6] Vielen der dort schreibenden Autoren, wie zum Beispiel Gustav Adolf Frey, Eduard Wirz oder Jakob Eglin, begegnen wir ab 1936 auch in den *Baselbieter Heimatblättern*.

Die in der Regel zwischen 20 und 32 Seiten umfassenden Beilagen, kostenlos für Zeitungsabonnenten, aber auch im Einzelabonnement beziehbar, wollten gemäss erwähntem Vorwort «nichts anderes sein, als was ihr bescheidener, anspruchsloser Name» ausdrückt, und «ab und zu allerlei aus unserer engeren Heimat erzählen, von Naturgeschehen und Menschenleben». Mit anderen Worten: Die Redaktoren wollten ihrem Publikum die Heimat, das Baselbiet, mit seiner Geschichte, Kultur und Natur näherbringen. Und dies gelang ganz offensichtlich: Die Redaktion (ab 1940 ist Paul Suter Alleinredaktor) berichtete nicht nur selbst über immer neue Themen, sondern versammelte auch einen hervorragenden Stab von regelmässigen Mitarbeiterinnen[7] und Mitarbeitern um sich. In allgemein verständlicher Sprache erscheinen in den Vierteljahresheften ausschliesslich Originalbeiträge von solcher Qualität, dass sie auch für Wissenschaftler zitierfähig sind. Paul Suter wurde übrigens ab 1977 in der Redaktion von seinem Sohn Peter Suter unterstützt. Nach dem Rücktritt des Vaters im Jahre 1985 teilte Peter Suter die Redaktionsleitung bis 1991 mit Dominik Wunderlin, der seither die Alleinverantwortung hat.

Die *Baselbieter Heimatblätter* überlebten übrigens die Tageszeitung *Der Landschäftler*, die 1964 ihr Erscheinen einstellen musste. Als Herausgeberin trat dann die *Gesellschaft für Baselbieter Heimatforschung* in Erscheinung;[8] sie war 1961 von Paul Suter und 25 Gleichgesinnten vorwiegend aus dem Autorenkreis der Heimatblätter und des Heimatbuchs gegründet worden. Die neue Vereinigung hatte sehr rasch den Kontakt zur *Universität Basel* gesucht. Verbindungen bestehen bis heute und mani-

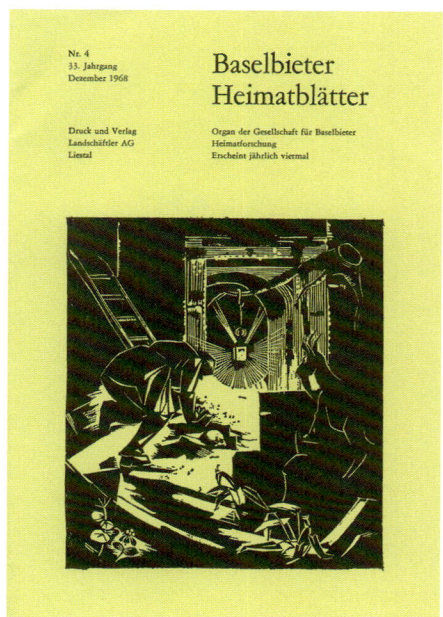 

4 Links das Umschlagbild der *Baselbieter Heimatblätter* im Jahr 1968 mit dem Holzschnitt «Schatzgräber» von Walter Eglin. Der Herausgeber Paul Suter bemerkte dazu: «Wie der Schatzgräber verborgenen Gütern nachspürt, möchten auch die ‹Baselbieter Heimatblätter› aus Natur und Volkstum unseres Ländchens versteckte und vergessene Schätze heben.» – Rechts daneben eine neuere Ausgabe aus dem Jahr 2009.

festieren sich nicht zuletzt in den Heimatblättern durch Beiträge von Basler Universitätsangehörigen. Damit dient die im Jahre 2011 im 76. Jahrgang in Liestal erscheinende Zeitschrift auch als Forum der universitären Wissensvermittlung in einem Kanton, der seit wenigen Jahren die *Universität Basel* auch finanziell stolz mittragen darf.

Heimatbuch

Aus dem Vorstehenden ist es zu erahnen: Auch das *Baselbieter Heimatbuch* ist untrennbar verknüpft mit Paul Suter. Die von der *Kommission für die Erhaltung von Altertümern*, präsidiert von Paul Suter, initiierte Herausgabe des *Baselbieter Heimatbuches* war 1942 ein wichtiger Entwicklungsschritt für das Selbstverständnis des Landkantons, wie René Salathé ausführt:[9] «Die Kommission gab sich offensichtlich einen weit über ihre Bezeichnung hinausgehenden Auftrag: Sie beschäftigte sich nicht nur mit der Sichtung und Auswertung von Ausgrabungen sowie dem Altertumsschutz, sondern machte sich zum Sprachrohr jener Kreise, die [laut Regierungsrat Walter Hilfiker] ‹seit Jahren auf den Mangel einer zusammenfassenden Publikation

5 Erscheinungsbild des *Baselbieter Heimatbuchs* in früheren Jahren.

der historischen, geografischen und volkskundlichen Arbeiten und Forschungen in unserem Kanton› hingewiesen hatten. Das Heimatbuch sollte, wie der damalige Erziehungsdirektor Hilfiker im Vorwort des ersten Bandes im Sinne der geistigen Landesverteidigung erklärte, ‹die Besinnung auf das Eigene und die Verbundenheit mit der Volksgemeinschaft unserer engsten Heimat stärken› und zeigen, ‹dass alle Generationen unseres Volkes Not- und Kriegszeiten erlebt, aber auch durch ihren starken Gottesglauben und durch ihre tiefe Liebe zur Heimat alle diese Nöte überwunden haben›.»

Angesichts der in diesen Jahren vorhandenen Papierknappheit müssen sehr viel regierungsrätlicher Wille und ebensolche Überzeugungskraft vorhanden gewesen sein, mitten im Zweiten Weltkrieg mit dem *Baselbieter Heimatbuch* eine Reihe zu begründen. Die Regierung suchte sich auch keinen Verleger, sondern beauftragte damit die kantonale *Büro- und Schulmaterialverwaltung*. Mit der Gründung dieser neuen Buchreihe wollte man nicht zuletzt ein basellandschaftliches Periodikum schaffen, in dem Arbeiten mittleren Umfangs veröffentlicht werden konnten. Der beste Beleg dafür, dass damals ein solches Bedürfnis bestand, war die erstaunliche Kadenz der ersten Bände: 1942, 1943, 1945. Und offenbar gefiel auch die Mischung, wie sich bei Band 1 zeigen lässt: Biografisches (Karl Gauss als Baselbieter Historiker), ein Grabungsbericht (Burgruine Bischofstein bei Sissach), Geschichte (Auswanderung / Reigoldswiler Allmend / Sissach-Gelterkinden-Bahn), Volkskundliches (Einheimische

6 Ab Band 16 erhielten die *Baselbieter Heimatbücher* einen farbigen Schutzeinband.

Pflanzenwelt und Kinderspiel), Literarisches (Novelle, Gedichte). Dazu die Baselbieter Chronik, welche – allerdings deutlich ausgebaut – bis heute ebenso einen Bestandteil des Heimatbuches bildet wie die Nekrologe und die Würdigung der Tätigkeit zurückgetretener Mitglieder der Regierung.

Als Herausgeberin fungierte bis 1972 die bereits erwähnte Altertümerkommission, dann die *Kommission für Archäologische Forschung und Altertumsschutz* und schliesslich 1981 das *Amt für Museen und Archäologie*.

Nachdem Paul Suter zehn Bände redigierte hatte, zeichnete sein Amtsnachfolger, der Archäologe Jürg Ewald, für die nachfolgenden vier Bände verantwortlich. Durch seinen Rücktritt entstand eine Vakanz, welche 1983 dadurch beendet wurde, dass die *Gesellschaft für Baselbieter Heimatforschung* mit Zustimmung der Erziehungsdirektion das Patronat über die Reihe übernahm und eine Herausgeberkommission einsetzte. Diese konnte 1986 den Band 15 vorlegen. Er wartete mit geringfügigen Änderungen und Neuerungen (Rauracia-Bibliografie) auf. Die neue Herausgeberkommission, die im gleichen Jahr den Status einer vom Regierungsrat gewählten Kommission erhielt, machte sich aber in der Folge daran, das Heimatbuch attraktiver zu machen. Die Kommission wusste um den bedenklich geringen Absatz des Buches und entschloss sich, zukünftig den Inhalt nicht mehr dem Zufall zu überlassen, sondern zunächst ein Thema zu definieren, danach passende Beiträge zu formulieren und geeignete Autorinnen und Autoren zu suchen. Dem heutigen Lesegeschmack kommen zweifellos die generell kürzeren Beiträge entgegen. Dass dies möglich wurde, erklärt sich auch dadurch, dass zum Beispiel die Kantonsarchäologie und *Augusta Raurica* ihre Ergebnisse in eigenen Reihen publizieren.

Auch bei der visuellen Gestaltung wird noch grössere Sorgfalt aufgewendet, wie die jüngeren Folgen ohnehin von mehr Bildern und mehr Farbe leben, als dies noch vor zwanzig Jahren der Fall gewesen ist. Da sich Bücher in der Buchhandlung auch durch den Auftritt verkaufen, wurde bereits der erste Themenband (Band 16 zu Siedlung und Umwelt, 1987) mit einem farbigen Schutzumschlag versehen. Der rote Halbleineneinband darunter verschwand aber erst mit Band 26 (2007).

In den seit 1987 im Zweijahrestakt erscheinenden Heimatbüchern findet sich in attraktiver Aufmachung jeweils viel Spannendes und Überraschendes, dargeboten aus den verschiedensten Blickwinkeln von Fachpersonen wie von Journalisten. Neben aktuellen Beiträgen stehen ebenso historische, und alle dienen der Vermittlung von Wissen über unseren Lebensraum und über unser Zusammenleben, über unser Handeln, Denken und Fühlen.

Anmerkungen

1 Das *Baselbieter Heimatbuch 26*, Liestal 2007, behandelt «Heimat?» als Schwerpunktthema und liefert viel Anregendes und Kontroverses.
2 Vergleiche René Salathé, Baselbieter Heimatkunden 1863–2003. Vom handschriftlichen Unikat zur modernen Ortsmonografie: Die Geschichte einer Idee. *Baselbieter Heimatbuch 24*, Liestal 2003, 169–184, besonders 171–174.
3 Ebenda, 177 ff.
4 Heiner Joray: Baselbieter Heimatkunden – Auslaufmodelle oder Wegweiser? *Baselbieter Heimatbuch 26*, Liestal 2007, 219–226.
5 Vergleiche dazu auch: René Salathé: Ein Blick auf die Gipfelflur der landeskundlichen Forschung im Kanton Basel-Landschaft. *Baselbieter Heimatblätter* 66. Jahrgang, 2001, 97–120. – Dominik Wunderlin: Wo Laien und «Gschtudierte» sich begegnen: Foren – Organe – Institutionen. *Baselbieter Heimatblätter* 66. Jahrgang 2001, 120–131.
6 Der *Rauracher* fusioniert 1949 mit der seit 1938 erscheinenden Monatsschrift *Für die Heimat. Jurablätter von der Aare zum Rhein*, später nur noch firmierend als *Jurablätter*.
7 Lange Zeit beschränkte sich allerdings die Mitarbeit von Frauen auf Beiträge von Gedichten und Kurzgeschichten. Literarische Texte gehörten von Anfang an bis in die 1980er-Jahre ebenfalls zum Inhalt der Zeitschrift.
8 Die Gesellschaft änderte 2002 den Namen in *Gesellschaft für Regionale Kulturgeschichte Baselland*. – Seit 1998 ist die *Gesellschaft Rauracher Geschichtsfreunde* Mitherausgeberin der Heimatblätter, da sie durch das Eingehen der *Jurablätter* (Ende 1997) über kein eigenes Organ mehr verfügte.
9 René Salathé (wie Anmerkung 5), 106 f.

Bildnachweis

1 *Staatsarchiv des Kantons Basel-Landschaft*, Liestal.
2, 6 *Verlag des Kantons Basel-Landschaft*, Liestal. Reproduktion: *Schwabe Verlag*, Muttenz/Basel.
3–5 Martin Stohler, Basel. Reproduktion: *Schwabe Verlag*, Muttenz/Basel.

1 Das Druckereigebäude der *Schwabe AG* in Muttenz.

David Marc Hoffmann

Schwabe – Wissensmanagement seit 1488

Die *Schwabe AG* ist seit über 500 Jahren eng mit der regionalen wie auch internationalen Geistes- und Kulturgeschichte verknüpft. Mit Gründungsjahr 1488 ist das Unternehmen das älteste Druck- und Verlagshaus der Welt.

Seit der Firmengründung durch Johannes Petri hat sich die Medienwelt in ungeahnter Weise weiterentwickelt, der Firmenauftrag ist jedoch stets der gleiche geblieben: Wissen inhaltlich und visuell aufzubereiten, zu verbreiten und der Nachwelt verfügbar zu machen. *Schwabe* ist heute ein modernes Medienhaus, das sich aus den Bereichen Wissenschaftsverlag, Druckerei und Informatik sowie dem *Schweizerischen Ärzteverlag EMH*, einem Gemeinschaftsunternehmen mit der *Verbindung der Schweizer Ärztinnen und Ärzte FMH*, zusammensetzt. Daneben betreibt *Schwabe* mit dem *Narrenschiff* eine etablierte Buchhandlung in Basel. Jüngster Spross des Unternehmens ist der *Verlag Johannes Petri*, der auch nichtwissenschaftlicher Literatur ein stimmiges Programmumfeld bietet. Insgesamt beschäftigt das Unternehmen an den beiden Standorten in Basel und Muttenz rund 160 Mitarbeitende.

> ipſum maximū ſemp ſine requie urgebam:deū optimū maximū orans & obteſtans:ut
> p ſanctiſſimi auguſtini meritis mihi uitā hanc caducā & mortalē eo,progaret,ut quem
> in hoc opere mihi animo deſtinauerā fine,facere liceret,Quod quia mihi ipſius omni,
> potentis dei gratia & clæmentia licuit, lætuſq; ac ualens hunc diem uixi: idcirco ipſi
> omnipotenti & clæmetiſſimo deo in trinitate uno, & in unitate trino ſit laus, honor &
> gloria in omnia ſæcula ſæculorum. Vale. Ex officina noſtra Baſileæ: Anno a natali chri,
> ſtiano milleſimo quingenteſimo ſexto, uiceſimaſecunda die menſis Ianuarij.
>
> Ioannes tres, Amorbachius, Petri, & Froben, ciues
> baſilienſes expreſſerunt fœliciter.

2 Aurelius Augustinus: «Opera». 11 Bücher in 8 Bänden. Basel, Johann Amerbach, Johann Petri, Johann Froben, 1506. Erste Gesamtausgabe des Kirchenvaters Augustinus (354–430), des bedeutendsten Kirchenlehrers des Mittelalters. Dieses Projekt war so umfangreich und aufwendig, dass es nur drei Basler Drucker-Verleger gleichzeitig realisieren konnten: Johann Amerbach, Johann Petri, Johann Froben, die *drei Hansen* oder *Johannes tres*, wie sie sich im Druckervermerk auf der letzten Seite des letzten Bandes stolz nannten.

Über ein Unternehmen mit derart langer Tradition zu berichten ist einerseits einfach, weil es viel zu erzählen gibt, und andererseits schwierig, eben weil es viel zu erzählen gibt. Im Folgenden werde ich daher die Firmengeschichte nur in groben Zügen nachzeichnen und einzelne wichtige Ereignisse punktuell hervorheben.

Petri

Der 1441 in Langendorf bei Hammelburg in Franken geborene Johannes Petri hat zu Lebzeiten Johannes Gutenbergs in Mainz die Buchdruckerkunst und den Schriftguss erlernt. Daraus schliesse ich – etwas kühn und ohne handfeste Belege –, dass er ein direkter Gutenbergschüler gewesen sein dürfte. Nach dem Basler Konzil (1431–1449) und der Gründung der Universität (1460) war Basel ein geistiges Zentrum Europas und einer der ganz frühen Druckorte. Hier hat sich Johannes Petri niedergelassen und 1488 das Basler Bürgerrecht erworben. Er wurde gleichzeitig in die *Safranzunft* aufgenommen, was ihm erlaubt hat, als selbstständiger Drucker in unserer Stadt zu wirken.

Johannes Petri hat teils selbstständig, teils in Druck- und Verlagsgemeinschaft mit Johannes Amerbach, dem ersten humanistischen Drucker Basels, und Johannes Froben, dem späteren Drucker und Freund des Erasmus von Rotterdam, eine erstaunliche Reihe von Werken publiziert, zum Beispiel eine dreibändige Ambrosius-Ausgabe und eine elfteilige Augustinus-Gesamtausgabe, beide im Jahre 1506. In zweiter Generation ging die Buchdruckerei an den Neffen Adam Petri über, der als eifriger Anhänger und Verbreiter der Gedanken Luthers fast alle wichtigen Schriften dieses Reformators druckte, zum Beispiel als erster Basler Drucker die auf der Wartburg geschaffene deutsche Übersetzung des Neuen Testaments, des so genannten «Sep-

3 Aurelius Augustinus: «Opera». Die Initialen sind von Hand mit roter Tinte (*rubrum*, von da stammt der heutige Begriff «Rubrik») ausgeführt. Der Drucker hat jeweils den Platz für die Initiale ausgespart und dorthin klein den Buchstaben gedruckt, den der Rubrikator hinzumalen hatte.

tembertestaments». Adam Petri muss auf der Leipziger *Michaelis-Messe* im September 1522 dieses von Sebastian Lotter in Wittenberg gedruckte Neue Testament gesehen und erstanden haben. Zurück in Basel, hat er die Ausgabe nachsetzen lassen (nicht gescannt, wie wir es heute machen würden!) und konnte schon im Dezember 1522, das heisst knapp drei Monate später, seine Basler Ausgabe veröffentlichen. Heute würde man diesen Nachdruck als Raubdruck bezeichnen, damals gab es noch keine Urheberrechtsgesetze, und der Originaldrucker in Wittenberg hatte durch den Basler Nachdruck auch keine Verkaufsverluste, weil seine Vertriebswege ohnehin nicht bis nach Basel reichten und die Basler Exemplare nur in Basel und Umgebung Verbreitung fanden.

Henricpetri

Eine erste Blüte erreichte das Unternehmen unter Adams Sohn Heinrich Petri (1508–1579). Dieser amtete neben seiner verlegerischen Tätigkeit als Ratsherr und Deputat von Basel in der Eidgenossenschaft. 1556 wurde er auf Fürsprache des Arztes Andreas Vesal von Kaiser Karl V. geadelt. Seine Druckerei nahm den Namen *Officina Henric-*

4 «Das Gantz Neüw Testament recht grüntlich teutscht ... Die außlendigen woerter auff unser teutsch angezeigt». Basel, Adam Petri, 1523. Im September 1522 erschien auf der Leipziger Messe (Vorläuferin der heutigen *Leipziger Buchmesse*) Martin Luthers Übersetzung des Neuen Testaments (das so genannte «Septembertestament»), die Luther während seines Rückzugs auf der Wartburg angefertigt hatte. Adam Petri muss diese Ausgabe in Leipzig entdeckt und gekauft haben. In Basel liess er den Text nachsetzen und publizierte noch im Dezember (!) desselben Jahres diese Übersetzung in seinem Verlag. Das hier gezeigte Exemplar ist eine Neuauflage von März 1523 in kleinerem Taschenformat (was nochmals einen Neusatz notwendig machte!) und enthält ein Glossar der in Basel offenbar unverständlichen Luther'schen Wörter mit Übersetzung in unser «Hochteutsch». Diese Ausgabe enthält noch die alte Druckermarke der Petri, einen auf einem Löwen reitenden Knaben mit Fahne.

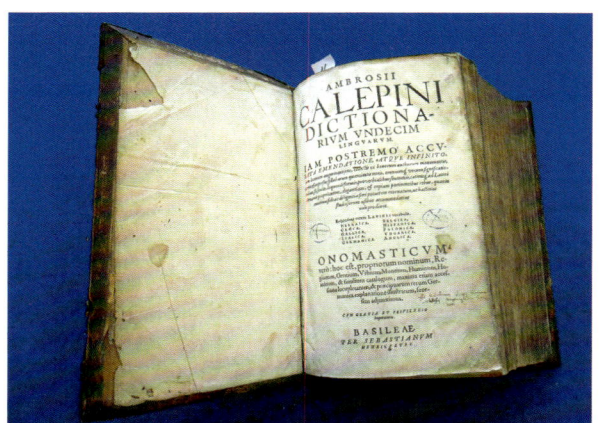

5 Ambrosius Calepinus: «Dictionarium undecim linguarum ...», Sebastian Henricpetri, 1590. Der Augustinermönch Ambrosius Calepinus (1440–1511) war einer der frühesten Lexikographen der Neuzeit. Sein erstes, noch rein lateinisches Wörterbuch erschien 1502 in Reggio Emilia. Bis 1799 erlebte das Werk mehr als 200 durch zahlreiche Bearbeiter erweiterte Neuausgaben. Nach und nach kamen weitere Sprachen hinzu. Die erste siebensprachige Ausgabe erschien bei Sebastian Henricpetri 1579, dann 1584 achtsprachig und – wie hier gezeigt – 1590 elfsprachig. Das Lexikon war so stilbildend, dass in Italien und Frankreich das Wort «Calepin» synonym für Lexikon gebraucht wurde. (So wie wir heute «Aromat» für Streuwürze oder «Knirps» für einen Taschenschirm verwenden.)

 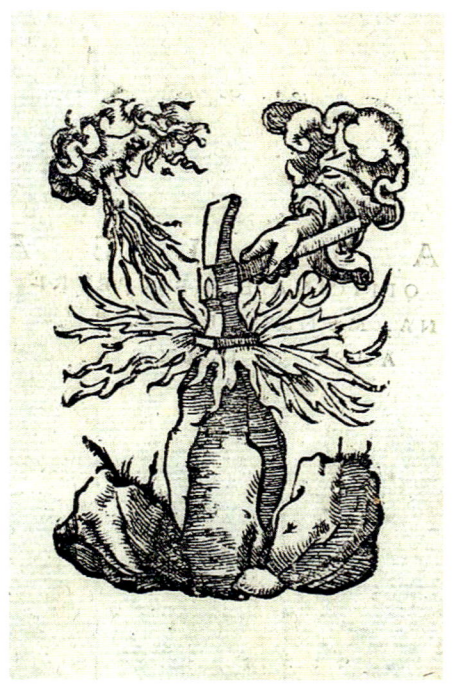

6 Sebastian Münster: «Cosmographia. Oder Beschreibung der gantzen Welt …» (Erstausgabe 1544), hier die Ausgabe von 1628 mit Kupfervortitel von Matthäus Merian, Basel.

7 Druckermarke Adam Petris von 1527, vermutlich aus der Schule Hans Holbeins d.J.; Illustration des Bibelwortes aus Jeremia 23,29: «‹Ist nicht mein Wort wie Feuer›, spricht der Herr, ‹wie ein Hammer, der Felsen zerschmettert?›.»

petrina und seine Söhne den Namen Henricpetri an. Heinrich Petri hielt sich aus den religiösen Kontroversen heraus und verlegte Literatur von der Theologie über klassische Autoren und Zeitgeschichte bis hin zu Mathematik und Naturwissenschaft, Medizin und Alchemie, darunter zahlreiche Sammelwerke und umfangreiche Lexika. Besonders zustatten kam ihm die Mitwirkung des hervorragenden Hebraisten und Kosmographen Sebastian Münster (1488–1552), der seit 1529 an der Basler Universität lehrte. Münster war durch Heirat mit Heinrich Petris verwitweter Mutter dessen Stiefvater geworden, und seine «Cosmographia» brachte Petri enormen buchhändlerischen Erfolg.

Bedeutende Künstler jener Zeit, zum Beispiel Urs Graf und Hans Holbein, später Conrad Schnitt und Tobias Stimmer, illustrierten die Druckwerke Adam und Heinrich Petris. Aus Adams letzten Jahren stammt das noch heute verwendete Verlagssignet, das eine Stelle aus dem alttestamentlichen Buch Jeremias (23,29) illustriert: «‹Ist nicht mein Wort wie Feuer›, spricht der Herr, ‹wie ein Hammer, der Felsen zerschmettert?›.»

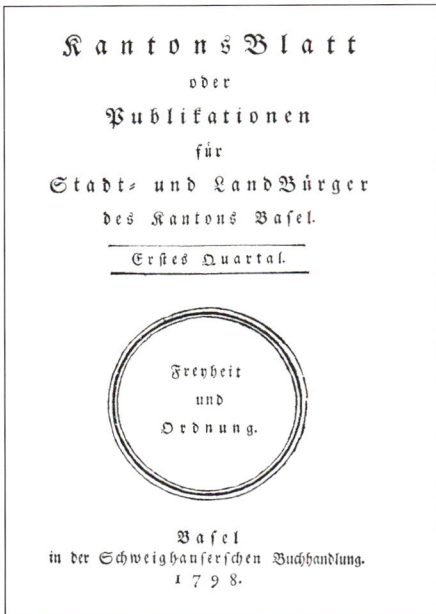 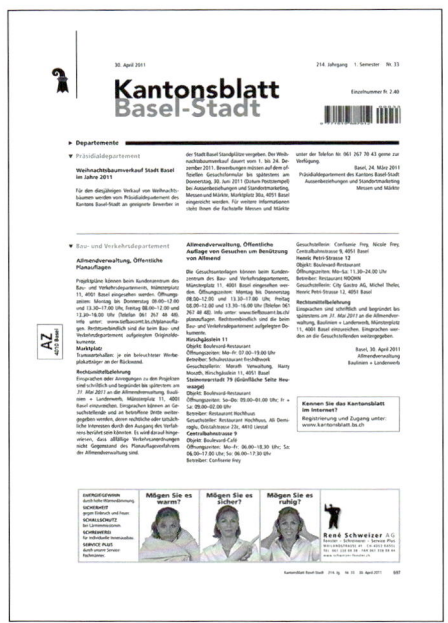

8 Das erste *Basler Kantonsblatt* vom 18. Mai 1798.

9 Ein aktuelles *Basler Kantonsblatt* aus dem Schwabe Verlag.

Schweigerhauserische Verlagsbuchhandlung

Nach Heinrich Petris Tod 1579 führte Sebastian Henricpetri während 50 Jahren den Betrieb weiter. Von dessen Erben übernahm Jacob Bertsche 1665 die Firma, die dann über die Familie Lüdin und die Druckerdynastie der Decker schliesslich an die *Johannes Schweigerhauserische Verlagsbuchhandlung* überging. Mit der Verfassungsänderung 1798 und der Einführung der helvetischen Konstitution entstand in Basel allgemein das Bedürfnis, alle gesetzlichen Anzeigen, Bekanntmachungen, Gesetze, Urteilssprüche etc. zu publizieren. Zuerst wurden diese Publikationen noch öffentlich verlesen. Das kam zwar dem damals noch weit verbreiteten Analphabetismus zugute, konnte aber auf die Dauer nicht befriedigen. So kam es, dass sich Johannes Schweighauser (1783–1806) für die öffentliche Drucklegung und Verbreitung der Gesetze und Erlasse anbot, und der Rat darauf beschloss:

> «dass in Zukunft alle Anzeigen und Verordnungen in einem besonderen Blatt wochentlich gedruckt werden sollen. Bürger Schweighauser übernimmt den Druck, und hat deswegen bereits in dem heutigen Wochenblatt mit Genehmigung eine Ankündigung ausgegeben. Durch dises werden wegen dem Druck der Publicationen und obrigkeitlichen Verordnungen beträchtliche Kösten erspahrt, und überhaupt allem disem mehrere Publicitaet gegeben werden können.»

Am 18. Mai 1798 erschien dann das erste offizielle Kantonsblatt (mit einem Vorwort Napoleons!) – und es erscheint bis heute im gleichen Verlag.

Benno Schwabe

1868 wurde die *Schweighauserische Verlagsbuchhandlung* von Benno Schwabe übernommen. Unter ihm fand die enge Anknüpfung des Verlags an die Universität und ihre Wissenschaftler, die schon zu Petris Zeiten gepflegt wurde, ihre Fortsetzung. Schwabe verlegte beispielsweise Johann Jakob Bachofens Standardwerk zur Matriarchatsforschung «Das Mutterrecht» sowie die Werke des Kunst- und Kulturhistorikers Jacob Burckhardt. Benno Schwabes Nachkommen führten das Unternehmen bis ans Ende des 20. Jahrhunderts. 1997 haben die *Schwabe AG* und die *Verbindung der Schweizer Ärztinnen und Ärzte FMH (Foederatio Medicorum Helveticorum)* gemeinsam den *Schweizerischen Ärzteverlag EMH (Editores Medicorum Helveticorum)* gegründet, in dem heute 10 medizinische Fachzeitschriften für Standespolitik, Fortbildung und Forschung erscheinen, darunter die *Schweizerische Ärztezeitung*, die wöchentlich in einer Auflage von circa 35'000 Stück an alle Schweizer Ärztinnen und Ärzte geht.

10 Johann Jakob Bachofen: «Das Mutterrecht», zweite Auflage, Basel, Benno Schwabe 1897, mit zahlreichen Abbildungen und herausklappbaren Bildtafeln.

Das Unternehmen heute

Die Produktion hat ihren Standort seit Ende der 1970er-Jahre in Muttenz. Dort wird auf sechs Stockwerken geplant, gesetzt, gelayoutet, gedruckt, gebunden und ausgeliefert. Im Maschinenpark sind die kürzliche Neuanschaffung einer hochtechnisierten 5-Farben-und-Lack-Druckmaschine und einer ganz neuen Digitaldruckabteilung zu nennen. Im Baselbiet hat sich die Druckerei einen Namen gemacht durch die glänzende Herstellung der sechsbändigen Kantonsgeschichte (2001).

Der Verlag hat seinen Sitz weiterhin in Basel. Qualität in Inhalt und Form stehen für das Verlagsprogramm im Vordergrund. Zur Wahrung der wissenschaftlichen Qualität beschäftigt der Verlag acht akademische Lektorinnen und Lektoren und arbeitet

11 Das ‹Flaggschiff› der Druckerei: Bogenoffset-Druckmaschine *Heidelberg Speedmaster XL 105*, 5 Farben und Lack.

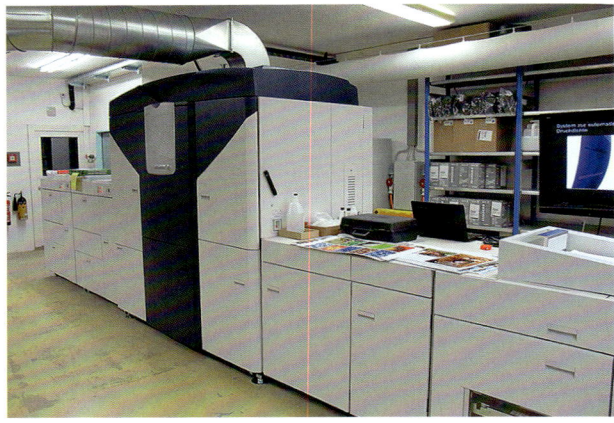

12 Digitaldruck auf dem neuesten Stand der Technik: Farbdigitaldruckmaschine *Xerox iGene4 XXL*.

eng mit universitären Institutionen, wissenschaftlichen Gesellschaften und Akademien zusammen.

Die Schwerpunkte des heutigen Programms sind Geisteswissenschaften, vor allem Altertumswissenschaften, Geschichte/Kulturgeschichte, Kirchengeschichte/Theologie, Kunst/Kunstgeschichte, Philosophie sowie Sprach- und Literaturwissenschaft. Daneben haben Regionalia und Basiliensia ihren festen Platz im Programm. Das *Neujahrsblatt der Gesellschaft für das Gute und Gemeinnützige* erscheint seit fast 200 Jahren. 1998 hat *Schwabe* zudem das geisteswissenschaftliche Programm des Verlags *Helbing & Lichtenhahn* mit allen Rechten und Pflichten übernommen.

Heute ist das traditionsreiche Druck- und Verlagshaus ein dynamisches, unabhängiges Schweizer Familienunternehmen mit einer breiten Aufstellung, das sämtliche Leistungen des Publizierens und Produzierens im Print- und Onlinebereich aus einer Hand anbietet. Ruedi Bienz führt die Geschicke des ältesten Druck- und Verlagshauses der Welt als Inhaber und Vorsitzender der Geschäftsleitung. Die weiteren Mitglieder der Geschäftsleitung sind Michael Düblin, Leiter Informatik, Thomas Gierl M.A., Marketingleiter Gesamtunternehmen, Dr. phil. David M. Hoffmann, Verlagsleiter *Schwabe*, Paulin Maissen, Leiter Druckerei, Dr. med. Natalie Marty, Publizistische Leiterin *Schweizerischer Ärzteverlag EMH* und Bruno Stolz, Leiter Finanzen. Sie und sämtliche Mitarbeiterinnen und Mitarbeiter setzen sich täglich dafür ein, dass *Schwabe* als regionales Unternehmen mit internationaler Ausstrahlung auch in Zukunft qualitativ hochstehendes Wissensmanagement betreibt.

Bildnachweis
Schwabe Verlag, Muttenz/Basel.

1 Dem Bücherfrühling des Verlags des Kantons Basel-Landschaft im Kultur- und Sportzentrum Pratteln war ein grosser Erfolg beschieden. Neben dem anwesenden Gesamtregierungsrat waren die eidgenössischen Parlamentarier, sämtliche Präsidenten der Herausgeberkommissionen, alle aktuellen Autoren und über 300 Gäste anwesend.

Fritz Epple

Die Gründung des Verlags des Kantons Basel-Landschaft

Schon im Jahr 1942 verlegte der Kanton Basel-Landschaft mit dem ersten Band des *Baselbieter Heimatbuches* sein erstes Buch, damals noch im Namen der *Schul- und Büromaterialverwaltung*. Viele Jahre später ebnete Fritz Epple mit seiner Organisations-, Vorbereitungs- und Überzeugungsarbeit den Weg für die am 7. Februar 1986 erfolgte Gründung des *Verlags des Kantons Basel-Landschaft* durch den Regierungsrat und damit zum Auftakt zu einer erfolgreichen Verlagstätigkeit.

Die Initiative

Die Initiative für die Gründung des Kantonsverlags entsprang einer Anregung der beiden Regierungsräte Paul Manz und Paul Jenni bei der Herausgabe des Buchbandes «S Baselbiet» zur 150-Jahr-Feier des Kantons Basel-Landschaft im Jahre 1983. Mein damaliger Chef Hans Hauser, Vorsteher der *Schul- und Büromaterialverwaltung*, wollte sich kurz vor seiner Pensionierung nicht mehr mit der Gründung eines Verlags befassen und überliess die Initiative mir als seinem Stellvertreter. Bevor ich das Projekt an die Hand nahm, beriet ich mich mit meinen Freunden Dr. Paul Suter, dem ehemaligen Konservator des Kantonsmuseums und Verfasser vieler Werke über das Baselbiet, und Dr. Hans Sutter, dem Staatsarchivar. Beide sprachen mir ihre Unterstützung zu. Animiert wurde ich auch durch die Überweisung meines Postulats im Landrat für eine Neuauflage der Geschichte des Kantons.

Die Herausgeberkommissionen

Mein nächster Schritt war eine Konferenz mit den Herausgeberkommissionen, welche im Einzelnen als Fachkommissionen für die Herausgabe und die Veröffentlichungen zuständig waren:

Dr. Peter Suter und Dr. Ernst Martin als Präsidenten der *Arbeitsgemeinschaft für die Herausgabe der Baselbieter Heimatkunden*. Bereits im Jahre 1862 hatte der Lehrerverein die Idee, Heimatkunden für die Gemeinden zu erarbeiten. Bis zum Herbst 1995 hatten inzwischen bereits 37 Gemeinden eine Heimatkunde (Ortsmonographie) erarbeitet, welche seit ihrer Erstpublikation immer wieder auf den neuesten Stand gebracht wurden;

Dr. Peter Stöcklin als Präsident der *Herausgeberkommission Baselbieter Heimatbuch*. Die in dieser Buchreihe veröffentlichten Artikel wollen dem Leser das Baselbiet auf vielfältige Art und Weise vor Augen führen. Dies anhand aktueller Berichte, historischer, kunstgeschichtlicher, volkskundlicher und geographischer Arbeiten. In jedem Band hält ein Chronist – in der damaligen Zeit der freiberufliche Journalist Franz Stohler, Ziefen – die Chronik der jeweils in der Zeitspanne der Publikation erfolgten wichtigsten Ereignisse im Tagesgeschehen fest. So wurde über die Jahre ein wichtiges Nachschlagewerk geschaffen;

Dr. René Salathe als Präsident der *Herausgeberkommission Quellen und Forschungen zur Geschichte und Landeskunde des Kantons Basel-Landschaft*. Diese Reihe umfasst wissenschaftliche Arbeiten, die historische, geographische, volkskundliche oder biologische Themen aus der Region aufgreifen;

Prof. Dr. René Rhinow als Präsident der *Herausgeberkommission Recht und Politik im Kanton Basel-Landschaft*. Diese, die jüngste unter den auch heute noch vom Kantonsverlag betreuten und veröffentlichten Reihen, umfasst Beiträge zum basellandschaftlichen Recht und zur Politik im Baselbiet.

Auch Dr. Jürg Ewald, Vorsteher des Kantonsmuseums und Verfasser vieler musealer Beiträge, bat ich zur Konferenz. So musste ich als Nichtakademiker sechs im Kanton prominente Experten vom Projekt der Verlagsgründung überzeugen.

Unter der neuen Bezeichnung «Verlag des Kantons Basel-Landschaft» sollte der Kantonsverlag in Zukunft seine Bücher herausgeben. Der Kontakt zu den potentiellen Lesern sollte aktiver als bisher gesucht werden. Und mit der Bezeichnung «Verlag» sollte auch signalisiert werden, dass die Buchproduktion als eigenes Unternehmen im Rahmen der *Schul- und Büromaterialverwaltung* unternehmerischer geführt werden sollte. Im Baselbiet über das Baselbiet zu publizieren sei ein Beitrag zur Erhaltung der eigenen Identität des Kantons. In diesem Sinne bleibe es eine wichtige kulturelle und politische Aufgabe des Kantons, die Produktion von Büchern über Baselbieter Themen zu veranlassen oder zu unterstützen. Erfolgreich handeln heisse für den Verlag, Interesse und Verständnis für Geschichte, Gegenwart und Zukunft des Baselbiets bei den Bewohnern des Kantons zu wecken und zu fördern. Mit diesen Argumenten konnte ich die Konferenzteilnehmer überzeugen.

Die Zustimmung des Regierungsrates

Damit war der Weg frei für einen entsprechenden Antrag an den Regierungsrat, der im März 1986 das Projekt guthiess. An einer Pressekonferenz mit dem damaligen Regierungsratspräsidenten Werner Spitteler wurde die Verlagsgründung im Detail begründet. Dass der Kanton sich als Verleger betätigt, sei richtig, obwohl dies in der Schweiz bisher als einzigartig bezeichnet werden dürfe.

Wie er es tut, ist sicher immer wieder neu zu überdenken. Eine der entscheidenden Fragen, die sich bei jedem Buchprojekt stellt, ist die Frage nach dem Zielpublikum. Wer sind die Leserinnen und Leser, für die der Kanton Bücher produziert? Der Kanton sollte als Verleger immer wieder und zuerst an sein Publikum denken. Sowohl wissenschaftliche als auch politische und populäre Werke haben ihren Leserkreis und erfüllen eine wichtige Aufgabe. Doch Dissertationen und andere wissenschaftliche Werke, die in erster Linie für ein Publikum von Wissenschaftlern derselben Fachrichtung geschrieben sind, können nicht auf die gleiche Art produziert werden wie Bücher, die sich an Laien richten. Ein Verlag, der Spezialitäten publiziert, wie es der Baselbieter Kantonsverlag tut, ist auf Werbung angewiesen, weil seine Bücher in den Buchhandlungen meistens nicht in den Regalen stehen.

Meine späteren Bemühungen, im *Schweizer Buchhändler- und Verleger-Verband* (SBVV) und damit auch im *Schweizerischen Buchzentrum* in Hägendorf Aufnahme zu finden, trafen beim federführenden *Sauerländerverlag* in Aarau zwar auf Zustimmung, scheiterten jedoch an den Privatverlegern im Kanton. Die nicht auf Kommerz ausgerichteten Publikationen, die relativ bescheidene Auflagezahlen aufwiesen, waren bei der Finanzierung auf die Unterstützung des *Lotteriefonds* und bescheidenere Honorarforderungen der Autoren und Autorinnen angewiesen.

In der Presse wurde die Gründung des Verlags wohlwollend aufgenommen und entsprechend gewürdigt.

Die Präsentation

Die Vernissage des neuen Verlags «Der Bücherfrühling», die in der *Kongresshalle Pratteln* in Anwesenheit des Gesamtregierungsrates mit über 300 geladenen Gästen stattfand und an welcher sämtliche Herausgeberkommissionen mit Neuerscheinungen brillierten, war ein Grosserfolg. Sie war gleichzeitig der Auftakt zu einer erspriesslichen Verlagstätigkeit, die von meinem Nachfolger Max Zoller ausgebaut und erfolgreich weitergeführt wurde. Die umfangreichen Werke der 1990er-Jahre, das illustre Werk «S Baselbiet» und die Kantonsgeschichte «Nah dran, weit weg» in 6 Bänden zeugen von der Vielfältigkeit einer nachahmenswerten Verlagstätigkeit.

Bildnachweis
Fritz Epple, Liestal.

1 Vom kleinen Park beim Schulhaus aus betrachtet, ist kaum zu erkennen, welch Wissenspotential hinter den grauen Mauern verborgen ist.

Charles Martin

25 Jahre Verlag des Kantons Basel-Landschaft (1986 bis 2011)
Kleines Intermezzo über das Sammeln und Aufbereiten von Wissen aus dem Baselbiet

Der Kantonsverlag ist eine Eigenheit des Kantons Basel-Landschaft. Mit einem politischen Entscheid ist er im Jahr 1986 ins Leben gerufen worden. Heute hat er sich im Kanton etabliert und ist mit seinen besonderen Bücherreihen kaum mehr aus der aktuellen Bildungslandschaft wegzudenken. Das vorliegende Porträt versucht einen Einblick in das reiche Schaffen der Kommissionen und der Verlagsleitung zu geben und darf gerne als kleine Ode an die Macher und Befürworter dieser aussergewöhnlichen Institution verstanden werden.

Etwas zurückgezogen von der Rheinstrasse in Liestal duckt sich ein altes Fabrikationsgebäude zwischen Bäumen und Erdreich und öffnet sich schliesslich rasch gegen Norden hin zu einem imposanten Komplex, der über mehrere Stockwerke hinweg Wissen und Wissenswertes in langen, hochgereckten Regalen beherbergt. Wer vom

2 An der leicht zurückversetzten Rampe wird das Schulmaterial in die Lieferwagen verfrachtet und an die Schulen der 86 Baselbieter Gemeinden geliefert.

Liestaler Zentrum her in Richtung Basel unterwegs ist, dem kann es passieren, dass er gar nichts mitbekommt von dem, was da an der kleinen Rampe an Zukunftsträchtigem verladen wird. Doch tatsächlich wird hier, vor allem im Frühsommer und während der Sommerferien, emsig gearbeitet. Kleine und mittlere Lieferwagen mit rot-schwarzem Schriftzug werden mit Paletten und Kisten beladen und fahren schliesslich links und rechts weg auf die parallel verlaufende Rheinstrasse einem dem zufälligen Beobachter unbekannten Ziel entgegen, um einige Stunden später erneut an der Rampe vorzufahren und erneut beladen zu werden. Ein ständiges Kommen und Gehen, das sich erst gegen Ende Juli allmählich beruhigt, jedoch nie ganz zum Erliegen kommt.

Wer die Treppe bei der Rampe hinaufsteigt und durch die Tür in den dahinter liegenden Raum tritt, gelangt zunächst in eine kleine Spedition, die an manchen Tagen hektisch, an anderen verlassen daliegt. Doch wer es wagt, weiter hinein zu schreiten, erlebt ein kleines Entdecker-Abenteuer, das nur Bücherwürmer und Wissensdurstige so absolut nachvollziehen können, und natürlich Spediteure, die sich hier durchaus wohl fühlen können.

Durch eine weitere Tür gelangt man schliesslich in eine weiträumige Halle. Hier arbeitet unter anderen Peter Lüscher, der mit Sachverstand die diversen kleinen Roll-

3 Peter Lüscher rüstet Material für eine Gemeindeschule im Baselbiet. Vor dem neuen Schuljahr herrscht hier besonders viel Betrieb.

4 Reih auf, Reih ab: Das Schulmaterial liegt nach Themen und Klassen geordnet in den Regalen in den Obergeschossen der SBMV.

wagen und Paletten mit Büchern, Papier, Büromaterial und vielem anderen belädt. «Manchmal», sagt er, «wird's etwas hektisch, dann muss man sich sputen. Trotzdem sollte genau gearbeitet werden, sonst haben plötzlich die Drittklässler Algebra und die Oberstufen ein Lehrmittel fürs Lesenlernen in Händen.» Was, nebenbei bemerkt, bei der heutigen immer öfter zu beobachtenden Leseschwäche der etwas älteren Schülerinnen und Schüler vielleicht gar kein so grosses Unglück wäre. Aber hier zu verallgemeinern, wäre gegenüber den vielen Leseratten im Kanton denn doch ziemlich ungerecht.

Mit Stephan Hügin unter Dach

Mit Stephan Hügin, Leiter «Lager und Logistik», die diversen Etagen zu erkunden, ist fast so, als ob man dem Kapitän eines Viermasters unter Deck folgte und die Schätze, die dort gelagert sind, in Augenschein nähme. Hier oben, unter Dach, finden sich Sportgeräte, eine Kiste voller Fussbälle und andere Utensilien, die man für die körperliche Fitness oder für Spiele und fürs Werken in der Schule benötigt. «Unter dem Jahr verschwinden die einen oder anderen Fussbälle auf Sportplätzen oder sie gehen

5 Unter Dach finden sich die einen oder anderen Schätze für die Baselbieter Schulen, beispielsweise Paletten voll mit Sportbällen.

kaputt und müssen von den Schulen nachbestellt werden, dann werden unsere Bestände vorübergehend kleiner, aber wir sorgen dafür, dass es immer genügend Material aller Art hat, damit wir jederzeit lieferbereit sind.»

Über eine Treppe findet der eher ungewöhnliche Besucher schliesslich zu einem kleinen Raum im Westflügel des Gebäudes. Hier arbeitet, getrennt durch einen gläsernen Schalterbereich, Stefan Thommen mit einem kleinen Team. Er ist fürs Marketing zuständig. Jenseits des kleinen Büros und damit auch jenseits des Schalters finden wir einen kleinen, zum Verweilen einladenden und mit Regalen bestückten Raum, in dessen Mitte ein Tischlein mit zwei Stühlen steht. Auf den Regalen stehen verschiedene Bücher, nach Themen geordnet und mit warmem weissen Licht aus mehreren Spottlämpchen beschienen: die Ausstellung des Kantonsverlags. Leiter des Verlags sowie der *Schul- und Büromaterial-Verwaltung* (SBMV) ist Peter Plattner, der beinahe so etwas wie eine stille Liebe für das «kleine» Nebengeschäft entwickelt hat. «Zwar ist die Führung des Kantonsverlags nur ein kleiner Teil meiner vielen Aufgaben in dieser Verwaltung. Aber ich schätze diese Arbeit sehr, und möchte sie nicht missen.» Sein Büro liegt ein Stockwerk höher und beherbergt ebenfalls viele der Publikationen aus der bisherigen Verlagstätigkeit.

6 Das Team des Kantonsverlags sowie der *Schul- und Büromaterial-Verwaltung* (SBMV) vor einem seiner Lieferwagen, v.l.n.r.: Stephan Hügin, Peter Plattner, Matthias Nägelin, Stefan Thommen, Adriano Leanza.

Kommunikation mit dem Publikum

«Ein Verlag kommuniziert über seine von ihm verlegten Bücher mit dem Publikum.» Dies ist der Einleitungssatz eines Protokolls des Regierungsrates über die Gründung des Kantonsverlags, datiert vom 7. Februar 1986. Er ist gleichzeitig Begründung für die Existenz dieser schweizweit wohl einzigartigen kantonseigenen Institution, deren Personalbestand, insbesondere die Neuzugänge, vom Kantonsparlament abgesegnet wird. Weiter heisst es in dem Schreiben: «Jeder Verlag spricht sich durch seine Bücher aus: Sowohl durch die Auswahl der Bücher wie durch deren Präsentation.»

Damit wäre das Hauptsächliche bereits erwähnt. Ob Historisches, Wissenswertes oder einfach Interessantes, alles, was erhaltenswert und publikationswürdig scheint, soll einem möglichst breiten Publikum bekannt und möglichst leicht zugänglich gemacht werden. Neuerscheinungen werden vor allem an der Vernissage im November des jeweils laufenden Jahres mit einem würdigen Rahmenprogramm, in den letzten Jahren immer im Beisein des Direktionsvorstehers Urs Wüthrich-Pelloli, vorgestellt. Im Vorfeld berichten aber auch fast alle grösseren Zeitungen in den beiden Basler Kantonen über die Frischdrucke. Eingeladen sind meist Insider, die Presse und natürlich die Autorinnen und Autoren der neuen Publikationen. Vor zwei Jahren lancierte der Verlag auch einen Fotowettbewerb, der allerseits guten Anklang fand und bei geeignetem Thema erneut durchgeführt werden soll.

Ansonsten ist es weitgehend den Baselbieterinnen und Baselbietern selbst überlassen, sich über den Verlag und seine Angebote zu informieren, was meistens eher zufällig geschehen dürfte. Denn auf der Homepage des Kantons Basel-Landschaft ist der Verlag praktisch nur auffindbar, wenn man weiss, dass es ihn gibt und darum explizit nach einem entsprechenden Hinweis sucht. Auch in der Kantonsbibliothek muss der Suchende schon genau wissen, wonach er sucht, denn das Konzept sieht nicht vor, dass der besondere Verlag augenfällig präsentiert wird. «Die Bücher sind nach Themen, nicht nach Verlag geordnet», erklärt denn auch Bettina Hunn, bei der Kantonsbibliothek in Liestal zuständig für alle Baselland-Medien, wozu natürlich insbesondere auch die Publikationen des Kantonsverlags gehören. Von jedem neuen Produkt aus dem Kantonsverlag erhält die Bibliothek drei Exemplare. Eines wird der Öffentlichkeit zugänglich gemacht, eines wird im so genannten Magazin abgelegt und wird, sollte das erste ausgeliehen sein, ebenfalls als Ausleihexemplar zur Verfügung gehalten. Das dritte Exemplar wird archiviert und ist daher nicht ausleihbar, «damit es der Nachwelt erhalten bleibt», wie Bettina Hunn betont.

Vielfalt der Publikationen

Das allererste Heimatbuch erschien 1942 in der Kantonsverwaltung. Bis 1986 wurden viele weitere «Baselbieter Heimatbücher» in loser Folge verlegt, später dann sogar alle zwei Jahre. Aber erst am 7. Februar 1986 konstituierte der Regierungsrat den *Verlag des Kantons Basel-Landschaft*, wie es im Porträt von Max Zoller heisst (siehe BHB 24, Seite 115). Von da an erschienen alle Publikationen unter dem neuen Label. Nebst den vier Hauptveröffentlichungsreihen (*Baselbieter Heimatbuch*, *Quellen und Forschungen*, *Recht und Politik* sowie *Baselbieter Heimatkunden*), denen jeweils Kommissionen vorstehen oder – wie bei der Herausgabe der Baselbieter Heimatkunden – den von den Gemeinden individuell eingesetzten Projektgruppen beratend und unterstützend zur Seite stehen, sind in den vergangenen Jahren im Kantonsverlag zahlreiche weitere kleinere und grössere Werke aus dem und eben auch über das Baselbiet erschienen. Die Auflagenzahlen sind zwar im Vergleich mit denen kommerzieller Verlage eher klein, die Qualität ist aber dennoch ein wichtiges Kriterium, gerade bei den vorgängig erwähnten kommissionsbegleiteten Werken. So wird das im Zwei-Jahres-Rhythmus erscheinende Heimatbuch vollständig durch einen Lektor betreut und in Form gebracht. Finanziert werden die Publikationen des Kantonsverlags übrigens über den *Lotteriefonds des Kantons Baselland* (seit 2011 *Swisslos-Fonds*), die eher geringen Einnahmenüberschüsse aus den Verkäufen fliessen wiederum zu diesem zurück.

Es würde den Rahmen dieser Betrachtung sprengen, wollte man alle Werke vorstellen. Hier sind Leser und Leserin aufgefordert, selbst zu forschen und sich über die vielfältige Palette der Angebote via Internet oder direkt beim Verlag zu informieren, was sich, je nachdem, was gesucht wird, mit an Sicherheit grenzender Wahrscheinlichkeit auch lohnen dürfte. Hier nur ein paar wenige ...

... Auszüge aus ausgewählten Publikationen

Darf es zur Einleitung etwas Baselbieter Poesie sein? Warum auch nicht:

BASELBIET, 1. Strophe, von Margaretha Schwab-Plüss
> «Baselbietli, so bischeide, – nit wie's Meer und d'Alpe bisch; – aber tuesch eim nie verleide – grad wie's Brot uf eusem Tisch: – mit dym Wald sym chüele Schatte, – luschtige Bäch und grüene Matte, – Bäum im Bluescht und Dörfli vill, – öppe Felse stolz und still, – wo nellei regiert der Weih – wild und frei.»

Oder aus den Baselbieter Sagen, 3. Auflage, eine Sammlung mit 1123 Sagen aus alter und neuerer Zeit, zum Beispiel:

Diegten: Sage Nummer 798 – Der büssende Priester
> «Auf dem Weg von Mittel-Diegten zur Kirche hinauf kann man hin und wieder ein eigentümliches Klingeln hören. Es beginnt unten am Bach in der Nähe des Pfarrhauses und lässt sich bis zur Kirche verfolgen. Wie alte Leute erzählen, hatte zur katholischen Zeit in Diegten ein Priester gewirkt, der Unrecht tat und deshalb nach dem Tod keine Ruhe fand. Zur Strafe muss er noch heute zur Kirche hinaufsteigen und dort eine Messe lesen. Gesehen hat ihn noch niemand, aber sein Glöcklein hört man deutlich läuten.»

Auch aus der Reihe *Quellen und Forschungen* (kommissionsbegleitetes Serienwerk) gibt es Spannendes:

Band 1 – Gemeindewappen des Kantons Baselland, zum Beispiel Liestal (ein kleiner Auszug aus den ersten Zeilen):
> «1189 Lihstal, 1226 Liestal, 1348 Lienstal, 1363 Liechstal, 1363, 1398 und 1410 Liechtstal, 1510 Liestall, dialektisch Lieschtel. Der Name des Städtchens bereitet der Etymologie ernsthafte Schwierigkeiten. Da verschiedene römische Flurnamen sich in der Umgebung finden, schloss man schon auf liu-statio (Wachtposten zum Schutze der Strasse) oder ausgehend von einem römischen Siedler Lucius auf Lucistabulum. G.A. Seiler brachte den Ortsnamen mit dem Laubiberg in Zusammenhang, den er als Besitz eines Alemannen Liubirih (Liebreich) annahm, welcher auch die Talweite besessen haben mochte (Liubherestal, Lieberstal, Liestal).»

Weiter im Kantonsverlag erschienen sind 12 Hefte von Roland Lüthi, Exkursionsführer durch Naturschutzgebiete des Kantons Basel-Landschaft (inkl. Register):

Hier erfahren wir viel über die geschichtlichen Hintergründe der einzelnen Naturschutzgebiete, über ihre geologische Entstehung und die frühere Nutzung. Ob der Leser, die Leserin nun mehr über die Magerweiden des Laufentals, den Rehag entlang des Faltenjuras bei Waldenburg, die Reinacher Heide, das Diegtertal, an dessen Erarbeitung auch Georg Artmann-Graf beteiligt war, den Landschaftsgarten *Ermitage*, ein kleines Paradies in der Umgebung von Arlesheim, oder Wildenstein, das bereits 1681 in einem Plan von C.F. Meyer wunderschön dargestellt und von Emanuel Büchel in einem akribisch gearbeiteten Stich (beide in Heft 3 abgebildet, Seiten 4 und 5) 1765 erfasst worden ist, wissen will, in den aktuellen Führern ist vieles kurz und bündig erfasst.

Eine Idee des Kantonsverlags, die allseits Gefallen findet. «Die Büchlein werden oft ausgeliehen», bestätigt denn auch Bettina Hunn von der Kantonsbibliothek in Liestal.

Und zum Schluss noch eine kürzlich erschienene Heimatkunde: Muttenz, ein Auszug aus dem Thema ‹Altersstufen und Freizeitverhalten›, Seite 378.

Wussten Sie, dass «(…) 74 Prozent aller Jugendlichen der 1. und 2. Klasse» nie in die Disco gehen? «(…) auch bei den Jugendlichen der 3. und 4. Klassen sind es immer noch 53 Prozent. Es ist überraschend, dass auch bei den älteren Jugendlichen mehr als die Hälfte nie in eine Disco geht.»

Wie wichtig die Heimatkunden für die Gemeinden sind, welche Bedeutung die Themenwahl hat und andere interessante Informationen zeigt der Auszug aus einem Interview mit Helen Liebendörfer, Mitglied der Projektleitung für die neue Heimatkunde von Muttenz, erschienen 2011:

Baselbieter Heimatbuch: *Die aktuelle Ausgabe der Heimatkunde ist ein Neuwerk, das auf eine frühere Ausgabe folgte. Haben Sie sich an der alten Fassung orientiert oder ist die neue Ausgabe ein völlig neues Werk?*

Helen Liebendörfer: Es ist ein neues Werk, aber wir haben selbstverständlich das alte genau studiert. Wir haben zum Beispiel bei den Lehrern nachgefragt, welche Themen oder Abschnitte sie aus der alten Heimatkunde für die Schulen noch benutzen.

Welchen Wert messen Sie der Heimatkunde bei und wer ist das Zielpublikum?

Das Aufschaffen und Zusammenstellen der Ereignisse der letzten 40 Jahre war sicher notwendig und wertvoll. Zielpublikum sind die Bewohner und Bewohnerinnen von Muttenz und die Schulen. In den Schulen wird es benutzt, Echo von Leserinnen und Lesern zeigen, dass man darin liest (Einwohner und Heimweh-Muttenzer); wie gross die Leserschaft ist, entzieht sich aber meiner Kenntnis.

Wie gestaltete sich die Zusammenarbeit mit der vom Kantonsverlag eingesetzten Arbeitsgemeinschaft zur Herausgabe von Heimatkunden?

Jürg Gohl von der Heimatkunden-Arbeitsgemeinschaft war beratend dabei, einmal bei der Themenfindung und als Mitglied der Steuergruppe. Es war uns wichtig, seine Erfahrungen zu hören, und bei Schwierigkeiten konnte er uns weiterhelfen.

Sie haben im letzten Teil der Heimatkunde vor allem viel mit Schülerinnen und Schülern zusammengearbeitet. Was können Sie über diese Idee, die Realisierung und die Meinung der Schüler- und Lehrerschaft beziehungsweise den Nutzen für dieselben erzählen?

Die Idee stammt von uns, also von der Projektleitung. Die Zusammenarbeit mit den Schulen war sehr gut, die Schülerinnen und Schüler haben gerne mitgemacht (schulklassenweise in der Schulstunde). Erhebung, Umfrage und Text stammten von uns, den Projektleitern, in Zusammenarbeit mit der *Universität Basel* (Prof. Ueli Mäder und Michel Massmünster B.A. vom *Institut für Soziologie*); sie wurden anonym durchgeführt und durch die Universität ausgewertet.

Wichtig vielleicht die Erwähnung, dass wir von der Projektleitung aus eine eigene Website aufgeschaltet haben unter www.heimatkunde-muttenz.ch, damit wir alle Anpassungen und Neuerungen gleich einfügen können. Wir wollten nicht, dass unser Werk gleich veraltet – und können so auch neue Erkenntnisse, Wünsche und Ereignisse einbeziehen. Die Website wird von uns ehrenamtlich und somit unentgeltlich betrieben.

Anmerkungen
Wer mehr über das Programm des Kantonsverlags wissen will, findet unter www.baselland.ch/main_verlag-htm.273942.0.html allerlei Wissenswertes sowie das aktuelle Verlagsprogramm.

Bildnachweis
Charles Martin, Pratteln.

1 Schülerin bei der selbstständigen Erarbeitung eines Lernauftrages.

Pascal Favre, Pit Schmid, Marc Limat

Schule und Museum – eine Beziehung im Umbruch

Öffentliche Schulen und staatliche Museen sind Exponenten ein und derselben Bildungslandschaft. Mit der geforderten Kompetenzorientierung der Schulen ergeben sich für die Beziehung zwischen Schule und Museum neue Perspektiven. Was bedeutet dies für die zukünftige Zusammenarbeit der beiden Bildungsinstitutionen?

Kompetenzorientierung als Herausforderung für die Schule von morgen

Der Besuch des ausserschulischen Lernstandorts[1] Museum ist auf der Primarschulstufe für das Schulfach Sachunterricht[2] von herausragender Bedeutung, weil dessen originale Fachbezüge vielfach ausserhalb des Schulzimmers liegen.[3] Die Begegnungen mit Objekten und ganzen Ausstellungslandschaften im Museum ermöglichen Schülerinnen und Schülern lebendiges Lernen und laden sie zu eigenem Forschen und Entdecken

2 Lebendige Vermittlung am Original: vom Staunen zum kritischen Hinterfragen.

ein. Ausserschulisches Arbeiten – nicht nur im Museum – mit Kopf, Herz und Hand ist eine unabdingbare Ergänzung zum Unterricht im Klassenzimmer.

Da sich Schule und Unterricht derzeit verändern, werden Museumsbesuche von Schulklassen in Zukunft unter neuen Vorzeichen stattfinden: Bis vor kurzem standen inhaltliche Lernziele und die Reproduktion deklarierten Wissens im Zentrum schulischer Bemühungen. Heute ist man sich weitgehend einig, dass Schülerinnen und Schüler neben Wissensbeständen auch Kompetenzen erwerben sollten. Kompetenzen basieren auf erlernbaren Fertigkeiten, Kenntnissen und ergänzendem Wissen über diese. Sie erlauben es, Anforderungen komplexer Alltags-, Schul- und Arbeitsumgebungen zu bewältigen.[4] Kompetenzen beschreiben also das Vermögen, den Anforderungen eines Aufgabengebietes gerecht zu werden, und sollen Schülerinnen und Schüler dazu befähigen, ihre Um- und Mitwelt aktiv und konstruktiv zu gestalten.[5]

Kompetenzorientierter Unterricht strebt danach, kognitive und soziale Fähigkeiten, Fertigkeiten, Gewohnheiten und Einstellungen zu fördern, welche zuvor in Bildungsstandards festgelegt worden sind. Das Erreichen dieser Bildungsstandards ermöglicht den Kindern kompetentes Handeln und befähigt sie zunehmend dazu, in sozial heterogenen Gruppen selbstständig zu agieren und mit Kommunikations- und Wissensinstrumenten souverän umzugehen.

Kompetenzorientierter Unterricht ist somit «ein ganzheitlicher und schülerorientierter Unterricht, in dem zwischen dem Lehrer und den Schülern vereinbarte Handlungsprodukte die Organisation des Unterrichtsprozesses leiten, so dass Kopf- und Handarbeit der Schüler in ein ausgewogenes Verhältnis zueinander gebracht werden können».[6]

Kompetenzmodelle wurden für alle Disziplinen und Fächer schulischen Lernens entwickelt. So etwa das Kompetenzmodell «Historisches Denken» nach Schreiber/ Körber[7] oder das dreidimensionale Kompetenzmodell für naturwissenschaftliches Lernen.[8] Spätestens mit der Implementierung des für alle deutsch- und mehrsprachigen Kantone obligatorischen «Lehrplans 21»[9] wird die Kompetenzorientierung an den öffentlichen Schulen Alltag. Das bedeutet unter anderem, dass in der Schule von morgen selbst gewählte Lernwege und individualisierende Herangehensweisen die Motivation von Schülerinnen und Schülern erhöhen werden. Dass die Lernenden unvorhergesehene und überraschende Zusammenhänge selbst entdecken, miteinander vergleichen, auf ihre Stringenz hin untersuchen und ihr Vorgehen auf andere Fragestellungen übertragen werden. Die Veränderungen von Schule und Unterricht werden auch an den Museen nicht spurlos vorbeigehen. Da die forschende und offene Haltung kompetenzorientierten Arbeitens ideal zu den Zielsetzungen der Museen passt, kann die Umstellung auf den neuen deutschschweizerischen Lehrplan als Chance verstanden werden, die Vermittlungsangebote für Schulen zu überdenken und aus aktuellem Anlass gegebenenfalls anzupassen.

Forschungsergebnisse zur Arbeit an ausserschulischen Lernstandorten

Zum ausserschulischen Unterricht und zur Nutzung entsprechender Angebote liegen aktuelle Forschungsarbeiten aus dem angelsächsischen und – etwas weniger zahlreich – aus dem deutschsprachigen Raum vor. Rennie[10] und Klaes[11] geben dazu jeweils eine Übersicht. Ein Blick in diese jüngere einschlägige Forschungsliteratur zeigt,
- dass der Bildungsarbeit von Museen keine allgemeingültige Bildungstheorie zugrunde liegt und der Museumspädagogik eine wissenschaftlich fundierte Didaktik fehlt,[12]
- dass Museumsmitarbeitende an ausserschulischen Lernstandorten den Schülerinnen und Schülern vor allem einen inhaltlichen Lernzuwachs ermöglichen möchten,[13]
- dass Lehrpersonen und Schulklassen Angebote an ausserschulischen Lernstandorten oft nicht nutzen, sondern Besuche als Aktivitäten zum reinen Vergnügen ansehen,[14]
- dass sich Gespräche während Museumsbesuchen von Schulklassen kaum von Gesprächen während Museumsbesuchen in familiären Kontexten unterscheiden,[15]
- dass Lehrkräfte auf Exkursionen ähnliche Lernstrategien einsetzen wie im Schulzimmer, mit ihren Klassen ausserschulische Lernstandorte ohne klare Zielsetzungen besuchen und die Besuche fast nur logistisch vorbereiten,[16]
- dass Exkursionen und die dort erworbenen Erfahrungen kaum in den Unterricht integriert werden,[17]
- dass ausserschulisches Lernen dann effektiv ist, wenn es vor und nach der Exkursion mit Aktivitäten im Klassenzimmer verbunden wird,[18]
- dass Schülerinnen und Schüler gerne in (Naturkunde-)Museen lernen.[19]

3 Weshalb beschreiben diese Tierknochen menschliche Kultur?

Zur aktuellen Situation der musealen Vermittlung am Beispiel des *Museum.BL*

Forschungsarbeiten zum Verhältnis zwischen Schule und Museum wurden unseres Wissens für die Region Nordwestschweiz bis dato nicht publiziert. Zur Klärung der Situation können aber hiesige Museumsleitbilder beigezogen werden:

> «[...] Das Museum.BL verknüpft in seiner Arbeit Gegenwärtiges mit Vergangenem und Lokales mit Globalem. Damit wirkt es lokal identitätsstiftend und schafft darüber hinaus die Voraussetzung der zunehmend globalisierten Welt selbstbewusst und offen gegenüber zu treten [...].»[20]

> «[...] Das Museum.BL lanciert in seinen Ausstellungen Themen, die in einem Spannungsfeld angesiedelt sind und unterschiedliche Sichtweisen beinhalten. Anhand von Beispielen aus der Region lotet das Museum die Themen auf lustvolle Art und Weise aus, stellt unerwartete Bezüge her und macht das Publikum neugierig. Für seine Ausstellungen strebt das Museum jeweils eigenständige und zum Thema passende Umsetzungen an [...].»[21]

Die Zitate zeigen auf, dass das *Museum.BL* inhaltlich mit der Institution Schule in vielerlei Hinsicht am gleichen Strick zieht. So ist etwa die Verknüpfung von Gegenwärtigem mit Vergangenem, von Lokalem mit Globalem auch ein zentrales Anliegen der Volksschule, beispielsweise im Hinblick auf die immer wichtiger werdende «Bildung für nachhaltige Entwicklung»[22]. Bezüge zur Kompetenzorientierung finden sich im Leitbild hingegen nicht, und der ganze Bereich «Bildung und Vermittlung» findet kaum explizite Erwähnung. Wie in vergleichbaren Institutionen orientierte sich das Vermittlungsangebot des *Museum.BL* bislang an «Best Practice»-Beispielen, und damit war die Besucherresonanz das wichtigste Kriterium für die Weiterführung und Neuentwicklung von Vermittlungsgefässen. Die Überprüfung eines möglichen Lernzuwachses wurde somit den Lehrpersonen überlassen und war für das Museum vor allem in der unterschiedlichen Nachfrage spürbar. Diese war dann gross, wenn die Bezüge zu inhaltlichen Lernzielen klar formuliert waren.

Die Analyse der Ausgangslage wird im *Museum.BL* aktuell zum Anlass genommen, im Hinblick auf die Wiedereröffnung im April 2011 neue Angebote für Schulen zu entwickeln. Diese werden sich nicht nur am Markt, sondern auch an der Forderung nach Kompetenzorientierung ausrichten.[23] Damit bleiben die Verantwortlichen im Sinne des politischen Auftrags aktiv und kreativ:

> «Bildung und Vermittlung (Museumspädagogik) als wichtige Museumstätigkeiten eröffnen einem breiten Publikum wissenschaftliche Erkenntnisse und komplexe Zusammenhänge. Sie regen zu nachhaltigen Auseinandersetzungen an und stärken das Verständnis für Forschungs- und Konservierungsarbeiten in den kantonalen Museen. Sie machen der Öffentlichkeit sporadisch ihre Funddepots und Laboratorien zugänglich. Bildung und Vermittlung machen Museen und ihre ‹Aussenstationen› zu Orten der Erholung und des Lernens. An diesen Schnittstellen zwischen Museum und Öffentlichkeit wird ein Dialog mit den BesucherInnen angestrebt, bei dem Eigenständigkeit und Mitarbeit des Publikums im Zentrum stehen. MuseumspädagogInnen bringen Fragen und Interessen aus dem Publikum in die museumsinterne Diskussion sowie in die Planung und Realisierung von Ausstellungen ein. Bildung und Vermittlung arbeiten methodisch vielfältig und mit unterschiedlichen personalen und medialen Formen. Für die Tätigkeit benötigen sie geeignete Räume.»[24]

Das «Museumsleitbild Baselland» wurde 1998 für etwa zehn Jahre konzipiert und dürfte bald überarbeitet werden. Zwei Punkte in der abschliessenden Zusammenfassung der Schrift deuten aber bereits in der vorliegenden Fassung darauf hin, dass die damaligen Autorinnen und Autoren dem Bereich «Bildung und Vermittlung» Entwicklungsbedarf attestierten:
- «Der Bildung und Vermittlung – das heisst der Museumspädagogik – soll ein noch höherer Stellenwert eingeräumt werden.»
- «[Vermittlungs-]Konzepte und Strategien bedürfen dauernder Überprüfung und Weiterentwicklung.»[25]

Damit wurden bereits 1998 Forderungen formuliert, denen im Rahmen der verfügbaren personalen Ressourcen in der jüngeren Vergangenheit so gut wie möglich nachgekommen wurde. Im Hinblick auf die veränderten Bedingungen wird der Bereich «Bildung und Vermittlung» am *Museum.BL* in Zukunft im oben dargelegten Sinn an Bedeutung gewinnen.

4 Schulboxen im Einsatz im *Museum.BL*.

Fazit

Die skizzierten Befunde zeigen, dass die Angebote der ausserschulischen Lernstandorte den aktuellen Entwicklungen von Unterricht und Schule Rechnung tragen sollten und dass das grosse Potenzial ausserschulischer Lernstandorte im Hinblick auf das Erreichen von Kompetenzzielen von den Schulen stärker beachtet und genutzt werden sollte. Daher müssen in Zukunft sowohl Pädagogische Hochschulen, Schulen und Lehrpersonen als auch Museen vermehrt Anstrengungen unternehmen, das ausserschulische Lernen von Schülerinnen und Schülern in Museen und verwandten Institutionen zu fördern und besser zu unterstützen. Lehrpersonen sollten mit einer Exkursionsdidaktik vertraut gemacht werden, die sich an Kompetenzzielen ausrichtet. Die in der Vermittlung tätigen Mitarbeitenden sollten sich vermehrt über die für ihre Arbeit relevanten Verhältnisse an den Schulen informieren. Im Hinblick auf die aktuellen Veränderungen müssen – auch in der Region Nordwestschweiz – Partnerschaften zwischen Institutionen neu überdacht und ausgestaltet werden. Eine nationale und regionale Forschung, welche die neu zu beschreitenden Wege untersuchend begleitet, ist wünschenswert und anzustreben. Überkantonale und kantonale Institutionen des Kantons Basel-Landschaft, der Hochschulkanton und Träger von Museen mit überregionaler Bedeutung und Ausstrahlung ist, könnten in diesem Feld wichtige Akteure werden.

Anmerkungen

1 Der Begriff «ausserschulische Lernstandorte» bezeichnet Orte, wo Inhalte pädagogisch-didaktisch und methodisch für aktive Erkundungs- und Lernprozesse bereits stufengerecht aufbereitet und dauerhaft verfügbar sind (Museen, zoologische oder botanische Gärten, Versuchslabors etc.).
2 Die Bezeichnungen für das Schulfach «Sachunterricht» sind in den Deutschschweizer Kantonen unterschiedlich. Mit dem Inkrafttreten des «Lehrplans 21» wird das Fach in Zukunft schweizweit vermutlich einheitlich «Natur-Mensch-Gesellschaft» (NMG) heissen.
3 Favre & Metzger 2010: 166.

4   Klieme et al. 2001: 182.
5   Kahlert 2007: 529.
6   Meyer 2008: 214.
7   Körber 2009: 62.
8   Labudde 2010: 23.
9   http://web.lehrplan.ch/sites/default/files/Grundlagenbericht.pdf (24. Januar 2011).
10 Rennie 2007.
11 Klaes 2008.
12 Traub 2003.
13 Storksdieck, Kaul & Werner 2006; zitiert nach Klaes 2008.
14 Rennie 1994.
15 Tunnicliffe et al. 1997.
16 Griffin & Symington 1997.
17 Klaes 2008.
18 Adamina 2010.
19 Wilde et al. 2003.
20 Leitbild *Museum.BL*, Liestal.
21 Leitbild *Museum.BL*, Liestal.
22 Bildung für nachhaltige Entwicklung (BNE) ist ein Bildungskonzept, welches Lernende dazu befähigen soll, das eigene Leben an Kriterien der Nachhaltigkeit auszurichten und nachhaltige Entwicklungsprozesse gemeinsam mit anderen lokal und global anzustossen.
23 Schmid 2010.
24 Museumsleitbild Baselland 1998: 19–20.
25 Museumsleitbild Baselland 1998: 23.

Bibliografie

Marco Adamina (2010): Ausserschulische Lernorte (ASLO). Lernen an ASLO. Umsetzungshilfe zum Lehrplan. *Fachkommission Natur-Mensch-Mitwelt*. Bern: Fächernet NMM (www.faechernet.ch).

Amt für Kultur (1998): Museumsleitbild Baselland. Grundsätze und Ziele der Museumsarbeit im Kanton Basel-Landschaft. Liestal: internes Papier.

Pascal Favre & Susanne Metzger (2010): Ausserschulische Lernorte nutzen, in: Peter Labbude (Hg.). Fachdidaktik Naturwissenschaften. Bern et al.: *Haupt UTB*. 165–180.

Janette Griffin & David Symington (1997): Moving from Task-Oriented to Learning-Oriented Strategies on School Excursions to Museums. *Science Education*, 81(6), 763–779.

Esther Klaes (2008): Stand der Forschung zum Lehren und Lernen an ausserschulischen Lernorten, in Dietmar Höttecke (Ed.), Kompetenzen, Kompetenzmodelle, Kompetenzentwicklung. *Gesellschaft für Didaktik der Chemie und Physik*. Jahrestagung in Essen 2007 (pp. 263–265). Münster: Lit.

Eckhard Klieme, Joachim Funke, Detlev Leutner, Peter Reimann & Joachim Wirth (2001): Problemlösen als fächerübergreifende Kompetenz. *Zeitschrift für Pädagogik*, 2, 179–200.

Andreas Körber (2009): Kompetenzorientiertes historisches Lernen im Museum? Eine Skizze auf der Basis des Kompetenzmodells «Historisches Lernen». In: Susanne Popp; Bernd Schönemann (Hrsg.): Historische Kompetenzen in Museen. Idstein: *Schulz-Kirchner*.

Peter Labudde (2010): Ziele bewusst machen – Kompetenzen fördern. In: Peter Labbude (Hg.). Fachdidaktik Naturwissenschaften. Bern et al.: *Haupt UTB*. 13–28.

Leitbild Museum.BL, Liestal.

Hilbert Meyer (2008): Theorieband. Berlin: *Cornelsen Scriptor* (12 Aufl.) [1987].

Museumsleitbild Baselland 1998.

Léonie J. Rennie (1994): Measuring affective outcomes from a visit to a science education center, Research in Science Education, 24, 261–169.

Léonie J. Rennie (2007): Learning Science Outside of School, in Sandra K. Abell & Norman G. Lederman (Eds.), Handbook of Research in Science Education, Mahwah, New Jersey, London: *Lawrence Erlbaum Associates, Publishers*.

Pit Schmid (2010): Neue Schulangebote von Archäologie und Museum Baselland. *Basellandschaftliche Schulnachrichten*, 71 (6), 10–11.

Martin Storksdieck, Veena Kaul, & Maia Werner (2006). Results from the Quality Field trip Study. Assessing the LEAD program in Cleveland, Ohio. Annapolis, MD: Technical Report. *Institute for Learning Innovation*.

Silke Traub 2003: Das Museum als Lernort für Schulklassen. Eine Bestandesaufnahme aus Sicht von Museen und Schulen mit praxiserprobten Beispielen erfolgreicher Zusammenarbeit. Hamburg: *Verlag Dr. Kovac*.

Sue Dale Tunnicliffe, Arthur M. Lucas & Jonathan F. Osborne (1997): School visits to zoos and museums: a missed educational opportunity? *International Journal of Science Education*, 19 (9), 1039–1056.

Matthias Wilde, Detlef Urhahne & Siegfried Klautke (2003): Unterricht im Naturkundemuseum: Untersuchung über das «richtige» Mass an Instruktion. *Zeitschrift für Didaktik der Naturwissenschaften*, 9, 125–134.

Internetquellen

http://web.lehrplan.ch/sites/default/files/Grundlagenbericht.pdf (24. Januar 2011).

Bildnachweis

1, 4 Stephan Dietrich, *Museum.BL*, Liestal.
2 Andreas Zimmermann, *Museum.BL*, Liestal.
3 Reto Marti, *Archäologie Baselland*, Liestal.

Dank

Die Autoren danken Anne-Seline Moser und Karl Martin Tanner für die freundliche Unterstützung.

1 Die reichhaltigen Baselbieter Sammlungen – hier ein Blick ins *Museum.BL* – decken alle für die Region wichtigen volkskundlichen, archäologischen, naturkundlichen wie auch kunst- und industriegeschichtlichen Bereiche ab.

Jörg Hampe

Museale Wissenskooperation: gemeinsam die Kulturschätze des Kantons heben und vermitteln

Im Baselbiet hüten zahlreiche Museen einen grossen Schatz an Kulturgut. Das Wissen um die Bedeutung und die Geschichten der Sammlungsobjekte verbleibt jedoch meist in den Depots und in den Köpfen der Museumsmitarbeitenden. Der Einsatz neuer Technologien und eine stärkere wissensbasierte Zusammenarbeit sind die Schlüssel, um die historischen Kostbarkeiten ans Tageslicht zu bringen und in das Bewusstsein der Öffentlichkeit zu rücken. Schlüssel, um die Bedeutung der regionalen Museenlandschaft für Bildung, Wissenschaft und Tourismus entscheidend zu erhöhen.

Das Museum als Wissensinstitution par excellence

Wir leben heute in einer «Wissensgesellschaft». Die rasante Entwicklung neuer Informations- und Kommunikationstechnologien verbunden mit der Globalisierung führt zu einer exponentiellen Beschleunigung der weltweiten Wissensproduktion und Wissensnutzung. Wer kann sich eine Welt heute noch ohne Computer oder den schnellen, vernetzten Internetzugang zum Wissen anderer vorstellen? Wissen ist zur entscheidenden Ressource in allen Lebensbereichen geworden.

Traditionell gelten Museen als so genannte Gedächtnisorganisationen, die als Objekt- und Informationsspeicher der Entwicklung, Sicherung und unterhaltsamen Vermittlung von Wissen dienen. Ihre Aufgaben sind das Sammeln, Bewahren, Erforschen und Ausstellen des Kultur- und Naturerbes der Menschheit.[1] So unterstützen Museen, komplementär zu Schulen und Universitäten, ein abwechslungsreiches und lebensnahes Lernen.[2] Gleichzeitig stellen sie der Wissenschaft und Forschung wichtige Artefakte und Hintergrundinformationen zur Verfügung.

Durch die interdisziplinäre Mittlerrolle zwischen Sammlungsobjekten, deren Geschichte und einer öffentlichkeitswirksamen Vermittlung sind Museen «Wissensinstitutionen par excellence». Wissen ist ihr wichtigstes Produkt und gleichzeitig ihr zentraler Rohstoff. Der bewusste und effiziente Umgang mit Wissen ist für Museen deshalb von existentieller, sinnstiftender Bedeutung.

Das Wissen um den musealen Kulturschatz

Europaweit weist die Metropole Basel eine der höchsten Dichten an Museen auf. Ihre Sammlungen begeistern die nahe Bevölkerung, sind Anziehungspunkt für viele Touristen und bilden einen wichtigen Teil der kulturellen Identität und regionalen Standortattraktivität. Auch im angrenzenden Kanton Basel-Landschaft existieren, neben den beiden kantonalen Institutionen *Museum.BL* und *Augusta Raurica*, mehr als 45 Orts- und Heimatmuseen. Diese hüten ebenfalls einen grossen Kulturgüterschatz an materiellen Zeitzeugen der kantonalen Geschichte – oft von der breiten Öffentlichkeit oder Wissenschaft unbemerkt. Die reichhaltigen Baselbieter Sammlungen decken dabei alle für die Region wichtigen volkskundlichen, archäologischen, naturkundlichen wie auch kunst- und industriegeschichtlichen Bereiche ab.

Für die Öffentlichkeit und interessierte Fachkreise, aber auch von Museum zu Museum ist der Zugang zu Hintergrundinformationen über die Baselbieter Sammlungsobjekte kaum möglich. Die Objekte treten kaum in Erscheinung, schlummern weit verteilt an zahlreichen Lagerorten und sind häufig nicht einmal grundlegend dokumentiert und erschlossen.

Als Teilnehmer einer Führung in einem Ortsmuseum stellt man fest, welch lebendiges Wissen über einzelne Objekte in den Köpfen der meist ehrenamtlich tätigen Museumsmitarbeitenden vorhanden ist. Dieses personale (implizite) Erfahrungswissen muss unbedingt für nachfolgende Generationen dokumentiert (expliziert) werden. Es wäre sonst unwiederbringlich verloren. Objekte ohne zugehörige Kontextinformationen wie Alter, Vorbesitzer, Einsatzzweck etc. sind praktisch wertlos, ihre Sammlung eine reine Anhäufung «bedeutungsloser» Gegenstände.

Teilweise setzen die Museen im Baselbiet zur Verwaltung dieses Objektwissens bereits elektronische Datenbanken ein. Dabei handelt es sich jedoch meist um individuell entwickelte «Insellösungen».[3] Sie unterstützen keinen gegenseitigen Austausch und basieren in den wenigsten Fällen auf abgestimmten Inventarisierungsstandards. Vor allem stellt sich die Frage nach der Daten- und Zukunftssicherheit, da diese Systeme in vielen Fällen weder weiterentwickelt noch angemessen archiviert werden. Von einem zeitgemässen «Heben und Vermitteln» des musealen Kulturschatzes durch die Nutzung neuer Technologien kann im Baselbiet keine Rede sein.

Die Gründe dafür sind offenkundig. Gerade den kleineren Häusern fehlt es, neben finanziellen, materiellen und personellen Ressourcen, vor allem selbst am Wissen, wie eine zeitgemässe Dokumentation, Publikation und Sicherung ihrer wertvollen Arbeit realisiert werden kann. Ausser informellen Fachtischrunden und der *Stiftung Museen Baselland* gibt es keine institutionelle Unterstützung, beispielsweise durch einen regionalen Museumsverband, wie ihn einige Kantone im Laufe der Zeit gegründet haben (Abbildung 2).[4]

Wissenskooperation: Weg und Ziel gleichzeitig

«Wissen ist die einzige Ressource, die sich vermehrt, wenn man sie teilt!»[5] Viele Experten im Bereich der Museumsdokumentation, wie beispielsweise die *Fachstelle Archäologie und Museum Baselland*, haben in den letzten Jahren Lösungen entwickelt, wie das regionale Kulturerbe mit neuen digitalen Technologien optimal repräsentiert und nachhaltig bewahrt werden kann. Ziel muss es sein, dieses Wissen auch für andere nutzbar zu machen. «Statt isolierter Insellösungen gemeinsam an einem Strick ziehen», ist deshalb die Devise für die Zukunft. Nur so können auch die kleineren Museen von den Erfahrungen anderer profitieren.

Ein geeigneter Ansatz dafür ist der Aufbau eines kooperativen Wissensnetzwerkes, welches Ressourcen, Technologien und vor allem das Know-how aller interessierten Partner im Baselbiet zusammenführt. Neben Ortsmuseen, kantonalen Fachstellen, der *Stiftung Museen Baselland* sollten auch der Kulturgüterschutz, die Feuerwehr und weitere Verbundpartner einbezogen werden. So könnte auch der konkrete Objektschutz verbessert werden, zum Beispiel durch gezieltere Evakuierung der wichtigsten Objekte bei Hochwasser oder Feuer.

Die Zusammenarbeit mit zahlreichen nationalen und internationalen Fachleuten, die Teilnahme an Forschungsprojekten und ein gemeinsamer Auftritt fördern eine zusätzliche Professionalisierung und die Aufmerksamkeit der Öffentlichkeit enorm.

Eine derartige Wissenskooperation zum verbesserten Schutz und zur zeitgemässen Präsentation der gemeinsamen musealen Kulturwerte ist Weg und Ziel gleichermassen; das Ergebnis eine Win-win-Situation für alle Beteiligten.

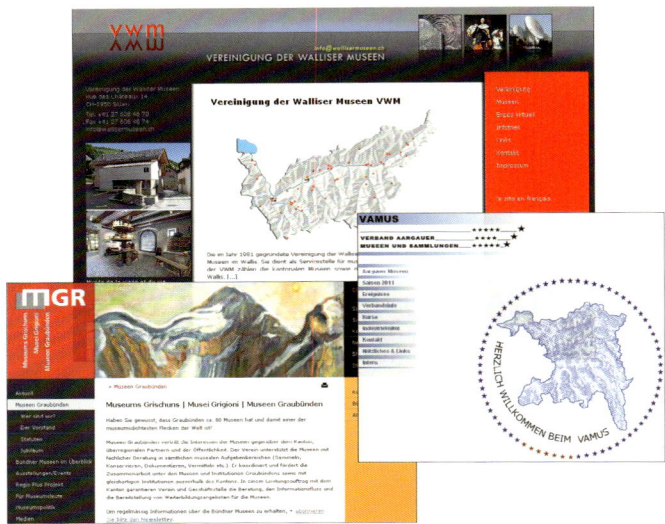

2 Beispiele der Websites der Museumsverbände Wallis (VWM), Graubünden (MGR) und Aargau (VAMUS).

Das Museumsportal Baselland als gemeinschaftlich vernetzte Wissens- und Publikationsbasis

Als technische Basis einer stärkeren Wissensvernetzung und Bewusstmachung der regionalen Kulturschätze empfiehlt sich die Nutzung eines gemeinsamen Baselbieter Museumsportals und einer gemeinsamen Sammlungsdatenbank im Internet (Abbildung 3).

Damit wäre es jedem interessierten Orts- und Heimatmuseum möglich, auf einfachste Weise seine Objekte zu dokumentieren und gleichzeitig übergreifend im gesamten musealen Kulturgüterbestand aller anderen Baselbieter Museen zu recherchieren. Wenn beispielsweise ein Schulprojekt oder eine Ausstellung zum Thema Wasser geplant ist, könnten innert kürzester Zeit alle Objekte und Informationen vom Wasserkäfer über römische Wasserleitungen bis hin zu entsprechenden Gemälden Baselbieter Künstler zusammengetragen werden.

Auch kleinere Museen könnten mit einfachen Mitteln ihre lange in den Depots verborgenen Schätze ans Licht bringen und online vielen Menschen ansprechend präsentieren. Mit wenigen Handgriffen liessen sich virtuelle Ausstellungen erstellen und könnte eindrücklich vermittelt werden, welch spannende Objekte und welch umfangreiches Wissen Interessierte bei einem Besuch vor Ort erwarten.

Durch die enge Zusammenarbeit von verschiedenen Fachexperten wäre eine Verwahrung der Daten durch sichere Backups in langfristig gültigen Archivierungs-

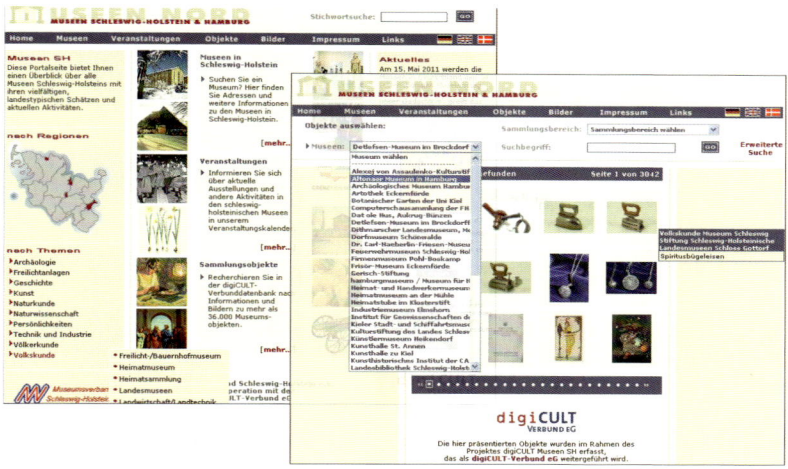

3 Beispiele des Museumsportals und der öffentlich zugänglichen Sammlungsdatenbank der Museen Schleswig-Holstein und Hamburg.

formaten und gemäss breit abgestützter Inventarisierungsstandards gewährleistet. Ein derartiges Gemeinschaftsprojekt stellt zudem eine zukunftsorientierte Weiterentwicklung und eine synergistische Kostenverteilung auf viele Anwender sicher.

Aber nicht nur die Daten, sondern vor allem auch die Menschen können sich über ein Museumsportal zu den verschiedensten Themen, wie Fachtischrunden, Kontaktmöglichkeiten, Workshops etc., austauschen und so ihr persönliches Wissen miteinander teilen.

Schliesslich bietet ein gemeinsames Kulturgüterportal Baselland die Möglichkeit, auch national und international stärker in Erscheinung zu treten. Auf diesem Weg könnten viele andere für zahlreiche Nutzergruppen wichtige Informationen breiter gestreut werden, wie Veranstaltungskalender, aktuelle Ausstellungen, Sammlungsschwerpunkte und Ähnliches. Ebenso wäre die Präsentation von interessanten Baselbieter Objekten in Kulturgüterportalen aus aller Welt umsetzbar, wie dies beispielsweise die Museen Lausanne über das umfassende Portal *europeana* bereits praktizieren (Abbildung 4).[6]

Fazit und Ausblick

Durch die Zusammenarbeit in Form einer Wissenskooperation und einer Repräsentation der regionalen Kulturgüter über ein gemeinsames Portal würde sich die Be-

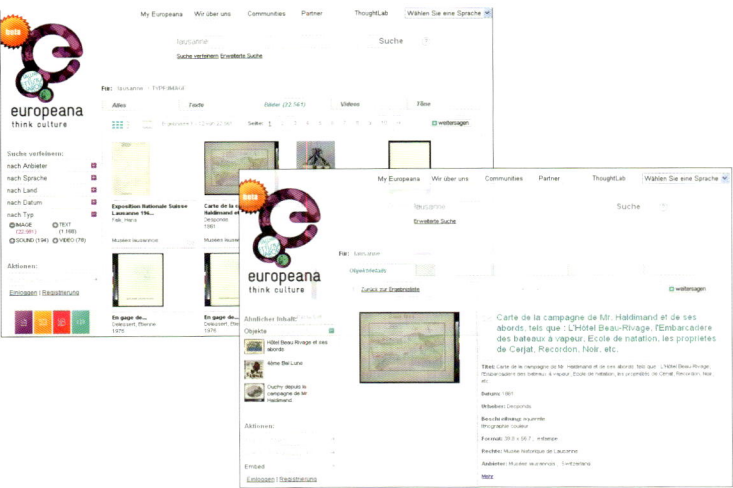

4 Beispielobjekte der Lausanner Museen im europäischen Kulturgüterportal *europeana*.

deutung der Museenlandschaft Baselland deutlich erhöhen. Auch kleinere Häuser würden stärker als Partner für Bildung, Wissenschaft und Tourismus wahrgenommen. Andere Regionen und Länder haben diese Strategie zur innovativen Bewahrung und Repräsentation ihrer Kulturgüter bereits sehr erfolgreich umgesetzt.[7]

Die Erfahrungen der letzten Jahre zeigen aber auch, dass zu gross angesetzte, zentralistisch von oben verordnete und zu stark technikgetriebene Projekte vielfach zum Scheitern verurteilt sind.[8] Die Bedürfnisse und das Wissen aller Partner, insbesondere der kleineren Regionalmuseen, müssen daher viel stärker und frühzeitig in ein derartiges Gemeinschaftsprojekt einbezogen werden. Der Wissensträger «Mensch» ist der entscheidende Schlüssel, nicht die reine Bereitstellung einer technischen Datenbanklösung.

In Studien und Gesprächen mit den Verantwortlichen der Museen und der museumsnahen Institutionen im Baselbiet zeigt sich eine hohe Motivation und Bereitschaft zu einem konzertierten Vorgehen. Die *Fachstelle Archäologie und Museum Baselland* hat ein praxisnahes Konzept vorgelegt, wie ein gemeinsames «Heben und Vermitteln» des basellandschaftlichen Kulturschatzes mit vertretbarem Aufwand realisierbar ist. Die Zukunft wird zeigen, wie kooperativ, zeitgemäss und effizient die Museen Baselland ihren Auftrag als bedeutende regionale «Wissensinstitutionen» wahrnehmen werden.

Anmerkungen

1 Vgl. *International Council of Museums* ICOM, 2. Auflage der deutschen Version, ICOM Schweiz 2010, 6.
2 Vgl. hierzu auch den Artikel: Pascal Favre, Pit Schmid und Marc Limat: Schule und Museum – Eine Beziehung im Umbruch, in dieser Publikation, 177.
3 Dies hat eine Umfrage der *Stiftung Museen Baselland* 2008/09 ergeben.
4 Vgl. hierzu die Übersicht regionaler Museumsverbände anderer Kantone der Schweiz unter http://www.museums.ch/index.php?id=564 (8. Februar 2011).
5 Vgl. hierzu auch Gilbert Probst et al: Wissen managen – Wie Unternehmen ihre wertvollste Ressource optimal nutzen, Wiesbaden 1999, 17.
6 Beispielsweise haben die Museen Lausanne bereits mehr als 20'000 ihrer Objekte in das Europäische Kulturgüterportal *europeana* eingestellt (Stand Februar 2011).
7 Vgl. die Digi-Cult-Initiative von 250 Norddeutschen Museen unter http://www.museen-nord.de (8. Februar 2011). Auch die museumsübergreifenden Initiativen der Museen im Tessin, Graubünden, Wallis und Lausanne weisen in die gewünschte Richtung.
8 So wurde die Stiftung *Datenbank Schweizerischer Kulturgüter* (DSK) 1992 nach mehrjährigen Vorarbeiten von der *Schweizerischen Akademie der Geistes- und Sozialwissenschaften* (SAGW), dem *Verband der Museen der Schweiz* (VMS) und dem *Schweizerischen Kunstverein* (SKV) gegründet. Die Initiative war in dieser Form jedoch nicht erfolgreich und wurde im Jahr 2006/2007 endgültig aufgegeben.

Bildnachweis

1 Andreas Zimmermann, *Museum.BL*, Liestal.
2 http://www.wallisermuseen.ch, http://www.museenland-gr.ch, http://www.vamus.ch (8. Februar 2011).
3 http://www.museen-sh.de (8. Februar 2011).
4 http://www.europeana.eu (8. Februar 2011).

1 *Kantonsbibliothek Baselland:* Lesung mit Adolf Muschg.

Gerhard Matter

Wissensgesellschaften brauchen Bibliotheken – aber welche?

Noch nie hatten Bibliotheken ein so breites Aufgabenfeld wie in der Wissensgesellschaft. Sie wurden zu professionellen Informationsvermittlerinnen und stärken die grundlegenden Kompetenzen, um in dieser Gesellschaft erfolgreich bestehen zu können. Bibliotheken sind aber auch kulturelle und gesellschaftliche Treffpunkte mit dem Potential zur Integration. Diese Entwicklung lässt sich an der *Kantonsbibliothek Baselland* exemplarisch aufzeigen.

Veröffentlichtes Wissen speichern

Bibliotheken seien Wissensspeicher, wird oft gesagt, und so steht es auch in verschiedenen Nachschlagewerken und Lexika. Auch die Gründerväter des Baselbieter Bibliothekswesens hatten diese Absicht, als sie 1835 die Gründung einer ‹Cantonalbibliothek› anregten. Für die Volksbildung brauche es gesichertes Wissen, so waren sie überzeugt und trugen alle Bücher, die sie irgendwie auftreiben konnten, zu einem Grundbestand zusammen. Die Liste der Donatoren ist lang und umfasst einen Grossteil der Baselbieter Honoratioren. Es gehörte zu den vornehmsten Aufgaben der Mitglieder der *Bibliothekskommission*, Buchgeschenke für die Kantonsbibliothek einzuholen.[1]

Nach der Eröffnung der Kantonsbibliothek am 1. Juni 1838 musste diese Form der Bestandspolitik fortgesetzt werden, da dem jungen Kanton die finanziellen Mittel für den Ankauf aktueller Werke noch für lange Zeit fehlten. Im 19. Jahrhundert fristete die Kantonsbibliothek das Dasein eines willkommenen Bücherschrankes für die gebildete Oberschicht des Kantons Basel-Landschaft. Bücher aus den Nachlässen verdienter Persönlichkeiten wurden sehr oft zur sicheren Aufbewahrung der Kantonsbibliothek vergabt. Auf diese Weise kam nicht aktueller Lesestoff, sondern das «geistige Familiensilber» zahlreicher Baselbieter Familien in die Bibliothek. Im Anfangsbestand der Kantonsbibliothek spiegeln sich die geistigen Interessen dieser gebildeten Eliten. Es waren dann auch wieder fast ausschliesslich die Nachkommen dieser Familien, welche die Kantonsbibliothek nutzten und die Mitglieder der *Bibliothekskommission* stellten. Das Angebot der Kantonsbibliothek diente vornehmlich ihren wissenschaftlichen und heimatkundlichen Interessen. Die restriktiv geregelte Benutzung weist darauf hin, dass dem Schutz der Bücher mehr Bedeutung beigemessen wurde als einer möglichen Breitenwirkung. Die Kantonsbibliothek hatte zu diesen Beständen Sorge zu tragen, sie um wertvolle sowie bibliophile Werke zu erweitern und war für eine kontrollierte Nutzung verantwortlich.

Public library

Diese Aufgabe, veröffentlichtes Wissen in erster Linie zu konservieren, nahm die Kantonsbibliothek bis in die zweite Hälfte des 20. Jahrhunderts wahr. Sinnigerweise leitete eine gewisse Zeit lang der Staatsarchivar auch die Kantonsbibliothek. Nach einer tief greifenden Reorganisation 1983 wurde sie als Freihandbibliothek neu eröffnet. Ausgelöst wurde dieser Entwicklungsschritt durch die folgende Feststellung der *Bibliothekskommission* im Jahre 1977: «Die Kantonsbibliothek mit ihrem ansehnlichen Buchbestand von 75'000 Bänden fristet noch immer das Kümmerdasein einer Buchbewahranstalt.»[2] Um die neuartige Freihandbibliothek einrichten zu können, musste ein Grossteil des bisherigen Buchbestandes ins neu errichtete Staatsarchiv ausgelagert werden. Damit entledigte sich die Kantonsbibliothek ihres Altbestandes und schuf Platz für Neues. Eine neue Ära sollte beginnen.

Am 18. Januar 1984 konnte im Parterre des Gerichtsgebäudes die neue Freihandbibliothek mit 25'000 Bänden eröffnet werden. Erstmals sollten auch Kinder und Jugendliche gezielt angesprochen werden. War bisher die Benutzung der Kantonsbibliothek erst ab dem 16. Lebensjahr möglich, so bestand neu rund ein Drittel des Buchangebotes aus Kinder- und Jugendbüchern. Neues Leben hielt in der Bibliothek Einzug. Kinder wühlten in Bilderbuchtrögen, Jugendliche stöberten in den Gestellen und liessen sich von interessanten Themen oder spannenden Romanen anregen. Es wurde kaum noch im Katalog gesucht, die attraktiv aufgemachten Bücher selbst regten zum Mitnehmen und Lesen an. Schülerinnen und Schüler trafen sich nach der Schule in der Kantonsbibliothek und lösten die Mütter ab, die mit ihren Kindern den Nachmittag dort verbracht hatten. Zum Konzept gehörten grosszügige Öffnungszeiten und eine möglichst kostenlose Benutzung. Die Freihandbibliothek fand schnell grossen Anklang, und die Besucher- sowie Ausleihzahlen begannen steil nach oben zu steigen. Dieses Bibliothekskonzept war aus der pädagogischen Erneuerungsbewegung der 1960er- und 1970er-Jahre hervorgegangen. Alle – ohne Rücksicht auf ihre soziale Herkunft – sollten Zugang zu Bildung haben und sich gemäss ihren Fähigkeiten und Interessen entwickeln können. Diese Demokratisierung im Bildungswesen ergriff neben den Schulen auch die Bibliotheken, die ihre Türen für diesen neuen Wind weit zu öffnen begannen. Neue Angebote, wie Zeitschriften, Comics, Tonkassetten und Videos, hielten in den Bibliotheken Einzug. In diese Aufbruchstimmung passt auch, dass in den Baselbieter Gemeinden die Pfarrbibliotheken durch moderne Freihandbibliotheken ersetzt wurden und die kantonalen Schulen flächendeckend eigene Bibliotheken erhielten.[3] Mit ihren Buch- und Medienangeboten trugen die Bibliotheken zur Förderung der Aus- und Weiterbildung bei und bereicherten das vergleichsweise noch spärliche Freizeitangebot.

Free Flow of Information

In den 1980er-Jahren begannen die Bibliotheken die *Elektronische Datenverarbeitung* (EDV) für ihre Geschäftsprozesse zu nutzen. Aus Zettelkatalogen wurden Datenbanken mit bisher ungeahnten, kombinierten Suchmöglichkeiten. Bald schon war es möglich, Katalogaufnahmen oder eben «Katalogdatensätze», wie sie nun genannt wurden, von anderen Anbietern in den eigenen Katalog zu übernehmen. Auch an der Ausleihtheke verdrängten EDV-Terminals die Zettelwirtschaft, und die Rechner übernahmen die Überprüfung der Ausleihfristen, erstellten Mahnbriefe, errechneten Gebühren und verwalteten Verlängerungen, Reservationen und Kundendaten. Als die Kantonsbibliothek 1991 ihr erstes integriertes Bibliothekssystem in Betrieb nahm, war bereits ein *Online Public Access Catalogue* (OPAC) dabei – ein Onlinekatalog für die Nutzerinnen und Nutzer.

Als sich dann das World Wide Web für den globalen Informationsaustausch durchsetzte, eröffneten sich den Bibliotheken völlig neue Perspektiven. Über das Web konnte direkt auf grosse Datenbanken zugegriffen werden, in denen Zeitschriften, Forschungsberichte, Lexika und vieles mehr in digitaler Form lagerten. Anfänglich benötigte der Nutzer einen sachverständigen Bibliothekar, der die anspruchsvollen Recherchemethoden kannte und über die nötigen Berechtigungen verfügte. In vielen Bibliotheken musste man sich für eine Datenbankrecherche voranmelden. Bibliotheken wurden zu Zapfsäulen an den weltumspannenden Pipelines, die grosse Informations-

2 *Kantonsbibliothek Baselland* vom Bahnhof her gesehen: Eröffnung 2005.

pools miteinander verbanden. Sowohl die digitale Datenmenge wie auch die Anzahl der Pools wuchsen in rasender Geschwindigkeit. Die Informationsgesellschaft war geboren. Wer die verfügbaren Informationen zu nutzen wusste, der konnte sich im beruflichen und wirtschaftlichen Fortkommen Vorteile verschaffen und im öffentlichen Leben besser bestehen. Das Web machte die Globalisierung der Wirtschaft erst möglich, die globale Weltwirtschaft ihrerseits peitschte die Entwicklung der Informations- und Kommunikationstechnologie voran. Was für ganze Volkswirtschaften gilt, gilt auch für den Einzelnen – wer für die Zukunft gerüstet sein will, muss Zugang zum weltweiten Informationsnetz haben. Diesen Zugang forderte auch die Politik, damit die Bürgerinnen und Bürger – zumal in der direkten Demokratie – an der politischen Willensbildung und Entscheidungsfindung teilhaben können. Der «Free Flow of Information», der möglichst einfache und kostengünstige Informationszugang für alle, war die unabdingbare Voraussetzung dafür. Dieses Motto beherrschte die Diskussion in den Bibliotheken der 1990er-Jahre und veränderte das Berufsverständnis stark. Der Bibliothekar vermittelt nicht mehr bloss die Bücher und Medien, die er für die eigene Bibliothek angekauft hat, sondern wird zum Informationsbroker, der zur Beantwortung der Kundenfragen weltweit vorhandene Informationsressourcen nutzt. Bei der Auskunftstätigkeit fand ein grundsätzlicher Wechsel von der Bestandesorientierung zur Kundenorientierung statt.

Die Systeme entwickelten sich immer mehr in Richtung Enduser. Das Internet sollte von möglichst allen ohne Hilfe Dritter genutzt werden können. Auch die Bibliotheken engagierten sich in diese Richtung und boten PC- und Internetkurse an. Und: Sie bauten Büchergestelle ab und füllten ganze Räume mit PC-Arbeitsplätzen. Die vorerst voluminösen Röhrenbildschirme, später die eleganteren Flachbildschirme schufen eine neue Ikonographie der Bibliotheken. Der Bildschirm wurde zum Symbol der Wissensvermittlung und ersetzte das bildungsbürgerliche Idyll vom Lesesaal mit seinen opulenten, zumindest in Halbleder gebundenen Nachschlagewerken. Das gedruckte Buch generell stand zur Debatte, und die digitale Onlinewelt begann immer mehr alle Lebensbereiche zu beeinflussen oder gar zu bestimmen.

Bibliothek 2.0

Eigentlich rasend schnell, aber von kaum jemandem als revolutionär empfunden, hat sich unser Informations- und Kommunikationsverhalten grundlegend verändert.[4] Aus dem Internet, das anfänglich bloss global angehäufte Daten, Informationen und Wissen zugänglich machte, ist ein soziales Netzwerk – das so genannte «Web 2.0» – entstanden. Einander bisher unbekannte Menschen können so zueinander in Beziehung treten. Stichworte dafür sind Wikis, *Facebook*, Blogs, *Twitter* etc. Mit solchen interaktiven Diensten lassen sich neue Gemeinschaften – so genannte Communities – bilden. In solchen Gemeinschaften ist bereits eine ganze Generation zuhause und bezieht daraus ihr Lebensgefühl. Dort tauschen sie sich aus und mobilisieren und organisieren sich – sei es für einen Harrassenlauf oder um autoritäre Regime ins Wanken oder gar zu Fall zu bringen. Solche Dienste stehen im Web 2.0 weltweit, auch in nicht hoch technisierten Ländern zur Verfügung. Sie sind mit Smartphones mobil und vergleichsweise einfach zu nutzen. Ihre Grundprinzipien heissen Partizipation, Kollaboration und Interaktion und fordern zur aktiven Teilnahme auf.

Diese Prinzipien der Informationsverbreitung werden von den Bibliotheken für ihre Dienstleistungen schrittweise implementiert – die Bibliothek 2.0 ist im Entstehen begriffen.[5] In einem ersten Schritt war es der Kantonsbibliothek sehr wichtig, alle ihre Medienangebote unter einer einzigen Oberfläche und mit einem einfachen Suchschlitz *à la Google* im OPAC zugänglich zu machen. Wer im OPAC «Max Frisch» eingibt, bekommt aber nicht nur alle gedruckten Werke von ihm, sondern auch über ihn angezeigt. In der gleichen Trefferliste finden sich auch Hörbücher auf CDs, die Verfilmung des «Homo Faber» auf DVD sowie Erläuterungen zu seinen wichtigsten Werken als E-Books zum Herunterladen oder eine laufend aktualisierte Biografie von Max Frisch zum Ausdrucken. So kann den verschiedenen Bedürfnissen der Nutzerinnen und Nutzer entsprochen werden. Die Leistung der Bibliothek dabei ist, für ein qualitätsgeprüftes Angebot zu sorgen und nicht nur – wie es beispielsweise Suchmaschinen wie *Google* tun – eine nicht mehr überschaubare Menge an Informationen von unterschiedlichster Qualität anzuzeigen.

3 *Kantonsbibliothek Baselland* von der Gutsmatte her gesehen: Eröffnung 2005.

In einem zweiten Schritt werden die Nutzerinnen und Nutzer Gelegenheit haben, neben den herkömmlichen Anschaffungswünschen auch persönliche Empfehlungen und Beurteilungen anzubringen und für andere sichtbar zu machen. So findet eine Anreicherung der Bibliotheksangebote statt, und die Nutzer treten mit der Bibliothek, aber auch untereinander in Beziehung. Der OPAC wird Schritt für Schritt zu einem Wissensportal mit abonnierbaren News – so genannten RSS-Feeds – und interaktiven Blogs.[6] Ein solches Wissensportal lässt sich personalisieren; das heisst, jeder Nutzer kann es nach seinen individuellen Bedürfnissen einrichten und zur eigenen Lernplattform ausbauen.

Bibliotheken in der Wissensgesellschaft

Diese Entwicklung zur Bibliothek 2.0 steht wohl erst am Anfang und erfolgt im Einklang mit der allgemeinen Entwicklung zur Wissensgesellschaft. Ihr weiterer Verlauf hängt stark von den technischen Entwicklungen in den Bereichen Kommunikation und Information ab respektive vom Umstand, welche dieser Entwicklungen sich längerfristig durchsetzen. Für die Kantonsbibliothek ist es wichtig, mit diesen Entwicklungen Schritt zu halten, um auch weiterhin für die junge Generation ein attrak-

4 *Lesezentrum Sekundarschule Waldenburgertal* in Oberdorf.

tiver und gewinnbringender Partner sein zu können. In einer Wissensgesellschaft kommt den Bibliotheken als professionelle Informationsvermittlerinnen eine wichtige Aufgabe zu. Sie sind Garantinnen verlässlicher und qualitätsbewusster Informationsangebote.

Um in der Wissensgesellschaft bestehen zu können, sind drei Kompetenzen – Lese-, Informations- und Medienkompetenz – von grundlegender Wichtigkeit. Informationen aufzunehmen und zu verstehen, setzt die Fähigkeit zu lesen voraus. Ungenügende Lesekompetenz – Illettrismus genannt – ist ein gravierender Nachteil für die berufliche Entwicklung und für eine aktive Teilnahme am öffentlichen Leben. Als Informationskompetenz wird die Fähigkeit umschrieben, gezielt nach Informationen suchen sowie das Gefundene strukturieren und analysieren zu können. Nur so kann der Einzelne zu Erkenntnissen gelangen und Wissen generieren oder fundierte Entscheidungen treffen. Informationen werden auf ganz unterschiedlichen Medien und Kanälen angeboten. Sie alle haben Vor- und Nachteile. Diese zu kennen und das jeweils richtige Medium auswählen zu können, wird als Medienkompetenz bezeichnet. Es gehört zu den Aufgaben der Schule, diese drei Kompetenzen zu vermitteln. Dafür reichen herkömmliche Schulbibliotheken nicht mehr aus, Lesezentren, die sich zu Lernlabors weiterentwickeln können, sind notwendig. Das neuartige Konzept findet breite Anerkennung und bewährt sich in der Praxis als Pilotprojekt an der Sekundarschule in Oberdorf. Aber auch nach der Schule müssen diese Kompetenzen weiterentwickelt und gefördert werden. Zu dieser Förderung können die öffentlichen Bibliotheken mit einem vielfältigen Medienangebot und ausgebauten Dienstleistungen einen wichtigen Beitrag leisten. Bibliotheken halten die Menschen fit für die Wissensgesellschaft.

Bibliotheken sind wichtige kulturelle und gesellschaftliche Treffpunkte. Vielerorts sind sie die einzigen Orte, wo man sich ohne Kauf- oder Konsumationsverpflichtung treffen und aufhalten kann. In attraktiver Umgebung bieten sie zahlreiche Anregungen zur beruflichen und persönlichen Weiterbildung sowie für eine sinnvolle Freizeitgestaltung. Bibliotheken sind nicht einzelnen Gruppierungen vorbehalten, sondern allen frei zugänglich. Sie leisten damit einen wichtigen Beitrag zur Integration in einer zunehmend individualisierten und multikulturellen Gesellschaft. Integration kann aber nur im direkten Kontakt mit den Menschen gelingen. Mit Veranstaltungen, Ausstellungen und kulturellen Events spannen Bibliotheken Brücken zwischen Generationen, Kulturen, Bevölkerungsgruppen und Individuen und verknüpfen Themen und Interessen. Sie bringen zusammen, was im gesellschaftlichen und kulturellen Leben oftmals getrennt ist, sie fördern den Dialog und schaffen Verständnis für andere. Die Wissensgesellschaft weist den Bibliotheken ein breites Aufgabenfeld zu, gibt ihnen eine wichtige Rolle und erwartet von ihnen aber auch nachhaltige Beiträge zur Entwicklung und Ausgestaltung dieser Gesellschaft.

Anmerkungen

1. Gerhard Matter: Kantonsbibliothek Baselland, in: Handbuch der historischen Buchbestände der Schweiz, http://hhch.eurospider.com/spezialsammlungen/alte-drucke-rara/handbuchhistorisch/html/hhch_bl_lie_k2002.html.
2. Gerhard Matter: Die Baselbieter Bibliothekslandschaft 1974–1994, in: Für alle(s) offen. Bibliotheken auf neuen Wegen. Festschrift für Dr. Fredy Gröbli, Direktor der Öffentlichen Bibliothek der Universität Basel. Basel 1995.
3. Gerhard Matter: Die Baselbieter Bibliothekslandschaft 1974–1994, in: Für alle(s) offen. Bibliotheken auf neuen Wegen. Festschrift für Dr. Fredy Gröbli, Direktor der Öffentlichen Bibliothek der Universität Basel. Basel 1995.
4. Carsten Göring: Gemeinsam einsam, wie Facebook, Google & Co. unser Leben verändern. Zürich 2011.
5. Handbuch Bibliothek 2.0., Hrsg. Von Julia Bergmann & Patrick Danowski. Berlin 2010.
6. Sibylle Rudin: Tuben, Festzeit und Gesichtsbücher: Die Wahrnehmung einer neuen Informationswelt in einer öffentlichen Bibliothek. In: Handbuch Bibliothek 2.0, Hrsg. Von Julia Bergmann & Patrick Danowski. Berlin 2010. 245–260.

Bildnachweis

1. Ingrid Singh, Basel.
2. René Rötheli, Baden.
3. *Kantonsbibliothek Baselland*, Liestal.
4. Pino Covino, Basel.

1 Eine Quelle von unschätzbarem Wert für die Kulturgeschichte des Bezirks Waldenburg bilden die Aufnahmen der einzelnen Orte, die der Basler Geometer Georg Friedrich Meyer um 1680 anfertigte. Hier seine Federzeichnung des Städtchens Waldenburg von Osten, das heisst vom Richtiberg her. Beschriftet ist unter den Häusern nur die Mühle am westlichen (oberen) Rand des Blattes.

Axel Gampp
Kulturgeschichte inventarisiert

Der Bezirk Waldenburg erhält seinen eigenen Band in der Reihe der «Kunstdenkmäler der Schweiz».

Die *Gesellschaft für Schweizerische Kunstgeschichte* (GSK) gibt seit 1927 die Reihe «Kunstdenkmäler der Schweiz» in Zusammenarbeit mit den einzelnen Kantonen heraus. Diesen ist es überlassen, wie sie in geografischer Hinsicht ihr Kantonsgebiet in Einzelbänden gewürdigt sehen wollen. Im Falle des Kantons Basel-Landschaft orientiert man sich an den Amtsbezirken. 1969 kam im Baselbiet der erste Band zum Bezirk Arlesheim heraus. Ihm folgten Bände über die Bezirke Liestal (1974) und Sissach (1986). Verfasser all dieser Bände war der langjährige Baselbieter Denkmalpfleger Hans-Rudolf Heyer, ein profunder Kenner der Kunst und Kultur der gesamten Region.

Nach 1986 wurde es still um die Reihe im Kanton. Verschiedene Versuche, den Bezirk Waldenburg auch zu würdigen, waren nicht von Erfolg gekrönt. Erst seit 2008 hat sich ein Autorenteam, bestehend aus Sabine Sommerer und dem Verfasser, daran gemacht, diese Lücke zu schliessen. Auftraggeber sind der Kanton, vertreten durch die *Bau- und Umweltdirektion* (BUD), sowie die GSK. Begleitet wird das Autorenteam von der *Kantonalen Fachkommission für Kunstdenkmäler*, einem achtköpfigen Gremium, das mit Vertretern verschiedener Fachrichtungen besetzt ist.

Vorgehensweise

Die Reihe der Kunstdenkmäler heisst in der französischen Übersetzung «Monuments d'art et d'histoire» – Monumente der Geschichte und der Kunst. In der Tat ist dieser Titel weit aussagekräftiger. Denn in den Bänden werden nicht allein die Kunstdenkmäler einer Region erfasst, sondern der historische Kontext dargestellt, in den sie einzubetten sind. Insbesondere durch das neue Konzept der GSK haben sich hier die Akzente im Verhältnis zu früheren Bänden verschoben. Während in den ersten drei Bänden zum Baselbiet ein «Haus-zu-Haus»-Inventar aufgenommen wurde, werden heute nur noch jene Bauten mit einem eigenen kurzen Eintrag gewürdigt, die sowohl aussen wie innen noch einigermassen integral erhalten sind und damit von ihrer Geschichte Zeugnis ablegen können. Alle übrigen Bauten, die historisch von Interesse, aber nur noch mangelhaft erhalten sind, werden summarisch in einer Einleitung gewürdigt, die auch über die Siedlungsgeschichte Auskunft gibt.

Schwierige Verhältnisse

Die heutige Situation im Bezirk Waldenburg ist in Bezug auf die Erhaltung historischer Bauten nicht überall ideal. Im Zuge einer grossen Renovationskampagne wurden etwa die meisten Kirchen in den 1950er- und 1960er-Jahren saniert und bei dieser Gelegenheit im Innern fast vollständig neu gestaltet. Die jahrhundertealte Ausstattung wurde im grossen Stil beseitigt. Auch der Trend zur durchgreifenden Modernisierung in den 1960er- und 1970er-Jahren hat vieles vom kulturellen Erbe der Region zum Verschwinden gebracht. Fast am besten erhalten sind die abgelegenen Einzelhöfe, wo der Fortschritt nur sehr gemächlich Einzug gehalten hat. Hingegen sind in den Dorfkernen die Bauernhöfe, die über Jahrhunderte das Bild prägten, ebenso zu einer Rarität geworden wie die Häuser der zahlreichen Posamenter, die für die Basler Bändelherren in Heimarbeit Seidenbändel webten und die den Bezirk Waldenburg besonders prägten. Hier steht natürlich das «Fünfliber-Tal» mit Reigoldswil im Zentrum des Interesses, aber auch Gemeinden wie Bretzwil hingen am Tropf der Basler.

Die Bandweberei war im eher armen Kantonsteil eine wichtige Einnahmequelle. Sie führte auch schon früh zur Industrialisierung, zunächst ebenfalls für die Weberei, später dann namentlich im Waldenburgertal für die Uhrenindustrie. Der Bezirk zeichnet sich deswegen auch durch eine grosse Anzahl früher Fabrikbauten aus. Sie standen und stehen meistens nicht allein, sondern sind umgeben von Arbeiterhäusern und Fabrikantenvillen. In den Fabrikantenvillen findet übrigens eine repräsentative Architektur ihre Fortsetzung, die im 18. Jahrhundert in Sommerhäusern der Basler Oberschicht, etwa in Niederdorf oder in Waldenburg, auch schon präsent war. Es ist deswegen nicht erstaunlich, dass im 19. Jahrhundert die Gegend auch zum Ziel einer breiteren Schicht von Basler Ausflüglern und Feriengästen erkoren wurde. Zeugnisse des aufkeimenden Tourismus sind allerorten zu entdecken, insbesondere in Langen-

2 Bennwil, Hauptstrasse 65, von Westen: Das Bauernhaus in auffällig vorgerückter Lage weist mit den gotischen Fenstern, dem verputzten Bruchsteinmauerwerk und dem bis in die beiden Obergeschosse erhaltenen originalen Fachwerk alten Baubestand aus dem 16. Jahrhundert auf. Ein weiteres historisches Element ist der umzäunte Aussenraum, der mit Nutzgarten, Vorplatz und Miststock sorgfältig unterteilt schon in Meyers Planskizze von Bennwil (1681) verzeichnet ist. Besondere Raritäten sind der kreuzgratgewölbte Keller und der Almosenstein im südwestlichen Giebel. Die innere Raumaufteilung des Hauses wurde kaum verändert (Foto: 28. September 2009).

bruck oder auch im *Gasthof Sonne* in Reigoldswil, wo der grosse Saal eine Ausmalung mit der Darstellung fernerer Reisedestinationen enthält.

Erscheinungsdatum 2014

Die Fertigstellung des Bandes zum Bezirk Waldenburg wird noch weitere zwei Jahre in Anspruch nehmen, dann geht er an die GSK, die die Edition bis zum Erscheinen weiter begleitet. Vorgesehen ist, dass der Band im Jahre 2014 erscheinen wird. Dann ist allerdings der Kanton Basel-Landschaft noch immer nicht in all seinen Teilen aufgearbeitet. Inzwischen ist er um den Bezirk Laufen angewachsen. Es war eine Vereinbarung mit dem Kanton Bern, dass dieser Kantonsteil baldmöglichst auch noch erfasst wird. Diese Lücke gilt es also in der nahen Zukunft zu schliessen.

Bildnachweis
1   StABL SL 5250 Handschriften, Nr. 52, fol. 491 r, Liestal.
2   Sabine Sommerer, Arlesheim.

**Buchstart
Né pour lire
Nati per leggere
Naschì per leger**

Sibylle Rudin
Buchstart Baselland

Anregungen durch Geschichten, Reime und Spiele sind bereits für ganz kleine Kinder wichtig. Auch im Kanton Baselland unterstützen Bibliotheken zusammen mit Pädiatern, Elternberatungsstellen und Tagesheimen das gesamtschweizerische Projekt zur Frühsprachförderung und zur ersten Begegnung von Kleinkindern mit Büchern.

«Anke stosse, Anke stosse, Bälleli mache, Bälleli mache, furtschiesse, furtschiesse!»

Vergnügt lacht das Kind, wenn die Beinchen nach dem Stossen und Massieren in die Luft fliegen. «Nomoll, nomoll!», jauchzt es begeistert – falls es überhaupt schon reden kann.

Und hier sind wir genau beim Thema: Wie geschieht der Spracherwerb von Kleinkindern, was hat er mit Büchern zu tun und wie können wir ihn unterstützen?

«Kinder, die von Anfang an mit Büchern aufwachsen, sind im Vorteil», dies behauptet jedenfalls die Website www.buchstart.ch.

Buchstart beziehungsweise «Bookstart» hat seine Vorläufer in England: In den 1990er-Jahren wurde in verschiedenen Studien nachgewiesen, dass Kinder, die sehr früh mit Büchern und Geschichten in Kontakt kommen, bei Schuleintritt wesentlich

schneller lesen und schreiben lernen und sich auch besser ausdrücken können als Kinder, denen diese Anregung fehlt. 1992 wird in Manchester das erste «Bookstart»-Programm lanciert. Seit 2004 wird «Bookstart UK» mit grosszügigen staatlichen Mitteln versehen, und jedes Baby erhält zur Geburt ein Paket mit Büchern. In Bibliotheken, Gesundheitseinrichtungen und Kindertagesstätten werden Veranstaltungen mit Liedern, Reimen und Geschichten angeboten.[1]

Unterdessen haben Länder in aller Welt ihr eigenes Projekt für frühkindliche Leseförderung: Auch in Südkorea und Japan heisst es «Bookstart», «Early Childhood Learning Resources» in Australien, «Read to Me» in Kanada, «Leer en familia» in Kolumbien, «Gi meg en A» in Norwegen, «Boekbaby's» in Belgien, «Lesestart» in Deutschland, um nur einige zu nennen.[2]

Das schweizerische Projekt *Buchstart – Né pour lire – Nati per leggere – Naschì per leger* wird von *Bibliomedia Schweiz* und dem *Schweizerischen Institut für Kinder- und Jugendmedien* (SIKJM) getragen. Beide Organisationen setzen sich unter anderem für die Leseförderung ein. Die beiden Projektpartner werden vom Bund und von privaten Sponsoren unterstützt. Mit dem seit 2008 gestarteten Projekt *Buchstart* möchten die Organisatoren genau dort einsetzen, wo Leseförderung beginnt: beim Kleinkind. Da in den ersten Jahren die Voraussetzung für einen guten Spracherwerb gelegt wird, ist es wichtig, dass mit Babys von ihrem ersten Lebenstag an viel gesprochen wird, dass sie Anregungen durch Geschichten, Reime und Spiele erhalten. *Buchstart* setzt deshalb vor dem Kindergartenalter an, denn: «Was in den ersten Lebensjahren verpasst wurde, kann später, wenn überhaupt, nur mit grossem Aufwand und hohen Zusatzkosten nachgeholt werden.»[3]

Ziel ist es, jedem Neugeborenen ein Buchpaket zu schenken: Eines dieser Bücher erklärt den Eltern, was ein Kind braucht:

> «Ein Kind hat Hunger und Durst. Es braucht Sonne und Regen, Zärtlichkeit und Liebe. Es braucht jemanden, der mit ihm spricht und ihm zuhört. Von Anfang an erkennt es Ihre Stimme und die Töne in seiner Umgebung. Wenn Sie eine Geschichte erzählen oder ihm Lieder vorsingen, hört es Ihnen gerne zu. Und es will Sie verstehen und will lernen, selber Wörter und Sätze zu bilden.»

Ergänzt wird dieses Buch durch ein «Fühlbuch», das mit verschiedenen Materialien zum Fühlen und Entdecken einlädt, ein drittes illustriert Wörter mit Bildern.

Um das Buchstartgeschenk den Kindern zukommen zu lassen, werden Kinderärztinnen und -ärzte, Spitäler und Mütter-Väter-Beratungen als Partner gewonnen. Sie sollen nicht nur das Geschenk überreichen, sondern die Eltern auch darüber aufklären, wie wichtig Bücher zum Aufwachsen sind. Sie sind essentielle Partner, da sie Eltern und ihre Kleinkinder von Geburt an in Sachen Gesundheit – und dazu gehört auch die Sprachentwicklung – beraten. Unterstützt werden soll das Büchergeschenk auch mit Veranstaltungen: Geschichten, Fingerverse und Lieder sollen so Eltern und ihren Kleinkindern nähergebracht werden. Bibliotheken in der ganzen Schweiz werden zum Mitmachen eingeladen.

Im Herbst 2009 wurde das Buchstartprojekt im Kanton Baselland gestartet. Die Initiative dafür ging von der *Kantonsbibliothek* und der *Fachstelle Erwachsenenbildung Baselland* aus. Die öffentlichen Bibliotheken im Kanton beteiligen sich unterdessen an *Buchstart* und bieten teilweise ein kostenloses Abonnement für Neugeborene an. Sie nehmen Kontakt auf mit Betreuungsstätten, Elternberatungsstellen, Ärztinnen und Ärzten mit dem Ziel, im Kanton Baselland ein tragfähiges Netzwerk zu bilden. Die Bibliotheken ergänzen und aktualisieren ihr Buch- und Medienangebot für Kleinkinder und Eltern gemäss den Empfehlungen von *Buchstart*. Veranstaltungen mit ausgebildeten Leseanimatorinnen wie Susi Fux und Barbara Schwarz (www.leseanimatorinnen.ch) sollen Eltern und ihre Kleinkinder in die Welt der Reime, Verse und Geschichten einführen. Sie wurden im ersten Jahr von der *Fachstelle Erwachsenenbildung* subventioniert und gehören unterdessen in vielen Biblio-

4 Susanne Stöcklin-Meier in der *Schul- und Gemeindebibliothek Sissach*.

theken zum festen Veranstaltungsrepertoire und zu den bestbesuchten Veranstaltungen. Das *Rote Kreuz* verschenkt den von ihnen ausgebildeten Babysittern ein Buch mit Versen und Reimen und animiert sie, mit ihren Schützlingen zu reden, zu spielen und ihnen Geschichten zu erzählen.[4]

Von vielen Bibliotheken werden Eltern nach der Geburt ihres Kleinkindes angeschrieben, in die Bibliothek eingeladen, und sie erhalten einen Gutschein für eine kostenlose Nutzerkarte für ihr Kind.

Mit all diesen Aktivitäten in einem nachhaltigen Netzwerk hofft *Buchstart Baselland* den Kindern zu einem guten Start ins Leben mit Büchern verhelfen zu können, denn wie Susanne Stöcklin-Meier, bekannte Baselbieter Autorin von unzähligen Verse- und Reimbüchern, an einer *Buchstart*-Veranstaltung in der *Schul- und Gemeindebibliothek Sissach* lakonisch meinte: Man ist ‹bschisse›, wenn man nicht richtig reden kann.

Anmerkungen

1   http://www.bookstart.org.uk/about-us/history/ (22. März 2011).
2   http://www.lesen-weltweit.de/zeigen.html?seite=6451 (22. März 2011).
3   http://www.buchstart.ch/buchstart/de/buchstart/ausgangssituation.asp?navanchor=2110005 (22. März 2011).
4   http://www.febl.ch/files/pdf/buchstart-ueberblick-09.pdf (22. März 2011).

Bildnachweis

1   *www.buchstart.ch*.
2, 3 Sibylle Rudin, Sissach.
4   Karin Oetterli, in: *Volksstimme* Nr. 124, Donnerstag, 22. Oktober 2009.

HÄUTE?
HEUTE?
HOITE?

1 Wie schreibt man richtig?

Barbara Gadient

Illettrismus oder Wenn das Lesen und Schreiben ein Problem ist

Erstaunlich viele deutschsprachige Erwachsene können trotz ihrer obligatorisch besuchten Schulzeit kaum Lesen und Schreiben. Ein Problem! Denn ein solches Handicap bedeutet: Die Betroffenen – man schätzt circa 800'000 in der Schweiz – genügen den Anforderungen des modernen Alltags zu wenig. Viele schriftliche Informationen gehen an ihnen vorbei.

Der folgende Ausschnitt aus der Lernbiografie einer von Illettrismus Betroffenen bringt es auf den Punkt:

> «Meine Deutsch kentnise
> Als ich in die Primarschule ging war es für mich schon ein problem. Am Anfang hiess es immer es habe mit meinen aufvelligen verhalten zu tun. Doch als ich älter wurde merkte ich schnell das meine Deutsch probleme immer mehr wurden. Als ich in die Realschule kamm hiess es plötzlich du hast Legastenie. Ich wollte zu erst nicht versthen wiso das ich ales oder das meiste fahlsch schreibte. Ich hatte immer mehr mühe vor zu lesen oder einen Text zu schreiben, den viele andere Kinder lachten mich aus.»[1]

In der Schweiz sind es vier von zehn erwachsenen Schweizerinnen und Schweizern, die Mühe mit dem Schreiben und Lesen haben. Mit Illettrismus wird ein gesellschaftliches Phänomen bezeichnet, das in den Industrieländern vorkommt, in denen der Schulbesuch während rund neun Jahren obligatorisch ist.[2]

Illettrismus

Die von Illettrismus betroffenen Menschen werden auch als «funktionale Analphabeten» bezeichnet. Das heisst, sie haben während ihrer Schulzeit nicht die Möglichkeit gehabt, die Kulturtechniken Lesen und Schreiben genügend gut zu lernen. Sie haben seit dem Schulabgang kaum mehr geschrieben, kaum mehr gelesen, sind aber nicht zu verwechseln mit «Analphabeten», die nie Lesen und Schreiben gelernt haben. Sie lassen sich das Nötigste, wie zum Beispiel Briefe, vorlesen und Bewerbungen, Rapporte, Mietverträge und Ähnliches von andern schreiben.

«Unmöglich», sagen die einen dazu, «schrecklich», die andern. Herr und Frau Schweizer sind jedenfalls entsetzt, wenn sie von der Tragweite des Themas «Illettrismus» erfahren.

Auf der Homepage des *Schweizer Dachverbandes Lesen und Schreiben* ist zu lesen:

> «Jedes Jahr verlassen 4000 bis 5000 Schüler und Schülerinnen die obligatorische Schule mit derart ungenügendem Niveau (Lesen/Schreiben/Rechnen), dass ihre Chancen, in einer Berufslehre erfolgreich zu sein, stark eingeschränkt sind (5 bis 7 Prozent jeder Altersklasse).»[3]

Diese Zahlen lassen aufhorchen. Es ist indes ein Tabuthema. Die von Illettrismus Betroffenen schämen sich, verstecken sich, meiden jeden Lese- und Schreibanlass. Sie haben schnell eine Ausrede parat, um in der Öffentlichkeit nicht schreiben zu müssen. Sie nehmen Formulare mit nachhause, sie haben die Brille vergessen, oder sie verbinden ihre Hand vor einem Gang zu Ämtern. Sie schreiben unleserlich, damit niemand die Fehler erkennen kann. Sie schicken die E-Mails zur Korrektur an eine Bezugsperson, sie verfassen keine Liebesbriefe und meiden das Schreiben von Gratulationskarten und trauen sich nicht, Kartengrüsse aus den Ferien zu schicken. Sie leiden unheimlich unter ihren Defiziten, denn in unserer Gesellschaft gilt immer noch: «Wer nicht genügend gut schreiben und lesen kann, ist dumm.»

Ursachen und Auswirkungen

Es wird stetig geforscht, und man weiss heute, dass die Ursachen des Illettrismus in familiären, schulischen, persönlichen und sozialen Bereichen – meistens in einer individuell unterschiedlich gewichteten Kombination derselben – zu suchen und zu finden sind.

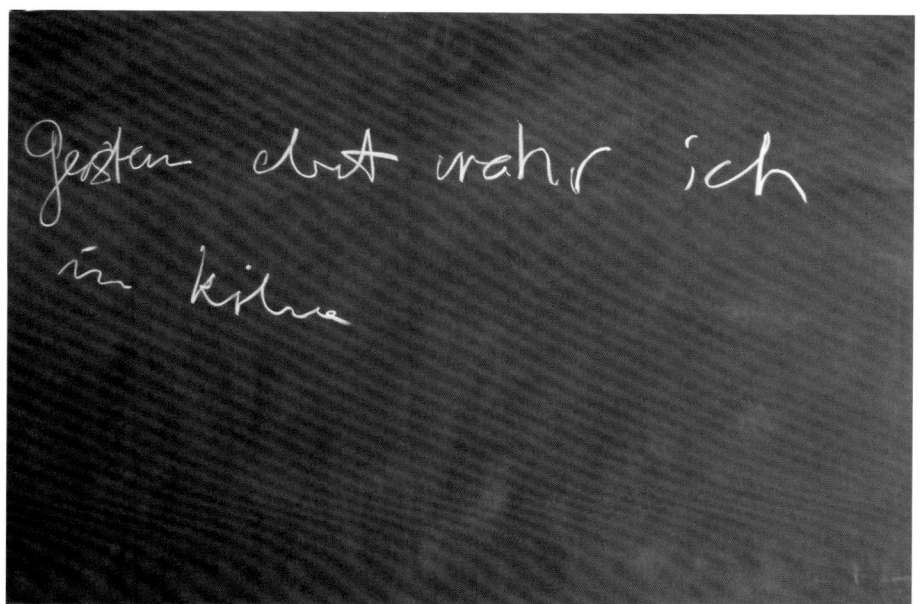

2 Wer die Untertitel nicht lesen kann, hat im Kino nur deutsch gesprochene Filme zur Auswahl.

Die Erwachsenen leiden vielleicht unter einer Lese- und/oder Schreibschwäche, die während der Schulzeit nicht als solche erkannt wurde, oder sie erhielten schlicht nicht den nötigen Zugang und die nötige Unterstützung, um in ihrem Tempo und nach ihren Fähigkeiten zu lernen. Mangelnde Begleitung und Unterstützung durch die Eltern, wenig Beachtung der verschiedenen Lernstile oder keine individuellen Förderungen in der Schulzeit sind die Haupthindernisse für die «Schulversager», die schliesslich im Erwachsenenalter als «funktionale Analphabeten» bezeichnet werden.

Nicht alle von Illettrismus Betroffenen weisen deshalb eine Lese- und/oder Rechtschreibeschwäche auf. Falls es sich um eine solche handelt, dann ist die geläufigste Bezeichnung unter «Legasthenie» bekannt:

> «Legasthenie ist die im deutschsprachigen Raum verwendete Bezeichnung für Lese-Rechtschreibschwäche. Man spricht auch von Schwierigkeiten im Schriftspracherwerb.»[4]

Die individuellen und gesellschaftlichen Auswirkungen auf die von Illettrismus Betroffenen sind: mangelndes Selbstvertrauen, Schwierigkeiten bei der Bewältigung des Alltags und Verhinderung sowohl der Beteiligung am Kultur- und Vereinsleben als auch der Wahrnehmung der staatsbürgerlichen Rechte, wie zum Beispiel der Teilnahme an Wahlen und Abstimmungen.

3 Es braucht viel Mut, um etwas zu schreiben.

Eine Studie im Auftrag des *Bundesamtes für Statistik* zu den volkswirtschaftlichen Kosten der Leseschwäche in der Schweiz zeigt folgendes Ergebnis:

> «Der Anteil der Leseschwachen an den Arbeitslosen beträgt rund 36% oder 48'000 Personen. Da sie eine rund doppelt so hohe Wahrscheinlichkeit aufweisen, arbeitslos zu sein, gilt der Umkehrschluss, dass die Hälfte von ihnen nur aufgrund ihrer Leseschwäche erwerbslos sind. Mangels besserer Datengrundlagen gehen wir davon aus, dass Leseschwache in der ALV in etwa durchschnittliche Kosten verursachen, also 18% der ALV-Gesamtkosten oder 1111 Mio. Fr. auf Leseschwäche zurückzuführen sind.»[5]

Abhilfemassnahmen

Mitte der 1980er-Jahre wurde das Thema zum ersten Mal öffentlich thematisiert. In Zürich wurde ein Verein *Lesen und Schreiben* gegründet und der erste Lese- und Schreibkurs für deutschsprachige Erwachsene angeboten.

Basel-Stadt startete 1988 den Pilotkurs «Lesen und Schreiben für deutschsprachige Erwachsene». Seit 1989 werden die Kurse von den beiden Kantonen Basel-Stadt und Basel-Landschaft stark subventioniert. Seit 1999 ist die *Volkshochschule beider Basel* (VHSBB) die alleinige Trägerin des Angebots. Seit 1999 findet auch immer ein Kurs in Liestal statt.

Durchschnittlich besuchen zwölf Leute pro Semester einen «Lese- und Schreibkurs für deutschsprachige Erwachsene» in Liestal. Es sind dies die Menschen, die im oberen Baselbiet wohnen. Etwa 30 Leute aus der Agglomeration von Basel besuchen den Kurs in der Stadt. Die Teilnehmer- und Teilnehmerinnenzahlen sind in den letzten Jahren stark zurückgegangen. Das grosse Thema ist: Wie können die Betroffenen erreicht werden und wie gross muss der Leidensdruck sein, damit sich Menschen zu einem Kurs entschliessen. Geplant ist eine nationale Kampagne zur Bekämpfung des Illettrismus.

Die Kurse werden von Frauen und Männern im Alter von 18 bis 80 Jahren besucht. Verkäuferinnen, Pflegepersonal, Hausfrauen, Handwerker, Bankangestellte und Schulleiter treffen sich, um gemeinsam ihr «Problem» anzugehen. Ja, man staunt, auch etwa Bankangestellte und Schulleiter sind betroffen, denn auch beruflich in höherem Kader stehende Leute können durchaus von Illettrismus betroffen sein. Abenteuerlich sind jeweils deren Anekdoten, wie sie sich um ihre mangelnden Lese- und Schreibkompetenzen herummogeln beziehungsweise ihren Job dennoch ausüben konnten, ohne aufzufallen! Aus unterschiedlichen Beweggründen melden sich Betroffene für einen Kurs an. Sie wollen ihren Kindern bei den Hausaufgaben helfen können. Sie wollen besser formulieren und richtig schreiben lernen. Sie wollen ihre Aufstiegsmöglichkeiten wahrnehmen können – wenn denn zusätzliche Schreibarbeiten anfallen. Sie wollen selbstbewusst und selbstständig Texte jeder Art verfassen, nicht zuletzt aber auch das ihnen bisher weitgehend verborgen gebliebene Riesenreich der Schriftsprache erkunden!

Einmal wöchentlich treffen sich die Kursteilnehmer und -teilnehmerinnen mit ihrer Kursleiterin. In kleinen Lerngruppen wird nach individuellen Lernzielen, ressourcen- und handlungsorientiert, praxisnah und im eigenen Lerntempo gelernt. Das Rechtschreiben und das Leseverständnis werden trainiert, Lernstrategien entwickelt und Lernbiografien geschrieben. Gerade in diesen Lernbiografien brechen immer wieder viel Frustration und viele alte Verletzungen aus der ersten verpassten Lese- und Schreibschulung auf. So erinnert sich eine Kursteilnehmerin weit zurück an den noch heute für sie belastenden Besuch ihrer ersten Primarschulklasse:

> «Das Jahr war zu Ente und ich sollte in die zweite Klasse, aber ich musste noch ein mal in die Erste wiederholen, o du schreck nochein Jahr zu dieser Lehrerin die mir so Angst einjagte. Na, ja ich hatte auch das überstanden und ich musste auch von der Lehrerin hören, dass ich so oder so in die zweite klasse komme das war so Ernietrick für mich und es tat mir auch sehr weh. In der Schule hatte ich immer Angst.»

Dank der Aufarbeitung solcher Erlebnisse erlangen die Kursteilnehmenden mehr und mehr Sicherheit und werden zunehmend unabhängig und selbstbewusst. Es braucht viel Wille und Ausdauer, das schulisch Verpasste nachzuholen, aber am Schluss lohnt es sich. Viele von ihnen fühlen sich auf unverhoffte und vor allem ungewohnte Art bereichert.

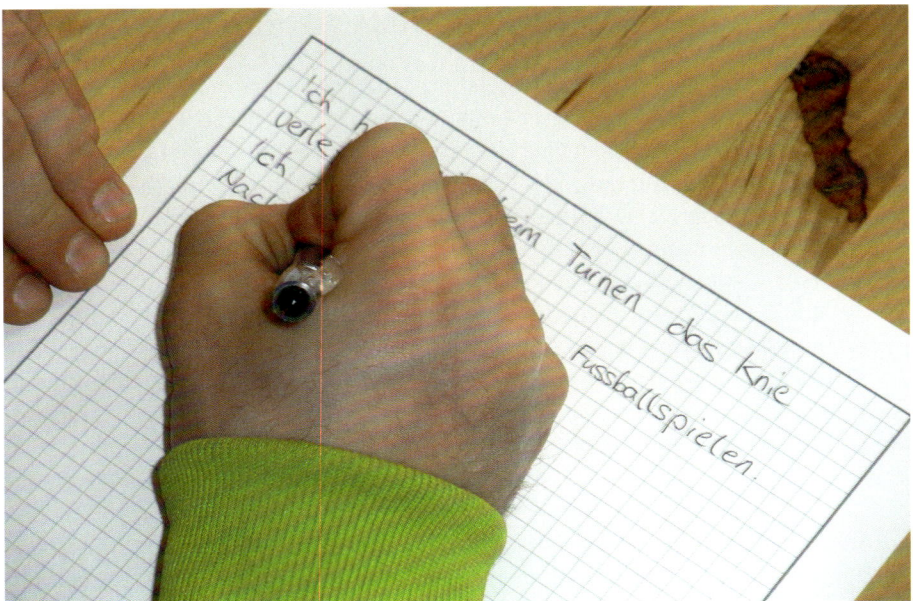

4 Schreiben können – ein gutes Gefühl …

Rück- und Ausblick

Während meiner 20-jährigen Tätigkeit als Kursleiterin las und hörte ich sehr viele berührende Geschichten der von Illettrismus Betroffenen. Sie stimmten mich oft traurig und machten mich auch wütend. Was ist los mit unserem Bildungssystem? Weshalb wurden die schulischen (sprachlichen) Defizite und die Not dieser Schülerinnen und Schüler nicht erkannt? Wieso wurde nicht adäquat gehandelt? Familie, Lehrerschaft und Gesellschaft sind gefordert. Die nötige Sensibilisierung und die auf das Problem gerichtete Aufmerksamkeit aller könnten viel Leid verhindern.

Eine 35-jährige Teilnehmerin schreibt im Kursrückblick:

> «Ich brauchte viel Mut und hatte Bauchweh vor der ersten Kursstunde, doch dank des gut strukturierten Kurses bekam ich Ordnung in meinen Kopf. Ich kann heute meinem Sohn erklären, weshalb man etwas so oder so schreibt. Der Kurs hat mir sehr viel gebracht!»

Zur Bekämpfung des Illettrismus setzt sich der *Schweizer Dachverband Lesen und Schreiben* ein. Die Seite www.lesenlireleggere.ch – lanciert vom *Bundesamt für Kommunikation* (BAKOM) – ist das Ausgangsportal für das Netzwerk «Illettrismus».

Wer sich audiovisuell mit dem Thema beschäftigen möchte, dem oder der sei abschliessend Jürg Neuenschwanders neuester Dokumentarfilm «Boggsen» empfohlen. Neuenschwander lässt darin zehn von Illettrismus betroffene Menschen zu Wort kommen.[6]

Anmerkungen

1 Barbara Gadient & Nicolas Füzesi: Häute? Heute? Hoite? Grundprinzipien der deutschen Rechtschreibung konkret. Kursleiterbrevier für den Unterricht mit deutschsprachigen Erwachsenen. *hep verlag Bern* (1. Auflage) 2009; aus der Einleitung.
2 Silvia Grossenbacher & Stéphanie Vanhooydonck: Illettrismus. Wenn Lesen ein Problem ist – Hintergründe und Gegenmassnahmen. Trendbericht SKBF, Aarau (1. Auflage) 2002.
3 *Schweizer Dachverband Lesen und Schreiben* (www.lesenschreiben.ch).
4 *Verband Dyslexie* (www.verband-dyslexie.ch).
5 Jürg Guggisberg, Patrick Detzel & Heidi Stutz: Volkswirtschaftliche Kosten der Leseschwäche in der Schweiz – Eine Auswertung der Daten des *Adult Literacy & Life Skills Survey* (ALL), Zusammenfassung, im Auftrag des *Bundesamts für Statistik*, Bern, April 2007, 2.
6 Jürg Neuenschwander: Boggsen, 2011 (www.boggsen.ch); «Boggsen», der Film, der das Schweigen aufbricht und der Hoffnung Platz macht, der zu Worten verhilft, wo es vorher nur den Rotstift gab …

Bildnachweis

1 *hep verlag ag*, Bern.
2–4 Barbara Gadient, Sissach.

1 Die Volksschule muss unterschiedliche Anforderungen unter einen Hut bringen und mit ungleichen Ausgangsbedingungen zurechtkommen.

Silvia Grossenbacher

Rundgang durch die Baustellen der Schweizer Volksschule

Die Schule ist keine Insel. Sie reagiert vielmehr sensibel auf veränderte Bedingungen in ihrem Umfeld. Um den an sie gestellten Anforderungen gerecht zu werden, ist sie in stetem Wandel begriffen und hat immer Baustellen offen. Einige von diesen werden hier beleuchtet.

Die Schulsysteme der Schweiz sind mit mehreren zentralen Herausforderungen konfrontiert. Zum einen sind die Anforderungen an kognitive Fähigkeiten, Wissen und Können gestiegen. Zum andern weisen Forschungsergebnisse seit langem darauf hin, dass schulische Leistungen und Bildungslaufbahnen hierzulande eng mit dem familialen Hintergrund (soziale Herkunft, Migration) zusammenhängen. Und schliesslich führen gewisse Merkmale unserer kantonalen Bildungssysteme (Strukturunterschiede, Selektionsmechanismen) dazu, dass Verfügbarkeit, Zugänglichkeit und Angemessenheit der Bildungsangebote und damit zentrale Kriterien des Rechts auf Bildung nicht für alle in gleichem Masse gewährleistet sind.

Unterschiede in der Angebotsstruktur

Viele Kleinkinder wachsen ganz von selbst in Bildungsprozesse hinein. Sie werden von Anfang an ermuntert, vielfältige Erfahrungen zu machen, sie finden in ihrem Umfeld ständig Anregungen, die sie dazu motivieren, Neues zu entdecken und zu lernen, sie werden bestens betreut und umsorgt. Dies gilt aber längst nicht für alle Kinder. Die Zahl der Kinder, die auf eine die Familie ergänzende Betreuung angewiesen sind, nimmt stetig zu. In der Schweiz besteht jedoch ein chronischer Mangel vor allem an kostengünstigen Betreuungsplätzen[1], auf die insbesondere finanziell weniger gut gestellte Eltern angewiesen sind. Neben diesem quantitativen Mangel gerät zunehmend auch ein qualitatives Problem ins Blickfeld. In den Einrichtungen für kleine Kinder kommen die Lernbedürfnisse zu kurz[2], weil man sich zu sehr auf den Betreuungsaspekt konzentriert. Gerade Kinder aus sozial schwachen Familien profitieren am meisten von einer ausreichenden, anregenden und sorgfältig auch auf kognitive Förderung ausgerichteten Betreuung. Der zweifache Mangel wirkt sich somit vor allem für benachteiligte Kinder negativ aus.

Auch im Kindergartenalter bestehen strukturelle Unterschiede. Nicht alle Kinder haben die Gelegenheit, vor dem Schuleintritt zwei Jahre lang den Kindergarten zu besuchen. In der Schweiz finden wir derzeit ein buntes Muster verschieden langer Kindergarten-Angebote (siehe Grafik 1). Längst nicht alle Kantone schreiben ihren Gemeinden vor, dass sie ein zweijähriges Angebot bereitstellen müssen. Entsprechend sind auch die Besuchsregelungen uneinheitlich. In den einen Kantonen ist ein Jahr Kindergartenbesuch obligatorisch, in andern sind es zwei Jahre, wieder andere

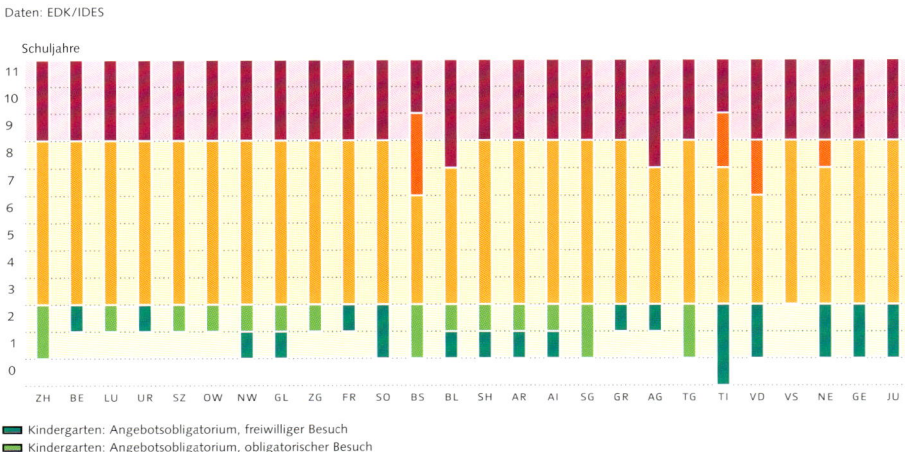

Grafik 1: Die Struktur der Vorschul-, Primar- und Sekundarstufe I und die vorgesehene Harmonisierung, Stand 2009
Daten: EDK/IDES

■ Kindergarten: Angebotsobligatorium, freiwilliger Besuch
■ Kindergarten: Angebotsobligatorium, obligatorischer Besuch
■ Primarstufe
■ Orientierungsstufe (Sekundarstufe I)
■ Sekundarstufe I
Der zweifarbige Hintergrund symbolisiert die Struktur, wie sie im HarmoS-Konkordat vorgesehen ist:
Primarstufe (inkl. Kindergarten) 1.–8. Schuljahr und Sekundarstufe I 9.–11. Schuljahr. Für den Kanton Tessin ist eine Sonderregelung vorgesehen.

Kantone machen gar keine Besuchsvorschriften. Zu vermuten ist, dass die Angebots- und Besuchsfreiwilligkeit gerade jene Kinder vom Kindergartenbesuch ausschliesst, die am meisten Gewinn davon hätten.

Selektionsmechanismen

Praktisch alle Übergänge in unseren Bildungssystemen wirken selektiv. Das beginnt schon sehr früh. Bereits nach einem oder zwei Jahren Kindergarten sehen sich Kinder mit einem Übergang konfrontiert, der für nicht wenige unter ihnen zu ersten Erfahrungen des Scheiterns führen kann. Rückstellungen, Einteilung in Einschulungs- oder Sonderklassen – dieses Risiko eines ersten Laufbahnbruches erleben Knaben, Kinder mit Migrationshintergrund und sozial benachteiligte Kinder häufiger als andere. Dabei zeigen sich wiederum grosse Unterschiede nach Kantonen. Das Risiko, im Laufe der Primarschulzeit in eine Sonderklasse eingeteilt zu werden, ist für Migrantenkinder in manchen Kantonen drei- oder viermal grösser als für Schweizer Kinder (siehe Grafik 2).

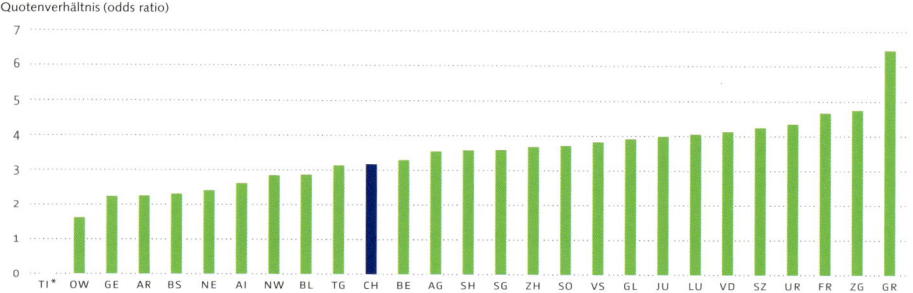

Grafik 2: Zuteilungswahrscheinlichkeit zu Sonderklassen für Kinder mit Migrationshintergrund im Vergleich zu Kindern ohne Migrationshintergrund, nach Kanton, 2007/2008
Daten: BFS

* Der Kanton Tessin führt keine Sonderklassen.

Aus wissenschaftlichen Untersuchungen wissen wir, dass Kinder aus der Mittel- und Oberschicht den Sprung von der Primarschule auf die Sekundarstufe I eher schaffen als Kinder aus der Unterschicht, auch wenn die Leistungen vergleichbar sind und im Mittelfeld liegen (siehe Grafik 3). Dies hat in unserem «nach oben» wenig durchlässigen System weitreichende Folgen für die Bildungs- und Berufslaufbahn. Aber selbst Schülerinnen und Schüler mit Bestleistungen landen im Vergleich viel seltener im Gymnasium, wenn sie aus benachteiligten Familien kommen.

Grafik 3: Übertrittswahrscheinlichkeit (bei mittlerer Leistungsfähigkeit) in anspruchsvolleren Schultyp nach sozialer Herkunft, 2001

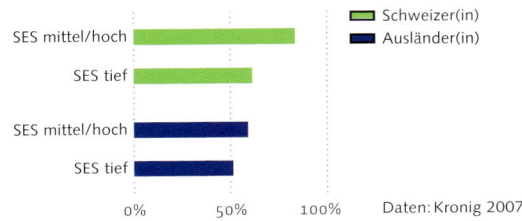

Daten: Kronig 2007

Rahmenbedingungen

Seit einiger Zeit lässt sich in der Bevölkerungszusammensetzung hierzulande ein Trend beobachten, den man als soziale Entmischung oder als räumliche Trennung von Arm und Reich umschreiben kann. In gewissen Gemeinden oder Stadtquartieren, in denen zum Beispiel die Lärm- und Umweltbelastung gross ist und die Wohnungen den gängigen Marktanforderungen nicht mehr genügen, wird Wohnraum relativ günstig, und es konzentrieren sich dort Familien in finanziell und oft auch sozial eher schwierigen Lebenslagen.[3] Dies wiederum kann zu einseitigen Schul- und Klassenzusammensetzungen führen, die eine angemessene individuelle Förderung jedes einzelnen Kindes erschweren und den Schulerfolg benachteiligter Kinder beeinträchtigen können.

Ebenfalls als Rahmenbedingung für die Arbeit von Lehrpersonen und Schulen wirken Lehrplanvorgaben und die verfügbare Unterrichtszeit. Beide Aspekte unterscheiden sich je nach Kanton erheblich. Jeder Kanton verfügt über einen eigenen Lehrplan und eine eigene Stundentafel. Zugespitzt formuliert haben die Unterschiede zur Folge, dass ein Schulkind in einem Kanton über die Primarschulzeit hinweg durchschnittlich ein Jahr mehr Zeit zum Lernen hat als in einem anderen Kanton.

Womit wir es zu tun haben, sind also Strukturprobleme, Ausstattungsunterschiede und teilweise rigorose Selektions- sowie Separationsmechanismen, die allesamt die Chancengleichheit beeinträchtigen. Mitunter bestehen auch Rahmenbedingungen, welche die Leistungsfähigkeit von Lehrpersonen und Schulen an ihre Grenzen führen. Im internationalen Vergleich stehen wir mit diesen Problemen nicht allein da.[4] Es gibt auch zahlreiche Projekte (Frühförderung, Integration, individualisierte Förderung) und Massnahmen (zum Beispiel zur Verbesserung von Durchlässigkeit und Anschlussfähigkeit), die den oben genannten Problemen entgegenwirken sollen.

Doch auch diese Bemühungen sind sowohl geografisch unterschiedlich verteilt als auch unterschiedlich entwickelt. Und damit ist der Bildungserfolg bei uns «systematisch zufällig».[5]

Die Erziehungsdirektorinnen und Erziehungsdirektoren sind sich dieser Problematiken bewusst und haben auf den verschiedenen Ebenen des Bildungssystems Massnahmen ergriffen. Einige dieser Massnahmen werden im Folgenden in aller Kürze dargestellt.

Nationale Ebene: Harmonisierung

Vor diesem Hintergrund sind nun einige der aktuellen Reformprojekte im Bildungsbereich zu sehen. Genannt werden zunächst zwei zentrale Baustellen auf nationaler Ebene: das *HarmoS-* und das *Sonderpädagogik-Konkordat*.

Mit dem einen soll eine Struktur- und Zielharmonisierung erreicht werden, mit dem zweiten verbunden ist eine stärker integrativ orientierte Gestaltung der Volksschule.

Die kantonal unterschiedlichen Strukturen werden aufgrund des *HarmoS-Konkordats* in zeitlicher Hinsicht angepasst. Die Volksschule umfasst danach eine Primarstufe, die inklusive Kindergarten acht Jahre dauert, und eine Sekundarstufe I von drei Jahren. Zur Ausgestaltung der Eingangsstufe (Kindergarten und erste Primarjahre) oder zur Gestaltung der Sekundarstufe I sagt das Konkordat nichts. Somit bleiben die Kantone in beiden Bereichen in ihrem Gestaltungsspielraum frei. Im *HarmoS-Konkordat* werden die von der Schule anzubietenden Lernbereiche vorgegeben. Zudem werden nationale Bildungsziele formuliert, die beschreiben, welche Grundkompetenzen die Schülerinnen und Schüler in Schulsprache, Mathematik, Naturwissenschaften und Fremdsprachen erwerben sollen.[6]

Im Konkordat zur Sonderpädagogik verpflichten sich die Kantone auf ein sonderpädagogisches Grundangebot, die Anwendung einer einheitlichen Terminologie und ein standardisiertes Abklärungsverfahren, das zu verstärkter integrativer Förderung und zu einer weniger stark auseinanderklaffenden Zuweisungspraxis führen soll.[7]

Regionale Ebene: gemeinsame Lehrpläne und Schulentwicklung

Mit beiden Konkordaten sind weiterführende Arbeiten verbunden. Diese manifestieren sich zum Teil in weiteren Reformbaustellen, schaffen aber auch nötige Voraussetzungen, damit die oben beschriebenen Reformvorhaben überhaupt gelingen.

Die wichtigste Neuerung im Zusammenhang mit *HarmoS* sind gemeinsame Lehrpläne auf sprachregionaler Ebene. Für die gesamte französische Sprachregion ist bereits ein gemeinsamer Lehrplan erarbeitet worden.[8] Unter dem Arbeitstitel «Lehrplan 21» wird bis 2014 auch für die Deutschschweiz ein gemeinsamer Lehrplan realisiert.[9] Die bereits erwähnten Bildungsstandards werden in den neuen Lehrplänen integriert. Mit den Lehrplänen verbunden sind auch Empfehlungen zur Stundentafel. Werden diese Empfehlungen eingehalten, ergibt sich daraus eine Harmonisierung der für die Umsetzung der Ziele verfügbaren Unterrichtszeit.

Parallel zu diesen Harmonisierungsbestrebungen, die eher die Ebene der Bildungspolitik betreffen, geschieht auch an den Pädagogischen Hochschulen und in den Volksschulen selbst viel an Forschungs- und Entwicklungsarbeit. Denn gleichzeitig mit den Strukturanpassungen und der einheitlicheren und transparenteren Formulierung von Zielen müssen auch Veränderungen auf der Unterrichts- und Schulebene erfolgen. Viele Schulen sind bereits auf dem Weg und haben einen eigentlichen pädagogischen und didaktischen Paradigmenwechsel vollzogen. In diesen Klassen und Schulen steht das Lernen der Schülerinnen und Schüler im Zentrum. Lehrpersonen verstehen sich nicht mehr als Wissensvermittler, sondern sie bemühen sich primär, Lernprozesse anzustossen, anregende Lernumgebungen zu schaffen, das Lernen der Jugendlichen zu beobachten und zu begleiten. Sie unterstützen Lernende je nach Lernstand dabei, weiterführende Kompetenzen aufzubauen, und sie halten individuelle Fortschritte im Dienste des weiteren Lernens fest. In diesen Schulen herrscht eine Kultur, in der Kinder ermutigt werden, aus Fehlern zu lernen und immer wieder neue Lern- und Entwicklungsschritte zu tun. Die Lernfreude und das Vertrauen in die eigenen Fähigkeiten werden gefördert. Das setzt Kooperation in der Klasse, im Schulteam unter den unterschiedlich qualifizierten Fachleuten (Lehrpersonen, Fachpersonen für Heilpädagogik etc.) und in der Leitung voraus. Die Bestrebungen dieser Schulen zielen darauf ab, einen qualitativ verbesserten Unterricht zu bieten und alle Kinder optimal zu fördern. Diese bereits vorhandene gute Praxis gilt es zu verstärken und auch andernorts anzuwenden. In diesem Sinne müssen die auf nationaler und regionaler Ebene vorangetriebenen Reformvorhaben und die lokale Entwicklungsarbeit ineinandergreifen.

Geplant ist, dass (wiederum koordiniert auf der sprachregionalen Ebene) regelmässig überprüft wird, ob die durch die nationalen Bildungsziele bezeichneten Grundkompetenzen auch erreicht werden. Doch diese Überprüfung macht nur Sinn, wenn sie – unter Berücksichtigung der Rahmenbedingungen, unter denen Lehrpersonen und Schulen arbeiten – mit den anderen Elementen der Qualitätssicherung von Unterricht und Schulen verbunden wird und wenn sie angemessene Folgen für die lokale Schul- und Unterrichtsentwicklung hat. Mit Blick auf mehr Chancengleichheit kann das zum Beispiel heissen, dass Schulen, die in einem anspruchsvollen Umfeld arbeiten oder viele Kinder mit besonderem Bildungsbedarf integrieren, mit einem entsprechenden Mehr an Unterstützung und Ressourcen rechnen können.

Kantonale und lokale Ebene: Schülerinnen, Schüler und Schulen stärken

Auf der kantonalen und lokalen Ebene laufen aber nicht nur Bestrebungen zur Entwicklung des Unterrichts. Viel getan wird auch im Vorfeld, Umfeld und «Nachfeld» der Volksschule.

Für Vorschulkinder gibt es Projekte zur Sprachförderung, zur spielerischen Hinführung an die Kulturtechniken, zur Sensibilisierung und Motivierung der Eltern für die Bildungsunterstützung ihrer Kinder. In den Projekten, die vor allem in städtischen Ballungsräumen gestartet wurden, kommen die verschiedensten Ansätze zum Zug. Über die Wirksamkeit solcher Massnahmen weiss man allerdings (noch) zu wenig. Zu befürchten ist leider, dass Agglomerationen und ländliche Gebiete unterversorgt werden und sich daraus neue Ungleichheiten ergeben.

Im Umfeld der Schule geht es vor allem um die Unterstützung von Schulen, die in einem sozial benachteiligten Kontext arbeiten. Hierfür haben einige Kantone die Ressourcenzuteilung nach Sozialindex eingeführt, das heisst, diese Schulen erhalten mehr Ressourcen als andere. Auch Projekte wie «QUIMS» (*Qualität in multikulturellen Schulen*, Kanton Zürich) oder «sims» (*Sprachförderung in mehrsprachigen Schulen, Nordwestschweizer Erziehungsdirektorenkonferenz*) sind darauf angelegt, mit intensiver und innovativer Sprachförderung über eine engere Zusammenarbeit mit Eltern und mit einem speziellen Augenmerk auf die Bedürfnisse benachteiligter Kinder mehr Chancengleichheit zu ermöglichen. Solche Projekte brauchen Zeit, um ihre Wirkung entfalten zu können. Dies passt allerdings mitunter nicht zum Takt der Politik, die eher auf kurzfristig nachweisbare Erfolge ausgerichtet ist.

Im «Nachfeld» schliesslich geht es darum, den Anschluss an die Volksschulbildung für alle Jugendlichen zu sichern. Zu Zeiten der Lehrstellenknappheit wurden Brückenangebote aufgebaut, um Jugendliche im Übergang in die Sekundarstufe II zu unterstützen. Sinnvoller ist wahrscheinlich die ebenfalls in einigen Kantonen angelaufene Neugestaltung des neunten Schuljahres. Sie zielt darauf ab, den Jugendlichen rechtzeitig eine Standortbestimmung zu ermöglichen, Kompetenzen gezielt zu fördern, schulische Lücken zu schliessen und genug Zeit für die berufliche Orientierung zu gewähren.

Wichtigste Partner: Lehrpersonen und Eltern

Die oben beschriebenen Reformvorhaben stehen und fallen mit den Personen, die an der Schule beteiligt sind. Wenn beispielsweise Lehrpersonen sich zu sehr belastet und demotiviert fühlen, um sich zu engagieren, oder wenn ihnen die Qualifikationen fehlen, um die neuen Konzepte umzusetzen, dann werden die Reformvorhaben wenig bewirken, selbst wenn sie der Form nach umgesetzt werden können. Oder wenn Eltern das Vertrauen in die Leistungsfähigkeit der öffentlichen Schule verlieren, dürften sich die Tendenzen zur Abwanderung in Privatschulen, die bisher in der Schweiz noch relativ schwach sind, verstärken. Reformpolitik im Bildungsbereich hat – neben den Lernenden, um die es primär geht – immer auch den Bedürfnissen dieser beiden Interessengruppen Rechnung zu tragen. Von zentraler Bedeutung sind dabei die breite Information über Ziele, Ausgestaltung und mögliche Nebenfolgen von Reformvorhaben sowie die öffentliche Diskussion darüber. Ebenso wichtig ist auch die Ausstattung des Bildungswesens mit genügenden Ressourcen. Denn ohne diese wird der Lehrberuf unattraktiv werden, und die Lehrpersonen werden für ihren mitunter schwierigen Beruf ungenügend gerüstet sein.

Anmerkungen

1 *Eidgenössische Koordinationskonferenz für Familienfragen:* Familien- und schulergänzende Kinderbetreuung. Eine Bestandesaufnahme der *Eidgenössischen Koordinationskonferenz für Familienfragen* (Hg.), Bern 2008.
2 Margrit Stamm et al.: Frühkindliche Bildung in der Schweiz. Eine Grundlagenstudie im Auftrag der *Schweizerischen UNESCO-Kommission*, Freiburg 2009.
3 Michal Arend et al.: Bevölkerungszusammensetzung, Integration und Ausgrenzung in urbanen Zonen. *Bundesamt für Statistik* (Hg.), Neuenburg 2005.
4 Maja Coradi Vellacott et al.: Soziale Integration und Leistungsförderung. Thematischer Bericht der Erhebung PISA 2000, *Bundesamt für Statistik* (Hg.), Neuenburg 2003.
5 Winfried Kronig: Die systematische Zufälligkeit des Bildungserfolgs. Theoretische Erklärungen und empirische Untersuchungen zur Lernentwicklung und zur Leistungsbewertung in unterschiedlichen Schulklassen, Bern 2007.
6 *HarmoS-Konkordat* und Bildungsstandards in: http://www.edk.ch/dyn/11659.php (8. Januar 2011).
7 *Sonderpädagogik-Konkordat* in: http://www.edk.ch/dyn/12917.php (8. Januar 2011).
8 «Plan d'étude romand» (PER) in: http://www.plandetude.ch (8. Januar 2011).
9 «Lehrplan 21» in: http:www.lehrplan.ch (8. Januar 2011).

Bildnachweis

Martin Stohler, Basel.

Die Grafiken stammen aus dem *Bildungsbericht Schweiz 2010 der Schweizerischen Koordinationsstelle für Bildungsforschung* (SKBF), Aarau, 55, 86, 87.

1 Der Eintritt in das «System Schule»: Den ersten Schultag beginnen die Kinder noch mit den Eltern.

Michael Rockenbach
Der lange Weg zur neuen Schule
Ringen um das HarmoS-Konkordat

Am 27. September 2010 stimmte das Baselbieter Volk der *HarmoS*- und Sonderpädagogik-Vorlage zu. Umstritten waren im Vorfeld insbesondere die neue Basisstufe sowie die Integration schwieriger und behinderter Schüler und Schülerinnen in den Regelunterricht. Der Abstimmungskampf, die Exponenten, ihre Argumente sowie die Resultate im Überblick.

Für Baselbieter Verhältnisse dauerte die Debatte um einen Beitritt des Kantons zum *HarmoS-Konkordat* ziemlich lange, und sie wurde ziemlich hart geführt. Vor allem der *Lehrerinnen- und Lehrerverein Baselland* (LVB) nahm sehr früh, sehr pointiert Stellung gegen das Projekt. Danach wandten sich einzelne Lehrer und ganze Kollegien mit offenen Briefen gegen die «Reformitis», und schliesslich machte die SVP mit weinenden Kindern auf Plakaten Abstimmungskampf. Schuld an den Tränen sollte die grassierende «Bildungsbürokratie» gewesen sein.

Die vielen Angriffe verfehlten ihre Wirkung auch bei den *HarmoS*-Befürwortern nicht. Vor dem 27. September 2010, dem Tag der Entscheidung, gaben sie sich –

wenn überhaupt – höchstens verhalten optimistisch. Am Abstimmungssonntag ging kurz nach 12 Uhr dann auch noch die letzte Zuversicht verloren, als die ersten Resultate aus dem Oberbaselbiet und dem Laufental bekannt wurden: Einzelne Dörfer hatten *HarmoS* mit über 70 Prozent Nein-Stimmen abgelehnt. Im Regierungsgebäude wandten sich die ersten Befürworter bereits von den Monitoren ab, auf denen die aktuellen Resultate laufend eingeblendet wurden. Einige Minuten später kam ihnen aber zu Ohren, dass sich ein weiterer Blick doch noch lohnen könnte. Die ersten Unterbaselbieter Gemeinden hatten den Reformvorlagen mit einer Zweidrittelmehrheit zugestimmt. Ein Ja von unten und ein Nein von oben – nach diesem Muster ging es weiter, bis alle 86 Gemeinden ausgezählt waren. Schliesslich setzte sich das bevölkerungsreichere Unterbaselbiet bei einer Stimmbeteiligung von 37 Prozent bei allen Vorlagen durch, was weitreichende Folgen auf das Baselbieter Bildungssystem hat.

Die Abstimmungsresultate und ihre Folgen

— Der Beitritt zum *HarmoS-Konkordat* und die entsprechende Änderung im Bildungsgesetz wurden mit 56 Prozent der Stimmen angenommen. Damit erhält das Baselbiet die gleiche Schulstruktur wie Basel-Stadt und die anderen *HarmoS*-Kantone. Die Primarschulzeit wird um ein Jahr auf sechs Jahre verlängert und die Sekundarschulzeit verkürzt. Ab 2017 werden auf der Primarstufe zudem zwei Frühfremdsprachen unterrichtet.
— Der Beitritt zum *Sonderpädagogik-Konkordat* wurde mit fast 59 Prozent der Stimmen beschlossen. Damit gilt neu auch für das Baselbiet ausdrücklich das Prinzip, dass schwierige und behinderte Kinder so weit wie möglich in Regelklassen integriert werden. Bis zu diesem Zeitpunkt wurden im Baselbiet so viele Kinder und Jugendliche wie in keinem anderen Kanton in Sonder- und Kleinklassen unterrichtet (rund 8 Prozent).
— Die verstärkte Zusammenarbeit im Bildungsraum Nordwestschweiz und die entsprechenden Änderungen im Bildungsgesetz wurden mit 68 Prozent der Stimmen angenommen. Das hat zur Folge, dass die Dauer des Gymnasiums um ein halbes Jahr auf vier Jahre verlängert wird. Gleichzeitig hat die Regierung das Recht, die vor allem mit Basel-Stadt aufgegleisten Reformprojekte nun auch gemeinsam umzusetzen.

Die Analysen

Als das Resultat nach 14 Uhr feststand, gab Bildungsdirektor Urs Wüthrich (SP) den Medienvertretern so entspannt Auskunft, wie er es als linker Regierungsrat schon lange nicht mehr konnte. Er erinnere sich nicht, über den Ausgang einer Abstimmung jemals derart erleichtert gewesen zu sein, sagte er im Regierungsgebäude: «Die

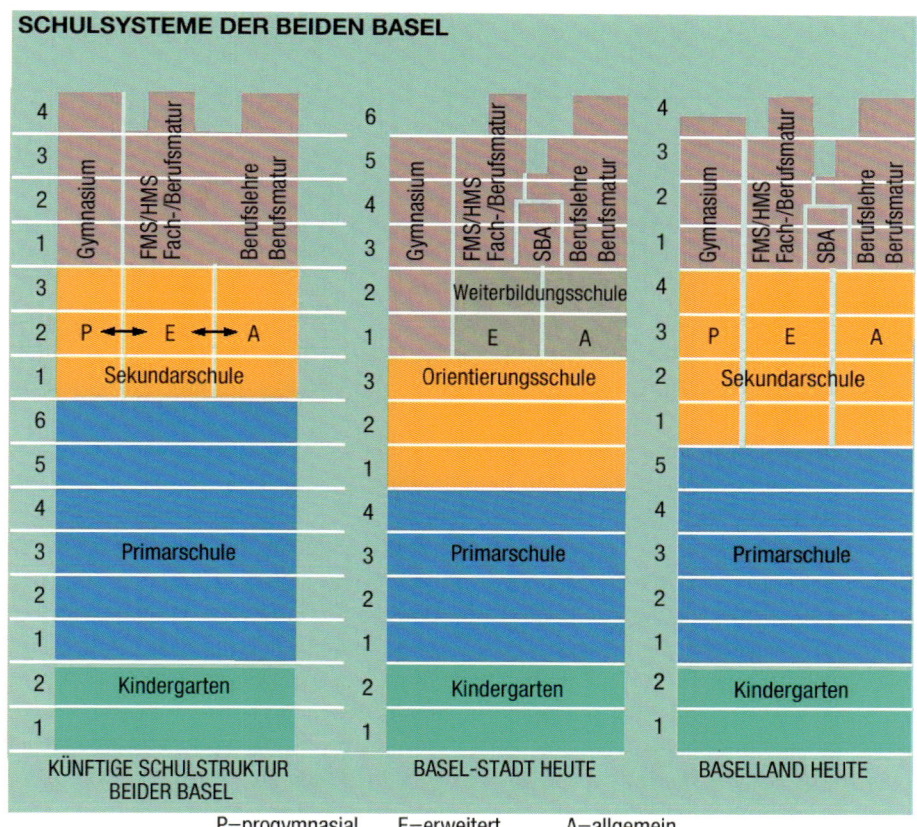

2 Schulsysteme der beiden Basel.

Freude ist riesig!» Der Erfolg sei nicht nur der Unterstützung von SP, CVP und *Grünen* zu verdanken, sondern vor allem auch dem Rückhalt aus der Wirtschaft. «Wichtige Persönlichkeiten der Wirtschaftskammer und der *Handelskammer beider Basel* haben die Bedeutung der Vorlage erkannt und sich dafür stark gemacht», sagte Wüthrich.

Von einer «bittern Niederlage» sprachen dagegen die Gegner wie der SVP-Fraktionschef Thomas de Courten. Gleichzeitig suchten sie nach Erklärungen. «Die Oberbaselbieter wollten an dem guten und bewährten System festhalten», sagte Christoph Straumann, Geschäftsleiter des *Lehrerinnen- und Lehrervereins Baselland* (LVB). «Den Ausschlag gaben aber die Unterbaselbieter, denen die Anpassung an die Stadt offenbar wichtig ist.»

«Ein feines Sensorium für die Bedürfnisse unserer Region», attestierte darum der Basler Erziehungsdirektor Christoph Eymann (LDP) den Baselbietern. Gewöhnlich kommentieren die Basler Regierungsräte die Abstimmungsergebnisse in anderen Kantonen nicht. Aber diesmal war es kein gewöhnlicher Abstimmungstag gewesen. Eymanns Erziehungsdepartement hatte bei seinem Einsatz für einen *HarmoS*-Beitritt der Stadt stets auf die gemeinsamen Bestrebungen mit dem Land verwiesen. «Wir wollen nicht länger eine Bildungsinsel sein», sagte Eymann immer wieder. Bei einem Nein im Baselbiet wäre die Stadt aber eine Insel geblieben – trotz eines sehr deutlichen Ja zu *HarmoS* im Grossen Rat und der damit verbundenen grossen Umstellungen in den eigenen Schulen. Nun könnten die Reformen gemeinsam umgesetzt werden, sagte Eymann nach dem Ja im Baselbiet. «Zügig», wie er versprach.

Die Eidgenossenschaft

Bei einem Nein wäre Basel-Stadt allein in der Schweizer Schullandschaft gestanden – und das Baselbiet ziemlich quer. Mit dem überaus deutlichen Ja zum Bildungsartikel fällte das Schweizer Volk im Mai 2006 nämlich einen Grundsatzentscheid für die Harmonisierung der Schule im ganzen Land. Danach setzten sich die 26 kantonalen Bildungsdirektoren in der *Erziehungsdirektorenkonferenz* (EDK) zusammen, um den Auftrag des Volkes umzusetzen. Herausgekommen ist *HarmoS*, das Konkordat, das seit dem 1. August 2009 in Kraft ist. Vor der Abstimmung im Baselbiet hatten sich bereits 15 Kantone für einen Beitritt entschieden. Acht Kantone lehnten das Projekt zwar ab, die wichtigste Vorgabe des Konkordats erfüllten sie aber ohnehin schon: sechs Jahre Primarschule und drei Jahre Sekundarschule. Sehr viel uneinheitlicher präsentiert sich das Bild bei den Frühfremdsprachen. *HarmoS* schreibt nur vor, dass die erste Fremdsprache ab der dritten und die zweite ab der fünften Klasse unterrichtet werden muss. Aargau, Zürich, die Inner- und Ostschweizer Kantone gaben der Weltsprache Englisch den Vorzug vor der Landessprache Französisch. In den beiden Basel wird – wie in Solothurn, Bern und im Bündnerland – zuerst die zweite Landessprache Französisch unterrichtet.

Die Region

So zufrieden die Bildungsverantwortlichen Wüthrich und Eymann am Abend der Abstimmung über die gemeinsamen Lösungen auch waren: Ursprünglich hatten sie noch viel grössere Pläne. Eine Nordwestschweiz mit einer gemeinsamen Fachhochschule, einem einheitlichen Schulsystem und später vielleicht sogar einer gemeinsam geförderten Universität in Basel; die Nordwestschweiz als starker Forschungs- und Bildungsstandort und Gegengewicht zu Zürich. Das war das grosse Ziel vor allem von Basel-Stadt – bis das Aargauer Volk am 17. Mai 2009 Nein zum Bildungskleeblatt und damit zu wichtigen Projekten des Bildungsraums Nordwestschweiz sagte. Danach konzentrierten sich die beiden Basel bei der Zusammenarbeit und der Umsetzung der

HarmoS-Vorgaben vor allem aufeinander und nicht mehr so stark auf die anderen beiden Nordwestschweizer Kantone.

Die umstrittene Basisstufe

Eine grosse Idee war auch die Zusammenführung des Kindergartens und der ersten beiden Primarschuljahre zu einer Basisstufe, in der Vier- bis Achtjährige gemeinsam lernen sollten. Auf diesen Vorschlag reagierten die Gegner schon früh mit grundsätzlicher Kritik. «Wir müssen mit verrückten Folgen rechnen», sagte Bea Fünfschilling, Präsidentin des *Baselbieter Lehrererinnen- und Lehrervereins* LVB, im März 2009. Das bestehende Schulmodell mit einer vergleichsweise frühen Selektion nach dem fünften Primarschuljahr sei ein Erfolgsmodell. Eine Verlängerung der Primarschulzeit wäre darum falsch. Noch gefährlicher wäre aber die Einführung einer Basisstufe, so Fünfschilling weiter. Das angestrebte selbstständige Lernen würde auf dieser Stufe in einem Chaos enden: «Ein Kind würde sich im Zelt ausruhen, das mitten im Schulzimmer steht, ein zweites irgendwelche Matheaufgaben lösen, ein drittes sich mit Sprachen beschäftigen und ein viertes draussen auf einem Baum sitzen.» Der Lernerfolg wäre gleich null: «Kinder müssten konsequent angeleitet und korrigiert werden.»

Bei ihren Aussagen stützte sich die Lehrergewerkschaft auf den Bonner Kinderpsychiater und Buchautor Michael Winterhoff, der ein ziemlich desaströses Bild vom Bildungsstand der heutigen Kinder und Jugendlichen zeichnet. In einer deutschen Grundschulklasse seien nur noch die wenigsten fähig, einen banalen Auftrag auszuführen, behauptete er zum Beispiel in einem Interview: «Die Kinder sind psychisch unterentwickelt. Später werden sie weder arbeits- noch beziehungsfähig sein.» Schuld an dem Schlamassel seien die modernen Eltern, die ihren Kindern keine Grenzen mehr setzten, wie Winterhoff in seinen Bestsellern «Warum unsere Kinder Tyrannen werden» und «Tyrannen müssen nicht sein» erklärt. Ähnliche «Beziehungsstörungen» wie im Elternhaus macht Winterhoff auch in den Schulzimmern aus: «Der Lehrer tritt immer mehr in den Hintergrund, damit sich die Kinder angeblich frei entfalten können.» Darum warnt er gleich wie der LVB vor Reformen, in denen er «unnütze Strukturveränderungen» und «partnerschaftliche Pädagogikkonzepte» sieht, die nur «noch mehr Unheil» anrichten.

Das waren Aussagen, die nicht nur in den Leserbriefspalten der regionalen Zeitungen auf erheblichen Widerspruch stiessen. Unter anderen machte sich auch Remo Largo, der Zürcher Entwicklungsspezialist, in der *Basler Zeitung* für die Basisstufe stark. Die Kinder eines Jahrgangs seien in ihrer Entwicklung unterschiedlich weit, sagte er. Wenn alle wie bis jetzt nach dem gleichen Lehrplan unterrichtet würden, seien die einen über- und die anderen unterfordert. Um das zu verhindern, müsse der Unterricht individualisiert werden. Das sei in einer Basisstufe besser möglich als in einer Jahrgangsklasse. Wichtiger noch als Strukturreformen wäre nach Ansicht von Largo aber ohnehin eine Verbesserung des zwischenmenschlichen Klimas im

3 Im Abstimmungskampf setzten beide Seiten auf Emotionen. Die Gegner bekämpften die Vorlage mit einem weinenden, verängstigten Kind ...

Klassenzimmer: «Die Lehrer müssen sich emotional auf jedes Kind einlassen und es als einmalige Persönlichkeit akzeptieren.» Denn die in jedem Kind vorhandene Bereitschaft zum Lernen entfalte sich nur, solange es sich geborgen fühle, sagt Largo.

Aber natürlich sprachen die Politiker im Abstimmungskampf dann doch in erster Linie über Strukturen. Dabei zeigte sich in der Vernehmlassung sehr deutlich, dass die Parteien im Baselbiet wie in Basel-Stadt grundsätzlich für eine Harmonisierung sind, das Modell der Basisstufe aber sehr kritisch beurteilen. Also strichen die Regierungen diesen Vorschlag aus der Vorlage.

Landratsentscheide und Volksabstimmung

In Basel-Stadt war die Reform danach kaum mehr umstritten, wohl auch weil die jetzige, als Gesamtschule aufgebaute Sekundarschule keinen besonders guten Ruf hat. Im Baselbiet fingen die Diskussionen im Hinblick auf die Abstimmung im Parlament dagegen erst recht an. Nach der SVP schwenkte auch die FDP-Spitze auf einen poin-

4 ... die Befürworter warben mit einem fröhlichen Kind für ein Ja.

tiert kritischen Kurs um. Die Vorlage drohte zu scheitern. Besonders deutlich zeigte sich das in der vorberatenden Landratskommission, die Ende April 2010 zum *HarmoS-Konkordat* ebenso Nein sagte wie zum *Sonderpädagogik-Konkordat*. Grosse Vorbehalte gab es vor allem gegen die Einführung einer zweiten Fremdsprache in der Primarschule. «Das wäre eine Überforderung sowohl der Kinder als auch der Lehrer», sagte Kommissionspräsident Karl Willimann (SVP). Die Integration schwieriger und behinderter Kinder würde die Unruhe im Klassenzimmer zudem noch weiter verstärken.

Wüthrich reagierte konsterniert. Noch hoffte er aber auf den Landrat. Denn die Abstimmung in der Kommission war äusserst knapp ausgefallen, mit 6 zu 5 Stimmen.

Zu Recht, wie sich am 18. Juni zeigte. An diesem Tag stimmte der Landrat dem Beitritt zum *HarmoS-Konkordat* mit 54 Ja- zu 30 Nein- und dem Beitritt zum *Sonderpädagogik-Konkordat* mit 45 Ja- gegen 37 Nein-Stimmen zu. SP und CVP stimmten den Vorlagen zu, die SVP lehnte sie ab, bei den *Grünen* gab es vereinzelte Nein-Stimmen, bei der FDP eine im Vergleich zu *HarmoS* noch deutlichere Ablehnung der Sonderpädagogik.

Mit diesem Parlamentsentscheid war der Weg frei für die Volksabstimmung. Die SVP hängte ihre Plakate mit den weinenden Kindern auf – und die Befürworter konterten mit Bildern von lachenden Kindern. In den Diskussionen argumentierten sie vor allem mit der zunehmenden Mobilität und den Bedürfnissen der Wirtschaft. Junge Familien hätten weniger Probleme bei einem Umzug über die Kantonsgrenzen hinweg, und die Unternehmen könnten dank der neuen Schulabschlüsse, die vergleichbar seien, besser Lehrlinge rekrutieren, auch wenn diese aus unterschiedlichen Kantonen stammten.

Die Umsetzung

Diese Argumente überzeugten offenbar. Am 27.September stimmte das Baselbieter Volk der *HarmoS-* und Sonderpädagogik-Vorlage jedenfalls zu. Abgeschlossen wird die Debatte damit aber wohl längst nicht sein. Denn wie hatte Christoph Straumann vom *Lehrerinnen- und Lehrerverein Baselland* (LVB) nach der Abstimmung gesagt? Umsetzen lasse sich die Reform nur, wenn bei der Schule nicht gespart werde. Nun soll die Baselbieter *Bildungs-, Kultur- und Sportdirektion* aber sehr viel sparen. Mehr als 30 Millionen Franken pro Jahr, wie die Regierung im Juni 2011 mitteilte. Wie das mit der grossen Reform zusammengehen soll, das erklärte sie nicht.

Bildnachweis
1 Turgay Dülger, Muttenz.
2 Zur Verfügung gestellt.
3 Margrit Müller, Freiburg i. Br. (D).
4 Mischa Christen, Luzern.

Urs Moser, Domenico Angelone

Der Kanton Basel-Landschaft und PISA
Über welche schulischen Fähigkeiten verfügen Jugendliche am Ende der Volksschule?

Mit dem internationalen Schulleistungsvergleich *Programme for International Student Assessment* (PISA) wird im Abstand von drei Jahren darüber informiert, wie gut die Jugendlichen am Ende der obligatorischen Schulbildung auf die Herausforderungen der Zukunft vorbereitet sind. Im Jahr 2006 beteiligte sich der Kanton Basel-Landschaft mit einer repräsentativen Stichprobe an PISA.

Die PISA-Studie in der Schweiz

Der internationale Schulleistungsvergleich PISA geht auf die Initiative der *Organisation für wirtschaftliche Zusammenarbeit und Entwicklung* (OECD) zurück. Die OECD ermöglicht es ihren Mitgliedern und interessierten Ländern, die Schulleistungen der 15-Jährigen in den Bereichen Lesen, Mathematik und Naturwissenschaften zu vergleichen und mit Merkmalen des Schulsystems und der Herkunft der Schülerinnen und Schüler in Beziehung zu setzen.

Die Schweiz beteiligt sich seit Beginn des Programms PISA am internationalen Schulleistungsvergleich. «Sehr gut in Mathematik, gut in den Naturwissenschaften und mittelmässig im Lesen» lautete der Grundtenor nach der ersten Veröffentlichung der PISA-Rangliste im Dezember 2001.[1] Ende 2010 wurden die Ergebnisse des internationalen Vergleichs bereits zum vierten Mal veröffentlicht. Das Interesse der Medien an den Ranglisten war wie immer gross und das Ergebnis fiel für die Schweiz etwas erfreulicher aus als im Jahr 2001. Der Anteil an schwachen Leserinnen und Lesern ist in den letzten neun Jahren leicht zurückgegangen, was vor allem auf die Fortschritte der Schülerinnen und Schüler mit Migrationshintergrund zurückzuführen ist.[2]

Doch lassen sich die Schulleistungen der Länder mit verschiedenen Schulsystemen überhaupt vergleichen? Zwei Fragen geben unter den beteiligten Ländern besonders viel zu diskutieren: Welche Schülerinnen und Schüler sollen für den Vergleich ausgewählt werden (Vergleichspopulation) und welche Schulleistungen sind so bedeutsam, dass der Vergleich für alle teilnehmenden Länder zu aussagekräftigen Ergebnissen führt?

Wer wird verglichen?

Die PISA-Studie hat Erfolg. Nicht nur, weil es ihr gelingt, die Ergebnisse medial geschickt zu verbreiten, sondern auch weil die OECD als Auftraggeberin keinen Aufwand scheut, das schulische Wissen und Können der Jugendlichen eines Landes möglichst genau zu erfassen.

Für den internationalen Vergleich werden pro Land mindestens 4500 15-jährige Schülerinnen und Schüler zufällig ausgewählt und getestet. Dieser Stichprobenumfang ermöglicht es, für alle teilnehmenden Länder präzise Ergebnisse zu schätzen. International verglichen werden also ausschliesslich 15-Jährige, weil sich die Vergleichspopulation über das Alter objektiv und einheitlich definieren lässt. Je nach Bildungssystem verteilen sich die Jugendlichen allerdings auf verschiedene Klassenstufen. Einige befinden sich bereits in der beruflichen Bildung, andere besuchen erst die achte Klasse. Weltweit wurden für PISA 2006 über 400'000 15-jährige Schülerinnen und Schüler ausgewählt. Aus der Schweiz wurden über 12'000 15-jährige Schülerinnen und Schüler aus 510 Schulen ausgewählt. Dadurch liessen sich die Ergebnisse auch zwischen den Sprachregionen zuverlässig vergleichen.

Für den nationalen Vergleich werden pro Kanton rund 1000 Schülerinnen und Schüler der neunten Klasse ausgewählt. Dieser Stichprobenumfang führt zu einem zuverlässigen Vergleich innerhalb der Schweiz. National verglichen werden also ausschliesslich Schülerinnen und Schüler der gleichen Klassenstufe. In der neunten

Klasse ist die Mehrheit der Jugendlichen 15 Jahre alt; einige sind allerdings jünger, andere älter. Dafür befinden sich alle Schülerinnen und Schüler am Ende der obligatorischen Schulzeit. Diese Vergleichspopulation ist für den nationalen Vergleich deshalb besonders interessant, weil rund zwei Drittel der Jugendlichen in eine berufliche Grundbildung übertreten. Die PISA-Ergebnisse vermitteln somit einen Eindruck davon, wie gut die Jugendlichen auf ihre berufliche Zukunft vorbereitet sind.

Am nationalen Vergleich beteiligten sich im Jahr 2006 sämtliche Kantone der französischsprachigen Schweiz, der Kanton Tessin sowie die Deutschschweizer Kantone Aargau, Basel-Landschaft, Bern, Schaffhausen, St. Gallen, Thurgau, Wallis und Zürich. Die Schülerinnen und Schüler lösten an einem Morgen während zwei Stunden PISA-Testaufgaben und beantworteten während 30 Minuten Fragen zum persönlichen Hintergrund, zu Interessen und Motivationen sowie zu ihrer Lernumgebung. Die Erhebung an den Schulen wurde durch externe Testleiter nach standardisierten Vorgaben durchgeführt.

Was wird verglichen?

Die zweite Frage, die sich bei einem Schulleistungsvergleich stellt, betrifft das eigentliche Erfolgskriterium: die Schulleistungen. Der Rückgriff auf curricular vorgegebenes Wissen und Können wäre für einen internationalen Vergleich wohl kaum sinnvoll, denkt man nur schon an die vielen Lehrpläne in der Schweiz, die sich zwar in ihrer grundsätzlichen Ausrichtung ähnlich, aber doch nicht ganz gleich sind. PISA versucht gar nicht erst festzustellen, wie gut die Inhalte nationaler Curricula von den Schülerinnen und Schülern erreicht werden. Von Interesse ist vielmehr, inwieweit die Jugendlichen über jene Fähigkeiten verfügen, die es ihnen erlauben, am gesellschaftlichen Leben aktiv teilzunehmen und den Herausforderungen der Zukunft erfolgreich zu begegnen. PISA orientiert sich deshalb an der alltagsbezogenen Grundbildung *(Literacy)*. Es wird also nicht etwa Faktenwissen abgefragt, sondern es werden Fähigkeiten geprüft, die es den Jugendlichen ermöglichen, ihr Wissen und Können in einem neuen Umfeld anzuwenden.

Die Grundbildung hat sich in mehreren Untersuchungen als besonders bedeutsam für den Erfolg im Arbeitsleben erwiesen. Es sind nicht nur Schulabschlüsse, die über den Erfolg im beruflichen Leben entscheiden, sondern auch schulische Leistungen, wie sie mit Hilfe der PISA-Tests gemessen werden. Die Bildungsökonomie konnte überzeugend nachweisen, dass zwischen der Grundbildung und dem realen jährlichen Pro-Kopf-Wirtschaftswachstum in einem Land ein enger Zusammenhang besteht. Bei gleichem Schulabschluss sinkt mit zunehmender Grundbildung zudem das Risiko, später arbeitslos zu werden.[3]

Was muss man sich unter Grundbildung vorstellen? Die zwei Aufgabenbeispiele in Abbildung 2 und 3 stammen aus dem PISA-Test zur Erfassung der mathematischen Grundbildung.

«WECHSELKURS»

Mei-Ling aus Singapur wollte für 3 Monate als Austauschstudentin nach Südafrika gehen. Sie musste einige Singapur Dollar (SGD) in Südafrikanische Rand (ZAR) wechseln.

Aufgabe 1

Mei-Ling fand folgenden Wechselkurs zwischen Singapur Dollar und Südafrikanischem Rand heraus:

1 SGD = 4,2 ZAR

Mei-Ling wechselte zu diesem Wechselkurs 3 000 Singapur Dollar in Südafrikanische Rand.

Wie viele Südafrikanische Rand hat Mei-Ling erhalten?

Aufgabe 2

Bei ihrer Rückkehr nach Singapur 3 Monate später hatte Mei-Ling 3900 ZAR übrig. Sie wechselte diese in Singapur Dollar zurück, wobei sie bemerkte, dass der Wechselkurs sich geändert hatte:

1 SGD = 4,0 ZAR

Wie viele Singapur Dollar hat Mei-Ling erhalten?

Aufgabe 3

Während dieser 3 Monate hat sich der Wechselkurs von 4,2 auf 4,0 ZAR pro SGD geändert.

War es zum Vorteil von Mei-Ling, dass der Wechselkurs bei ihrer Rückkehr 4,0 ZAR statt 4,2 ZAR betrug, als sie ihre Südafrikanischen Rand in Singapur Dollar zurückwechselte? Erkläre deine Antwort.

«GEHEN»

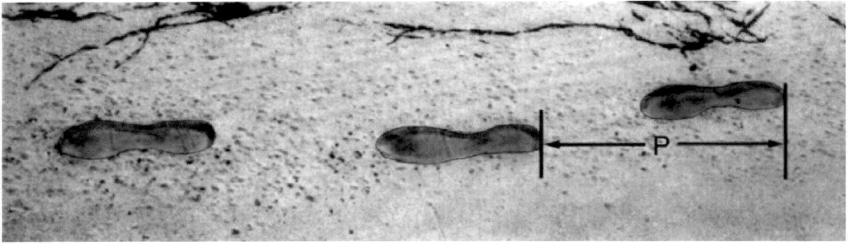

Das Bild zeigt die Fussabdrücke eines gehenden Mannes. Die Schrittlänge P entspricht dem Abstand zwischen den hintersten Punkten zwei aufeinanderfolgenden Fussabdrücken.

Für Männer drückt die Formel $\frac{n}{p} = 140$ die ungefähre Beziehung zwischen n und P aus, wobei

n = Anzahl der Schritte pro Minute und

P = Schrittlänge in Meter

Aufgabe 4

Wenn die Formel auf Daniels Gangart zutrifft und er 70 Schritte pro Minute macht, wie viel beträgt dann seine Schrittlänge?

Aufgabe 5

Bernhard weiss, dass seine Schrittlänge 0,80 Meter beträgt. Die Formel trifft auf Bernhards Gangart zu. Berechne Bernhards Gehgeschwindigkeit in Metern pro Minute und in Kilometern pro Stunde.

Wie werden die Ergebnisse dargestellt?

Wer die PISA-Ergebnisse nur aus den Medien kennt, wird diese vermutlich mit Ranglisten assoziieren. Die sportliche Berichterstattung eignet sich allerdings für internationale Schulleistungsvergleiche nur beschränkt, weil sich beispielsweise trotz grosser Unterschiede im Rang die Mittelwerte der Länder kaum unterscheiden. PISA führt zu mehr als zu Ranglisten und zeigt konkret, über welche Fähigkeiten die Jugendlichen verfügen. Dazu werden Aufgaben mit unterschiedlichen Anforderungen eingesetzt, die aufeinander aufbauende Fähigkeiten prüfen. Aufgrund der verschiedenen Anforderungen, die die Aufgaben stellen, werden sechs Kompetenzstufen unterschieden. Wie dies funktioniert, lässt sich anhand der beiden PISA-Beispielaufgaben in Abbildung 1 und 2 aufzeigen.[4]

Aufgabe 1 (Wechselkurs) gilt als sehr einfach. Sie entspricht einem Routineverfahren, das von allen Jugendlichen in diesem Alter erwartet wird. Der mathematische Inhalt beschränkt sich auf eine der vier Grundrechenarten: die Multiplikation. Mei-Ling erhält 12'600 Rand. Aufgaben mit diesem Schwierigkeitsgrad repräsentieren Niveau I.

Etwas schwieriger ist Aufgabe 2 (Wechselkurs), bei der die Schülerinnen und Schüler erkennen müssen, dass die Division zur Lösung der Aufgabe führt. Mei-Ling erhält 975 Singapur-Dollar. Aufgaben mit diesem Schwierigkeitsgrad repräsentieren Niveau II.

Deutlich schwieriger ist Aufgabe 3 (Wechselkurs). Die zur Lösung des Problems erforderlichen Kompetenzen sind keineswegs trivial. Die Schülerinnen und Schüler müssen über das Konzept des Wechselkurses und seine Konsequenzen in dieser besonderen Situation reflektieren. Das Niveau der erforderlichen Mathematisierung ist relativ hoch. Die Antwort ist «Ja», wobei eine ausreichende Erklärung angefügt werden musste: Beispielsweise durch den niedrigeren Wechselkurs (für 1 SGD) erhält Mei-Ling mehr Singapur-Dollar für ihre Südafrikanischen Rand. Aufgaben mit diesem Schwierigkeitsgrad repräsentieren Niveau IV.

Noch etwas schwieriger ist Aufgabe 4 (Gehen). Daniels Schrittlänge beträgt 50 Zentimeter. Die Schülerinnen und Schüler lösen die Aufgabe erfolgreich, wenn sie in einer einfachen Gleichung eine Substitution vornehmen und eine Routineberechnung durchführen: Wenn $n/P = 140$ und $n = 70$, was ist dann der Wert von P? Aufgaben mit diesem Schwierigkeitsgrad repräsentieren Niveau V.

Noch schwieriger ist Aufgabe 5 (Gehen). Bernhards Gehgeschwindigkeit beträgt 89,6 Meter pro Minute oder 5,38 Kilometer pro Stunde. Um das Problem zu lösen, berechnen die Schülerinnen und Schüler zuerst die Zahl der Schritte pro Minute bei einer vorgegebenen Schrittlänge (0,8 Meter). Dafür müssen sie eine Substitution in einer Formel vornehmen: $n/0{,}80 = 140$ und diese danach zu $n = 140 \times 0{,}80$ umformen, was 112 (Schritte pro Minute) ergibt. Bei der nächsten Frage wird nach der Geschwindigkeit in Metern pro Minute gefragt, was bedeutet, dass eine Zahl von Schritten in eine Entfernung in Metern umgerechnet werden muss, und zwar wie folgt: $112 \times 0{,}80 = 89{,}6$ Meter. Der letzte Schritt besteht darin, diese Geschwindigkeit in die gebräuchliche Einheit Kilometer pro Stunde (km/h) umzurechnen. Aufgaben mit diesem Schwierigkeitsgrad repräsentieren Niveau VI.

Das gleiche Vorgehen wird bei der Entwicklung der Aufgaben und für die Darstellung der Ergebnisse zu den Bereichen Lesen und Naturwissenschaften angewendet.

Über welche Fähigkeiten verfügen die Jugendlichen im Kanton Basel-Landschaft?

Aufgrund der Ergebnisse in den PISA-Tests werden die Jugendlichen den verschiedenen Niveaus zugeteilt. Für die Mathematik und die Naturwissenschaften sind es sechs Niveaus, für das Lesen fünf. Von Interesse ist insbesondere, wie gross der Anteil an Schülerinnen und Schülern ist, die aufgrund ihrer Leistungen nicht mindestens dem Niveau II zugeordnet werden können. PISA bezeichnet diese Schülerinnen und Schüler als Risikogruppe, weil ihre schulischen Leistungen für einen reibungslosen Übergang in die Berufsbildung oder in weiterführende Schulen der Sekundarstufe II nicht genügen.

Abbildung 4 zeigt, wie sich die Jugendlichen des Kantons Basel-Landschaft im Vergleich zu anderen Kantonen der Schweiz auf die verschiedenen Niveaus verteilen.

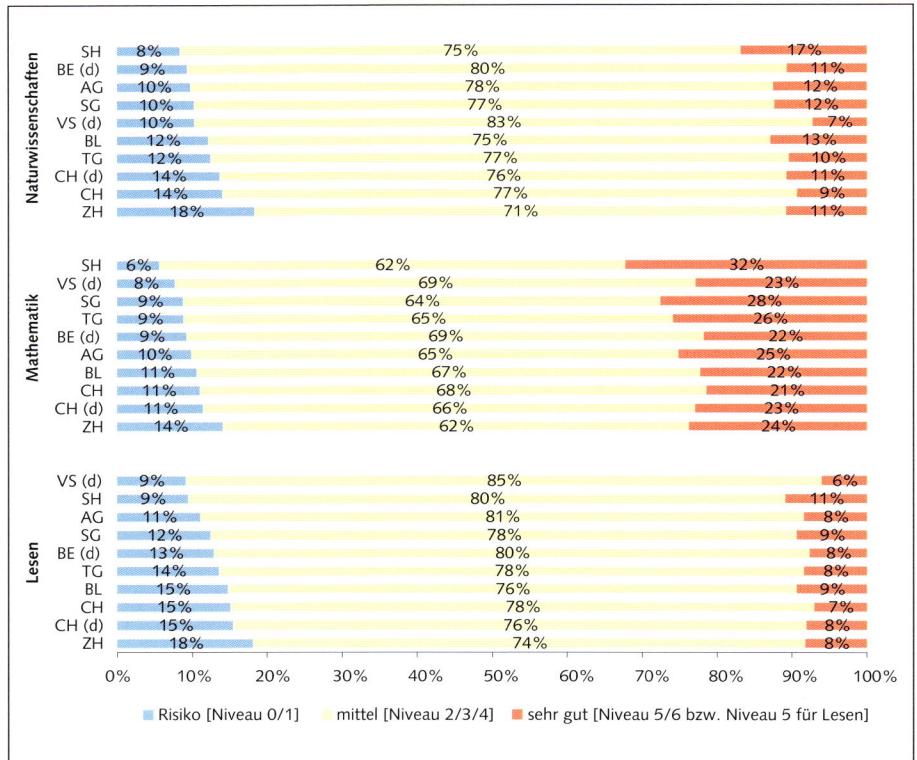

Im Kanton Basel-Landschaft gehören aufgrund der Ergebnisse im Lesen 15 Prozent, in den Naturwissenschaften 12 Prozent und in der Mathematik 11 Prozent der Schülerinnen und Schüler zur Risikogruppe. Diese Anteile sind relativ gross. Die Risikogruppe ist in der Schweiz generell eher gross, doch einigen Kantonen der Schweiz gelingt es trotzdem, den Anteil an Schülerinnen und Schülern der untersten beiden Niveaus deutlich kleiner zu halten, als er im Kanton Basel-Landschaft ist. Im Kanton Schaffhausen beispielsweise ist die Risikogruppe aufgrund der Ergebnisse in den Naturwissenschaften 4 Prozent, in der Mathematik 5 Prozent und im Lesen 6 Prozent kleiner als im Kanton Basel-Landschaft. Im Kanton Zürich ist die Risikopopulation hingegen aufgrund der Ergebnisse in der Mathematik und im Lesen 3 Prozent und in den Naturwissenschaften 6 Prozent grösser als im Kanton Basel-Landschaft.

Auch die Anteile an sehr guten Schülerinnen und Schülern sind im Kanton Basel-Landschaft nicht so hoch wie im führenden Kanton Schaffhausen. Im Kanton Schaffhausen gehören aufgrund der Mathematikleistungen 10 Prozent mehr Schülerinnen und Schüler zu den höchsten Niveaus 5 und 6. In den Naturwissenschaften ist der Anteil an Schülerinnen und Schülern auf den beiden höchsten Niveaus im Kanton Basel-Landschaft deutlich kleiner als in der Mathematik und 4 Prozent tiefer als im Kanton Schaffhausen. Im Lesen sind die Differenzen bei den sehr guten Schülerinnen und Schülern zwischen den beiden Kantonen weniger gross.

Fähigkeiten in den drei Niveaus der Sekundarschule

In der neunten Klasse besucht die grosse Mehrheit der Jugendlichen entweder die Sekundarschule Niveau A (allgemeine Anforderungen), Niveau E (erweiterte Anforderungen) oder Niveau P (progymnasiale Anforderungen). Eine Aufsplittung der Ergebnisse in die drei Niveaus der Sekundarschule im Kanton Basel-Landschaft zeigt, dass der Anteil an Risikoschülerinnen und -schülern in der Sekundarschule Niveau A mit 34 Prozent im Lesen, 31 Prozent in den Naturwissenschaften und 26 Prozent in der Mathematik relativ gross ist. In der Sekundarschule Niveau E liegen diese Anteile deutlich tiefer (Lesen = 7 Prozent, Naturwissenschaften = 4 Prozent und Mathematik = 5 Prozent), und in der Sekundarschule Niveau P finden sich nahezu keine Schülerinnen und Schüler, die der Risikopopulation angehören.

Von den Schülerinnen und Schülern der Sekundarschule Niveau P erreichen in der Mathematik 56 Prozent und in den Naturwissenschaften 35 Prozent Niveau V oder VI, im Lesen 28 Prozent Niveau V. Von den Schülerinnen und Schülern der Sekundarschule Niveau E sind die Prozentanteile in den höchsten PISA-Niveaus bereits wesentlich geringer (Mathematik = 14 Prozent, Naturwissenschaften = 7 Prozent und Lesen = 5 Prozent), und in der Sekundarschule Niveau A werden die höchsten Niveaus nur noch in Ausnahmefällen erreicht.

Die Risikoschülerinnen und -schüler befinden sich zwar mehrheitlich im Niveau A der Sekundarschule, zum Teil im Niveau E, vereinzelt im Niveau P. Es gibt allerdings auch Schülerinnen und Schüler im Niveau A, die im PISA-Test besser abschneiden als Schülerinnen und Schüler im Niveau P. Dieses Ergebnis zeigt, dass die Einteilung der Schülerinnen und Schüler in Niveaus der Sekundarschule vor allem im mittleren Leistungsbereich kaum trennscharf vorgenommen werden kann.

Interesse an den Naturwissenschaften

PISA setzt bei jeder Erhebung einen inhaltlichen Schwerpunkt. Im Jahr 2006 waren dies die Naturwissenschaften. Ein besonderes Interesse galt dabei den Interessen an den Naturwissenschaften – eine Thematik, die für die Schweiz höchst aktuell ist, denn die Nachfrage nach Jugendlichen, die naturwissenschaftlich-technische Berufe oder Studienrichtungen wählen, ist in der Schweiz gross. Um den Bedarf an Fachpersonal für anspruchsvolle naturwissenschaftlich-technische Berufe decken zu können, ist es von Vorteil, wenn sich vor allem Jugendliche mit sehr guten naturwissenschaftlichen Leistungen für diese Berufe begeistern.

Im Anschluss an den PISA-Test beantworteten die Schülerinnen und Schüler verschiedene Fragen zu ihren Interessen an den Naturwissenschaften. Eine der Fragen war, welchen Beruf die Schülerinnen und Schüler im Alter von 30 Jahren voraussichtlich ausführen würden. Der Anteil an naturwissenschaftlich hoch kompetenten Jugendlichen (Niveau V oder VI), die eine naturwissenschaftlich-technische Berufs- oder Studienlaufbahn einschlagen möchten, ist im Kanton Basel-Landschaft mit 37 Prozent innerhalb der Deutschschweiz am höchsten und damit auch deutlich höher als im Kanton Schaffhausen, in dem die Jugendlichen insgesamt die besten naturwissenschaftlichen Leistungen erreichen, in dem jedoch nur 26 Prozent der naturwissenschaftlich hoch kompetenten Jugendlichen gedenken, eine naturwissenschaftliche Berufs- oder Studienlaufbahn einzuschlagen. Das Interesse der Jugendlichen im Kanton Basel-Landschaft an den Naturwissenschaften ist generell höher als in anderen Kantonen der Deutschschweiz. Es ist davon auszugehen, dass die Jugendlichen ihre Chancen für eine naturwissenschaftliche Berufs- oder Studienlaufbahn in der Region wahrnehmen.

Fazit

Gemessen an der PISA-Grundbildung in den Naturwissenschaften, in der Mathematik und im Lesen, gehören die Schülerinnen und Schüler der neunten Klasse des Kantons Basel-Landschaft nicht zur Spitze der Schweiz. Der Anteil an sehr schwachen Schülerinnen und Schülern ist im Vergleich zum an der Spitze liegenden Kanton Schaffhausen – einem Kanton mit einer ähnlichen soziodemografischen Zusammensetzung – in der Mathematik beinahe doppelt so gross, im Lesen und in den Naturwissenschaften anderthalb mal so gross.

Der hohe Anteil an Schülerinnen und Schülern, die den internationalen Mindeststandard nicht erreichen und deren Risiko für einen reibungslosen Übergang in die Berufsbildung erhöht ist, ist zwar nicht dramatisch – die Risikogruppe ist beispielsweise im Kanton Zürich wesentlich grösser als im Kanton Basel-Landschaft –, bei der Beurteilung sollten aber zwei Aspekte beachtet werden: Zum einen werden im Kanton Basel-Landschaft vergleichsweise viele Schülerinnen und Schüler in Sonderklassen und Sonderschulen unterrichtet. Der kantonale Vergleich fand ohne diese Schülerinnen und Schüler statt. Zum anderen sind die Lehr- und Lernbedingungen aufgrund der sozialen und kulturellen Heterogenität im Kanton Basel-Landschaft eher günstiger als in anderen Kantonen der Deutschschweiz, zweifelsohne deutlich günstiger als im Kanton Zürich.[5]

So gesehen scheint es angemessen, die PISA-Ergebnisse zu einer vertieften Diskussion über die Leistungserwartungen an den Schulen des Kantons Basel-Landschaft zu nutzen. Zu gross ist der Anteil an Jugendlichen, die am Ende der obligatorischen Schulzeit Mühe bekunden, beispielsweise einfache mathematische Routineverfahren in alltagsbezogenen Situationen adäquat zu nutzen.

Anmerkungen

1 Urs Moser: Zusammenfassung, in: *Bundesamt für Statistik* (Hg.): Für das Leben gerüstet? Die Grundkompetenzen der Jugendlichen – Nationaler Bericht der Erhebung PISA 2000. Neuchâtel 2002, 156–160.
2 *Konsortium PISA.ch:* PISA 2009: Schülerinnen und Schüler der Schweiz im internationalen Vergleich. Bern und Neuchâtel 2010.
3 Lutger Wössmann: Was unzureichende Bildung kostet. Eine Berechnung der Folgekosten durch entgangenes Wirtschaftswachstum. Gütersloh 2009.
4 OECD: Lernen für die Welt von morgen. Erste Ergebnisse von PISA 2003. Paris 2004.
5 Urs Moser & Domenico Angelone: PISA 2006: Porträt des Kantons Basel-Landschaft. Zürich 2008.

Bildnachweis

1–3 http://www.pisa.admin.ch/bfs/pisa/de/index/02/03.html (18. Juli 2011).
4 Aus: Urs Moser & Domenico Angelone: PISA 2006: Porträt des Kantons Basel-Landschaft. Zürich 2008.

1 Das *Regionale Gymnasium Laufental-Thierstein*: neue Wege zur zweisprachigen Matur.

Isidor Huber

«Sieh, das Gute liegt so nah!» – Goethe
Zweisprachige Matur am Gymnasium Laufen

Das *Regionale Gymnasium Laufental-Thierstein* und das *Lycée cantonal* in Porrentruy gehen neue Wege im Fremdsprachenunterricht. Mit der Bildung von authentisch bilingualen Klassen soll die künstliche Lernsituation beim Erwerb von Fremdsprachen aufgehoben werden. Ein nachhaltiges Projekt für die zweisprachige Matur?

Wer kennt sie nicht, die Aussage, wonach die Schweiz nicht nur aufgrund ihres wirtschaftlichen Wohlstands, sondern auch dank ihrer kulturellen und sprachlichen Vielfalt reich sei? Wir sind stolz auf unsere viersprachige Schweiz, und das zu Recht! Wir leben in einem linguistisch und kulturell facettenreichen Land. Gerade die Region Laufental-Thierstein scheint diesbezüglich in einer privilegierten Lage zu sein. Die Nähe des französischen Sprachraums und insbesondere des Kantons Jura bietet uns perfekte Voraussetzungen zur Mehrsprachigkeit. Nur: Nutzen wir diese Vorteile auch?

2 Das *Lycée cantonal* in Porrentruy.

Die Idee

Die unmittelbare Nachbarschaft einer Sprache garantiert deren Erwerb keineswegs. Dies zeigt die tägliche Unterrichtserfahrung. Angesichts der knapp 15 Kilometer Distanz zur Sprachgrenze sind unsere Französischkenntnisse oft relativ bescheiden. Das Gleiche gilt in zumindest ebenso grossem Mass auch für die Deutschkenntnisse unserer welschen Nachbarn.

Die Schulleitungen des *Lycée cantonal* in Porrentruy und des *Regionalen Gymnasiums Laufental-Thierstein (Gymnasium Laufen)* wollen nun dieser etwas paradoxen Situation entgegenwirken. Mit der Führung von authentisch bilingualen Klassen soll die vielfach künstliche Lernsituation beim Fremdsprachenerwerb umgekehrt werden. Zusammen mit Altersgenossen aus dem anderssprachigen Kanton sollen Schülerinnen und Schüler ihren Bildungsweg bis zu einer eidgenössisch anerkannten zweisprachigen Maturität gehen.

Solche bilingualen Klassen bieten für beide beteiligten Schulen und deren Kantone erhebliche Vorteile, so dass dieses Projekt von beiden Seiten als Win-win-Situation gesehen wird:
– Der Kanton Jura sieht in der Regio Basiliensis und besonders in der *Universität Basel* ein vielversprechendes wirtschaftliches Entwicklungsfeld.

- Das *Gymnasium Laufen* erhält wie die anderen Baselbieter Gymnasien die Möglichkeit eines Bildungsganges bis zu einer bilingualen Maturität. Mit einem attraktiven, in dieser Form einmaligen Angebot dürften sogar interessierte Lernende aus dem Unterbaselbiet nach Laufen gezogen werden. Der Standort Laufen würde nachhaltig gestärkt.
- Keine der beiden beteiligten Schulen verliert durch das neue Angebot Schülerinnen und Schüler. Durch die entstehende Zusammenarbeit dürften hingegen beide Schulen sogar von den Eigenheiten und den Ressourcen der Partnerschule profitieren.
- Anders als in bereits bestehenden, so genannt immersiven Kursangeboten besteht die Zweisprachigkeit nicht nur während des Unterrichts. Mit zweisprachig zusammengesetzten Klassen dürften bilinguale Aktivitäten (Arbeitsgruppen, informelle Kontakte, gemeinsame Freizeitgestaltung etc.) an Authentizität und somit an Qualität gewinnen und den Spracherwerb erleichtern. Dies wiederum erhöht die Studierfähigkeit der beteiligten Schüler und Schülerinnen).

Solche bilingual beziehungweise bikantonal zusammengesetzten Klassen entsprechen Forderungen der schweizerischen *Erziehungsdirektoren-Konferenz* (EDK) und des *Vereins Schweizerischer Gymnasiallehrerinnen und Gymnasiallehrer* (VSG). EDK und VSG streben eine Mehrsprachigkeit durch verstärkte Zusammenarbeit über die Sprachgrenzen hinweg an.[1]

Das Projekt

Der geplante Maturitätslehrgang dauert insgesamt vier Jahre. Er beginnt mit dem Start zum neunten Schuljahr in der progymnasialen Abteilung des *Gymnasiums Laufen* (Sekundarstufe I; Niveau P). Nach zwei Jahren in Laufen folgen zwei weitere Jahre am *Lycée cantonal* in Porrentruy. Dort werden auch die abschliessenden Maturitätsprüfungen durchgeführt.

Für beide Kantone neu ist in diesem Zeitplan das neunte Schuljahr, in welchem die jurassischen und basellandschaftlichen Schülerinnen und Schüler zusammengeführt und auf die drei MAR[2]-Schuljahre vorbereitet werden. Ebenfalls neu ist die Ausbildungsdauer für die Lernenden des Kantons Baselland: Sie legen ihre Maturitätsprüfung schon nach sechs (statt wie bisher nach sieben) Semestern am Gymnasium ab.

Aus finanziellen und organisatorischen Gründen werden von der gesamten Auswahl an Schwerpunktfächern (SPF) nur deren zwei angeboten: Biologie und Chemie (B/C) sowie Wirtschaft und Recht (W). Die beiden Profile B/C und W werden deshalb favorisiert, weil
- das Profil B/C gerade den zahlreichen jurassischen Schülerinnen und Schülern mit dem Studienwunsch Human- und Veterinärmedizin ein Studium in der Deutschschweiz ermöglichen würde und

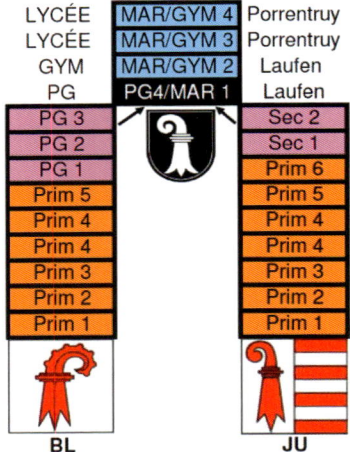

- die zweite Landessprache beziehungsweise die Zweisprachigkeit für Wirtschaftsstudierende mit einem zukünftigen Arbeitsfeld in unseren KMU von höchster Nützlichkeit ist.

Während der ganzen Ausbildung gelten die vor Ort gesprochenen Sprachen als dominierende Unterrichtssprachen, das heisst Deutsch in Laufen und Französisch in Porrentruy. Allerdings werden einzelne Fächer an beiden Schulen in der jeweiligen «Fremdsprache» unterrichtet. Dies soll im Umfang von etwa fünf bis sieben Lektionen pro Woche geschehen. Für diesen Unterricht werden Lehrpersonen mit entsprechenden Sprachkenntnissen beigezogen. So sollen in Laufen die beiden Fächer Geografie und Mathematik, in Porrentruy die Fächer Physik, Geschichte und Philosophie in der jeweiligen Partnersprache unterrichtet werden.

Besonderheiten:
- Die Maturaarbeit wird in Porrentruy geschrieben. Sie kann nach Wahl in Deutsch oder Französisch abgefasst werden. Ebenso können als betreuende Lehrperson Fachlehrkräfte aus Laufen oder Porrentruy gewählt werden.
- Das im elften Schuljahr am *Lycée cantonal* in Porrentruy beginnende Ergänzungsfach wird während des zehnten Schuljahres, also in Laufen, gewählt.
- An den Maturprüfungen arbeiten nach Bedarf die Lehrpersonen der beiden Schulen als Examinatoren beziehungsweise Examinatorinnen zusammen.

4 Erste Annäherung: Schülerinnen des *Gymnasiums Laufen* im Gespräch mit Claude Nicollier bei einer Veranstaltung im *Lycée cantonal de Porrentruy*.

Anforderungsprofil – Massnahmen für den Studienerfolg

Die anvisierte bilinguale Maturität stellt erhöhte Anforderungen an die Schülerinnen und Schüler. Um dieser Tatsache Rechnung zu tragen, werden die Zulassungsbedingungen für diesen Bildungsgang verschärft. Für eine Aufnahme in einen konventionellen gymnasialen Bildungsgang werden im Baselbiet ein genügendes Zeugnis plus die Punktzahl 12 in den drei Kernfächern Mathematik, Deutsch und Französisch vorausgesetzt. Für den geplanten bilingualen Zug werden dagegen 14 Punkte gefordert (Mathematik 4,5, Deutsch 4,5 und Französisch 5).

Neben den erschwerten Zulassungsbedingungen sind zudem rund um die Schnittstellen am Ende des achten beziehungsweise zehnten Schuljahrs Massnahmen vorgesehen. So erhalten die aus dem Jura ankommenden Schülerinnen und Schüler im neunten und zehnten Schuljahr einzelne Stützlektionen zur Bewältigung allfälliger (sprachlich bedingter) Schwierigkeiten. Dasselbe ist für die Baselbieter Schülerschaft nach deren Umzug ans *Lycée cantonal* in Porrentruy vorgesehen.

Kosten

Neben den erwähnten Sondermassnahmen (Stützunterricht) sind weitere Zusatzleistungen zu erbringen. So erhalten die jeweiligen Gastschüler ihren Deutsch- und Französischunterricht jeweils separat erteilt: Es müssen ein Deutschunterricht für Fremdsprachige und ein Französischunterricht für Muttersprachige (in Laufen) beziehungsweise ein Deutschunterricht für Muttersprachige und ein Französischunterricht für Fremdsprachige (in Porrentruy) organisiert werden.

Neben den durch diese Sondermassnahmen verursachten Zusatzkosten können auch einzelne Einsparungen gemacht werden:
– Der Profilunterricht in der vierten PG-Klasse (vier Lektionen) wird zur Hälfte für Stützlektionen verwendet.
– Für den Unterricht im Schwerpunktfach werden die bilinguale Klasse und die Regelklasse des gleichen Profils zusammengelegt.

Nach Abschätzungen der zu erwartenden Kosten ist mit einem jährlich anfallenden höheren fünfstelligen Zusatzbetrag zu rechnen. Diese Zusatzkosten dürften angesichts des erwarteten Nutzens dieses Bildungsgangs absolut vertretbar sein.

Wie geht es weiter? – Ausblick

Nach dem grundsätzlichen Einverständnis des Bildungsdirektors Urs Wüthrich im Frühjahr 2010 sind wichtige Vorarbeiten erledigt worden. Die Projektskizze wurde präzisiert und eine Kostenabschätzung erstellt. Der Auftrag des Bildungsvorstehers ist formuliert. Bis Sommer 2011 müssen nun die inhaltlichen Fragen zu Lehrplänen und deren Umsetzung geklärt werden, damit im August 2012 eine erste bilinguale Klasse in Laufen ihren Unterricht aufnehmen kann. Dabei wird es zu einer Zusammenarbeit der Lehrerschaft des Progymnasiums in Laufen mit der Sekundarstufe I des Kantons Jura sowie zwischen den Lehrerschaften der Gymnasialstufe in Laufen und des *Lycée* in Porrentruy kommen. Ziel muss es sein, dass der Bildungsgang für die Schülerinnen und Schüler bewältigbar ist und gleichzeitig die fachlichen Anforderungen einer eidgenössisch anerkannten Matur erfüllt. Ersteres werden wir erreichen, weil sich für dieses Unternehmen vor allem besonders begabte und motivierte Kandidatinnen und Kandidaten melden werden. Die eidgenössische Anerkennung wird durch das *Lycée* in Porrentruy garantiert, welches jetzt schon bilinguale Bildungsgänge anbietet und entsprechende Maturitätszeugnisse ausstellt.

Das laufende Projekt bezweckt nicht nur eine Förderung der Sprachkompetenzen unserer Schülerschaft. Für den Standort Laufen sollte eine erfolgreiche Zusammenarbeit mit dem Kanton Jura zwei positive Folgeerscheinungen zeitigen:
– Eine bilinguale Maturität für Begabte mit Aussicht auf erhöhte Studien- und Berufschancen dürfte auch Schülerinnen und Schüler aus dem unteren Kantonsteil

5 Spuren einer ehemals deutlicher wahrnehmbaren Frankophonie in Laufen: das *Hôtel du soleil*.

anlocken. Damit würde der tendenzielle Trend hin zur Stadt («birsabwärts») vermindert und die Anziehungskraft Laufens als regionaler Bildungsstandort gestärkt werden. Gerade in der Diskussion rund um den mittlerweile gestrichenen § 110 des Bildungsgesetzes wurde die Notwendigkeit einer solchen Profilierung nur zu deutlich sichtbar.
– Die Stadt Laufen spielte in der Vergangenheit eine nicht unerhebliche Rolle als Treffpunkt der Sprachgemeinschaften innerhalb des Jurabogens. Davon zeugen noch heute die zahlreichen französischsprachigen Stimmen am ‹Laufner Märt›, die kleine, aber durchaus intakte *Communauté francophone* in der Laufner Einwohnerschaft und, *last but not least*, Spuren einer ehemals deutlicher wahrnehmbaren Frankophonie in Laufen, wie zum Beispiel das *Hôtel du soleil*. Unser ‹Stedtli› und die ganze Region dürften durch eine verstärkte Präsenz unserer welschen Nachbarn weiter aufgewertet werden. Eine nuancierte Wahrnehmung des Kantons Jura mit seinem ehemaligen Bischofssitz in Porrentruy könnte so auch unser historisches Bewusstsein bereichern. Die beiden Kantone sind einander nah, und dies nicht allein durch den roten Bischofsstab auf dem weissen Flaggengrund.

Anmerkungen

1   Der Fremdsprachenunterricht auf der Sekundarstufe II, Strategie der EDK und Arbeitsplan für die gesamtschweizerische Koordination, Entwurf vom 21. April 2008, Punkt 3.3, 4, abrufbar unter http://www.edk.ch/dyn/12498.php (Oktober 2010).
    Petition des VSG («Bund und Kantone geben zusammen 10 Millionen Franken frei, damit die Schülerinnen und Schüler der allgemeinbildenden Schulen der Sekundarstufe II zu einem mindestens zweiwöchigen Sprachaustausch innerhalb der Schweiz kommen») in: *Gymnasium Helveticum*, Nr. 5/10, oder unter http://www.vsg-sspes.ch/index.php?id=150 (Oktober 2010).
2   MAR, Maturitätsanerkennungsreglement vom 15. Februar 1995.

Bildnachweis

1   Martin Meury, Laufen.
2   Peter Hellinger, Laufen.
3–5 *Gymnasium Laufen*, Laufen.

1 Die Stiftung *Obesunne* in Arlesheim verfügt über ein Pflegeheim, ein Restaurant und über 100 Alterswohnungen.

Esther Ugolini
Viele Wege führen zum Gesundheits-Traumberuf
Rosanna Sivarajah (23) bildet sich in einem Altersheim zur «Fachfrau Gesundheit» aus

Das Ausbildungsangebot im Gesundheitsbereich ist gross, und es gibt mehrere Möglichkeiten, ein Berufsziel zu erreichen. Die junge Baselbieterin Rosanna Sivarajah machte nach der «Vorlehre Gesundheit» eine Ausbildung zur «Pflegeassistentin» und ist jetzt im ersten Lehrjahr als «Fachfrau Gesundheit EFZ». Später will sie sich zur «diplomierten Pflegefachfrau HF» (höhere Fachschule) weiterbilden.

Im Fachbereich «Gesundheit» heisst es am Ball bleiben, wenn man den Überblick über die angebotenen Fachrichtungen und Berufe behalten will. Was vor Jahren lapidar mit der Berufsbezeichnung «Krankenschwester» oder dem männlichen Pendant «Krankenpfleger» umschrieben wurde, heisst heute «Dipl. Pflegefachmann/-frau HF» (höhere Fachschule) und verzweigt sich in viele verschiedene Fachrichtungen. Wer sich für einen Pflegeberuf entscheidet, kann sich nach der Grundausbildung unter anderem zur Spezialistin für Röntgenaufnahmen, Operationstechnik oder psychiatrische Pflege weiterbilden. Oder sich mit einem Nachdiplomstudium beispielsweise auf Anästhesie-, Intensiv- oder Notfallpflege spezialisieren. Es gibt ausserdem Aktivierungstherapeuten, Rettungssanitäter, Aggressionstrainerinnen, medizinische Masseure, Podologinnen, Fachpersonen für verschiedene komplementärmedizinische Therapiebereiche und viele weitere Möglichkeiten, sich im Gesundheitsbereich weiterzubilden oder sein Wissen in einer Fachrichtung zu vertiefen.

Zumindest für Aussenstehende verwirrend ist dabei nicht die Vielfalt von Ausbildungswegen, sondern die laufende Erneuerung der Fachbezeichnungen. Die «Pflegeassistent/in SRK» beispielsweise heisst ab 2012 «Assistent/in Gesundheit und Soziales EBA», der erst 2004 neu geschaffene Beruf «Fachangestellte Gesundheit EFZ», der sich unter der Abkürzung «Fage» langsam etabliert hat, wird jetzt zu «Fachmann/-frau Gesundheit EFZ». Und die Fachbezeichnungen – HF, AKP, PsyKP, KWS, IKP oder DN II – klingen für Laien ein wenig, als seien sie eine Geheimsprache unter Pflegenden.

Berufsalltag mit vielen Facetten

Von all diesen ineinander verschlungenen Pfaden lässt sich Rosanna Sivarajah nicht im Geringsten beirren. Die 23-jährige Frau aus Sri Lanka, die seit 16 Jahren im Baselbiet wohnt, lässt sich in der Arlesheimer Stiftung *Obesunne* zur «Fachfrau Gesundheit EFZ» (Eidgenössisches Fachzeugnis) ausbilden und lernt in der Pflegeeinrichtung mit angegliederten Alterswohnungen alles Nötige über die Betreuung von alten Menschen. Das beinhaltet im Alters- und Pflegeheim zum Beispiel Hilfe im Alltag wie Unterstützung beim Aufstehen, Waschen, Anziehen und Essen, Begleitung bei Freizeitaktivitäten oder Aktivierungstherapien, Lagerung von bettlägerigen Patienten. Die Gesundheitsfachleute sind aber auch zuständig für Blutdruckmessen, Wundpflege oder Blutentnahmen, sie helfen beim Toilettengang und sorgen dafür, dass die verschriebenen Medikamente eingenommen werden. Sie kümmern sich um Material und administrative Arbeiten, kontrollieren Apparate und Instrumente oder führen Patientenblätter.

Natürlich müssen die jungen Berufseinsteigenden das alles nicht auf einen Schlag lernen. Auch in der *Obesunne* richtet sich die Ausbildung der «Fachpersonen Gesundheit EFZ» klar nach den Richtlinien des Berufsverbandes. Die Auszubildenden durchlaufen während ihrer dreijährigen Lehrzeit die verschiedenen Abteilungen der Altersstiftung und haben so Einblick in alle Bereiche: die Verwaltung mit Sekretariat und Administration, den technischen Dienst, Hotellerie und Küche im angegliederten Restaurant und die Pflege- und Betreuungsabteilung. In der Berufsfachschule wird die praktische Arbeit im Betrieb an zwei Tagen in den beiden ersten Lehrjahren und einem Schultag im dritten Jahr mit einem breit gefächerten Ausbildungsplan an theoretischem Wissen ergänzt. Neben allgemeinbildenden Schwerpunktfächern wie Politik,

2 Rosanna Sivarajah im Park der *Obesunne* mit Martha Keller (90) und Anina Bösch (94), v.l.n.r.

Ökologie und Wirtschaft, Ethik, Recht oder Kultur umfasst das schulische Ausbildungsprogramm auch Berufskundefächer. Vermittelt werden Kompetenzen in Pflege und Betreuung, Hygiene und Sicherheit, Logistik oder Alltagsgestaltung.

Kontakt zu Menschen im Zentrum

Rosanna Sivarajah ist im ersten Lehrjahr ihrer Ausbildung, die sie 2013 beenden wird und kennt die *Obesunne* schon aus verschiedenen Perspektiven. Sie hat im Kiosk gearbeitet, in der Administration und in der Küche, seit Februar ist sie im Pflegebereich. «Interessant war es wirklich überall», sagt sie diplomatisch – gleichzeitig lässt sie aber keinen Zweifel daran aufkommen, was für sie in ihrem Berufsalltag das Wichtigste ist: «die Menschen natürlich», sagt sie und lacht sehr fröhlich. Das kommt bei ihr nicht nur daher, dass sie frisch verheiratet ist und Pläne schmiedet für eine verheissungsvolle Zukunft mit Familie und beruflicher Weiterbildung zur diplomierten «Pflegefachfrau HF». Sie liebe ihren Beruf, sagt die junge Frau, und schon als Kind hätten ihr Eltern und Bekannte grosse Hilfsbereitschaft attestiert. Krankenschwester sei schon immer ihr Traumberuf gewesen. «Ich bin extrem kontaktfreudig», sagt Rosanna Sivarajah über sich, «am liebsten mag ich an meinem Beruf die Kommunikation mit den Bewohnern: reden, zuhören, wenn sie über die Vergangenheit erzählen. Ich nehme gerne an ihrem Leben teil, vielleicht spüren die Leute das.»

Der Weg zum Traumberuf allerdings war für die 23-Jährige nicht immer einfach, auch wenn sie ihn mit klarer Zielstrebigkeit verfolgt. Ihre Kindheit in Sri Lanka war vom Bürgerkrieg überschattet, der Alltag ein Balanceakt zwischen Normalität und dem Ausnahmezustand Krieg. Geboren und aufgewachsen bei Jaffna, der Stadt im Zentrum des erbitterten Kampfes um einen eigenen Tamilenstaat im Norden Sri Lankas, erlebte Rosanna Sivarajah als kleines Mädchen die Unsicherheit und Grausamkeit dieses Konfliktes: «Wir waren mittendrin», schildert die junge Frau das Erlebte, «und wir sahen viele hilflose Menschen.» Ihr Vater, durch den Krieg seiner Existenzgrundlage als Fischer beraubt, flüchtete kurz vor der Geburt seiner Tochter in die Schweiz, die Mutter folgte einige Jahre später. Rosanna blieb bei Verwandten in Sri Lanka zurück.

Erst im Alter von sieben Jahren konnte sie ihren Eltern in die Schweiz folgen – und das ganz ohne Begleitung. «Für den langen Flug hat mir meine Tante eine Tafel mitgegeben mit den wichtigsten Begriffen: Durst, Hunger – oder dem Kennzeichen für die Damentoiletten», erinnert sich Rosanna Sivarajah an die grosse Reise. Gelandet ist sie in einem Asylheim in Birsfelden, wo sie zum ersten Mal in ihrem Leben ihren Vater sah. «Es war für mich verwirrend und oft schwierig», sagt sie zu ihrer ersten Zeit in der Schweiz, und das gilt auch für ihren Start auf dem Bildungsweg: Einschulung in der Primarschule, ohne ein einziges Wort Deutsch zu können, Unterricht in einer fremden Sprache, Hausaufgaben, bei denen ihr auch die Eltern nicht helfen konnten, weil sie ebenfalls kein Deutsch sprachen.

Zum Ziel in mehreren Etappen

Umso erstaunlicher ist deshalb ein Blick zurück auf die bisherige Ausbildungslaufbahn von Rosanna Sivarajah. Die Einschulung in die Kleinklasse wegen mangelnder Sprachkenntnisse war nur vorübergehend, die Intensivlektionen Deutsch zeigten rasch Wirkung: «Ab der siebten Klasse hatte ich eigentlich keine Probleme mehr wegen der Sprache», sagt Rosanna über ihre Schulzeit. Sie lernte rasch und arbeitete diszipliniert, durchlief die Sekundarschule im Niveau A, büffelte Mathe, Geografie oder Berufswahlvorbereitung in der Werkjahrklasse und entschied sich schliesslich für einen der vielen Wege zu ihrem Traumberuf: Nach der obligatorischen Schulzeit absolvierte sie die «Vorlehre Gesundheit», ein Brückenangebot zwischen Schule und Berufswelt. Anschliessend fand sie eine Lehrstelle als Pflegeassistentin in einem Alters- und Pflegeheim – eine einjährige Basisausbildung mit Schulungseinheiten in Pflege, Ernährung und Hygiene, Haushaltsarbeiten und dem Erkennen bestimmter Krankheitsbilder. Am Anfang lief alles gut, die junge Frau freute sich über den Ausbildungsplatz und startete mit Enthusiasmus. Dann kam der Knick: «Ich konnte plötzlich nicht mehr weitermachen», beschreibt Rosanna Sivarajah heute die Situation. Die Motivation war weg, die Abwärtsspirale einer Depression hielt sie gefangen.

Wie eine Retterin in der Not erschien just zu diesem Zeitpunkt eine Bekannte, die Rosanna ermutigte, ihr bei der Suche nach einer neuen Lehrstelle behilflich war und sie

3 Rosanna Sivarajah.

in vielen Belangen unterstützte. «Sie war mein Coach und ein totaler Aufsteller», sagt die junge Frau über die Person, die genau im richtigen Moment in ihrem Leben eine wichtige Rolle übernahm. Als gläubige evangelische Christin ist sie fest davon überzeugt, dass diese Hilfe eine Fügung war: «Ich glaube daran, dass das mein Weg ist, der für mich vorbestimmt ist.» Sie suchte monatelang nach einer anderen Lehrstelle, schrieb unzählige Bewerbungen und fand schliesslich einen Praktikumsplatz in der Abteilung «Alterspsychiatrie» der *Kantonalen Psychiatrischen Klinik* in Liestal. Eine schwierige Domäne und «sehr anspruchsvoll», bestätigt die junge Pflegespezialistin, aber: «Ich war nach meinem Durchhänger wieder voll motiviert, und die Arbeit war wirklich interessant.» Geschult worden sei in der halbjährigen Praktikumszeit insbesondere ihre Fähigkeit, zuzuhören und sich in das Gegenüber einzufühlen. «Bei psychisch kranken Patienten muss man auch beurteilen können, ob das, was sie einem gerade erzählen, auch tatsächlich der Realität entsprechen kann.»

Nach dem Zwischenpraktikum fand sie schliesslich eine Lehrstelle als Pflegeassistentin, die sie diesmal problemlos abschloss und mit einem Jahr Praxisarbeit abrundete.

Unterstützung in schwierigen Situationen

In die *Obesunne* schliesslich fand Rosanna Sivarajah auf Empfehlung einer Kollegin. Ihr nächstes Etappenziel auf ihrem Weg zum Traumberuf «Krankenschwester»: eine Ausbildung zur «Fachfrau Gesundheit», entweder in einer dreijährigen Vollzeit-Grundausbildung oder während zweier Jahre in einer berufsbegleitenden Nachholbildung mit der Ausbildung zur Pflegeassistentin als Basis. Die Entscheidung fiel rasch – für die längere Lernzeit und für den Ausbildungsplatz *Obesunne*. «Man spürt sofort, ob in einem Betrieb eine gute Stimmung herrscht», sagt die junge Auszubildende, die mittlerweile so einige Vergleichsmöglichkeiten hat. Für ihren Lehrbetrieb hält sie mit Lob nicht hinter dem Berg: «Der Umgang im Team und auch mit den Bewohnern ist freundlich, respektvoll und offen», lobt sie – eine Arbeitsgrundlage, die sie als wichtig erachtet. Der Austausch im Team wie auch der Rückhalt und die Unterstützung der Vorgesetzten seien unabdingbar. Denn auch für ein ausnehmend sonniges Gemüt wie jenes von Rosanna Sivarajah birgt die Pflegearbeit Schattenseiten: schwierige Klienten, das Beseitigen von Körperausscheidungen oder auch ganz generell der Umgang der Gesellschaft mit alten Menschen. Einzelne Bewohner seien einsam, bekämen kaum Besuch von Angehörigen. Oder die Betagten werden, aus Verwirrung aufgrund einer Demenz oder aus Angst angesichts ihrer Situation, grob oder gar handgreiflich gegenüber dem Pflegepersonal. «Manche Pflegefälle sind sehr anstrengend und bringen einen schon mal an seine Grenzen», sagt Rosanna, um den indirekten Vorwurf sogleich wieder zu entkräften «Sie machen das ja nicht absichtlich. Wenn man den Hintergrund der Patienten kennt, versteht man vieles besser.»

Sich im strukturierten und oft hektischen Pflegealltag für die vielfältigen Bedürfnisse der Bewohnerinnen und Bewohner auch genügend Zeit nehmen zu können, bezeichnet die angehende «Fachfrau Gesundheit» als ihre tägliche Herausforderung. In den einzelnen Betreuungsschichten sind die Auszubildenden jeweils für vier Patienten zuständig, und vor allem am Morgen bleibt neben der Unterstützung bei den alltäglichen Verrichtungen wenig Zeit zum Reden, Zuhören, Vorlesen. Am Nachmittag dagegen bleibt dafür mehr Raum – eine wichtige Voraussetzung für gute Pflegearbeit, findet Rosanna Sivarajah. «Stress und hektisches Vorgehen haben im Kontakt mit den Klienten keinen Platz», sagt sie, «und bei aller modernen Technik in der Pflege sollte die Behaglichkeit nicht in den Hintergrund rücken.» Denn: «Die Bewohner sind hier zu Hause. Und wir sind ihre Betreuung.»

Bildnachweis
Esther Ugolini, Laufen.

1 BiZ: Die *Berufs-, Studien- und Laufbahnberatung* bietet Orientierung bei allen beruflichen Übergangsfragen.

Beatrice Kunovits-Vogt

Berufsberatung im Spiegel der Zeit

Die Geschichte der Berufsberatung als öffentliche Aufgabe ist nicht systematisch aufgearbeitet worden, weder für die Schweiz noch im Kanton Basel-Landschaft – dieser Beitrag versucht dies in bescheidenem Masse aufzuholen. Dabei stützt er sich auf den reichhaltigen Fundus im *Staatsarchiv des Kantons Basel-Landschaft* und versucht aufzuzeigen, wie sich der gesellschaftliche und wirtschaftliche Wandel auf Haltungen, Methoden und Organisation der Berufsberatung ausgewirkt hat.

Die Wurzeln der Berufsberatung reichen bis ins 18. Jahrhundert zurück: Mit der Französischen Revolution kam die Handels- und Gewerbefreiheit, womit auch eine Berufswahlfreiheit möglich wurde. Die pädagogischen Wurzeln findet man bei Heinrich Pestalozzi (1746–1827), der Neigungen und Eignungen als wesentliche Voraussetzungen für eine geglückte Berufswahl betrachtete. Nicht zuletzt erkannte Emanuel Fellenberg (1771–1844) die Bedeutung der Berufswahl für die Gesellschaft. Er forderte, dass das Schul- und Erziehungswesen als Verfassungsauftrag bei Berufswahlfragen Unterstützung zu leisten habe.[1]

In der Schweiz wurde die Berufsberatung erst zu Beginn des 20. Jahrhunderts zur öffentlichen Aufgabe. Die Industrialisierung, wie auch die wirtschaftlichen Erschütterungen während und nach dem Ersten Weltkrieg liessen vorerst in den Städten, zum Beispiel in Zürich und Basel[2], die volkswirtschaftliche Dringlichkeit erkennen, von Staates wegen eine Berufswahl nach der obligatorischen Schulzeit zu unterstützen. Der Anstoss kam vor allem aus den Kreisen der gemeinnützigen Gesellschaften des städtischen Bürgertums[3], aber auch aus Gewerbekreisen. Diese waren vor allem an der Rekrutierung des beruflichen Nachwuchses interessiert. Allgemein jedoch wollte man mit Lehrlingspatronaten die Missstände im Lehrlingswesen bekämpfen.

Die Gründungszeit der Berufsberatung im Kanton Basel-Landschaft

Erste Zeugnisse aus dieser Zeit belegen die Entstehungsgeschichte der Berufsberatung im Landkanton: An der Kantonalkonferenz des *Lehrervereins Baselland* von 1916 wird die Mitwirkung der Schule bei der Berufswahl beschlossen. 1917 richtet sich Erziehungsdirektor Gustav Bay mit einem Aufruf an die Lehrerschaft, diesen Beschluss umzusetzen. Er fordert von den Lehrern der achten Primarklassen und der Sekundar- und Bezirksschulen, den «Wegweiser zur Berufswahl» als obligatorisches Lehrmittel einzuführen.[4] Sie sollen im Anschluss an den Unterricht mit den Kindern über die Bedeutung der Berufswahl sprechen und die Eltern über Schriften, Briefe und Gespräche mit einbeziehen. Mittels eines Fragebogens müssen sie dem Arbeitsamt über den Stand der Berufswahl ihrer Schülerinnen und Schüler Aufschluss geben.

Die Themen des «Wegweisers zur Berufswahl» könnten zum Teil aus der heutigen Zeit stammen: Der Wert einer Berufslehre wird hervorgehoben. Das Los des Ungelernten bringe auf die Dauer kein berufliches Fortkommen; der Knabe solle deshalb die Schule nicht zu früh verlassen, solle zuerst lernen und dann erwerben. Zum Beruf gehöre Lust und Neigung, man solle sich nicht von Vorurteilen leiten lassen und nicht in jedem Fall den Beruf des Vaters wählen. Es brauche mehr Handwerker, um der Überfremdung Herr zu werden; nicht jeder sei ein Kopfarbeiter und solle studieren. Bei der Berufswahl der Mädchen hält der Wegweiser fest, die erste Aufgabe jeder Tochter sei die Führung eines Haushaltes. Die Zeit bis zur Heirat sei sinnvoll zu überbrücken.

Weitere erstaunliche Parallelen zu heutigen Stossrichtungen zeigen sich in den Anträgen der oben erwähnten Kantonalkonferenz von 1916.[5] So wird schwächer begabten Schülern der oberen Klassen dringend empfohlen, Handwerkskurse zu besuchen. Dadurch würde nicht nur ihre Handgeschicklichkeit, sondern auch ihr Begriffsvermögen gestärkt. Ein gutes Zeugnis über diese Fähigkeiten könnte zur Gewinnung einer Lehrstelle genutzt werden.

Ferner wird der Verwalter des Arbeitsamtes verpflichtet, Bericht über Beschäftigungsmöglichkeiten der Schüler auf dem Arbeitsmarkt zu erstatten. Mit diesem Material solle der Lehrer im Gespräch mit den Eltern eine geeignete Lösung suchen und womöglich eine Vermittlung in die Wege leiten, indem er dem Arbeitsamt die Berufswünsche der Schüler zustellt.

Die Berufsberatung von Jugendlichen nach der obligatorischen Schulzeit in Verbindung mit Lehrstellenvermittlung erhält im Kanton Basel-Landschaft einen ersten institutionellen Rahmen: 1918 wird im Rahmen des Arbeitsamtes das Lehrlingsamt geschaffen.[6]

Pionierphase und Konsolidierung der Berufsberatung

Die Arbeitslosigkeit und der Lehrstellenmangel während der Wirtschaftskrise in den 1930er-Jahren führten zu einer Erhöhung des Mindestalters für den Eintritt ins Berufsleben. Unter dem Motto «Ein Jahr mehr Kindheit» versuchte man den Arbeitsmarkt zu entlasten. (Beim Aufschwung nach dem Zweiten Weltkrieg wurde das Motto der Krisenzeit übrigens beibehalten, was zum obligatorischen neunten Schuljahr führte.)

Krisenzeiten stellten auch an die Berufsberatung besondere Anforderungen. Ein eindrückliches Beispiel gibt das Beratungsjournal eines Berufsberaters der männlichen Abteilung in Liestal von 1942. Beim Lesen fühlt man sich an die Arbeitsweise der Berufsberatung während der Wirtschaftskrise in den 1990-Jahren erinnert.

Ein Jugendlicher, dessen Vater kaufmännischer Angestellter ist, hat den Wunsch Buchdrucker zu werden. Zwar hat er den Eignungstest bestanden, doch wird ihm, um die Wartezeit bis zum Lehrbeginn auszufüllen, eine Metallvorlehre oder ein Jahr an der Gewerbeschule Basel empfohlen. In der Akte des Berufsberaters lässt der Stempel «vermittelt» darauf schliessen, dass der Fall zu einem erfolgreichen Abschluss gekommen ist.[7]

Ein geglückter Ausgang, den sich zu der Zeit wohl alle Ratsuchenden erwünschten. Solche wurden 1942 im Kanton Basel-Landschaft mit 543 beziffert – 362 männliche und 181 weibliche. Beraten wurden sie nach Geschlechtern getrennt, die Knabenberatung wurde von Männern, die Mädchenberatung von Frauen durchgeführt. Häufigste Berufswünsche bei den Knaben waren der Metallbau mit 47 Prozent, bei den Mädchen zu 61 Prozent die Bekleidungs- und Reinigungsberufe.[8]

Die Beratungen selbst wurden vor allem von Sekundar- und Bezirksschullehrern im Nebenamt ausgeführt.

In der Zeit des Aufschwungs nach dem Krieg wuchs die Bedeutung der Berufsberatung in der Schweiz. Die Zahl der Ratsuchenden nahm kontinuierlich zu, und die Berufsberatung war chronisch überlastet. Bis zu 69 Prozent der Schulentlassenen suchten sie auf. Im Durchschnitt vermittelte sie jeden zweiten neu abgeschlossenen Lehrvertrag.[9]

Auch die Ansprüche an die Berufsberatung nahmen nach dem Krieg zu. Nicht nur sollte sie die richtige Lehrstelle aufgrund von Neigungen und Eignungen vermitteln, sondern auch eine regulierende Instanz sein, die während Krisenzeiten für die Entlastung des Lehrstellenmarktes sorgte und bei Nachwuchsmangel den Firmen qualifizierten Nachwuchs zuführte.[10]

Die stetige Bedeutungszunahme der Berufsberatung spiegelte sich auch im Kanton Basel-Landschaft in ihrer Entwicklung auf institutioneller Ebene wider: Bereits 1929 wird ihr Ausbau von politischer Seite gefordert und beschlossen.[11] 1942 wird im Kanton Basel-Landschaft das Lehrlingsamt vom Arbeitsamt getrennt und direkt der Erziehungsdirektion unterstellt.[12]

1946 hält das *Reglement über die Organisation der öffentlichen Berufsberatung* (vom 30. September) folgende Grundsätze fest: Die Beratung ist für alle Ratsuchenden unentgeltlich; die Berufsberatung erfolgt nebenamtlich durch Beraterinnen und Berater, welche durch die Erziehungsdirektion gewählt werden; eine kantonale Berufsberaterkonferenz wird eingesetzt. Pro Bezirk wird je eine Beratungsstelle für Knaben und für Mädchen geführt.[13]

Ausbau der Berufsberatung

Die Ausbauphase der Berufsberatung in der Schweiz fiel in die Zeit der wirtschaftlichen Hochkonjunktur zwischen 1961 und 1973. In vielen Berufen herrschte Nachwuchsmangel. Während die Wirtschaft mit der Forderung nach Berufswerbung an die Berufsberatung herantrat, konzentrierte sich diese auf psychologische Eignungs- und Neigungsabklärungen und vertiefte ihr Wissen über Berufe und Studienmöglichkeiten. Hilfe bei der Realisierung des Berufsentscheids war nicht mehr gefragt, die Jugendlichen fanden ihre Lehrstellen selbst.

Am 15. April 1965 trat ein neues *Bundesgesetz über die Berufsbildung* in Kraft. Da die Gehälter und Spesen der unterdessen vollamtlich tätigen Berufsberater und Berufsberaterinnen bis zur Hälfte vom Bund übernommen wurden, liess der Ausbau in den Kantonen nicht lange auf sich warten.[14] Gleichzeitig wirkten sich das Hochschulförderungsgesetz und die neue IV-Gesetzgebung des Bundes positiv auf die Entwicklung der akademischen Berufsberatung und der IV-Berufsberatung in den Kantonen aus.

Der Aufschwung der Berufsberatung fand mit einer gewissen Verzögerung auch im Kanton Basel-Landschaft statt. 1968 wird das «Amt für Berufsberatung» aus dem «Amt für berufliche Ausbildung» herausgelöst, erhält neu eine akademische Berufsberatung und wird direkt der Erziehungsdirektion unterstellt.[15] 1971 sind acht vollamtliche Berufsberaterinnen und -berater in Liestal, Sissach, Niederdorf, Muttenz und Binningen angestellt.[16]

Die Aufwertung der Berufsberatung mit dem Schritt in die organisatorische Eigenständigkeit stand wohl im Zusammenhang mit der Wahl eines neuen Leiters des *Amts für berufliche Ausbildung* (wie das Lehrlingsamt seit 1967 hiess) wie auch mit der räumlichen Trennung der Berufsbildung von der Berufsberatung.[17] Die organisatorische Loslösung der Berufsberatung von der Berufsbildung, die auch in anderen Kantonen vollzogen wurde, war aber auch Ausdruck der Professionalisierung der Berufsberatung. Die Berufsberater und -beraterinnen erhielten eine vom Bund anerkannte Ausbildung und konnten von ihrer Arbeit leben.[18]

Zudem wuchs und veränderte sich die Bedeutung der Berufsberatung mit der damals stattfindenden Bildungsoffensive. Chancengleichheit beim Zugang zu Bildung und Beruf, unabhängig von Geschlecht oder Gesellschaftsschicht, wurde in der Berufsberatung grossgeschrieben. Lehrstellen gab es genug, und sie konnten aus echtem Interesse am Handwerk oder am Gewerbe gewählt werden. Oder sie blieben für diejenigen übrig, denen es an schulischen Leistungen mangelte, deren Familien mit Schulbildung wenig anfangen konnten oder die auf den Lehrlingslohn angewiesen waren.

In der deutschen Schweiz wurde die «akademische Berufs- und Studienberatung» fachlich und organisatorisch unabhängig von der «allgemeinen Berufsberatung» geführt. Die akademischen Berufs- und Studienberater und -beraterinnen verfügten über einen Hochschulabschluss in Psychologie mit Zusatzausbildung. Sie berieten Gymnasiasten und Gymnasiastinnen und Studierende – insbesondere Kinder von nicht akademischen Eltern und zunehmend mehr junge Frauen – in Fragen ihrer Studien- und Berufswahl.

Auch im Kanton Basel-Landschaft hielt eine bildungsfördernde Haltung mit der Gründung kantonseigener Gymnasien, Handels- und Diplommittelschulen Einzug.[19] Aus den Gymnasien des Landkantons wuchs der Zustrom von Studierenden an die *Universität Basel*. Als einer der letzten Deutschschweizer Kantone baut der Kanton Baselland 1991 die Studienberatung aus und führt diese im *Amt für Berufsberatung* als eigene Hauptabteilung.[20]

Berufs- und Studienberatung aus einer Hand

Bereits fünf Jahre vor diesem kantonalen Beschluss waren in der Schweiz die Weichen wieder einmal neu gestellt worden und führten zu einer entgegengesetzten Entwicklung der Berufsberatung. Auslöser war der Bund gewesen, der sich 1986 im Zuge der Aufgabenentflechtung aus der finanziellen Unterstützung der Berufsberatung in den Kantonen zurückgezogen hatte. Er beteiligte sich fortan nur noch an den Kosten der kantonsübergreifenden Aufgaben der Information und Dokumentation sowie an der Aus- und Weiterbildung der Berufsberater und Berufsberaterinnen.

Danach, in den 1990er-Jahren, beschleunigte die Rezession den wirtschaftlichen Strukturwandel vom Industrie- zum Dienstleistungssektor. Rationalisierung und Globalisierung wirkten sich dramatisch auf das Lehrstellenangebot aus. Aufgrund des Anwachsens des tertiären Sektors und des Bedarfes an hochqualifizierten und/oder spezialisierten Fachkräften für die Schweizer Wirtschaft stellte sich die Frage, ob die Wirtschaft weiterhin bereit sei, Jugendliche nach der Volksschule beruflich auszubilden. Die Schwierigkeiten beim Übergang von der obligatorischen Schule in die Berufsbildung, insbesondere von schulisch und sozial benachteiligten Jugendlichen, rückten wieder in den Vordergrund. In den Kantonen hielt das *New Public Management* Einzug.[21] Staatliche Stellen positionierten sich mit kunden- und outputorientierten Produkten. Synergiegewinn durch Zentralisierung sollte zu Einsparungen, Kostentransparenz und einer betriebswirtschaftlichen Steuerung der Verwaltung führen.

Die wirtschaftlich einschneidenden Ereignisse zeigten natürlich auch im Kanton Basel-Landschaft ihre Wirkung: 1996 werden die Lehraufsicht, die Berufsberatung, die Studienberatung und die Abteilung für Stipendien in das «Amt für Berufsbildung und Berufsberatung» zusammengeführt.[22] Die «Berufs- und Studienberatung» wird 1998 an zwei Standorten in Liestal und Binningen konzentriert und mit je einem *Beratungs- und Informationszentrum* (BiZ) ausgestattet.

Die BiZ entstanden damals in der ganzen Schweiz.[23] Es handelt sich um öffentliche Infotheken respektive Mediatheken mit ausleihbaren Informationen, wie Schriften, Broschüren und Filmen, zu allen Berufen und Ausbildungen.

Die BiZ in Liestal und Binningen (ab 2004 in Bottmingen) konnten, durch die Zusammenführung der sechs Kreisstellen der Berufsberatung mit der Studienberatung, ohne zusätzliches Personal aufgebaut werden. Gleichzeitig konnte der Landkanton die finanziellen Abgeltungen an das *Berufsinformationszentrum der Berufsberatung Basel* und an die *Infothek der Studienberatung Basel* einstellen. Eine neue Devise galt: Hilfe zur Selbsthilfe. Die Beratung aus einer Hand – dank öffentlich zugänglicher Studien- und Berufsinformation möglich geworden – wurde nun gegenüber zielgruppenorientierten Beratungsstellen favorisiert.[24]

Heutige Herausforderungen an die Berufs-, Studien- und Laufbahnberatung

Der Übergang von der Volksschule zur Berufsbildung

Die Förderung der dualen beruflichen Grundbildung, die von rund 70 Prozent der Jugendlichen nach der obligatorischen Schule wahrgenommen wird, blieb von den

2 BiZ Liestal: Die Räumlichkeiten des *Berufsinformationszentrums* in Liestal: Berufs- und Studienberatung aus einer Hand.

1990er-Jahren bis heute das wichtigste Anliegen des *Amtes für Berufsbildung und Berufsberatung* des Kantons Basel-Landschaft. So sehen die heutigen gemeinsamen Aufgaben der Berufsbildung und der Berufsberatung folgendermassen aus: Einerseits müssen die Wirtschaft und die Berufsverbände dafür gewonnen werden, genügend Lehrstellen anzubieten und sich nicht aus der Verantwortung für die berufliche Grundbildung zurückzuziehen. Andererseits muss es gelingen, möglichst allen Jugendlichen den Einstieg in die berufliche Grundbildung zu ermöglichen. Die neun obligatorischen Schuljahre allein genügen heute nicht mehr, eine nachhaltige Erwerbstätigkeit wahrzunehmen.

Das Augenmerk der Berufsberatung liegt demnach heute, wie zu den Gründerzeiten, wieder auf dem Übergang zwischen Volksschule und Berufsbildung. Damals wie heute war allen politischen Instanzen klar: Gerade bei Lehrstellenmangel und in einer wirtschaftlichen Krise können Jugendliche ohne Anschlusslösung nach der Volksschule nicht einfach sich selbst überlassen werden. Fehlende berufliche Perspektiven und Jugendarbeitslosigkeit bringen Leid über die Betroffenen und ihre Familien; sie bergen sozialpolitischen Sprengstoff und bescheren unserem heutigen Sozialstaat hohe Folgekosten.

Dieser Einsicht folgend kurbelten vor der Jahrtausendwende der Bund mit Lehrstellenbeschlüssen, der Kanton Basel-Landschaft mit Impulsprogrammen zur Förderung der Wirtschaft, die Aktivitäten am Übergang zwischen Volksschule und Berufsbildung neu an: Lehrstellen werden akquiriert, Brückenangebote für Schulabgängerinnen und -abgänger aufgebaut, und es werden Beratungs- und Unterstützungsmassnahmen für Personen ohne Lehrstelle geschaffen.

Konkret wird 1998 in Birsfelden die *Jugendberatungsstelle «wie weiter?»* eröffnet, die Beratung, Schulung und Vermittlung für Jugendliche ohne Lehrstelle anbietet. Es folgen 2000 das *Mentoring für Jugendliche* und 2003 der *Junior Job Service*.[25] Als jüngstes Projekt, vom Bund als «Case Management» initiiert, wird im Kanton Basel-Landschaft die *BerufsWegBereitung* (BWB) eingeführt, eine präventive Erfassung und koordinierte Unterstützung von gefährdeten Jugendlichen zur Sicherung ihrer Berufsintegration.[26]

Erwachsenenberatung

Mit dem geglückten Einstieg in einen Erstberuf – egal aus welcher Bildungsstufe – ist heutzutage die Laufbahn keineswegs besiegelt. Denn bekanntlich gibt es *den* Beruf oder *die* Stelle fürs Leben nicht mehr. So arbeiten zum Beispiel 40 Prozent der Jugendlichen bereits zwei Jahre nach ihrem Lehrabschluss nicht mehr im gelernten Beruf.

Die Tatsache, dass das schweizerische Bildungssystem durchlässiger geworden ist, kann demnach als wichtige und positive Errungenschaft betrachtet werden. Auf der anderen Seite entstehen bei einer beruflichen Neuorientierung, bei Erwerbslosigkeit oder beim Wiedereinstieg immer wieder neue Krisensituationen während der ganzen beruflichen Laufbahn.

Entsprechend haben sich die Zielgruppen der Berufsberatung kontinuierlich erweitert. Heutzutage sucht man während seiner Laufbahn mehrmals das BiZ auf, um Hinweise auf Ausbildungs- und Laufbahnfragen zu erhalten.

Wie die Grafiken 1 und 2 zeigen, haben sich sowohl im Kanton Basel-Landschaft als auch schweizweit die Beratungs- und BiZ-Besucher- und -Besucherinnenzahlen entwickelt, mit einer deutlichen Zunahme der über 20-jährigen Erwachsenen.

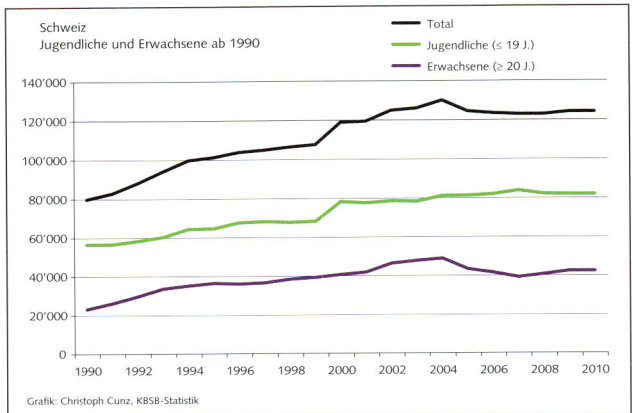

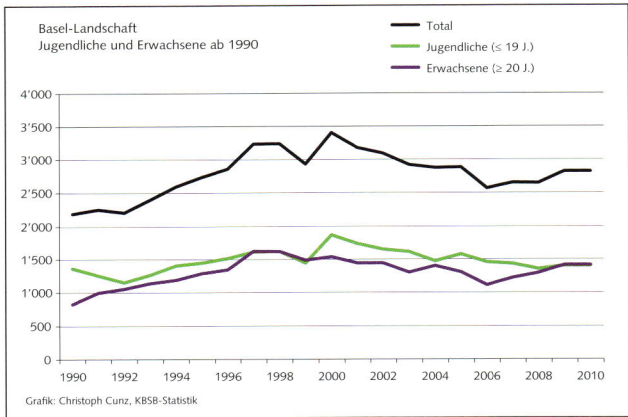

Grafiken 1 und 2: Verlauf der Beratungszahlen in der Schweiz und im Kanton Basel-Landschaft.

Die Bezeichnung «Berufs-, Studien- und Laufbahnberatung» ist heute sowohl bei den schweizerischen Fachgremien als auch im Kanton Basel-Landschaft eingeführt.[27] Sie weist darauf hin, dass sich der Trend in Bezug auf die Idee von der «Beratung aus einer Hand» weiter fortgesetzt hat: Erwachsene haben sich als Kundschaft der Berufsberatung etabliert.

Das BiZ und das Internet

Als die BiZ 1998 eröffnet wurden, besassen sie ein Wissensmonopol in der Öffentlichkeit. Unterdessen ist das virtuelle BiZ auf www.berufsberatung.ch zu einer der meistbesuchten Internetseiten der Schweiz geworden (siehe Grafik 3).[28]

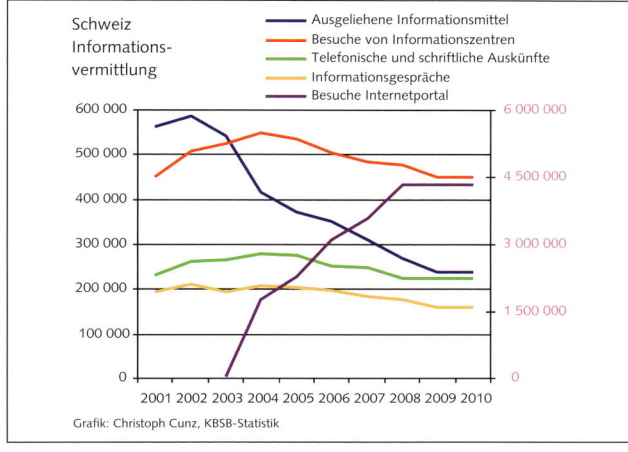

Grafik 3:
Nutzung von www.berufsberatung.ch im Verhältnis zur Nutzung der Informationen in den BiZ der Schweiz.

Der Besuch der so genannten «Laufbahnkundschaft» in den Infotheken der beiden BiZ ist in der Folge zurückgegangen, wie Grafik 4 zeigt.

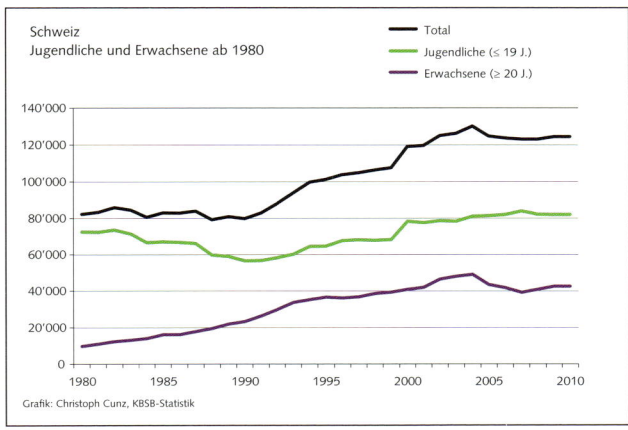

Grafik 4:
Nutzung von Informationen in den BiZ des Kantons Basel-Landschaft.

Trotzdem bringt man heute die Berufs-, Studien- und Laufbahnberatung mit dem BiZ, der Infothek, in Verbindung. Sie ist das Aushängeschild für die Institution, in der man Beratung und Orientierungshilfe bekommt. Angesichts der Informationsflut im Internet ist bei Bildungs- und Laufbahnentscheiden das Bedürfnis nach neutraler und objektiver Bewertung und Beratung bei Bildungs- und Laufbahnentscheiden hoch geblieben.[29]

Zusammenarbeit mit den Partnerinstitutionen

Die *Berufs-, Studien- und Laufbahnberatung* versteht sich aufgrund ihres gesetzlichen Auftrags als Fachbereich für alle beruflichen Übergangsfragen.[30] Die Probleme an Übergängen akzentuieren sich, wie der geschichtliche Abriss gezeigt hat, je nach gesellschaftlichen, wirtschaftlichen und bildungspolitischen Ausgangslagen.

So ist heutzutage die persönliche Beratung zwar nach wie vor gefragt, wird aber immer stärker durch generelle Beratung und Information ergänzt. Deshalb arbeitet im Kanton Basel-Landschaft die *Berufs-, Studien- und Laufbahnberatung* heute mit den Bildungsanbietern, mit Berufsverbänden, Sozial- und Arbeitsmarktbehörden zusammen. Besonders eng und bindend ist, wie schon beinahe 100 Jahre zuvor im Jahre 1916, die Zusammenarbeit mit den Sekundarschulen I.[31]

Dafür suchen heute nur etwa 20 Prozent der Schülerinnen und Schüler eines Jahrgangs die Berufsberatung auf, während es 1946 noch 69 Prozent waren. Die Berufsberatung nimmt jetzt vermehrt die Rolle als Wissens- und Methodenvermittlerin ein, wie sie auch wieder vermehrt die Lehrpersonen in ihrer Aufgabe im Berufs- und Schulwahlunterricht unterstützt.

Die Situation der Lehr- und Mittelschulabgänger und -abgängerinnen bis hin zu den Universitäts- und Fachhochschulabsolventeninnen und -absolventen wird von der Berufsberatung ebenfalls beachtet: Zusammen mit den entsprechenden Bildungsinstitutionen wird die Lage an den Bildungsübergängen oder beim Berufseinstieg immer wieder analysiert, und falls nötig werden nebst individueller Beratung auch generelle Unterstützung, zum Beispiel in Form von Informationsanlässen, angeboten.

Auch bei der Frage der Arbeitslosigkeit ist die Berufsberatung aktiv. Seit 15 Jahren ist die Zusammenarbeit mit dem *Kantonalen Amt für Industrie und Gewerbe* (KIGA) und den *Regionalen Arbeitsvermittlungszentren* (RAV) geregelt. Personalberaterinnen und -berater überweisen registrierte Arbeitslose dann an die Berufsberatung, wenn eine berufliche Standortbestimmung, Neuorientierung oder Weiterbildung den Einstieg ins Erwerbsleben beschleunigen kann.

3 Erwachsenenberatung: Mehr und mehr Erwachsene suchen im BiZ Beratung, um sich beispielsweise beruflich neu zu orientieren.

4 Das virtuelle BiZ: Der Bedarf nach Orientierungshilfe und neutraler Bewertung von Bildungsinformationen im Internet nimmt zu.

Zusammenfassung und Ausblick

Die Berufsberatung, die zwar seit Beginn des 20. Jahrhunderts existierte, sich aber erst in den 1960er-Jahren professionalisierte, errang über die Jahre ein fachliches und berufsethisches Selbstverständnis, das bis heute Gültigkeit hat – allen organisatorischen Umwälzungen, allen finanziellen Verlagerungen vom Bund zu den Kantonen und allen wirtschaftlichen Auf- und Abschwüngen zum Trotz.

Immer noch werden die ratsuchenden Jugendlichen und Erwachsenen von einer qualifizierten Fachperson (mit einem Tertiärabschluss und einer vom Bund anerkannten Ausbildung) beraten. Frei zugänglich ist ihnen ein bedarfsgerechtes Leistungsangebot: die Information und Beratung zu allen Fragen der Bildung und beruflichen Laufbahn.

Nicht zuletzt können sie sich darauf verlassen, dass die Beratung vertraulich und die Information objektiv ist. Werden zur Entscheidungsfindung auch Vor- und Nachteile aufgezeigt und die aktuellen Beschäftigungschancen auf dem Arbeitsmarkt erörtert, so bleibt die Information trotzdem neutral und keiner Bildungsrichtung oder Branche verpflichtet.

5 Berufsschau 2009: Die Berufsberatung nimmt vermehrt die Rolle einer Wissens- und Methodenvermittlerin ein.

Wird es morgen so bleiben? Wie sieht die Zukunft aus?

Die zukünftigen Tendenzen – soweit die Zukunft sich erahnen lässt – können wie folgt beschrieben werden: In den kommenden zehn Jahren wird die Berufsberatung angesichts der sinkenden Schüler- und Schülerinnenzahlen wieder in den Fokus der Bildungs- und Stellenanbieter rücken, da diese in einem verstärkten Wettbewerb um weniger Jugendliche stehen werden.

Die Berufsintegrationsbemühungen für schulisch und sozial schwache Schüler und Schülerinnen der Volksschule wird weiterhin nötig sein. Die Anforderungen an die berufliche Grundbildung haben bereits zugenommen. Hilfsarbeiten für Ungelernte sind am Verschwinden, gefährdete oder benachteiligte Jugendliche aber wird es weiterhin geben.

Stetig zunehmen wird auch der Bedarf an Laufbahnberatung bei der erwachsenen Bevölkerung. Nicht nur werden Menschen generell älter, sie müssen sich nach wie vor den Umstrukturierungen der Wirtschaft anpassen, sich neu orientieren oder weiter qualifizieren – sogar in ihren mittleren Jahren, nach dem fünfzigsten Lebensjahr.

Das BiZ wird auch in Zukunft eine wichtige Rolle spielen und als Kompetenzzentrum für alle Fragen rund um Berufe und Ausbildungen drängende und einschneidende Laufbahnfragen beratend und orientierend unterstützen.

Anmerkungen

1. Hinweise zu den geschichtlichen Wurzeln der Berufsberatung gibt Fritz Heiniger: Vom Lehrlingspatronat zum Kompetenzzentrum für Berufsberatung, Zürich 2003.
2. In Basel wurde 1907 von der *Pestalozzigesellschaft* die Stelle eines nebenamtlichen Lehrstellenvermittlers geschaffen. 1916 wurde Otto Stocker zum ersten vollamtlichen Berufsberater der Schweiz ernannt und direkt dem Erziehungsdepartement unterstellt. Er ist Verfasser zahlreicher Publikationen, unter anderen: Berufswahl und Lebenserfolg, Zürich, 1917. 1922 leitete Dr. Moritz Henneberger im Basler Departement als erster akademischer Berufsberater der Schweiz die *Zentralstelle für akademische Berufsberatung*.
3. Die gemeinnützigen Gesellschaften entstanden im 18. Jahrhundert im Zuge der Aufklärung. Sie waren die damaligen Hüterinnen der Wohlfahrt und Vorbereiterinnen des heutigen Sozialstaates. Vgl. Ulrich Im Hof: Isaak Iselin und die Spätaufklärung, Bern und München, 1967.
4. Wegweiser zur Berufswahl für Knaben und Mädchen, Lehrmittelverlag Zürich, 1917.
5. *Staatsarchiv Baselland* NA 2161 L3.
6. Am 1. Januar 1918 tritt auch das Gesetz betreffend das Lehrlingswesen vom 17. April 1916 in Kraft, welches die Wahl einer Aufsichtskommission und den Verwalter des Arbeitsamtes mit der Mitwirkung und Beratung bei der Berufswahl beauftragt; GS 16.311 und 17.
7. *Staatsarchiv Baselland* PA6047.
8. Separatauszug aus *Die Volkswirtschaft* vom April 1943, 4. Heft, *Staatsarchiv Baselland* P6047.
9. Fritz Heiniger, Zürich 2003, 73.
10. Fritz Heiniger, Zürich 2003, spricht von der dualistischen Zielsetzung der Berufsberatung, die zwischen individuellen Wünschen und den Ansprüchen der Wirtschaft zu vermitteln hatte, 41 f.
11. Landratsprotokolle: Interpellation Gysin betr. Ausbau der Berufsberatung im Kanton vom 25. Februar 1929, Geschäftsnummer 273.
12. GS 18.752.
13. GS 19.471.
14. Fritz Heiniger, Zürich 2003, 74 ff.
15. Berichte des Regierungsrates vom 12. März 1968 und der Geschäftsprüfungskommission vom 9. Mai 1968 betr. Trennung der Berufsberatung vom Amt für berufliche Ausbildung und Änderung der VVO zum OG, Sitzung 27. Mai 1968: Geschäftsnummer 142; GS 23.689.
16. Amtsbericht 1971, 187.
17. Marcel Banz wurde 1968 zum Leiter des *Amtes für Berufsbildung* gewählt (Amtsbericht 1968, 184), Robert Jecko, der seit 1963 als hauptamtlicher Berufsberater tätig war, übernahm die Leitung des *Amtes für Berufsberatung*.
18. Fritz Heiniger, Zürich 2003, 80, 89, 97 und 129 ff.
19. Ruedi Epple: Nah dran, weit weg. Geschichte des Kantons Basel-Landschaft, Liestal 2001, Bd. 6, 184.
20. Dienstordnung des *Amtes für Berufsbildung* vom 26. Februar 1991, GS 30.548.
21. 1998 erschien ein Bericht über die Berufsberatung der Zukunft von Werner Inderbitzin, Dozent an der Zürcher HWV in Winterthur, gestützt auf ein Mandat des BBT und der EDK. Darin wird im Konsens mit dem *New Public Management* die Kundenorientierung als bestes Organisationsmodell vorgeschlagen (anstelle der Leistungs-/Produkte- oder Ressourcen-/Tätigkeitsorientierung). Werner Inderbitzin: Berufsberatung der Zukunft, Januar 1998.
22. Amtsbericht 1998, 141, GS, 32.686, SGS 146.54.
23. Der *Schweizerische Verband für Berufsberatung* liess 1993 von der *Universität Freiburg* einen Tätigkeitsbericht verfassen, der Empfehlungen an die Kantone abgab – unter anderem die Errichtung von Berufsinformationszentren: Die Berufs- und Laufbahnberatung der deutschsprachigen Schweiz; eine Analyse der öffentlichen Berufs- und Laufbahnberatung mit Richtlinien und Empfehlungen für die weitere Entwicklung; TÄB Bericht, Dübendorf 1993.
24. Inderbitzin geht noch einen Schritt weiter und empfiehlt in seinem Bericht ein «Amt für Bildungs-, Arbeitsmarkt- und Laufbahnplanung», Werner Inderbitzin: Berufsberatung der Zukunft, Januar 1998,

77 ff. Ein solches Institutionsmodell wurde 2008 in Genf mit der *Cité des Métiers et de la Formation* verwirklicht.
25 Vgl. Bericht zur Wirtschaftslage im Kanton Basel-Landschaft mit Impulsprogramm I «Chance» und Impulsprogramm II «Qualifikation» vom 5. Februar 1998. Siehe auch Umfrage der *Schweizerischen Konferenz der Leiterinnen und Leiter der Berufs- und Studienberatung* (KBSB) bei den Kantonen zu Projekten der Berufsberatung zur Integration von Jugendlichen ins Erwerbsleben, Mai 2005.
26 2010 wird in der neuen Hauptabteilung Berufsintegration *BerufsWegBereitung* (BWB), die Koordination der Brückenangebote und die Beratungs- und Unterstützungsangebote für Jugendliche ohne Lehrstelle zusammengefasst; GS 37.0029, SGS 146.54.
27 Vgl. Dienstordnung des *Amtes für Berufsbildung und Berufsberatung* vom 9. März 2010; GS 37.0029, SGS 146.54.
28 Das *Schweizerische Dienstleistungszentrum Berufsbildung / Berufs-, Studien- und Laufbahnberatung* (SDBB), welches im Auftrag von Bund und Kanton die Informationsdienstleistungen der Berufsberatung koordiniert und produziert, ist Träger der Website www.berufsberatung.ch und meldete in seinem Jahresbericht von 2009 bis zu 6 Millionen Recherchen pro Monat.
29 Neben der persönlichen Beratung auf Terminvereinbarung bietet das BiZ auch Beratungen in der Infothek während der Öffnungszeiten und Onlineberatungen an.
30 Vgl. Strategische Stossrichtung, in: Herausforderung, Zielsetzungen und Massnahmen der *Schweizerischen Konferenz der Leiterinnen und Leiter der Berufs- und Studienberatung* (KBSB), Stand 2010.
31 Infolge des neuen kantonalen Bildungsgesetzes wurden 2004 die Angebote der Berufsberatung zur Unterstützung des Berufs- und Schulwahlunterrichts an den Schulen in einem Konzept neu geregelt.

Bildnachweis
Berufs-, Studien- und Laufbahnberatung Baselland, Liestal.
Grafiken: Christoph Cunz, *KBSB-Statistik*, Liestal.

1 Schreinerwerkstatt: klassisches Handwerk und modernste Technik.

Peter Hellinger
«Wir wollen die Zahl der Lehrstellen in zukunftsträchtigen Berufen erhalten und erhöhen»
Hanspeter Hauenstein über die Ziele der Berufsbildung im Baselbiet

Rund 70 Prozent der Baselbieter Jugendlichen besuchen nach der obligatorischen Schulzeit eine berufliche Grundausbildung. Der Grossteil von ihnen lässt sich in einem Lehrbetrieb ausbilden. Die Organisation des Lehrstellenmarkts ist ein zentraler Auftrag des *Amts für Berufsbildung und Berufsberatung* (AfBB) – aber nicht der einzige. Hanspeter Hauenstein, Vorsteher des AfBB, erläutert in einem Gespräch, mit welchen Aufgaben und Herausforderungen das Amt konfrontiert ist.

1955 geboren, Bürger von Tegerfelden, AG. Seit 2009 ist er Vorsteher des *Baselbieter Amtes für Berufsbildung und Berufsberatung* (AfBB) in Liestal. Seine berufliche Laufbahn ist geprägt durch vielfältige Erfahrungen auf dem Gebiet der Berufsbildung in beiden Basel. Hanspeter Hauenstein hat sich während seiner beruflichen Laufbahn intensiv der eigenen Weiter- und Fortbildung gewidmet. Unter anderem hat er das Nachdiplomstudium «Betriebliches Management von Non-Profit-Organisationen» an der *Fachhochschule Nordwestschweiz* absolviert (MAS NPO). Als gelernter Schriftsetzer absolvierte er zunächst die Matur auf dem zweiten Bildungsweg. 1989 schloss er das Studium der Soziologie, der Publizistikwissenschaft und der Politikwissenschaft an der *Universität Zürich* mit dem Lizentiat ab.

2 Hanspeter Hauenstein.

Peter Hellinger: *In welchem gesetzlichen Rahmen bewegt sich das* Amt für Berufsbildung und Berufsberatung?

Hanspeter Hauenstein: Seit 2004 ist das neue *Bundesgesetz über die Berufsbildung* (BBG) in Kraft. Es hält fest, dass Berufsbildung eine partnerschaftliche Aufgabe von Bund, Kantonen und der Wirtschaft sei. Den Kantonen obliegen die Umsetzung und die Aufsicht des BBG. Das *Amt für Berufsbildung und Berufsberatung* (AfBB) ist seit 1997 in dieser Form eine Dienststelle der *Bildungs-, Kultur- und Sportdirektion des Kantons Basel-Landschaft* (BKSD).

Sie sind seit 2009 Vorsteher des AfBB. Wie würden Sie das Kerngeschäft ihres Amtes skizzieren?

Die Aufgaben des AfBB sind vornehmlich auf den Sekundarstufen I (Berufswahlvorbereitung) und II sowie auf der Tertiärstufe angesiedelt: Wir informieren und beraten Jugendliche und Erwachsene in Berufs- und Laufbahnfragen, inklusive Weiter- und Nachholbildung. Jugendlichen, die nach Abschluss der obligatorischen Schulzeit keine Lehrstelle finden, weisen wir ein passendes Brückenangebot zu. Ausserdem sind wir zuständig für die Ausrichtung von Stipendien und Ausbildungsdarlehen. Man kann sagen, wir vermitteln zwischen den Angeboten der Unternehmen und der Nachfrage der Jugendlichen beziehungsweise Erwachsenen, und dies sehr erfolgreich: Rund 95 Prozent der Jugendlichen finden im Kanton Basel-Landschaft eine adäquate Lehrstelle beziehungsweise berufliche Grundausbildung, die ihnen Zugang zum Arbeitsmarkt und zur Tertiärstufe ermöglichen. Unser Ziel ist es, diese Quote auf 98 Prozent zu erhöhen.

3 Der Ausbilder steht dem Auszubildenden mit seinen Fachkenntnissen kompetent zur Seite.

Welchen Stellenwert hat die Berufsbildung heute noch?

Diese Frage ist wohl polemisch gemeint, denn die Ausbildung im Lehrbetrieb, an der Berufsfachschule und in den überbetrieblichen Kursen – das triale Ausbildungsmodell – ist nach wie vor die am häufigsten gewählte Form des Berufseinstiegs. Im Baselbiet wählen gegen 70 Prozent der Jugendlichen diesen Weg. In den überbetrieblichen Kursen werden – ergänzend zur Ausbildung in Betrieb und Berufsfachschule – die spezifischen Fertigkeiten des jeweiligen Berufs vertieft. Organisiert sind die Kurse von den jeweiligen Branchen- und Berufsverbänden.

Inwieweit hat sich die Bedeutung der Berufsausbildung grundsätzlich verändert?

Früher haben die Firmen Mitarbeitende ausgebildet, heute ist die berufliche Grundbildung eine wichtige Voraussetzung für ein erfolgreiches Berufsleben. Ohne Abschluss bleibt der berufliche Aufstieg begrenzt; die Gefahr ist gross, in die Arbeitslosigkeit abzurutschen. Gleichzeitig sind die Anforderungen der Wirtschaft gewachsen, sowohl für Ausbildnerinnen und Ausbildner wie für Auszubildende. Wer in der Schweiz die Entwicklung der Arbeitswelt verfolgt, stellt eine grosse Dynamik fest. Zurzeit werden zum Beispiel sämtliche 250 Grundbildungen neu reglementiert.

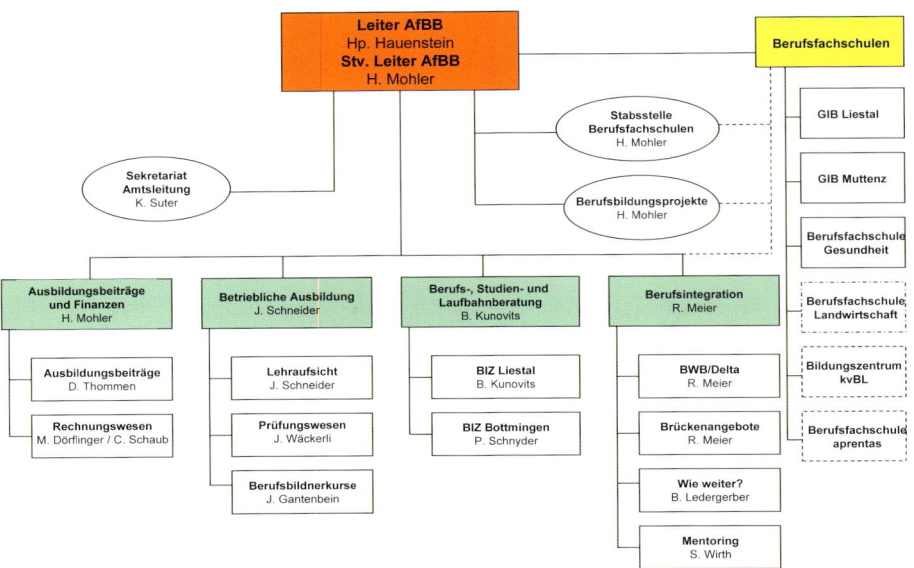

4 Organigramm des *Amts für Berufsbildung und Berufsberatung* (AfBB), 2011.

Wie kann bei solcher Dynamik die Qualität der Ausbildung garantiert werden?

Zum einen fördern wir die Ausbildungsfähigkeit der Unternehmen, zum anderen bestehen Leistungsaufträge zwischen dem AfBB und den Berufsfachschulen privater Träger wie dem *Bildungszentrum KV Baselland* und *aprentas*.

Wichtig ist uns die Nähe zur ausbildenden Wirtschaft und zu ihren Berufs-, Branchen- und Dachverbänden. Eine enge Zusammenarbeit besteht speziell auch mit der *Wirtschaftskammer Baselland*. Rund 70 Prozent der Lehrverhältnisse stammen aus kleinen und mittleren Unternehmen (KMU). Letztlich definieren die schweizerischen Berufsverbände die Bildungsinhalte, nicht der Bund und auch nicht der Kanton. Die einzelnen Branchen wissen am besten, welche Qualifikationen sie benötigen. Das AfBB stellt die Instrumente für einen funktionierenden Lehrstellenmarkt zur Verfügung. Unser Ziel ist es, das Lehrstellenangebot insbesondere in zukunftsträchtigen Branchen zu erhalten und zu erhöhen.

Auch pflegen wir gute Kontakte zur *Handelskammer beider Basel*. Eine Zusammenarbeit über die Kantonsgrenzen hinaus macht Sinn. Das zeigt schon ein Blick in die Statistik: Rund 40 Prozent der Baselbieter Jugendlichen absolvieren ihre berufliche Grundbildung in der Stadt Basel, umgekehrt kommen 11 Prozent der Jugendlichen von der Stadt aufs Land.

Hat es in der Region genügend Lehrstellen für Schulabgängerinnen und -abgänger aus dem Baselbiet?

Die Lehrstellensituation hat sich deutlich entspannt: 2010 bewilligte das AfBB 2026 Lehrverträge. Rund 200 Stellen konnten nicht besetzt werden, was erfahrungsgemäss bedeutet, dass nicht alle Jugendlichen ihren primären Berufswunsch erfüllen konnten. Hierfür braucht es einen Lehrstellenüberschuss von etwa 400 bis 500 Lehrstellen.

Das Lehrstellenangebot wird massgeblich durch zwei Faktoren beeinflusst: durch die demografische Entwicklung und durch die Konjunktur. Aktuell haben wir eine Phase mit Wirtschaftswachstum, gleichzeitig ist bis 2015 mit einem Rückgang der Schulabgängerzahlen zu rechnen. Für die Lehrbetriebe wird es in naher Zukunft schwieriger werden, Lernende zu finden.

In gewissen Branchen beklagt man sich, dass Schulabgängerinnen und -abgänger den Anforderungen nicht mehr gewachsen seien. Ist er Vorwurf berechtigt?

Die Anforderungen an die Ausbildung sind generell sicher anspruchsvoller geworden. Andererseits kann man beobachten, dass einzelnen Jugendlichen nach der obligatorischen Schulzeit das Rüstzeug fehlt, um im beruflichen Umfeld zu bestehen. Die verantwortlichen Ausbilderinnen und Ausbilder klagen nicht allein über die fehlende fachliche, sondern ebenso über die mangelnde Sozialkompetenz, sprich: Anstand oder Teamfähigkeit. Oft kämpfen sie mit Motivationsproblemen. Jugendliche mit sozialen und schulischen Defiziten haben tatsächlich Mühe, einen Ausbildungsplatz zu finden.

Welche Möglichkeiten hat das AfBB in solchen Fällen?

Für Jugendliche, denen es nicht gelingt, nach der obligatorischen Schulzeit eine Anschlusslösung zu finden, stehen Brückenangebote bereit, die jährlich von rund 500 Jugendlichen genutzt werden: Hier unterscheiden wir zwischen schulischen und dualen Brückenangeboten. Letztere sind stärker praxis- und arbeitsweltbezogen. Sie machen speziell für Jugendliche Sinn, die bereits eine Vorstellung von ihrem künftigen Beruf haben.

Unterstützung bietet auch die *Jugendberatungsstelle «wie weiter?»* oder der *Junior Job Service*: Jugendliche ohne Lehrstelle werden bei der Lehrstellensuche durch Fachpersonen beraten und unterstützt. Auch werden Kontakte zu Firmen und Ausbildungsinstitutionen vermittelt.

Nebst der vier- bzw. dreijährigen beruflichen Grundbildung mit *Eidgenössischem Fähigkeitszeugnis* (EFZ) bietet die zweijährige Grundbildung mit *Eidgenössischem Berufsattest* (EBA) in verschiedenen Berufsfeldern praktisch orientierten Jugendlichen die Möglichkeit, einen schweizweit anerkannten Titel zu erwerben. Sie ersetzt die bisherige Anlehre.

5 Beim Bearbeiten von Holz ist handwerkliches Geschick verlangt.

Damit möglichst viele in Frage kommende Jugendliche einen eidgenössischen Abschluss erreichen können, stehen ihnen flankierende Massnahmen zur Verfügung: Stütz- und Förderkurse bei den EFZ-Lehren und bei der zweijährigen Grundausbildung die *fachkundige individuelle Begleitung* (fiB).

Was passiert mit Jugendlichen, die für längere Zeit keinen Anschluss an die Berufswelt finden?

Die Möglichkeit von Jugendlichen, sich in das Berufsleben einzugliedern, nimmt ab, je länger sie ohne Lehrstelle oder Beschäftigung sind. In unserem Kanton ist davon auszugehen, dass rund 2 Prozent der Schulabgängerinnen und -abgänger den Weg in eine Anschlusslösung nicht schaffen und zum Beispiel jenen in die Sozialhilfe einschlagen. Vor diesem Hintergrund hat der Kanton Basel-Landschaft 2009 das Projekt *BerufsWegBereitung* (BWB) initiiert: Gefährdete Jugendliche sollen präventiv erfasst und fachkundig begleitet werden. Lehrpersonen der Sekundarschulen und der berufsbildenden Schulen im Kanton sind dafür ausgebildet, jene zu erkennen und zu beraten.

Die Diskussion um das richtige Bildungssystem ist in der Vergangenheit immer wieder aufgeflammt. Deutlich unterschiedliche Auffassungen gab es in der Frage, welche Be-

deutung in Zukunft die triale und die gymnasiale Ausbildung haben sollen. Wo stehen Sie in dieser Frage?

Tatsächlich ist in den letzten Jahren ein Trend hin zu vollschulischen Angeboten erkennbar, nicht mehr nur in den Gymnasien, sondern auch in den Fach- und Wirtschaftsmittelschulen. Dieser Trend dürfte in den kommenden Jahren aufgrund der demografischen Entwicklung anhalten. Es besteht deshalb eine gewisse Gefahr, dass die Berufsbildung in der Folge stärkere Schülerinnen und Schüler verliert und mit einem Imageverlust zu kämpfen hat. Diesem Szenario wollen wir mit einer verstärkten Förderung der *Berufsmittelschule* (BM) begegnen. Denn mit einem Berufsabschluss und einer Berufsmatur stehen leistungsfähigen und -bereiten Jugendlichen alle Wege offen – dank der vor einigen Jahren geschaffenen «Passerelle» für BM-Absolventinnen und -Absolventen –, auch jener an die Universität. Ich bin sowieso der Meinung, dass die Wahl zwischen Lehre und Mittelschule eine Frage des jeweiligen Lerntyps und weniger eine der Intelligenz ist.

Bildnachweis
1 Fritz Sutter, *Amt für Berufsbildung und Berufsberatung* (AfBB), Liestal.
2 *Amt für Berufsbildung und Berufsberatung* (AfBB), Liestal.
3 Fritz Sutter, *Amt für Berufsbildung und Berufsberatung* (AfBB), Liestal.
4 *Amt für Berufsbildung und Berufsberatung* (AfBB), Liestal.
5 Fritz Sutter, *Amt für Berufsbildung und Berufsberatung* (AfBB), Liestal.

1 Die Universität im Wandel: Das *Victoria-Gewächshaus* im *Botanischen Garten der Universität Basel* wird überragt vom futuristisch anmutenden Bau der Universitätsbibliothek.

Jean-Luc Nordmann
Der Förderverein Universität Basel

Der *Förderverein Universität Basel* (FUB) wurde 1993 gegründet, mit zwei Zielsetzungen: Einerseits strebte er die paritätische Mitträgerschaft des Kantons Basel-Landschaft an, was 2007 erreicht wurde. Andererseits setzt er sich ein für eine starke, national und international konkurrenzfähige *Universität Basel* sowie deren Verankerung in allen Schichten der Bevölkerung in der Region.

Die 1460 gegründete und seit der Kantonstrennung allein von Basel-Stadt getragene *Universität Basel* stiess Ende der 1960er-Jahre an ihre finanziellen Grenzen. In den Kantonen Basel-Stadt und Basel-Landschaft forderten politische Vorstösse, dass sich das Baselbiet auch an den Kosten der *Universität Basel* beteilige und sie letztlich mittrage. Nach langwierigen Verhandlungen wurde 1975 der erste Universitätsvertrag zwischen den beiden Halbkantonen unterzeichnet. 1976 stimmte das Baselbiet mit einem Ja-Anteil von 77,7 Prozent diesem Vertrag zu. Damit verpflichtete sich das Baselbiet zu einem jährlichen Beitrag von 15 Millionen Franken. Gleichzeitig sicherte es sich das Recht auf freien Zugang seiner Maturanden an die *Universität Basel* sowie die Mitbeteiligung der Baselbieter Regierung auf der politischen Entscheidungsebene.

Die Universität wurde politisch zentral durch die fünfköpfige Kuratel beaufsichtigt, in welche das Baselbiet ein Mitglied delegieren konnte. Der Regierungsrat übertrug diese Funktion dem freisinnigen Binninger Landrat Werner Schneider, der bereits 1970 eine Motion eingereicht hatte, welche die gemeinsame Lösung von Problemen der Universität durch beide Halbkantone zum Ziel hatte. 1986 wurde der Baselbieter Beitrag auf 27 Millionen Franken erhöht, verbunden mit der Forderung, die Struktur und Organisation der *Universität Basel* zu durchleuchten. Der daraus resultierende Hayek-Bericht, der 1991 vorlag, bildete die Basis für einen neuen Universitätsvertrag zwischen den beiden Kantonen sowie für das Universitätsgesetz, das die Autonomie der Uni Basel vorsah.

Anlass und Motivation zur Gründung des Fördervereins

Mit den Vereinbarungen zwischen den beiden Basel waren zwar wichtige Schritte für eine nachhaltige Entwicklung der *Universität Basel* getan, doch war es für Politikerinnen und Politiker klar, dass noch wesentliche Anstrengungen und Überzeugungsarbeit zu leisten waren, um das von vielen angestrebte und für die Existenz der Universität als unbedingt notwendig erachtete Ziel einer breiteren Trägerschaft zu erreichen. Auch wurde allgemein erwartet, dass eine weiter gehende Beteiligung an der Uni Basel dem Baselbieter Volk zur Abstimmung unterbreitet werde.

Vor diesem Hintergrund setzte sich Werner Schneider mit seiner Erfahrung als Mitglied der Kuratel und seiner breiten politischen Verankerung dafür ein, dass die Universität im Baselbiet mit ihrem Stellenwert für die ganze Region verstärkt die ihr gebührende Akzeptanz und Unterstützung finde und dass sie sich auch ausserhalb von Basel-Stadt präsentiere. An einer Informationsveranstaltung in Muttenz im August 1992 regte der damalige Rektor Karl Pestalozzi an, in Anlehnung an die *Basler Freiwillige Akademische Gesellschaft* auch im Baselbiet eine Organisation auf die Beine zu stellen, welche sich für die Universität einsetze: «Auf diese Weise könne die Baselbieter Bevölkerung lernen, die Universität als ihre eigene zu betrachten.»[1] Werner Schneider griff diese Anregung mit grossem Engagement auf, suchte Gleichgesinnte aus allen Parteien und bereitete die Gründung eines Vereins vor.

Der Förderverein wird aus der Taufe gehoben

Bereits am 8. Februar 1993 konnte Werner Schneider die Gründungsversammlung im Alten Zeughaus Liestal durchführen.[2] Ohne eigentliche Mitgliederwerbung hatten sich 111 Damen und Herren gemeldet, von denen 85 präsent waren. Luzius Wildhaber, Rektor der *Universität Basel*, sowie die Regierungsräte Hansruedi Striebel, Basel-Stadt, und Hans Fünfschilling, Basel-Landschaft, unterstrichen mit ihrer Anwesenheit die Bedeutung, die sie dem zu gründenden *Förderverein Universität Basel* (FUB) beimassen. In seiner Begrüssungsansprache betonte Werner Schneider, dass sich das Baselbiet in eine eigentliche Mitträgerschaft mit beträchtlich engerer Beziehung zu «unserer Uni» begeben müsse. Die Uni warte unverkennbar auf diese Erneuerung, auf Baselbieter Geld und Geist. Dass die Idee der gemeinsamen Universität eine erstrangige regionale Aufgabe sei, scheine langsam zu einem Gemeinplatz zu werden, aber die eigentliche Tat sei noch zu vollbringen.[3]

Die Gründungsmitglieder legten als Zielsetzungen fest, dass der Verein:
- die Förderung aller Bestrebungen bezwecke, welche auf die Verwirklichung einer Mitträgerschaft des Kantons Basel-Landschaft an der *Universität Basel* ausgerichtet sind,
- das Verständnis für die Universität in breiten Bevölkerungskreisen, insbesondere im Kanton Basel-Landschaft, verstärken wolle.

Die Zusammensetzung des ersten Vorstandes zeigt die breite politische Abstützung des Vereins in Politik, Wirtschaft und Verwaltung. Ihm gehörten an:
Werner Schneider, Präsident, Paul Manz, Vizepräsident, Charles Von der Mühll, Jean-Pierre Lenzin, Hanspeter Bolli, Jacqueline Guggenbühl, Claude Janiak, Alfred Oberer, Wulf Schmid, Barbara Umiker.

Der Förderverein lebt und bewegt

Bereits in seinem ersten Vereinsjahr wurde eine gute Zusammenarbeit mit dem Rektorat, den Dozenten und Mitarbeitenden der Uni Basel erreicht. Die Mitgliederzahl stieg auf 420 Personen und 16 Organisationen/Firmen und Gemeinden an.

Aus dem Jahresbericht des Vorstandes wird allerdings auch ein Perspektivenwechsel deutlich. Die ursprüngliche Begeisterung für die gute Sache sei einer mehr oder weniger kritischen Betrachtung gewichen. Der Vorstand sei zur Überzeugung gelangt, «dass wir in der Absicht, die alma mater zu fördern, weiterkommen und für die Zukunft mehr Positives erwirken, wenn wir nicht einfach das Schöne und Hochstehende hervorheben, sondern uns auch mit den unverkennbar bestehenden Fragen der Existenzsicherung und der unübersehbaren Bedrängnis befassen, in der sich diese ehrwürdige Hochschule heute befindet».[4] Als solche Fragen wurden insbesondere das quantitative Wachstum, dessen potentieller Druck auf die Qualität von Lehre und Forschung und die damit untrennbar verbundene finanzpolitische Dimension angeführt. Dem erfreulichen Aufbruch zu strukturellen und organisatorischen Neuerungen in der Universität selbst müsse die Erkenntnis folgen, dass die Leistungsfähigkeit jeder kantonalen Universität ihre Grenzen habe.

Im Fokus des ersten Vereinsjahrs stand der am 30. März 1994 im Schloss Ebenrain in Sissach abgeschlossene dritte Universitätsvertrag: Der Kanton Basel-Landschaft sollte demnach künftig jährlich 75 Millionen Franken an die Betriebskosten der *Universität Basel* leisten, rund ein Drittel der Gesamtkosten, einen Betrag, der regelmässig an

2 Werner Schneider, Gründervater und langjähriger Präsident des *Fördervereins Universität Basel* (FUB).

die Teuerung angepasst würde und von dem 10 Prozent in einen separaten – später Erneuerungsfonds genannten – Topf flössen.

Der Vertrag ziele auf grössere Autonomie der Universität, die künftig von einem neunköpfigen *Universitätsrat* geleitet werde, in den das Baselbiet drei vom Regierungsrat zu bestimmende Personen entsenden könne, erläuterte der Präsident die Vertragsänderungen. Schliesslich werde auch festgehalten, dass die beiden Kantone einen weiteren Ausbau der Zusammenarbeit und der Beteiligung des Kantons Basel-Landschaft an der Universität bis hin zur Mitträgerschaft anstrebten – eine erfreuliche regierungsrätliche Zielsetzung, die dem Zweck des Fördervereins entspreche.[5]

Am 1. Januar 1996 trat das neue Universitätsgesetz in Kraft, das die Ausgliederung der Universität aus der kantonalen Verwaltung und die Einführung der Autonomie beinhaltete. Damit war eine wichtige Voraussetzung für eine weitergehende Beteiligung des Kantons Basel-Landschaft erfüllt. Erstmal in der Schweiz wurde eine Universität in die Autonomie entlassen.

In den folgenden Jahren wurden für die Mitglieder des Fördervereins jährlich mehrere Anlässe organisiert, welche die Beziehungen zur und das Verständnis für die Universität sowie die Auseinandersetzung mit ihren Herausforderungen vertieften. Als Beispiele dafür seien erwähnt:

1. Forum zur Zukunft der Uni (in Zusammenarbeit mit der *Vereinigung für eine starke Region*) und zur Führungsstruktur der Uni,
2. Besuche bei verschiedensten Instituten: zum Beispiel beim *Geographischen Institut*, bei der *Theologischen Fakultät*, im *Biozentrum*, beim *Zoologischen* und beim *Astronomischen Institut*, im *Historischen Seminar*, in der *Medizinischen Fakultät*,
3. Ausflüge zur Forschungsstation *Petite Camargue Alsacienne*, nach *Augusta Raurica* sowie ins *Tropeninstitut*.[6]

3 Präsident Jean-Luc Nordmann gratuliert Hans Hafen zur Ehrenmitgliedschaft.

Der Förderverein orientierte seine Mitglieder und die Öffentlichkeit mit seinem jährlich zweimal erscheinenden Mitteilungsblatt «FUB-Inform»[7] in einer Auflage von jeweils mindestens 1200 Exemplaren, über Medienmitteilungen und anhand von Beiträgen seiner Mitglieder in den Medien.[8] So gelang es, immer mehr Bürgerinnen und Bürger von der Notwendigkeit einer Mitträgerschaft des Baselbiets an der *Universität Basel* zu überzeugen.

Unterdessen begann das Engagement des Fördervereins im Baselbiet Früchte zu tragen: Am 6. Mai 2004 bekannte sich der Landrat erneut zur Uni beider Basel und überwies eine Motion, welche die Mitträgerschaft des Baselbiets bis zum 1. Januar 2008 realisieren wollte.

Das Jahr 2004 wurde auch zum Jahr, in welchem mit dem Präsidenten und Gründungsinitiator Werner Schneider sowie dem seit 1994 amtierenden Protokollführer und Verantwortlichen für die Öffentlichkeitsarbeit Hans Hafen zwei entscheidende Promotoren des Fördervereins beschlossen, ihre Funktionen und Aufgaben in jüngere Hände zu legen. Anlässlich der Generalversammlung vom 11. November 2004, an welcher Jean-Luc Nordmann ins Präsidium gewählt wurde, konnte auch mit grosser Befriedigung zur Kenntnis genommen werden, dass die Regierungen beider Basel das Projekt eines Universitätsvertrages beschlossen hatten, welcher die Mitträgerschaft des Baselbiets an der Universität beinhaltete. Der neue Vorstand verlieh Werner Schneider und Hans Hafen im Jahre 2005 die Ehrenmitgliedschaft, Werner Schneider wurde überdies im Jahre 2007 von der *Vereinigung für eine starke Region* mit dem Förderpreis ausgezeichnet. In seiner Laudatio bezeichnete Ulrich Vischer, der Präsident des *Universitätsrates*, Werner Schneider zu Recht als den Baselbieter Förderer der Universität schlechthin.[9]

4 Regierungsrat Urs Wüthrich, langjähriger Vizepräsident des Fördervereins, an einem FUB-Anlass in angeregtem Gespräch mit Christoph Eymann, Vorsteher des *Erziehungsdepartements Basel-Stadt.*

Mit dem Förderverein zur Mitträgerschaft

Die Periode von 2005 bis zum Abstimmungstag 11. März 2007 stand für den Förderverein ganz im Zeichen der Realisierung der Mitträgerschaft. So wurden zur Erreichung dieses strategischen Ziels Absprachen getroffen mit dem abtretenden und neuen Präsidenten des *Universitätsrates*, dem Rektor, Erziehungs- und Finanzdirektoren, verwandten Organisationen wie *Alumni, Freiwillige Akademische Gesellschaft, Vereinigung für eine starke Region*; es wurden Argumentarien erstellt, zahlreiche Meinungsträger angeschrieben, die Vorstellung der Fakultäten im Baselbiet durch Vorstandsmitglieder des Fördervereins im Sinne der Meinungsbildung begleitet. Der Förderverein brachte sich in der Vernehmlassung zum neuen Universitätsvertrag ein und organisierte bereits zu einem frühen Zeitpunkt im Landratssaal ein kontradiktorisches Podiumsgespräch.[10] Das neu konzipierte Informationsblatt *Uni PLUS*[11] widmete sich in mehreren Ausgaben der Vorbereitung der zu erwartenden Volksabstimmung im Baselbiet. Anlässlich der Generalversammlung vom 30. November 2006 begeisterte der neue Rektor Antonio Loprieno die zahlreichen Anwesenden mit seinen Antworten zu kritischen und persönlichen Fragen zur Stellung der *Universität Basel* im internationalen Umfeld, zur Mitträgerschaft des Baselbiets, zur Entwicklung und zu Bedürfnissen unserer Universität sowie auch zu seiner Person.

Der Förderverein war prädestiniert, den Abstimmungskampf für die auf den 11. März 2007 festgelegte Volksabstimmung über den neuen Universitätsvertrag unter den befürwortenden Organisationen[12] und Parteien[13] zu führen und zu koordinieren. Abgelehnt wurde der Universitätsvertrag von der *SVP Baselland*. Für den Abstimmungskampf konnte der Förderverein namhafte Sponsorenbeiträge erwirken, welche einen gezielten und wirkungsvollen Abstimmungskampf ermöglichten. Dank eines breit abgestützten Abstimmungskomitees, einer Medienkonferenz als Startschuss, Testimonials, Leserbriefen, der Verteilung einer Grossauflage von *Uni PLUS* an über 80'000 Haushalte, Broschüren, Flugblättern, Standaktionen, Veranstaltungen,

5 Präsident Jean-Luc Nordmann überreicht Uni-Rektor Antonio Loprieno den Festbecher des Unifests 1960 («500 Jahre Universität Basel»).

Plakaten und Inseraten war es gelungen, das Baselbieter Stimmvolk von der Bedeutung dieses Grundsatzentscheides zu überzeugen. An der Abstimmungsfeier im *Hotel Engel* in Liestal konnte am 11. März mit grosser Befriedigung zur Kenntnis genommen werden, dass 84,84 Prozent des Baselbieter Stimmvolkes dem Universitätsvertrag zugestimmt hatten.[14] Der neue Universitätsvertrag wurde rückwirkend auf den 1. Januar 2007 in Kraft gesetzt.[15]

Mitträgerschaft erreicht – Braucht es noch einen Förderverein?

Mit der überwältigenden Zustimmung des Baselbiets zur Mitträgerschaft war das erste strategische Ziel des Fördervereins erreicht. Damit stellte sich die Frage, ob der Verein aufgelöst oder ob er mit überarbeiteter Zielsetzung weitergeführt werden solle. Der Vorstand nahm sich dieser Fragestellung mit grossem Engagement an, es wurden Abklärungen mit Mitgliedern der Regierungen beider Kantone und mit den Führungsgremien der Universität getroffen. Diese Instanzen empfahlen die Fortführung, weil auch in Zukunft eine politisch unabhängige Organisation für die Universität sehr wertvoll sein könne. Im Vorstand waren die Meinungen geteilt. Deshalb wurden der Generalversammlung vom 8. November 2007 zwei alternative Anträge unterbreitet:[16]
- einerseits die Auflösung, weil das Ziel erreicht sei,
- andererseits die Fortführung mit vorgängig für diesen Fall vorsorglich angepassten Statuten, weil die breite Verankerung der Universität in allen Bevölkerungskreisen der ganzen Region nach wie vor ein Ziel der Universität sei und sein müsse und dazu eine überparteiliche und in jeder Beziehung unabhängige Organisation am besten geeignet sei.

6 Der Förderverein zu Besuch auf dem *Novartis Campus*.

Nach intensiven und engagierten Diskussionen wurde schliesslich mit dem eindeutigen Stimmenverhältnis von 4 zu 1 die Fortführung beschlossen. Demnach bezweckt der Verein,
- Bestrebungen zu fördern, welche auf eine starke, national und international konkurrenzfähige *Universität Basel* ausgerichtet sind,
- das Verständnis dafür zu fördern, dass eine starke *Universität Basel* für alle Bevölkerungskreise der Region wertvoll ist und wesentliche Impulse für eine Vernetzung von Wirtschaft, Kultur und Gesellschaft der Region Basel gibt.[17]

Leistungen des erneuerten Fördervereins

Das Einzugsgebiet der Mitglieder, das vorher primär auf den Kanton Basel-Landschaft ausgerichtet war, wurde statutarisch auf die ganze Region ausgeweitet.

So sind seither vermehrt auch Mitglieder aus anderen Kantonen dem Förderverein beigetreten, und es wirkt im Jahre 2010 im Vorstand je ein Vertreter aus dem Fricktal und aus Basel-Stadt mit.

Im Bestreben, die Universität breit abzustützen und dem Baselbiet die volle Anerkennung als Universitätskanton zukommen zu lassen, wurden Besprechungen mit dem *Staatssekretariat für Bildung und Forschung* sowie mit Regierungsvertretern der Kantone Aargau, Solothurn und Jura geführt. Jeweils zwei jährliche Ausgaben von *Uni PLUS* informierten Mitglieder und Öffentlichkeit über Aktivitäten und Anliegen. Mit der Grossauflage vom März 2009 wurden Mitglieder des *Gewerbeverbandes Basel-Stadt* und der *Wirtschaftskammer Baselland* für die Zielsetzungen des Fördervereins motiviert.

7 Gemütliche Atmosphäre in der «Förderverein-Beiz» auf dem Petersplatz anlässlich des «Fests der Wissenschaften» zur Feier des 550-Jahre-Jubiläums der Universität Basel.

Forderungen, sich für eine Namensänderung in «Universität beider Basel» einzusetzen, hat der Förderverein stets abgelehnt. Dies vor allem mit der Begründung, dass mit der Mitträgerschaft des Baselbiets auch das Ziel einer hervorragenden Qualität, fachlicher Exzellenz im internationalen Konkurrenzkampf angestrebt werde. Die internationale Anerkennung, das Renommee unserer Universität, spiele eine entscheidende Rolle. Es wäre in Singapur oder in Kalifornien und an weiteren wichtigen Standorten wohl unverständlich, wenn man von einer «University of both Basle» sprechen müsste. Ein Beibehalten des Namens sei zusätzlich auch dadurch gerechtfertigt, dass mittelfristig eine Ausweitung der Trägerschaft anzustreben sei.[18]

Neben zahlreichen Veranstaltungen, die auf grosses Interesse stiessen, wie eine Informationveranstaltung über Nanotechnologie, der Besuch des *Novartis Campus*, eine Führung im *Vivarium* des Zoologischen Gartens, der Besuch des Baselbieter Staatsarchivs oder des neuen *Kinderspitals beider Basel*, stellte ohne Zweifel das Jubiläum «550 Jahre Universität Basel» einen Höhepunkt dar. Der Förderverein war an zahlreichen Anlässen vertreten und konnte sich insbesondere am «Fest der Wissenschaften» vom 17. bis 19. September 2010 eindrücklich präsentieren. In einer gemütlichen Atmosphäre führte der Förderverein auf dem Petersplatz eine Beiz, in welcher viele eingeladene Prominente mit dem breiten Publikum ins Gespräch kamen. Es gelang nicht zuletzt auch über einen originellen Wettbewerb, viele Gäste mit den Zielsetzungen vertraut zu machen und ihnen die Universität mit ihrem Mehrwert für alle Schichten der Bevölkerung näherzubringen.

Zukunft des Fördervereins

Der Förderverein wird die Kontakte mit Entscheidungsträgern aus Politik, Wirtschaft und Verwaltung in der Region und auf Bundesebene ausbauen, sie für seine Ziele nutzen und mit Veranstaltungen, dem Informationsblatt *Uni PLUS*, dem Internet sowie unter Einbezug der Medien in der Region Basel die Bedeutung der Uni immer wieder deutlich machen. Er will den Kreis seiner Mitglieder in der Region ausweiten und mit verwandten Institutionen wie *Alumni*, *Freiwillige Akademische Gesellschaft*, *Vereinigung für eine starke Region* Synergieeffekte erzielen. Es geht auch darum, bei den Trägerkantonen, dem *Universitätsrat* und dem Rektor Bedürfnisse wie Raumbedarf, Leistungsauftrag, Finanzierung zu erheben und zu beurteilen, inwiefern der unabhängige und überparteiliche Förderverein zu deren Realisierung einen Beitrag leisten kann.

Der Förderverein wird sich auch in Zukunft dafür einsetzen, dass unsere Universität im internationalen Vergleich konkurrenzfähig ist und in einzelnen Disziplinen eine Spitzenposition einnimmt, dass der Kanton Basel-Landschaft als Universitätskanton mit allen Rechten und Pflichten auch auf eidgenössischer Ebene anerkannt, die Trägerschaft über die beiden Basel hinaus ausgedehnt wird und allen Schichten der Bevölkerung bewusst ist, dass eine starke in Einzelbereichen Exzellenz erbringende Universität für alle Bewohnerinnen und Bewohner unserer Region einen Mehrwert bringt.

Anmerkungen

1 *Basler AZ*, 21.8.1992, Informationsoffensive im Baselbiet.
2 *Staatsarchiv BL*, Förderverein Universität Basel (FUB), Dossier Nr. 02: Protokoll der Gründungsversammlung vom 8. Februar 1993.
3 *Staatsarchiv BL*, Förderverein Universität Basel (FUB), Dossier Nr. 02: Handnotizen Werner Schneider für Begrüssung anlässlich Gründungsversammlung vom 8. Februar 1993.
4 *Staatsarchiv BL*, Förderverein Universität Basel (FUB), Dossier Nr. 02: Jahresbericht des Vorstandes über das erste Vereinsjahr bis 30. Juni 1994.
5 Der dritte Universitätsvertrag ist im Frühjahr 1995 von den Parlamenten beider Basel ohne Gegenstimme angenommen worden und am 1. Januar 1996 in Kraft getreten.
6 *Staatsarchiv BL*, Förderverein Universität Basel (FUB), Dossier Nr. 04.
7 *Staatsarchiv BL*, Förderverein Universität Basel (FUB), Dossier Nr. 05.
8 *Staatsarchiv BL*, Förderverein Universität Basel (FUB), Dossier Nr. 06.
9 Laudatio vom 26. September 2007, Seite 1; www.starke-region-basel.ch, Anerkennungspreis 2007.
10 Teilnehmer: Erziehungsdirektoren BL und BS: Regierungsrat Urs Wüthrich und Regierungsrat Christoph Eymann, *Universität Basel*: Rektor Ulrich Gäbler, Vertreter Wirtschaft: Paul Herrling, Forschungschef *Novartis*, Vertreter SVP: Landrat Karl Willimann, Vertreterin Studentenschaft: Sandra Studer, Vorstandsmitglied SKUBA, Leitung: Jean-Luc Nordmann, Präsident FUB.
11 Vergleiche hierzu Website des FUB: www.foerderverein-unibasel.ch.
12 Insbesondere die *Handelskammer beider Basel* und die *Wirtschaftskammer Baselland*, die sich beide mit grosser Energie und substantiellen Beiträgen engagierten.
13 Insbesondere die CVP, FDP und SP engagierten sich in der Kampagnenführung.
14 Vergleiche www.wahlen.bl.ch, Rubrik Abstimmungen 11. März 2007: Alle Bezirke haben mit über 75 Prozent zugestimmt, mit Rümlingen hat nur eine einzige Gemeinde knapp abgelehnt, an der Spitze lag Arlesheim mit einem Ja-Anteil von 91,77 Prozent.

15 Vergleiche weiterführende und vertiefende Darstellung des Weges der *Universität Basel* zu Autonomie und neuer Trägerschaft 1985–2010 bei Mario Küng: In eigener Sache, *Verlag des Kantons Basel-Landschaft*, 2010.
16 Protokoll der Mitgliederversammlung vom 8. November 2007, bei den Akten Präsident und Sekretär.
17 Statuten auf Website: www.foerderverein-unibasel.ch.
18 So im Schreiben des Präsidenten vom 27. März 2008, bei den Akten Präsident.

Bildnachweis
1   Rudolf Messerli, Oberwil.
2–4 Klaus Kocher, Aesch.
5–7 Rudolf Messerli, Oberwil.

1 FHNW-Studierende an der Peter Merian-Strasse in Basel.

Peter Schmid

Die Fachhochschule Nordwestschweiz – woher kommt sie, wohin geht sie?

Die *Fachhochschule Nordwestschweiz* (FHNW) ist ein Konglomerat verschiedenster Bildungsinstitutionen: Sie entstand aus der Fusion der drei Fachhochschulen Aargau, beider Basel und Solothurn, der *Pädagogischen Hochschule Solothurn*, der *Hochschule für Pädagogik und Soziale Arbeit beider Basel* sowie den Musikhochschulen der *Musik-Akademie Basel*. Eine Erfolgsgeschichte, davon ist der Präsident des Fachhochschulrates, Peter Schmid, in diesem Beitrag überzeugt, auch wenn die eine oder andere Bewährungsprobe noch anstehe.

Am 6. Oktober 1995 verabschiedeten die eidgenössischen Räte das Fachhochschulgesetz. Damit wurde der gesetzliche Grundstein für die dritte Säule des Schweizer Hochschulsystems gelegt. Neben den kantonalen Universitäten und den *Eidgenössischen Technischen Hochschulen* (ETH) bieten faktisch seit 1998 die Fachhochschulen einer zusätzlichen Gruppe von ausbildungswilligen jungen Menschen einen erweiterten Zugang zur Hochschulbildung.

Die Fachhochschulen erfüllen einen vierfachen Leistungsauftrag. Sie bieten *Bachelor-* und *Master*-Studiengänge an, betreiben anwendungsorientierte Forschung, entwickeln ein breit gefächertes Weiterbildungsangebot und sind Anbieterinnen von Dienstleistungen.

Die schweizerische Fachhochschullandschaft ist durch eine anspruchsvolle Vielfalt gekennzeichnet. In der öffentlichen Wahrnehmung gehen oftmals der demokratisch legitimierte Grundauftrag und einzelne Bereiche der Fachhochschulausbildung vergessen. Den wichtigsten Innovationsschub brachte der Aufbau der anwendungsorientierten Forschung. An den Fachhochschulen ist in aller Regel eine wirklichkeitsgetreue, praktische Startfrage der Ausgangspunkt für ein Forschungsprojekt.

In vielen Bereichen wird sowohl an Fachhochschulen als auch an universitären Hochschulen gelehrt und geforscht. Es gibt aber auch Bereiche, die ausschliesslich an Fachhochschulen angesiedelt sind und für die keine universitäre Lehre und Forschung eingerichtet sind (Soziale Arbeit, Angewandte Psychologie, Musik, Kunst, Gestaltung). Die Schweiz hat sich zudem dafür entschieden, die Pädagogischen Hochschulen auf Fachhochschulstufe zu verankern.

Die verschiedenen Anforderungsprofile zeigen die Vielfalt der Zugangsmöglichkeiten: Berufsmaturität, Fachmaturität, gymnasiale Maturität und individuelle Wege mit Zulassung im Einzelfall.

1998 beschloss der Bund in seinem damaligen Kompetenzbereich – das heisst für die Bereiche Technik, Bau, Wirtschaft und Gestaltung – eine Beschränkung der Zahl der Fachhochschulen in der Schweiz auf sieben. Die sehr unterschiedliche Entwicklung der Studierendenzahlen in den einzelnen Bereichen, die nicht gerade berauschenden Ergebnisse eines Kooperationsmodells und der erhobene Zeigefinger aus Bern verstärkten die Bereitschaft der Kantone Aargau, Basel-Stadt, Basselland und Solothurn, eine gemeinsame Fachhochschulpolitik zu entwerfen und die *Fachhochschule Nordwestschweiz* (FHNW) zu gründen.

Die Vorgeschichte aus der Sicht der beiden Basel

Zur Förderung der Ausbildung des «technischen Nachwuchses» vereinbarten Basel-Stadt und Basel-Landschaft in einem Abkommen vom 23. Oktober 1962, unter dem Namen «Technikum beider Basel» gemeinsam eine höhere technische Lehranstalt zu betreiben.

Im Juli 1963 eröffnete das *Technikum beider Basel* seine erste Einheit, die «vermessungstechnische Abteilung». Da das vorgesehene Gebäude in Muttenz noch nicht fertig gestellt war, zog die «vermessungstechnische Abteilung» vorerst in ein Provisorium an die Elisabethenstrasse in Basel. Im Herbst 1970 wurden die Abteilungen «Elektrotechnik», «Maschinenbau» und «Tiefbau» eröffnet. Ab 1972 erfolgte schrittweise der Umzug nach Muttenz an die Gründenstrasse. Weitere Bereiche kamen dazu: «Chemie», «Hochbau», «Architektur». Am 8. Juni 1973 entschied das *Eidgenössische*

2 Sitz der *Hochschule für Life Sciences* und der *Hochschule für Architektur, Bau und Geomatik* in Muttenz.

Volkswirtschaftsdepartement, das *Technikum beider Basel* mit seinen fünf Abteilungen als *Höhere Technische Lehranstalt* (HTL) anzuerkennen.

Am 17. Februar 1976 verabschiedeten die beiden Parlamente Basel-Stadt und Basel-Landschaft ein «Abkommen zum Betrieb der Ingenieurschule beider Basel». Die schweizweit übliche Bezeichnung wurde übernommen und die Einzelheiten der partnerschaftlichen Zusammenarbeit neu geregelt. Ein weiteres, den sich rasch veränderten Gegebenheiten angepasstes Abkommen wurde 1989 vereinbart. Die Hauptverantwortung für die Ingenieurschule ging an den bevölkerungsstärkeren Kanton Basel-Landschaft über. Er stellte auch den grössten Anteil der Studierenden.

Als Folge des neuen schweizerischen Fachhochschulgesetzes mussten die beiden Basler Kantone die Ausbildungsstätten auf der Tertiärstufe neu gliedern. Am 1. August 1997 trat der neue bikantonale Fachhochschulvertrag in Kraft. Die bisherige *Ingenieurschule beider Basel* und die *Höhere Wirtschafts- und Verwaltungsschule* bildeten in einem ersten Schritt die *Fachhochschule beider Basel* (FHBB). 1999 wurde schliesslich die *Hochschule für Gestaltung und Kunst* in die FHBB integriert.

Am 23. April 2002 schlossen die Regierungen der Kantone Basel-Stadt und Basel-Landschaft den Vertrag zur Bildung einer *Hochschule für Pädagogik und Soziale Arbeit beider Basel* (HPSABB). Sie entschieden sich damit, das *Lehrerseminar Liestal* (mit dem Status einer Pädagogischen Hochschule) und das *Pädagogische Institut Basel*, das heisst die gesamte Lehrerinnen- und Lehrerbildung, gemeinsam mit einer Hochschulausbildung für Soziale Arbeit zu führen.

3 *Pädagogische Hochschule: Szenen aus den berufspraktischen Studien.*

Der Weg von der Kooperation zur Fusion

Die Ausgangssituation unmittelbar vor der Fusion stellte sich 2004 wie folgt dar:
- *Fachhochschule Aargau Nordwestschweiz:* Technik, Wirtschaft, Gestaltung und Kunst, Soziale Arbeit, Pädagogik in Brugg/Windisch, Aarau, Zofingen;
- *Fachhochschule beider Basel Nordwestschweiz:* Technik, Bau, Wirtschaft, Gestaltung und Kunst in Muttenz und Basel;
- *Hochschule für Pädagogik und Soziale Arbeit beider Basel* in Liestal und Basel;
- *Hochschulen für Musik und Alte Musik (Scola Cantorum Basiliensis)* als Bereiche der *Musikakademie der Stadt Basel*;
- *Fachhochschule Solothurn Nordwestschweiz:* Technik, Wirtschaft, Soziale Arbeit in Olten;
- *Pädagogische Hochschule Solothurn* in Solothurn.

Hinter dieser bereits stark geordneten Ausgangslage liegen teilweise aufwendige, kantonsinterne Zusammenschlüsse und politisch stark umstrittene Standortwahlen.

Nach dem 1998 gefällten Entscheid des Bundes, die Zahl der Fachhochschulen auf sieben zu begrenzen, einigten sich die vier Kantone Aargau, Basel-Landschaft, Basel-Stadt und Solothurn auf ein Kooperationsmodell. Die bisherigen Fachhochschulen blieben rechtlich autonom. Als Koordinationsorgan wurde ein Kooperationsrat eingesetzt. Das Kooperationsmodell zeigte einige Erfolge. Es wurden ein Innovationsfonds eingerichtet, gemeinsame Lösungen für Querschnittsaufgaben gefunden, die Informatikbeschaffung gemeinsam vorgenommen. Diese Erfolge konnten aber nicht darüber hinwegtäuschen, dass der eingeschlagene Weg kaum zukunftsfähig war. Kantonale und – bezogen auf die beiden Basel – bikantonale Fachhochschulen waren dem Wachstum in Lehre und Forschung und dem ständigen Wandel immer weniger gewachsen. Dazu kamen wirtschaftliche Verschiebungen und Bewegungen. So verlor beispielsweise der Maschinenbau in der Region Basel an Bedeutung, und für einige technische Studienrichtungen wurde die Nachfrage aus der Region Basel allmählich unterkritisch.

2001 beauftragten die vier Regierungen den Kooperationsrat damit, eine umfassende Strategie für die *Fachhochschule Nordwestschweiz* zu entwickeln. 2003 wurden im Rahmen einer Vernehmlassung die Weichen zur Schaffung einer FHNW auf den 1. Januar 2006 gestellt.

Zuteilung der Standorte 2011

Kanton Aargau	Aarau	*Hochschule für Gestaltung und Kunst*
		Pädagogische Hochschule
	Brugg/ Windisch	Direktion/Stab/Services
		Hochschule für Technik
		Hochschule für Wirtschaft
		Pädagogische Hochschule
	Zofingen	*Pädagogische Hochschule*
Kanton Basel-Landschaft	Liestal	*Pädagogische Hochschule*
	Muttenz	*Hochschule für Architektur, Bau und Geomatik*
		Hochschule für Gestaltung und Kunst
		Hochschule für Life Sciences
		Hochschule für Technik
		(trinationale Studiengänge)
Kanton Basel-Stadt	Basel	*Hochschule für Architektur, Bau und Geomatik*
		Hochschule für Gestaltung und Kunst
		Hochschule für Life Sciences
		Hochschule für Soziale Arbeit
		Hochschule für Wirtschaft
		Musikhochschulen
		Pädagogische Hochschule
Kanton Solothurn	Olten	*Hochschule für Technik*
		Hochschule für Angewandte Psychologie
		Hochschule für Soziale Arbeit
		Hochschule für Wirtschaft
	Solothurn	*Pädagogische Hochschule*

4 Konzentriertes Zuhören der Studierenden während einer Vorlesung im *Hallergebäude* in Windisch.

Ein Gesamtprojektleiter und eine Projektsteuerung wurden gewählt. In intensiven Debatten wurden die Eckwerte einer fusionierten Fachhochschule für die Nordwestschweiz heftig diskutiert. Die schliesslich getroffene Lösung sah in groben Zügen wie folgt aus: Ein Staatsvertrag der vier Kantone Aargau, Basel-Landschaft, Basel-Stadt und Solothurn bildet das Basisdokument. Die FHNW soll in allen vier Kantonen mit bedeutenden Standorten vertreten sein. Für jeden Bereich und somit für jede zukünftige Teilhochschule wurde eine Bewertung vorgenommen und darüber entschieden, ob die neu gebildeten Hochschulen FHNW an einem oder an mehreren Standorten ihre Angebote einrichten sollen.

Ein mehrjähriger Leistungsauftrag und ein mehrjähriges Globalbudget konkretisieren den Auftrag der Trägerkantone. Die strategische Verantwortung liegt bei einem Fachhochschulrat, die operative bei einer Direktion mit einem Direktionspräsidenten an der Spitze. Schliesslich waren für den Nachvollzug eines Fusionsbeschlusses in allen Trägerkantonen Neubauten und zahlreiche Umzüge nötig. Der gewählte Finanzierungsschlüssel berücksichtigt unter anderem die Zahl der Studierenden aus den jeweiligen Trägerkantonen.

Im Herbst 2004 genehmigten die vier Regierungen den Staatsvertrag und verabschiedeten die gemeinsame Parlamentsvorlage zuhanden der vier Parlamente. Eine rege Beratungstätigkeit setzte ein, und die vier Parlamente stimmten rechzeitig dem Staatsvertrag zu, so dass die FHNW am 1. Januar 2006 starten konnte.

Erster Direktionspräsident wurde der frühere Direktor der FHBB, Prof. Dr. Richard Bührer. Er war zuvor Gesamtprojektleiter des Fusionsprozesses. Erster Präsident des Fachhochschulrates wurde der frühere Präsident des Fachhochschulrates FHBB, Dr. h.c. Peter Schmid. Er war vorher Vorsitzender der Projektsteuerung FHNW. Im Fachhochschulrat nahmen zahlreiche Persönlichkeiten Einsitz, die schon in den Vorstufen zur FHNW an den einzelnen Fachhochschulen Mitverantwortung trugen. Die Direktorinnen und Direktoren der neun Hochschulen FHNW wurden aus den bestehenden Kadern der Vorläuferschulen berufen.

Studierendenzahlen 2010

Hochschule	Anzahl Studierende	Studierende aus BL
Hochschule für Architektur, Bau und Geomatik	325	71
Hochschule für Gestaltung und Kunst	671	87
Pädagogische Hochschule FHNW	1964	451
Hochschule für Soziale Arbeit	1270	221
Hochschule für Technik	1088	113
Hochschule für Wirtschaft	1911	391
Hochschule für Life Sciences	523	95
Hochschule für Angewandte Psychologie	280	22
Musikhochschulen	628	38
Gesamtergebnis	**8660**	**1489**

Finanzvolumen FHNW 2010

Gesamtaufwand FHNW 2010:   Fr. 386 Mio.
Beitrag Kanton Basel-Landschaft: Fr. 52,4 Mio.

Der *Campus Muttenz* auf dem «Polyfeld Muttenz»

Die FHNW möchte ab 2017 mit fünf Hochschulen teilweise oder vollständig in Muttenz lehren und forschen. Es sind dies: die *Hochschule für Architektur, Bau- und Geomatik*, die *Hochschule für Life Sciences*, die *Pädagogische Hochschule*, die *Hochschule für Soziale Arbeit* und die *Hochschule für Technik*. Dazu benötigt sie ungefähr 30'000 Quadratmeter Hauptnutzfläche. Nach einem intensiven Planungsprozess steht fest, dass der zukünftige *Campus Muttenz* in unmittelbarer Nähe zum Bahnhof Muttenz errichtet werden soll. Es ist neu mit 2300 FHNW-Studierenden in Muttenz zu rechnen.

Da der Hochschulstandort Muttenz nicht einfach selbsterklärend ist, haben sich Kanton und Gemeinde dazu entschlossen, das Arealentwicklungsprojekt «Polyfeld Muttenz» zu lancieren. Eingebettet in weitere Bereiche wie «Wohnen» und «Arbeiten», sollen die zukünftigen Standorte der Schulgebäude für Berufsbildung, Gymnasium und Sekundarschule festgelegt werden. Das Quartier wird eine zusätzliche Belebung durch Grünanlagen, Sportanlagen, Einkaufs- und Begegnungsmöglichkeiten sowie kulturelle Nutzungen erfahren.

Die Herausforderungen in Gegenwart und Zukunft

Erste Erfolge: Die verhältnismässig junge Geschichte der Fachhochschulen in der Schweiz ist eine Erfolgsgeschichte. Dies darf ohne Überheblichkeit festgestellt werden. Es ist gelungen, einen zusätzlichen Kreis von jungen Menschen für die Hochschulausbildung zu gewinnen. Die Fachhochschulen sind nicht einfach Konkurrentinnen der universitären Hochschulen bei der Suche nach zukünftigen Studierenden, sondern ein wirkungsvolles Instrument für den Chancenausgleich. Dank ihrer ist der soziodemographische Hintergrund der Hochschulabsolventen deutlich weniger bestimmend.

Forschung als Beitrag zur Innovation: Die anwendungsorientierte Forschung entwickelt sich schrittweise zu einer treibenden Kraft für innovative Ideen. Es ist deshalb aus meiner Sicht problematisch, wenn ohne konkrete Verknüpfung mit den wirklich erbrachten Leistungen über die Forschung an Fachhochschulen gesprochen wird. Mit dem gelegentlich überbetonten Praxisbezug allein ist es nicht getan. Für sich genommen ist keinesfalls jede Form der Praxis einfach bedenkenlos zukunftsfähig, es braucht das kritische Nachdenken über sie.

Unvollständige Wahrnehmung: Umfassendes Wissen über die ganze Palette aller Fachhochschulbereiche und ein eigenständiges Gespür für Fachhochschulen sind noch selten anzutreffen. Dieser Mangel wird sich erst mit der Zeit beheben lassen, denn die Erfahrungen mit Fachhochschulen sind zwangsläufig noch keine Langzeitüberblicke. Es erscheinen deshalb Grundsatzartikel über Fachhochschulen, die oft aus dem Blick-

5 Hauptgebäude der *Hochschule für Technik FHNW* in Windisch.

winkel entweder einer Vorläuferinstitution, zum Beispiel eines Technikums oder eines Lehrerseminars, verfasst wurden oder aber eine Sicht der universitären Hochschulen beschreiben. Die Leistungen der Fachhochschulen wollen an ihrem gesetzlichen Auftrag – zum Beispiel am vierfachen Leistungsauftrag – gemessen werden und nicht einfach nach dem freien Ermessen eines zufälligen Kritikers. Den Fachhochschulen drohen die Gefahren jeglicher grossen Institution. Sie brauchen kritische Begleitung. Dabei fordern sie zu Recht fachhochschulspezifische Genauigkeit ein.

Dichtes Regelwerk: Das Regelwerk für Fachhochschulen ist nach meiner Einschätzung noch zu dicht geknüpft und zu wenig stringent angelegt. Auch an der FHNW bereitet es uns grosse Mühe, die Zusammenhänge und die direkten Auswirkungen der Planungsinstrumente des Bundes, fallweise der *Erziehungsdirektorenkonferenz* (EDK) und der Trägerkantone, zu erkennen. Der mehrjährige Leistungsauftrag mit Globalbudget ist an und für sich eine gute Sache, aber nur, wenn zwischen den bestellten Leistungen und den zugestandenen finanziellen Mittel ein erkennbarer, realistischer Zusammenhang besteht.

Bologna-Reform: Die Umsetzung der *Bologna-Reform* (Einführung der *Bachelor-* und *Master*-Abschlüsse) fiel den Fachhochschulen leichter als den traditionsreichen Universitäten. Die Fachhochschulen stehen der schulischen Tradition (zum Beispiel aus der Berufsbildung) näher. Ein kritischer Blick auf die Umsetzung scheint mir angezeigt zu sein. Die Prüfungsdichte erreicht gegenwärtig ein fragwürdiges Ausmass. Das System überfordert sich, ständig sind Studierende dabei, sich auf Prüfungen vorzubereiten, stets sind Dozierende damit befasst, Prüfungen zu konzipieren und zu korrigieren. Zwischen Orientierungslosigkeit und einer allzu strengen Engführung muss es doch einen Mittelweg geben. Es gilt zudem, für den dritten Zyklus – gemeint ist die Promotionsmöglichkeit – Lösungen zu finden. Der Plural ist bewusst gewählt, denn die Vielfalt der Fachhochschullandschaft erfordert höchstwahrscheinlich Lösungen, die sich je nach Fachgebiet unterscheiden werden.

Bewährungsprobe für die Trägerschaft: Auf das Ganze gesehen, war die Fusion zur FHNW erfolgreich. Viele Persönlichkeiten, verschiedene positive Umstände und etwas Glück waren hilfreich. Einige Fragen bleiben vorerst noch offen: Wird sich die multikantonale Trägerschaft bewähren? Wer wird sich bei Meinungsverschiedenheiten unter den Trägerkantonen durchsetzen? Könnte es sein, dass sich eine problematische Eigengesetzlichkeit durchsetzen wird, wonach stets jener Trägerkanton bestimmend bleibt, der am wenigsten Mittel für die FHNW einsetzen will und/oder kann? Zur Zeit der Niederschrift dieses Beitrages stellen sich für die FHNW diese Fragen sehr konkret. Antworten können im Juni 2011 noch keine gegeben werden.

Quellen
Protokolle der Organe FHBB und FHNW.
René Quillet, Staatsarchiv Baselland, Aktennotiz, 2005.
Parlamentvorlage AG, BL, BS, SO vom 27. Oktober und 9. November 2004.

Bildnachweis
1, 4   Dejan Jovanovic, Basel.
2   Christian Aeberhard, Basel.
3   Franz Gloor, Olten.
5   Alex Spichale, Baden.

1 Die *Volkshochschule beider Basel* erwuchs aus dem Schosse der *Universität Basel*.

Beatrice Montanari Häusler
Erwachsenenbildung aus dem Schosse der Uni Basel
Volkshochschule und Senioren-Universität beider Basel

Im Oktober 2009 feierte die *Volkshochschule beider Basel* ihr 90-jähriges Jubiläum. Wie wurde sie zu einer interkantonalen Bildungseinrichtung?

Gegründet wurden die «Volkshochschulkurse» der *Universität Basel*, wie sie damals hiessen, von Professoren der Universität unter Beteiligung des sozialdemokratischen

2 2009 feierte die *Volkshochschule* ihren 90. Geburtstag.

Regierungsrats und Erziehungsdirektors des Kantons Basel-Stadt, Fritz Hauser. Im Oktober 1919 öffnete sich die *Universität Basel* somit durch die neu gegründeten Volkshochschulkurse dem breiten interessierten Publikum mit dem Ziel, die Wissenschaft zu popularisieren. Diesem Projekt stand die Idee der «University Extension» zugrunde, die sich um die Mitte des 19. Jahrhunderts in England entwickelt hatte, um Bildung auch weniger privilegierten Bevölkerungskreisen zugänglich zu machen. Angesichts der vielen Anmeldungen gleich im Eröffnungsjahr der Volkshochschulkurse (5336) entsprach das offensichtlich den Erwartungen und Bedürfnissen jener Zeit. Die Volkshochschulkurse nahmen sich als Fenster der Universität zur Öffentlichkeit dieser Aufgabe an und blieben der *Alma Mater Basiliensis* lange Zeit organisatorisch angegliedert.

Universitätsprofessoren machen das Programm

Die Kurse, hauptsächlich Vorträge, fanden in den Uni-Hörsälen statt, was ihre Zugehörigkeit zur Universität auch nach aussen hin deutlich sichtbar machte. Die *Kommission für die Volkshochschulkurse*, zuständig für die Programme, bestand hauptsächlich aus Universitätsprofessoren, und jede Fakultät war darin vertreten.

Biologieprofessor Adolf Portmann, der von 1938 bis 1966 besagte Kommission präsidierte, legte in den 1960er-Jahren die Basis für eine praxisorientierte Richtung im

Programmangebot, so dass nach der Schaffung einer Leiterstelle 1966 vermehrt praxis- und berufsorientierte Ausbildungslehrgänge mit Abschlusszeugnissen, etwa in Betriebsökonomie, angeboten wurden. Einen eigentlichen Boom erlebte die *Volkshochschule* indes in den 1980er-Jahren, als die Fremdsprachenkurse zu einer der tragenden Säulen der Einrichtung wurden. Zählte die *Volkshochschule* 1980 rund 7000 Anmeldungen, waren es fünf Jahre später beinahe doppelt so viele (12'512).

Die Trägerschaft wird erweitert

Zum Zeitpunkt dieser Ausbauphase gewann die Rolle des Kantons Basel-Landschaft bei der weiteren, direkt mit der Neuordnung der Basler Universität zusammenhängenden Entwicklung der Volkshochschulkurse an Bedeutung. Die Universität unterstand einer Verwaltungsabteilung des Kantons Basel-Stadt, der nicht mehr länger in der Lage war, sie finanziell allein zu tragen. Um die Belastung durch die Betriebskosten der Universität zu reduzieren, kam für den basel-städtischen Kanton unter anderem die Erweiterung der Trägerschaft auf den Kanton Basel-Landschaft in Frage. In jenen Jahren führten Basel-Stadt und Basel-Landschaft intensive Verhandlungen über die zukünftige Finanzierung und Beteiligung beider Kantone am Universitätsbetrieb, die in das Universitätsgesetz von 1976 mündeten.[1]

Werner Humm, erster Leiter der Volkshochschulkurse vom 1966 bis 1979, brachte in einem Schreiben an Hans E. Bärtschi, Vorstandsmitglied des *Verbandes der Schweizerischen Volkshochschulen*, die Lage jener Zeit auf den Punkt:

> «[...] Der Anstoss zu einer Neuordnung könnte der Umstand sein, dass jetzt daran gedacht wird, mehr Tageskurse einzuführen, ferner die Tatsache, dass der Kanton Basel-Landschaft an den Kosten der Universität beteiligt und damit entsprechend auch mehr Einfluss auf die Volkshochschul-Kurse im Kanton Basel-Land nehmen möchte. Bisher führten wir nur Kurse im Kanton Basel-Stadt durch [...].»[2]

Beide Basel suchen nach einer gemeinsamen Lösung

Die Entwicklung der *Volkshochschulkurse der Universität Basel* zur Stiftung *Zentrum für Erwachsenenbildung der Universität Basel* im Jahre 1986 muss vor dem Hintergrund der intensiven Diskussionen um die zukünftige Organisationsstruktur der Basler Volkshochschule verstanden werden, die zwischen dem Rektorat der Uni, beiden Kantonen und der Volkshochschulleitung während mehr als zehn Jahren geführt wurden. Es ging dabei einerseits um die zukünftige Stellung der Volkshochschulkurse innerhalb der Universität und andererseits um deren Rolle als offizielle Trägerin von Erwachsenenbildung in der gesamten Region Basel. Bereits 1976 war eine engere Zusammenarbeit zwischen der *Volkshochschule* und dem Kanton Basel-Landschaft seitens aller Mitbeteiligten erwünscht worden.[3]

3 1992 eröffnete die *Volkshochschule* in Liestal eine Geschäftsstelle.

Eine eigentliche kantonale Volkshochschule von Baselland hatte es bisher nicht gegeben. Die Erwachsenenbildung in diesem Kanton wurde von den Kirchgemeinden, Schulpflegschaften, Freizeitvereinen, Elternvereinen und Schulen getragen. Ansätze für Volkshochschulen fanden sich zwischen 1969 und 1979 in den Bezirken Arlesheim und Liestal. Da ohne eine professionelle Organisationsstruktur die Kursangebote auf die Dauer nicht aufrechterhalten werden konnten, mussten sie 1979 in beiden Orten abgesetzt werden. Aus dem Bedürfnis heraus, in Baselland weiterhin allgemeinbildende Kurse in der Erwachsenenbildung anzubieten, verfolgte der Kanton Basel-Landschaft ab diesem Zeitpunkt Bestrebungen, der Erwachsenenbildung eine breitere und dauerhaftere Organisationsstruktur zu geben.[4]

Gleichzeitig erhielt die Leitung der *Volkshochschule* vom Erziehungsdepartement Basel-Stadt im April 1979 den Auftrag, das Angebot der Erwachsenenbildung auszubauen, eine gemeinsame Lösung für die *Volkshochschule* und die *Senioren-Universität* und damit verbunden auch die Frage der Partnerschaft mit dem Kanton Basel-Landschaft anzugehen, zumal fast die Hälfte der Teilnehmenden aus Baselland stammte. Der neue Leiter der Volkshochschulkurse, der Jurist Walo Eppenberger, wurde mit dieser Aufgabe betraut. «Ich würde es sehr begrüssen», so Regierungsrat Arnold Schneider an seinen Amtskollegen in Liestal, Paul Jenni, «wenn im Schosse einer verwaltungsinternen interkantonalen Arbeitsgruppe die Arbeiten weiterverfolgt werden könnten. Die Arbeitsgruppe hätte zuhanden der beiden Erziehungsdirektionen zu berichten.»[5] Eine Zusammenarbeit auf dem Gebiet der Erwachsenenbildung und eine gemeinsame Trägerschaft durch beide Kantone wurden deshalb als sinnvoll angesehen, «weil die Volkshochschule – in enger Verbindung mit der Universität – als Trägerin der allgemeinen Weiterbildung von Erwachsenen regional ihre Aufgabe erfüllt».[6]

Das Kursangebot wird ausgebaut

Ohne die bestehenden Erwachsenenbildungsinstitutionen in der Region zu konkurrenzieren, beispielsweise die Vereine in Baselland sowie die *Klubschule Migros* und die Freizeitangebote des *Allgemeinen Consumvereins* (COOP ACV) in Basel-Stadt, sollte die *Volkshochschule*, die sich bisher primär dem Wissenstransfer von der Universität an die Öffentlichkeit gewidmet hatte, ihr Kursangebot differenzierter ausbauen. Erwünscht waren in dieser Hinsicht eine Aufstockung der Kurse um rund 20 bis 30 Prozent sowie die Einführung neuartiger Kurse, etwa mehrsemestriger Lehrgänge. Beide Kantone befürworteten ausserdem die Ausdehnung des Kursangebotes auf Liestal, wobei Baselland für diesen Bezirk und die anderen oberen Bezirke des Kantons eine Zweigstelle der *Volkshochschule* in Liestal anstrebte, damit der dort ansässigen Bevölkerung die Universität als regionale und interkantonale Bildungsinstitution nähergebracht werde.[7]

Die *Volkshochschule beider Basel* verlässt die Universität

Die Verhandlungen zeitigten bald konkrete Resultate: Mit der Aufnahme von Liestal als Kursort im Wintersemester 1980/1981 wurde die Institution umbenannt: Von nun an sprach man von der *Volkshochschule beider Basel* (VHSBB). Mit der ein Jahr zuvor gegründeten *Senioren-Universität* und dem *Universitätsforum*[8] wurde sie unter dem gemeinsamen Dach des *Zentrums für Erwachsenenbildung der Universität Basel* (ZEB) zusammengelegt. Bei diesen strukturellen Veränderungen war jedoch die Frage nach der rechtlichen Organisationsform des Zentrums ungelöst geblieben. Erst am 10. Juni 1986 wurde auf Vorschlag des *Erziehungsdepartements Basel-Stadt* und der *Erziehungsdirektion Baselland* beschlossen, das Zentrum juristisch als privatrechtliche Stiftung zu organisieren und somit aus der Verwaltungseinheit der Universität herauszulösen. Mit der offiziellen Gründung der Stiftung am 7. September 1987 wurde die gemeinsame Trägerschaft beider Kantone an der von der *Volkshochschule* organisierten und betriebenen Erwachsenenbildung der Region Basel besiegelt und im privatrechtlichen Rahmen der Stiftung realisiert.[9] Somit wurde das von beiden Kantonen beschworene Modell der «Universität beider Basel» zuerst einmal im Rahmen der Volkshochschule erprobt. Denn obwohl die Stiftung juristisch nun nicht mehr der Universität angegliedert war, wurde sie dennoch als Modell für künftige Bestrebungen zur Gründung einer Universität beider Basel angesehen.[10] Im Stiftungsrat blieb die Universität stark vertreten: Jede Fakultät stellte weiterhin einen Vertreter, so dass die traditionelle enge Zusammenarbeit zwischen der Volkshochschule und der Universität gewährleistet blieb.

Dezentralisation und der Erfolg der *SamstagsUni*

Unter der Leitung von Klaus Burri, dem Nachfolger Eppenbergers, wurde die Erweiterung des Angebots fortgesetzt. In Liestal nahm am 1. Oktober 1992 eine Geschäftsstelle unter der Leitung von Peter Luder, Burris Stellvertreter, ihren Betrieb auf. Man erhoffte sich dadurch, das Angebot nach spezifischen Nachfragen effizienter zu planen sowie die Interessierten und Teilnehmenden vor Ort besser zu betreuen. Der Ausbau der Kurse wurde daraufhin intensiviert, und die Kurstätigkeit nahm im Oberbaselbiet zu. Weitere universitäre Aktivitäten führte man neu ein. Das *Universitätsforum* mit dem Titel «Eine Universität für die Region» fand im Oktober 1994 zum ersten Mal nicht in den Räumen der Universität statt, sondern in Liestal. Ein Jahr später fand die erste Vortragsreihe der *SamstagsUni* auf Initiative des damaligen Rektors der *Universität Basel*, Prof. Hans-Joachim Güntherodt, auf *Schloss Ebenrain* in Sissach statt, dem Repräsentationssitz der Baselbieter Regierung. Die Veranstaltungen, öffentliche Vorträge am Samstagvormittag, stiessen auf grosses Interesse und waren während mehrerer Jahre ausgebucht. Aufgrund des Erfolges wurden die Vortragsreihen der *SamstagsUni* 2002 auch auf Augst und Laufen ausgeweitet, und im Jahre 2003 fanden zum ersten Mal auch Vortragsreihen in der benachbarten deutschen Stadt Lörrach in Zusammenarbeit mit der dortigen Volkshochschule statt. In der *SamstagsUni*, einem gemeinsamen Angebot der *Volkshochschule beider Basel* und der *Universität Basel*, berichten Dozentinnen und Dozenten der Universität und Fachleute aus ihren Wissensgebieten. Werfen wir einen Blick auf das Programm der vergangenen zwei Semester: Vier Vortragsreihen gewähren Einblick in zeitgemässe Themen, «Gott der Liebe – Gott der Gewalt?», «Klimawandel – Vom Wissen zum Handeln», «Das römische Legionslager Vindonissa» und «Die EU als Projekt und ihre Auswirkungen auf die Schweiz».

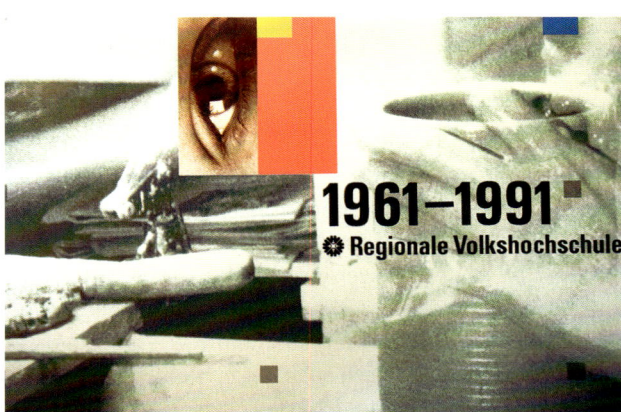

4 1994, nach dem Übertritt des Laufentals in den Kanton Basel-Landschaft, wurde die *Volkshochschule Laufental-Thierstein* integriert.

Die *Volkshochschule Laufental-Thierstein* wird integriert

In Laufen hatte hingegen bereits eine Volkshochschule bestanden. Von der *Université Populaire Jurassienne* 1959 gegründet, wurde sie infolge des Kantonswechsels des Laufentals zum Kanton Basel-Landschaft am 1. Januar 1994 aus dem *Verband der Jurassischen Volkshochschulen* herausgelöst und ab diesem Zeitpunkt vom Kanton Baselland zur Fortsetzung der Kurstätigkeit finanziell unterstützt. Das Angebot bestand vorwiegend aus Sprach-, Gesundheits- und gestalterischen Kursen. Am 1. Januar 2001 erfolgte die Intergration der *Volkshochschule Laufental-Thierstein* in die Stiftung ZEB.

Das Angebot wurde vielfältiger. Neben den traditionellen Vorträgen, die zur Popularisierung der wissenschaftlichen Erkenntnisse aus Lehre und Forschung meist von Universitätsdozierenden in verständlicher Sprache gehalten wurden, kamen immer mehr Kurse hinzu, die auch, in Form von Workshops, Seminaren und Exkursionen, fachliche Gebiete berücksichtigten, die vom universitären Bildungsangebot nicht abgedeckt wurden, etwa Selbsterfahrungskurse, Kurse über Heilkräuter und Gartenpflanzen, Fotografie und Handwerk.

Reorganisation und die Konzentration in Basel

Während in den 1980er-Jahren die Zahl der Anmeldungen in Basel und Region parallel zum Ausbau des Kursangebots stetig stieg, öffnete sich die Schere zwischen der Anzahl ausgeschriebener Kurse und jener der durchgeführten Kurse ab 1990 beträchtlich. Nach dem anfänglichen Erfolg, den die *Volkshochschule beider Basel* im Baselbiet genossen hatte, setzte fünf Jahre nach Einrichtung der Geschäftsstelle in Liestal auch hier der Rückwärtstrend ein. Wurden im Kursort Liestal gleich nach der Eröffnung der Geschäftsstelle 442 Anmeldungen gezählt, erreichte man den höchsten Stand im akademischen Jahr 1996/1997 mit 1115 Anmeldungen. Danach schwankte deren Zahl in den darauf folgenden Jahren zwischen 800 und 1000. Auch die Integration der *Volkshochschule Laufental-Thierstein*, die ausser Laufen auch die Kursorte Breitenbach, Grellingen, Nenzlingen und Röschenz betreute, konnte an diesem Rückgang nichts ändern. Die Reaktion auf die unerfreuliche Entwicklung liess nicht allzu lange auf sich warten: Im Frühjahr 2003 wurden beide Geschäftsstellen in Laufen und Liestal geschlossen, nachdem es im November 2002 zu einer Neuorganisation der Stiftung gekommen war. Ein Jahr zuvor hatten die beiden Basler Halbkantone als Vertragspartner und Auftraggeber eine Leistungsvereinbarung mit dem ZEB abgeschlossen. Die Defizitgarantie, auf die sich die Geschäftsleitung bisher hatte abstützen können, fiel damit weg. Die Träger der Stiftung entschlossen sich zu einer umfassenden Reform. Marie-Thérèse Kuhn, damalige vorsitzende Geschäftsleiterin des *Basler Amts für Wirtschaft und Arbeit*, begleitete die Überführung des ZEB in die neue Stiftung *Volkshochschule und Senioren-Universität beider Basel* als neue Präsidentin des Stiftungsrats.

5 Die *SamstagsUni* – eine Erfolgsgeschichte, nicht nur im Baselbiet.

Die Volkshochschule fokussiert auf ihre Stärken

Nach einer kurzen Interimsphase wurde im Dezember 2002 der Historiker Thomas Bein zum Geschäftsführer der restrukturierten Stiftung gewählt, der heute noch diese Funktion innehat. Unter seiner Leitung wurde das finanziell wenig erfolgreiche, berufsqualifizierende Angebot *Aus- und Weiterbildung in der Erwachsenenbildung* (AWeB) an die *Fachhochschule Nordwestschweiz* (FHNW) ausgelagert. Gestrichen wurden auch Kurse zu Selbsterfahrung und Persönlichkeitsentwicklung. Die gut besuchten universitätsnahen Kurse baute man hingegen aus. Obwohl im mittlerweile stark reduzierten Stiftungsrat nicht mehr alle Fakultäten vertreten waren, wollte man sich dennoch bewusst der Universität inhaltlich wieder annähern, um sich damit von den übrigen Anbietern von Erwachsenenbildung in der Region klar abzugrenzen.

Laufen hat sich mittlerweile als Sprachenzentrum der Volkshochschule im Baselbiet etabliert. Hier werden Sprachkurse in Deutsch, Englisch, Französisch, Italienisch und Spanisch angeboten, neuerdings auch Chinesisch für Anfänger und Anfängerinnen. Ausschliesslich in Laufen und Liestal führt die Volkshochschule Informatikkurse durch, dazu im Laufental-Thierstein handwerkliche Kurse, Kurse zum Thema «Haus und Garten» sowie zum Themenbereich «Körperbewusstsein und Heilkunde». Kurse aus dem Bereich «Wissen», zu dem beispielsweise Mathematik, Geografie, Medizin, Politik, Wirtschaft, Geschichte oder Literatur gehören, finden im Baselbiet in Münchenstein, Reinach, Laufen und Liestal statt.

Nach der Realisierung der *Volkshochschule beider Basel* gelang beinahe zwei Jahrzehnte später auch die Verwirklichung der seit langem ersehnten Vision der «Universität beider Basel».[11]

Anmerkungen

1 Ein vom Landrat und Volk gutgeheissenes Beitragsgesetz, auf 1. Januar 1976 rückwirkend in Kraft gesetzt. Vgl. Georg Kreis: Die Universität Basel 1960–1985. Basel/Frankfurt a.M. 1986, 317–318 und 325.
2 StABS PÖA-REG 4b 2-2 (1). Brief von VHS-Leiter Werner Humm an VSV-Vorstandsmitglied Hans E. Bärtschi, 22. Januar 1979.
3 StABS. PÖA-REG 4b 2-2 (1). Schreiben von Prof. Dr. Hans Ulrich Zollinger, Rektorat Universität Basel, an Regierungsrat Arnold Schneider, Erziehungsdepartement Basel-Stadt, 4. November 1976.
4 StABS. PÖA-REG 4a 2-1 (1). Bericht der interkantonalen Arbeitsgruppe betreffend Volkshochschule Basel-Stadt/Basel-Landschaft (Entwurf), 5. September 1980.
5 StABS. PÖA-REG 4a 2-1 (1). Schreiben von Regierungsrat Arnold Schneider, Erziehungsdepartement Basel-Stadt, an Regierungsrat Paul Jenni, Erziehungsdirektion Basel-Landschaft, 3. Oktober 1979.
6 Ebenda.
7 StABS. PÖA-REG 4a 2-1 (1). Arbeitspapier Zielvorstellungen Kanton Basel-Landschaft, 10. Februar 1980; Arbeitspapier Zielvorstellungen Volkshochschule Kanton Basel-Stadt, 12. Februar 1980.
8 Das *Universitätsforum* über Zeitfragen umfasste Vortragszyklen über ein bestimmtes aktuelles Thema, aus verschiedenen Perspektiven und Disziplinen betrachtet. Mit Bezug auf die Programmgestaltung handelte es sich um eine rein universitäre Institution, deren Administration dem ZEB übertragen wurde. Das *Universitätsforum* – 1981 zum ersten Mal unter diesem Namen durchgeführt – ersetzte die frühere Institution der *Akademischen Vorträge*. Diese, seit 1860 geführt, waren – ähnlich wie die Kurse an der *Volkshochschule* – wissenschaftliche Vorträge gemeinverständlicher Art.
9 StABS PÖA-REG 4b 2-2 (1). Protokoll der Kommission für die Volkshochschul-Kurse an der Universität Basel, 10. September 1969; PÖA-REG 4b 6-1 (1). Pressebulletin des Erziehungsdepartements Basel-Stadt und Erziehungs- und Kulturdirektion Basel-Landschaft, 10. Juni 1986.
10 StABS. PÖA-REG 4c 2-2-1 (1). Brief von Regierungsrat Hans-Rudolf Striebel, Erziehungsdepartement Kanton Basel-Stadt, vom 18. März 1987.
11 Mario König: In eigener Sache. Die Universität Basel unterwegs zu Autonomie und neuer Trägerschaft 1985–2010. Liestal 2010, 150–151 und 205–210.

Bildnachweis

Joachim Bürgin, *VischerVettiger – Kommunikation und Design AG*, Basel.

Würdigung

1 Jörg Krähenbühl vor der Baustelle der Fachhochschule auf dem *Moser-Glaser-Areal* in Muttenz. Bei den konkreten Projekten war der Baudirektor in seinem Element.

Thomas Gubler
Jörg Krähenbühl
Im Erfolg und im Misserfolg sich treu geblieben

Jörg Krähenbühl schaffte nach vier Amtsjahren die Wiederwahl in den Regierungsrat nicht mehr. Er wurde zum Opfer einer nicht mehr funktionierenden *Bürgerlichen Zusammenarbeit* (BüZa).

Es war für alle Beteiligten ein bewegender Moment, als der scheidende Bau- und Umweltschutzdirektor Jörg Krähenbühl am 23. Juni 2011 im Landrat mit einer Standing Ovation verabschiedet wurde. Das Bild vom lachenden und vom weinenden Auge mochte diesmal nicht passen. Der Abtretende hatte nie einen Hehl daraus gemacht, dass ihn die Abwahl vom 27. März 2011, als ihn die Baselbieter Wählerschaft ausgerechnet in seinem Präsidialjahr auf den undankbaren sechsten Platz gesetzt und an seiner Statt den grünen Sissacher Isaac Reber in die Regierung gewählt hatte, sehr schmerzte. Daran hatte sich bis zum Tage des Abschieds aus der Politik kaum etwas geändert. Auch die Würdigung von Landratspräsidentin Bea Fuchs dürfte Jörg

Krähenbühl kaum wirklich getröstet haben, mochte diese noch so sehr hervorheben, mit welcher «Bravour» er den Rollenwechsel vom SVP-Fraktionschef zum Regierungsrat geschafft und mit welcher Eleganz er es verstanden habe, «über verschiedene Schatten zu springen».

Dass der Bannstrahl der Wählerinnen und Wähler im März 2011 ausgerechnet ihn, Jörg Krähenbühl, traf, nachdem der Souverän zuvor über 50 Jahre lang Regierungsräte und Regierungsrätinnen quasi «automatisch» wiedergewählt hatte, war in erster Linie Pech. Vielleicht hatte aber auch die Vorsehung die Hände im Spiel, die es dem Betroffenen ermöglichen wollte, private Projekte wie die verschiedenen geplanten Reisen mit seiner Gattin noch bei guter Gesundheit zu erleben. Er wolle nun alles nachholen, wozu er in der Vergangenheit nicht gekommen sei, erklärte er im Informationsheft der kantonalen Verwaltung kurz vor seinem Abschied. Und vielleicht wäre ihm das ja nach weiteren vier aufreibenden Jahren Regierungstätigkeit, dannzumal an der Schwelle zum 70. Geburtstag, nicht mehr im gleichen Masse gelungen. Wir wissen es nicht.

Jörg Krähenbühl war nicht unbedingt der Wunschkandidat der SVP-Leitung, als der Parteitag ihn, den damals bereits 60-Jährigen, im September 2006 in Frenkendorf zum Regierungsratskandiaten kürte. Diese hätte eigentlich dem um 20 Jahre jüngeren Landrat Thomas de Courten den Vorzug gegeben. Doch der Reinacher Unternehmer Krähenbühl verfügte über die grössere Hausmacht – und vor allem über die Unterstützung der *Baselbieter Wirtschaftskammer*.

Doch obschon man möglicherweise lieber einen anderen gehabt hätte, gab man das dem Nominierten und später Gewählten nie zu verstehen. Anders als sein Vorgänger Erich Straumann konnte sich Krähenbühl des Vertrauens von Partei und Parteispitze stets sicher sein. Und was sein etwas fortgeschrittenes Alter betrifft, so sah er darin nie ein Handicap. Schon bei seiner Nomination in Frenkendorf trat er dem «Vorurteil», ein Übergangsregierungsrat zu sein, mit Vehemenz entgegen. Acht Amtsjahre sollten es mindestens werden, lautete sein Anspruch an sich selbst. Dass es nun doch nur vier geworden sind, lag nicht an ihm.

Die Bilanz seiner Amtszeit bezeichnete der abtretende Baudirekor beim Ausscheiden aus dem Amt dennoch als «sehr positiv». Als früherer Inhaber eines Sportgeschäfts war er angetreten, die Baudirektion kundenfreundlicher zu machen und gemeinsam mit seinen 800 Mitarbeitenden ein bürgernahes Dienstleistungszentrum aufzubauen. Dass ihm dies gelungen ist, wird ihm nicht nur von politisch Gleichgesinnten attestiert.

Die Bauprojekte

Was seine Amtsführung betrifft, so bezeichnete sich Jörg Krähenbühl stets als «Macher» oder als «stiller Schaffer», dem der Zugang zu konkreten Projekten leichter falle als zur juristisch-papierenen Seite eines Regierungsamtes, die einem Magistraten eben auch nicht erspart bleibt. Allein schon durch seine berufliche Herkunft als Bauleiter war er mehr Praktiker als Theoretiker.

Und an konkreten Projekten fehlte es ihm beileibe nicht. Da wäre zum Beispiel der Bau der mittlerweile weit fortgeschrittenen H2. Zwar hat er dieses Geschäft noch von seiner Amtsvorgängerin Elsbeth Schneider-Känel geerbt. Mit einem gewissen Recht beansprucht Jörg Krähenbühl einen Teil der Vaterschaft dieses Grossprojekts aber durchaus für sich. Denn die eigentliche Realisierung fiel in seine Amtszeit. Vor allem wurde unter ihm als Bau- und Umweltschutzdirektor die Kostenwahrheit hergestellt. Denn mit 554 Millionen Franken kommt der H2-Bau mehr als doppelt so teuer wie einst prophezeit. Ende 2013 soll die Neubaustrecke zwischen Pratteln und Liestal eröffnet werden. Sollte er zur Eröffnungsfeier eingeladen werden – wogegen kaum etwas sprechen dürfte –, wird Jörg Krähenbühl sicher mit Freude und dannzumal verheilten Wunden teilnehmen. Für den Fall, dass der Kostenrahmen eingehalten werden kann, wird man sich seiner erst recht erinnern.

Ein weiterer grosser «Brocken» seiner vierjährigen Amtszeit ist die Planung des *Strafjustizzentrums Muttenz*, dessen Baubeginn mittlerweile erfolgt ist. Dieses sollte gemäss Fahrplan im Jahre 2014 in Betrieb genommen werden. Die Übernahme der Sekundarschulbauten durch den Kanton von den Gemeinden, der kantonale Richtplan und der Neubau der *Fachhochschule Nordwestschweiz* in Muttenz – ein 300-Millionen-Mammutprojekt – sind weitere Vorhaben, die mit dem Namen Krähenbühl verbunden bleiben werden. Nicht zu vergessen auch die Altlasten- und Deponiesanierungen, die in Krähenbühls Amtszeit für einigen politischen Wirbel gesorgt haben und die noch längst nicht «gegessen» sind.

All diese Projekte hätte er gerne weiterverfolgt und wenn möglich zum Abschluss gebracht. Jetzt betreut sie seine Nachfolgerin Sabine Pegoraro. Ihr wollte er, das hatte er mehrfach betont, auf jeden Fall eine saubere Direktion und einen aufgeräumten Schreibtisch hinterlassen. Niemand bezweifelt, dass er das auch getan hat.

Problemkind ÖV

Ein ganz besonderes Augenmerk Jörg Krähenbühls galt dem öffentlichen Verkehr. Sensibilisiert dafür wurde er, der seinen Arbeitsweg von Reinach nach Liestal meistens per ÖV zurücklegte, schon an seinem ersten Arbeitstag als Regierungsrat im Sommer 2007. Vor der Anlobung im Parlament wollte er noch schnell in der *Bau- und Umweltschutzdirektion* seine künftigen engsten Mitarbeiter begrüssen. Doch weil sein Zug massiv verspätet war, fiel nicht nur die Begrüssung in der BUD ins Wasser, der neue Regierungsrat hätte beinahe auch noch seine feierliche Amtseinsetzung verpasst. Dieses Erlebnis hat ihn ganz offensichtlich für die Bedeutung des öffentlichen Verkehrs im Baselbiet sensibilisiert.

Und schon bald zeigte er sich entschlossen, die SBB auch in der Region Basel für Verspätungen büssen zu lassen. Gleichzeitig stellte er ihnen im Sinne eines Bonus-

Malus-Systems eine Belohnung für Pünktlichkeit in Aussicht. Fehlte dafür zuerst noch die Rechtsgrundlage, so wird mittlerweile seit mehr als einem Jahr von Kantonen und Verkehrsbetrieben unter der Federführung des *Bundesamtes für Verkehr* (BAV) an einem Schlüssel gearbeitet.

Wie sehr dem Baudirektor der öffentliche Verkehr ein Anliegen war, demonstrierte er zu Beginn des Jahres 2011 im Landrat, als er bei der Beantwortung eines parlamentarischen Vorstosses die Bahnsituation im Ergolztal mit zwischenzeitlich fast täglichen Verspätungen und Zugsausfällen schlicht als «katastrophal» bezeichnete. Und als Vertreter der SBB Ende Februar morgens früh auf den Bahnhöfen der Region Flugblätter mit der Aufschrift «Vielen Dank für Ihr Vertrauen» und Schokoriegel verteilten, um bei den Passagieren für gut Wetter zu sorgen, da geschah dies unter den gestrengen Augen von Jörg Krähenbühl.

Flops und Restanzen

Wenn Jörg Krähenbühl im Vorfeld seines Abschieds auf mögliche Flops während seiner Amtszeit angesprochen wurde, dann gab er sich zurückhaltend. Statt seiner sollten lieber andere seine Leistungen beurteilen. Doch wie nicht anders zu erwarten, gelang auch ihm nicht alles. So geriet er, kaum im Amt, im Zusammenhang mit dem Geschäft «Ortsdurchfahrt Reinach» mächtig unter Druck. Der Baudirektor hatte die von Reinach geplante so genannte «Kap»-Haltestelle kurzerhand aus dem Projekt gekippt. Zwar machte er Sicherheitsgründe dafür geltend, doch die Ausgestaltung der «Kap»-Haltestelle hätte sich auch negativ auf das Parkplatzangebot bei seiner eigenen Liegenschaft in Reinach ausgewirkt.

«Um nach aussen ein deutliches Zeichen zu setzen», wie er damals der *Basler Zeitung* sagte, trat er dann die Federführung für das Projekt an Sicherheitsdirektorin Sabine Pegoraro ab. Letztere liess bei der *Beratungsstelle für Unfallverhütung* (BfU) ein Gutachten über die besten Haltestellen erarbeiten. Bei den Sitzungen mit der BfU nahm es Jörg Krähenbühl aber mit seiner Ausstandspflicht insofern nicht so genau, als er an einer von drei Sitzungen mit der Beratungsstelle auf Einladung von Sabine Pegoraro teilnahm. Der Baudirektor bereute später diese Teilnahme sehr, obschon er sich dabei nichts Böses gedacht habe. Die Sache blieb problematisch, zumal die BfU zwei Alternativen als ebenso empfehlenswert erachtete und die «Kap»-Haltestelle nicht verwirklicht wurde. Die Angelegenheit wurde schliesslich auf gut baselbieterische Art nicht so heiss gegessen, wie sie gekocht worden war, sie belastete aber den Beginn seiner Amtszeit.

Eine andere Hinterlassenschaft, die er allerdings auch schon von seiner Vorgängerin geerbt hatte, ist die verkarrte Situation um die mit Bauschutt aufgefüllte ehemalige *Mergelgrube Wischberg* in Hemmiken, die mit grosser Wahrscheinlichkeit für den Hangrutsch unterhalb der Grube und für die Gefährdung des dortigen Bauernhofes verantwortlich ist. Obschon der Eigentümer des Bauernhofes vor Gericht stets recht bekommen hatte, wurde von Seiten der verantwortlichen kantonalen und Hemmiker Behörden nichts Substanzielles zur Behebung der Situation am Wischberg unternommen. Statt eine Überfüllung der Grube auf dem Berg anzuerkennen und eine Sanierung des Hanges ins Auge zu fassen, beschränkten sich die verantwortlichen Behörden darauf, den Zusammenhang zwischen Deponieüberfüllung und Rutsch zu bestreiten. Schuld daran ist nicht in erster Linie der aus dem Amt geschiedene Baudirektor. Es trifft ihn allenfalls der Vorwurf, den Verantwortlichen in Hemmiken und in seiner Direktion zu stark vertraut zu haben.

Der Anfang vom Ende der BüZa

Nicht nur wegen seines SVP-Parteibuches war Jörg Krähenbühl ein bürgerlicher Politiker. Ob als Landrat und Fraktionschef oder als Regierungsrat – seine Ausstrahlung war durch und durch bürgerlich. So kam er auch vorwiegend bei den Bürgerlichen gut an, die ihm einen Wechsel im Führungsstil der BUD zugute hielten und einen starken Willen, auf Geschäfte Einfluss zu nehmen, attestierten. Überhaupt arbeiteten bürgerliche Politiker gerne mit Jörg Krähenbühl zusammen. Linke weniger. Bei diesen erntete er zuweilen Kritik für seine mitunter etwas hölzern wirkenden Auftritte im Landrat. Und während die Bürgerlichen die Wechsel auf verschiedenen Chefbeamtensesseln (vor allem Kantonsplaner Hans-Georg Bächtold und Kantonsbaumeister Ruedi Hofer) als Führungsstärke werteten, warfen diese bei der Linken eher Fragen zu seinem Führungsstil auf.

Umso erstaunlicher ist es daher, dass mit der Wahl von Jörg Krähenbühl in die Baselbieter Regierung Ende Februar 2007 eigentlich das Ende der *Bürgerlichen Zusammenarbeit* im Baselbiet (BüZa) eingeläutet wurde. Der Umstand, dass er damals trotz bürgerlichen Viererticket auf dem fünften Platz landete, liess darauf schliessen, dass die Bürgerlichen keineswegs geschlossen für Jörg Krähenbühl gestimmt hatten. Und was sich bei den Regierungsratswahlen angekündigt hatte, fand bei den Ständeratswahlen im Herbst 2007 seine Fortsetzung. SVP-Kandidat Erich Straumann wurde von den bürgerlichen Partnerparteien förmlich im Regen stehen gelassen, worauf SVP-Kantonalpräsident Dieter Spiess die BüZa kurzerhand für tot erklärte.

Die Regierungsratswahlen 2011 fanden dann auch bloss noch unter einem büZa-ähnlichen Regime statt, dessen Erkennungsmerkmal eigentlich nur das gleiche Viererticket wie vier Jahre zuvor war. Ein echter BüZa-Geist dahinter fehlte jedoch, was sich in einem entsprechend lauen Wahlkampf bemerkbar machte. Dass dieser politischen Konstellation Jörg Krähenbühl zum Opfer fiel, wurde dennoch als grosse Überraschung gewertet. Und was seine Person betraf, so wurde die Abwahl über die Parteigrenzen hinweg sogar als «ungerecht» empfunden.

Jörg Krähenbühl hatte es in seinem Hausblatt, der *Bau- und Umweltschutz-Zeitung*, ganz offen als «grossartig» bezeichnet, Regierungsrat sein zu dürfen. Man nimmt ihm gerne ab, dass er seinen Job, der ihm sicher nicht immer nur leicht gefallen ist, gerne gemacht hat. Und genauso echt wie seine Begeisterung für das Regierungsamt war, so echt waren auch die grenzenlose Enttäuschung bei der Abwahl und seine nicht unterdrückten Gefühle beim Abschied. Jörg Krähenbühl blieb im Erfolg ebenso wie im Misserfolg ganz einfach er selbst.

Bildnachweis
Mischa Christen, Luzern.

Chronik 2009

- 354 Legislatur
- 356 Regierungsratsentscheide
- 357 Landratsbeschlüsse
- 360 Abstimmungen
- 361 Jubilarinnen und Jubilare
- 364 Totentafel
- 365 Preise und Ehrungen
- 366 Aus der Sportwelt

Chronik 2010

- 404 Legislatur
- 406 Regierungsratsentscheide
- 406 Landratsbeschlüsse
- 409 Wahlen
- 410 Abstimmungen
- 411 Jubilarinnen und Jubilare
- 412 Totentafel
- 413 Preise und Ehrungen
- 415 Aus der Sportwelt

Bitte besuchen Sie auch die Internetseite:
http://www.baselland.ch/main_chronik.273422.0.html

Unter dieser Internetadresse finden sich alle Chroniken seit 1939.
Viele zusätzliche Fotografien, Berichte und andere Unterlagen sind mit den entsprechenden Nachrichten in den Chroniken verknüpft – was in einem Buch natürlich nicht möglich ist.

Die Chroniken der Jahre 2009 und 2010 von Alby Schefer, die für dieses *Baselbieter Heimatbuch* bearbeitet und gekürzt wurden, können in der ursprünglichen, detailreicheren Version ebenfalls unter der oben genannten Internetadresse eingesehen werden.

Alby Schefer

Chronik 2009

Januar 2009

1.	Basel/Liestal Ein kalter Dezember 2008	Der vergangene Dezember war im Vergleich zum langjährigen Mittel um 1,6 °C zu kalt (es gab 11 Eistage, an denen das Thermometer nie über 0 °C stieg). Der Wintermonat war auch zu trocken und zu wenig sonnig. Mit 72 l Niederschlag fielen nur 78% der normalen Menge. Statt wie der Norm entsprechend 50 Std. schien die Sonne nur 44 Std. Dafür aber gab es wieder einmal tüchtig Schnee und Eis.
3.	Baselland Bäume, die Menschen gefährden, müssen weg	Viele Bäume sind geschwächt und daher ab einer gewissen Schneelast bruchgefährdet. Daher müssen im Kantonsgebiet an vielen Orten grössere Bestände von Bäumen gefällt werden, um Menschen und die Verkehrswege zu schützen. In Angenstein/Aesch musste die Säge besonders häufig angesetzt werden.
5.	Liestal Steuerpanne	Auf der kantonalen Steuerverwaltung in Liestal hat man bei 4000 Wohnobjekten den Eigenmietwert zu tief berechnet, was zu einem Steuerausfall von etwas mehr als CHF 600'000 führt. Das Geld kann nicht nachverlangt werden. Ein Softwarefehler ist schuld. Der Ausfall beträgt 0,75‰ der gesamten Steuereinnahmen.
7.	Pratteln *Metallum AG* schliesst Werk	Die Bleirecyclierungsfirma *Metallum AG* in Pratteln schliesst per Ende Februar, da die Preise für Blei in den Keller gefallen sind. Die 1934 gegründete Firma war als sozialer Arbeitgeber bekannt, da sie vor allem Ungelernte einstellte. 30 Mitarbeiter verlieren durch die Schliessung ihren Arbeitsplatz. Die Sozialpläne sollen sehr gut sein, liess sich die Gewerkschaft vernehmen.
	Augst Brandopfer identifiziert	Die drei Todesopfer, die der Discobrand in Augst vom 15. November 2008 gefordert hat, sind identifiziert. Es handelt sich um drei ausländische Tänzerinnen, die legal in der Schweiz waren.
9.	Münchenstein Nur noch «Rahmdääfeli»	Die neue Besitzerin der Firma *Klein AG* in Münchenstein hat die traditionelle Verpackung der «Baselbieter Rahmdääfeli» zu Gunsten einer Verpackung mit der Aufschrift «Rahmtäfeli» und mit dem Stadtbasler Wappen abgeändert.
13.	Aesch *Mepha* im Hoch	Die Baselbieter *Mepha Pharma* in Aesch, welche Generika produziert, hat im letzten Jahr 21 neue Medikamente lanciert, ihren Marktanteil massiv gesteigert und auch ein Umsatzplus von 11,5% erarbeitet.
	Liestal/Bubendorf Teure EM-Nachrechnung	Das «9. Stadion», das während der Europameisterschaften der Fussballer in Bad Bubendorf inbrünstig und vergeblich auf grössere Zuschauermassen und damit verbunden mit erklecklichen Einnahmen gerechnet hatte, hinterliess ein Defizit von fast CHF 4,4 Mio., von denen auf den Kanton Baselland etwa CHF 2,7 Mio. entfallen.
	Schönenbuch/Allschwil Erdgasspeicher in Betrieb	Nach 8-monatiger Bauzeit ist der Erdgas-Röhrenspeicher, zwischen Allschwil und Schönenbuch gelegen, fertig gestellt und zugedeckt worden, so dass von aussen nichts mehr sichtbar ist. Die Anlage wurde in Betrieb genommen.
	Niederdorf Schliessung einer Fabrik	Der Gehäuse- und Komponentenhersteller *Phoenix Mecano* mit Sitz in Kloten schliesst den Standort Niederdorf und stellt die 25 Angestellten vor die Wahl, an den neuen Standort Stein am Rhein umzuziehen oder zu kündigen. Ein Sozialplan liegt bereit.

15.	Baselbiet Unsere Gymnasien haben Qualität	Die Baselbieter Gymnasiasten und Gymnasiastinnen erzielten im landesweiten Vergleich bei der Basisprüfung vor dem ETH-Studium die besten Noten – das *Gymnasium Liestal* landet unter 40 Schulen an 2. Stelle.
16.	Kanton Basel-Landschaft Gymnasien Baselland brauchen viele neue Lehrer	Viele Gymnasiallehrkräfte werden in den kommenden Jahren pensioniert, so dass es zu grossen Fluktuationen kommen wird. Es gilt vor allem die hervorragende Qualität zu erhalten. Ähnliche Probleme haben auch die Realschulen.
17.	Rickenbach *Handschin-Huus* eingeweiht	Das lange leerstehende *Handschin-Huus* in Rickenbach ist von der *Genossenschaft für altersgerechtes Wohnen* modernisiert und umgebaut worden, so dass es für alte Menschen bewohnbar geworden ist. Da das Haus direkt an der Postautohaltestelle liegt, ist auch für eine gute Verbindung nach Gelterkinden gesorgt. Das Umbau-Budget von CHF 3,1 Mio. konnte eingehalten werden.
18.	Gelterkinden Zukunftskonferenz	Die Zukunftskonferenz in Gelterkinden war hervorragend besucht: 195 Einwohnerinnen und Einwohner wollten bei der Ortsplanung mitgestalten. Eine weitere Konferenz ist im Frühsommer geplant.
19.	Liestal Staatsangestellte zufrieden	Die Baselbieter Staatsangestellten sind mit ihrer Arbeit zufrieden – dies hat eine Studie ermittelt. Allerdings ist ihnen die Arbeitsbelastung zu hoch und der Lohn zu niedrig. Noch offen steht die Befragung der Lehrer und des Spitalpersonals.
	Liestal Umfahrung nicht prioritär	Der Bund stuft das Teilprojekt der H2, die Umfahrung von Liestal, sowie die Verlängerung der Tramlinie Nummer 3 nach Saint-Louis als nicht so wichtig zurück und bezahlt nichts an diese Vorhaben.
20.	Ettingen Wölbäcker in archäologisches Inventar aufgenommen	Die Wölbäcker in Ettingen sind ein einzigartiges Relikt mittelalterlicher Feldbestellung. Durch «einseitiges» Pflügen wurde die Ackermitte aufgewölbt und dann mit Kirschbäumen bepflanzt, so dass die Äcker trotz seither anderen Pflügemethoden so blieben, wie sie vor vielen Jahren zurückgelassen wurden. Nun wurden sie in das Inventar der archäologisch geschützten Zonen aufgenommen.
22.	Liestal Halb so viele Unfälle	Die Baselbieter Polizei hat 1998 ein neues Konzept, «Stinger» genannt, für die Tempokontrollen eingeführt. Seither hat sich die Zahl der Verkehrsunfälle wegen Tempoüberschreitungen ständig reduziert und hat 2007 die Zahl von 238 Unfällen erreicht, was ziemlich genau die Hälfte von 1998 ist. Fest installierte und mobile Blitzer sowie schnelle mobile Patrouillen sorgen für eine bessere Einhaltung der Tempolimiten.
27.	Muttenz Entlassungen bei *Clariant*	Ein dramatischer Umsatzeinbruch bei *Clariant* in Muttenz im letzten Quartal 2008 veranlasst den Konzern, weitere 1000 Stellen zu streichen.
	Dittingen Weide und Wald geschützt	Die Gebiete «Dittinger Weide» und «Dittinger Wald» sind in das kantonale Inventar der geschützten Naturobjekte aufgenommen worden.
28.	Baselbiet Wildschweinjagd	Die Baselbieter Jäger haben in diesem Winter 830 Wildschweine erlegt. Die vorgegebene Zahl von 1100 Tieren wurde zwar noch nicht erreicht, dennoch ist man soweit zufrieden, wird doch wohl auch die kalte Witterung das ihre zur Reduktion beitragen. Das Jagdjahr dauert noch bis Mitte März.
	Liestal Käfergeschenk	Das *Museum.BL* erhält ein grosses Geschenk in Form von 15'000 Käfern. Die Sammlung ist von Freunden des Museums erworben worden.

30.	Region Basel Invasion der Körbchen- muschel im Rhein	Die eingeschleppte, exotische Körbchenmuschel vermehrt sich bei uns trotz kalten Wassers bestens, ja sie überlebt grösstenteils in 0 °C kaltem Wasser über längere Zeit. Die Muschel ist durch die auftretende Häufigkeit, vor allem, wenn sie in Leitungen eindringt, ein Problem.
	Rünenberg *Post* macht zu, *Volg* übernimmt	Das Postbüro in Rünenberg schliesst seine Pforten. Der Nahrungsmittel-Laden *Volg* übernimmt künftig die Dienste der *Post* im Paketbereich.
31.	Laufen Hochwasser war teuer	Das Hochwasser vom August 2007 in Laufen kostet unter dem Strich über CHF 116 Mio., wie aus dem Bericht des kantonalen Krisenstabs hervorgeht. Für Hochwasserschutz sind seither etwa CHF 30 Mio. geflossen.
	Lausen Multimedia-Schau	Informationen über Lausen kann man nun auch über eine mit Filmbeiträgen angereicherte Tonbildschau erhalten. Die neu gestaltete und aktualisierte Schau wird an verschiedenen Anlässen sowie im Ortsmuseum zu sehen sein.

Februar 2009

3.	Laufental Klare Forderungen für Tunnel	Die *Gemeindepräsidenten-Konferenz* der Laufentaler Orte verlangen vom Kanton, dass der Verkehrsflaschenhals bei Angenstein entstopft wird, was durch den Bau des schon länger geforderten Muggenbergtunnels zu erreichen sei. Dieses Ziel sei mit erster Priorität zu verfolgen.
4.	Birsfelden *Anne-Frank*-Platz	Die Kreuzung von Ahorn- und Eichenstrasse in Birsfelden soll nach der berühmten Tagebuchschreiberin und dem Holocaustopfer *Anne Frank* benannt werden. *Anne Franks* Vater *Otto* hat von 1953 an fast 30 Jahre in Birsfelden unweit des jetzt auserkorenen Platzes gewohnt. *Buddy Elias*, Schauspieler und letzter lebender direkter Verwandter der Franks, regte die Benennung eines Platzes nach seiner berühmten Familienangehörigen an und ist hocherfreut über die schnelle Zusage der Behörden.
	Region Basel Artenschutz	Die Flühe im Baselbiet verwalden und werden auch von Sportkletterern übernutzt, so dass möglicherweise deshalb verschiedene gefährdete Pflanzenarten verschwunden sind. Dazu gehören das ‹Flueröseli›, der flaumige Seidelbast, sowie das ‹Fluenägeli›, die Grenobler Nelke. Durch das Waldwachstum werden das Nahrungsangebot, die Belichtung, die Beregnung und andere Faktoren so beeinflusst, dass einige Pflanzen nicht mehr ihnen gemässe Lebensbedingungen vorfinden.
10.	Sissach Bahnhofs-WC: bitte spülen!	Endlich kann am *Bahnhof Sissach* wieder gespült werden: Gewerbetreibende haben den 5 Jahre dauernden Notstand mit der Notdurft am Bahnhof beendet – danke.
	Baselbiet Wintersturm	Mit Windgeschwindigkeiten bis zu 123 km/h fegte der Sturm *Quinten* über das Baselbiet. Viele Bäume wurden entwurzelt oder geknickt, Dächer abgedeckt und weitere Sachschäden in riesiger Höhe angerichtet. In Birsfelden wurden sogar Containerburgen umgeworfen. Zum Glück gab es nirgendwo Verletzte zu beklagen. Die Schadensbehebung verschlingt Millionen von Franken.

12. Kanton Basel-Landschaft Senkung der Arzttarife vorerst abgeblockt		Der Streit um die Arzttarife hat nun auch das Baselbiet erfasst. Während der Krankenkassen-Verband *Santésuisse* eine Senkung der Taxpunktvergütung auf CHF 0.80 fordert, hat der *Baselbieter Gesundheitsdirektor Peter Zwick* eine provisorische Beibehaltung des Tarifs von CHF 0.94 festgelegt. Damit wirkt er einer möglichen Ausdünnung der Praxisdichte im Kanton entgegen, wie die Ärztegesellschaft meint.
13. Laufen Jugendhaus für das ganze Tal		Ein Jugendhaus für 8 Gemeinden des Laufentals ist in Laufen eröffnet worden. Was nach Einsprachen und vergessenem Baugesuch lange Zeit auf sich warten liess, ist nun eingeweiht worden. Das Haus ist 2 Mal wöchentlich je 4 Std. geöffnet.
17. Region Basel PCB in Fliess- gewässern		Nachdem zuerst bei Fischen aus der Birs die Notbremse gezogen werden musste, sind nun auch die Fische aus der Ergolz mit PCB kontaminiert. Gefangene Fische seien ab sofort nur mit Vorsicht zu geniessen, heisst es bei der *Baselbieter Gesundheitsdirektion*. Die Einschränkungen (150 g pro Woche) gelten für Jugendliche unter 18 Jahren und für Frauen im gebärfähigen Alter.
18. Waldenburg *Synthes* legt zu		Der Medizinaltechnikkonzern mit Baselbieter Wurzeln, *Synthes*, steigerte im Jahr 2008 Umsatz und Gewinn markant. Auch die Werke Oberwil und Waldenburg legten zu.
Muttenz *Clariant* im Minus		Die *Clariant* mit Hauptsitz in Muttenz gibt schlechtere Zahlen als im Vorjahr bekannt. Der Umsatz ging im letzten Jahresviertel derart markant zurück, dass der Jahresumsatz um 5% auf CHF 8,1 Mia. absackte. Der Betriebsgewinn ging um 2% zurück und beträgt noch CHF 530 Mio. In diesem Jahr wird es kaum eine Dividende geben, zumindest wird die Geschäftsleitung dies der Generalversammlung vorlegen.
19. Lupsingen Wiedereröffnungen		Nachdem der Dorfladen und die Poststelle vor 8 Monaten niedergebrannt waren, kann nun die Wiedereröffnung der beiden wichtigen Begegnungs- und Dienstleistungsorte gefeiert werden.
Wenslingen Viel Geld für Umbauten		Das alte Primarschulgebäude wird für etwa CHF 1,3 Mio. in eine Gemeindeverwaltung und 2 Wohnungen umgebaut.
Allschwil *Actelion* mit Gewinnsprung		Das Allschwiler Biopharma-Unternehmen *Actelion* hat 2008 einen Umsatz von CHF 1,474 Mia. erzielt (Vorjahr 1,317 Mia.), der Gewinn stieg von CHF 124,6 Mio. (2007) auf 321,5 Mio. Innert Jahresfrist ist auch die Zahl der Beschäftigten um 300 auf 1907 gestiegen.
20. Liestal BLKB mit sehr gutem Jahr		Trotz aller Finanzstürme weltweit hat die *Basellandschaftliche Kantonalbank* bravourös abgeschnitten: Man gewann 12'000 neue Kunden, die CHF 1,8 Mia. Neugeld brachten, der Reingewinn beträgt CHF 95,5 Mio.
21. Zeglingen *Volks-Skitag*		Dank der guten Schneeverhältnisse in diesem Winter konnte auf der Chesselmatt bei Zeglingen der traditionelle *Volks-Skitag* durchgeführt werden.
23. Liestal Lehrerseminar nach Muttenz		Wegen akuter Platznot und Baufälligkeit der alten Baracken des Lehrerseminars an der Kasernenstrasse in Liestal zieht die *Pädagogische Hochschule* 2011 nach Muttenz. Die vielen verschiedenen Standorte in Liestal machen einen effizienten Betrieb fast unmöglich.
Reinach/Liestal Politische Spielchen?		*Baudirektor Jörg Krähenbühl* ist bei der Planung der Kap-Haltestelle der BLT in Reinach-Dorf nicht in den Ausstand getreten, obwohl das Projekt seine eigenen Interessen tangiert. Nun hat der Gesamtregierungsrat Krähenbühl unterstützt. Der Gemeinderat Reinach überlegt sich, ob er weitere rechtliche Schritte unternehmen will.

	Reinach Artenvielfalt	Die Studie über die Artenvielfalt auf der Reinacherheide ist abgeschlossen. Es wurden 805 Arten gefunden: 107 Pilz-, 447 Pflanzen- und 251 Tierarten. Einen Pilz, den *Uromyces punctatus*, hat man erstmals nördlich der Alpen gefunden.

März 2009

5.	Region Basel Kormorane werden dezimiert	Sofern sie die Fischpopulationen gefährden, dürfen Kormorane abgeschossen werden. Dies ist zurzeit in der Gegend von Laufen, Zwingen und Duggingen der Fall.
6.	Liestal Depots des Museums quellen über	In 14 verschiedenen Depots des *Kantonsmuseums Baselland* sind derzeit gut 1,8 Mio. Objekte gelagert, ... und die Zahl steigt weiter an.
7.	Liestal Bunkerkauf	Der Kanton Basel-Landschaft hat vom Bund 6 Wehranlagen übernommen, um sie dem Publikum zu öffnen. Die Bunker stehen in Duggingen, Hülftenschanz, Rümlingen, Wittinsburg, Ormalingen und Angenstein. Die 1939 gebauten Bunker wurden zu einem symbolischen Preis übernommen und sollen die Menschen an eine unsichere Zeit erinnern.
10.	Zwingen Brückenbau im Verzug	Der dringend nötige Brückenbau über die Birs in Zwingen sollte schon bald fertig sein, wegen Einsprachen aber kann die Planung erst jetzt beginnen. Statt 2010 wird die Brücke erst 2013 in Betrieb genommen werden.
	Tecknau/Zeglingen/ Kilchberg Neue Froschweiher	Tierschützer wollen das Amphibiengemetzel, das jedes Frühjahr auf der Kantonsstrasse stattfindet, bremsen. Sie erstellten 3 neue Weiher so, dass die Tiere, die ja immer zu ihrem Geburtsgewässer zurückkehren, die Strasse nicht mehr überqueren müssen. Die 3 neuen Teiche befinden sich im Gebiet Bettstigi-Wasserfluh.
11.	Reinach Resignation in Sachen Kap-Haltestelle	Das unschöne Gerangel um den Umbau der Tramhaltestelle Reinach-Dorf findet ein Ende. Zwar sind die Reinacher Behörden weiterhin der Ansicht, dass sich *Regierungsrat Jörg Krähenbühl* gegen die üblichen Vorgehensweisen hinweggesetzt und persönliche Vorteile begünstigt habe, aber sie werden das Verdikt des Regierungsrates nicht anfechten, um die raschestmögliche Verwirklichung und auch die Bundesbeiträge nicht zu gefährden.
12.	Ramlinsburg Neues Asylzentrum	Ohne die Gemeinde zu fragen, hat der Kanton das stillgelegte Gasthaus *Station Lampenberg* in Ramlinsburg zum neuen Asylzentrum bestimmt. Die Bevölkerung ist empört. 80 Asylanten werden am neuen Ort Platz finden.
	Pratteln *Aquabasilea* im Rohbau fertig	Das riesengrosse Bauprojekt *Aquabasilea* in Pratteln *(Henkel-Areal)* ist nach 16 Monaten nun im Rohbau fertig gestellt. Die Wasserwelt wird 13'000 m^2 umfassen und damit die grösste ihrer Art in der Schweiz sein. Zusammen mit dem ebenfalls entstehenden Hotel und dem Büroturm werden viele hundert Arbeitsplätze geschaffen. In einem Jahr soll die Anlage fertig sein.
13.	Liestal Unfallstatistik 2008	Die Gesamtunfallzahl ist im Jahr 2008 um 5% gesunken (von 1697 im Jahr 2007 auf 1608), was an sich erfreulich wäre, aber die Zahl der Verletzten stieg von 840 auf 920 Personen, 11 verloren dabei das Leben (Vorjahr 6). Und leider stieg auch die Zahl der verunfallten Kinder von 63 auf 76. 102 Menschen wurden angefahren (Vorjahr 77), und davon befanden sich 47 auf dem Fussgängerstreifen (Vorjahr 36).

	Liestal Kriminalstatistik 2008	Da der Kanton eine neue Art Kriminalstatistik führt (PKS-System), sind Zahlen aus den Vorjahren nicht mehr vergleichbar, werden doch jetzt alle Delikte, auch wenn es mehrere innerhalb eines Vorfalls sind, getrennt aufgeführt. Im letzten Jahr ergaben sich so 12'223 Straftaten, wovon 43% von Ausländern begangen wurden. Bei knapp 10% der Straftaten wurde Gewalt angewendet, davon in 88% der Fälle von Männern.
	Anwil/Rothenfluh Nutria-Abschuss	Im Ergolz-Oberlauf tummelt sich seit einiger Zeit eine Biberratte (Nutria), welche als eingeschleppte Tierart unerwünscht ist. Der Kanton hat deshalb eine Abschussbewilligung erteilt.
16.	Aesch *Imhof AG* geht Konkurs	Die *Leonhard Imhof Spedition & Lagerhaus AG* ist wegen Rückständen in der LSVA-Zahlung zahlungsunfähig, da ihr die Banken angesichts der schlechten Ertragslage keine Übergangskredite gewährten. Damit gehen 73 Stellen verloren. Der Betrieb wurde vor 61 Jahren gegründet. Trotz Restrukturierungen blieb man aber in den Schulden stecken.
	Liestal Hundesteuer	Gemäss einem Urteil des *Kantonsgerichts* ist es in den Gemeinden nicht mehr zulässig, für einen Zweithund höhere Steuern zu verlangen. Muttenzer Hundehalter haben als Erste den Vollzug dieses neuen Rechts beim Regierungsrat durchgesetzt, was nun zu einer Kettenreaktion führt: In 65 Baselbieter Gemeinden müssen die Hundereglemente an das neue Recht angepasst werden. Bisher zahlte man in Buckten beispielsweise für den 1. Hund CHF 40, für den 2. aber CHF 360.
19.	Liestal *Elektra Baselland* mit mehr Umsatz und Gewinn	Die *Elektra Baselland* hat trotz Wirtschaftskrise ihren Umsatz um 12% auf CHF 144 Mio. und den Gewinn um CHF 1,6 Mio. auf 4,3 Mio. gesteigert. Ein Ziel der *Elektra* ist es, bis 2030 30% erneuerbare Energien zu produzieren und zu verkaufen, bis heute sind es etwa 18%.
	Liestal Die *Baselland- schaftliche Pensions- kasse* im Minus	Der Deckungsgrad der BLPK beträgt gerade noch 75,5%, dies nach einem Verlust von CHF 1,1 Mia. im vergangenen Jahr. Die Kasse konnte aber die laufenden Verpflichtungen aus den eingehenden Einnahmen begleichen, so dass keine Wertpapiere mit Verlust verkauft werden mussten. Die Kasse aber soll nach dem Willen der Regierung saniert werden.
20.	Münchenstein Arbeit für Arbeitslose	Die Gemeinde Münchenstein beschäftigt derzeit etwa 20 Arbeitslose mit Gemeinde-internen Arbeiten. So sollen die Stellenlosen wieder in einen Arbeitsprozess integriert werden.
23.	Baselland Lehrerschaft gegen Bildungsraum	Wie der *Lehrerverband* (LVB) in einer Medienkonferenz erklärt, stellt er sich in fast allen Punkten gegen den Staatsvertrag über den Bildungsraum Nordwestschweiz: Die geplante Basisstufe stelle eine Überforderung für Kinder und Lehrer dar, die Finanzierung eines Umbaus des Systems sei nicht gesichert, dazu seien personalrechtliche Fragen kaum geklärt.
	Muttenz/Basel Einkauf in Schiess- anlage	Für CHF 750'000 haben sich die Basler Schützen in die *Schiessanlage Lachmatt* in Muttenz eingekauft. Damit ging ein jahrelanges Verhandlungshin und -her zu Ende.
	Niederdorf Neues ‹Brüggli›	7 Studentinnen und Studenten von der *Fachhochschule* NWS haben als Projekt eine Holzbogenbrücke gebaut. Diese wurde nun bei der Waldenburgerbahn-Station Hirschlang montiert. Die neue Brücke ist für die Gemeinde kostenlos.

24. Baselbiet Frösche sterben		Die Amphibien werden derzeit von einem Pilz befallen, der den Tod der Tiere bedeutet. An einzelnen Orten im Baselbiet (Itingen/Lausen und Laufental) sind viele Tiere bereits vom Pilz befallen, und das führt zu einer rasanten und grossen Dezimierung der Bestände.
	Münchenstein Mittagstisch	Die *Gemeindeversammlung von Münchenstein* hat für die Einführung eines Mittagstisches mit Nachmittagsbetreuung für Kindergarten- und Primarschulkinder gestimmt. Die Elternbeiträge sind einkommensabhängig, die Gemeinde wird für das Defizit von voraussichtlich CHF 53'000 geradestehen.
25. Muttenz Für ein grünes *Schänzli*		3147 Muttenzer haben eine Petition unterschrieben, mit der sie verlangen, dass das *Schänzli* in Muttenz, das bis 2012 noch Reitstadion ist, in eine Naherholungszone umgewandelt wird, während man in Liestal Bebauungspläne hat.
26. Waldenburg Sonderausstellung zur Industrialisierung		In einer ehemaligen Uhrenfabrik wird die Ausstellung «Aus der Not geboren» eröffnet. Sie zeigt die Industrialisierung des Waldenburgertals mit Bildern, Werkzeugen und Werkstücken. So ist beispielsweise auch ein nachgebautes Uhrmacheratelier zu sehen.
30. Liestal H2 kostet CHF 554 Mio.		Die *H2 Pratteln–Liestal* braucht einen Nachtragskredit von CHF 185 Mio., da die Strasse doppelt so teuer kommt wie vorgesehen. Das verkündet *Regierungsrat Jörg Krähenbühl*. Der Zusatzkredit muss vor den Landrat, dann möglicherweise auch vor das Volk.

April 2009

1. Liestal Staatsrechnung mit kleinem Gewinn		Der Rechnungsabschluss 2008 des Kantons Basel-Landschaft schliesst bei einem Aufwand von CHF 3,067 Mia. mit einem Gewinn von CHF 2,2 Mio. Über CHF 60 Mio., die bewilligt waren für Investitionen, wurden nicht gebraucht, da zu wenig baureife Projekte vorlagen.
	Liestal Sozialmissbrauch	In den 12 grössten Gemeinden werden Sozialdetektive eingesetzt, um die Berechtigung eines Sozialhilfebezugs zu überprüfen. Dabei kamen sie auf eine Missbrauchsquote von 1,6%, allerdings sind noch etliche Fälle hängig.
6. Liestal Verschärfte Bauvorschriften		Ab 1. Juli 2009 werden die Bauvorschriften verschärft: Maximale Isolierung der Gebäude; das Brauchwasser soll künftig zu 50% mit erneuerbarer Energie aufgewärmt werden (Holz, Solarenergie, Fernwärme, Abwärme oder Geothermie).
7. Liestal Endlich mehr Lohn		Das Pflegefachpersonal und der Kanton Basel-Landschaft beenden den Lohnstreit, der schon über mehrere Jahre schwelt, mit einem Vergleich. Rückwirkend auf den April 2004 werden die Fachleute in eine höhere Lohnklasse eingeteilt. Die Lohnerhöhungen kosten den Kanton pro Jahr CHF 3,9 Mio.
	Seltisberg Hunde an die Leine	Viele Hunde sind der Rehe Tod. In diesem Jahr wurden in Seltisberg bereits 4 Rehe von Hunden gerissen, weil sich die Hundehalter nicht an die Leinenpflicht halten. Nun sollen verschärfte Massnahmen für die Einhaltung sorgen.
8. Arlesheim Gegen Stadionpläne		Die Pläne der Führung des *FC Concordia Basel*, in Arlesheim ein Stadion mit einem Fassungsvermögen von 10'000 Zuschauern und mit Mantelnutzung zu bauen, werden sowohl von der Gemeinde Arlesheim als auch vom Kanton abgelehnt.

| | Liestal
Jubiläumsbudget
genau eingehalten | Die Feierlichkeiten zum 175-jährigen Bestehen des Kantons Basel-Landschaft sind abgeschlossen. Die 39 Anlässe waren ein guter Erfolg. Das Budget von CHF 175'000 konnte genau eingehalten werden. |
|---|---|---|
| 9. | *Jurapark*
Öko-Test | Von den 43 Gemeinden, die sich in nächster Zukunft zu einem regionalen Naturpark zusammenschliessen wollen, haben alle die vom Bund gesetzten Anforderungen an ihre ökologischen und kulturhistorischen Qualitäten erfüllt. Der Park wird sich, sofern das Volk zustimmt, über die Bezirke Liestal, Sissach und Waldenburg erstrecken. Die Gemeinden Anwil, Langenbruck und Waldenburg erhielten Bestnoten. |
| 14. | Sissach
Kein Ende
der Hebungen | Rund 50 m des Chienberg-Untergrundes in Sissach heben sich trotz der Knautschzylinder noch immer. Die Hebungen sind auf aufquellendes Gestein zurückzuführen. Das Problem besteht seit Baubeginn. |
| 17. | Reinach
Altersleitbild | Die *Alterskommission* hat im Auftrag des *Gemeinderates Reinach* ein neues Altersleitbild aufgestellt. Es umfasst 9 Schwerpunkte von Wohnen, Gesundheit, Kultur, Freizeit bis zum Sterben. |
| 19. | Kanton Basel-Landschaft
‹Eierleset› | Überall im Kanton wurde der Nach-Osterbrauch des ‹Eierleset› zelebriert, zum Teil mit tollen, kreativen Ideen. |
| 20. | Kanton Basel-Landschaft
Kantonalbank mit
mässigem Gewinn | Trotz krisenbedingten Zuflusses von CHF 1,8 Milliarden beträgt der Gewinn «nur» 97 Mio., 7% weniger als im letzten Jahr. Dennoch, im Vergleich zu anderen Schweizer Banken sieht es bei der Kantonalbank gut aus. |
| 21. | Muttenz
Turmfalken wieder
im Bild | Wie im letzten Jahr kann man auch jetzt wieder Videobilder des Turmfalkenpaares und ihrer Jungen (hoffentlich bald) sehen, die im Internet ausgestrahlt werden (www.turmfalke.ch). Der Nistkasten hängt an der höchsten Stelle des Bildungszentrums in Muttenz an der Ostfassade. Auch in Itingen wurde ein Nistkasten für Turmfalken erstellt und mit einer Kamera ausgerüstet. Sie können die Falken auf der Homepage des *Naturschutzvereins Lausen* (www.nvl.ch) beobachten. |
| 22. | Liestal
Steinenbrüggli
wieder begehbar | Das *Steinenbrüggli* (auch *Römerbrücke* genannt) in Liestal war baufällig geworden, so dass man es nun einer Generalüberholung unterzogen hat. Die Renovationsarbeiten sind abgeschlossen, und man kann das ‹Brüggli› wieder ohne Schlotterknie begehen. |
| 24. | Liestal
Kritik an GPK | Die *Baselbieter Geschäftsprüfungskommission* steht massiv in der Kritik. Man vermisst eine gewisse Bissigkeit. Themen, wo sich die GPK festbeissen könnte, gäbe es genug: H2-Kostenexplosion, Gewaltentrennung, Trinkwasser, Heime ... so die Aussagen diverser Landratsmitglieder. Seit April ist nun eine neue Präsidentin für das Geschehen in der GPK zuständig: *Hanni Huggel* von der SP. Ob es jetzt vorwärtsgeht, bleibt abzuwarten, aber zu hoffen. |
| | Diepflingen
Wachstum angesagt | Diepflingen will wachsen und hat daher nun das Gebiet Pferch erschlossen. Die Erschliessungskosten von CHF 940'000 werden durch den Verkauf eines vor 7 Jahren gekauften Grundstücks abgedeckt. |
| | Birsfelden
Bürgerwehr | Um den vielen unerfreulichen Vorfällen in Birsfelden Grenzen zu setzen, bilden einige SVP-ler eine Patrouille, die sich bereits durch ihre Präsenz eine Besserung erhofft. Die Partei steht hinter der Aktion. |
| 26. | Reinach
Teure Schulhaus-
sanierung | Das *Schulhaus Bachmatten* ist in vielen Teilen nicht mehr vorschriftsgemäss, das Untergeschoss ist nicht erdbebensicher, die Isolation muss ersetzt werden ... und dazu müssen 2 neue Turnhallen gebaut werden. Der Kostenpunkt wird CHF 21,4 Mio. betragen, wobei der Kanton einen Teil der Kosten übernehmen wird. |

| | Liestal
Keine Kinder-
gärtnerinnen mehr | Der Kindergarten soll zugunsten der Basisstufe abgeschafft werden, so sind zumindest die noch unsicheren Pläne. Nun bildet das Seminar bereits keine Kindergärtnerinnen, sondern Basisstufen-Lehrkräfte aus, obwohl die Bildungsreform noch gefährdet ist. |
|---|---|---|
| 27. | Liestal
Waldbrand | Am *Schleifenberg* in Liestal sind 1600 m^2 Wald abgebrannt. Die Feuerwehr konnte mit einem Grossaufgebot die Flammen bald löschen. Wie das Feuer entstand, ist noch nicht klar. Die Feuerwehr musste wegen der erschwerten Zugänglichkeit am steilen Hang circa 700 m Schlauch verlegen. |
| 29. | Blauen
Melioration | Nach Jahrzehnten der Querelen um eine dringend nötige Melioration in Blauen hat die Gemeindeversammlung nun endlich Ja gesagt, und das Werk kann in Angriff genommen werden. Dabei wird auch ein kleines Niemandsland zwischen Blauen und Nenzlingen durch eine neue Grenzsetzung korrigiert. |
| | Arisdorf/Hersberg
Gemeindeverwaltung | In einer Vereinbarung, der die *Gemeindeversammlung von Arisdorf* zugestimmt hat, wird die Verwaltung in Arisdorf auch diejenige von Hersberg übernehmen. Hersberg bezahlt dafür jährlich CHF 330 pro Kopf, was einem Gesamtbetrag von CHF 100'000 pro Jahr entspricht. |
| | TCS beider Basel
Trennung von den
Geschäftsleitern | Da der TCS beider Basel unter anderem durch den kostspieligen Umbau des Centers in Füllinsdorf in finanzielle Engpässe geraten ist, werden die *Direktionsmitglieder Greif* und *Stierli* freigestellt. |

Mai 2009

1.	Pratteln
Kundgebung
zum 1. Mai	Die Kundgebung zum 1. Mai fand in diesem Jahr in Pratteln statt. Viele Zuhörer verfolgten die engagierte Rede des *Präsidenten der SP Schweiz, Christian Levrat,* der im Kern 4 Massnahmen des Bundesrates forderte: Investitionen in erneuerbare Energien, Bildung und Weiterbildung stärken und die Kaufkraft, vor allem der Familien, stützen. Die Bürgerlichen würden sich zu sehr um jene sorgen, die Schuld an der Krise haben, und nicht um die Opfer.
	Münchenstein
Harassenlauf	Rund 3000 Personen haben am diesjährigen Harassenlauf teilgenommen, der sich gegenüber den Vorjahren immerhin durch weniger Schmutz und Unrat auszeichnete. Allerdings gab es eine Messerstecherei mit einem Schwerverletzten. *Barbara Umiker Krüger* von der *Sicherheitsdirektion* bemühte sich mit Helfern, das ganze Geschehen unter Kontrolle zu halten. Sie sorgt auch dafür, dass klar mitgeteilt wird, dass man allgemein gegen dieses Besäufnisrennen sei.
	Laufen
1.-Mai-Markt
jubiliert	Über 20'000 Besucher lockte auch in diesem Jahr der *1.-Mai-Markt* im ‹Städtli› Laufen an. Seit 10 Jahren, und das begoss man zufrieden, findet der Markt nun so statt, dass sowohl Geschäftsinhaber als auch der Markt miteinander koordiniert werden und alle zufrieden sind.
2.	Gelterkinden
Neuer Busbahnhof	Auf dem Areal der SBB liegt der *Busbahnhof Gelterkinden*. Der Belag wird nun erneuert und die Haltestellen so geordnet, dass sich die Busse nicht gegenseitig behindern. Die Wartestellen werden überdacht. Die Umgestaltung wird CHF 2 Mio. kosten und dürfte im Spätherbst abgeschlossen sein.

4.	Kanton Basel-Landschaft Aprilenwetter	Wie ein Paukenschlag hat sich der Vorsommer gemeldet. Nach langdauernder Kälte im 1. Quartal hat sich eine rekordverdächtige Wärme eingestellt. Die Durchschnittstemperatur übertraf die Norm um 8,8 °C, statt 103 l Niederschlag gab es nur deren 18, und die Sonne schien mit 194 Std. 44 Std. länger als normal. Seit Beginn der Messungen ist dies der zweitwärmste April gewesen.
	Münchenstein *Greenpeace* gegen EBM	Die *Elektra Birseck* will sich in ein deutsches Kohlekraftwerk einkaufen, was die *Greenpeace* mit dem Schlagwort «Keine Kohle mit der Kohle!» bekämpfen will. Es sei falsch, dass die EBM in eine veraltete und klimaschädliche Technologie investieren wolle, sagte ein Sprecher der Umweltorganisation.
5.	Region Basel Erdbeben	Um 3.30 Uhr erschütterte ein Erdbeben mit dem Stärkegrad von 4,3 unsere Region. Das Beben fühlte sich heftig an, verursachte aber keine nennenswerten Schäden. Im Vergleich dazu hatte das Beben von 1356 eine Stärke von etwa 6,5. Das Epizentrum befand sich etwa 16 km von Basel entfernt und etwa 8–11 km unter der Erdoberfläche.
	Bubendorf Bäume gefällt	Im Mai, wenn die Bäume bereits wieder im Saft sind und wenn die Vögel bereits ihre Nistplätze bezogen haben, ist eigentlich keine Baumfällzeit. Dennoch hat man nun in Bubendorf entlang der Oberen Hauensteinstrasse, neben der auch die *Waldenburgerbahn* fährt, 200 m³ Holz, das Passanten gefährden könnte, geschlagen, sehr zum Ärgernis der Bubendörfer. Der Kreisförster begründete die späte Rodung mit langem Winter und Feiertagen.
	Muttenz *Feldreben-Deponie* ist der Sünder	Etliche Giftstoffspuren im Grundwasser der *Hard* stammen aus der *Feldreben-Deponie* Muttenz. Das hat eine noch geheimgehaltene Studie eindeutig ergeben. Wann die Sanierung kommt, steht noch nicht fest.
7.	Liestal Petition	Der *Basellandschaftliche Natur- und Vogelschutzverband* BNV und die *Pro Natura* monieren, dass auf der Fachstelle «Natur und Landschaft» nur 250 statt der notwendigen 800 Stellenprozente besetzt sind und dass eine Leitung fehlt. Darum haben die Naturschützer den Regierungsrat mit einer Petition, die 3578 Personen unterschrieben haben, aufgefordert, die nötigen Stellenprozente zu bewilligen.
8.	Sissach/Liedertswil 2 Grossbrände	In Sissach wurde die Lagerhalle der Firma *von Arx* und in Liederswil das Ökonomiegebäude des *Mittelhofs* durch einen Brand zerstört. Zum Glück kamen keine Menschen und Tiere zu Schaden. Die Brandursachen sind nicht klar.
	Basel/Liestal Keine Bussen in Tram und Bus	Die BVB und die BLT sind nicht berechtigt, bei Verstössen gegen das Ess- und Trinkverbot in Tram und Bus Bussen zu erheben. Sie können aber Leute, welche die Fahrzeuge verunreinigen, für die Reinigung zur Kasse bitten.
10.	Röschenz Versöhnungsgottesdienst	Die jahrelange zerstrittenen *Franz Sabo* und sein *Bischof Kurt Koch* haben bereits vor einiger Zeit das Kriegsbeil begraben. Nun feierten sie gemeinsam den Firmgottesdienst in Röschenz.
	Seltisberg Gemeindezentrum eingeweiht	Zwar gefallen die neuen Bauten des Gemeindezentrums und des Schulhauses nicht allen, dennoch wurden sie an diesem Wochenende feierlich eingeweiht. Stein des Anstosses sind die gelben, gelochten Aussenabdeckungen, welche die Lochkarten aus der Posamenterei darstellen sollen, und der viele Beton.

11. Laufen/Liestal Lehren aus dem Hochwasser		Der Kanton Basel-Landschaft reagiert mit einem umfangreichen Massnahmenkatalog auf das Jahrhundert-Hochwasser 2007 im Laufental, wo es Schäden von etwa CHF 120 Mio. gab. Der Kanton will unter anderem bis 2012 ein Hochwasser-Alarmsystem für die Birs und die zuführenden Nebenflüsse aufbauen. Allerdings müssen dann alle Anrainerkantone besser koordiniert werden. Die Laufentaler begrüssen den 30-seitigen Bericht und die vorgeschlagenen Massnahmen, bemängeln aber das Schneckentempo der Realisierung.
	Liestal AAGL mit neuem Fahrgastrekord	Die *Autobus AG Liestal* transportierte im vergangenen Jahr 7,73 Mio. Fahrgäste, was einem Rekord entspricht. Die Zunahme gegenüber dem Vorjahr beträgt 2,8%.
	Liedertswil Grossbrand geklärt	Der 74-jährige Vater des Bauern des *Mittelhofs* hatte mit einem Gasbrenner Spinnweben abgebrannt (wie all die Jahre zuvor) und entzündete so das Gebäude. Löschwasser war nicht vorhanden, da am Tag zuvor die Zuleitung zum Schlauchkasten von einer Kuh beschädigt worden war.
12. Allschwil Umfahrung ...		Die Initiative «Für eine Umfahrung Allschwil» ist gestern mit 2280 Unterschriften in Liestal eingereicht worden. Die Initianten verlangen eine Umfahrung sowie den Anschluss an die *Nordtangente* in Basel. Diese Initiative ist eine Reaktion auf die Streichung der Südumfahrung aus dem kantonalen Richtplan.
13. Münchenstein *Elektra Birseck* mit Umsatzplus		Die *Elektra Birseck* in Münchenstein verzeichnet ein Umsatzplus von fast 20%. Die Elektra kämpft mit dem Problem, dass der Mehrverbrauch auch gedeckt werden muss. Sie kann dies nicht nur mit umweltfreundlicher Energie tun, sondern sie muss auch mit klimaschädlichen Kraftwerken zusammenarbeiten. Sie investiert in den nächsten 4 Jahren CHF 541 Mio. für Beteiligungen. Es sei wichtig zu diversifizieren, damit keine Lücken entstehen könnten. Da die Kunden Billigstrom verlangen, müssen auch unpopuläre Quellen berücksichtigt werden: Der Absatz von alternativ gewonnenem Strom stagniere.
	Rickenbach Doch neuer Kindergarten	Obwohl der Gemeinderat vor den finanziellen Folgen warnte, haben 104 Stimmbürger von Rickenbach einem Neubau des Kindergartens zugestimmt. Diese Abstimmung wurde durch die Kindergartenkommission erzwungen, nachdem der Gemeinderat einen 1. Entscheid des Volkes aufgrund eines reduzierten Finanzausgleichs annullierte. Nun wird also gebaut, allerdings etwas weniger teuer.
	Nordwestschweiz Fachhochschul-Vision	Die FHNWS stellt ein visionäres Projekt vor: unterirdische Pipelines für den Gütertransport. Die Projektmitarbeiter sind überzeugt, dass das Vorhaben finanzierbar wäre. Im Ruhrgebiet (DE) steht bereits eine kurze Modellstrecke eines gleichartigen Projekts.
	Liestal Basisstufe NEIN	Der *Verband Basellandschaftlicher Gemeinden* spricht sich für «HarmoS light» und somit gegen die Basisstufe aus. Man befürchtet, dass Aufwand und Ertrag in keinem Verhältnis zu stehen kommen.
14. Liestal Schulabgänger ohne Perspektiven		Etwa 100 Schulabgänger pro Jahr haben nach ihrem Schulaustritt keine Perspektiven und landen bei der Sozialhilfe. Nun hat der Kanton, nachdem der Landrat letzten Herbst grünes Licht gegeben hatte, ein Projekt aufgegleist. 27 Fachpersonen der «BerufsWegBegleitung» (BWB), zumeist Lehrer mit Pensenreduktion, verfolgen in den Abgängerklassen die Szene und stehen helfend zur Seite.

	Liestal Geschäftsbericht der Gebäudeversicherung	Die Wasserschäden kosteten im Jahre 2008 CHF 8,6 Mio., Elementarschäden gab es wenige, so dass mit CHF 1,2 Mio. (gegenüber dem Vorjahr, wo 56 Mio. eingesetzt werden mussten) «wenig» Geld eingesetzt werden musste. Der Überschuss belief sich auf CHF 7,6 Mio.
15.	Laufen *Aglat 09*	Im Beisein mehrerer Regierungsmitglieder wurde in der Eishalle in Laufen die grösste Gewerbeschau des Baselbiets, die *Aglat 09*, eröffnet. 190 Aussteller bieten auf 5000 m^2 ihre Waren und Dienstleistungen an.
	Füllinsdorf TCS-Center defizitär	Zuerst hat man jahrelang um die amtlichen Prüfungen von Fahrzeugen gekämpft, und nun, da man sie hat, sind es mit 1600 Prüfungen eindeutig zu wenig. Der Kanton hatte ein entlastendes Zentrum in Bubendorf geplant, dann aber wegen der TCS-Prüfstation auf den Bau verzichtet. Der TCS-Verwaltungsrat prüft, ob er die amtlichen Prüfungen aufgeben soll.
17.	Reinach Teure Sanierung beschlossen	Das *Schulhaus Bachmatten* in Reinach ist 40 Jahre alt und überfällig für eine Renovation. Zudem braucht es eine neue Zweifachturnhalle. Nun hat der Souverän mit einem deutlichen Verdikt dem Vorhaben zugestimmt. Die Arbeiten werden bis etwa Ende 2010 dauern und kosten insgesamt CHF 21,4 Mio.
	Sissach Kunstauktion zu Gunsten neuer Kirchenfenster	*Charles Brauer*, der bekannte Fernsehkommissar, versteigerte Kunstwerke zu Gunsten neuer Kirchenfenster für die *Reformierte Kirche Sissach*. Es wurden 13 Werke versteigert, womit ein Gewinn von CHF 21'400 erzielt werden konnte.
18.	Birsfelden Erster Biber in der Birs	Mehrere Spaziergänger haben in der Birs beim *Birsköpfli* einen Biber gesichtet. Ob er sich, was ein wichtiges Ziel von «Hallo Biber» wäre, auch ansiedelt, ist noch unklar.
	Muttenz Stenographentage	Obwohl Stenographie in den Schulen nicht mehr gelehrt wird, schreiben noch immer viele Menschen diese Kurzschrift. In Muttenz fanden nun die *Stenographentage* statt, wobei Diktate in verschiedenen Sprachen wettkampfmässig geschrieben werden mussten. Auch junge Menschen interessieren sich wieder vermehrt für diese wichtige Schnellschrift. Im Alltag hat allerdings der Computer die Stenographie weitgehend verdrängt.
20.	Muttenz Noch mehr Giftmüll?	Gemäss Information des *Trinkwasser-Forums* soll es auch im *Auhafen* in Muttenz/Schweizerhalle eine alte Chemiemülldeponie geben. Der Kanton bestreitet, dass die Deponie giftbelastet sei, Informationen darüber seien zudem mit Rücksicht auf den Grundeigentümer erst in ein paar Jahren möglich!
	Ormalingen Alleingang	Der Stiftungsrat hatte vom ewigen Hin und Her der beteiligten Gemeinden genug und hat nun entschieden: Der Erweiterungsbau des *Alters- und Pflegeheimes Ergolz*, der für demenzkranke Menschen vorgesehen ist, wird im Alleingang finanziert. Die 14 Gemeinden, die Beiträge hätten bezahlen müssen, konnten sich nicht zu einem einheitlichen Beitragssatz (pro Einwohner) durchringen, so dass nun die neue Lösung endlich das Projekt in Schwung bringt. Der Bau wird etwa CHF 15 Mio. kosten.
	Kantone Basel-Stadt und Baselland Bei Solardächern top	Von den in der ganzen Schweiz etwa 3000 neuen Solardächern befinden sich dank erfolgreichen Förderprogrammen in Basel-Stadt und Baselland etwa 1000 dieser Stromproduzenten. Basel-Stadt unterstützt die Erstellung von Solardächern wesentlich grosszügiger als andernorts, zum Teil mit bis zu 40%.

21. Reinach 60 Stellen gestrichen		Die 130 Jahre alte *Druckerei Birkhäuser + GBC AG* in Reinach muss 60 Arbeitnehmer entlassen, weil der Markt eingebrochen ist. Mit der zuständigen Gewerkschaft *Comedia* wird ein Sozialplan ausgearbeitet.
Kanton Basel-Landschaft Polizei-Erfolg		Einer 19-köpfigen Diebesbande hat die Polizei das Handwerk gelegt. Ihr wird eine Schadenssumme von etwa CHF 340'000 zur Last gelegt. Der Bande werden in einer ersten Sichtung 90 Einbrüche angelastet, verübt vor allem im unteren Baselbiet und in Basel.
24. Region Basel Bienenseuche		Die Sauerbrut breitet sich auch im Baselbiet aus. Folge davon ist, dass bei einem Befall alle Völker des betreffenden Bienenstandes vergast und verbrannt werden müssen. Im Baselbiet gab es bis jetzt 5 Fälle.
Baselbiet Bei Ökostrom vorbildlich		Im Baselbiet stehen insgesamt 2405 Sonnenkollektoren-Anlagen, 77 Fotovoltaik-Anlagen, 237 Wärmepumpen. Zudem wurden 278 Gebäude besser isoliert. Damit ist der Kanton auch national Spitze.
Schweiz Wasserverbrauch		Der Schweizer verbraucht täglich rund 4600 l Wasser. Hier ist auch das virtuelle Wasser eingerechnet: Wasser, das für den Anbau, die Herstellung, Verpackung und Transport eines Produktes verbraucht wird, aber im Endprodukt nicht enthalten ist. Das bedeutet, dass pro Kopf und Jahr 1682 m^3 Wasser verbraucht werden. Damit gehört die Schweiz zu den grossen Wasserverbrauchern.
25. Liestal/Basel Uneinig		Baselland und Basel-Stadt können sich nicht darauf einigen, wie die Aufträge beim Bau des *Life Sciences-Zentrums* der Uni Basel verteilt werden sollen. Die Einigungsgespräche sind gescheitert. Das Baselbiet moniert, dass die Aufträge zu gleichen Teilen an die beiden Basel zu verteilen seien.
Füllinsdorf Python eingefangen		Einem Füllinsdörfer «Tierfreund» ist ein 2,5 m langer Python ausgebüxt ... nun hat man ihn friedlich schlafend auf einem Komposthaufen gefunden, etwa 100 m von seinem Standort entfernt. Das Tier ist 9 kg schwer; es wurde ohne Bewilligung gehalten.
26. Eptingen Farbiges Wasser		Die Firma *Mineralwasserquelle Eptingen* sucht nach neuen Quellen. Darum hat man eingefärbtes Wasser versickern lassen, um die unterirdischen Ströme besser verfolgen und verstehen zu können.
27. Bottmingen/Bruderholz Neue Spitäler		Am Standort des jetzigen *Bruderholz-Spitals* oberhalb von Bottmingen werden ab 2017 2 Spitalbauten mit 763 Betten stehen. Bauen werden es die Zürcher Architekten *Aeschlimann Prêtre und Hasler*. Die Kosten sind auf CHF 758 Mio. berechnet. Die Bauten werden im *Minergie-Plus-Standard* gebaut. 600 Parkplätze werden für die Besucher bereitstehen, 300 weitere sind möglich. Das alte Spital wird erst abgerissen, wenn das neue einsatzfähig ist.
Binningen Schlossgasse eröffnet		2 Jahre nach der Schliessung der alten Schlossgasse wurde diese nun, neu erstellt, eingeweiht. Die Schlossgasse dient als Querverbindung zwischen den beiden grossen Hauptachsen.
29. Liestal ‹Aadie› Ortspolizei?		*Regierungsrätin Sabine Pegoraro* schlägt den Gemeinden vor, sie sollen in Zukunft vom Kanton Polizisten leasen, statt eigene Sicherheitskräfte zu beschäftigen. Die Gemeinden sind nicht unbedingt begeistert.
Pratteln *Greenfield AG* baut Stellen ab		Die Prattler *Greenfield AG*, Tochter von *Atlas Copco*, welche Kompressoren und Ausrüstungen zum Verdichten von Luft und Gasen herstellt, muss im Laufe des Jahres 30 Arbeitsplätze in der Produktion abbauen, da ein Teil der Fertigung nach Frankreich verlegt wird. Es soll ein Sozialplan erstellt werden.

| 30. | Baselbiet
Bananenrepublik? | Die linksgrünen Parlamentarier machen seit Monaten auf rechtswidrige Praxen der Baselbieter Regierung aufmerksam und stellen fest, dass diese sich um das Gesetz foutiere. Sie nennen 3 Beispiele: die nichteingehaltene Ausstandspflicht von *Baudirektor Jörg Krähenbühl* betreffend die Kap-Haltestelle in Reinach, den nach eidgenössischem Recht schon längst nicht mehr statthaften Steuerabzug für zukünftige Hausbesitzer und die Bewilligung für die *Aldi*-Filiale in Lausen und 23 weitere Projekte, die zu gross seien. Gerichtsentscheide würden nicht respektiert. Es gehe zu wie in einer Bananenrepublik … |
|---|---|---|

Juni 2009

| 3. | Augst
In 3 Schritten saniert | Die *Schulanlage Obermühle* in Augst wird innert 3 Jahren in 3 Etappen saniert. Zur Sanierung gehören u.a. eine Isolierung der Gebäudehülle, neues Mobiliar und neue WC-Anlagen und eine andere Heizung. Die Gesamtkosten werden sich auf etwa CHF 1,5 Mio. belaufen. |
|---|---|---|
| 4. | Bretzwil
Forellensterben | Eine verstopfte Kanalisation soll Schmutzwasser in den Seebach geleitet haben, das etwa 50 Forellen und viele kleine Brütlinge tötete. Da die Leitungen erst im März durchgespült worden sind, hat jemand etwas Sperriges in den Abfluss geworfen, vermutet man. |
| | Ormalingen
Neuer Sportplatz | Die *Gemeindeversammlung von Ormalingen* sagt Ja zum neuen Sportplatzprojekt. Entstehen werden ein 50 × 80 m messendes Rasenfeld, ein Allwetterplatz, eine 110-m-Laufbahn sowie eine 400-m-Finnenbahn, Anlagen für Leichtathletik, ein Beachvolleyball-Feld sowie ein Gerätehaus. Die Kosten sollen CHF 2,03 Mio. betragen. |
| | Laufental
Renovieren | Der *Laufentaler Wirtschaftsförderer* fordert die Laufentaler Hausbesitzer auf, jetzt in der Krise antizyklisch zu handeln und die Häuser zu renovieren und zu isolieren. Das bringe Subventionen, spare Energie und verschaffe dem einheimischen Handwerk Arbeit. |
| | Arisdorf
IG gegen Lärm | Die Gemeinden an der A2 von Augst bis Eptingen wollen sich stark machen für einen besseren Schutz vor Autobahnlärm und gründen eine *IG Lärmschutz A2*. |
| 5. | Birstal
Gefahrenkarte Teil I | Die vom Landrat beschlossene Gefahrenkarte für unseren Kanton ist in Arbeit und soll bis 2010 abgeschlossen sein. Bereits fertig ist Teil I, der das Birstal kartiert und aufzeigt, wo Hochwasser, Erdrutsche oder Steinschlag droht. Die betroffenen Gemeinden von Roggenburg bis Muttenz müssen nun Stellung beziehen. |
| | Röschenz
Schulhaussanierung | Die *Gemeindeversammlung von Röschenz* hat einen Kredit von CHF 1,5 Mio. bewilligt, damit das 32 Jahre alte *Schulhaus Fluh* renoviert werden kann. |
| 8. | *EuroAirport*
Pistenverlängerung chancenlos | Um die Orte Basel, Binningen und Allschwil vor allzu grossem Fluglärm zu schützen, haben sowohl der *Grosse Rat in Basel* als auch der *Baselbieter Landrat* einen Vorstoss an ihre Regierung überwiesen, wonach die Ost-West-Piste des *EuroAirports* um 600 m verlängert werden soll. Dadurch könnte diese Piste öfter gebraucht werden und die leidenden Ortschaften entlasten. Nun haben aber Frankreich und Deutschland gegen dieses Vorhaben protestiert, so dass es bei der Idee bleiben wird. |

| | Birsfelden
Angriff auf Bürgerwehr | Die von der SVP initiierte Bürgerwehr in Birsfelden wurde genau an dem Abend durch vermummte Jugendliche angegriffen, als das Fernsehen von den Bürgerwehrlern Bilder schiessen wollte. Ob das ganze eine Inszenierung war oder eine Gelegenheit, sich ins Rampenlicht zu stellen, bleibt offen. |
|---|---|---|
| | Liestal/Bern
Bausparabzug bleibt vorerst | Gemäss *Bundesrat Hans-Rudolf Merz* kann der Bausparabzug im Baselbiet durch den Bund vorerst nicht verboten werden, da die rechtlichen Mittel noch nicht vorhanden sind. Dies war die Auskunft von *Merz* auf eine Anfrage der Baselbieter *Nationalrätin Susanne Leutenegger Oberholzer*. |
| 9. | Birsfelden
Mehr Geld fürs *Roxy* | Das *Theater Roxy* in Birsfelden erhält ab 2010 CHF 135'000 Subventionen mehr als bisher, also insgesamt CHF 550'000, gleichviel, wie der Kanton auch an die *Kaserne* in Basel bezahlt. Zurzeit wird das *Roxy* renoviert. Es bekommt unter anderem eine neue Bestuhlung sowie eine neue Probebühne, neue WC-Anlagen und Garderoben. |
| | Kanton Basel-Landschaft
Altlastenkataster beunruhigt | Der Bund hat alle Kantone beauftragt, ein Altlastenkataster zu erstellen. Der Kanton Baselland hat nun seine Arbeit soweit erledigt, dass er mitteilen kann, dass im ganzen Kanton etwa 3000 Verdachtsflächen bestehen. Wo sich diese Orte befinden, wird aber noch nicht veröffentlicht, da diverse Abklärungen gemacht werden müssen. |
| 10. | Rothenfluh
Ja zur Zonenplanänderung | Die *Gemeindeversammlung von Rothenfluh* hat einer Zonenplanänderung zugestimmt, welche die Erstellung einer Inertstoffdeponie ermöglicht. Das betreffende Gebiet liegt im Asp/Humbelsrain. Allerdings will sich ein betroffener Grundbesitzer weiter gegen diesen Entschluss wehren. |
| | Leimental
Initiative zurückgezogen | Die Initiative der *IG Südumfahrung Leimental NEIN* wird nicht eingereicht, da alle Ziele bereits erreicht seien, wurde an der GV der IG beschlossen. Die Südumfahrung wurde aus dem Richtplan gestrichen. Man will aber weiterhin aufmerksam bleiben und die weitere Entwicklung verfolgen. |
| 11. | Hölstein
Wald entscheidend für Klima | Der *Bruno Manser Fonds* organisiert auf dem Leuenberg bei Hölstein eine europäische Fachtagung der Nichtregierungsorganisationen (NGO) über die Rolle des Waldes im Klimawandel. Es nehmen Vertreter aus 23 europäischen Ländern an der Konferenz teil. |
| | Nenzlingen
Abschied von *Heinz Aeby* | Der Vollblutpolitiker *Heinz Aeby* aus Nenzlingen hat sich jetzt endgültig aus der Politik verabschiedet. Als Letztes trat der grosse Kämpfer für einen Beitritt des Laufentals zum Kanton Basel-Landschaft aus dem Gemeinderat aus. *Aeby* war 4 Jahre Grossrat des Kantons Bern, 13 Jahre Landrat im Baselbiet und 20 Jahre Gemeindepräsident in Nenzlingen. Trotz seiner grossen Verdienste wollten ihn die Nenzlinger jahrelang nicht einbürgern … erst ein Erlass des Regierungsrates beendete die Querelen. |
| 12. | Liestal
Stärkung der naturwissenschaftlichen Fächer | *Regierungsrat und Bildungsdirektor Urs Wüthrich* will, dass vor allem schon bei den kleinen Schülern das Interesse an naturwissenschaftlichen Phänomenen geweckt wird. Dies sei wichtig für eine *Life Sciences-Region*. |
| | Nordwestschweiz
Frau Präsidentin | *Regierungsrätin Sabine Pegoraro* löst *Guy Morin* an der Spitze der *Nordwestschweizerischen Regierungskonferenz* ab. Sie wird die Konferenz von 2009 bis 2011 präsidieren. Zur NWRK gehören Basel-Stadt, Baselland, Aargau, Solothurn und Jura. |

	Basel Videofahndung erfolgreich	2 Schläger, die in einem Basler Bus einen jungen Mann schwer verletzt haben, konnten aufgrund von im Internet veröffentlichten Bildern verhaftet werden. Die Bilder wurden per Video im Bus aufgenommen. Die Staatsanwaltschaft soll allerdings künftig keine unbeteiligten, mitgefilmten Personen mehr zeigen, wie das bei dieser Veröffentlichung der Fall war.
	Pratteln/Itingen/ Gelterkinden/Lausen *Ikea* strukturiert um – mit Folgen	Eine Umstrukturierung innerhalb der *Ikea* bringt für die Standortgemeinden Gelterkinden, Lausen und Itingen massive Steuerverluste, während sie im neuen Finanzzentrum der Firma in Pratteln in die Höhe schiessen. Dank des Finanzausgleiches sollen aber die plötzlich eingetretenen Unterschiede eingeebnet werden können.
15.	Frenkendorf Neue Tennishalle	Hinter der alten *Bächliacker Tennis-, Squash- und Badmintonhalle* steht eine neue Tennishalle. Das Dach ist lichtdurchlässig, die Seitenwände lassen sich öffnen. Der Boden ist ein Hartbelag, einer der wenigen in der Schweiz. Der Bau des Gebäudes wurde vom *Kasak* (kantonales Sportanlagenkonzept) mit 33% unterstützt.
17.	Ei- und Homburgertal Waldentwicklungsplan	Der Perimeter des Waldentwicklungsplans Homburger- und Eital umfasst 1908 ha Wald in 11 Gemeinden mit insgesamt 13'500 Einwohnern. Damit der Wald mit seinen heute vielfältigen Nutzungen keinen Schaden erleidet und er seine Aufgaben wahrnehmen kann, braucht es gewisse Leitlinien. Es wurden bei der Ausgestaltung des Planes 125 Wünsche verschiedenster Art erwogen und wo möglich einbezogen. Ziel ist auch ein möglichst naturnaher Waldbau.
18.	Muttenz *Clariant* in der Krise	Die Chemiefirma *Clariant* mit Sitz in Muttenz reagiert auf die sie bedrückende Krise. Zu den bereits 400 Kurzarbeitenden kommen nun nochmals 155 dazu. Dabei trifft es vor allem Angestellte des *TechCenters* in Reinach. Wie *Clariant*-Chef Hariolf Kottmann verlauten lässt, sind auch weitere Entlassungen in diesem Jahr unumgänglich. Der *Betriebskommissionspräsident Jörg Studer* sieht in der Kurzarbeit eine richtige Massnahme in der schweren Zeit, moniert aber das kaum vorhandene Interesse des Arbeitgebers, die betroffenen Mitarbeiter in der frei gewordenen Zeit auch weiterzubilden, so wie es das 3. Konjunkturprogramm des Bundes eigentlich vorsieht.
	Bubendorf Sekundarschulstandort unerwünscht	Die Sek-Schüler aus Bubendorf sollen nach dem Willen der Neueinteilung und der Schliessung von Standorten künftig in Reigoldswil zur Schule gehen. Bisher fuhren die Jugendlichen nach Liestal. Gegen dieses Verdikt wehren sich nun die Behörden und auch die Eltern in Bubendorf und hoffen auf eine Korrektur des Entscheides. Fahren die Bubendörfer weiterhin nach Liestal zur Schule, ist das allerdings der Untergang des Standortes Reigoldswil, da er so zu klein wäre.
	Liestal/Basel *Ballett Basel* und die BLKB Baselland	Das *Ballett Basel* erhält weiterhin und für 3 Jahre zugesichert hohe Sponsorgelder von der *Kantonalbank Baselland*.
19.	Bottmingen/Oberwil Ja zum Ortsbus	In einem 2-jährigen Versuchsbetrieb des Ortsbusses Bottmingen/Oberwil konnte eine überraschend hohe Passagierzahl ermittelt werden. Geplant hatte man mit 50'000 transportierten Personen pro Jahr, effektiv waren es dann aber mehr als das Dreifache. Nun hat die Gemeindeversammlung den Betrieb des Busses auch als Definitivum abgesegnet.
23.	Arlesheim Dorfbach	Der Dorfbach von Arlesheim wurde revitalisiert und tiefer gelegt. Damit wird auch der Hochwasserschutz um einiges verbessert.

	Binningen Neues Altersheim	Für CHF 42 Mio. baut die Gemeinde Binningen ein neues *Zentrum für Wohnen und Pflege am Schlossacker*. Der Beitrag der Gemeinde beläuft sich auf CHF 13 Mio.
	Reigoldswil Neue Turnhalle	Die *Gemeindeversammlung von Reigoldswil* bewilligte anstandslos den Bau einer neuen Turnhalle und sprach dafür CHF 3,5 Mio. Bisher war das Turnhallenangebot so knapp, dass sogar in Lauwil Sport unterrichtet werden musste.
25.	Arlesheim Sturmlauf gegen Riesenantenne	Eine Mobilfunkanlage mit 4 Antennen und 2 Basisstationen plant die *Swisscom* in Arlesheim am Mattweg. Die Stärke der Anlage beträgt 7200 W. Gegen diesen Bau werden nun Unterschriften gesammelt und eine Einsprache vorbereitet.
26.	Liestal 2 Fremdsprachen	Der *Bildungsrat Baselland* hat beschlossen, ab dem Jahr 2012/2013 Französisch von der 3. Primarklasse an mit 3 Wochenstunden und Englisch von der 5. Klasse an mit 2 Wochenstunden in die Stundentafel aufzunehmen.
	Liestal/Lausanne Alkoholtestkäufe	Das Urteil des *Kantonsgerichts Baselland* hat Alkoholtestkäufe als illegal und daher nicht strafbar eingestuft. Die Staatsanwaltschaft hat dieses Urteil an das Bundesgericht weitergezogen, dort aber den Kürzeren gezogen.
28.	Rothenfluh Kamelrennen	Wohl erstmals fand im Baselbiet ein Kamelrennen statt. Ort des Geschehens war ein Sandplatz in Rothenfluh. Es traten 4 zweihöckrige Trampeltiere zum Rennen an.
30.	Liestal Erfolgreiche Entschimmelung	Die in der *Villa Gauss* gelagerten Bilder des Kantons sind zum Teil vom Schimmel befallen. Nun hat man mit einer neu entwickelten Methode die rund 250 Werke wieder instand gesetzt. Das eigens entwickelte Reinigungs- und Begasungsverfahren hat in der Fachwelt für grosses Aufsehen gesorgt.

Juli 2009

2.	Region Basel Zu trockener Juni 09	Die Niederschlagsmenge im Juni betrug 65 l, das sind 54 l weniger als der langjährige Durchschnitt. Generell fehlen im ersten Halbjahr 208 l Niederschläge, was sich auch auf den Grundwasserspiegel negativ auswirkt. Mit 217 Std. Sonnenschein hatten wir 30 Std. mehr als normal, die Durchschnittstemperatur betrug 16,1 °C, gerade mal 0,1 °C über der Norm. Es gab 5 Sommertage, aber keinen einzigen Hitzetag.
8.	Bern/Muttenz Kein Geld für Sanierung	Im Altlastenfonds *(Vasa-Fonds)* des Bundes klafft ein tiefes Loch, daher kann die Sanierung der Muttenzer Deponien vorerst nicht mitfinanziert werden. Der Bundesanteil an der Sanierung beträgt etwa 40%, was einer Summe von CHF 100 bis 200 Mio. entspricht.
9.	Liestal Initiative für einfachere, geringere Steuern	Die *FDP Baselland* hat mit 4500 Unterschriften eine Initiative eingereicht, mit der eine Vereinfachung der Steuererklärung gemäss dem Modell «Swiss Easy Tax» sowie eine Senkung der Tarife vor allem für den Mittelstand verlangt wird.
	Niederdorf *Arxhof* relativ erfolgreich	Nur ein Drittel der regulären Arxhofabgänger wird rückfällig. Im Vergleich zu anderen Massnahmezentren, die bis zu 80% Rückfällige haben, ist das ein schöner Erfolg. Im Jugendstrafvollzug wird in verschiedenen Anstalten mit unterschiedlichen Methoden gearbeitet.

21.	Liestal/Basel Verkauf einer Tochtergesellschaft	Die *Basellandschaftliche Kantonalbank* verkauft ihre Tochtergesellschaft *AAM Privatbank* an die *Kantonalbank Basel-Stadt*. Die BLKB wurde nie glücklich mit der AAM, sie rentierte nicht, die zu verwaltenden Vermögen nahmen rapide ab.
22.	Laufen Akten gerettet	Die vom Hochwasser im letzten Jahr beschädigten Akten wurden damals eingefroren. Nun hat man 20 t davon Schritt für Schritt aufgetaut und wieder hergestellt. Nur gerade mit wasserlöslicher Tinte geschriebene Akten sind nicht zu retten. Die Akten stammen vom *Bezirksgericht* und der *Bezirksschreiberei Laufen*.
23.	Schweiz/Sissach Seltener Baum	Der Speierling ist in der Schweiz äusserst selten. Es gibt nur gerade etwa 300 ausgewachsene Exemplare, davon stehen 3 im Sissacher Wald. Die Borke des Baums ähnelt der der Birne, die Blätter denen der Vogelbeere. Die Früchte, klein und birnenförmig, können zu Mus, Konfitüre, Most oder Schnaps verarbeitet werden. Der Speierling braucht viel Licht, daher ist er in unseren Hochwäldern nicht gerade am richtigen Ort.
	Kanton Basel-Landschaft Kirschenernte	Da vor allem die Premiumkirschen und die der Extraklasse, die vorwiegend an Niederstammbäumen wachsen, von den Kunden gewünscht werden, haben es die kleineren Hochstammkirschen schwer. Die Hochstämmer brauchen zudem einiges mehr an Aufwand. Es bleibt zu hoffen, dass die Hochstämmer aber bleiben, denn sie erfüllen ökologisch eine wichtige Aufgabe.
27.	Agglomeration Basel Dorfzeitungen	Die Redaktionen der Dorfzeitungen aus Muttenz, Pratteln, Birsfelden und Allschwil sind nun im Redaktionsgebäude der *Basler Zeitung* in Basel beheimatet. Nun stellt man sich die bange Frage, ob die Redaktoren noch weniger oft in die Gemeinden kommen, über die sie fundiert berichten sollten.
28.	Oberdorf Archäologische Entdeckung	Bei Bauarbeiten im Gebiet «z'Hof» in Oberdorf sind Grundrissmauern aus dem frühen Mittelalter entdeckt worden. Man hatte schon lange die Vermutung, dass an dieser Stelle einst ein Herrenhof gestanden habe. Es könnte sich dabei um einen Herrenhof des *Klosters Murbach* (Elsass) handeln. Auf dem gleichen Gelände sind schon vor Jahren auch Reste von römischen Besiedlern gefunden worden.
	Roggenburg Neugestaltung von Bachläufen	Damit sie bei kommenden Hochwassern in ihrem Bett bleiben, hat man in Roggenburg anlässlich einer Melioration 2 Bäche neu gefasst. Es sind dies der *Ritzigrundbach*, der weiter unten *Baumgartenbach* heisst, sowie der *Oberstalbach*. – Beide Bäche führen normalerweise wenig bis kein Wasser, können aber bei hohen Niederschlagsmengen oder bei Schneeschmelze mächtig anschwellen und über die Ufer treten. Die Arbeiten wurden schon in den 1980er-Jahren angefangen, als Roggenburg noch zum Kanton Bern gehörte, wurden aber durch den Kantonswechsel unterbrochen.
29.	Liestal 8 Stellen weg	Die *De Dietrich Process Systems AG*, vormals *Rosenmund VTA AG*, entlässt per Ende Juli 8 ihrer 69 Mitarbeiter wegen «struktureller Probleme». Der Sozialplan wurde von der Personalkommission angenommen, wird aber von der Gewerkschaft *Unia* heftigst attackiert.
30.	Tecknau Hauensteintunnel	Das Tunnelportal des Hauenstein-Bahntunnels in Tecknau wird zurzeit ohne Verkehrsbehinderung saniert. Die Arbeiten werden rund CHF 600'000 kosten.

August 2009

3.	Liestal/Muttenz Attraktiv	Welches ist die attraktivste Stadt im Land? Die von der *Bilanz* erstellte Rangliste zeigt Liestal als bestklassierte Stadt der Region, vor Muttenz und Basel. Liestal liegt gesamtschweizerisch auf Platz 26, Muttenz auf Platz 36 und Basel auf Platz 40. Die Kriterien der Beurteilung sollen weiter verfeinert werden, wie der zuständige Redaktor verlauten lässt. Auf Neuerungen in der Punkteverteilung lässt sich der Gewinn von 34 Rängen von Liestal zurückführen, der aber auch die Relativität der Beurteilung aufzeigt. – «Gemessen» wurden alle 129 Schweizer Städte mit mehr als 10'000 Einwohnern. – Birsfelden liegt dabei auf dem 121. Platz, Pratteln auf Rang 88 …
	Baselbiet Steuer-Ranking	Im Vergleich der Steuern für Unternehmen steigt das Baselbiet Stufe um Stufe nach oben. Der «Taxation Index» erfasst alle 2 Jahre die effektive Steuerbelastung von Unternehmen. Von 16 erfassten Kantonen belegt das Baselbiet Platz 10, vor 2 Jahren war es noch der letzte Platz. Basel liegt auf Platz 15. Der Index wird vom Konjunkturforschungsinstitut *BAK Basel* erhoben.
4.	Reinach Neuer Lebensraum	Im Bereich der ehemaligen ARA Birs 1 wurde die Birs mit viel Aufwand revitalisiert. Auf einer Strecke von 300 m kann der Fluss nun wieder selbstständig seinen Weg suchen. Mehrere Inselchen im Bachlauf lockern das Bild auf und verändern die Strömungen.
	Kanton Basel-Landschaft Grippepatienten	Die Angst vor Ansteckungen mit der Schweinegrippe führt zu unterschiedlichen Massnahmen: Patienten mit Grippesymptomen werden im *Spital Laufen* vor dem Eingang abgefangen, im *Kantonsspital Bruderholz* werden diese an einer speziellen Theke in Empfang genommen. Die Schulen wollen eine mögliche Ansteckung der Schüler untereinander durch fleissiges Händewaschen verhindern, die Lehrkräfte müssen mindestens 2 Mal pro Tag die Türfallen desinfizieren. Bei einer Pandemie sollen die Kinder Atemschutzmasken tragen oder, je nach Stärke der Erkrankung, über das Internet zu Hause unterrichtet werden.
	Baselbiet Zugang zu Zigaretten	In 38 von 104 getesteten Läden erhielten Minderjährige im Baselbiet ohne Probleme Zigaretten. Eine Handhabe gegen die fehlbaren Verkäufer hat der Kanton vorerst nicht, er muss auf ein Urteil des Bundesgerichts warten.
	Hersberg Spatenstich	Nach langem Hin und Her wird in Hersberg endlich der Spaten angesetzt. Der Kombibau, der das Feuerwehrmagazin und den Werkhof in einem Gebäude unterbringen soll, ist nun in Angriff genommen worden. Bis Ende Jahr soll der Bau fertig sein.
	Kilchberg Bau in Eigenregie	Von einem Kinderboom ist in Kilchberg die Rede – 17 Kinder zwischen 0 und 10 Jahren gibt es im Dorf, was 13 % der Bevölkerung der kleinsten Gemeinde des Baselbiets ausmacht. Da bisher keine Spielmöglichkeiten für die Kinder vorhanden waren, haben sich Eltern zusammengeschlossen und mit Spenden, eigenen Ideen und viel Fronarbeit einen Spielplatz für die Kinder, der zugleich auch Treffpunkt für Erwachsene sein soll, gestaltet.
5.	Kanton Basel-Landschaft Sonnenstrom aus Spanien	Die *Elektra Baselland* (EBL) baut mit CHF 225 Mio. in Spaniens Süden ein thermisches Solarkraftwerk. Die *IWB Basel* will möglicherweise auch einsteigen. Das Kraftwerk soll bis Ende 2011 fertig sein und ans Netz angeschlossen werden. Auf einer Fläche von etwa 84 Fussballfeldern (60 ha) soll vorerst Strom für Verbraucher vor Ort erzeugt werden.

6.	Baselbiet Wanderfalken	Der in den 1960er-Jahren als fast ausgestorben gewähnte Wanderfalke kehrt ins Baselbiet zurück. Zwar gibt es erst 3 bis 5 Brutpaare in der Agglomeration, aber offenbar fühlt sich das Tier bei uns wohl. Den Tieren werden jetzt im Leimental Nistkästen aufgehängt. Wanderfalken jagen vor allem kleinere Vögel. Der Wanderfalke ist grösser als der bei uns auch wieder heimisch werdende Turmfalke. Seine Angriffsgeschwindigkeit kann bis zu 186 km/h betragen.
	Itingen/Wenslingen/ Gelterkinden/Rickenbach Schulräume bereit	In Itingen, Wenslingen und Gelterkinden wurden neue Schulräume gebaut, und alle stehen für den Schulbeginn bereit. Nur Rickenbach wartet weiter auf seinen Kindergarten: Gegen den Gemeindeversammlungsbeschluss wurde das Referendum ergriffen.
7.	Arlesheim Domsanierung	Der *Dom von Arlesheim* muss saniert werden. Vorerst geht es darum, das Dach, das sich senkt, zu sichern, Ziegel zu ersetzen und die Fassade und die bröckelnden Ornamente zu erneuern. Zu einem späteren Zeitpunkt soll auch das Innere, vor allem auch die Heizung, restauriert werden.
10.	Kanton Basel-Landschaft Erster Schultag	Im Baselbiet gehen heute 2084 Kinder erstmals zur Schule. Insgesamt sind 106 erste Klassen gebildet worden.
	Allschwil Erster öffentlicher Tageskindergarten	In Allschwil wird der erste öffentliche Tageskindergarten im Beisein von viel Prominenz eröffnet. Der Kindergarten beschäftigt neben der Lehrkraft eine eigene Köchin und eine professionelle Person zur Freizeitgestaltung. Die Kinder können an jedem Schultag von 7 bis 17 Uhr im Kindergarten sein.
	Aesch/Angenstein Schüsse auf der Autobahn	Ein angetrunkener Automobilist, der mit 160 km/h über die H18 rast, wird von der Polizei gestellt, der Automobilist entreisst einem Polizisten die Pistole und schiesst um sich. Erst ein gezielter Schuss eines anderen Polizisten ins Bein des Täters beendet die «Wildwest-Show».
	Diegten Hochwasser	Durch anhaltende, heftige Regengüsse schwollen die Bäche so an, dass sie Felder, Strassen und Keller überfluteten. Besonders heftig betroffen war Diegten. Verletzte gab es keine, doch beträchtlichen Sachschaden. Die Feuerwehren waren im Dauereinsatz.
11.	Grellingen *Ziegler Papier* mit neuem Besitzer	Das Muttenzer Ehepaar *Kuttler-Frei* kauft die *Ziegler Papier* in Grellingen. Damit sei das regional stark verankerte Unternehmen in guten Händen und biete eine Gewähr für Kontinuität, sagten die bisherigen Ziegler-Besitzer *Bernhard* und *Urs Ziegler*.
	Zwingen Birs tiefer legen	Die grossen Schäden nach dem Hochwasser vor 2 Jahren haben unter anderem nun dazu geführt, dass die Birs bei Zwingen abgetieft wird. Das um 1 m tiefer gelegte Bett soll vor Hochwasser schützen.
18.	Münchenstein Investitionen im Zwielicht	Die *Elektra Birseck Münchenstein* kauft unter dem Aspekt der Versorgungssicherheit im deutschen Brunsbüttel für CHF 20 Mio. Anteile an einem Kohlekraftwerk. Das wird von den Umweltschützern harsch beanstandet, emittieren doch diese Kraftwerke bei einem Wirkungsgrad von nur 46% (ohne Kraft-Wärmekopplung) riesige Mengen von CO_2.
20.	Liestal *Flirt*-Zug getauft	In Liestal wurde ein neuer *Flirt*-Zug, einer dieser sympathischen, leisen, neuen, die auf den Regionalstrecken verkehren, auf den Namen «LIESTAL» getauft. Taufpaten waren Liestals *Stadtpräsidentin Regula Gysin* und *Regierungsrat Jörg Krähenbühl*.

23. Reigoldswil Mittelalterspektakel	Ein Grosserfolg war das Mittelalterfest in Reigoldswil. Es wurden altes Handwerk, ein Turnier und viele andere Attraktionen in möglichst echter Montur gezeigt. Es wurden etwa 11'000 Besucher gezählt. Der Erlös aus dem Fest wird für die Renovation der *Burg Rifenstein* eingesetzt.	
24. Liestal Storchenbesuch	Etwa 60 Störche machten in Liestal für eine Nacht Station. Die Tiere befinden sich auf ihrem Zug nach Süden, wobei Liestal eigentlich gar nicht auf der normalen Zugsroute liegt.	
25. Oberbaselbiet Heftige Gewitter	Zahlreiche Schäden richtete ein zwar nur kurzes, aber sehr starkes Gewitter im oberen Baselbiet an. Umgestürzte Bäume, abgedeckte Dächer und unkontrollierbare Wasserfluten führten zu 150 Notrufen bei Feuerwehr und Polizei.	
26. Region Basel Aus *Radio Basel 1* wird *Radio Basel*	Die Zentralredaktion zieht nach dem Besitzerwechsel von Liestal nach Basel (Münchensteinerstrasse), 8 Angestellte werden ohne Sozialplan entlassen. Immerhin rechnet man mit einer Erhöhung des Personalbestandes im Laufe der nächsten Monate. *Radio Basel 1* wird neu *Radio Basel*.	
Arisdorf ‹Kälbli›-Drillinge	Was mit einer Wahrscheinlichkeit von 0,007 % eintritt, konnte in Arisdorf erlebt werden: Die Kuh *Noisette* gebar Drillinge.	
Pratteln Notgrabung	Reste einer römischen Villa kamen bei den Bauvorbereitungen für eine *Lidl*-Filiale in Pratteln beim Kästeli zum Vorschein. Deshalb arbeitet nun die archäologische Bodenforschung auf Hochtouren, um einige Erkenntnisse und möglichst viele Fundgegenstände zu sichern.	
Muttenz Kein Förderbeitrag für Regenwasser- nutzung	Regenwasser könnte für die Spülung von Toiletten benutzt werden, schlägt *Daniel Schneider* aus Muttenz vor. Doch der Gemeinderat will sein Projekt nicht mit Förderbeiträgen unterstützen.	
Birs Fischtod	Wegen Bauarbeiten an einem Kleinwasserkraftwerk im Jura wurde eine Stauung veranlasst, was zu einem plötzlichen Absinken des Wasserpegels in der Birs führte. Da die Hitze das wenige Wasser sehr schnell aufwärmte, starben Tausende von Fischen den Erstickungstod wegen Sauerstoffmangels.	
27. Pratteln Grösste Solaranlage Im Kanton	Auf dem Dach des neuen *Hotels Aquabasilea* in Pratteln nimmt die *Elektra Baselland* das grösste Solarkraftwerk des Kantons in Betrieb. 750 Solarmodule ergeben eine Fläche von 930 m^2, die daraus resultierende Leistung beträgt 155'000 kW Strom, was dem Energieverbrauch von 50 Wohnungen entspricht.	
Muttenz Grosse Terrorübung im Auhafen	Polizei, Feuerwehr, Rettung und Zivilschutz probten den möglichen Ernstfall: Im *Auhafen* in Muttenz sei das tödliche Nervengift Sarin, das für einen Überfall auf eine *Uno*-Versammlung in Genf vorgesehen war, ausgelaufen. Die 300 Rettungsleute mussten szenengerecht handeln, retten, trösten, abtransportieren, absichern … *Bundesrat Ueli Maurer* zeigte sich erfreut über die «echte» Übung.	
30. Dittingen Flugtage	Etwa 12'000 Zuschauer bewunderten an den traditionellen *Flugtagen in Dittingen*, es war die 28. Auflage, die verschiedenen Flugzeugtypen, die zum Teil sehr niedrig über die Gegend donnerten. Auch Kunstflieger zeigten ihr grosses Können.	
Buus/Maisprach/ Wintersingen Kulinarische Weinwanderung	Welcher Wein passt zu was? Dieser immer wieder erörterten Frage versuchte man an dieser Weinwanderung auf die Schliche zu kommen. Etwa 2000 Teilnehmer, die in Gruppen aufgeteilt von Posten zu Posten wanderten, konnten sich von den Angeboten überzeugen lassen – oder eben auch nicht.	

September 2009

1.	Kanton Basel-Landschaft Kautionspflicht ausgesetzt	Die seit dem April gültige Kautionspflicht für ausländische Handwerksbetriebe wurde vom *Baselbieter Kantonsgericht* ausgesetzt. Firmen mit Aufträgen in der Schweiz mussten bisher CHF 20'000 bezahlen, womit sichergestellt werden sollte, dass die Arbeiter nach schweizerischem Tarif bezahlt werden. Dumpinglöhne würden den Arbeitsmarkt sonst einseitig negativ beeinflussen.
2.	Pratteln/Frenkendorf Riesenkreisel	Im Gebiet Hülften ist der Bau des grössten Kreisels der Nordwestschweiz in Angriff genommen worden. Beim Bau des H2-Tunnels hingegen droht eine grössere Verzögerung: Eine Einsprache gegen die Vergabepraxis könnte einen Baustopp verursachen. Die Regierung will nun die Verfügung des Gerichtes anfechten. Bei den Eingaben der rivalisierenden Firmen soll es bei einem Volumen von CHF 118 Mio. um einen Offertenunterschied von CHF 3000 gehen!
	Allschwil *Paradies* bleibt, wie es ist	Das *Einkaufszentrum Paradies* in Allschwil wird nicht aufgestockt. Dies haben die Besitzer *Migros Basel* und die *Nationale Suisse* beschlossen. Die Umweltverträglichkeitsprüfung, die nötig wurde, habe wohl von den Bauherren zu viel verlangt, vermutet man.
3.	Nusshof/Wintersingen Schüler ziehen um	Die Gemeindeversammlungen von Nusshof und von Wintersingen haben beschlossen, dass die Nusshöfer Primarschüler künftig in Wintersingen zur Schule gehen werden.
4.	Läufelfingen Gemeindeverwaltung zügelt	Das alte Schulhaus von Läufelfingen ist innert etwa 2 Jahren zum Gemeindehaus umgebaut und nun bezogen worden. Die Verwaltung und der Polizeiposten finden dort Platz, ebenso gibt es jetzt dort Vereinslokale und einen Saal. Die Kosten belaufen sich auf CHF 3,3 Mio.
	Kanton Basel-Landschaft Bildungsdefizite?	Die neue Primarlehrerausbildung nach dem *Bologna*-Modell sei viel zu kurz und habe zu wenig Zeit für die Praxis. Nach 3 Jahren mit dem *Bachelor*-Abschluss seien die Studierenden noch nicht mit allen nötigen Wissensmodulen ausgerüstet, es müsste schon ein Master-Lehrgang angeschlossen werden. So plädiert die *Leiterin des Pädagogischen Instituts für die Primarschule* in Liestal, *Astrid Eichenberger*.
7.	Liesberg Ökonomiegebäude abgebrannt	Das Ökonomiegebäude des Greitelhofs ist abgebrannt. Das unweit danebenstehende Wohnhaus konnte von der Feuerwehr gerettet werden. Der Besitzer erlitt kleinere Verletzungen. Der Schaden dürfte gegen CHF 100'000 betragen. Die Brandursache konnte noch nicht geklärt werden.
10.	Ormalingen Letzter Waschtag	Im *Buchihuus* in Ormalingen fand der letzte Waschtag statt. Das traditionelle Waschhaus wird in eine Steinhauerwerkstatt umfunktioniert. Funde im Haus deuten auf ein Entstehungsjahr 1785 hin (Balkeninschrift).
12.	Waldenburg Alpabzug	Der Abtrieb der ‹Rindli› von der Waldweid ins Städtchen Waldenburg hinunter wird alljährlich zum kleinen Volksfest, das viele Zuschauer anlockt.
15.	Liestal Neuer Sitz der Blindenhundeschule	Das neue *Hundeausbildungszentrum für Blindenhunde* im «Weideli» in Liestal wurde eingeweiht. Im Hauptgebäude sind zusätzlich 15 Hotelzimmer und Seminarräume vorhanden – alle natürlich blindengerecht eingerichtet.

16.	Kanton Basel-Landschaft *Waldenburgerbahn* soll bleiben	In einer verkehrswirtschaftlichen Studie wird für die Beibehaltung des ‹Waldenburgerlis› plädiert. Eine Umlagerung auf Busse wurde aus Kapazitätsgründen verworfen, ebenso eine Verlängerung der Strecke bis Pratteln-Salina Raurica. Die WB befördert pro Jahr etwa 2 Mio. Fahrgäste. Bis 2013 soll neues Rollmaterial für einen noch gediegeneren Komfort sorgen.
	Münchenstein Bezahlen für fehlende Parkplätze	Die *Gemeindeversammlung von Münchenstein* hat beschlossen, dass eine Ersatzabgabe von CHF 10'000 bezahlen muss, wer beim Bau eines Hauses keinen Parkplatz baut.
	Muttenz/Münchenstein/ Bruderholz Fahrplanumstellung	Mit der Umstellung des Fahrplans im Dezember wird die bisherige Buslinie 63 vom Muttenzer Bahnhof auf das Bruderholz neu geführt. Die Linie verbindet dann den *Bahnhof Muttenz* mit dem *Bahnhof Arlesheim/Dornach*. Ab *Bahnhof Münchenstein* führt die Buslinie 58 zum *Kantonsspital Bruderholz*.
	Kanton Basel-Landschaft Geoinformation im Internet	Der Kanton Basel-Landschaft bietet neu seine Geoinformationen, die früher mühsam zusammengesucht werden mussten, im Internet an (siehe www.geo.bl.ch).
18.	Kanton Basel-Landschaft Neues Gesetz gegen Harassenlauf	Mit klaren Auflagen und einem neuen Wegweisungsartikel wollen die Behörden den Harassenlauf unter ihre Kontrolle bringen oder gar verbieten. Die Gemeinde Reinach verfügt bereits über ein Wegweisungsrecht, Münchenstein hingegen noch nicht. Die Gemeindeversammlung muss diesem Passus noch zustimmen. Der in diesem Jahr mit mehreren Verletzten endende Lauf soll nie mehr in der traditionellen Form stattfinden, sagt *Sabine Pegoraro, Sicherheitsdirektorin des Kantons Baselland*.
	Oberwil *Mühlematt-Markt* kann ausbauen	Der *Mühlematt-Park* in Oberwil kann nach dem Entschluss der Gemeindeversammlung ausbauen und kommt somit auf die doppelte Ladenfläche.
	Ziefen/Ramlinsburg/ Bubendorf Vereinigte Feuerwehr	Die 3 Gemeinden Ramlinsburg, Ziefen und Bubendorf arbeiten künftig im Bereich der Feuerwehr zusammen. Rekrutierungprobleme und die Sicherung des Tagesalarms seien die Hauptargumente für diese Fusion. Da viele Feuerwehrleute auswärts arbeiten, ergeben sich auch Probleme mit der Vollzähligkeit des Corps.
21.	Liestal Koordinationsstelle im Kampf gegen Jugendarbeitslosigkeit	Der Kanton will die steigende Jugendarbeitslosigkeit mit einer neuen Koordinationsstelle bekämpfen. *Tony Hürbin* soll künftig junge Stellensuchende gezielt unterstützen und bei den Unternehmen Arbeitsplätze akquirieren. Zurzeit sind im Baselbiet gegen 900 junge Menschen im Alter von 18 bis 24 Jahren stellenlos. Das sind fast doppelt so viele wie vor einem Jahr.
	Baselbiet Wieder viel zu viele Wildsauen	Der kantonale *Jagdverwalter Ignaz Bloch* fordert eine klare Dezimierung des Wildsauenbestandes. Er fordert 800 Abschüsse.
22.	Langenbruck Uhrenfabrik gekauft	Die *Gemeindeversammlung Langenbruck* war gut besucht. Etwa 100 Einwohner bestätigten die mutige Vorlage des Gemeinderates: Um endlich alle Platzprobleme in der Gemeinde lösen zu können (Schule/Vereine/Werkraum/Spielgruppen ...), wurden die stillstehende *Uhrenfabrik Revue Thommen* für CHF 750'000 gekauft und weitere CHF 1,25 Mio. für die Sanierung bewilligt.

	Basel Gorillamädchen *Goma*	Vor 50 Jahren wurde *Goma*, ein Gorillamädchen, im *Basler Zoo* geboren. Die Mutter konnte das Baby nicht säugen, darum hat der damalige Zoodirektor die Aufzucht des Gorillakindes bei sich zu Hause übernommen. *Goma* war damals das erste in Europa geborene Gorillajunge. Jetzt ist Goma eine 50-jährige Dame und Mutter, die ihrerseits ihre Jungen stillen konnte.
23.	Liestal Budget rot	Das Budget, das *Finanzdirektor Adrian Ballmer* für das Jahr 2010 vorlegt, ist rot. Er rechnet mit einem Minus von CHF 118 Mio., wovon CHF 95 Mio. aus dem Eigenkapital des Kantons abgedeckt werden, so dass ein Negativwert von CHF 23 Mio. bleibt. Das Eigenkapital ist dann aber aufgebraucht. Gemäss der Defizitbremse dürfte eine Steuererhöhung in den nächsten Jahren dringend sein, vor allem, da die Einnahmen zurückgehen. Verschiedenen Grossprojekten droht nun eine Rückstellung, so zum Beispiel dem Justizgebäude in Muttenz oder dem Spital auf Bruderholz.
	Liestal Polizeireform wird umgesetzt	Mit der Reform des Polizeireglementes, das ab 1. Oktober 2009 in Kraft tritt, werden 6 Posten geschlossen (Augst, Diegten, Grellingen, Hölstein, Reigoldswil und Wenslingen). Stützpunkte sind Reinach und Liestal. Hauptposten liegen in Muttenz, Pratteln, Sissach, Allschwil, Binningen und Laufen. Die anderen Gebiete werden durch 10 Polizeiposten und 2 Aussenstellen besetzt. Dies führt nach Meinung der Oberbaselbieter und der Laufentaler zu einer ungenügenden Präsenz in ihren Regionen.
	Aesch *Aesch Nord* darf bebaut werden	Etwa 1000 Aescher besuchten die wichtige Gemeindeversammlung, in deren Vorfeld es ein heftiges Ziehen und Stossen gegeben hatte. Es ging um den Bereich *Aesch Nord* und dessen Bebauung. Die Stimmbürger wollen das besagte Gebiet nutzen, allerdings wird ein darauf geplantes Grossprojekt «Obereggpark» abgelehnt. Die anderen Einkaufshäuser werden jetzt gebaut, sehr zum Leidwesen der ansässigen Aescher Geschäfte.
24.	Kanton Basel-Landschaft Scharfe Resolution an die *Bildungsdirektion*	Der *Lehrerverband* verabschiedete eine scharfe Resolution an den *Bildungsdirektor Urs Wüthrich*, worin fast alle vorgesehenen Änderungen in der Primarschule aufs Heftigste kritisiert und zum Teil für unmöglich erklärt wurden. Mit den vorgesehenen Veränderungen gehe unsere Schule kaputt, meinte *Präsidentin Bea Fünfschilling*.
25.	Itingen Doppelkindergarten eingeweiht	Der in einem halben Jahr errichtete Doppelkindergarten in Itingen konnte eingeweiht werden. Die Kosten des Baus betrugen insgesamt CHF 1,6 Mio.
	Frenkendorf Neues Baugebiet	In Frenkendorf bewilligte die Gemeindeversammlung CHF 2,4 Mio. für die Erschliessung der 3. Überbauungsfläche im Gebiet *Nübrig-Risch*, wo weitere Einfamilienhäuser entstehen sollen. Grosse Teile der Kosten werden nach Erstellung der Häuser in die Gemeindekasse zurückfliessen.
26.	Sissach/Olten Mit Dampf	Für 16 Tage wird zwischen Sissach und Olten ein Dampfzug verkehren mit dem Ziel, den Dampfbetrieb möglichst zu etablieren. Die dampfbetriebene Zugmaschine fährt umweltfreundlicher als eine Diesellok, man muss dabei aber auf die berühmte Dampffahne aus dem Schornstein verzichten.
27.	Pratteln Ja zum Tower	Im Bahnhofgebiet darf der nach langen Diskussionen umstrittene *Häring-Tower*, ein CHF-180-Mio.-Projekt, gebaut werden. Der Turm wird 75 bis 82 m hoch und soll Büros und Wohnungen enthalten. 1844 Prattler sagten Ja, 1628 waren dagegen.

	Liestal Tagesbetreuung abgelehnt	Der Ausbau der Tagesbetreuung an den Schulen wird in Liestal mit 56% Nein-Stimmen abgelehnt, wobei die Kosten das Problem waren, nicht die Institution als solche. Die Stadt hätte 63% der jährlich anfallenden Kosten von CHF 800'000 übernehmen sollen, die Eltern, abgestuft nach Einkommen, den Rest.
	Rothenfluh Inertstoffdeponie kommt	Die in Rothenfluh längere Zeit heftig umstrittene Inertstoffdeponie kommt. Im Gebiet *Asphof/Humbelsrain*, das dafür vorgesehen ist, kann nun mit einer Änderung des *Zonenplanes Landschaft* erschlossen werden. 70,8% der Bewohner gingen abstimmen, wovon 206 Stimmbürger Ja und 180 Nein stimmten.
	Ormalingen Kein Neubau des Sportplatzes	Die Ormalinger Stimmberechtigten haben an der Referendumsabstimmung den Neubau des Sportplatzes, der CHF 2 Mio. gekostet hätte, mit 433:276 Stimmen, abgelehnt. Allerdings brauchen die Vereine bald eine Lösung. Die jetzige Situation sei inakzeptabel.
29.	Baselbiet Eschensterben	Die in unseren Wäldern sehr häufig vorkommende Esche ist von einem Pilz befallen worden. *Chalara fraxinea* heisst der Übeltäter, der Blätter und Zweige zum Absterben bringt. Ob deswegen auch der Baum abstirbt, wie das in Osteuropa der Fall ist, bleibt abzuwarten.
30.	Liestal Radio Basel 1 schaltet ab	*Radio Basel 1* hat heute den letzten Sendetag. Danach wird der Sender *Radio Basel* heissen und aus Basel senden. Die Baselbieter verabschieden sich stilgerecht: mit dem Baselbieterlied.
	Region Basel Deutsche Welle	Deutsche Fachkräfte drängen in grosser Zahl in unsere Region. Die deutsche Wohnbevölkerung ist mit 22'000 Personen heute doppelt so gross wie 2002.

Oktober 2009

1.	Baselbiet September war zu trocken	Der September 2009 war zu warm und zu trocken, wobei es in unserer Region gnädig abging, hatten doch andere Gebiete noch wesentlich weniger Niederschlag.
	Basel Rhein mit sehr wenig Wasser	Der Rhein führt aufgrund der ausbleibenden Niederschläge zurzeit sehr wenig Wasser. Dadurch ist die Schifffahrt stark beeinträchtigt. Containerschiffe können etwa nur zu einem Drittel beladen werden.
2.	Saint-Brais (Jura) Baselbieter Strom aus Wind	Da im Kanton Jura die Gesetzgebung Windräder sehr einfach zulässt, hat die *Adev*, die *Arbeitsgemeinschaft für dezentrale Energieversorgung* mit Sitz in Liestal, in Saint-Brais 2 Windkraftanlagen gebaut, die Ende Oktober ans Netz gehen. Der produzierte Strom reicht für 1500 Wohnungen und wird ans *Elektrizitätswerk Zürich* geliefert. 600 private Aktionäre haben die zum Bau nötigen CHF 11 Mio. zusammengetragen.
4.	Sissach Sportplatz Tannen- brunn eingeweiht	Der *Sportplatz Tannenbrunn* ist in 5-monatiger Arbeit saniert worden. Mehr Licht, bessere Be- und Entwässerung, eine generalüberholte Laufbahn, Arbeiten am Rasenfeld und weitere kleine Aufbesserungen liess sich die Bevölkerung von Sissach CHF 2 Mio. kosten, wozu der Kanton mit CHF 500'000 auch sein Scherflein beitrug. Zur Eröffnung spielt der *FC Basel* gegen Sissach/Gelterkinden kombiniert.
5.	Region Basel Gute Zwetschgenernte	Anstelle der erwarteten 600 t konnten in der Region Basel 831 t grossfruchtige Zwetschgen geerntet werden, dies dank des schönen und warmen Wetters.

7.	Laufen Hochwasserschutz	Die vom Kanton der Gemeinde Laufen vorgeschlagenen Hochwasserschutzmassnahmen passen den Laufenern nicht. So sollen vor allem die Uferzonen nicht zu Gunsten einer Verbreiterung des Bachbettes geschmälert werden.
8.	Lauwil Vogelberingung auf der *Ulmethöchi*	Wie jedes Jahr zur Zeit des Vogelzuges werden während 6 Wochen auf der *Ulmethöchi* die Vögel gezählt und beringt. Die erfassten Daten werden publiziert und interessieren einen grösseren Fachleutekreis. Festgestellt hat man, dass die Distelfinkenpopulation sehr stark abgenommen hat. Im Weiteren werden auch Zyklen festgestellt, wie beispielsweise bei den Tannenmeisen. Alle 7 Jahre ist die Population besonders gross. Die Buchfinken aus Mitteleuropa sind kleiner als die aus Skandinavien. Die Rotkehlchen aus Russland und Skandinavien singen auch anders als die bei uns heimischen.
9.	Kanton Basel-Landschaft SBB bleiben «stur»	Der neue Fahrplan der SBB, der im Dezember in Kraft tritt, hat die von unserer Regierung vorgeschlagenen Verbesserungen nicht eingebaut. Der Flugzug wird in Pratteln nicht wieder anhalten, einen Schnellzughalt in Gelterkinden und eine Verdichtung des Angebotes nach Basel und nach Aarau wurden gestrichen.
	Kanton Basel-Landschaft Krankenkassenprämien explodieren	Die Krankenkassenprämien explodieren in einem so massiven Ausmass, dass der Kanton wohl mit vermehrten Ausgleichszahlungen an die Versicherten nicht herumkommt. Der Kanton Basel-Landschaft gehört zu den Kantonen, die von den Erhöhungen der Prämien besonders stark betroffen sind.
11.	Känerkinden Mehrzweckhalle eingeweiht	Erste Wurzeln hat das neue Mehrzweckgebäude in Känerkinden im Jahr 1993. Nach mehreren Anläufen stimmte der Souverän einem Kredit von CHF 5,4 Mio. zu und bewilligte damit den Bau der *Dörlimatt-Halle*, die nun feierlich eingeweiht wurde. Die Gemeinde hat sich somit zum 650. Geburtstag selbst grosszügig «beschenkt».
12.	Muttenz *Clariant* baut weiter ab	Der Chemiekonzern *Clariant* baut weltweit 800 Stellen ab, davon 40 in der Region. Ein weiterer Abbau in der Verwaltung ist bereits in Vorbereitung.
	Augusta Raurica *Römermuseum* wird umgestaltet	Das *Römerhaus* in Augst wird bis im März 2010 geschlossen und in dieser Zeit umgebaut. Der Eingangsbereich war bisher viel zu eng. Die bestehende Ausstellung wird neu gestaltet. Die Bäume vor dem Haus wurden gefällt.
13.	Sissach/Läufelfingen Dampflokbetrieb war ein Erfolg	Der für 14 Tage installierte Dampflokbetrieb von Sissach nach Olten zeigte auf, dass diese Fahrten sehr willkommen sind und tüchtig benutzt wurden. Nun hofft man, dass der Betrieb künftig fest aufgenommen werden kann.
16.	Muttenz Grünes Licht für grünes *Schänzli*	Obwohl der Kanton Besitzer des Areals *Reitsportstadion Schänzli* ist, das im Banne Muttenz liegt, plant die Gemeinde unerschrocken an einem Erholungspark auf dem 2012 nicht mehr vermieteten Gebiet an der Birs. Die Gemeindeversammlung hat das Konzept «Das Schänzli bleibt grün» mit grossem Mehr gutgeheissen. Der Kanton hat bereits Überbauungsprojekte im Gebiet *Schänzli Nord* vorgesehen. Was damit nun geschieht, bleibt vorerst offen.
	Roggenburg Endlich Trinkwasser	Im Zuge einer Feldregulierung wurden 5 Bauernhöfe an die Trinkwasserversorgung angeschlossen. Die Gemeinde investierte dafür CHF 450'000.
19.	Sissach Erste Bilanz gut	Die seit einem Jahr begehbare Begegnungszone in Sissach ist ein Erfolg. Allerdings gibt es noch zu viele Autos im Dorf und auch viele, die rasen. Da soll nun Abhilfe geschaffen werden.

20.	Gelterkinden Flüssiger Verkehr	Der nach jahrelanger Diskussion gebaute Kreisel an der Roseneckkreuzung ist nun eingeweiht worden. Damit sollte der Verkehr jetzt flüssiger ablaufen und die Fussgänger sicherer über die Strasse kommen.
22.	Liestal Frühfranzösisch später als vorgesehen	Die grosse Euphorie im Bildungsreformprozess schmilzt dahin: Die vorgesehene Verschiebung des Frühfranzösisch-Beginns auf die 3. Klasse sowie die Einführung von Englisch wird vorerst aus Kostengründen aufgeschoben. Frühfranzösisch wird weiterhin ab der 4. Klasse unterrichtet.
	Kanton Basel-Landschaft Wohin soll das neue Passbüro?	Für den biometrischen Pass müssen alle Baselbieter nach der heutigen Regelung nach Liestal reisen, um ihn sich dort ausstellen zu lassen. Mit einem Vorstoss will nun Reinach dies ändern. Man möchte auch ein Passbüro in der Agglomeration. Basel kann die Baselbieter nicht bedienen – aus Platzgründen.
23.	Oberdorf Schulerweiterungsbau eingeweiht	In Oberdorf wurde der Erweiterungsbau des Sekundarschulhauses eingeweiht. So wurden 12 neue Schulzimmer und eine Mehrfachturnhalle gebaut. Verbaut wurden CHF 28 Mio. Das Schulhaus dient als Schulzentrum für das ganze Tal.
26.	Region Basel Zufriedene Kunden im Öffentlichen Verkehr	In einer ersten umfassenden Umfrage wurde eine hohe Zufriedenheit der Passagiere im Öffentlichen Verkehr festgestellt. Allerdings schnitten die verschiedenen Anbieter unterschiedlich ab: So kam die *Waldenburgerbahn* mit nur 57 von 100 Punkten nicht gut davon. Auch BLT und BVB schnitten unter dem Durchschnitt von 77 Punkten ab. Der *Flirt*-Zug, der im Regionalverkehr eingesetzt wird, wurde sehr gelobt. Generell beanstandet wurde das Abend- und Sonntagsangebot, das unterdotiert sei.
	Baselbiet Fuchsräude	Im Baselbiet grassiert die Fuchsräude, die fast immer tödlich verläuft. Die Krankheit hat sich in den Bezirken Arlesheim, Laufen und Liestal bereits stark ausgebreitet. Sie wird durch Grabmilben verbreitet. Der *Kantonstierarzt* führt die starke Verbreitung der Krankheit auf eine zu grosse Fuchspopulation zurück.
27.	Liestal Wirtschaftsförderungs- Vereinbarung	Baselland und die japanische Stadt und Region Toyama haben eine Vereinbarung über eine vertiefte Zusammenarbeit im Bereich *Life Sciences* unterzeichnet.
	Laufental Kritik am Hoch- wasserschutz	Nachdem bereits Laufen lautstark gegen verschiedene Punkte des neuen Hochwasserschutzes gewettert hat, kritisieren nun auch Grellingen und Zwingen die kantonalen Massnahmen. Für die Grellinger sind die Ausgaben zu hoch, die Zwingener finden, die Massnahmen seien nicht griffig genug. Insbesondere sei die Kläranlage vor Überlauf zu schützen.
	Pratteln *Berufsschau* ein Erfolg	Etwa 40'000 Besucher, vor allem Jugendliche, besuchten die diesjährige *Berufsschau* in Pratteln. 121 Aussteller an 63 Ständen waren vertreten. die nächste Schau findet in 2 Jahren statt.
	Birsfelden Einbürgerung durch den Gemeinderat	Selbstverständlich passt die neue Regelung längst nicht allen: In Birsfelden werden Einbürgerungen durch den Gemeinderat bestimmt. Da Birsfelden keine Bürgergemeinde hat, bestimmte bisher die Gemeindeversammlung abschliessend über eine Vergabe des Bürgerrechts.
28.	Liestal *Verfassungsgericht* bodigt Kaution für Handwerker	Die wegen Lohn- und Preisdumpingverdachts bei ausländischen Firmen, die im Baselbiet arbeiten, ausgesprochene KMU-Kaution von CHF 20'000 wurde vom *Verfassungsgericht* vom Tisch gefegt. Wie man den unschönen Machenschaften einiger Firmen nun begegnen will, bleibt offen.

	Baselbiet Am H2-Tunnel wird wieder gebaut	Nach unschönem Rechtsstreit um die Vergabe des H2-Tunnelbaus konnte ein Rechtsvergleich erzielt werden. Danach werden nun beide Baufirmen je einen Teil der Arbeiten übernehmen. Wäre keine Einigung erzielt worden, hätte die Baustelle für lange Zeit stillgelegt werden können.
	Kanton Basel-Landschaft Bibliotheken bieten neuen Service an	Die *Kantonsbibliothek* und in ihrem Schlepptau die Gemeindebibliotheken bieten neu die Gelegenheit an, sich Bücher auf den Computer herunterladen zu können. Man erhofft sich so, weitere Nutzer zu finden. 10'000 Titel stehen für den Download bereit.
29.	Birsfelden Verkorkste Stimmung	In Birsfelden scheint ein dicker Wurm im Gebälk zu bohren. An der Gemeindeversammlung wurde eine Neuorganisation der Verwaltung zurückgewiesen, wohl im Hinblick auf die verfahrene Situation um den ehemaligen Bauverwalter sowie auch im Zusammenhang mit den vielen Kaderleuten, die in letzter Zeit ihre Posten verlassen haben.
31.	Schönenbuch Friedhof erweitert	Der erweiterte Friedhof von Schönenbuch ist eingeweiht worden. Neu gibt es jetzt auch ein Gemeinschaftsgrab.
	Aesch Reformierte Kirche in neuem Glanz	Die während 3 Monaten renovierte Kirche der Protestanten strahlt in neuem Glanz und wurde festlich eingeweiht.
	Binningen Alte Obstsorten	Auf dem Bruderholz legten der Gemeinderat und einige Helfer aus Binningen einen Obstgarten an. Darin sind 33 alte Obstsorten vertreten. Die gesetzten Bäume sind Hochstämmer und haben so «saftige» Namen wie ‹Edelchrüsler›, ‹Berlepsch› (Äpfel), ‹Schweizer Hose› (Birne) oder ‹Sauerhäner› (Kirsche). Schüler werden auch eine Hecke um den Garten setzen sowie eine Blumenwiese ansäen.

November 2009

5.	Region Basel Die Schweinegrippe ist da	So ziemlich genau mit dem Impfstoff ist auch die Schweinegrippe bei uns angekommen. In Allschwil und Arlesheim mussten bereits Klassen geschlossen werden, weil mehrere Schüler mit dem Virus infiziert waren.
	Muttenz Neue Heimatkunde	Auf fast 400 Seiten wird Muttenz in vielen seiner interessanten Aspekte dargestellt. Viele Bilder, viel Text, fast schon ein Lehrbuch. Nach 4 Jahren harter Arbeit wird nun die fertige Heimatkunde der Bevölkerung vorgestellt.
9.	Sissach ‹Nit lang Fääderlääse›	Der Oberbaselbieter Schriftsteller *Heiner Oberer* hat aus seinen gesammelten Kolumnen ein Buch gemacht und dieses nun an einer Vernissage im ‹Cheesmeyer› in Sissach der Öffentlichkeit übergeben.
10.	Region Basel Schweinegrippefälle nehmen zu	Täglich werden mehr Schweinegrippefälle gemeldet. Schulleitungen sind nun verpflichtet worden, erkrankte Schüler und Lehrer zu melden.
	Röschenz Hochstammbäume	In und um Röschenz sind auf Initiative des *Natur- und Vogelschutzvereins Erschwil* 113 Hochstammbäume gesetzt worden, um Vögeln eine Möglichkeit zum Nisten zu geben.
11.	Basler Agglomeration Bundesunterstützung	Während Basel-Stadt vom Bund all seine Wünsche in Bezug auf das Agglomerationsprogramm erfüllt bekommt, beklagt Baselland die Streichung des Vollanschlusses der H18 in Aesch. Nun will man nochmals Druck machen, denn der Anschluss ist sehr wichtig für die Entlastung sowie die Weiterentwicklung des Gebietes Unterbaselbiet und Laufental.

12. Liestal Neues *Baselbieter Heimatbuch*		Das neue *Baselbieter Heimatbuch*, jedes 2. Jahr erscheinend, widmet sich dem so vielfältigen Thema «WASSER». Nebst vielen interessanten Beiträgen hat es wunderschöne Bilder im Buch, unter anderem auch die 12 aus einem Wettbewerb hervorgegangenen Siegerbilder. Es wurden 150 Bilder eingesandt. Das neue BHB ist im *Verlag des Kantons Baselland* erschienen.
	Basel Lehrstellen in der Stadt Basel	In Basel gibt es mit 1400 Lehrbetrieben mehr Ausbildner als je in den letzten 20 Jahren. Aber nur etwa ein Drittel ist mit Baslern besetzt, die andern kommen aus umliegenden Kantonen, teilweise bewusst wegen der besseren Schulbildung.
15. Basel Uni-Aula besetzt		Die Studenten der *Universität beider Basel* besetzen die Aula wegen ihrer Unzufriedenheit mit dem *Bologna*-System. Dass das System noch angepasst werden muss, wissen auch die Professoren, aber das braucht noch etwas Zeit. Ein Ende der Besetzung ist nicht abzusehen. Auch in Bern und Zürich wird gestreikt.
	Lausen Fremdlinge in Flora und Fauna	An der Herbsttagung des *Basellandschaftlichen Natur- und Vogelschutzverbandes* in Lausen gingen Gastreferenten auf die Probleme mit den einwandernden Pflanzen und Tieren (Neobioten) ein. Die Fremdlinge verdrängen die einheimischen Arten oder schädigen sie nachhaltig. Daher müssen sie, wie zum Beispiel der Sommerflieder *(Budleija)*, das asiatische Springkraut, die armenische Brombeere, amerikanische Krebse, die Waschbären und der asiatische Marienkäfer, ausgerottet oder zumindest eingeschränkt werden.
16. Pratteln *Rohrbau-Gruppe* wird deutsch		Die 1977 gegründete *Rohrbau-Gruppe* in Pratteln wird verkauft. Käufer ist die Mannheimer Firma *Bilfinger Berger*. Die 280 Mitarbeiter werden übernommen, wie der neue Patron mitteilt. Die *Rohrbau-Gruppe* generiert jährlich einen Umsatz von etwa CHF 80 Mio., wovon zwei Drittel auf die Schweiz entfallen.
18. Oberbaselbiet *Trägerverein Jurapark* gegründet		27 Gemeinden des Oberbaselbiets haben in Ormalingen zusammen den *Trägerverein Jurapark Baselland* gegründet. Ob der Kanton den Naturpark unterstützt, muss der Landrat noch festlegen. Die *Pro Natura Baselland* hingegen ist verschnupft: Sie wurde zu Gunsten einer weiteren Gemeinde nicht in den Vorstand aufgenommen.
	Baselbiet Schweinegrippe	Die Schweinegrippe-Pandemie hat im Baselbiet das erste Opfer in der Schweiz gefordert: Ein Säugling starb an den Folgen der Grippe. Weltweit sind bisher 6250 Menschen Opfer des N1H1-Virus geworden.
19. Baselbiet Impfstationen werden überrannt		Die öffentlichen Impfstationen im Baselbiet werden von sehr vielen Menschen in Anspruch genommen. Zuerst werden Risikogruppen geimpft, dann alle anderen, die das wünschen. Geimpft wird in Muttenz, Sissach, Liestal, Reinach, Therwil und Laufen.
23. Liestal/Muttenz/ Auhafen Katastrophenübung war ein Fiasko		Nach Auswertung aller Fakten wird die Katastrophenübung «Protector» des *Krisenstabs Baselland* im August 2009 als grosses Fiasko dargestellt. Es gab gravierende Mängel in der Kommunikation sowohl vor als auch während des Einsatzes. Die Schwächen, die sich in der Übung gezeigt haben, werden nun bearbeitet, und man zielt auf grosse Verbesserungen.
	Eptingen Nein zum *Jurapark*	Schon der Gemeinderat hat dem sich gründenden *Verein Jurapark* eine Absage erteilt, nun hat auch die Gemeindeversammlung ihre Meinung abgegeben: Es gibt keinen Beitritt zum Projekt. Damit ist einer der Kernpunkte des Baselbieter Juras, der Belchen, nicht dabei. Immerhin aber ist Häfelfingen dabei, was eine Zweiteilung des Parks verhindert.

	Basel/Liestal Nachhaltigkeit wird beurteilt	Punkto Nachhaltigkeit schneiden die beiden Basel im Vergleich zu anderen Kantonen gut ab. Doch gibt es auch Probleme, so beispielsweise in der Luftqualität und bei den geringen Flächen von wertvollen Naturräumen. Hingegen wird die Abfallentsorgung als sehr fortschrittlich dargestellt. Basel-Stadt schnitt als bester Kanton knapp vor Baselland und Schaffhausen hervorragend ab. Es wurden 27 Kriterien bewertet.
24.	Muttenz Marode Achsen	Dass im Schienenverkehr grosse Gefahren lauern, ist schon lange bekannt. Deutsche Güterwagen, vor allem Kesselwagen, die oft gefährliche Güter transportieren, sind schadhaft und könnten durch Unfälle zur grossen Gefahr für die anliegenden Orte werden. Besonders gross scheint die Gefahr im *Güterbahnhof Muttenz* zu sein, da dort viele tausend Güterwagen verschoben werden. Experten reden von 60'000 schadhaften Wagenachsen, die unterwegs sein sollen.
	Wenslingen Nicht zonenkonforme Pläne	Das alte Primarschulhaus hätte nach dem Umzug der Primarschule in das nicht mehr gebrauchte Sekundarschulhaus zur Gemeindeverwaltung umgebaut und mit 2 Wohnungen bestückt werden sollen. Die *Kantonale Baudirektion* hat ihr Veto eingelegt: Wohnungen dürfen nicht in dieser Zone gebaut werden. Nun muss das Projekt vorerst abgeblasen werden. Die Bevölkerung hatte dem Umbau, der etwa CHF 1,3 Mio. verschlungen hätte, zugestimmt!
	Liesberg Mehr leisten und weniger stinken	Die *Kelsag* und die *Biopower* planen in Liesberg eine neue Bioabfall-Verwertungsanlage. Die stinkenden Prozesse will man in geschlossenen Anlagen ablaufen lassen, so dass die Umwelt davon weniger tangiert würde.
26.	Reinach Kulturverein aufgelöst	Der mit viel Liebe über Jahrzehnte gehegte *Kulturverein Reinach* wird mangels Nachwuchs und Arbeitswilligen aufgelöst. Das Angebot werde auch zu wenig geschätzt, was wohl mit der Nähe zu Basel zu tun habe.
	Anwil/Diegten ‹Mir wei luege›	Anwil, das schon wegen des *Baselbieterlieds* weit bekannte Baselbieter Vorzeigedorf, tritt nach einem Stichentscheid des Gemeindepräsidenten dem Projekt *Jurapark* nicht bei. Die Gemeindeversammlung hat überdies die Sanierung der Mehrzweckhalle und der Turnhalle vertagt. Auch Diegtens Gemeindeversammlung hat einen Beitritt zum *Jurapark* abgelehnt. Dadurch wird der geplante Park zerschnitten, womit auch die Anforderungen des Bundes nicht erfüllt werden.
	Rünenberg/Kilchberg Ausdohlung	Der Weihermattbach in Rünenberg/Kilchberg ist ausgedohlt worden. Die Kinder der Primarschule haben die Umgebung mit Bäumen und Sträuchern bepflanzt.
30.	Baselbiet Atomstrom (fast) allüberall	Obwohl das Baselbiet einen Anti-AKW-Artikel in der Verfassung hat, beziehen bis auf 6 Gemeinden alle trotz günstiger Alternativen Atomstrom.

Dezember 2009

2.	Liestal/Muttenz Kindergärtnerinnen abgeblitzt	Der seit 2001 schwelende Konflikt zwischen den Kindergärtnerinnen und ihren Arbeitgebern wurde nun vor dem Kantonsgericht definitiv zu Ungunsten der Lehrkräfte entschieden. Sie wurden 2001 zwar von der Lohnklasse 18 in die Klasse 14 transferiert, es wurde ihnen aber nur ein «Zwangs-Teilpensum» von 82,14% angerechnet (23 Lektionen) – und dagegen liefen die Kindergärtnerinnen Sturm.

	Region Basel Zu warmer November	Der November 2009 war mit 8,2 °C im Schnitt um 4 °C wärmer als der letztjährige. Er geht als einer der wärmsten November seit Langem in die Geschichte ein. Der häufige Föhn hat die Temperaturen hochgetrieben. Niederschläge gab es etwas mehr als sonst: 102 l (Norm: 87 l). Der Herbst aber war insgesamt zu trocken, fehlten doch im September 44 l und im Oktober 56 l. Die Sonne schien während 60 Std., was ziemlich genau der Norm entspricht.
3.	Muttenz/Hardwasser Wasserfilter kommt	Bis 2011 will die *Hardwasser AG* in Muttenz für die Trinkwasserreinigung einen Aktivkohle-Filter einbauen, der um die CHF 12 Mio. kosten soll. In der Zwischenzeit lässt die Firma ihr Wasser bei den IWB in den *Langen Erlen* und in einem Provisorium aufbereiten.
	Langenbruck Kauf des Künstlerhauses	Die *Gemeindeversammlung von Langenbruck* hat dem Kauf des Künstlerhauses «Obere Au» zugestimmt. Die Kosten belaufen sich auf CHF 1,75 Mio. Das Haus wird für 5 Jahre vermietet, anschliessend soll das Areal als Landreserve dienen.
	Liestal/Basel Einigung im Herzkatheter-Streit	Die unschönen Auseinandersetzungen zwischen Liestal und Basel wegen der gleichzeitigen Einrichtung je eines Herzkatheter-Labors wurden bereinigt. Man gestand sich gegenseitig gewisse Untersuchungsbereiche zu, so dass eine Konkurrenzierung abgemildert werden kann.
4.	Liestal Kulturnacht	Als herausragender Programmpunkt der Liestaler Kulturnacht wurde eine 6 m hohe Holzplastik angezündet, in der Glut konnten die Besucher dann Würste braten. Dazu gab es feinen Glühwein.
	Eptingen Neue Entlüftungsanlage	Neue Abluftstollen am Nord- und Südportal des Belchentunnels sollen verhindern, dass bei einem Brand im Tunnel eine Falle entsteht. Das Projekt wird auf CHF 107 Mio. veranschlagt und soll bis Ende 2012 beendet sein.
	Laufen Hochwasserschutz vorantreiben	Bis die vom Kanton geplanten Massnahmen greifen (bis etwa 2018), wollen die Laufener das Heft nun selbst in die Hand nehmen. Die Einwohnerversammlung bewilligte CHF 370'000 für Sofortmassnahmen. Der Kanton bezahlt diese Summe aber nur zurück, wenn die von Laufen ergriffenen Massnahmen sowieso im kantonalen Projekt ausgeführt worden wären.
6.	Gelterkinden Neuer Busterminal	Der neue Busterminal in Gelterkinden, finanziert mit Kantonsgeldern, ist eingeweiht worden. Mit 5 Linien befördern die Busse täglich etwa 1500 Passagiere. Der Baupreis für den Terminal betrug CHF 2 Mio., der Bau wurde innert 7 Monaten erstellt.
8.	Liestal Elektronische Fussfesseln	Der Kanton Basel-Landschaft als Pilotkanton hat für das Erproben der elektronischen Fussfessel, die anstelle einer Inhaftierung verordnet werden kann, eine Verlängerung erhalten. Der Versuchsbetrieb kann bis 2015 weitergeführt werden. Man hofft, dass die Fussfesseln bald generell erlaubt werden.
	Reinach *Taunerhaus* ade	Das mit über 400 Jahren älteste Haus von Reinach, das *Taunerhaus* an der Brunngasse, ist nach jahrzehntelangem, unsäglichem Hin und Her zwischen Bevölkerung, Heimatschutz und Politik nun abgerissen worden. Dadurch wird der Platz jetzt frei für eine moderne Quartierplanung.
	Allschwil *Roche* kündigt *Actelion*	Die vor 3 Jahren eingegangene «Ehe» zwischen *Roche* und *Actelion* in Bezug auf die Entwicklung eines Medikaments zur Bekämpfung mehrerer Immunkrankheiten ist von *Roche* aufgekündigt worden. Die *Actelion*, die seit der Zusammenarbeit gut gewachsen ist, will nun die

		Forschungen allein weiter voranbringen. *Roche* hat wegen der Integration des US-Tochter *Genentech* selbst ein ähnliches Projekt in der Pipeline.
	Münchenstein Harassenlauf braucht Bewilligung	Die Gemeindeversammlung von Münchenstein genehmigte in ihrem Polizeireglement eine «Lex Harassenlauf» und einen Wegweisungsartikel. – Im weiteren wurden CHF 7 Mio. für den Um- und Ausbau des *Alters- und Pflegeheims Hofmatt* bewilligt.
	Roggenburg Unter Naturschutz	Der *Martiswald* in Roggenburg wird per Januar 2010 neues Baselbieter Naturschutzgebiet.
9.	Liestal/Basel Stadttheater wirbt	In der *Kantonsbibliothek* in Liestal kann man künftig Billette für das *Stadttheater Basel* kaufen. Möglich sind auch Auftritte im kleinen Rahmen durch Schauspieler in der Bibliothek. Bezwecken will man mit diesen Offensiven eine breite Unterstützung des Stadttheaters durch den Kanton Basel-Landschaft.
10.	Baselbiet Keine Atomendlager	Das *Bundesamt für Energie* hat den Planungsperimeter um die 6 möglichen Standorte für ein atomares Tiefenendlager vorgelegt. Unser Kanton ist nicht in dieses Gebiet eingezogen worden.
	Bottmingen/Oberwil Mehr Pflegeplätze im Altersheim	Die *Gemeindeversammlung von Bottmingen* hat einem CHF-5,8-Mio.-Kredit für die Erweiterung des *Alters- und Pflegeheims Drei Linden* in Oberwil zugestimmt. Der Beitrag von Oberwil, der zweiten Trägergemeinde, muss noch bewilligt werden.
	Frenkendorf Künftig Wasser aus Pratteln	Frenkendorf wird künftig sein Wasser aus Pratteln beziehen müssen, weil seine Wasserfassung durch den Bau der H2 tangiert und nicht mehr benutzbar sein wird. Trotz des Verkaufs des besagten Landstücks an den Kanton schliesst das Budget 2010 mit einem historischen Negativbetrag von CHF 66'400.
	Basel Risikoanalyse zur Geothermie	Die in Auftrag gegebene Risikoanalyse für das für grosse Unruhe in der regionalen Bevölkerung sorgende Geothermieprojekt fällt ernüchternd oder, besser gesagt, erschütternd aus. Es könnten Schäden von etwa CHF 600 Mio. entstehen, die Erdbebengefahr würde über 30 Jahre lang andauern. Folglich wird das Projekt nun endgültig eingestellt.
13.	Region Basel Ende für den grenzüberschreitenden ÖV?	Der grenzüberschreitende ÖV ist gefährdet. Auf der Strecke der S1 will das Elsass auf eigenes Rollmaterial der französischen Staatsbahn SNCF anstatt auf den *Flirt* der SBB setzen. Damit wird die Strecke Frick/Laufenburg nach Mulhouse durch ein nötiges Umsteigen unterbrochen und gefährdet damit auch die Symbolkraft dieses grenzüberschreitenden Projekts.
14.	Sissach Schulklassen wohin?	Da die Gemeinde Sissach grosse Schulraumnot hat, hat sie dem Kanton das *Schulhaus Bützenen* gekündigt, das bisher von der Sek A belegt war. Die Sek-A-Schüler müssen nun ins *Schulhaus Tannenbrunn* umziehen, während die Primarschüler endlich im *Schulhaus Bützenen* genügend Platz finden.
16.	Basel/Allschwil Partnerschaft greift nicht	Der Bus Nummer 48, der vom *Bahnhof Basel SBB* bis zum Bachgraben in Allschwil fährt, soll durch einen Entscheid des *Basler Grossen Rates* nach nur 4 Tagen wieder eingestellt werden. Die Baselbieter fühlen sich vor den Kopf gestossen und glauben an eine politische Retourkutsche, weil sie den Rückbau des Wasgenrings nicht befürwortet haben.
17.	Region Basel Grippeepidemie am Abebben	Die Schweinegrippeepidemie hat offenbar, zumindest nach den statistisch erhobenen Zahlen, den Höhepunkt überschritten. Die Grippe hat im Baselbiet 2, in der ganzen Schweiz 9 Todesopfer gefordert. Die

		überzähligen Impfdosen, etwa 4,5 Mio., werden ins Ausland abgegeben.
19.	Basel-Landschaft/ Basel-Stadt Grosse Schulreform ganz klein	Der *Nordwestschweizer Bildungsraum*, gross angekündigt mit umwälzenden Veränderungen unseres Schulwesens, wurde im Laufe der Monate immer kleiner und kleiner. Nun bleiben die beiden Basel übrig, die so viel wie möglich gemeinsam verwirklichen wollen.
21.	Birsfelden Keine Schrottanlage	Die wegen der hohen Lärmemissionen bis über die deutsch-schweizerische Grenze stark bekämpfte Schrottverwertungsanlage im Birsfelder Hafen wird nicht gebaut, die betreffende Firma hat ihr Baugesuch zurückgezogen.
	Region Basel Geothermieprozess endet ohne Anklage	Der wegen der durch die Geothermiebohrungen und unter Höchstdruck eingepressten Wässer erzeugten Erdbeben in der Region angeklagte technische Leiter aus dem Baselbiet wird freigesprochen.
22.	Basel-Landschaft/ Basel-Stadt Gemeinsames Schulsystem	Die beiden Halbkantone Basel-Stadt und Basel-Landschaft haben sich in Bezug auf ein gemeinsames Schulsystem in den Kernpunkten geeinigt. Was vorher wesentlich weiträumiger geplant war (ganze Nordwestschweiz), wird nun wenigstens teilweise in den beiden Nachbarkantonen verwirklicht.

Legislatur

14.01. Gleich 6 neue Landrätinnen und Landräte wurden angelobt: *Michael Herrmann* (FDP, Gelterkinden), *Peter Schafroth* (FDP, Liestal), *Monica Gschwind* (FDP, Hölstein), *Rahel Bänziger Keel* (Grüne, Binningen), *Christine Koch Kirchmayr* (SP, Aesch) und *Dorothée Dyck-Baumann* (EVP, Reigoldswil).

Dieter Eglin von der SVP wurde mit 38 Mehrstimmen gegenüber *Markus Mattle* von den Grünen an die 50%-Stelle im Kantonsgericht gewählt.

27.01. Die aus gesundheitlichen Gründen zum Kürzertreten gezwungene bisherige Leiterin der *Fachstelle für Familienfragen*, *Bettina Bevilacqua*, wird durch *Katrin Bartels* ersetzt. Bevilacqua bleibt mit kleinerem Pensum aber bei der Fachstelle.

28.01. Pfarrer *Martin Stingelin*, 51 Jahre alt, aus Pratteln, heisst der Nachfolger von *Markus Christ* im Amt des *Kantonalen Kirchenratspräsidenten* der Reformierten.

28.01. *Ernst Wüthrich* (SVP, Thürnen) tritt aus dem Landrat zurück. Nachfolgerin wird *Susanne Strub* aus Häfelfingen. Ebenfalls zurückgetreten ist *Paul Rohrbach* (EVP, Reigoldswil), der ersetzt wird durch *Dorothée Dyck-Baumann*, ebenfalls aus Reigoldswil.

03.02. Die seit bald 14 Jahren für die SP im Landrat sitzende *Ursula Jäggi* aus Therwil tritt per Ende Februar zurück und wird durch *Christoph Hänggi* aus Therwil ersetzt. *Ursula Jäggi* präsidierte den Landrat in der Legislaturperiode 2002/03.

08.02. Für die zurücktretende *Daniela Schaub* wurde *Raphael Graf* (32) deutlich mit 1033 Stimmen zum Gemeinderat von Gelterkinden gewählt. Er gehört zwar keiner Partei an, wurde aber von den Bürgerlichen unterstützt. Die Linke *Liska Dällenbach* erreichte 657 Stimmen, die Wahlbeteiligung betrug 47%.

08.02. *Markus Hunziker* von der *Bürgerlichen Vereinigung* wurde in Läufelfingen mit 324 Stimmen zum neuen Gemeinderat gewählt.

11.02. Der neue Leiter der *Baselbieter Verkehrssicherheits-Abteilung* heisst *Christoph Naef*. Er folgt auf *Beat Schüpbach*.

11.02. Ein neuer Strafgerichtspräsident musste gewählt werden. Nach zwei Wahlgängen wurde *Andres Schröder*, portiert von der SP, vom Landrat erkoren. Er war bisher Vizepräsident des Strafgerichts.

19.02. Der Regierungsrat hat *Martin Kolb*, vorher Bauverwalter in Laufen, zum neuen *Kantonsplaner* gewählt. Der 53-jährige Kolb folgt auf den zurückgetretenen *Hans-Georg Bächtold*.

12.03. *Ivo Corvini* von der CVP Allschwil tritt aus dem Landrat zurück, dem er seit 2002 angehörte. Angelobt wurde *Christoph Hänggi* von der SP Therwil, der auf *Ursula Jäggi* folgt.

17.03. Die 47-jährige Baselbieter *Nationalrätin Maya Graf*, die in Sissach einen Hof bewirtschaftet, wird neue *Fraktionschefin der Grünen*. Sie wurde 2001 in den Nationalrat gewählt.

24.03. Der bisherige *Kantonsarchäologe Jürg Tauber* wird pensioniert. An seine Stelle tritt *Reto Marti*, der bisherige Stellvertreter Taubers.

07.04. Der Dugginger *René Hardmeier* hat vor den Gemeinderatswahlen klar ausgesagt, dass er nicht Gemeinderat werden wolle. Trotzdem wurde er mit 20 Stimmen gewählt. Nach einer Bedenkzeit hat er nun die Wahl angenommen. Im Rat sitzt auch seine Frau, *Gitta Keller Hardmeier*.

15.04. Die 6 leitenden Staatsanwälte, die im Baselbiet künftig amten werden, wurden gewählt: *Janos Fabian* (Biel-Benken), *Urs Geier* (Liestal), *Anna-Kathrin Goldmann*, *Sylvia Gloor Hohner* (Deutschland), *Boris Sokoloff* (Basel) und *Jacqueline Vogel* (Münchenstein).

22.04. *Elisabeth Schneider* von der CVP Biel-Benken wird neu in den Verwaltungsrat der BLT gewählt.

23.04. Der aus dem Landrat zurückgetretene *Ivo Corvini* (CVP, Allschwil) wird durch *Felix Keller* ersetzt, der von der gleichen Partei und aus dem gleichen Ort kommt.

17.05. *Carine Hugenschmidt-Wüst* wurde mit deutlichem Mehr neu in den Gemeinderat Füllinsdorf gewählt.

17.05. *Dario Bischofberger* und *Yvonne Kaspar* wurden neu in den Gemeinderat von Lupsingen gewählt.

17.05. *Benedikt Zenhäusern* und *Erich Thommen* wurden in den Gemeinderat von Duggingen gewählt. Beide waren bereits einmal in diesem Gremium.

20.05. *Rita Bachmann* (CVP, Muttenz) nach 14 Jahren sowie *Elsbeth Schmied* (SP, Liestal) nach 10 Jahren im Landrat treten zurück.

07.06. Nach fast einem Jahr mit dem *Statthalter Erich Straumann* und dem einzigen *Gemeinderat Florian Kron* ist der Hersberger Gemeinderat wieder komplett und damit ab dem 1. Oktober auch wieder entscheidungsfähig. Gewählt wurden bei einer Stimmbeteiligung von 51% *Iris Allenspach Bachmann* mit 84 und *Franziska Were-Imhof* mit 72 Stimmen. Das absolute Mehr betrug 51 Stimmen.

10.06. *Walter Ackermann* von der CVP, wohnhaft in Burg, tritt per Ende Juni zurück. Nachrückender ist *Franz Meyer* aus Grellingen.

24.06. Glanzvoll mit 73 von 77 Stimmen wurde *Beatrice Fuchs* (SP, Allschwil) zur neuen Landratspräsidentin gewählt. Gewählt ist auch *Jörg Krähenbühl* (SVP, Reinach) als Regierungspräsident; dies mit 65 von 86 Stimmen. Den durch die Demission von *Elisabeth Schneider* (CVP, Biel-Benken) freigewordenen Sitz im BLT-Verwaltungsrat eroberte sich *Christine Gorrencourt* (CVP), die im 2. Wahlgang gegen *Rolf Richterich* (FDP, Laufen) obenaus schwang.

25.06. *Hanspeter Frey* aus Allschwil (FDP) wird neuer Landratspräsident, Vizepräsidentin wird *Bea Fuchs* von der SP; gut gewählt als Regierungspräsident wurde *Urs Wüthrich* (SP), dessen Vize ist *Jörg Krähenbühl* (SVP). Abschied nahmen *Juliane Nufer* (FDP, Laufen), welche nach 10 Jahren durch Stadträtin *Petra Studer* abgelöst wird, sowie *Jacqueline Simonet* (CVP, Reinach), die durch *Sabrina Mohn* aus Aesch ersetzt wird.

26.06. Von den 5 Gemeinderäten in Lauwil will keiner das Präsidentenamt übernehmen. Also hat man beschlossen, das Volk wählen zu lassen. Alle 5 Räte stellen sich zur Wahl, das Volk entscheidet.

22.07. Für den in Pension gehenden *Kantonalen Drogenberater Georges Kreis* wurde der 42-jährige Sozialpädagoge und Gewaltberater *Joos Tarnutzer* gewählt.

23.08. Die nach dem Rücktritt von *Gemeindepräsident Kurt Schaub* in Rothenfluh nötige Nachwahl brachte kein gültiges Ergebnis. Nur 17 Stimmberechtigte von 567 machten von ihrem Wahlrecht Gebrauch, bei einem absoluten Mehr von 9 Stimmen konnte niemand das Mandat erringen! Es gab keine offiziellen Kandidaturen.

09.09. *Elisabeth Schneider*, CVP, Biel-Benken, tritt nach 11 Jahren im Landrat zurück und übernimmt das Nationalratsmandat von *Kathrin Amacker*. *Madeleine Göschke* von den *Grünen Binningen* tritt nach 9 Jahren zurück. *Claudio Botti* (CVP, Birsfelden) ist der Nachfolger von *Rita Bachmann* (CVP, Muttenz), *Peter Küng* (SP, Liestal) rückt für *Elsbeth Schmid* (SP, Liestal) nach, und *Franz Meyer* von der CVP Grellingen beerbt *Walter Ackermann* aus Burg i.L.

27.09. Im Gemeinderat von Tecknau ist weiterhin eine Stelle nicht besetzt. Die Wahl, ohne offizielle Kandidaten, ergab für keine Person das absolute Mehr von 37 Stimmen.

27.09. In Rothenfluh wurde, für den zurückgetretenen *Präsidenten Kurt Schaub*, *Georges Fuhrer-Erny* mit 265 Stimmen in den Gemeinderat gewählt.

14.10. Die *Fachkommission zur Aufsicht über die neue Staatsanwaltschaft* wird von *Hanspeter Uster* zusammen mit 2 Gerichtspräsidenten gebildet. Der Kandidat der SVP, *Jeremy Stephenson*, erreichte nicht genügend Stimmen.

15.10. Für den zurückgetretenen Landrat *Thommy Jourdan* (EVP, Muttenz) rückt die 24-jährige *Sara Fritz* (EVP, Birsfelden) nach.

29.10. *Dominik Schneider* von der SVP trat aus dem Landrat zurück, an seiner Stelle wurde *Franz Hartmann* aus Reinach angelobt.

10.11. Aus dem Gemeinderat Reinach tritt *Josef Küng* (CVP) per Ende Jahr zurück. Sein Nachfolger wird der nachrückende *Stefan Brügger*, ebenfalls CVP.

12.11. Rücktritte: Von der FDP treten gleich 3 Landräte zurück: *Christine Mangold, Dieter Schenk* und *Daniel Wenk*. Nachrückende sind: *Michael Hermann* (Gelterkinden), *Peter Schafroth* (Liestal) und *Monika Gschwind* (Hölstein).

13.11. *Caspar Baader*, der Baselbieter Nationalrat der SVP, bleibt entgegen eigener Ankündigungen Präsident der Parteifraktion, obwohl seine Amtszeit abgelaufen wäre. Die Parteileitung habe ihn um eine Verlängerung gebeten, um eine Stabilität vor den nächsten Wahlen nicht zu gefährden.

20.11. Die Gemeindeversammlung von Hemmiken hat der Reduktion der Anzahl Gemeinderäte von 5 auf 3 zugestimmt. Grund dafür ist ein Mangel an Kandidaten für dieses Amt. Erst 1996 wurde der Rat von 3 auf 5 Mitglieder aufgestockt, um die Arbeit besser verteilen zu können.

25.11. Der im April dieses Jahres gewählte Gemeindepräsident von Duggingen, der ehemalige Hafendirektor *René Hardmeier*, hat per Ende Jahr demissioniert. Die grosse Arbeitsbelastung und die ständigen Störmanöver aus gewissen Kreisen hätten ihn zu diesem Schritt bewogen.

29.11. Nach der Wahl von *Lukas Zeller* in den Gemeinderat von Wenslingen ist letzterer nun komplett.

03.12. *Paul Rohrbach* (EVP, Hölstein) und *Kaspar Birkhäuser* (Grüne, Binningen) verlassen den Landrat. Nachrückende sind: *Dorothée Dyck-Baumann* (EVP, Reigoldswil) und *Rahel Bänziger Keel* (Grüne, Binningen).

10.12. Nach der umstrittenen Gemeindeversammlung in Wintersingen haben 3 von 5 Gemeinderäten den Bettel hingeworfen und werden per Ende März zurücktreten. Das Misstrauen der RPK habe das Fass zum Überlaufen gebracht. Da ein 4. Gemeinderat schon vorgängig seinen Rücktritt bekannt gegeben hatte, bleibt nun nur noch einer übrig. Auch die Posten der Kassierin und des Gemeindeschreibers sind vakant und können auf Geheiss des Souveräns vorerst nicht besetzt werden. Nun droht ein «Hersberg II» (Zwangsverwaltung).

10.12. *Hans-Peter Ryser* (SVP, Oberwil) tritt nach 12 Jahren Tätigkeit im Landrat Mitte Januar zurück. Er präsidierte den Rat 2003/04.

14.12. Infolge von internen Streitereien war die *Naturschutzfachstelle des Kantons Baselland* während 2 Jahren vakant. Nun wurde der Forstwissenschafter *Peter Tanner*, 40 Jahre alt, zum Nachfolger von *Paul Imbeck* gewählt.

Der Regierungsrat …

27.01. … lehnt auch die 2. Initiative der *Grünen* zur Totalsanierung der Muttenzer Chemiemülldeponien ab. Nachdem schon eine 1. Initiative im August 2008 als bundesrechtswidrig erachtet wurde, ist nun die 2. mit der Begründung abgelehnt worden, dass das Anliegen der *Grünen* bereits in der Altlastenverordnung des Bundes geregelt sei und daher nicht in die Kompetenz des Kantons gehöre.

02.02. … hat ein CHF 50 Mio. schweres Programm zur Energieeinsparung veröffentlicht und zur Vernehmlassung geschickt. Mit den entsprechenden Investitionen, an denen sich der Kanton mit oben genannter Summe beteiligt, sollen jährlich 17 Mio. l Heizöl eingespart werden. Der Landrat muss noch über die Vorlage befinden.

03.02. … möchte die kantonale Verwaltung in Liestal auf weniger Standorte konzentrieren. Zurzeit sind es deren 52, nach neusten Planungen sollen diese auf 17 reduziert werden. Das Ziel erreichen wollen die kantonalen Behörden unter anderem auch mit einem Neubau im Gebiet Kreuzboden, wo ein Verwaltungsgebäude für 760 Arbeitsplätze geplant ist. Der durch diesen Neubau zu erwartende Kundenverlust im ‹Stedtli› wird vom Gewerbe als Negativpunkt an dieser Planung beklagt.

10.03. … hat das bisherige Naturschutzgebiet Bogental um Geiten, Hundsmatt-Geissberg und Schattberg-Hochwacht erweitert, so dass nun ein zusammenhängendes Gebiet von rund 240 ha entstanden ist.

11.03. … nimmt die Sparmassnahmen, welche er vor allem für das Oberbaselbiet angekündigt hatte, teilweise zurück. Im unteren Kantonsteil baut man den Öffentlichen Verkehr deutlich aus, was CHF 19 Mio. verschlingt. So sollen beispielsweise das *Gymnasium Oberwil* an den ÖV angebunden werden, die Reigoldswiler Buslinie 70 soll bis zum *Bahnhof SBB Basel* fahren, auch Arbeitsplatzgebiete wie Sissach-West, Reinach-Kägen und Arlesheim-Widen werden besser erschlossen. Nun muss der Landrat noch seinen Segen dazu geben.

17.03. … hat den von der Gemeindeversammlung Münchenstein beschlossenen «Quartierplan Kunstfreilager» genehmigt. Damit kann die *Hochschule für Gestaltung und Kunst* als Teil der *Fachhochschule Nordwestschweiz* realisiert werden.

29.04. … will das *Kantonsspital Laufen* erhalten, es aber organisatorisch mit dem *Kantonsspital Bruderholz* zusammenlegen.

22.06. … erhöht für die Zeit vom Sommer 2011 bis 2015 seine Theatersubventionen von CHF 17 auf 33 Mio.

15.09. ... hat nun, nach einer heftigen Auseinandersetzung in Binningen, wo bereits am Freitagabend Stimmcouverts geöffnet worden waren, die frühere Inangriffnahme der Auszählung gutgeheissen. Er vollzieht so mit etwas Verzögerung Bundesrecht.

15.10. ... legt nun seine Sparpläne offen, die erst aufkamen, als das Budgetdefizit von über CHF 100 Mio. bekannt wurde, und empört deshalb weite Kreise von Betroffenen. So sollen unter anderem der von Aesch vehement geforderte H18-Vollanschluss, die Sanierung des Eggfluhtunnels und der Neubau der Birsbrücke in Zwingen sowie die Erschliessung des Gebiets Salina Raurica zurückgestellt werden.

20.10. ... erhöht die Krankenkassenbeihilfen für die Prämienzahler, welche die gesetzlichen Bestimmungen in Bezug auf das Einkommen erfüllen, um CHF 14,5 Mio. Ausgeschüttet werden jährlich nun CHF 113 Mio.

31.10. ... hat in einer Vernehmlassung die Vorgaben des Bundes bestätigt, wonach sich der gefährliche Gürtel bei einem Unfall mit einem AKW auf einen Radius von 20 km beschränkt. *Greenpeace* sieht das ganz anders: Weite Landstriche von der Nord- bis zur Ostsee könnten verstrahlt werden. Man müsste nur an Tschernobyl denken!

14.12. ... stellt das Gebiet Studenweid, wozu auch die Möhrliflue und Teile des Öhlenbergs gehören, südlich der Gemeinde Liedertswil auf 750 bis 1040 m Höhe gelegen, unter Schutz.

Der Landrat ...

15.01. ... hat 3 Nachrückende angelobt; *Bruno Baumann*, SP, Pratteln, nachgerückt für *Robert Ziegler*, *Marie-Theres Beeler*, Grüne, Liestal, nachgerückt für *Esther Maag*, und *Josua Studer*, SVP, Allschwil, nachgerückt für *Aldo Piatti*.

... verabschiedet einen Spezial-Richtplan für Salina Raurica und bewilligt damit auch das Bauen im Gebiet von *Augusta Raurica*.

... bewilligt trotz Widerstand der SP und eines Teils der SVP-Fraktion die nötigen Kredite von CHF 2,7 Mio. sowie jährlich wiederkehrende Ausgaben von etwas mehr als CHF 500'000 für eine Reform des Polizeiwesens.

... spricht einen Kredit von CHF 2,4 Mio. für den *Tourismusverein Baselland* und legt so die Basis dafür, dass der Verein selbstständig bleiben kann. Die Zahl der Übernachtungen ist seit dem Bestehen von *Baselland Tourismus* (seit 2003) um 30 % gestiegen.

29.01. ... nimmt trotz einiger kritischer Worte den Fluglärmbericht 2007 an, doch dass er erst jetzt diskutiert wurde, empfinden mehrere Räte als stossend. Gefordert wird ein wesentlich früherer Bericht.

... nimmt eine Motion der *Grünen*-Landrätin *Sarah Martin* entgegen, der verlangt, dass der Zuschlag auf die Tickets beim Nachtnetz abgeschafft werden sollen. Die meisten hätten ein Abo, so dass der Zuschlag vor allem für Junge ins Gewicht falle.

... akzeptiert mit knappem Entscheid, dass die noch ungeklärte Aufsicht über die neu organisierte Staatsanwaltschaft der Regierungsrat, unterstützt durch eine Fachkommission, übernehmen solle. Dennoch geht die vorgeschlagene Lösung nochmals in die Kommission zurück, da die ursprüngliche Vorlage durch diesen Entscheid abgeändert worden sei, weil jetzt Führung und Aufsicht beim Regierungsrat vereinigt seien, was als nicht optimal angesehen wird.

19.02. ... bewilligt CHF 11 Mio. für einen Projektierungskredit für den Ausbau der *Life Sciences* an der *Universität Basel*. Allerdings ist daran die Bedingung geknüpft, dass das Baselbiet als Universitätskanton anerkannt wird, dass bei Auftragsvergaben gleich lange Spiesse gelten und dass Baselland Standortkanton von wesentlichen Fakultäten werde.

... spricht für die Sanierung des *Museum.BL* CHF 7,16 Mio.

... bewilligt CHF 19 Mio. für die Sanierung des Eggfluhtunnels nach gerade mal 10 Jahren Betriebsdauer. Insbesondere haben sich die Sicherheitsanforderungen erhöht, daher müssen 3 Notausgänge gebaut werden.

12.03. … unterstützt mit einem knappen Entscheid die Initiative der *Lungenliga*, in Gaststätten das Rauchen zu verbieten. Das Volk wird am 17. Mai darüber abstimmen.

… debattiert über eine Volksinitiative der *Grünen, die* den Energieverbrauch bis 2030 zur Hälfte mit erneuerbaren Energien abdecken wollen. Die FDP reagiert nun mit einem Gegenvorschlag, bei diesen Öleinsparungen die Mobilität – sprich: die Autos – nicht mit einzurechnen.

… bestätigt den Verbleib der Aufsicht über die Staatsanwaltschaft beim Regierungsrat. Mit 38:44 Stimmen unterlagen die Befürworter einer externen Lösung.

… unterstützt den Waldschutz mit einem Kredit von CHF 9,5 Mio. für die nächsten 10 Jahre, mit dem unter anderem die Gesamtfläche der Waldreservate von 11,5 auf 17% erhöht werden soll.

26.03. … genehmigt den kantonalen Richtplan, nachdem die heissesten Eisen herausgelöst und vertagt wurden, mit 75:4 Stimmen.

23.04. … hat nun trotz Gegenwehr der Ratslinken das Szepter über die Schule übernommen und den Bildungsrat desavouiert. Er will künftig die Stufenlehrpläne, die Stundentafeln und die Lehrmittel der Volksschule selbst bestimmen. Mit 43:37 Stimmen wurde das Verdikt besiegelt.

… will keine höheren Familien- und Ausbildungszulagen bewilligen. Er schickte den Antrag der SP mit 31:49 Stimmen bachab.

… bewilligt CHF 15 Mio., verteilt auf 5 Jahre, für die Ansiedlung eines *Mikro- und Nanotechnologie-Forschungszentrums* in Muttenz.

02.05. … möchte, zusammen mit dem Stadtkanton die Uni-Kantonsbeiträge anheben. Für Baselland bedeutet dies einen Sprung von CHF 134,6 auf schrittweise CHF 156,7 Mio.

07.05. … verbietet den Gemeinden, Ausländern das Stimmrecht in kommunalen Angelegenheiten zu geben. Der Vorstoss der Linken wurde deutlich und getreu der Parteienverteilung mit 28:40 Stimmen abgelehnt.

… setzt den Bildungsrat mit 41:39 Stimmen wieder in sein Amt ein, nachdem es noch vor 14 Tagen so ausgesehen hatte, als würde er praktisch abgeschafft.

14.05. … lehnt mit 42:33 Stimmen die Motion von *Esther Maag (Grüne, Liestal)* zur Schaffung eines Grosskantons Nordwestschweiz ab. Obwohl die Nordwestschweiz in vielen Bereichen eng verknüpft ist, steht eine Fusion zu einem Grosskanton für die Landräte nicht zur Debatte.

… lehnt einen Rückkommensantrag der SVP, nochmals über die Kompetenzverteilung Landrat/Bildungsrat zu beraten und abzustimmen, ab. Mit einer dringlichen Interpellation will die SVP das Thema aber möglichst bald wieder aufs Tapet bringen.

… genehmigt einen Projektierungskredit von CHF 3,3 Mio. für den Ausbau des heutigen Halbanschlusses der H18 im Norden von Aesch zu einem Vollanschluss. Das Ausbauprojekt selbst soll auf etwa CHF 45 Mio. zu stehen kommen.

… erklärt die Giftmüll-Initiative der *Grünen* zur Totalsanierung der Chemiemüll-Deponien in Muttenz mit 39:37 Stimmen für gültig. Diese wird damit dem Volk zur Entscheidung vorgelegt.

11.06. … bewilligt den längere Zeit umstrittenen Projektierungskredit für den *Life Sciences*-Neubau wegen der Arbeitsvergaben nun einstimmig.

… begegnet dem neuen Finanzausgleichsgesetz mit breiter Akzeptanz. Es soll nicht daran geschraubt werden. 68 von 86 Gemeinden erhalten einen Ausgleich. Verteilt werden CHF 83,8 Mio.

… deklariert die Diskussion um die Löhne der Kader der *Basellandschaftlichen Kantonalbank* als populistisches Thema und legt damit das entsprechende Postulat der SP mit 48:28 Stimmen ad acta.

… zeigt sich vom neuen Film über den Landrat sehr angetan, welcher nun die alte Tonbildschau «Landrat Stefan» ersetzt.

18.06. … nimmt eine Motion des Landrats *Hans-Jürgen Ringgenberg* entgegen, die verlangt, dass künftig Gelder vom *Lotteriefonds Baselland*, immerhin CHF 8 bis 10 Mio. jährlich, zu zwei Dritteln im eigenen Kanton verteilt werden, und nicht wie bisher auch zu grossen Teilen an Veranstaltungen im Kanton Basel-Stadt.

06.07. … ist überlastet: Viele Rätinnen und Räte gelangen mit ihrem Zeit- und Aufwandsbudget an die Limiten. Auch fachlich werden die Vorlagen immer komplexer, so dass manchmal auch Fachwissen fehlt. Von Links bis Rechts erschallt der Ruf nach einer Reform. Nun hat sich eine Arbeitsgruppe, die Verbesserungen vorschlagen soll, gebildet, und sie hat auch die

Arbeit unter *Peter Brodbeck* (SVP) in Angriff genommen. Einige Exponenten liebäugeln sogar mit einem professionellen Landrat.

10.09. ... tritt auf die Teilrevision des Gastgewerbegesetzes ein, schickt sie aber an die Justizkommission zurück, und dies mit 58:25 Stimmen.

... überweist die Petition für ein grünes *Schänzli* (Muttenz) trotz starker Kritik an der Doppelrolle des Kantons als Landbesitzer und Genehmigungsbehörde für Gemeindeerlasse mit 43:32 Stimmen an die Regierung.

24.09. ... bedenkt die Fachhochschule Nordwestschweiz mit grossem Beifall durch alle Fraktionen. Die Finanzierung wird allerdings noch zu reden geben, da die 17 zusammengeschlossenen Schulen ein Defizit von CHF 1,7 Mio. ausweisen.

... verabschiedet – wegen steigender Studentenzahlen an der *Universität Basel*, die nach einem höheren Beitrag unseres Kantons verlangen – gegen die Stimmen der SVP die Aufstockung des Globalbudgets 2010 bis 2013 um CHF 62 Mio. auf nun CHF 600,3 Mio.

... wird den Entscheid um den Beitritt zum Konkordat über Massnahmen gegen Gewalt bei Sportanlässen dem Volk vorlegen müssen, da der Rat diesem nicht mit einer Vierfünftelsmehrheit zustimmen konnte (49:15 Stimmen).

... erhöht das Budget für das *Roxy* in Birsfelden um CHF 135'000 auf nun CHF 550'000.

15.10. ... bewilligt CHF 3,1 Mio. für Vorprojekte für ein besseres Schienennetz, um den Schienennahverkehr zu stärken.

... spricht CHF 10 Mio. für eine neue Turnhalle für das *Gymnasium Liestal*. Allerdings gibt die Vergabevorschrift zu reden und könnte auch zu einem Konflikt mit der *Eidgenössischen Wettbewerbskommission* führen: Mindestens die Hälfte aller Aufträge soll von regionalen Handwerkern ausgeführt werden.

... bestimmt nun, nach dem Regierungsrat, ebenfalls, dass der Kanton keine Anreize für Gemeindefusionen schaffen sollte. Vor allem der neue Finanzausgleich würde ein Überleben der kleinen Gemeinden ermöglichen. Anstösse für Zusammenschlüsse müssen von den Gemeinden selbst herkommen.

26.10. ... nimmt ein Postulat von Landrat *Klaus Kirchmayer (Grüne Baselland)* entgegen, welches verlangt, dem Rhein vor dem *Kraftwerk Birsfelden* 300'000 m^3 Kies zu entnehmen – das entspricht einer Vertiefung um 80 cm –, um einen Mehrwert an Strom zu gewinnen, der etwa dem Verbrauch einer Gemeinde wie Oberwil entspricht.

29.10. ... beerdigt das Fiasko um das *9. Stadion* anlässlich der Euro 2008 in Bubendorf, wo viel weniger Zuschauer als erwartet gekommen waren, mit klaren Voten gegenüber den handelnden Verantwortlichen, nun endgültig.

... nimmt den jährlichen Fluglärmbericht bei 9 Enthaltungen zur Kenntnis. Ein Postulat von *Madeleine Göschke* zur zeitlichen Einschränkung der Frachtflüge scheiterte mit 38:31 Stimmen.

... goutiert die Verschiebung der Einführung des Frühfranzösischen nicht. Die Regierung hatte aus Finanzgründen eine Verschiebung verfügt. Es wird baldige Klarheit in dieser Angelegenheit gefordert.

... führt das Rauchverbot in öffentlichen Räumen, das ursprünglich auf den Januar 2011 vorgesehen war, nun bereits am 1. Mai 2010 ein, weil der Bund seinerseits auf dieses Datum das neue Gesetz in Kraft treten lässt.

... entscheidet mit 30:40 Stimmen, dass ausländische Millionäre weiterhin mit einer Pauschalbesteuerung rechnen können.

10.11. ... nimmt eine dringliche Motion der 3 Landratsfraktionen CVP, FDP und SVP für die Ausarbeitung eines Kulturleitbildes entgegen. Damit ist klar, dass sie das neue Kulturgesetz, das zur Abstimmung bereitsteht, ablehnen werden. Nun gehen offenbar die Ansichten darüber, was Kultur denn überhaupt sei, weit auseinander. Daher scheint es sinnvoll, diesen Begriff in Bezug auf eine finanzielle Unterstützung genauer zu definieren. Vor allem der SVP sind die wachsenden Unterstützungsbeiträge an Basel-Stadt ein Dorn im Auge.

12.11. ... spricht CHF 50 Mio. Franken, verteilt auf die nächsten 10 Jahre, für die Unterstützung bei energieeffizienten Gebäudesanierungen.

... weist das neue Kulturgesetz an den Regierungsrat zurück mit dem Auftrag, es nochmals zu überarbeiten.

... belässt die Zahl der Schüler pro Klasse nach heftiger Kontroverse und letztlich mit dem Stichentscheid des Präsidenten beim Alten. Gefordert worden war eine Reduzierung der Klassengrössen.

26.11. ... spricht sich in Sachen Deponiensanierung in Muttenz gegen die Initiative der *Grünen* aus, welche die ganze Sanierung von der Chemie bezahlt haben will. Der Rat wünscht sich aber eine grosszügige Beteiligung an der Sanierung und Überwachung.

... bewilligt mit 49:27 Stimmen den Kredit für den *Grabenring-Kreisel* in Allschwil, trotz gewichtiger Einwände der *Grünen* und der SP, was die Sicherheit der Radfahrer anbelangt. Man wolle mit einer weiteren Verzögerung nicht die Bundesbeiträge verspielen.

10.12. ... geht nach heissen Diskussionen auf das Budget ein, ein Rückweisungsantrag der *Grünen* und der SVP wird mit 32:55 Stimmen abgelehnt. Das Budget wird also tiefrot enden, das Minus wird um die CHF 120 Mio. betragen. Es wurde mit einigen Abänderungen genehmigt.

Der Kanton wird einen Eigenkapitalzuschuss von CHF 95 Mio. leisten, so dass das Budget letztlich auf dem Papier etwa CHF 25 Mio. beträgt.

... verabschiedet mit 65:17 Stimmen das revidierte Gastgewerbegesetz. Da die Vierfünftelsmehrheit knapp verpasst wurde, kommt die Vorlage vor das Volk.

... nimmt eine Interpellation von *Hans-Jürgen Ringgenberg* (SVP) betreffend die Bekämpfung des Hooliganismus mit einem Schnellrichter als prüfenswert entgegen.

... lehnt zwar den Beitrag von CHF 250'000 an den *Jurapark* nicht ab, macht ihn aber von der Genehmigung des Parks durch den Bund abhängig. Da der vorgesehene Park nicht an einem Stück vorgesehen ist (Diegten hat sich ausgeklinkt), besteht jedoch nur wenig Hoffnung auf ein Bundes-Ja.

Abstimmungen

08.02. Kantonale Resultate zu den eidgenössischen Vorlagen:
Stimmbeteiligung: 50%

Personenfreizügigkeitsabkommen Schweiz–EU
58'603 Ja   34'042 Nein   angenommen
                            CH: 59,6% Ja

17.05. Kantonale Resultate zu den eidgenössischen Vorlagen:
Stimmbeteiligung: 42%

Zukunft mit Komplementärmedizin
53'594 Ja   25'885 Nein   angenommen
                            CH: 56% Ja

Biometrische Pässe und Reisedokumente
39'447 Ja   39'581 Nein   abgelehnt
                            CH: 50,1% Ja

Resultate zu den kantonalen Vorlagen:

Einführungsgesetz zur Schweizerischen Strafprozessordnung (EG StPO)
54'057 Ja   17'033 Nein   angenommen

Änderung der Kantonsverfassung (Umsetzung der CH-Strafprozessordnung)
53'919 Ja   16'806 Nein   angenommen

Gesetzesinitiative zum Schutz vor Passivrauchen
52'070 Ja   28'301 Nein   angenommen

27.09. Kantonale Resultate zu den eidgenössischen Vorlagen:
Stimmbeteiligung: 37%

Zusatzfinanzierung der IV durch Anhebung der Mehrwertsteuersätze
40'583 Ja   30'350 Nein   angenommen
                            CH: 54,6% Ja

Abschaffung der allgemeinen Volksinitiative
48'766 Ja   18'998 Nein   abgelehnt
                            CH: 67,9% Ja

Resultate zu den kantonalen Vorlagen:

Erbschafts- und Schenkungssteuergesetz
56'803 Ja   11'967 Nein   angenommen

Unternehmenssteuerreform II
50'711 Ja   16'214 Nein   angenommen

29.11. Kantonale Resultate zu den eidgenössischen Vorlagen:
Stimmbeteiligung: 51%

Aufgaben im Luftverkehr Schaffung einer Spezialfinanzierung
58'328 Ja   30'170 Nein   angenommen
                            CH: 65% Ja

Volksinitiative «Für ein Verbot von Kriegsmaterial-Exporten»
31'896 Ja   61'428 Nein   abgelehnt
                            CH: 68,2% Nein

Volksinitiative «Gegen den Bau von Minaretten»
56'789 Ja   38'095 Nein   angenommen
CH: 57,5% Ja

Resultate zu den kantonalen Vorlagen:

Beitritt zum Konkordat gegen Gewalt anlässlich von Sportveranstaltungen
83'072 Ja   6528 Nein   angenommen

Änderung des Polizeigesetzes
79'591 Ja   8432 Nein   angenommen

Jubilarinnen und Jubilare

05.01. Känerkinden begeht in diesem Jahr den 650. Geburtstag und wird mit verschiedenen Anlässen das Jubeljahr feiern. Höhepunkt soll im Oktober die Einweihung der neuen Mehrzweckhalle sein.

09.01. Der *FC Gelterkinden* und der *SV Sissach* wurden vor genau 100 Jahren gegründet, darum wird in diesem Jahr fröhlich und intensiv gefestet.

20.01. In Bottmingen feiern *Marie* und *Max Rutz-Moser* diamantene Hochzeit.

21.01. *Hans Freivogel* feiert in Lausen bei guter Gesundheit seinen 100. Geburtstag. Er ist das letzte noch lebende Gründungsmitglied des *Turnvereins Itingen*, der 1928 gegründet wurde.

24.01. In Birsfelden feiern heute *Josy* und *Moritz Henseler-Schwerzmann* diamantene Hochzeit.

01.02. Ihren 100. Geburtstag feiert *Marie Wirz-Schaub* in Thürnen.

02.02. Seinen 101. Geburtstag feiert *Eiso Bergsma* in Arlesheim.

11.02. In Arlesheim feiern *Pia* und *Hans Gisin-Kull* diamantene Hochzeit.

12.02. Bei guter Gesundheit kann heute *Marie Weder-Furler* in Lausen ihren 101. Geburtstag feiern.

17.02. In Reinach feiern *Hedy* und *Walter Wohlgemuth-Wiggli* eiserne Hochzeit.

17.02. *Elsa Wagner-Scholer* feiert in Pratteln heute ihren 101. Geburtstag. Sie macht noch immer selbstständig ihren eigenen Haushalt.

10.03. 1859 wurde der *Liestaler Turnverein* gegründet. Mit vielen Höhen und Tiefen schlängelte sich das Vereinsschiffchen durch diese lange Zeit und bietet noch heute in erster Linie dem Breitensport eine Basis. Das 150-Jahr-Jubiläum wird mit verschiedenen Aktivitäten gefeiert. Dass der Verein dieses hohe Alter erreichen konnte, ist nicht so selbstverständlich, gibt es doch in Liestal sehr viele verschiedene Angebote der sportlichen Freizeitgestaltung.

13.03. Frau *Rosa Brodmann-Stäger* feiert in ihrem Heim in Oberwil ihren 100. Geburtstag.

15.03. In Reinach feiert *Herbert Lindlar-Wilson* bei bester Gesundheit seinen 100. Geburtstag.

23.03. In Allschwil feiern *Rosa* und *Fritz Tschan-Wagner* eiserne Hochzeit.

07.04. In Rothenfluh feiern *Annarös* und *Max Gass-Bussinger* diamantene Hochzeit.

09.04. In Pratteln feiern *Elsa Johanna* und *Louis August Stocker-Kym* in beider 90. Lebensjahr eiserne Hochzeit. Beide leben noch immer in ihrem eigenen Haushalt.

09.04. In Rothenfluh feiern *Marie* und *Paul Buess-Gass* ihren diamantenen Hochzeitstag.

10.04. Dass heute in den Wäldern zurückhaltender geschossen und auch aktiv Naturschutz betrieben wird, ist dem vor 100 Jahren gegründeten *Jagdschutzverein Baselland* zu verdanken. In seinem zweiten Jahrhundert wird sich der Verein neu *Jagd Baselland* nennen.

14.04. Im Altersheim zum Park in Muttenz feiert *Frau Alice Roffler* ihren 105. Geburtstag. Sie ist noch unternehmungslustig und hat den Journalisten, die sie zu ihrem Jubeltag besuchten, die Artikel in bestem Standarddeutsch diktiert.

23.04. *Olmina* und *Dario Dusci-Zamboni* haben vor 60 Jahren in Italien geheiratet. Seit 1961 wohnen sie in Muttenz, wo sie damit diamantene Hochzeit feiern.

24.04. In Frenkendorf feiert *Maria Tomasi-Lang* ihren 100. Geburtstag.

07.05. In diesem Monat wird das *Kunsthaus Palazzo* in Liestal 30 Jahre alt. Gefeiert wird mit einem Film, einer Ausstellung und einem Konzert mit den *Reines Prochaines*.

26.05. In Laufen feiert heute im *Alters- und Pflegeheim Rosengarten* Hilda Regenass-Lüthi ihren 100. Geburtstag.

27.05. *Walter Gysin* aus Birsfelden, zurzeit im *Bruderholzspital*, feiert seinen 100. Geburtstag.

04.06. Der *Gewerbeverein Sissach* feiert sein 125-jähriges Bestehen. Anlass zur Gründung war damals ein Streit um die Vergabe von öffentlichen Aufträgen sowie eine Vereinheitlichung der Arbeits- und Ladenöffnungszeiten. Dem Verband gehören 190 Mitglieder an. Als Jubiläumsgabe an die Bevölkerung gibt es eine neue Weihnachtsbeleuchtung.

07.06. Der neu fusionierte *Musikverein beider Basel* weihte in Rünenberg seine neue Fahne ein. Dazu spielten 35 Musikvereine zum 100. Geburtstag der Brass Band des *Musikvereins Rünenberg*. Es wurde wettkampfmässig musiziert, was vor allem zu vielen beliebten Melodien Anlass gab.

11.06. In Gelterkinden feiern heute *Jacqueline* und *Renatus Kälin-Müller* diamantene Hochzeit.

01.07. In Ormalingen feiern *Dolly* und *Hans Bächtold-Laesser* eiserne Hochzeit.

01.07. *Martha Spinnler* aus Bubendorf feiert im *Altersheim Brunnmatt* in Liestal ihren 100. Geburtstag.

11.07. Die alljährlich in Muttenz stattfindende Veranstaltung «Jazz uf em Platz» feiert das 25-Jahr-Jubiläum. Bei bestem Wetter liessen sich gegen 4000 Menschen für Jazz begeistern. 6 Bands spielten auf 2 Plätzen während 8 Stunden fast lückenlos auf. Veranstalter sind der *Turnverein Muttenz* und die *Guggenmusik Schänzlifäger*.

11.07. Das Ehepaar *Margrit* und *Max Utiger-Gysin* feiert in Sissach diamantene Hochzeit.

15.07. In Reinach feiern *Gertrud* und *Rudolf Stettler-Moll* diamantene Hochzeit.

16.07. *Margreth* und *Hans Buess-Blättler* feiern in Gelterkinden diamantene Hochzeit.

03.08. Die *Schweizer Rheinsalinen* mit Sitz in Schweizerhalle bei Pratteln/Muttenz feiern ihren 100. Geburtstag. Beschäftigt werden 150 Mitarbeiter. Alle Kantone ausser der Waadt, die eigenes Salz hat, sind an den Salinen entlang dem Rhein bis nach Möhlin beteiligt. Die Salzgewinnung selbst wird in der Schweizerhalle seit 1837 betrieben. 2008 wurden insgesamt 396'115 t Salz umgesetzt.

08.08. In Pratteln feiern *Erna* und *Ruedi Harisberger-Surbeck* im *Alters- und Pflegeheim Madle* diamantene Hochzeit.

14.08. 1934 fuhr erstmals ein Tram, damals noch die Linie 7, heute ist es die 2, durch die Hauptstrasse in Binningen. Das wird natürlich gebührend gefeiert. Allerdings war der Ort bereits seit 1887 durch die *Birsigtalbahn* erschlossen, aber den Bewohnern passte die Streckenführung nicht. Darum wollten sie unbedingt eine Linie direkt durch das Dorf. Die *Birsigtalbahn* wehrte sich lange erfolgreich gegen solche Pläne. Erst der Bau der Dorenbachbrücke öffnete das Tor zum Entscheid für eine Lösung im Sinne der Anrainer.

14.08. Die ersten 3 Hochhäuser im Kanton Basel-Landschaft wurden vor 50 Jahren in Birsfelden gebaut. Sie haben 15 Stockwerke. Eine 5-Zimmer-Wohnung kostete damals CHF 310 bis 340. Nun wird jubiliert. Für die Mieter, die seit Anbeginn in den Häusern wohnen, erfolgt eine spezielle Ehrung.

26.08. *Gertrud* und *Jakob Mohler-Mohler* feiern in Thürnen diamantene Hochzeit.

02.09. In Birsfelden feiern *Gertrud Charlotte* und *Heinrich Ehrsam-Pohl* mit ihrem 70. Hochzeitstag das seltene Fest der Gnadenhochzeit. Beide Ehegatten sind noch bei guter Gesundheit.

03.09. Die *Musikschule Reinach* wurde vor 40 Jahren gegründet. Natürlich wird gefeiert, und zwar mit einem musikalischen Märchen und einem Konzert.

10.09. *Hedi* und *Max Winkler-Hersberger* in Tenniken feiern diamantene Hochzeit bei guter Gesundheit.

18.09. *Martha Christen-Ritty* feiert ihren 100. Geburtstag im *Alterszentrum Bachgraben* in Allschwil.

26.09. In Oberwil feiern *Margrith* und *Hans Springmann-Looser* diamantene Hochzeit.

07.10. In Anwil feiern *Alice* und *Robert Fahrni* diamantene Hochzeit. Beide sind gesund und fröhlich.

08.10. *Anita* und *Ernst Bitterlin-Chiandetti* feiern in Rünenberg diamantene Hochzeit.

22.10. In Lampenberg feiern *Helene* und *Hermann Schwob-Beugger* diamantene Hochzeit.

28.10. In Biel-Benken feiern *Heidi* und *Karl Kleiber-Sacker* diamantene Hochzeit.

09.11. Nach gründlichem Recherchieren hat *Daniel Schaub* zum 100-Jahr-Jubiläum des *Sportvereins Sissach* ein interessantes Buch herausgegeben. 200 Abbildungen ergänzen den instruktiven Text.

12.11. Vor genau 20 Jahren stimmten 51,7% der Laufentaler für einen Beitritt zum Kanton Basel-Landschaft.

15.11. In Lauwil feiert *Adolf Gerber* seinen 100. Geburtstag.

17.11. Das Hoch hat der *Skiclub Langenbruck* zwar längst hinter sich, aber er lebt noch immer ziemlich aktiv. Früher gab es noch Skirennen und Springen von den Schanzen, heute werden noch, wenn denn Schnee liegt, der Skilift unterhalten und die *Langlaufloipe Bärenwil* bereitgestellt. Nun feiert man, mit zurzeit 50 Mitgliedern, den 100. Geburtstag. Ein grosses Geschenk wären jährliche Schneemengen, die wieder regelmässige Aktivitäten zuliessen.

19.11. Die *Säuli-Zunft*, man feiert ihr 40. Jahr, hat ein Buch herausgegeben, in dem Arlesheim im Laufe der letzten 100 Jahre in Bild und Text vorgestellt wird. Dabei ist ein herrliches Sammelsurium zusammengekommen, in dem man wunderbar schmökern kann.

01.12. Frau *Emma Glaser-Müller*, wohnhaft im *Pflegeheim Hofmatt* in Münchenstein, kann bei guter Gesundheit ihren 100. Geburtstag feiern.

06.12. Vor genau 40 Jahren haben die Stimmbürger der beiden Basel über die Wiedervereinigung abgestimmt. Während Basel-Stadt deutlich mit 66,5% für eine Vereinigung war, lehnte Baselland mit einer klaren Mehrheit (59,2%) ab.

19.12. *Gertrud Schmitz-Klaus* aus Oberwil feiert ihren 100. Geburtstag.

21.12. Anlässlich der «Landi», der *Schweizerischen Landesausstellung* von 1939 in Zürich, wurden die Gemeinden aufgefordert, ihre Wappen einzusenden. Da viele Baselbieter Gemeinden keine Wappen hatten, mussten neue geschaffen werden, was oft zu Früh- und Zangengeburten führte.

Totentafel

03.01. *Walter Scheibler*, protestantischer Pfarrer in Muttenz und Ormalingen, mit viel Humor, Verständnis für die Jungen und mit einer charismatischen Ausstrahlung beschenkt, verstarb in seinem 88. Lebensjahr in Muttenz.

07.01. Der aus Birsfelden stammende, in Riehen wohnende *Werner F. Vögelin*, Spitzenschnitzelbänkler *(Kaffimühli)*, Vorfasnachtspromotor und -darsteller (‹Stuubete› im *Tabourettli*) und Chansonnier (‹Martinsglöggli›) ist 64-jährig an einem Herzversagen verstorben.

10.01. Am 18. Dezember ist in Binningen *Barbara Fünfschilling* in ihrem 65. Lebensjahr verstorben. Sie war engagierte FDP-Politikerin, Sektionspräsidentin und von 1987 bis 2002 Landrätin, mit besonderen Kenntnissen in Gesundheits- und Bildungsfragen.

08.02. Kolumnist, Reporter, Schriftsteller, Journalist und Fotograf, all das vereinigte sich in *Walter F. Meyer*, der in Oberdorf wohnte. Er wurde 1931 geboren. Er war hauptberuflich als Grundbuchführer des Bezirks Waldenburg tätig, und im Nebenamt schrieb und fotografierte er für die *bz* und auch andere Zeitungen.

08.02. *Othmar Richterich*, geboren 1930, aus Laufen, verstarb im 79. Lebensjahr. Richterich, in Laufen und weit herum «Mohrenkopfkönig» genannt, war ein beliebter, engagierter Patron.

02.04. *Max Thommen*, geboren 1924, von Tecknau, Besitzer der Firma *Basis Watch M. Thommen*.

15.04. 1959 ist in Basel der Baselbieter Mundartdichter *Traugott Meyer* aus Wenslingen gestorben. In seinem wundervollen Baselbieter-‹Dütsch› hat er Gedichte, Geschichten und Romane geschrieben, darunter «Dr Gänneral Sutter» und «S'Tunälldorf». Meyer war Lehrer in Wenslingen, Muttenz und Basel. Er wurde 64 Jahre alt.

23.05. *Annemarie Maag-Büttner*, geboren 1940, wohnhaft gewesen in Liestal. *Annemarie Maag* war eine grossartige Scherenschnittkünstlerin und Mitglied des *Stadtrates Liestal*.

21.06. In Reinach verstarb in seinem 88. Lebensjahr *Max Otto Schreiber*. Als ehemaliger Fussballer wurde er Schiedsrichter in der Nationalliga A und war während 24 Jahren Mitglied des Vorstandes im *Nordwestschweizerischen Fussballverband*. Während 22 Jahren war er Vorsitzender der *Wettspielkommission*.

21.08. *Werner Sutter-Leixner* verstarb in Muttenz in seinem 87. Lebensjahr. *Sutter* ist unter anderem «Erfinder» des kleinen, relativ günstigen Reiheneinfamilienhauses, wie man sie heute zu Hunderten im Baselbiet sehen kann. Überbauungen mit diesen Häusern werden deshalb auch scherzhaft «Sutterville» genannt.

20.09. *Fritz Zweifel*, wohnhaft gewesen in Münchenstein, geboren 1933, verstarb nach langer Krankheit. *Zweifel* war während 30 Jahren im Gemeinderat, den er von 1972 bis 1998 mit grosser Umsicht und mit viel Fingerspitzengefühl für die Angestellten der Gemeinde präsidierte.

13.10. In Känerkinden verstarb *alt Gemeinderat und -präsident Andreas Zeller-Bader*. *Zeller* war während 24 Jahren im Gemeinderat, davon 10 Jahre als Präsident. Er verstarb im 69. Lebensjahr

04.11. In Liestal verstarb *Anton Neuenschwander-Cafliesch*, geboren 1924, Arzt, Präsident der *IV-Kommission*, während 12 Jahren im *Einwohnerrat Liestal*, den er 1983/84 präsidierte, Vorstand der *Ärztegesellschaft Baselland* und über 20 Jahre lang Mitglied der *Aufsichtskommission der Gymnasien Baselland*.

08.12. Der ehemalige *Basler Ständerat, Physikprofessor Gian Reto Plattner*, ist kurz vor seinem 70. Geburtstag verstorben. *Plattner* war als SP-Vertreter im Ständerat ein wichtiger Botschafter unserer Region, ausgestattet mit einem Charisma besonderer Güte. Er ging auf die Menschen zu und hat viel erreicht.

Preise und Ehrungen

11.02. *Ueli Lanz*, Präsident des *Natur- und Vogelschutzvereins Buus*, erhält den *Naturschutzpreis 2009* der *Pro Natura Baselland*.

10.03. Die *Elektra Baselland* gewinnt mit ihrer Solardachinitiative «100 jetzt» den *Marketingpreis des Branchenverbandes Swiss Marketing*. Anstelle der angestrebten 100 Solardächer wurden in kurzer Zeit 300 an den Mann gebracht, was unter dem Strich pro Jahr eine Öleinsparung von 40'000 l ergibt.

08.05. Die beiden Wenslinger *Peter Börlin* (77) und *Fritz Wirz* (79) erhalten für ihren seit vielen Jahrzehnten dauernden Einsatz für die Vogelwelt den *Wenslinger Naturschutzpreis*. Die beiden haben unter anderem ein Netz von 244 Nistkästen aufgebaut, das sie auch betreuen.

05.06. In einem weltweit beschickten Mathematikwettbewerb haben die Schüler der Klasse 2A des *Gymnasiums Liestal* am besten abgeschnitten.

25.06. Der *FC Röschenz*, gefolgt von den Fussballclubs aus Diegten-Eptingen, Binningen und Biel-Benken, gewann den *Fairnesspreis der Baselandschaftlichen Kantonalbank*. Er wurde für seine «Weisse Weste» ausgezeichnet und gewann damit einen schönen Geldpreis.

06.08. Für seine Finanzpolitik erhält der Kanton Basel-Landschaft von der *Rating-Agentur Standard&Poors* ein 3-faches A, was die Bestnote ist. Triple A weist auf Vertrauenswürdigkeit in Finanzdingen hin, was auch zu besseren Bedingungen bei einer Kreditaufnahme führt. Auch die *Kantonalbank* behielt ihr ausgezeichnetes AAA.

25.08. *Hansruedi Plattner*, seit 40 Jahren Revierförster in Münchenstein und Arlesheim, wurde mit dem mit CHF 50'000 dotierten *Walder-Preis* für sein lebenslanges Wirken ausgezeichnet.

31.08. Der Leiter der *Musikschule Aesch-Pfeffingen*, *Bernhard Stadelmann*, selbst Jazzpianist, bekam für seine Verdienste bei der Förderung des Jazz bei den Jugendlichen die *Goldene Nadel des Jazzvereins Aesch-Pfeffingen* (JAP).

18.09. Das *Freidorf*, eine grosse Siedlung im Nordwesten von Muttenz, erhält den Baselbieter Heimatschutzpreis. Die Siedlung wurde in den Jahren von 1920 bis 1924 erbaut und diente den Familien, die bei Coop arbeite(te)n, als günstiger Wohnraum mit Garten. Das *Freidorf* bietet 150 Einfamilienhäuser mit viel Umschwung an. Der Preis soll die Bewohner und Besitzer zur Erhaltung und Pflege der Überbauung animieren.

28.09. Das *Theater Basel*, mitgetragen auch von Baselland, gewann die Auszeichnung «Opernhaus des Jahres» im deutschsprachigen Raum.

29.09. Die 20 Jahre alte *Alzheimervereinigung beider Basel* verleiht den *Fokuspreis* an *Karl* und *Iris Junker* aus Basel für ihre Betreuungsarbeiten.

27.10. Der diesjährige *Sportpreis des Kantons Baselland* geht an den *VC Sm'Aesch Pfeffingen*, einen Frauenvolleyballverein, der zurzeit von der Spitze der Nationalliga A grüsst. Vor allem wurde die kontinuierliche Aufbauarbeit des Vereins gewürdigt.

31.10. Der Gemeinde Itingen wurde das Label «Energiestadt» verliehen. Die Itinger selbst sehen sich aber noch nicht am Ziel: Sie wollen weitere Fortschritte machen in Bezug auf Energieerzeugung und -sparen.

19.11. Die Firma *Lamello* aus Bubendorf, die Ideen mit Holz in Produkte umwandelt, gewann den *Unternehmerpreis Nordwestschweiz*.

Aus der Sportwelt

06.01. Die Baselbieter Bobpilotin *Sabina Hafner* gewann an den Schweizer Meisterschaften in St. Moritz Gold, *Andrea Baur* aus Ettingen wurde 3.

29.01. Die *ZSC Lions* aus Zürich gewannen völlig überraschend die *Europäische Eishockey-Klubmeisterschaft* gegen Metallurg Magnitogorsk. Mit dabei als Center der 4. Linie war auch der Baselbieter *Oliver Kamber*.

01.02. Der Zeglinger Biathlet *Mario Dolder* sorgt an der Junioren-WM in Canmore/Kanada für Furore: Über 7,5 km Sprint errang er die Bronzemedaille, über die 10 km Verfolgung erreichte er den 5. Platz.

23.03. Der Eishokeyaner *Patrick Sutter* aus Sissach beendet mit 38 Jahren seine Karriere. Er spielte zuletzt beim *EV Zug* in der Nationalliga A. Er bestritt 829 Partien auf höchstem Niveau und wurde 2 Mal Schweizer Meister mit Lugano und mit Zug. Dazu bestritt er 148 Länderspiele und wurde mit der Nationalmannschaft 2 Mal 4. an der WM.

23.03. Die Frauen des *Tischtennisclubs Rio Star Muttenz* steigen nach deutlichen Siegen in den Aufstiegsspielen in die Nationalliga A auf.

05.04. Der 18-jährige Zeglinger Biathlet *Mario Dolder* errang im Sprint der Junioren den Schweizer Meistertitel und in der Verfolgung den 2. Platz.

14.04. Ein Fussballer des *FC Münchenstein* (3. Liga) hat einen Schiedsrichter spitalreif geschlagen. Zur Strafe wird nun die ganze Mannschaft per sofort von der laufenden Meisterschaft ausgeschlossen und muss nächste Saison in der 4. Liga spielen.

20.05. Der Muttenzer *Fifa*-Schiedsrichter *Claudio Circhetta* leitet den Schweizerischen Cupfinal der Fussballer *Young Boys* gegen Sion.

22.05. *Adrian Karrer* aus Tecknau gelang die Titelverteidigung über 10'000 m an den Schweizer Leichtathletik-Meisterschaften. Da er noch der Kategorie U23 angehört, gewann er im gleichen Rennen auch diesen Titel.

24.05. Der *Tischtennisverein Rio Star* aus Muttenz wurde mit einem deutlichen Finalsieg gegen Meyrin zum 5. Mal in Folge Schweizer Mannschaftsmeister.

24.05. Etwa 1100 Teilnehmer und Teilnehmerinnen zeigten an den *30. Kantonalen Turn-Meisterschaften* im Vereinswettkampf trotz starker Hitze grossartige Vorführungen. 171 Vereine haben am Fest teilgenommen.

07.06. Mit dem Sieg in *Roland Garros* (Paris) vervollkommnet Tennisspieler *Roger Federer* den Titelreigen an den so genannten *Grand Slam*-Turnieren. Bisher hatte er in Paris noch nie gewinnen können. Er kommt so auf 14 *Grand Slam*-Siege, was die Einstellung des Rekordes des Amerikaners *Pete Sampras* bedeutet.

07.06. 2400 Jugendliche trafen sich in Bubendorf zum *Kantonalen Jugendturnfest*. Gezeigt wurden spielerische Elemente des Kinderturnens, Einzelwettbewerbe sowie ein 3-teiliger Vereinswettkampf. Der Wettkampf stand unter dem Jubiläum des *Damenturnvereins Bubendorf*, der seinen 75. Geburtstag feierte.

07.06. An den *Schweizerischen Juniorenmeisterschaften der Kunstturner* gewann *Jannick Brunner* vom *TV Lupsingen* im Mehrkampf Silber, am Pferdpauschen und am Reck gewann er Gold und an den Ringen und am Barren holte er Silber. – An den *Schweizer Meisterschaften im Trampolinspringen* gewannen die in Liestal trainierenden Athleten und Athletinnen 5 Gold-, 2 Silber- und 1 Bronzemedaille.

18.06. Im *Stacking* – einer Trendsportart, in der eine bestimmte Anzahl Becher in einer klar vorgegebenen Reihenfolge aufeinandergeschichtet werden – erzielte der 4-jährige *Mael Wieland* aus Oberwil einen neuen Weltrekord in der Kinderkategorie.

21.06. Viele Zuschauer, 1800 Aktive und 400 Helfer trugen dazu bei, dass das Regionalturnfest – der 1. sportliche Grossanlass seit 60 Jahren – für Wenslingen zu einem wunderbaren Fest wurde. Sportliche Sieger wurden Oltingen und Buus.

26.06. *Micha Eglin* aus Sissach holte an den Schweizer Meisterschaften der Radfahrer der Kategorie U19 die Goldmedaille und qualifizierte sich damit für die Weltmeisterschaften in Moskau.

05.07. 1. ist *Roger Federer* wieder die Nr. 1 in der Tennis-Weltrangliste, 2. gewann er zum 6. Mal die *All England Championships* in Wimbledon und 3. weist er nun als Rekordträger 15 *Grand Slam*-Titel auf.

05.07. 5600 Schiessfreunde jagten ihre Kugeln beim *Kantonalen Schützenfest* in Liestal in den Sichtern-Fang. Das Fest dauerte 3 Wochen und war ein sportlicher und gesellschaftlicher Erfolg.

19.07. *Alex Frei*, Baselbieter Fussballprofi aus Biel-Benken, treffsicherer Stürmer bei Rennes (Frankreich) und bei *Borussia Dortmund* (Deutschland), kehrt zum *FC Basel* zurück, wo er einst seine ersten grösseren Schritte gemacht hatte. Der 30-jährige Frei ist auch Rekordschütze der Schweizer Nationalmannschaft.

01.08. Im nächsten Jahr wird die *Tour de Suisse* in Liestal zu Ende gehen. Am 20. Juni 2010 wird die Schlussetappe, ein Einzelzeitfahren, von Liestal nach Basel und zurück führen. Die zweitletzte Etappe wird nach einer grossen Schlaufe durch die Umgebung in Liestal enden. Um diese Etappe hatten sich mehrere Orte beworben, Liestal ging als Siegerin hervor.

20.08. Der Pratteler *Fabian Hertner* gewann an den *Orientierungslauf-Weltmeisterschaften* in Ungarn im Sprint die Silbermedaille. Der Lauf war 3,15 km lang und fand zu einem grossen Teil in einem Zoo statt.

23.08. Seilziehen, Steinheben und Steinstossen waren die Disziplinen der jeweiligen Kantonalen Meisterschaften in Rothenfluh.

30.08. Beim *Bike Challenge* in Muttenz nahmen nicht ganz 500 Bikefahrer unterschiedlich lange Strecken in Angriff. Die längste Strecke führte durch alle Baselbieter Gemeinden und endete nach 260 km in Muttenz. Der Haupthartst legte Strecken zwischen 50 und 100 km zurück.

06.09. *Roman Gisi* gewann an den *Schweizerischen Kunstturnmeisterschaften* 2 Silber- und 3 Bronzemedaillen. Er gewann erstmals, nebst Spitzenplätzen in den Einzeldisziplinen, eine Bronzemedaille im Mehrkampf. Die Steinstösser gewannen in Wangen SZ an den Schweizer Meisterschaften 1 Mal Gold und 3 Mal Silber. Bei den Nachwuchs-Leichtathleten gelangen bei den Schweizer Meisterschaften in Riehen und Lugano den Baselbietern mehrere Medaillengewinne mit zum Teil sehr guten Leistungen.

13.10. Die *Schweizer Fussball-Nationalmannschaft* mit den 4 Baselbietern *Marco Streller*, *Benjamin Huggel*, *Alexander Frei* und *Hakan Yakin* werden im Sommer 2010 in Südafrika um die Weltmeisterschaft kämpfen. Sie qualifizierten sich unter anderen gegen so starke Teams wie Israel und Griechenland.

05.11. Der 71-jährige *Hans Meli* aus Lausen beendet mit dem diesjährigen *Augusta-Raurica-Lauf* seine Läuferkarriere nach 50 Jahren erfolgreichem Wettkampfsport. *Meli* absolvierte in dieser Zeit über 800 Läufe in verschiedenen Kategorien inklusive Waffenläufe und Mannschafts-Orientierungsläufe. Dabei ging er manches Mal als Sieger von der Strecke.

15.11. Vor 64'000 Zuschauern gewannen die Schweizer Jünglinge in Nigeria gegen den Gastgeber das Finalspiel um die Fussball-Weltmeisterschaft der unter 17-Jährigen mit 1:0. 5 der jungen Spieler gehören zum *FC Basel*, einige von ihnen haben sich ihre ersten Sporen in Baselbieter Vereinen abverdient.

26.11. Die *Beachsoccer-Nationalmannschaft* (Sandfussball) mit dem Liestaler *Samuel Lutz* wurde Vizeweltmeister. Man verlor den Final gegen Brasilien mit 5:10.

Alby Schefer

Chronik 2010

Januar 2010

1. Nordwestschweiz
Turbulentes Dezemberwetter

Der Dezember überraschte vor allem mit 2 Temperatursprüngen von fast 30 °C innert kürzester Zeit. So stieg das Thermometer um den 20. Dezember herum innert 2 Tagen von −16 auf milde +11,9 °C an. Niederschläge gab es mit 113 l etwas mehr als im langjährigen Mittel. Es gab auch einiges an Schnee, der in grösseren Höhen länger hielt. Die Sonne hingegen hatte sich versteckt – sie schien nur während 30 Std., was 20 Std. unter dem Durchschnitt liegt.

Böckten
Neujahrslesung

Wie seit mehreren Jahren schon las *Charles Brauer*, der *TV-Kommissar Brockmöller*, an Neujahr den gespannten Zuhörern vor. Er wählte diesmal *Theodor Storms* «Schimmelreiter».

5. Oberer Hauenstein
Zuglinie im Buch

Der in den Jahren 1853 bis 1858 gebauten «Bergstrecke» der Eisenbahn zwischen Sissach und Olten wird noch heute Respekt gezollt. Die Erstellung der Bahnstrecke, die heute vom ‹Läufelfingerli› durchfahren wird, galt damals als herausragende Leistung, sowohl in technischer als auch in organisatorischer Hinsicht. Jahrzehntelang war diese Strecke die wichtigste im Nord-Süd-Verkehr. Sie schloss das Schweizer Mittelland an das europäische Schienennetz an. Jetzt ist dazu ein Buch erschienen unter dem Titel: «Die obere Hauensteinlinie – Bahnbauten seit 1853». Das Buch würdigt auf 150 Seiten die technische und architektonische Leistung der Erbauer.

6. Baselbiet
Sekundarschulkreise nach Wunsch der Gemeinden

Die Straffung der Anzahl der Sekundarschulkreise hat an vielen Orten grosse Diskussionen ausgelöst. Die Gemeinden Zwingen, Münchenstein, Arlesheim, Reigoldswil und Bubendorf haben sich nun mit ihren Anliegen gegen die regierungsrätlichen Erlasse durchgesetzt – zum Wohle ihrer Schüler.

7. Region Basel
Borkenkäfer im Rückzug

Für die nach dem vor 10 Jahren verheerenden *Lothar*-Sturm in riesiger Masse von Borkenkäfern befallenen Bäume ist Entspannung eingekehrt. Die Zahl der Käfer hat deutlich abgenommen, und die Bäume sind mittlerweile wieder gesund genug, sie mit Harzbildung selbst abzuwehren.

8. Liestal
Gym Liestal: sofortige Sanierung

Die wegen Schadstoffen nötige Teilsanierung des *Gymnasiums Liestal* muss so schnell als möglich ausgeführt werden. Dies verlangt eine neue Bundesrichtlinie. Zugleich wird das Hauptgebäude erdbebensicherer gemacht. Dazu sind CHF 5,1 Mio. nötig.

Laufen
Aufrüstung im Spital

Das *Spital Laufen*, immer noch in der Debatte um seine Zukunft, rüstet mit einem Computertomographen auf und hofft damit, den Standort längerfristig halten zu können.

9. Pratteln
Nun auch noch Tannenbaum-Werfen

Immer mehr neuartige Gebräuche werden eingeführt, die keine historischen Wurzeln in der Region haben. Nun hat ein schwedisches Möbelhaus in Pratteln den Weihnachtsbaum-Weitwurf organisiert, der regen Zuspruch fand. Nach *Halloween* also nochmals ein nicht bei uns verankerter Brauch.

11. Kanton Basel-Landschaft Wasserpreise steigen	Nebst vielen anderen Preisen, die von den Gemeinden verrechnet werden, steigen auch die Wasserpreise kontinuierlich an. Hauptgrund dafür sind vor allem die Abwasserreinigungskosten und die alten Leitungsnetze. Alte Leitungen führen oft zu grossem Wasserverlust, in einigen Gemeinden um bis zu 40%.	
Lausen Rechnen mit Zahnrädern	Im *Ortsmuseum Lausen* werden alte Rechenmaschinen ausgestellt. Sie sind allesamt grösser als unsere heutigen Taschenrechner, viele Zahnräder bewegen sich, und hoppla – schon ist das Resultat sichtbar. Diese wunderbare Ausstellung ist bis in den Herbst des Jahres 2010 hinein zu sehen.	
Liestal/Sissach/Laufen Neue Tanklöschfahrzeuge	Die 3 Feuerwehrkommandanten aus Sissach, Laufen und Liestal konnten sich freuen: Der *Direktor der Gebäudeversicherung Baselland* übergab ihnen gratis und franko je ein nigelnagelneues Tanklöschfahrzeug.	
12. Nordwestschweiz Weiterhin nur bis Tecknau	Der Wunsch vieler Bahnbenutzer ist es schon lange, dass der *Tarifverbund Nordwestschweiz* die Gültigkeit des U-Abos über Tecknau hinaus bis nach Olten ausweitet. Da dies aber den Kanton Basel-Landschaft pro Jahr etwa CHF 10 Mio. kosten würde, hat die Regierung dieses Ansinnen abgelehnt.	
Basel/Liestal Wiedervereinigung von Basel-Stadt und Baselland?	CVP-*Landrätin Elisabeth Schneider* hat ein Postulat eingereicht, in dem die beiden Halbkantone eine Art Simulation eines künftigen Kantons Basel durchspielen, mit dem Ziel, eine Wiedervereinigung zu ermöglichen und umfassend alle Seiten eines Zusammengehens aufzuzeigen. SVP und FDP wehren sich heftigst gegen diesen Vorstoss.	
14. Basel/Liestal Schulen wollen mehr Kulturgeld	Die Kultur soll zuerst im eigenen Kanton gefördert werden, fanden die Kritiker der recht happigen Beiträge an die Stadt Basel. Sie meinen damit auch die Kulturförderung an den Baselbieter Schulen. So werden die Ansprüche, allen voran des *Gymnasiums Oberwil*, das immer wieder halbprofessionelle Theaterprojekte einstudiert, immer lauter. Der Verteiltopf soll um grössere Beiträge aufgestockt werden.	
Liestal Kantonsgeschichte online	Die Geschichte des Kantons ist nun online. Das mit einem riesigen Aufwand erstellte Geschichtswerk in 6 Bänden wird nicht neu aufgelegt, sondern online gestellt, obwohl diese Variante um einiges teurer ist als eine weitere Auflage der Bücher (www.geschichte.bl.ch).	
16. Hölstein Renoviertes Schulhaus eingeweiht	Das für CHF 1,4 Mio. renovierte und umgebaute *Schulhaus Holde*, das bereits 100 Jahre auf dem Buckel hat, ist festlich eingeweiht worden. Unter anderem sind Brandschutztüren und isolierende Wände eingebaut worden, das Haus wurde auch behindertengerecht saniert. Eine rundum grossartige Sache, fanden alle Betroffenen und am Bau Beteiligten.	
18. Liestal/Basel Streit um Parkregime	Die Stadt Basel hebt die Gratisparkplätze auf. Die Baselbieter Politiker befürchten nun eine Invasion von Parkplatzsuchenden auf dem Land und wollen diesem Szenario einen Riegel schieben. Auch seien die Baselbieter Handwerker, die in der Stadt Arbeiten ausführen, benachteiligt. Federführend im Protest ist die *Wirtschaftskammer Baselland* – aber auch der *Gewerbeverband Basel-Stadt* hat das Referendum gegen den Grossratsentscheid ergriffen.	
Füllinsdorf Baubeginn am H2-Tunnel	Da keine Beschwerden mehr drohen, konnte man endlich mit dem Bau des H2-Tunnels in Füllinsdorf beginnen. Der symbolische Spatenstich ist erfolgt, so dass die geplante Eröffnung der H2 auf Ende 2013 stattfinden dürfte.	

23.	Maisprach Dorfplatz mit Bäumen	Nachdem die Umgestaltung des *Dorfplatzes Maisprach* vor einigen Jahren abgelehnt wurde, hat die Gemeindeversammlung nun einem Kredit von CHF 350'000 zugestimmt, womit die Sanierung und Umgestaltung des Platzes ermöglicht wird. Umstritten war letztlich nur noch, ob Bäume einige Parkplätze kosten sollen. Sie sollen.
	Binningen Häuserzeile am Tram kommt weg	Damit das 10er-Tram künftig auf ganzer Länge 2-spurig geführt werden kann, werden in Binningen nun diverse Liegenschaften abgerissen, die diesem Vorhaben im Wege stehen. Der bis jetzt einspurige Schienenbereich ist 350 m lang. Nach dem Ausbau soll dann alle 7,5 min ein Tram fahren können.
27.	Liestal Toluol ausgelaufen	Bei der Liestaler Firma *Drug'On Pharma Switzerland* sind 800 l des Lösungsmittels Toluol, einer hochexplosiven Chemikalie, ausgelaufen. Die bereits angedachten, grossräumigen Evakuierungen mussten aber nicht vollzogen werden, da die Rückhaltebecken der Firma die gesamte Menge auffangen konnten.
28.	Läufelfingen Kredit für Werkhof bewilligt	Die Gemeindeversammlung von Läufelfingen bewilligte CHF 750'000 für den Bau eines neuen Werkhofs.
29.	Hölstein Textilladen schliesst	Nach 35 Jahren schloss *Nelly Schäublin* ihr bekanntes Textilgeschäft in Hölstein. Da gab es alles zu kaufen, vom Knopf, Reissverschluss, BH, Unterhosen, Blusen und was alles sonst noch unter den Bereich Mercerie und Kleidung fällt. Damit ist wieder ein Stück Nostalgie verloren, war doch diese Art von Läden früher in fast jedem Dorf anzutreffen.

Februar 2010

1.	Aesch *Mepha* wird verkauft	Sofern das Kartellamt zustimmt, wird die zur *Merckle-Gruppe* gehörende Generika-Herstellerfirma *Mepha* mit Sitz in Aesch für CHF 622 Mio. an den US-Konzern *Cephalon* verkauft.
4.	Liestal Bildungsbericht	Der *Bildungsbericht 2010 Schweiz* bescheinigt dem Kanton Basel-Landschaft, dass er gut aufgestellt ist in Bezug auf die anstehenden grossen Umwälzungen im Bildungsbereich (*HarmoS*, Sonderschulpädagogik, Weiterbildung und Fachmittelschulen ...). In der integrativen Pädagogik besteht allerdings noch grosser Nachholbedarf.
	Region Basel Zu kalter Januar 2010	Der Januar war um 3,6 °C zu kalt, verglichen mit dem langjährigen Mittel, ja er war sogar der kälteste seit Messbeginn. Die Durchschnittstemperatur 2010 betrug −2,4 °C anstelle von 1,2 °C im Schnitt. Es gab 15 Eistage (unter 0 °C). Es gab zu wenig Sonnenstunden (46 Std., Schnitt 51 Std.), und die Niederschläge fielen nicht in gewohnter Menge, es gab nur 43 l (anstatt 66 l im Schnitt).
	Kanton Basel-Landschaft Pauschalbesteuerung soll fallen	Mit einer kantonalen Volksinitiative will die SP Baselland den Reichen, die nur eine Pauschalsteuer bezahlen, an den Kragen. Von 7 privilegierten Ausländern, die pauschal besteuert werden, seien bis jetzt jährlich je etwa CHF 50'000 in die Staatskasse geflossen. Angst, dass man die Reichen mit einer Steuergesetzänderung verjagen würde, hat man nicht; wenn nur einer bleibe und normal Steuern bezahle, komme so viel Geld in die Kasse, wie wenn die Pauschalbesteuerung weitergeführt würde.

5. Liestal Regierung in Offsidefalle geraten		Bei der Vergabe des Turnhallenbaus am *Gym Liestal* (Volumen CHF 10 Mio.) wollte die Regierung dem heimischen Gewerbe mindestens die Hälfte der Aufträge zuschanzen. Der Landrat nickte das Vorhaben ab. Nun hat aber die *Wettbewerbskommission* mit einer Klage gedroht, was zu einem Umdenken in der Regierung führte.
Baselbiet Gewässerschutz		Der Pikettdienst des *Gewässerschutzes* musste im Jahr 2009 180-mal ausrücken. In 140 Fällen konnten die Schadenfälle vor Ort gelöst werden. In 25 Fällen musste Erdreich ausgehoben werden, 15-mal musste die Ölwehr ausrücken, und bei 3 Vorkommnissen gab es jeweils ein grösseres Fischsterben.
8. Region Basel *Basler Zeitung (BaZ)* mit neuem Verleger		Bei der neben der *Basellandschaftlichen Zeitung (bz)* wichtigsten Zeitung unserer Region findet ein Verlegerwechsel statt: Der Tessiner Financier *Tito Tettamanti* und der Basler Anwalt *Martin Wagner* haben die Aktien der *Basler Zeitung Medien AG* vollständig aufgekauft. Verkäufer sind der bisherige Verleger *Matthias Hagemann* und die *Publigroupe*. Damit ergibt sich ein Wechsel in der Führung: Verleger und Präsident des Verwaltungsrates wird *Martin Wagner*. Der bisherige Chefredaktor *Matthias Geering* bleibt, hingegen scheidet Konzernchef *Beat Meyer* aus. An seine Stelle tritt der bisherige Finanzchef *Jürgen Hunscheidt*. Ob die *BaZ* auch eine Änderung in ihrer Ausrichtung erfährt, bleibt offen.
Liestal Schulisches Abseits		Der *Bildungsdirektion* wurden vom Landrat CHF 800'000 aus dem Budget gestrichen. Der Kanton müsse nun aus allen Projekten zum *Nordwestschweizerischen Bildungsraum* aussteigen, sagt *Bildungsdirektor Urs Wüthrich*, zumindest bis der Landrat wieder Geld spricht. Solange aber *HarmoS* nicht vom Landrat abgesegnet sei, werde kein Geld mehr dafür gesprochen, meint FDP-*Landrätin Marianne Hollinger*.
10. Muttenz Deponien – nächste Runde		Der Bund hat das Überwachungskonzept für das Grundwasser bei den Deponien *Feldreben* und *Rothausstrasse* gebilligt, lehnt es aber ab, sich gleichzeitig an allen anfallenden Arbeiten mit rund CHF 1 Mio. zu beteiligen. Zusatzkosten von CHF 300'000 übernimmt der Kanton. Die Untersuchung der *Feldrebengrube* wird vom Bund mit 40% mitgetragen, wobei sich die Gesamtkosten auf etwa CHF 1,7 Mio. summieren werden. Sehr viel teurer wird dann eine allfällige Sanierung, für die bis 2011 ein Projekt erarbeitet wird. Fragen zur Kostenbeteiligung werden noch zwischen der Pharma, Kanton, Gemeinden und weiteren Beteiligten beraten.
12. Münchenstein/ Brunsbüttel *Elektra Birseck* doch ohne Kohlestrom		Die *Elektra Birseck* in Münchenstein verzichtet nach heftigen Protesten auf eine Beteiligung am *Kohlekraftwerk Brunsbüttel* (DE). Man hat erkannt, dass es Alternativen gibt, so konnte man leichteren Herzens aussteigen.
Liestal Kantonalbank mit Rekordgewinn		Trotz Rückstellungen konnte die *Basellandschaftliche Kantonalbank* im Jahr 2009 einen Rekordgewinn verbuchen. Man steht 11% über dem bisherigen Höchstergebnis. Erfreulich ist auch die Kursentwicklung bei den Zertifikaten, die lange Zeit (künstlich) auf einem Niveau knapp unter CHF 1000 gehalten wurde.
15. Liestal Deutsche Spezialisten für den Herzkatheter		Die Stellen am *Kantonsspital Liestal* für das neue Herzkatheterlabor sind an 4 deutsche Kardiologen vergeben worden. Der Leiter des Labors kommt vom renommierten *Kardiologenzentrum in Bad Krotzingen*. Das *Spital Liestal* will die Kooperation mit dem *Universitätsspital Basel* aber dennoch ausbauen.

	Gelterkinden Rücktritt aus Schulleitungen	Im Baselbiet sind viele Schulleitungen überfordert, insbesondere was die zeitliche Dotierung angeht. Aus diesem Grund sind nun auch in Gelterkinden die Schulleiter der Primarschule und die Leiterin des Kindergartens zurückgetreten. Obwohl viele Schulleitungen bei der Erziehungsdirektion vorstellig werden, das Problem also bekannt ist, werden die zeitlichen und damit die finanziellen Ressourcen nicht angepasst.
16.	Muttenz *Clariant* baut weiter ab	In Muttenz werden im Spezialchemiewerk der *Clariant* weitere 400 Stellen gestrichen, dies bis 2013. Insgesamt sollen 500 Stellen aufgehoben werden. Die Produktion wird zum Teil nach China verlegt.
18.	Basel/Liestal/Schweiz Steuerrangliste	Was die Einkommenssteuern anbelangt, liegen die beiden Basel an 5. (BL) und 7. (BS) Stelle der Schweizer Kantonsrangliste. Hingegen sind beide Kantone in den Unternehmenssteuern weit hinten platziert: BL liegt an 20., BS gar an letzter Stelle. Auch in der Vermögenssteuer brillieren die beiden Kantone nicht: BS liegt auf Rang 18, BL nur gerade einen Rang davor.
	Allschwil Biotech-Konzern *Actelion* legt zu	*Actelion*, der grösste europäische Biotech-Konzern mit Sitz in Allschwil, hat im Jahr 2009 rund einen Fünftel mehr umgesetzt, der Gewinn allerdings stieg nur um 2%. Der ausgewiesene Jahresgewinn von CHF 311 Mio. lässt sich aber sehen.
	Liestal Grossrodung	Etwa einen Drittel der Bäume entlang der Ergolz zwischen Schildareal und Anschluss Altmarkt will der Kanton roden, und ein weiterer Drittel soll stark zurückgeschnitten werden. Laut *Gewässerverwalter Rolf Mosimann* sollen mit diesen Arbeiten die H2 vor fallenden, umsturzgefährdeten Bäumen geschützt, das Ufergehölz verjüngt und das Hochwasserprofil gewährleistet werden. Mitglieder der *Natur- und Landschaftskommission* sind arg verärgert über diese für sie unverständlichen, grossen Eingriffe.
19.	Muttenz/Auhafen Riesen-Kokainfund	Der grösste, je in der Schweiz gemachte Fund von Kokain wurde im *Auhafen Muttenz* gemacht. In einem Container befanden sich 70 kg des Rauschgifts mit einem Marktwert von etwa CHF 8 Mio. Der Container war in Guatemala mit Kaffee beladen worden. Hafenarbeiter haben die Zusatzfracht beim Entladen gefunden – wohl aus Versehen war das Kokain in Antwerpen im Container geblieben.
	Birsfelden Gemeinderat bürgert ein	Die SVP brachte die Unterschriften für ein Referendum in Birsfelden nicht zusammen, mit dem die Einbürgerungen durch den Gemeinderat hätten bekämpft werden sollen. Nun bleibt es beim Entscheid der Gemeindeversammlung: Der Gemeinderat bürgert ein.
22.	Region Basel 4 Mio. Bergfinken	Derzeit suchen in der Region, mit Standplatz im Hotzenwald, etwa 4 Mio. Bergfinken als Wintergäste aus dem Norden täglich ihre Nahrung. Oft werden die Vögel Opfer des Verkehrs. Das Schauspiel der einfliegenden Vogelwolken ist ein Spektakel.

März 2010

1.	Kanton Basel-Landschaft Biometrischer Pass	Ab sofort gibt es nur noch biometrische Pässe. Da dafür eine komplizierte technische Einrichtung nötig ist, werden Pässe für Baselbieter nur noch in Liestal ausgestellt. Eine Zusammenarbeit mit Basel ist gescheitert.

2.	Pratteln *Aquabasilea* vor Eröffnung	Das Riesen-Wasserweltbad in Pratteln steht kurz vor der Eröffnung. Erste Probebadende haben das Bad erforscht und ausprobiert. Es wurden 36'000 m³ Beton verbaut, und das Ganze kostete CHF 230 Mio. Man hofft auf 650'000 Badende im Jahr.
	Ziefen Alte Schule wird Verwaltungsgebäude	Die Gemeindeverwaltung von Ziefen, die sich im alten Schulhaus befindet, wird für CHF 1,6 Mio. renoviert und umgestaltet. Das Gebäude steht unter kantonalem Denkmalschutz. Die Gemeindeversammlung hat dem Kredit oppositionslos zugestimmt.
4.	Allschwil *Post* soll wieder an den Lindenplatz	Am Lindenplatz in Neuallschwil gab es bis 2004 eine Post. Nun wollen 870 Petenten, dass diese wieder eröffnet wird. Mit dieser Petition soll dem Gemeinderat für Verhandlungen mit der *Post* der Rücken gestärkt werden.
5.	Liestal Freie Schulwahl für Gymnasiasten	Ab 2014 sollen die Nordwestschweizer Gymnasiasten ihre Schule selbst aussuchen dürfen; dies gemäss einem Beschluss der 4 *Bildungsdirektoren* der beiden Basel, Aargau und Solothurn. Dazu müssen die Gymnasial-Laufzeiten auf 4 Jahre vereinheitlicht werden.
	Diegten Eierfarm	Nach Einsprachen wird die für 18'000 Legehennen geplante Eierfarm nun für 8300 Tiere ausgelegt, was nach Ansicht der *Pro Natura* noch immer zu gross ist. Zonenkonform wäre ihrer Meinung nach eine Farm mit 5000 Tieren.
8.	Dittingen Kampf um Schule	Eigentlich müsste der Kindergarten in Dittingen schliessen, weil ihn im neuen Schuljahr zu wenige Kinder besuchen werden. Da es sich aber um eine absehbar temporäre Unterbelegung handelt, hofft man in Dittingen auf die gemeinderätliche Eingabe in Liestal, die eine Weiterführung als Provisorium befürwortet. Das Problem setzt sich natürlich dann auch in der Primarschule fort, doch ist eine Zunahme der Kinderzahl in Sicht.
	Gelterkinden Endlich mehr Platz für die Musikschule	Im *Alten Zeughaus* in Gelterkinden ist Leben eingekehrt: Die *Regionale Musikschule* kann nach einem Umbau für CHF 350'000 die Räume nun beziehen, was eine jahrelange Odyssee der Raumsuche beendet.
	Region Basel Artenvielfalt	Der WWF gibt ein Spezialheft über die Artenvielfalt (Biodiversität) in unserer Region heraus. Der bekannte Autor *Roland Lüthi* schaffte aber nicht ein wissenschaftliches Kompendium, sondern lädt zu Spaziergängen in artenreiche Regionen ein. In der Schweiz soll es, bei noch recht grosser Dunkelziffer, etwa 50'000 Arten geben.
	Nenzlingen Mehr Kompetenz für Gemeinderat	Der *Gemeinderat Nenzlingen* erhält von den Einwohnern mehr Kompetenzen im finanziellen Bereich. Mit deutlichem Ja stimmten die Stimmbürger einer neuen Gemeindeordnung zu.
11.	Muttenz/Liestal Protest gegen Stellenabbau	Etwa 300 Personen demonstrierten gegen den massiven Stellenabbau beim Muttenzer Chemiekonzern *Clariant*. Die Demonstranten versammelten sich auch vor dem Regierungsgebäude in Liestal.
15.	Liestal Neue Deponie	Die Inertstoffdeponie *Höli* im Schleifenberg bei Liestal ist eröffnet worden. Die Deponie kann 3 Mio. m³ Aushubmaterial aufnehmen und sollte den Ansprüchen der Baufirmen in den nächsten Jahrzehnten genügen. Bei der Auswahl des Standortes hat sich der Kanton unter 50 geprüften Orten für *Höli* entschieden.

16.	Zwingen Fischsterben in der Birs	Durch eine plötzliche Absenkung des Wasserspiegels sind etwa 500 Fische auf dem Trockenen liegen geblieben und verendet. Dass darunter auch Elritzen und Strömer waren, finden die Fischereiaufsichtsleute besonders schwerwiegend. Einige Neunaugen konnten gerettet werden, da sie andere Überlebensmechanismen haben. Der Wasserspiegelabsturz hat – Ironie des Schicksals – mit Bauten zu Gunsten der Fische zu tun.
	Unteres Baselbiet Einbruchswelle	Das untere Baselbiet wird von einer grossen Einbruchswelle belästigt. Vor allem abends und nachts wird zugelangt. In der letzten Woche gab es 39 Einbrüche.
17.	Hinteres Leimental Doppelspur-Ausbau	Um die BLT-Linie ins hintere Leimental auf Doppelspur und somit auf einen dichteren Fahrplan auszubauen, braucht es Land. Alle Landbesitzer haben nun einem Verkauf zugestimmt, so dass die Arbeiten in Angriff genommen werden können. Die Ausbauphase wird bis Ende des Jahres 2011 dauern.
18.	Ramlinsburg Ja zu neuem Schulhaus	Fast einstimmig wurden an der Gemeindeversammlung in Ramlinsburg CHF 2,2 Mio. für ein neues Schulhaus bewilligt. Der bisher benutzte Schulpavillon soll abgerissen werden. Das neue Schulhaus wird so konzipiert, dass es später einmal, sollte es nicht mehr für die Schule gebraucht werden, umgenutzt werden kann.
19.	Reinach Sanierung der Abfallgrube	Der *Reinacher Einwohnerrat* hat CHF 17,1 Mio. bewilligt für die Sanierung der Abfallgrube beim alten Werkhof. Allerdings macht eine Sanierung nur Sinn, wenn der Quartierplan für die geplante Überbauung rechtskräftig wird. Bereits haben 3 Anwohner das Referendum angedroht.
21.	Muttenz Screenings nötig	Die Gemeinde Muttenz hat beim *Bundesverwaltungsgericht* Beschwerde gegen das *Bundesamt für Umwelt (Bafu)* eingereicht. Man will erreichen, dass die von Fachleuten als wichtig und aussagekräftig erachteten Screenings als abgeltungsberechtigt anerkannt werden.
	Liestal Kartäuserschnecken ausgesetzt	Die wegen ungünstiger Lebensgrundlagen «vertriebenen» Kartäuserschnecken wurden im Gebiet Lindenstock wieder angesiedelt. Die Kartäuserschnecke ist eine 1 bis 2 cm messende Laubschnecke mit einem weissen oder gelblichen Häuschen. Sie wird etwa 2 Jahre alt und ist, wie die meisten Schneckenarten, ein Zwitter.
23.	Arisdorf Abschnitts- Geschwindigkeits- kontrolle im Versuch	Der *Arisdorftunnel* wird mit einer Anlage ausgerüstet, welche die Durchschnittsgeschwindigkeit der Fahrzeuge messen kann. Was jetzt noch als 1-jähriger Versuch des *Bundesamtes für Strassen (Astra)* läuft, wird wohl bald zur obligatorischen Ausrüstung zur Erkennung von Geschwindigkeitsübertretungen. In Italien sind die ersten Erfahrungen sehr gut, tragen die Kontrollen doch auch zu einem verbesserten Verkehrsfluss bei.
	Region Basel S1 wieder verknüpft	Nach dem Ausscheren der elsässischen Bahnbetreiber war die direkte Fahrt von Frick nach Mulhouse nicht mehr möglich, man musste in Basel umsteigen. Nun ist eine Einigung erzielt worden, so dass der *Flirt* im Elsass verkehren darf. Im Gegenzug wird der französische *Regiolis* von *Alstom* auch Schweizer Territorium befahren können.

	Muttenz Ja für Kreuzkröten	Nachdem Pratteln die Heimat der Kreuzkröten, in der um die 250 der geschützten Tiere leben, veräussern will, wird die ganze Population nach Muttenz ins Klingenthal umgesiedelt. Die *Bürgergemeinde Basel* hat als Besitzerin der Muttenzer Parzelle eingewilligt. Nun werden verschiedene Massnahmen getroffen, damit die Tiere umgesiedelt werden können. Der erste Laich wird im nächsten Jahr im Klingenthal in die künstlichen Weiher ausgesetzt, die Tiere folgen in Etappen über mehrere Jahre.
	Baselbiet Jugendkultur in Gefahr	Die *Baselbieter Jungsozialisten* haben eine 10 Punkte umfassende Resolution erstellt, mit der sie auf die Bedrohung der Baselbieter Jugendkultur reagieren wollen. Sie möchten diese Forderungsliste nun mit den Zielen der Mutterpartei SP abgleichen und sehen, was davon im Landrat traktandiert werden kann.
24.	Liestal Bürgerlich-Demo- kratische Partei Baselland	Die seit den letzten Bundesratswahlen bestehende *Bürgerlich-demo-kratische Partei* BDP wird sich nun auch im Baselbiet durch eine Sektion bemerkbar machen. Die BDP ist eine gemässigte SVP und dem rechten Spektrum zuzuordnen. Die Gründungsversammlung ist auf den 26. März angesagt.
	Bern Wisenbergtunnel nicht so dringend	Der Bau des *Wisenbergtunnels* ist nach Entscheiden in Bern in weite Ferne gerückt: In der ÖV-Planung *Bahn 2030* ist weder die Basler Innenstadtverbindung noch der *Wisenbergtunnel* enthalten. Nur wenn die Nordwestschweizer Parlamentarier an einem Strick ziehen, kann im Parlament etwas erreicht werden, ansonsten gehen wir «vergessen».
	Birsfelden ‹Bald rägnet's nümmen yyne›	Die Gemeindeversammlung bewilligte CHF 350'000 für die Abdichtung des Turnhallendaches. Die Halle ist erst 7 Jahre alt. Der Gemeinderat informierte auch über den Schaden, der durch einen ungetreuen Revisor in der Gemeindekasse angerichtet worden ist. Noch liegen nicht alle Erkenntnisse vor.
	Oberwil Fraumattbach wird freigelegt	Die *Gemeindeversammlung von Oberwil* bewilligte CHF 4,3 Mio. für die teilweise Freilegung des *Fraumattbaches*, die zusammen mit einer neuen Sauberwasserleitung realisiert wird. Es sind dazu einige Landabtauschverhandlungen zu führen, aber die Besitzer haben bereits positive Signale ausgesendet.
25.	Kanton Basel-Landschaft Weniger Verkehrs- unfälle, aber mehr mit Töffs	Die Zahl der Verkehrsunfälle sank von 1608 im Jahr 2008 auf 1551 im vergangenen Jahr. Das ist soweit erfreulich. Aber Unfälle mit Schwerverletzten haben von 100 auf 130 zugenommen. Auch bei den Motorrädern zeigt sich eine Zunahme um rund 50%. Die Zahl der Verkehrstoten ist von 11 auf 9 zurückgegangen, ebenso die Unfälle mit Kindern, die von 76 auf 51 abnahmen. Die Zahlen bei Unfällen unter Alkoholeinfluss sind doppelt so hoch wie noch vor 10 Jahren.
	Reinach Kulturverein gerettet	Der bereits zum Sterben verurteilte *Verein Kultur* in Reinach ist wiederauferstanden. Es haben sich 5 Personen für das Präsidium zur Verfügung gestellt. Geplant ist ein neues Vereinskonzept.
26.	Kanton Basel-Landschaft Lehrerverein bleibt kritisch	Die Baselbieter Lehrerinnen und Lehrer des LVB bleiben mit *Bildungsdirektor Urs Wüthrich* auf Konfrontationskurs. Sie lehnen die Änderungen bei der Sonderpädagogik und die Harmonisierung des Bildungswesens ab. Es seien vor allem zu wenige finanzielle und zeitliche Ressourcen in Aussicht, und die Planung sei weitgehend ohne fachliche Unterstützung durch erfahrene Lehrkräfte erfolgt. Man ist von Lehrerseite nicht bereit, reformbedingte Mehrarbeiten zu leisten, bevor nicht den Forderungen der Lehrerschaft Rechnung getragen werde.

	Hochrhein Gemeinden wehren sich	Für den Fall, dass der *Bypass*, die Eisenbahnentlastungsstrecke, die über Deutschland und das Fricktal geführt werden soll, gebaut wird, künden die Anwohner scharfen Widerstand an.
31.	Liestal Sparen ... oder doch nicht?	*Regierungsrat Urs Wüthrich* hat einen Sturm im Wasserglas entfacht. Zuerst gibt er Sparpläne für die Schulen bekannt, wo etwa 40 Klassen eingespart werden sollen, was bei gleicher Kinderzahl natürlich grössere Klassen bedeuten würde (Sekundarstufe), und dann, nach heftigen Protesten, widerruft er. Zu tun hat das mit der Finanzschraube, die allen Regierungsräten angesetzt wird, linear zu sparen, was natürlich nicht in allen Departementen gleich einfach und nicht von gleichem öffentlichen Interesse ist.

April 2010

1.	Kaiseraugst/Augst Atomkraftgegner wieder in Aktion	Zum 35. Jahrestag der Besetzung des Baugeländes des geplanten Kernkraftwerkes in Kaiseraugst haben sich die Besetzer von damals wieder auf das Gelände begeben und 35 Thesen gegen die Atomkraft sowie Alternativvorschläge ausgehängt.
2.	Liestal Lederproduktion	An der Gerbergasse in Liestal sind bei einem Hausumbau Überreste einer Gerberei aus dem 16. Jahrhundert zum Vorschein gekommen. Man hat 5 noch gut erhaltene Gärbottiche gefunden. Das ist der erste Nachweis für eine Lederproduktion in Liestal.
	Region Basel Zu kalter und zu trockener März	Mit einer Niederschlagsmenge (Regen und Schnee) von 49 l pro m^2 fielen etwa 50 l zu wenig im Vergleich mit anderen Jahren. Das Gesamtdefizit 2010 beträgt etwa 90 l/m^2. Die Sonne zeigte sich während 129 Std., was knapp über dem Durchschnitt liegt. Die Durchschnittstemperatur von 4,5 °C liegt 1,3 °C unter dem langjährigen Mittel. Der kälteste Tag war der 9. März mit –8,7 °C.
7.	Liestal Velostation funktioniert	Nach ersten Anlaufschwierigkeiten ist die Velostation beim Postgebäude in Liestal nun bei der Bevölkerung angekommen. Das frühere Chaos ist zu einem geordneten Veloparking geworden.
8.	Liestal Neues Organ der Handelskammer	Die *Wirtschaftskammer Baselland* will vor allem auch die KMU besser informieren. Daher hat sie das bisherige Verbandsorgan, die *Schweizerische Gewerbezeitung*, um den «Standpunkt der Wirtschaft» erweitert, der seit Jahren von der Wirtschaftskammer schon für ihre Mitglieder herausgegeben wurde. Mit 150'000 Exemplaren, in Deutsch und Französisch, wird die kombinierte Zeitung 14-täglich erscheinen.
	Liestal Aha ...!	Die *Universität Basel* feiert ihren 550. Geburtstag. Liestal als möglicherweise künftige Universitätsstadt wird in die Festivitäten mit einbezogen. An 50 Standorten (Schaufenstern) werden branchenbezogene Wissenshäppchen auf Aha ...!-Plakaten serviert, und so wird zum Festplatz auf dem Gestadeckplatz gelotst.
	Region Basel Gieriger Fresser	Seit wenigen Jahren grassiert in unseren Breiten der Buchsbaumzünsler, dessen Raupen alle Buchsbäume kahl fressen. Es lässt sich zwar gegen die Schädlinge chemisch vorgehen, doch mit seinen 3 Generationen pro Jahr ist der Nachtschmetterling kaum zu bodigen. Viele Besitzer haben bereits entmutigt den immergrünen Strauch ausgegraben und verbrannt.

12. Kanton Basel-Landschaft Bevölkerungszuwachs		Der Bevölkerungszuwachs im Baselbiet ist beträchtlich, zählte man Ende 2009 doch 1500 Menschen mehr als im Jahr zuvor. Es sind nun 274'673 Einwohner auf Baselbieter Boden. Allschwil bleibt mit seinen 19'223 Einwohnern der bevölkerungsreichste Ort, während Kilchberg mit 127 Bewohnern das kleinste Dorf ist. Der Ausländeranteil ist kantonal von 19,1 auf 19,5 % gestiegen.
14. Baselbiet Spitäler mit mehr Patienten		2009 war für die Spitäler ein arbeitsreiches Jahr. Der Gesamtaufwand erhöhte sich um 5,1 % auf CHF 513,8 Mio., und weil dieser Aufwand stärker stieg als der Ertrag, kletterte der Staatsbeitrag um CHF 12,1 auf CHF 151,4 Mio.
	Bubendorf *Landi*	Die *Landi* hat ein neues Geschäft am Dorfeingang von Bubendorf eröffnet. Auf 2500 m² können Gartenartikel, Getränke, Kleintierfutter, Obst und Kartoffeln, Pflanzen und Sträucher eingekauft werden. Es ist dies der 5. Laden dieser Kette in der Region.
	Oberdorf *Fraisa* schliesst	Die *Fraisa*, Werkzeugherstellerin in Oberdorf, muss schliessen. 75 Mitarbeitende verlieren ihre Stelle, es wurde aber bereits für 41 von ihnen eine Lösung gefunden. 23 Personen werden in Bellach weiterbeschäftigt. Der Sozialplan ist so gut, dass sogar die Gewerkschaften ihn loben.
	Therwil/Ballenberg Seidenbandweberei	Im *Freilichtmuseum Ballenberg* wird in einem Therwiler Bauernhaus einmal pro Woche die Seidenbandweberei demonstriert.
15. Muttenz Stille in der Asbestruine		Die *Berufsschule GIB* in Muttenz ist asbestverseucht. Längst müsste sie saniert oder, wie die Schulleitung wünscht, gar durch einen Neubau ersetzt werden. Nur weiss noch niemand, wie es weitergehen soll. Handlungsbedarf ist angesagt.
	Island/Schweiz Vulkanasche stört Flugbetrieb massiv	Ein Vulkanausbruch in Island stürzt den europäischen Flugverkehr in ein Chaos. Viele Flüge wurden abgesagt, da man befürchtet, die Aschenpartikel könnten die Lamellen der Düsenaggregate zerstören.
16. Muttenz DMS lebt		Die *Diplommittelschule* DMS 2 sollte vor 2 Jahren abgeschafft werden, nun feiert sie ihren 30. Geburtstag. Zum Geburtstag hat sie aber einen neuen Namen erhalten: Die Schule heisst nun BVS 2, *Berufsvorbereitende Schule*. Angezogen werden vor allem Schulabgänger der Sekundarstufe E, die den «Knopf noch nicht aufgemacht haben».
18. Liestal Universität zeigt sich		Die *Universität Basel* stattet zu ihrem 550. Geburtstag dem Nachbarkanton und baldigem Co-Ausrichter einen Besuch ab in Form von einem *Markt des Wissens*, wo in diversen Disziplinen nebst Information auch Selbsttätigkeit gefordert wurde. Die Angebote fanden grossen Widerhall.
19. Zunzgen Keine *Calmy-Rey*		Die 1.-August-Feier in Zunzgen hätte in diesem Jahr mit einer Ansprache von *Bundesrätin Micheline Calmy-Rey* sehr prominent besetzt sein sollen … sollen. Aber wegen eines Referendums gegen die Kosten dieses Anlasses hat die Magistratin nun abgesagt.
20. Birsfelden Einbürgerungen		Der Regierungsrat lehnt den Birsfelder Weg in der Einbürgerung ab, die nötigen Abklärungen sollen weiterhin von der Bürgergemeinde oder vom Gemeinderat gemacht werden. Bisher hat eine spezielle Kommission die Einbürgerungsgespräche geführt, was aber nicht gesetzeskonform ist. Birsfelden hat aus historischen Gründen keine Bürgergemeinde und will auch keine schaffen (Birsfelden gehörte bis ins 19. Jahrhundert zur Gemeinde Muttenz).

	Kanton Basel-Landschaft Lehrer fordern mehr Mitsprache	An der *Baselbieter Lehrerkonferenz* in der St. Jakobshalle lehnt die vereinigte Lehrerschaft das Sparprogramm der Regierung klar ab, ebenso ist sie gegen die Opposition des *Lehrervereins* in Sachen Integrative Schule. Allerdings müssen zur Verwirklichung des Schulumbaus die Grundvoraussetzungen stimmen, sowohl in zeitlicher als auch finanzieller Hinsicht. Im Weiteren will die Lehrerschaft generell mehr Mitsprache.
	Muttenz Immer längere Gemeinde- versammlungen	Selten bleibt nach den Gemeindeversammlungen in Muttenz noch Zeit für einen Becher in einem nahen Restaurant: Es wird geredet und zerredet, dass sich die Haare sträuben. Vor mehreren Jahren ist der Beginn der Versammlungen um 30 min vorgezogen worden, aber es nützt nichts. Ermahnungen des Gemeindepräsidenten, sich kurz zu fassen, verweht der Wind. Nun ist die nächste ‹Gmeini› auf 2 Tage traktandiert – wohl ein Rekord in besonderer Sache.
21.	Muttenz Deponie Feldreben konkret	Die mit gefährlichem Chemiemüll belastete *Deponie Feldreben* in Muttenz wird ab 2012 saniert, die Projektorganisation und der Zeitplan wurden von der Regierung vorgestellt. Der Kanton hat auch etwa zwei Drittel des betreffenden Areals aufgekauft für den späteren Bau des Polyfeldes. Die Finanzierung der Sanierung ist noch offen.
22.	Oberdorf Wandbild	Zur Illustration der Wandlung vom Bauern- und Posamenterdorf Oberdorf zur Industriesiedlung hat der einheimische Kunstmaler *Hans Weber* vor rund 35 Jahren den Giebel seines Bauernhauses mit Szenen aus dem Leben im Dorf bemalt. Nun ist das Bild renoviert und ergänzt worden durch den Sohn des Malers, *Hansruedi Weber*.
25.	Brislach Melioration angenommen	Obwohl die Mehrheit der Grundbesitzer abwesend war, kam der Entschluss zur Melioration in Brislach zustande, vor allem aber wegen der Regelung, dass Abwesende als Ja-Stimmende zu zählen sind (Paragraph 703 der *Schweizerischen Zivilgesetzverordnung*). Dass der gemäss dieser Regelung gefällte Entscheid den Unmut der Unterlegenen hervorrief, wundert wohl niemanden.
	Liestal/ Calasparra (Spanien) Spatenstich	Die Liestaler EBL und die IWB Basel bauen im südspanischen Calasparra das riesige Solarkraftwerk *TuboSol PE 2*. Die Auffangfläche der Kollektoren misst etwa die Grösse von 43 Fussballfeldern. Die Anlage produziert als Spitzenwert 30 MW und dient unter anderem den Kühlgeräten in der nahen Stadt Murcia. Die Anlage wird nach neuesten technischen Erkenntnissen gebaut. Die spanische Regierung verpflichtete sich, in den nächsten 20 Jahren pro kWh Strom 29 Cent zu vergüten. Jetzt erfolgte der Spatenstich.
26.	Muttenz Riesiges Umbauprojekt im Güterbahnhof	Die SBB bringen den *Rangierbahnhof Muttenz I* technisch auf den neuesten Stand. In 3½ Jahren sollen CHF 195 Mio. verbaut werden. Die Arbeiten haben unlängst begonnen.
	Bretzwil Weidwald	Weil eine dosierte Waldbeweidung der Artenvielfalt dient, wurde die zuvor verbotene Waldbeweidung im Wyttwald ob Bretzwil wieder erlaubt.
27.	Lupsingen Mehrzweckhalle	Die bereits 40 Jahre alte Mehrzweckhalle in Lupsingen muss saniert werden. Die dazu nötigen CHF 1,85 Mio. sollen mit dem Verkauf von über 2000 m^2 Bauland finanziert werden. Die Gemeindeversammlung stimmte dem Vorhaben deutlich zu; ebenso wurde die Erweiterung des Wärmeverbundes gutgeheissen: Die erfolgreiche Holzschnitzelanlage soll künftig 26 Gebäude mehr heizen können.

29. Liestal Bildungskommission gegen HarmoS und Sonderpädagogik	Die landrätliche Bildungskommission spricht sich mit 6:5 Stimmen gegen den Beitritt zu *HarmoS* und zum Konkordat zur Sonderpädagogik aus. Insbesondere stört die Räte die 2. Fremdsprache im *HarmoS*-Konzept.

Mai 2010

1. Region Basel Aprilwetter war viel zu sonnig	Ausserordentlich trocken und leicht zu warm präsentierte sich der April im Durchschnitt. Allerdings begann der Monat winterlich bis zum Ostermontag, von da an fiel kein Tropfen Regen mehr. Mit nur 28 l Niederschlag (Soll: 100 l) war der Monat ausgesprochen trocken. Mit 194 Std. zeigte sich die Sonne 44 Std. mehr als im Schnitt vorhergehender Jahre. Am 29. April kam es mit 25,4 °C zum ersten Sommertag des Jahres.
Münchenstein/Grün 80 Teure Verhinderung	Nachdem Münchenstein für das Areal des jährlich am 1. Mai stattfindenden Deliriumsaufens, genannt «Harassenlauf», ein Alkoholverbot ausgesprochen hatte, verhinderte die Baselbieter Polizei mit einem Grossaufgebot den Lauf generell. Der Einsatz zur Verhinderung ist einmalig: Die Kosten belaufen sich auf CHF 600'000. Vom Landrat gibt es bereits sehr kritische Stimmen gegen diesen Einsatz. – Die Chaoten verübten im Gegenzug (?) einen Saubannerzug durch die Stadt Basel, der eine richtige «Strasse der Verwüstung» hinterliess.
Kanton Basel-Landschaft Rauchverbot	Im Baselbiet tritt heute das Rauchverbot in den Restaurants und in allen öffentlich zugänglichen Räumen in Kraft.
Liestal/Muttenz Seilziehen um Müllentfernung	Sollen die Chemiemülldeponien in Muttenz total oder nur teilsaniert werden? Um diese Frage drehen sich sowohl die Initiative der *Grünen*, die eine vollkommene Säuberung wollen, als auch die Initiative einer Gruppe um die Wirtschaftskammer, die entsprechend dem Gegenvorschlag des Parlaments (nur Sanierung der *Feldrebengrube*, aber Überwachung der beiden anderen Gruben) eine entscheidungsreife Gesetzesvorlage enthält.
3. Dornach/Arlesheim Erneuerter Bahnhof	Der renovierte und stark umgestaltete *Bahnhof Dornach-Arlesheim* ist eingeweiht worden. Die Drehscheibe für Tram, Bus und Bahn bewältigt pro Tag 4500 Passagiere. Nun soll als letzter Schritt für einen 7½-min-Takt beim Tram das letzte Geleisestück nahe beim Bahnhof 2-spurig ausgebaut werden.
4. Münchenstein/ Andalusien Windkraft	Die *Elektra Birseck Münchenstein* (EBM) hat in Andalusien (ES) einen bestehenden Windkraftpark mit 14 Windturbinen gekauft. Die Anlage produziert jährlich 89'000 MWh Strom, was für etwa 22'000 Haushaltungen ausreicht. Damit sollen 35'000 t Öl eingespart werden. Die Anlage konnte aufgrund eines finanziellen Engpasses der Vorbesitzer für CHF 100 Mio. gekauft werden. Die EBM rechnet mit einem guten Gewinn.
5. Muttenz Revitalisierung eines Birsabschnitts	Oberhalb des umstrittenen Schänzliareals befindet sich ein 2,5 ha grosses Vogelreservat, «Vogelhölzli» genannt. Die Birs, welche die eine, 600 m lange Grenze des Reservats bildet, soll renaturiert werden. Pläne der *Pro Natura*, welche *Regierungsrat Jörg Krähenbühl* übergeben wurden, sollen der Birs freien Lauf lassen, so dass diese ihre Uferzonen selbst bilden kann. Das *Vogelhölzli* gehört dem Kanton und wird seit über 80 Jahren an den *Tierschutz beider Basel* verpachtet. Die Umgestaltung soll etwa CHF 2,5 Mio. kosten.

7.	Liestal Viele Schäden	Die *Basellandschaftliche Gebäudeversicherung* meldet für das Jahr 2009 7745 Schadenfälle (2008: 4337), welche eine Entschädigungssumme von CHF 31,6 Mio. verursachten (2008: 21,4 Mio.). Viele Schäden wurden durch Frost und Gewitter ausgelöst. Die Schadenssumme liegt im langjährigen Mittel, die Prämien müssen nicht erhöht werden.
10.	Schweizerhalle Auch nach 24 Jahren nicht alles paletti	*Martin Forter* zerstört mit seinem neuen Buch über die Brandkatastrophe von 1986 in der *Sandoz Schweizerhalle* alles Aufatmen und jeden Gutglauben, der «Vorfall» sei längst saniert und abgehakt. Er weist in seinem neusten Werk «Falsches Spiel» aufgrund von umfangreichen Nachforschungen nach, dass Überreste des Brandes im Boden noch immer sehr stark vor allem das Grundwasser verseuchen und damit das Trinkwasser gefährden.
11.	Gelterkinden Gemeindebibliothek	Die *Gemeindebibliothek Gelterkinden* ist die älteste im Kanton. Ihr Leiter, *Andreas Weber*, der das Bücherparadies während 27 Jahren geleitet hat, geht in Pension. *Weber* war ein Bibliotheksleiter mit Herzblut. Er veranstaltete kulturelle Ereignisse, war auch federführend beim Umzug in das Areal am Bahnhof.
13.	Muttenz *Vogelhölzli* sucht ...	Das wunderbare *Naturreservat Vogelhölzli* entlang der Birs wird seit bald 60 Jahren vom 81-jährigen *Max Spiess* sowie seinem 97-jährigen Kameraden *Arnold Meyer* gewartet und durch Führungen einem interessierten Publikum nahegebracht. Nun aber mögen beide nicht mehr und suchen dringend einen Nachfolger. Im *Vogelhölzli* gibt es noch 24 nistende Vogelarten und viele Gäste wie Fuchs, Marder, Hermelin, Uhu oder Ziegenmelker.
	Region Basel TNW legt zu	Um 1,7% ist die Zahl der Fahrgäste 2009 beim *Tarifverbund Nordwestschweiz* gestiegen, das bedeutet in absoluten Zahlen Einnahmen von CHF 225,1 Mio.
17.	Liestal BLT	*André Dosé*, ehemaliger *Swiss*-CEO, hat das Präsidium im Verwaltungsrat der BLT übernommen.
	Schweiz Goldpreis	Der Goldpreis hat einen vorläufigen Höchststand von CHF 44'939 pro kg erreicht, so hoch wie seit vielen Jahren nicht mehr. Dagegen ist der Euro auf einen Tiefststand von 1.40 gegenüber dem Franken gesunken.
21.	Liestal Ein Ja und ein Nein	Der Einwohnerrat empfiehlt dem Volk für die Abstimmung für den Anschluss an den Regionenverbund mit der *Hardwasser AG* ein Ja, der Stadtrat hingegen ein Nein. Auf der ablehnenden Seite befürchtet man, nicht einwandfreies Wasser zu erhalten (Giftmülldeponien in Muttenz!).
	Münchenstein Europatag am ‹Gym›	In Workshops und mit einer Podiumsdiskussion wurde im *Gymnasium Münchenstein* ein Europatag veranstaltet. Die Gymnasiasten (es gab kaum Gymnasiastinnen bei den Zuhörern) bekamen verschiedene Positionen pro und contra EU zu hören, so von *Georg Kreis* (pro), dem Bulgarischen Botschafter (pro) und dem Wirtschaftslehrer des Gymnasiums (contra, aber pro Bilaterale). Letzterer erhielt begeisterte Zustimmung der Jungen.
	Liesberg Aus Biogas wird Strom	Nachdem 4 Einsprachen die Inbetriebnahme der Gäranlage verzögert haben, wird ab 2011 mit Grün- und Küchenabfällen aus 33 Gemeinden aus dem Laufental, dem Schwarzbubenland und dem nahen Jura Biogas zur Herstellung von Strom erzeugt werden. Gesammelt wird in 58 Grossbehältern in allen Dörfern des Verbundes.

26.	Reinach Business Parc	Das Modell *Business Parc* in Reinach ist so erfolgreich, dass ein Erweiterungsbau notwendig wurde. Dieser ist nun fertig gestellt und bezogen worden. Der *Business Parc* wird als «Brutstätte für Jungunternehmer» bezeichnet und übernimmt somit eine wichtige Funktion im schwierigen Umfeld für die Neulinge. Es stehen 2800 m² Fläche zur Verfügung, weitere 300 m² stehen für die gemeinsame Infrastruktur bereit.
	Reinach Biberspuren in Reinach	An der Birs in Reinach hat man Biberfrassspuren gefunden. Ob sich die Biber hier niederlassen werden, ist noch offen. Jedenfalls hat so die Aktion «Hallo Biber» immerhin kurz vor ihrem Abschluss einen Erfolg zu vermelden.
27.	Zunzgen/Zwingen Kokain beschlagnahmt	Nach mehrwöchigen Ermittlungen und letztlich bei 2 Razzien in Zunzgen und in Zwingen ist es der Baselbieter Polizei gelungen, 6 Männer und 1 Frau aus Nigeria festzunehmen und dabei 2,7 kg Kokain zu beschlagnahmen.
28.	Sissach MEGA 2010	Das Gewerbe von Sissach und Umgebung präsentiert sich in der Begegnungszone im Sissacher Dorfkern. Diese Ausstellung sei mehr als eine Gewerbeausstellung, sagen die Macher.
30.	Gelterkinden Fischsterben	Bereits zum 3. Mal innerhalb von 4 Jahren starben die Fische im Eibach wegen Verunreinigungen. Die gefährliche Stelle liegt etwas unterhalb des *Schwimmbades Gelterkinden*. Ob da ein Zusammenhang besteht, ist noch nicht klar.
	Liestal Lehrerseminar bleibt vorerst	Bis zum Jahre 2016 soll das Lehrerseminar der Fachhochschule *(Pädagogische Hochschule)* in Liestal bleiben. Man will nun für die unter Platznot und unzumutbaren baulichen Situationen leidende Institution das ehemalige *Hanrogebäude* in Liestal sowohl besser nutzen als auch baulich anpassen.

Juni 2010

1.	Region Basel Unerfreulicher Mai	Der Wonnemonat Mai kam in diesem Jahr eher wie ein Herbstmonat daher. Er war um 3,1 °C zu kalt, gemessen am langjährigen Mittel, wir bekamen 20,8 l mehr Niederschlag als sonst, und die Sonne liess sich 65 Std. zu wenig blicken. Trotz des nassen Mai besteht noch immer ein grosses Niederschlagsdefizit in diesem Frühjahr.
	Allschwil Demo gegen zu tiefe Milchpreise	In Allschwil, aber auch in Mont-sur-Lausanne verspritzten die Milchbauern aus Protest gegen die viel zu tiefen Milchpreise ihr Produkt anstelle von Gülle auf die Felder. Man fordert eine Steuerung der Milchmenge, so dass ein gerechter Preis dafür verlangt werden kann. Die jetzige Milchschwemme stiesse Tore zu noch tieferen Preisen auf.
	Binningen Sparen oder Steuern erhöhen?	Der *Binninger Gemeinderat* hat sich mit deutlichem Mehr auf 29 Sparübungen geeinigt, wobei die Linke monierte, dass der Abbau vor allem in sozialen Bereichen erfolge und man daher eher eine Steuererhöhung befürworten müsse. Doch gegen die bürgerliche Ratsmehrheit hatten sie keine Chance. Von den vorgeschlagenen Änderungen kann der Gemeinderat 18 in eigener Regie bestimmen, die restlichen 11 gehen an den Einwohnerrat.

2.	«Onoldswil» Weitere interessante Funde	«Onoldswil» hiess eine Niederlassung, die geografisch zwischen Ober- und Niederdorf gelegen hatte. «Honoltesvillare» wird in alten Schriften erwähnt. Erst ein Erdrutsch vom Dielenberg dürfte die Ortschaft in 2 Teile, eben die heutigen Ober- und Niederdorf, getrennt haben. Im 8./9. Jahrhundert begann der Aufschwung; viele Funde, die jetzt gemacht wurden, deuten darauf hin.
	Region Basel Kaum Feuerbrand	Das von vielen betrauerte Maiwetter hatte auch sein Gutes: Die Bakterien des Feuerbrandes konnten sich kaum ausbreiten. Damit hat sich die noch vor 2 Jahren so bedrohliche Situation vorerst entschärft. Man hofft auch dank der Entschlüsselung der Gene des Bakteriums auf baldige neue Bekämpfungsmassnahmen.
9.	Kanton Basel-Landschaft *Waldenburgerbahn* mit kleinem Rückgang	Erstmals seit Jahren hat die *Waldenburgerbahn* bei der Zahl der transportierten Passagiere einen kleinen Rückgang vermelden müssen: 1,917 Mio. Menschen benutzen 2009 die Bahn, die aber ansonsten einen Jahresgewinn von etwa CHF 110'000 ausweisen kann.
13.	Liestal Nein zu Hardwasser	Die Stimmbürger von Liestal wollen mit einem deutlichen Nein auf das Trinkwasser aus der *Hardwasser Muttenz* verzichten. Es stimmten 1438 Stimmbürger Nein, nur 919 warfen ein Ja ein.
	Laufen *Nordwestschweizer* *Jodlerfest*	Trotz der Konkurrenz aus Südafrika (Fussball-WM) nahmen etwa 40'000 Besucher am Jodlerfest teil und erfreuten sich an den verschiedenen und verschiedenartigen Vorträgen der Männer, Frauen und Kinder als Jodler, Örgeler und Alphornbläser.
14.	Frenkendorf *Regio Milch* im Konkurs	Was 2007 hoffnungsfroh begann, endet nun mit der Deponierung der Bilanz. Die *Regio Milch* in Frenkendorf muss die Hoffnung auf eine Sanierung aufgeben und in den Konkurs gehen. Dabei verlieren 13 Mitarbeitende ihre Stelle.
	Region Basel Viel exzellenter Wein	In der Region konnten im letzten Herbst 956 t Trauben geerntet werden, aus denen exzellenter Wein gepresst wurde. Die Erntemenge entspricht der des Vorjahres.
	Allschwil Statt besser eher schlechter	Eine Erfolgskontrolle über den Zustand der Natur im Vergleich zu 1990 fällt in Allschwil trotz Naturschutzkonzept negativ aus. Die nötigen Umsetzungen des Konzepts hätten kaum stattgefunden. Als grösstes Negativum sei der Rückgang der Hochstamm-Obstbäume um über 50% zu vermerken, dies trotz Entschädigungen durch Bund und Kanton.
	Liestal Gute Noten für den Baselbieter Wald	40% der Fläche des Baselbiets sind Wald. Es wird dabei auf nachhaltige Nutzung und Biodiversität geachtet. Laubholz soll gefördert werden, Fichten sind höchstens zu 20–50% der Fläche erwünscht, da diese zwar schnell zu Geld gemacht werden können, aber nicht standortgerecht seien, sagte der *Kantonsforstingenieur Ueli Meier* zum Anlass einer Präsentation des Baselbieter Waldes von *Regierungsrat Peter Zwick*.
16.	Muttenz Trinkwasser	An der Gemeindeversammlung in Muttenz ging es vor allem um das Trinkwasser. Die Versammlung bewilligten nach langen Debatten einen Projektierungskredit von CHF 450'000 für eine Weiterführung und Verbesserung der Aufbereitung des Trinkwassers, während eine Minderheit die Lieferung durch die *Hardwasser AG* befürworteten. Der Muttenzer Alleingang wird CHF 16,5 Mio. kosten. Die Unterlegenen haben bereits das Referendum angekündigt.

	Basel/Schweizerhalle Stellenabbau bei *Huntsman*	Der in Basel und in der Schweizerhalle operierende Chemiebetrieb *Huntsman* will 130 Stellen abbauen.
17.	Birsfelden/Basel Entscheid für neue Brücke am Birskopf	Die kleine Brücke, die Baselland und Basel-Stadt über den Birskopf verbinden wird, heisst «Schwebender Asphalt». Dieses Projekt siegte gegen 8 andere Eingaben und wird bis Frühjahr 2012 gebaut sein.
18.	Känerkinden Beitritt zum Feuerwehrverbund	Als letzte der 6 Verbundgemeinden hat nun auch die *Gemeindeversammlung von Känerkinden* den Beitritt zum *Feuerwehrverbund Homburg* abgesegnet. Dazu gehören Buckten, Häfelfingen, Känerkinden, Läufelfingen, Rümlingen und Wittinsburg.
	Laufen Neues Primarschulhaus	Die Einwohnerversammlung stimmte dem Neubau eines Primarschulhauses an der Baselstrasse zu und bewilligte den nötigen Kredit von CHF 20 Mio. Das ursprüngliche Projekt sah einen Bau für CHF 30 Mio. vor, wurde nun aber redimensioniert. Das alte Schulhaus soll anderweitig genutzt und zu einem späteren Zeitpunkt saniert werden.
	Wintersingen Auslagerung	Die Gemeinde Wintersingen lagert die Gemeindeschreiberarbeiten nach Maisprach aus. Die Gemeindeversammlung zog diese Lösung einer Auslagerung an eine private Firma vor.
20.	Muttenz Vom Wetter im Stich gelassen	Das *Musikfest beider Basel* in Muttenz war musikalisch ein Erfolg, publikumsmässig aber eher eine Enttäuschung. Der Hauptharst der Zuhörenden drängte sich in die Zelte, weil es draussen ‹kübelte› und empfindlich kühl war. 70 Musikkorps traten zum Wettspielen an, und 20'000 Zuhörer sollen insgesamt an diesem Wochenende anwesend gewesen sein.
	Basel/Liestal Verschiedene Einschätzungen	Baselland wehrt sich im Gegensatz zur Stadt nicht gegen ein Ersatz-AKW in Beznau, da die Baselbieter Regierung meint, die Gefahr bei einem Unglück im Reaktor sei durch die Distanz des Kantons vom AKW zu gross, um wirkliche Probleme bei uns auslösen zu können. Man glaubt noch immer an den (umstrittenen) 20-km-Radius.
23.	Zunzgen Es bleibt bei 7	An der Gemeindeversammlung in Zunzgen lehnte der Souverän eine Verkleinerung des 7-köpfigen Gemeinderates auf 5 klar ab.
	Sissach Überbauung abgeblockt	In Sissach lehnte die Gemeindeversammlung den *Quartierplan Burgenrain* ab. Ein Grossaufmarsch von Interessenvertretern (Anwohnern) brachte das Projekt zu Fall. Es wären 5 Wohnblöcke auf dem «Reusli» geplant gewesen.
24.	Baselbiet Gute Umfrage- ergebnisse	In 29 Baselbieter Gemeinden, die 40% der Gesamtbevölkerung repräsentieren, wurde eine Umfrage über ihre Zufriedenheit mit den Gemeindebehörden durchgeführt. Es haben sich beinahe 15'000 Haushalte an der Umfrage beteiligt. Das Resultat ist sehr erfreulich, sind doch die meisten mit der Arbeit der Behörden zufrieden.
	Nusshof Ende Schule	Ab neuem Schuljahr werden die Schüler aus Nusshof mit dem Schulbus nach Wintersingen gebracht. Die Schule Nusshof schliesst ihre Tore; auch Lehrer Ueli Bider wird künftig in Wintersingen arbeiten.
26.	Liestal Liestal-Air ein Grosserfolg	Das 5. *Musikfestival Liestal-Air* mit viel Rock, Soul und Blues war ein grosser Erfolg. Der Gestadeckplatz war mit 1300 Besuchern dicht gefüllt, die Musik weitestgehend vom Feinsten.
27.	Oltingen Pfarrgarten nach historischem Vorbild	Mit Lusthäuschen, wunderschönen Pflanzenbeeten, Springbrunnen und Obstbäumen kommt der Pfarrgarten von Oltingen in seinem neuen Kleid prächtig daher. Nun wurde er, im Beisein von vielen Besuchern, eingeweiht.

| 28. | Oberwil
Naturschutzgebiet | Das *Ziegeleiareal* in Oberwil ist zum Amphibienlaichgebiet mit nationaler Bedeutung erklärt und unter Naturschutz gestellt worden. Unter anderem laicht dort die Kreuzkröte. |
| --- | --- | --- |
| 29. | Liestal
Nun doch gegen AKW-Neubau | Das im solothurnischen Gösgen geplante Kernkraftwerk wird von der Baselbieter Regierung nun trotz aller vorhergehenden Unkenrufen heftig bekämpft. |
| 30. | Basel
Kurt Koch nicht mehr Bischof | Nach 15 Jahren als Bischof von Basel wurde der 60-jährige *Kurt Koch* nach Rom berufen und wird dort ein hohes Kirchenamt übernehmen. |

Juli 2010

| 1. | Reinach
Reformen | Die Gemeinde Reinach hat umfassende Reformen des Zusammenwirkens der Verwaltung mit der Politik vorgenommen. Damit soll ein langfristiges öffentliches Management ermöglicht werden. Es gibt nun neue strategische Sachpläne, anhand derer die verschiedenen Bereiche (Finanzen/Bevölkerungsdienste usw.) nachhaltiger und langfristig gemanagt werden können. |
| --- | --- | --- |
| | Binningen
Krähenplage | Wie im Hitchcockfilm «Die Vögel» müssen sich Binninger Einwohner vorkommen, wenn die Massenansammlungen von Krähen losschreien und im Schwarmflug ganze Quartiere eindecken. Ein Abschuss der Tiere ist nur in Ausnahmefällen erlaubt, sie sonstwie zu verjagen gelingt nicht. Zum Fluglärm nun auch noch ein tägliches Krächzkonzert, nur nachts unterbrochen. |
| | Region Basel
Juniwetter;
heiter bis bewölkt | Gegen Ende des Monats Juni ist der Sommer bei uns angekommen. Die Sonne schien 202½ Std. lang, was bei einem langjährigen Mittel von 206 Std. beachtlich ist, die Maximaltemperatur betrug 32 °C (Mittel 30 °C), der Durchschnitt ist mit 18,1 °C wärmer als die Norm (16,6 °C). Niederschläge fielen mit 65,1 mm eher spärlicher als sonst (87 mm). 14 Sommertage wurden registriert, 5 mehr als im Mittel. |
| | Münchenstein
EBM kauft Wasserkraftwerke | Die *Elektra Birseck* in Münchenstein kauft in verschiedenen Regionen Frankreichs 7 kleine Wasserkraftwerke mit einer Gesamtleistung von 16 MW, was etwa dem 10-Fachen des Werkes *Dornachbrugg* entspricht. |
| 5. | Region Basel
H2 – Fass ohne Boden? | Die unsägliche Finanzgeschichte um die H2 geht weiter. Nun soll das ganze Projekt nochmals CHF 140 Mio. mehr kosten. Anstelle von geplanten CHF 248 Mio. kostet sie nun 554 Mio. |
| 6. | Region Basel
Telebasel erreicht viele Zuseher | Den grössten Marktanteil aller Regionalsender erreicht *Telebasel*, der immer auch über die Geschehnisse im Baselbiet berichtet. Es werden täglich 110'700 Haushalte mit Bildern und News beliefert. |
| 9. | Schweiz
Klimapolitik | Die laut Gesetz und *Vertrag von Kyoto* vorgeschriebene Reduktion des CO_2-Ausstosses in der Schweiz wurde auch 2009 nicht eingehalten. Zwar sank er um 1 %, blieb aber weit über dem gesteckten Ziel. Vor allem die Treibstoffabgase sind trotz minimaler Abnahme noch immer viel zu hoch. |
| 10. | Muttenz
Jazz-Festival | Bereits zum 26. Mal füllte sich der Dorfkern von Muttenz mit Jazzbegeisterten anlässlich des «Jazz uf em Platz». Auf 3 Bühnen wird vorwiegend älterer Jazz von hervorragenden, auch internationalen Bands zelebriert. Obwohl der Termin in den Sommerferien lag und die *Fussball-WM* gleichzeitig stattfand, strömten Hunderte von Zuhörern an die Veranstaltung. Ein kleiner Regenguss störte kaum, und so war auch die diesjährige Auflage ein Grosserfolg. |

11.	Basel/Muttenz *Public Viewing* floppt	Zum 2. Mal ist im Baselbiet innert kurzer Zeit ein *Public-Viewing*-Projekt von den erwarteten (zahlenden) Zuschauermassen im Stich gelassen worden. Die Auslastung im *Schänzli* in Muttenz lag bei den Übertragungen der Spiele an der *Fussball-Weltmeisterschaft* bei etwa 20%. Nur dank Entgegenkommens verschiedener Lieferanten konnte knapp eine «schwarze Null» geschrieben werden.
15.	Liestal/Basel Keine Vorfinanzierung durch die Kantone	Der dringend nötige Ausbau der SBB – vor allem der Regionallinien – und die Entflechtung von Güter- und Personenverkehr bringen den Bund finanziell an den Anschlag. Nun möchte dieser die Kantone in die Pflicht nehmen und fordert sie deshalb zur Vorfinanzierung dieser Projekte auf. Davon wollen aber beide Basel nichts wissen.
	Birsfelden Genug vom Dreck	In der Gemeinde Birsfelden wird jeder, der beim Verdrecken der Umgebung erwischt wird, hart bestraft. So kostet ein weggeworfener Kaugummi CHF 40. Die Gemeinde will damit erreichen, dass die Strassen und Plätze sauberer werden.
16.	Allschwil Pianokonzerte in der Scheune	Die durch Zufall entdeckte herrliche Akustik der Scheune an der Kirchgasse 4 in Allschwil wird nun so genutzt, dass regelmässige Klavierkonzerte mit Könnern des Fachs abgehalten werden. Alle sind von der wunderbaren Atmosphäre gepackt, die Pianisten stehen Schlange, um hier spielen zu dürfen. Der Konzertplan steht bereits bis 2012.
20.	Region Basel Zu heiss	Im Gegensatz zur Ostschweiz ist es bei uns zu heiss und zu trocken, es ist sogar heisser als im Hitzesommer 2003. Das führt zu einer Verzerrung im Wettbewerb im Gemüsemarkt. Während bei uns in der Region intensiv bewässert werden muss, ist das Wetter in der Ostschweiz pflanzenfreundlicher. Die Bauern befürchten einen Verlust unter anderem bei den Kartoffeln, da diese wegen Trockenheit nicht auswachsen können.
22.	Birsig Fischsterben	Wegen des zu geringen Wasserstandes und der dadurch schnelleren Erwärmung des Wassers starben im Unterlauf des Birsigs viele Bachforellen, während die Elritzen überlebt haben.
	Wenslingen Nostalgisches Getreidemähen	Getreidemähen wie zu Grossvaters Zeiten konnte man in Wenslingen hautnah verfolgen. 2 Pferde zogen die ratternden Maschinen, darunter auch Bindemäher, durch den eigens für diesen Anlass angesäten Acker. Es kamen viele Besucher, die sich dieses Ereignis nicht entgehen lassen wollten.
26.	Liestal/Sissach 3-D-Kino	Mit der neuen digitalen 3-D-Technik haben sich als erste Landkinos die beiden Lichtspielhäuser *Oris* in Liestal und *Palace* in Sissach ausgerüstet. Die regionale Konkurrenz ist allerdings bereits sehr gross.
27.	Gelterkinden Flüsterbelag	Der neue Deckbelag auf der Sissacherstrasse in Gelterkinden heisst *Nanosoft* und verspricht eine Lärmreduktion von 8,5 Dezibel. Dieser Belag wird hier erstmals in der deutschen Schweiz eingebaut. Der nur gerade 500 m lange Abschnitt dient dem *Baselbieter Tiefbauamt* als Pilotstrecke.
	Schweizerhalle/Basel Stellenabbau	Der Chemiekonzern *Huntsman* baut 118 Stellen ab. Durch natürliche Fluktuationen und Frühpensionierungen werden davon 33 Stellen betroffen, für 85 Mitarbeiter gibt es aber eine Entlassung.
29.	Muttenz/Pratteln *Clariant* bündelt Kräfte	Der Chemiekonzern *Clariant* bleibt in Muttenz und in Pratteln, verlässt aber die Standorte Münchenstein und Reinach. Die aufgegebenen Standorte ziehen nach Muttenz.

	Ramlinsburg Asylzentrum mit mehr Akzeptanz	Nach anfänglicher grosser Skepsis ist das Asylzentrum in Ramlinsburg nach einem Jahr nun voll akzeptiert.

August 2010

1.	Region Basel Juliwetter sommerlich	Der Sommer machte diesen Juli seinem Namen alle Ehre. Es gab 3 Tropennächte, 8 Hitzetage und einen Temperaturschnitt von 20,4 °C. Die Sonne schien während 268 Std., das sind 46 Std. über der Norm. Gegen Monatsende setzte Regen ein und bescherte uns 89 l Niederschlag, das sind 35 l unter dem langjährigen Mittel.
2.	Tecknau Bahnverkehr lahmgelegt	Nach einem wohl durch einen Graureiher verursachten Kurzschluss bei Tecknau gab es für 4 Std. auf der Bahnstrecke durch den *Hauensteinbasistunnel* kein Weiterkommen. Der Fernverkehr musste via Frick und zum Teil auf der alten ‹Läufelfingerli›-Strecke abgewickelt werden. Auch Busse kamen zum Einsatz, um einen einigermassen flüssigen Transport der Passagiere zu gewährleisten.
	Rünenberg Notlandung	Der grösste Doppeldecker der Welt, die *Antonov An-2*, ist auf ihrem Flug von Beromünster nach Schupfart wegen einer Motorenstörung durch Überhitzung in Rünenberg auf einem Stoppelfeld notgelandet. Nach erfolgter Abkühlung des Motors konnte das Flugzeug wieder starten und kam danach unbeschädigt am Zielflughafen an.
3.	Liestal *Kantonsbibliothek* mit Zuwachs	Die *Kantonsbibliothek* in Liestal weist für 2009 hervorragende Zahlen aus. Zum einen haben die Nutzerzahlen um 9,5% zugenommen (20'286 Nutzer), zum anderen belief sich die Zahl der ausgeliehenen Medien auf 775'000, was einer Zunahme von 4,5% entspricht.
7.	Kanton Basel-Landschaft Schwarzarbeit auf dem Vormarsch	Die Baustellenkontrolleure des *Kantonalen Amtes für Industrie, Gewerbe und Arbeit* (KIGA) haben in diesem Jahr bereits doppelt so viele Schwarzarbeiter wie im letzten Jahr gefasst. Im letzten Jahr waren es 46, heuer sind es bereits über 100.
10.	Sissach/Olten Dampfbetrieb ein Erfolg	Auch im 2. Versuchsjahr mit der modernen Dampflokomotive auf der alten Hauensteinstrecke wurden sehr gute Passagierzahlen erzielt, betrug die Auslastung doch gute 60% in 35 Fahrten zwischen dem 31. Juli und dem 8. August.
11.	Oberes Baselbiet Pelletwerk im Konkurs	Die *Pelletwerk Mittelland AG*, an der mehrere Oberbaselbieter Gemeinden beteiligt sind, ist in Konkurs gegangen. Nachdem die Pelletfabrikationspläne in Zeglingen und Liesberg nicht haben verwirklicht werden können, beteiligten sich Baselbieter Gemeinden am Werk in Schöftland, damit sie dort ihre Waldholzüberschüsse verarbeiten lassen konnten.
12.	Region Basel Dauerthema Fluglärm	Die landrätliche *Umweltschutz- und Energiekommission* wirft der binationalen *Fluglärmkommission* vor, tatenlos einfach nur den Fluglärm zu verwalten und keine Schritte zu dessen Verminderung zu unternehmen.
13.	Pratteln Riesiges Logistikzentrum	Die Firma *Paul Leimgruber AG* bezieht in Pratteln ihren neuen Hauptsitz. Im Gegenzug werden die 3 früheren Standorte Wolf, Dreispitz (Basel) und Kaiseraugst aufgegeben. Damit kommen 240 Mitarbeitende zu einem neuen Arbeitsplatz. Die Anlage bietet 20'000 m^2 Lagerfläche und hat im Weiteren den Vorteil der Nähe der Autobahn, so dass kein bewohntes Gebiet mehr durchfahren werden muss.

15. Liestal Kurven sind Glückssache		Die Poststrasse in Liestal ist aufwendig saniert und ausgebaut worden. Schmucke Bäume trennen Fussgänger vom Verkehr. Nun aber können die Busse in den Kurven nicht kreuzen, da der Radius zu eng ist. Also müssen von den frisch gesetzten Bäumen 4 wieder weg, und eine Ampel muss steuern, wann welcher Bus fahren darf. Übrig bleibt die Frage nach der Übernahme der Kosten. Kanton und Stadt streiten sich darum.
16. Pratteln/Basel Bundesratskandidatin		*Eva Herzog*, derzeit *Finanzministerin* in Basel, aufgewachsen in Pratteln, will für den frei werdenden Bundesratssitz von *Moritz Leuenberger* kandidieren. *Herzog* gehört zur SP und sieht sich als Vertreterin der Nordwestschweiz. – *Caspar Baader*, SVP, wäre zwar von der Partei als Kandidat gewünscht, *Baader* will aber nicht.
18. Kanton Basel-Landschaft *HarmoS*-Abstimmungskampf		Etwas mehr als ein Monat trennt uns vom *HarmoS*-Entscheid, und die Wogen gehen hoch. Während die einen mit lachenden Kindern für ein Ja werben, schaut uns ein weinendes Kind aus tieftraurigen Augen an und bettelt für ein Nein auf den Plakaten und Inseraten der SVP. Es wird spannend, gibt es doch viele Pro- und Contra-Argumente, die gewichtig sind.
Langenbruck Nutzviehauktion		Unter dem tiefen Milchpreis leiden auch die Preise für die Kühe. Dass man früher bis zu CHF 7000 für eine gute Milchkuh bezahlte, ist Geschichte. Wenn heute ein Viehhändler oder Bauer knapp CHF 4000 für eine gute Kuh erzielt, muss er froh sein. Die Auktion in Langenbruck lockte zwar viel Volk an, die Geschäfte aber gingen schleppend voran. Von angebotenen 119 Rindviechern wurden aber dennoch deren 111 verkauft.
19. Hölstein Bakterien im Wasser		Das Trinkwasser in Hölstein ist mit Bakterien belastet. Woher die Verschmutzung kommt, ist noch unklar. Die Bewohner müssen ihr Wasser zuerst abkochen, erst dann ist es gefahrlos trinkbar.
20. *Augusta Raurica* Alexanderfest		*Georg Friedrich Händels* Chorwerk «Alexanderfest» wurde in der Arena von *Augusta Raurica* vom *Theater Basel* aufgeführt und war ein Riesenerfolg. Auch das Wetter spielte mit.
22. Reinach Wichtige Arbeiten im WBZ		Im *Wohn- und Bürozentrum für Körperbehinderte* (WBZ) in Reinach werden jeweils die Gemeinde- und Kantonswahl- und Stimmcouverts abgepackt und adressiert. Das WBZ bietet seit 35 Jahren körperlich Behinderten sinnvolle, vollwertige Arbeiten an.
23. Kanton Basel-Landschaft Waldbodenkarte		Im Kanton Basel-Landschaft wurden 85 Waldstandorte bodenkundlich untersucht. Man will die Bedingungen für ein gutes Trinkwasser, Bodenschutz und die Biodiversität festhalten. Unter www.geo.bl.ch kann man diese Karten abrufen.
Kanton Basel-Landschaft Sparvereine in Not		Weil sie schon seit 75 Jahren (!) in verschiedenen Punkten gegen das Bankgesetz verstossen, droht nun den etwa 50 Baselbieter Sparvereinen das Aus. Sie dürfen in ihrem Namen das Wort Sparanlage nicht gebrauchen, gewerbsmässige Entgegennahme von Publikumseinlagen sind nur den Bankinstituten erlaubt, und der Einlegerschutz muss gewährleistet werden. Es wird nun auf verschiedenen Ebenen versucht, die alten, guten Sparvereine zu retten. Eine grosszügige Übergangsfrist ist von der *Finma* gewährt worden.
24. Pratteln Fussball nun doch auf Kunstrasen		Erst im 3. Anlauf hat es geklappt: Der Einwohnerrat hat mit 20:15 Stimmen den Kunstrasen für den *Sandgruben-Sportplatz* bewilligt. Die Kosten werden sich auf CHF 1,65 Mio. belaufen. Der Versuch eines Behördenreferendums scheiterte knapp, allerdings ist noch ein Volksreferendum möglich.

25.	Kanton Basel-Landschaft Sozialhilfe steigt leicht	Ende 2009 wurden im Baselbiet 4434 Menschen von der Sozialhilfe unterstützt, das sind 311 mehr als im Vorjahr. Die Quote liegt demnach bei 1,6% der Bevölkerung. Im Vergleich zu Basel, wo 6,4% Sozialhilfe beziehen, ist das zwar wenig, aber die Zahlen werden, so ist es absehbar, auch bei uns steigen. Dringend benötigt wird ein 2. Arbeitsmarkt, wie *Rudolf Schaffner, Leiter des kantonalen Sozialamtes*, sagt.
	Unterbaselbiet Finanzausgleich begrenzen	Die 9 Unterbaselbieter Gemeinden Arlesheim, Biel-Benken, Binningen, Bottmingen, Oberwil, Pfeffingen, Reinach, Schönenbuch und Therwil wollen, dass der kantonale Finanzausgleich nach oben begrenzt wird, da diese Gemeinden sonst möglicherweise ihren Steuerfuss anheben müssten. Man ist nicht gewillt, derart hohe Beträge weiterzugeben. «Wir sind solidarisch, aber die Solidarität hat Grenzen», meint ein Sprecher der Gebergemeinden.
30.	Baselbiet Kranke Böden	Vor allem Blei und Zink belasten viele Gartenböden. Das haben Untersuchungen in Pratteln ergeben. Zum Teil sind ehemalige Industrieanlagen daran beteiligt, aber auch der Verkehr und das Düngen mit Asche. Auch Böden in Arlesheim, Sissach, Gelterkinden und an anderen Orten sind schwermetallbelastet, müssen aber (noch) nicht dringend saniert werden.
	Basel Neuer *BaZ*-Chefredaktor	Die *Basler Zeitung* bekommt einen neuen Chefredaktor. Der Vize-Chef der *Weltwoche*, *Markus Somm*, übernimmt die Leitung der *BaZ*-Redaktion. Das bedeute einen «Rechtsrutsch», meinen nun viele Kritiker und befürchten einen Niedergang der grössten regionalen Zeitung.
	Kanton Basel-Landschaft Lehrer- und Lehrerinnenverein sagt Nein	Der *Lehrerverein Baselland* ist klar gegen *HarmoS*. Das erstaunt nicht, wenn man erste Rückmeldungen aus anderen Kantonen mitbekommt. Es wurden in der Abstimmungsvorlage zu viele Postulate eingewoben, und so sei das ganze Paket abzulehnen.

September 2010

2.	Region Basel Augustwetter	Der diesjährige August war zu kalt und zu nass. Es gab keinen einzigen Hitzetag, mit 16,9 °C im Schnitt war der Monat insgesamt 1,8 °C zu kalt. Aber es gab immerhin 6 Sommertage (über 25 °C). Mit 28,4 °C wurde das Monatsmaximum erreicht. Im Minimum mass man 7,6 °C. 196 l Niederschlag an 16 Tagen bedeuten 83 l weniger als «normal». Die Sonne war nur 163 Std. lang zu beobachten, 33 Std. weniger als im Mittel. Ein Sommer fast zum Vergessen, wäre da nicht der wirklich sommerliche Juli gewesen.
3.	Region Basel Bundesratsträume vorbei	Die innerparteilichen Kandidaturen von *Eva Herzog* (SP) und *Peter Malama* (FDP) für die Bundesratswahlen wurden beide in den entsprechenden Fraktionen gebodigt. Die Region wartet weiter.
5.	Wenslingen Traktoren und anderes	In Wenslingen fand ein Treffen von Besitzern alter Traktoren und landwirtschaftlicher Maschinen statt. Alle Ausstellungsobjekte waren mindestens 30 Jahre alt und noch betriebstüchtig. So gab es viel zu sehen, zu diskutieren und zu «nostalgieren». Der Event war ein grosser Erfolg, kamen doch Tausende von Schaulustigen, um unter anderem auch Steinbrecher und Brettersägen (dampfbetrieben) zu sehen.

6.	Baselbiet/Schweiz Politiker-Ranking	Zu den 15 einflussreichsten Politikern in den Räten der Schweiz gehören auch die Baselbieter *Maja Graf (Grüne)* auf Rang 12 und *Caspar Baader* (SVP) auf Rang 7. Dies nach dem jährlichen Ranking der *SonntagsZeitung*. Beide Baselbieter Spitzenpolitiker machten gegenüber dem Vorjahr grosse Schritte vorwärts. Auch *Claude Janiak* (SP) auf Rang 31 und *Susanne Leutenegger Oberholzer* auf Rang 43 schnitten überdurchschnittlich gut ab. Auf Rang 237 befindet sich *Hans Rudolf Gysin* (FDP).
	Bubendorf Musikalischer Grosserfolg	Der *Musikverein Bubendorf* nahm am einzigen *Tattoo* in der Romandie teil, zusammen mit grosser, internationaler «Konkurrenz». Die Bubendörfer gehörten mit ihren Beiträgen an den 3 Konzerten zu den Höhepunkten der Veranstaltung.
8.	Bern/Liestal Ja, aber … zu Richtplan	Der Bundesrat hat den *Baselbieter Richtplan* mit 2 ABER genehmigt. Zunächst sollten Fruchtfolgeflächen (das ist die im Notfall landwirtschaftlich nutzbare Fläche) nicht verkleinert, sondern unter Berücksichtigung des inzwischen dazugekommenen Laufentals vergrössert werden. Bislang ging man von 8000 ha aus, was aber nicht akzeptiert wird. Dann muss auch im Landschaftsschutz nachgebessert werden: Gebiete von nationaler Bedeutung müssen gesichert sein. Die zuständigen Stellen haben nun 2 Jahre Zeit, die Verbesserungen vorzunehmen.
10.	Schweiz Glühbirnen ade	Die über ein Jahrhundert leuchtenden Glühbirnen werden nun, auch auf Geheiss der Gesetzgeber, nicht mehr produziert und durch LED-Leuchten ersetzt. Die alten Glühbirnen setzten nur 5% der verbrauchten Energie in Licht, den Rest in Wärme um. Die LED-Leuchtdioden leben zudem viel länger und verbrauchen wesentlich weniger Strom. Den alten Glühbirnen erweisen wir unsere Referenz und danken für den grossen Einsatz während eines Jahrhunderts.
12.	Liestal «Klangstrasse»	23 Ensembles aus 15 Musikschulen des Kantons Baselland, schön verteilt vom ‹Törli› bis zum Balkon des Regierungsgebäudes, spielten zusammen das von *David Wohnlich* komponierte Stück «Klangstrasse». Der Grossauftritt war ein Höhepunkt am *Tag der offenen Türe der Musikschulen*.
13.	Basel/Liestal Kinderspital fertig gebaut	Das *Kinderspital beider Basel* an der Schanzen-/Spitalstrasse in Basel ist fertig gebaut, jetzt muss es noch eingerichtet werden. Der Budgetrahmen von CHF 170 Mio. konnte eingehalten werden. Man hofft, Ende Januar 2011 einziehen zu können.
	Liestal Begegnungszone eröffnet	Die Neugestaltung des *Wasserturmplatzes* ist fast abgeschlossen. Das Teilstück Törli–Seestrasse ist jetzt auch im Gegenverkehr befahrbar. Der Platz wird am Wochenende eingeweiht.
15.	Kanton Basel-Landschaft Vollkanton?	Periodisch taucht im Baselbiet der Gedanke auf, man sei in Bern vor allem im Ständerat untervertreten und wolle daher ein Vollkanton werden. Mit einer Interpellation des FDP-*Landrates Daniele Ceccarelli* im Namen seiner Fraktion wurde dieses Begehren nun wieder einmal gestellt; die Regierung hat das Thema als strategisches Ziel für die nächsten Jahre erklärt. Die in Bern wirkenden Bundesparlamentarier aus der Region geben aber einem Vorstoss keine Chance.

	Kanton Basel-Landschaft Preisdifferenzen, die einschenken	Gebühren und Abgaben variieren je nach Gemeinde und Kanton erheblich. Die Hundegebühren kosten in Binningen CHF 140, in Buckten CHF 40 und in Zürich CHF 180. Der Führerausweis ist im Baselbiet mit CHF 75 mehr als doppelt so teuer wie der gleiche Ausweis im Aargau. Mit CHF 480 kostet die Parkkarte für BL-Handwerker wesentlich mehr als in Basel, wo CHF 400 verlangt werden. Für eine 35-l-Abfallsack-Marke bezahlen die Muttenzer CHF 2, die Liestaler aber CHF 2.80.
16.	Ormalingen *Biopower* stinkt	Üble Gerüche verbreiten sich in Ormalingen, ausgehend von der *Biopower*, einer Verwertungsstelle für organische Abfälle. Die seit November 2008 betriebene Anlage wird von verschiedener Seite immer wieder der «Verstänkerung» bezichtigt, dies trotz Verbesserungen an der Anlage. Nun sollen mit einer Notrufnummer Daten erhoben werden, um genauere Angaben zu erhalten.
	Münchenstein Wohnturm und Laptops	Die Gemeinde Münchenstein segnet 2 grössere Projekte ab: Erstens erhält die Primarschule 202 Laptops, als eine der ersten Schulen im Kanton flächendeckend. Ausserdem wurde eine Abänderung eines Zonenplans zwischen 10er-Tram und Bahn bewilligt, die den Bau eines architektonisch interessanten Wohnturms von 42 m Höhe erlauben wird.
17.	Kanton Basel-Landschaft Lehrerverein «straft» Abweichler	Rolf Coray, Präsident der *Amtlichen Kantonalkonferenz der Baselbieter Lehrerinnen und Lehrer*, hat nach seiner öffentlichen Befürwortung von *HarmoS* vom Lehrerverein eine unerwartete Quittung erhalten: Er wurde aus dem Vorstand des LVB ausgeschlossen. Dies wurde an der Delegiertenversammlung nachträglich statutarisch sanktioniert, wonach der Präsident der *Amtlichen Kantonalkonferenz* keinen Anspruch auf den Einsitz in den Vorstand des LVB mehr hat.
	Baselbiet/Biel Baselbieter Polizeihund löst Kriminalfall	Der während 8 Tagen flüchtige Rentner, der sich wegen der drohenden Zwangsversteigerung seines Hauses gegen Polizisten wehrte und dabei einen von ihnen verletzte, konnte nach einem längeren «Versteckspiel» verhaftet werden. Dabei spielte *Faro*, ein Baselbieter Polizeihund, die Hauptrolle: Er packte den Täter und liess ihn nicht mehr los. In der ganzen Affäre zeigte sich die Polizei aber nicht auf der Höhe ihrer Aufgabe.
18.	Aesch Ungewöhnliche Lohnkürzungen	Die Firma *Stöcklin* in Aesch, Lager- und Fördertechnik, kürzt ihren Grenzgängern wegen der anhaltenden Euroschwäche den Lohn um 6 %, und diese haben damit immer noch eine bessere Zahlungskraft von ebenfalls 6 %. Von 120 Grenzgängern sind 100 mit dieser Massnahme einverstanden, die 20 übrigen werden noch einmal «bearbeitet». Einige von ihnen haben aber die Kündigung erhalten. Die Gewerkschaft *Unia* spricht von Lohndumping.
21.	Liestal Grosseinkauf	Der Kanton Basel-Landschaft übernimmt an 19 Standorten 26 Sekundarschulanlagen für CHF 195 Mio. Gemäss der Volksabstimmung von 1997 wurde der Kanton zum Träger der Sekundarschulen ernannt. Nun steht aber bereits mit *HarmoS* ein neues Problem bezüglich der Sekundarstufe ins Haus: Sie wird zu Gunsten der Primarschule, welche auf 6 Jahre verlängert wird, auf 3 Jahre verkürzt.
	Frenkendorf *Regio Milch* existiert weiter	Die *Regio Milch beider Basel AG* konnte vom *Sachwalter Urs Baumann* in letzter Minute an die *Emmi* und die *Miba* verkauft werden. So werden in der Region etwa 20 Arbeitsplätze gerettet. Die Verarbeitung der Milch soll im Frühjahr 2011 aufgenommen werden.

	Hölstein Ins Bockshorn gejagt	Auf Wunsch der Armee hat die Gemeinde Hölstein für CHF 50'000 Matratzen für die Zivilschutzanlagen gekauft, mit der Zusage, dass dann dort Soldaten und Rekruten übernachten können. Aber die Anlagen bleiben leer. Statt Einnahmen zu generieren, hat die Gemeinde nun ein Minus.
24.	Pratteln Chemikalien ausgelaufen	Wegen einer defekten Pumpe traten bei Chemiefirma *CABB* in Pratteln 3000 l Chemikalien (Chloracetylchlorid) aus. 6 verschiedene Feuerwehren standen während mehrerer Stunden im Einsatz. Mit Wasserwerfern wurde versucht, den Chemikaliennebel zu binden. Verletzt wurde niemand, es wurden auch keine Grenzwerte überschritten. Zusammen mit Wasser ergibt die Chemikalie Salz- und Essigsäure.
	Binningen/Bottmingen Gemeinsame Gewerbeausstellung	80 Gewerbetreibende und Dienstleister präsentieren ihre Angebote in Binningen. Die Zusammenarbeit wird allseitig gelobt.
	Laufen Stadtentwicklungsprogramm	An der *Einwohnerversammlung von Laufen* wurden CHF 275'000 für ein Stadtentwicklungsprogramm gesprochen. Auch die Einwohner sollen in den Entwicklungsprozess eingebunden werden.
	Region Basel ‹Baseldütsch› oder ‹Baseldytsch›?	Die *Christoph Merian Stiftung* hat ein neues Buch über den Basler Dialekt herausgegeben. Das Problem bei Dialekten ist die Durchmischung mit anderen Idiomen. Auch gibt es keine verbindliche Schreibweise. Die Dialekte werden meist nur mündlich gebraucht. Die Verflachung der Dialekte sowie das Aussterben von alten Menschen, die den ursprünglichen Dialekt noch gebraucht haben, veranlasste die CMS zu einer Überarbeitung und Herausgabe des Neuen Baseldeutsch-Wörterbuches. Viele Wörter werden auch im unteren Baselbiet ‹Baseldütsch› gesprochen, ja, es findet vielfach eine Angleichung an das im Baselbiet gesprochene Idiom statt (oder natürlich auch umgekehrt).
26.	Binningen Mauerfall	60% der zur Urne marschierten Binninger Stimmbürger, das sind 2900, votierten für den Rückbau der hässlichen Mauer vor dem Schloss. Die Kosten werden nach oben plafoniert, weil *Matthias Eckenstein* den CHF 75'000 übersteigenden Betrag aus eigener Tasche berappen will.
	Reinach *Werkhofareal*	Die Reinacher Stimmberechtigten haben zu 70% einer Überbauung des alten *Werkhofareals* sowie dessen Sanierung (ehemalige Deponie) zugestimmt.
27.	Liestal/Oberbaselbiet Viel Arbeit für *Regierungsrat Urs Wüthrich*	Im Oberbaselbiet wurde die Schulharmonisierung mehrheitlich nicht nur aus finanziellen, sondern auch «philosophischen» Gründen abgelehnt. Da der Gesamtkanton aber zu allen Vorlagen Ja sagte, steht dem Bildungsdirektor viel Überzeugungsarbeit bevor.
	Fricktal Ja zu *Metrobasel*	Die für wirtschaftliche Kooperation stehende *Vereinigung Metrobasel* hat mit dem Fricktal ein neues Mitglied begrüssen können. Zwar wird im Aargauer ‹Täli› gemosert, der Jahresbeitrag von CHF 25'000 sei viel zu hoch, aber dennoch: Ein allfälliger, nicht bezifferbarer Gewinn aus der Teilnahme an diesem Grossprojekt ist doch zu erwarten.
28.	Reinach/Münchenstein/Aesch Hirnlose unterwegs	Ein Nachtbubenstreich, eher aber eigentlich eine kriminelle Handlung, die böse Folgen hätte haben können, ereignete sich an der 11er-Tramlinie im Bereich Münchenstein/Aesch/Reinach: Hirnlose Nachtbuben (evtl. auch -mädchen) legten Dohlendeckel auf die Tramgleise. Zum guten Glück war die Polizei sehr schnell vor Ort und konnte ein Unglück verhindern.

	Lupsingen Neuer Friedhof	Für CHF 250'000 wurde der Friedhof saniert und erweitert. Der Bevölkerung gefällt die neue Anlage. Von den Bewohnern hat man noch nichts gehört.
	Birsfelden Bitte keine Staus mehr	Politikern in Birsfelden missfällt die verstopfte Hauptstrasse, die sich regelmässig gegen Abend mit Autos füllt. Besonders prekär ist die Situation, wenn auf den Autobahnen eine grössere Stockung gemeldet wird. Dann weichen viele Autofahrer über Birsfelden aus.
29.	Augusta Raurica Neuer Leiter	Die Römerstadt in Augst hat einen neuen Leiter. Der 43-jährige *Daniel Suter* hat die Führung übernommen. Er arbeitet schon seit 1995 in Augst.
	Schweiz Euroschwäche	Der Euro verliert rasant an Wert, was vor allem den Einkaufstourismus ins grenznahe Ausland fördert. Die durch die Schwächung des Euros ausgelöste Frankenstärke bereitet der Exportindustrie einiges Kopfzerbrechen. Für die Grenzgänger ist der Zustand natürlich paradiesisch – sie bekommen mehr Kaufkraft bei gleichem Lohn.

Oktober 2010

1.	Kanton Basel-Landschaft Krankenkassen schlagen happig auf	Für den Kanton Basel-Landschaft werden im kommenden Jahr die Prämien für die Krankenversicherung um durchschnittlich 8,2% steigen. In Bargeld kostet die Gesundheit CHF 398.75 pro Monat.
	Region Basel Septemberwetter	Der September 2010 ist bereits der 7. Monat, in dem es zu wenig geregnet hat. Es gab nur an 7 Tagen Regen. Verglichen mit der Jahresregenmenge sind wir bis Ende September 133 l im Rückstand. Während 187 Std. schien die Sonne. Doch die Durchschnittstemperatur lag mit 13,1 °C um 1,2 °C unter der Norm. Die Temperaturen schwankten zwischen 23,4 und 2,9 °C.
5.	Pfeffingen Kleines Naturwunder	Forscher haben ein Überwinterungsnest der Raupe des *Grossen Eisvogels*, des grössten Tagfalters Europas, gefunden. Das ist insofern ein kleines Wunder, als der Schmetterling in unserer Gegend als ausgestorben galt.
10.	St. Gallen Das Baselbiet zeigt sich	An der *Olma*, der St. Galler Grossmesse, durften sich an diesem Wochenende Baselland, Basel-Stadt und der Jura präsentieren. Mit dem ‹Chienbäse› und einem ‹Eierläset› wurde typisches Baselbieter Brauchtum gezeigt. Vor allem Politiker sprachen von einer «super Plattform» für unseren Kanton.
12.	Pratteln/Muttenz Problemtunnel	Aufquellender Gipskeuper macht auch im *Adlertunnel* bei Pratteln und Muttenz, wie zuvor im *Belchentunnel* und im *Umfahrungstunnel* in Sissach, grösste Probleme. Die Sanierung der 40 m langen problematischen Strecke sollte ursprünglich CHF 16 Mio. kosten, doch wird auch dieser grosse Betrag nicht ausreichen.
13.	Region Basel Traubenernte im vollen Gang	Die weissen Reben sind grösstenteils gepflückt, jetzt kommen die roten dran. Der Ertrag wird wohl kleiner sein als letztes Jahr, aber die Qualität wird als ausgezeichnet beschrieben.
	Münchenstein Referendum steht	Das Referendum gegen den Kredit über CHF 600'000 für 202 neue Laptops für die *Primarschule Münchenstein* ist mit 550 gültigen Stimmen zustande gekommen.
	Binningen Monteverdi-Sammlung braucht Geld	Das *Monteverdi-Museum* mit Sitz in Binningen mit seinen 70 Fahrzeugen braucht dringend Geld, um überleben zu können. Nun folgt ein Vorstoss im Baselbieter Parlament, das mit einem finanziellen Zustupf das einmalige Museum retten soll.

14. Liestal Bäche öffnen	Die *Pro Natura Baselland* hat auf der Landeskanzlei eine Initiative mit 2520 Unterschriften eingereicht, wonach eine aktive Rolle des Kantons bei der Ausdohlung kleiner Gewässer verlangt wird.
15. Zwingen Neuer Kindergarten	Die Stimmbürger von Zwingen stimmten nach langen Diskussionen einem Kredit von CHF 2,6 Mio. für einen Neubau des Kindergartens zu, nachdem eine Steuererhöhung ausgeschlossen wurde. Der Neubau kommt etwa gleich teuer, wie eine Sanierung mit Anbau gekommen wäre. Das Obergeschoss bietet zudem Zusatzräume für Elternberatung, Spielgruppe und Deutschkurse. Andere Projekte müssen nun warten, bis wieder Geld vorhanden ist.
Muttenz Sanierung des Muttenzerbachlaufs	Um künftige Überschwemmungen durch den eigentlich bei Normalwasser handzahmen Muttenzerbach (Riedmattbächlein) zu verhindern und um die Wässer nicht in die Kläranlage, sondern in den Rhein zu leiten, wird dem Projekt vom Souverän ein Betrag von CHF 6 Mio. zugesprochen. Eine Offenlegung des Baches kommt wegen der geringen Normalwassermenge nicht in Frage.
Reinach Wegzug von *Clariant*	Der Standort Forschung in Reinach wird aufgehoben und nach Frankfurt verlagert. Damit verlieren 87 Angestellte ihre Arbeit, es sei denn, diese wollen nach Frankfurt dislozieren.
20. Muttenz Wald nutzen, aber nicht übernutzen	An der Herbsttagung der *Basellandschaftlichen Gebäudeversicherung* gab es Referate zum Thema «Wald» zu hören. Obwohl der Wald zurzeit 220 km² Fläche einnimmt (42%), muss wegen der wachsenden Bevölkerungsdichte zum Wald Sorge getragen werden, da der Druck auf ihn und die Begehrlichkeiten immer grösser werden.
Kanton Basel-Landschaft Fahrende wohin?	Zu den vom Bund festgestellten Mängeln im *Baselbieter Richtplan* gehört, dass darin Halteplätze für Fahrende nicht vorkommen. Innert 2 Jahren hat der Kanton dies nachzuholen. Nun wurde beschlossen, zuerst eine Gesetzesgrundlage zu schaffen. Die Durchgangsplätze in Wittinsburg und Liestal genügen nicht, es müssen auch Plätze für die Überwinterung, so genannte Halteplätze, geschaffen werden. In der Schweiz gibt es etwa 3000 Fahrende, meist *Sinti* und *Jenische*.
22. Kanton Basel-Landschaft Wo bleibt nur das viele Geld?	Im Kanton Basel-Landschaft scheint es irgendwo ein Geldversickerungsloch zu geben. 1000 Wünsche und viele Aufgaben lassen den Kanton finanziell ausbluten und überschulden. Er gibt laufend mehr aus, als er einnimmt. Das Budget ist tiefrot: Partnerschaftliche Verpflichtungen mit Basel-Stadt, ein gewaltiger Investitionsberg in den Investitionsplänen für die nächsten Jahre sowie auch Flops bei Grossprojekten lassen Schlimmes befürchten. Eine Steuererhöhung scheint längerfristig unumgänglich. Ein grosses Sparpaket wird im Frühjahr 2011 vorgestellt.
23. Sissach Wasser	An der Gemeindeversammlung drehte sich alles um Wasser: Zuerst wird das *Reservoir Burgenrain* neu gebaut, was CHF 1,6 Mio. kostet. Als 2. Geschäft bewilligte die Versammlung CHF 280'000 für ein Abwasser-Trennsystem für die Primarschule und für die Leichenhalle.
Röschenz Windpark *Challhöchi*?	In Röschenz informierte die IWB die Bevölkerung über die Planung eines Windparks auf der *Challhöchi*, welche den Gemeinden Röschenz, Kleinlützel und Burg 9 Grosswindräder bescheren wird. Die über 100 m hohen Räder werden 36 MWh Strom liefern, was für 10'000 Haushaltungen reichen wird. Dass sich die Turbinen nicht mit dem intakten Landschaftsbild vereinbaren werden, ist klar, doch ist die *Challhöchi* wegen der guten Erschliessung und der Windexponiertheit ideal für einen solchen Windpark.

	Oberwil Neues Primarschulhaus kann kommen	Mit dem Verkauf des alten *Schulhauses Hüslimatt* an den Kanton, der dort einen Standort für die Sekundarstufe erstellen wird, kann sich Oberwil nun ein neues, dringend nötiges Primarschulhaus leisten. Die Kosten dafür werden auf gegen CHF 19 Mio. geschätzt. Der Neubau wird in *Minergie*-Standard erstellt.
24.	Ormalingen Hohe Auszeichnung	Die Betreiber des *Hofes Farnsburg*, *Theres* und *Markus Dettwiler*, errangen den Sieg in einem nationalen Wettbewerb zur Biodiversität in der Landwirtschaft. Auf den Wiesen tummeln sich unter anderen auch 100 *Galloway*-Rinder und 15 Bisons.
25.	Liestal Provinzbahnhof	Einer Kantonshauptstadt unwürdig sei der Bahnhof in Liestal. Diese Kritik wird immer lauter, nun auch von der *Stadtpräsidentin Regula Gysin* geäussert. Kurze Schalteröffnungszeiten, kalte Wartehäuschen und «unstädtisches Aussehen» des alten Bahnhofes seien nicht gerade ein würdiges Aushängeschild. Die SBB wollen mittelfristig einiges unternehmen, um die Provinzialität in städtischere Formen umzuwandeln.
	Kanton Basel-Landschaft Lehrerschnellbleiche unter Beschuss	Obwohl es unbestritten ist, dass sehr bald zu wenige Lehrer sich um die Schulkinder kümmern werden, ist man bei den Lehrerverbänden ganz entschieden gegen eine Schnellbleiche-Ausbildung künftiger Lehrpersonen. Es gehe nicht an, dass die Ausbildung für solche, die den «normalen» Weg gehen, derart streng sei und 3 Jahre dauere, und dies mit der eidgenössischen Maturität, während für so genannte «Notnägel» die Vorbereitung auf die gleiche Arbeit einer Schnellbleiche gleichkomme. Besonders im Zusammenhang mit der propagierten Attraktivitätssteigerung des Lehrerberufes sowie der erhöhten Professionalität passten die neuen Pläne nicht zusammen.
27.	Pratteln/Basel Ab- und Ausbau	*Coop* schliesst in Basel die Verteilzentrale und die Grossbäckerei, was 450 Angestellte ihren Arbeitsplatz kostet, gleichzeitig baut der Grossverteiler in Pratteln für CHF 61 Mio. tüchtig aus. Den betroffenen Angestellten werden unter anderem in Schafisheim, wo die neue Verteilzentrale hinkommt, neue Arbeitsplätze angeboten.
28.	Sissach/Läufelfingen Niederflur kommt … später	Zwar sind die S9-Haltestellen der ‹Läufelfingerli›-Linie modernisiert worden, das Rollmaterial mit Niederflureinstieg kommt aber erst 2013.
29.	Eptingen Kulturgüterschutz	Der Kulturgüterschutz ist ein Teil des Zivilschutzes und hat für eine Inventarisierung und eine sichere Unterbringung der Kulturgüter mit lokalem bis nationalem Wert zu sorgen. In Eptingen wurde das *August-Sutter-Museum* mit seinen etwa 70 Exponaten inventarisiert und dokumentiert. Zugleich wurden für den Fall einer Evakuation Transportvarianten festgehalten.
30.	Baselbiet *Naturschutztag*	Am letzten Samstag im Oktober wird traditionsgemäss der *Kantonale Naturschutztag* durchgeführt. Da können sich Freiwillige für verschiedenste Arbeiten an der Erhaltung und Pflege der Natur beteiligen. In diesem Jahr fanden in 54 Gemeinden Aktivitäten zu Gunsten der Natur statt.
	Diegten Gewerbeausstellung	Ein grosser Erfolg war die Gewerbeausstellung «Gaudi 10» des *Gewerbevereins KMU Homburger-/Diegtertal* in Diegten.

November 2010

1.	Gelterkinden Fischtod wegen Chlor	Der Grund für das grosse Fischsterben im Eibach vom Mai ist geklärt: Das chlorhaltige Wasser des *Schwimmbads Gelterkinden* hat die Fische vergiftet. Das Chlor verdunstet zwar, wenn das Wasser einige Tage im Freien stehenbleibt, aber wegen eines Systemfehlers sei das giftige Wasser sofort in den Bach gelenkt worden und habe die Forellen getötet.
	Region Basel Gute Pilzsaison	Wie Pilze aus dem Boden geschossen kamen sie … die Pilze. Das ihnen günstige Wetter liess sie spriessen wie schon länger nicht mehr. Die Gemeinden haben immer auch die Kontrolle der Pilze angeboten. Allerdings ist dieses Angebot in den letzten Jahres stark geschrumpft. Nur noch in 36 Gemeinden wird der wertvolle Dienst angeboten.
3.	Region Basel Geothermie	Das Wissen, das aus den Vorarbeiten der gescheiterten *Geopower* gewonnen wurde, ist eine der Trittleitern der neuen *Geo-Energie Suisse AG*, zu der sich 7 Energieunternehmen, so auch die EBL, zusammengeschlossen haben. Die Firma dient der Erforschung und der Weiterentwicklung der Energiegewinnung aus Erdwärme.
	Region Basel Oktoberwetter	Zu kalt und zu trocken, so lässt sich das Oktoberwetter in unserer Region zusammenfassen. Mit 8,8 °C im Mittel war es im Oktober um 1,1 °C kälter als das langjährige Mittel. Da nur 59 l Niederschläge fielen, ergibt sich ein Minus von 30 l (verglichen mit dem Durchschnitt). Auch die 103 Std. Sonnenschein weichen um 15 Std. vom Mittel ab (118 Std.).
4.	Nordwestschweiz Spitalbedarfsplanung	Die Nordwestschweizer Kantone Baselland, Basel-Stadt, Aargau und Solothurn wollen ihre Zusammenarbeit in der Spitalversorgung verbessern. Ein erster Schritt ist die in Liestal vorgestellte *Spitalbedarfsplanung*. Die Studie zeigt den Bedarf bis 2020 und fusst auf neuesten Zahlen und auch auf Erfahrungen aus dem Kanton Zürich.
5.	Läufelfingen Homburg wieder stabil	Der langsame Zerfall der *Ruine Homburg* bei Läufelfingen ist aufgehalten worden. Mit einer 2 Jahre dauernden Renovation wurde die Burg wieder instand gestellt. Sie wurde 1240 zur Überwachung der neuen Gotthardroute gebaut, der *Bischof von Basel*, der die Burg 1303 übernahm, baute dann den mächtigen, 6-stöckigen Wohnturm. Es hat sich gezeigt, dass frühere Renovationen (1935/1949) mit falschem Material durchgeführt wurden, was die Baufälligkeit zum Teil erklären kann.
	Baselbiet Schnitzel statt Feinstaub	Holzschnitzel in speziellen Öfen zu verbrennen ist ökologischer als ein Verbrennen des Baumschnittmaterials in freiem Feld. Daher werden die Äste und Zweige von Bäumen seit 2 Jahren zu Holzschnitzeln verarbeitet. Das *Landwirtschaftliche Zentrum Ebenrain*, viele Gemeinden und der Obstbauernverband werben für die Verschnitzelung, welche einst von der Regierung gefordert, aber abgelehnt wurde.
	Gelterkinden/Rünenberg Fällungen aus Sicherheitsgründen	1500 m³ Baumholz werden an der Strasse von Gelterkinden nach Rünenberg gefällt, um die Sicherheit der Strassenbenützer nicht durch fallende Bäume zu gefährden. Solche Massnahmen stossen immer wieder auf Unverständnis, sie sind aber leider in den meisten Fällen wirklich nötig.
7.	Diegten Lagerhalle Raub der Flammen	Dank des grossen Einsatzes der *Feuerwehrvereinigung Bölchen* mit 100 Mann im Einsatz konnte ein Übergreifen des Feuers auf weitere Gebäude verhindert werden, aber die Lagerhalle des *Holzenergiezentrums Kym Bennwil* brannte dennoch nieder. Die Brandursache ist unklar, der Schaden beläuft sich auf mehrere CHF 10'000.

9.	Zeglingen Milchrekord	In der *Viehzuchtgenossenschaft in Zeglingen* wird gefeiert: 5 Kühe haben in diesem Jahr je die Marke von 100'000 l Milch überschritten. Dass Kühe in ihrem Leben so viel Milch geben, hängt von vielen Faktoren ab, entscheidend ist aber die genetische Voraussetzung.
10.	Muttenz Vorerst keine Eventhalle	Das Riesenprojekt im Muttenzer *Schänzli* ist vorerst nicht realisierbar. Nebst der Finanzierung, wozu beide Basel je CHF 65 Mio. hätten beitragen müssen, ist die Grundbesitzerin, die *Beton Christen AG*, ein Hindernis. Sie weigert sich, das Gelände zu verkaufen, ja diskutiert nicht einmal darüber.
	Kanton Basel-Landschaft Nehmerkanton	Der vormals finanziell robuste Kanton Basel-Landschaft wird vom Bundesrat im Finanzausgleich aufgrund der neuesten Zahlen zum Nehmerkanton.
	Baselbiet «Wildnis Schweiz» im Kino	Die beiden Baselbieter Filmemacher *Roger Mäder* aus Binningen und *Andreas Meier* aus Biel-Benken haben den Film «Wildnis Schweiz» gedreht, der nun in den Kinos anläuft.
11.	Liestal Kantonspolizei «übernimmt» Stadtpolizei	Im Rahmen eines 2-jährigen Pilotprojektes übernimmt in Liestal die Kantonspolizei das Kommando über die Stadtpolizei. Dadurch wird ein «Rund-um-die-Uhr»-Service angeboten. Die beiden bisherigen Stadtpolizisten wechseln ins *Kantonspolizeicorps*. Dass dies fast kostenneutral geschehen kann, ist ein weiterer positiver Aspekt dieser Übung.
	Laufental Austritt aus dem Verbund für Sozialdienste	Der *Stadtrat von Laufen* hat angekündigt, den *Zweckverband Sozialdienste Laufental* zu verlassen, was zu grossen Protesten der mitbeteiligten Gemeinden führte. Vor allem seien sie vor vollendete Tatsachen gestellt worden.
12.	Gelterkinden Altersheimplanung	Der Baubeginn für das neue Altersheim findet 2012 statt. Den Wettbewerb hat das Zunzger *Architekturbüro Lehner und Tomaselli AG* gewonnen. Es wird ein lichter, zweckmässiger, aber dennoch schöner Bau entstehen. Es sollen 84 grosszügige Einzelzimmer aufgestellt werden, davon sind 10 für eine Gruppe dementer Patienten vorgesehen. Der Bau wird zwischen CHF 30 und 35 Mio. kosten.
15.	Basel SBB: neuer Umschlagsbahnhof	Basel bleibt bei den Plänen der SBB, was den Cargo-Umschlag anbetrifft, aussen vor. In Dietlikon/Spreitenbach (ZH/AG) soll ein neuer, riesengrosser Containerbahnhof entstehen, Dort werden die Container umgeladen und in der ganzen Schweiz verteilt. Basel plant mit dem Rheinhafen ebenfalls einen Güterumschlagsplatz für Container, die mit dem Schiff eintreffen, der aber wegen der Zürcher Pläne nun wesentlich kleiner ausfallen dürfte.
	Laufen 2 Petitionen gegen neue Birsbrücke	Niemand will den Mehrverkehr in Laufen. Die geplante neue Birsbrücke würde die einen Quartiere entlasten, dafür aber andere neu belasten. Nun haben sich Anwohner mit 2 Petitionen gegen die geplanten Streckenführungen gewehrt.
	Hölstein *Bikepark* eröffnet	Ein *Bikepark* für Kinder und Jugendliche wurde in der *Tiefenmatt* in Hölstein eröffnet. Der Park geht auf Privatinitiative zurück. Wichtig ist die Akzeptanz der Anwohner, die gegeben ist. Helme und Handschuhe müssen zwingend getragen werden.
	Basel Krise bei der *Basler Zeitung*	Nachdem der rechtspolitische *Markus Somm* die Chefredaktion bei der *Basler Zeitung* übernommen hatte, begann es bereits zu gären. Dass nun aber die *Blocher*-Firma *Robinvest AG* beauftragt wurde, die Strukturen und die Finanzen zu durchleuchten, brachte die *BaZ*-Redaktoren und sehr viele Leser auf die Palme. Die Redaktion forderte den Verleger auf, die Zusammenarbeit mit *Somm* zu prüfen. Viele Abonnements wurden gekündigt, ein Konkurrenzblatt wird erwogen.

	Baselbiet Verein zur Erhaltung von Feldscheunen	Feldscheunen – oft sehr alt – sind ein wichtiges Kulturgut. Nun will ein Verein die 272 noch existierenden Scheunen vor dem Verfall retten.
17.	Kanton Basel-Landschaft Weisstannen und Fichten sind die Verlierer	Die Weisstannen und die Fichten leiden am stärksten unter dem Klimawandel und sind auf dem Rückzug. Vor allem die mangelnde Wasserversorgung sei ein Grund für ihr Kränkeln. So mussten in Zunzgen und Wintersingen dieser Tage etwa 1000 m³ dieser Bäume geschlagen werden, weil sie nicht mehr gesund waren. Vor allem die auch wirtschaftlich interessante Fichte trifft mit ihrem Niedergang die Waldbesitzer ins Herz.
	Allschwil *Schulhaus Gartenstrasse* bleibt	Das altehrwürdige *Schulhaus Gartenstrasse* in Allschwil darf stehen bleiben, wie seine weitere Nutzung jedoch weitergeht, ist noch offen. Ursprünglich war vorgesehen, das Schulhaus abzureissen.
	Liestal Der *Kantonsverlag* stellt vor	Wie jedes Jahr im Herbst stellt der *Verlag des Kantons Baselland* seine neuesten Produkte vor. In diesem Jahr ist als Novum auch eine DVD dabei, die alte und neuere Filme aus dem Kanton zeigt. Im Weiteren sind Bücher zu den Themen Basler Naturführer, Geschichte der *Universität Basel*, *Baselbieter Erziehungsrat* sowie ein Fotoband mit den 86 Ortskernen unseres Kantons im reichen Angebot.
18.	Kanton Basel-Landschaft Streit um Sekundarschulhäuser	Die Gemeinden des Kantons Baselland sind in Aufruhr: Der Kanton, der gemäss Gesetz die Sekundarschulhäuser übernehmen muss, will den Gemeinden ein Vorkaufsrecht nicht garantieren. Das bringt die verkaufenden Gemeinden in Rage. Stossend ist vor allem, dass die Gemeinden dem Kanton das Land teilweise sehr günstig verkauft hatten.
19.	Laufen Umfahren (zu) teuer	Die H18, die Umfahrung von Laufen und Zwingen, ist nun finanziell dargestellt worden und kostet fast CHF 1 Mia. Damit, so meinen Politiker, ist das Projekt gestorben, falls nicht der Bund die H18 übernehme.
	Eptingen *Jurapark* nein	Die Gemeindeversammlung hat einen Beitritt zum *Jurapark* deutlich abgelehnt. Da der Park aus einem einzigen Stück bestehen muss, bleibt nun nur noch Diegtens Zustimmung. Falls auch Diegten ablehnt, ist das Projekt für das Baselbiet gestorben. Der Kreisschulvertrag von Eptingen mit Diegten und Tenniken hingegen wurde angenommen. Die Schülerzahl für eine eigene Schule in Eptingen reicht nicht mehr aus, darum werden die Kinder künftig in den Nachbarsgemeinden zur Schule gehen.
22.	Arlesheim/Dornach Endlich Doppelspur	Das eine Geleise, das den *Stollenrain* in Arlesheim mit dem *Bahnhof Dornach/Arlesheim* verband, war der Grund, warum man bisher mit der BLT-Nummer 10 nicht im 7½-min-Takt verkehren konnte. Nun wurde die langersehnte 2. Spur eingeweiht. Bis in einem Jahr soll der Fahrplan dichter werden.
23.	Bistum Basel Neuer Bischof	Als Nachfolger von *Kurt Koch*, der zum Kardinal ernannt wurde, ist der 44-jährige *Felix Gmür* zum neuen *Bischof des Bistums Basel* gewählt worden.
24.	Basel *BaZ* nun mit Moritz Suter	Die beiden Eigner der *Basler Zeitung*, *Tito Tettamanti* und *Martin Wagner*, verkaufen per sofort die die *Basler Zeitung Medien AG* (BZM), an *Moritz Suter*, den ehemaligen *Crossair*-Chef. Damit sollte nach wirren, turbulenten Tagen von Seiten der Abonnenten und der Redaktion wieder Ruhe einkehren. Der Chefredaktor, *Markus Somm*, bleibt.

25. Diegten Jurapark «gestorben»		Die Gemeindeversammlung von Diegten hat einen Beitritt zum Projekt *Jurapark* mit grossem Mehr abgelehnt. Damit ist das gesamte Projekt verunmöglicht. Die Forderung des Bundes, dass nur ein zusammenhängendes Gebiet als Park unterstützt wird, ist damit nicht mehr gegeben.
26. Muttenz Klares Ja für klares Wasser		2645 Muttenzer Stimmbürger haben deutlich Ja gesagt zu einem Projektierungskredit von CHF 450'000 für eine mehrstufige Aufbereitungsanlage – dies trotz massivster Antipropaganda der Gegner, die nur 1938 Stimmen ergattern konnten.
	Arlesheim Vom Proporz weg	Die künftigen Gemeinderatswahlen in Arlesheim werden im Majorzsystem ausgefochten. Das Stimmvolk sagte zum Systemwechsel deutlich Ja mit 2580:109 Stimmen.
	Binningen Den Vorbau umbauen	60% stimmten in Binningen Ja für einen neuen, ästhetischeren und zweckmässigeren Zugang zum Schloss. Die erst vor kurzem erstellte rote Mauertreppe hat zu viele Binninger gestört.
	Reinach 2 Mal Ja	Das Gebiet, wo früher einmal der Werkhof der Gemeinde stand, kann nach dem Willen des Stimmvolkes (70% Ja) nun saniert und auch, nach einer Quartierplanänderung, bebaut werden. Die Kosten der Sanierung, etwa CHF 17 Mio., sollen über die Gelder finanziert werden, die dank der neuen Wohnhäuser Geld in die Kasse der Gemeinde strömen lassen.
29. Kanton Basel-Landschaft Jugendparlament am Ende		Vor allem Desinteresse der Jungparteien seien der Grund dafür, dass die grossen Vorarbeiten für Sitzungen nicht mehr geleistet werden wollen. Das bedeutet das Ende des *Jugendparlaments*.
30. Birsfelden Prekäre Lage fürs *Roxy*		Die Gemeinde Birsfelden kürzt die Subventionen für das *Theater Roxy* massiv. Da der Kanton die Subventionen von einem Engagement der Standortgemeinde abhängig macht, kann es nun für das Kleintheater eng werden.
	Frenkentäler 2 Schulstandorte	Eine Petition mit 5000 Unterschriften reichten die Stimmbürger der beiden Frenkentäler ein, damit die 2 Sekundarschulstandorte Oberdorf und Reigoldswil bestehen bleiben; entgegen den Plänen der *Erziehungsdirektion*.

Dezember 2010

1. Region Basel Novemberwetter: plötzlicher Wandel		Zuerst war es viel zu warm, dann viel zu kalt im November 2010. Die Spannbreite der Temperaturen betrug 25 °C, von 18 °C am 14. bis zu –6,8 °C am 27. und am 30. Im Mittel jedoch lag die Temperatur bei 4,8 °C. Niederschläge gab es 112 l, was 25 l mehr sind als der Durchschnitt. Die Sonne zeigte sich nur 51 Std., was 82% der Normaldauer ausmacht. Das Sturmtief *Carmen*, das am 11. unsere Region streifte, brachte Winde mit über 100 km/h.
	Pratteln Neuer Bahnhofausgang	Obwohl der Bahnhof von Pratteln in letzter Zeit einiges an Bedeutung verloren hat (Halt des Flugzugs), wurde an der passagierseitigen Infrastruktur tüchtig verbessert und erneuert. So ist der Bahnhof jetzt rollstuhlgängig. Der Vorplatz wurde neu gestaltet, so dass der Anblick jetzt erfreulicher ist, auch gibt es 30 Parkplätze mehr. Etwa CHF 700'000 liess sich Pratteln die Umgestaltung kosten, dies, obwohl die SBB Pläne ankündigen, welche diesen Platz wieder aufheben würden.

2.	Diegten Kunstrasen	Endlich ist der Kunstrasen in Diegten, nach einer langen Leidensgeschichte, eingeweiht worden. Nun hat der *Fussballverein Diegten-Eptingen* endlich auch ein Allwetterfeld für einen geregelten Trainingsbetrieb zur Verfügung.
	Hemmiken CHF-30-Mio.- Forderung	Der Besitzer des Hofes *Maiberg* in Hemmiken fordert von der Bürgergemeinde CHF 30 Mio. Schadenersatz für sein versehrtes Land, wegen des offenbar von der *Bauschuttdeponie Wischberg* oberhalb seines Anwesens verursachten Hangrutsches. Noch lange wird wohl hin- und herdiskutiert werden, warum und wieso.
	Brislach Projektierungskredit	Das Schulhaus in Brislach wird nach Einführung von *HarmoS* zu klein sein, da die 6. Klasse dann auch im Dorf unterrichtet wird. Ein Projektierungskredit von CHF 200'000 soll Klarheit über die Ausführung bringen, wobei eine neue Turnhalle ebenfalls eingeplant werden wird. Das Projekt soll, um Steuererhöhungen möglichst zu vermeiden, einen Bau in Etappen ermöglichen.
3.	Arlesheim Durchgangszentrum abgelehnt	Die *Gemeindeversammlung von Arlesheim* war sehr gut besucht, da es unter anderem auch um das Durchgangsheim für Asylbewerber ging. Da die dafür nötige Zonenplanänderung mit 130 gegen 128 Stimmen abgelehnt wurde, zog der Gemeinderat das Projekt zurück.
	Aesch 2. Kunstrasenfeld	Die Gemeinde zeigt sich gegenüber dem *Fussballclub Aesch* grosszügig: Sie bezahlt die gesamten Aufwendungen für ein 2. Allwetterspielfeld aus Kunststoff. Zuerst war vorgesehen, dass der Verein mittragen soll. Das Spielfeld wird CHF 1,9 Mio. kosten. Und trotzdem kann die Gemeinde den Steuerfuss senken.
	Liestal Bundesgerichts-Ja	Die Kantone Baselland und Basel-Stadt können die vorgesehenen Massnahmen gegen Hooligans anwenden. Das Bundesgericht hat 2 Beschwerden dagegen abgewiesen. Die Baselbieter Stimmbürger haben 2010 in einem Volksentscheid einen Beitritt zum Konkordat deutlich gutgeheissen.
	Grellingen Ja zum Wassereinkauf	CHF 490'000 kostet eine Verbindungsleitung nach Duggingen, woher künftig das Wasser für die Bevölkerung von Grellingen kommen wird. Die alte *Pumpanlage Büttenfeld* genügt den Anforderungen und den Vorschriften nicht mehr. Der Souverän stimmt einhellig für diese Investition.
	Liestal Hausärzte im *Spital Liestal*	Ab heute behandeln Hausärzte Oberbaselbieter Notfallpatienten im Spital in Liestal. Zur Ergänzung wird ein Notfallarzt auch Hausbesuche machen.
5.	Bubendorf Zentrumsleistungen abgelten	Für einmal ist nicht Basel die Gemeinde, die nach Mithilfe für Zentrumsleistungen bittet, sondern Bubendorf. Für CHF 1,9 Mio. hat man ein Kunstrasenfeld gebaut und die Nachbargemeinden anteilsmässig an die aufgenommenen Junioren um ein Mittragen gebeten. Nur gerade Ziefen und Ramlinsburg kamen der Bitte nach, alle anderen sagten ab. Im Gegenzug nimmt der FC Bubendorf keine Jugendlichen mehr aus Gemeinden auf, die nicht mitbezahlen.
6.	Laufen Mortalität kein Qualitätsindikator für ein Spital	Das *Spital Laufen* erhielt wegen seiner relativ hohen Mortalitätszahl schlechte Noten. Das Spital wehrt sich, die höhere Zahl gegenüber anderen Spitälern habe mit der Altersstruktur bei den Patienten zu tun, statt 31% Patienten über 65 Jahre hat das Spital Laufen über 50%, wovon die Gruppe der über 80-Jährigen den grössten Teil ausmache.
	Maisprach Ja für die Mehrzweckhalle	Die *Gemeindeversammlung in Maisprach* bewilligte CHF 5 Mio. für den Abbruch und den Neubau der oberen Turnhalle. Im Gegenzug steigen die Steuern auf 64%.

	Buus Ja für die ‹Badi›	Die *Gemeindeversammlung von Buus* bewilligte die Sanierung der Badeanstalt in der Höhe von CHF 1,5 Mio., wovon der Kanton CHF 420'000 übernimmt.
7.	Kanton Basel-Landschaft Altlastenkataster im Internet	In jeder Gemeinde des Baselbiets ist mindestens irgendein Grundstück vergiftet, sei es durch eine Mülldhalde, eine Garage, eine Schiessanlage oder eine chemische Reinigung. Natürlich gibt es noch andere Verschmutzer. All diese verdächtigen 1688 Parzellen sind nun im Internet einsehbar.
8.	Liestal/Muttenz Zu günstigen Bedingungen	Muttenz hat dem Kanton 4 Parzellen im Wert von CHF 7,3 Mio. für nur 5 Mio. verkauft. Darauf zu stehen kommen Bauten, die zum *Polyfeld* gehören, einem Hochschulcampus in *Muttenz Nord*.
	Ettingen Umbau	Das *Primarschulhaus Ettingen* wird für *HarmoS* und Sonderpädagogik tüchtig gemacht. Das wird CHF 3,3 Mio. verschlingen. Die Ettinger stemmen diese grosse Last ohne Steuererhöhung, da diese mit dem Finanzausgleich bezahlt wird.
9.	Region Basel Teil der *Metropolregion*	Die beiden Basel sind nun offizieller Teil der *Metropolregion* (*Trinationale Metropolregion Oberrhein*, TMO). Mitglieder sind Aarau, Mulhouse, Karlsruhe, Landau, die Kantone Jura und Solothurn, die Région d'Alsace und die badischen und südpfälzischen Landkreise entlang dem Rhein; und nun auch die beiden Basel.
	Lausen Wachstum	An Stelle des alten *Tonwerks* beim *Bahnhof Lausen* sollen 70 Wohnungen und Flächen für Gewerbe und Dienstleistungen entstehen. Die Gemeindeversammlung bewilligte die dazu nötige Quartierplanung.
	Region Basel Höhere Studien- gebühren	Studierende aus dem Ausland belegen zurzeit 20% der Plätze an den Hochschulen. Ihre Semestergebühren aber decken bei weitem nicht die Kosten, die sie verursachen. Nun will FDP-*Landrat Patrick Schäfli* eine kostendeckende Gebührenordnung einführen. Die Schulträger wehren sich aber deutlich dagegen: Die öffentliche Hand hätte weiterhin die Hauptlast der Unkosten zu tragen.
10.	Region Basel Lachse lassen auf sich warten	Der Lachs ist seit vielen Jahren bei uns ausgestorben. Eigentlich ist diese Bemerkung falsch, denn er käme zurück, wenn er denn könnte. Nur sind leider auf seinem Weg zurück den Rhein aufwärts derart viele Schranken in Form von Schleusen und Wasserkraftwerken ohne Fischpässe am Oberrhein unüberwindbare Hindernisse für eine Wiederansiedlung. Man hofft nun, dass bis zum Jahr 2020 alle Hindernisse entschärft oder gar entfernt sind, damit im Rhein wieder Lachse auftauchen.
	Biel-Benken Neue Turnhalle und Kunstrasenfeld	Der Kunstrasen kommt nun doch, nachdem er im letzten Jahr bachab geschickt worden war. Gründe dafür sind der Kantonsbeitrag, der nur noch bis im Mai 2011 fliessen wird (CHF 356'000), sowie ein Sponsorenbeitrag von CHF 150'000, was den Brocken von fast CHF 2 Mio. denn doch tüchtig entschärft. – CHF 6,6 Mio. ist der Souverän bereit auszugeben für eine Doppelturnhalle, die, so die Stimmbürger, spätestens 2014 gebaut werden soll.
	Laufen Hitzige Debatten	Das ‹Stedtli› verlässt, wie bereits seit längerer Zeit angekündigt, den *Zweckverband Sozialdienste Laufental*. Ab 2013, so stand nach hitzigen Debatten an der Gemeindeversammlung fest, wird Laufen einen Alleingang wagen. Dass der Austritt aus dem Zweckverband im ganzen Laufental einen unabsehbaren «Flurschaden» hinterlassen wird, war kein Argument zur Rückkehr.

	Allschwil *Actelion* eröffnet	Das von *Herzog und de Meuron* entworfene *Business Center* der *Actelion*, der grossen Biotechfirma in Allschwil, ist eingeweiht worden. Das Gebäude ist eine verschachtelte Kubatur, die sehr interessant erscheint. Die *Actelion* beschäftigt in Allschwil über 1000 Angestellte.
11.	Liestal Förderprogramm ist ein «Renner»	Fast 3000 Gesuche um Fördergelder gingen im ersten Laufjahr des Energiepakets beim Kanton ein, viel mehr als erwartet. Der Landrat hat vor einem Jahr CHF 50 Mio. gesprochen für die Sanierung von Gebäuden, die zu viel Wärme nach aussen leiten. Mit Infrarotkameras kann man den Wärmeverlust deutlich darstellen und so am richtigen Ort sanieren.
12.	Liestal *Weihnachtsmarkt*	Fasst man den *Weihnachtsmarkt* in Liestal kurz zusammen, kann man sagen: viele Besucher, vor allem am Samstag, und hohe Standmieten von CHF 530 für die 3 Markttage.
	Basel Baselbieter Schulkinder singen	Im *Stadtcasino* auftreten zu dürfen, ist für viele vergleichbar mit Fussball spielen zu dürfen im ‹Joggeli›. Dazu von einem Erstklassorchester begleitet zu werden, das war für 450 Kinder aus verschiedenen Gemeinden des Baselbiets ein traumhaftes Erlebnis, auf das hin sie aber mit ihren Lehrkräften in wochenlanger Arbeit vorbereitet wurden. «Adorar al niño» lautete der Titel des Weihnachtskonzertes.
14.	Pratteln Kein «Ökostrom»	Der Einwohnerrat hat sich entschieden, anstelle einer Mehrausgabe von etwa CHF 53'000 für «Rhein- und Regiostrom», so genannten Ökostrom, lieber in bauliche Verbesserungen und Stromsparstrategien zu investieren.
	Blauen Ahnenforschung	*Pierre Gürtler* hat in akribischer Arbeit auf etwa 500 Seiten die Geschichte und Verflechtungen von Blauener Bürgern aufgezeichnet. Am Tag der Vernissage kamen über 300 Bürger des Dorfes, viele *Birys*, *Buchers*, *Cuenis*, *Fuchsens*, *Jeisys*, *Marquis*, *Meurys*, *Schmidlins* und *Stachels*, um Einsicht zu nehmen. Die Forschungsergebnisse sind in 2 Bänden erhältlich.
16.	Reinach Riesige Hanfanlage entdeckt	Ein 28 Jahre alter Schweizer hat illegal in Reinach die grösste Hanfanlage, die je von den Behörden entdeckt wurde, betrieben. 12'000 Cannabis-Stauden wurden aufgefunden und vernichtet. Der Betreiber der Anlage ist in Haft.
	Ettingen Keine Steuersenkung	Die *Gemeindeversammlung Ettingen* hat entgegen dem Antrag der SVP eine Steuersenkung von 52 auf 50% abgelehnt. Dies im Hinblick auf die kommenden Verpflichtungen. Die Jahresrechnung schliesst mit einem kleinen Überschuss.
	Baselbiet Rückkehrende Tiere	Eine Bilanz über rückkehrende Tiere in unsere Region fällt positiv aus. So sind der Luchs (angesiedelt), die Gämse, der Rothirsch, wenn auch noch sehr selten, die Wildkatze und der Biber bei uns wieder heimisch geworden. Dies dank der Anstrengungen für eine tiergerechte Umwandlung von Flächen und sogar Grossregionen durch die Tier- und Pflanzenschutzverbände sowie die Politik, die einzelne Veränderungen ermöglicht hat.
17.	Muttenz/Basel/Liestal Einigung über Sanierungskosten	Die Basler Chemie, der Kanton Basel-Landschaft und Muttenz haben sich über den Kostenverteiler betreffend die Sanierungen in den Muttenzer *Deponien Rothaus*, *Feldreben* und *Margelacker* geeinigt. Die Chemie übernimmt zwischen 25 und 60%, je nach Deponie, andere Privatfirmen, die SBB, die Gemeinde Muttenz und die öffentliche Hand teilen sich den Rest auf.

Region Basel Skilifte laufen		In Langenbruck, Zeglingen und Oltingen laufen die Skilifte, um die Sportler in die Höhen zu bringen. 15–30 cm prächtigen Schnees erlauben zumindest mal ein Skiwochenende wie in den Bergen. Die Finanzierung der Lifte wird oft durch Sponsoren ermöglicht, da die Betreiber auf zu wenige Betriebstage kommen.
21.	Kanton Basel-Landschaft Krankenkassenprämien	Der Kanton Basel-Landschaft wird künftig (ab 2013) nicht bezahlte Krankenkassenprämien übernehmen und hat dafür im Budget CHF 16 Mio. reserviert. Die Verbilligungen gehen ab dann direkt an die Kassen. Von Anfang 2007 bis Ende Oktober 2010 waren 15'752 Beiträge von Versicherten nicht bezahlt worden, was eine Behandlung durch Ärzte ausschloss. Die Vergütungen des Kantons funktionieren, solange die Kantonsspitäler ein Teil der kantonalen Verwaltung sind. Was später wird, ist noch offen.
22.	Bern/Liestal Schildbürgerstreich	Die Reglementierungswut kennt keine Grenzen. So müssen die Wanderwegweiser in Zukunft nur noch in der Schrift «Astra Frutiger Standard» beschriftet sein, die bisherige «Helvetica» ist nicht mehr genehm. Und dies, obwohl die beiden Schriften sich sehr ähneln. Das Baselbiet hat sich ohne Erfolg gegen dieses skandalöse Anliegen gewehrt. Nun sind bis 2026 etwa 10'000 Schilder zu ersetzen.
	Langenbruck Abriss	Die altehrwürdige Skisprungschanze, von der gar noch «stehend» geflogen wurde, schön mit parallelen Skis und in Knickerbockers, wird trotz der vielen Versuche, den Sprungsport wieder zu beleben, nun endgültig abgerissen. Einzig der Schanzentisch (Bakken) bleibt als Denkmal bestehen. Der Schanzenrekord lag bei 83 m.
23.	Waldenburg Ortsmuseum wohin?	Es gäbe keinen besseren Ort für ein Ortsmuseum in Waldenburg als das *Obere Stadttor*. Der *Kantonale Denkmalschutz* allerdings verweist auf den nach der Restaurierung von 1933 ausgesprochenen Schutz der Eidgenossenschaft und will den Torturm nicht zur Nutzung freigeben. Nun hat sich Waldenburg an die *Eidgenössische Denkmalpflege* gewandt, um endlich eine Lösung zu provozieren.
24.	Muttenz Grösste Solaranlage in der Region	Auf dem Dach des *Clariant*-Lagergebäudes in Muttenz hat die Liestaler *Adev AG* die mit 11'000 m² grösste Solaranlage der Region gebaut. Der Strom, der damit produziert wird, reicht für 100 durchschnittliche Haushalte (430'000 KW).
	Ziefen/Reigoldswil ‹Nüünichlingler›	Die Geistervertreiber waren auch in diesem Jahr wieder unterwegs, seit Jahrzehnten nicht nur in Arboldswil und Ziefen, sondern seit 2009 auch in Reigoldswil.
27.	Bennwil Grosswaage nicht mehr gebraucht	Weil die Waage von Bennwil kaum mehr gebraucht wurde und die Ausgaben dafür seit mehreren Jahren höher waren als die Einnahmen, wird sie stillgelegt. Da die meisten modernen landwirtschaftlichen Anhänger sogar leer zu schwer für die Waage sind, gab es keine andere Lösung. Sie war seit 1924 im Dienst und ist jetzt plombiert worden.
29.	Eptingen/Wintersingen Besitzerwechsel	Die *Automobilgesellschaft Sissach-Eptingen* verkauft ihren Reisebereich an die *Sägesser AG*. Die AGSE existierte 56 Jahre lang und wird nun aus finanziellen Erwägungen weitergegeben.
30.	Liestal Ende einer Ära	*Mathis Lüdin* verabschiedet sich als Verleger der *Basellandschaftlichen Zeitung* in den Ruhestand. Er erachtet das Zusammengehen mit der *Mittelland-Zeitung*, das 2006 vollzogen wurde, weiterhin als wichtigen Schritt, welcher der *bz* zu mehr Gewicht verhalf.

Legislatur

24.01. Der Souverän hat *Fritz Müller* in den Gemeinderat Diepflingen gewählt.

08.02. Vom Regierungsrat wurde der 45-jährige *Patrick Reimann*, Aesch, zum neuen Kantonsgeometer gewählt. Er war bisher als Leiter im *Kreisgeometeramt* in Arlesheim tätig. Er ist Kulturingenieur und wird neuer Chef über 35 Mitarbeiter.

07.03. Während in Allschwil kein Kandidat das absolute Mehr erreicht hat und damit ein 2. Wahlgang nötig ist, wurden in Pfeffingen 2 Sitze neu vergeben: *Sven Stohler* (FDP) und *Ralf Klossner* (parteilos) eroberten die freien Sitze.

07.03. *Ftaïma Semeraro* wurde neu in den Lupsinger Gemeinderat gewählt. – In Bennwil siegte *Reto Bruhin*, und in Titterten schwang *Simone Coigny-Schärer* obenaus.

07.03. In Wittinsburg, Burg und Buckten wird wegen Nichterreichens des absoluten Mehrs ein 2. Wahlgang nötig, um vakante Gemeinderatsposten zu besetzen.

25.04. Als Nachfolgerin von *Heinz Giger* wurde *Franziska Pausa* von der SP im 2. Wahlgang mit über 500 Stimmen Vorsprung auf den freisinnigen Kandidaten *Roland Naef* in den Gemeinderat von Allschwil gewählt.

05.05. Die Binninger *Nationalrätin Kathrin Amacker* (CVP), vor 2½ Jahren gewählt, tritt aufgrund eines Angebots der *Swisscom* zurück. Nachfolgerin wird *Elisabeth Schneider* (CVP, Biel-Benken), bisherige Landrätin und Gemeindeverwalterin in ihrer Wohngemeinde.

10.05. In Wintersingen fehlen 4 (von 5) Gemeinderäten. Niemand hat sich für eine Wahl zur Verfügung gestellt, aber es zirkulierte eine Liste mit 13 so genannt valablen Kandidaten, und von diesen wurde nun *Remo Camponovo* gewählt. Dieser aber nimmt die Wahl nicht an. Wintersingen droht bei weiterer Unterbesetzung die Zwangsverwaltung. Am nächsten Wahltag muss der Gemeinderat wieder möglichst vollständig sein.

18.05. Die Dittinger *Gemeindepräsidentin Vreni Giger* tritt per Ende Juni von ihrem Amt zurück, nachdem Querelen über den Kindergarten sie tief enttäuscht haben. Des weiteren treten *Tamara Brügger* und *Eduard Jermann* per Ende Juni zurück, womit die Exekutive nur noch aus 2 Mitgliedern besteht.

02.06. Bereits nach 2 Monaten muss der neue *Gemeindeverwalter* von Lupsingen *Felix Krucker* seinen Schreibtisch wieder verlassen. Gesucht wird nun ein kompatibler Gemeindeverwalter.

04.06. Was 1970 im Wahlbüro begann, setzte sich mit einer 20-jährigen Amtszeit im *Gemeinderat Niederdorf* fort, danach war er bis 2010 im Bürgerrat, unter anderem als *Waldchef*, tätig. Nun tritt der 74-jährige *Helmut Dietsche* zurück. Eine wahrhaft grosse Karriere in der Dorfpolitik.

13.06. Der bisherige Lupsinger *Vizepräsident Stefan Vögtli* wurde vom Volk zum neuen Gemeindepräsidenten bestimmt. Er tritt die Nachfolge des im Februar zurückgetretenen *Ueli Scheidegger* an.

13.06. In Itingen wurde *Kurt Rau* in den Gemeinderat gewählt.

18.06. Der am 13. Juni ohne seine Zustimmung in den Gemeinderat von Titterten gewählte *Heinrich Schweizer* hat nun die Wahl angenommen. In Duggingen wollten nur 6% der Wahlberechtigten einen Gemeinderat wählen, aber keiner der Kandidaten erreichte das absolute Mehr von 6 Stimmen!

25.06. Die ehemalige Muttenzer *Gemeinderätin* und *Präsidentin der Musikschule*, *Silvia Rapp-Messerer*, wurde zur neuen *Präsidentin der Musikakademie Basel* bestimmt. Sie übernimmt das Amt von *Alex Krauer*.

29.06. *Monika Fischer* tritt mit sofortiger Wirkung aus dem Gemeinderat von Wintersingen zurück. Sie sei an der letzten Gemeindeversammlung von den zwar gewählten, aber noch nicht im Amt befindlichen neuen 3 Gemeinderäten in Sachen Gemeindeschreiberin überrumpelt worden.

15.08. In Duggingen haben die Stimmbürger *Oswald Saladin* mit 9 Stimmen zum neuen Gemeinderat bestimmt … und dies bei 1000 Stimmberechtigten.

15.08. *Roman Bongni* und *Michael Schaffner* wurden mit guten Resultaten neu in den Wintersinger Gemeinderat gewählt. Die Stimmbeteiligung betrug 44%.

27.08. In stiller Wahl wurde *Urs Hänggi* (CVP) für den abtretenden *Daniel Schäfer* per 1. Januar 2011 zum neuen Gemeinderat von Oberwil bestellt.

26.09. 3 neue Gemeinderäte brauchte Dittingen, um einer Bevormundung durch den Kanton zuvorzukommen. Dies ist mit der Wahl von *Hansruedi Gass* (137 Stimmen), *Roger Burkhardt* (142 Stimmen) sowie *Edi Jermann* (134 Stimmen) gelungen.

26.09. *Käthy Zimmermann* wurde mit 286 Stimmen, mit doppelt so vielen wie der 2. Kandidat *René Graf*, in den Gemeinderat von Ormalingen gewählt. – In Böckten hingegen erreichte keiner der 3 Kandidaten das absolute Mehr, und somit bleibt der Sitz noch vakant. – In Anwil fand zwar eine Abstimmung statt, aber es war von vornherein klar, dass niemand gewählt werden würde, da sich keine Kandidaten zur Verfügung gestellt hatten.

26.11. Für den per Ende Jahr zurücktretenden *Andreas Spiess* haben die Stimmbürger von Arboldswil *Daniel Balmer* mit 150 Stimmen gewählt. Das absolute Mehr betrug 102 Stimmen.

26.11. *Patrick Borer* wurde mit einem guten Ergebnis neu in den Gemeinderat von Giebenach gewählt.

26.11. *Peter Degen-Fink* wurde in Lampenberg zum neuen Gemeindepräsidenten gewählt. In Ormalingen übernimmt *Verena Schürmann* dieses Amt.

26.11. In Niederdorf wurde *Margaritha Plattner-Stadlin* deutlich in den Gemeinderat gewählt. In Duggingen errang *Beat Fankhauser* den Sitz im Gemeinderat. In Lupsingen wurde *Marie-Thérèse Meyer* gewählt. Lauwil hat auch einen neuen Gemeinderat: *Marcial Blasutto* wurde deutlich gewählt. Anwil hat eine neue Gemeinderätin: *Jeanette Ruepp-Suter*. In Böckten wurde *Franz Zbinden* und in Rothenfluh *Hansjürg Trösch* gewählt. Auch Oltingen hat eine neue Gemeinderätin: *Anna Miest* wurde deutlich gewählt.

12.12. Der parteilose, vormals der SVP angehörige *Landrat Josua Studer* tritt in die Partei der *Schweizer Demokraten* über. Seine Frau *Susanne Studer*, Einwohnerrätin in Allschwil, geht den gleichen Schritt.

14.12. *Christof Hiltmann* von der FDP hat im Gemeinderat von Birsfelden den zurückgetretenen *Jakob Nussbaum* ersetzt und übernimmt von *Walter Märki* (SP) das Finanzdepartement. *Märki* wechselt zu Infrastrukturdienstleistungen und Verkehr.

17.12. Der Rücktritt per Ende Schuljahr habe nichts mit der verlorenenen *HarmoS*-Kampagne zu tun, sagt die seit 4 Jahren amtierende *Präsidentin des Lehrer- und Lehrerinnenvereins Baselland, Bea Fünfschilling*. Sie wird aber wieder für den Landrat kandidieren, gibt die 62-jährige Binningerin von der FDP bekannt. Ein Nachfolger oder eine Nachfolgerin wird gesucht.

Der Regierungsrat …

05.01. … nimmt den Weidstall *Laubiboden* bei Liestal ins *Inventar der geschützten Kulturdenkmäler* des Kantons auf.

26.01. … lehnt in der Vernehmlassung zur Revision des Heilmittelgesetzes ein Verbot der Selbstdispensation ab. Die Ärzte sollen also weiterhin Medikamente direkt an die Patienten abgeben dürfen. Im Weiteren spricht er sich dagegen aus, dass Apotheken verschreibungspflichtige Medikamente ohne Rezept abgeben dürfen. Auch sollen Drogisten nicht verschreibungspflichtige Medikamente nicht verkaufen dürfen, sofern sie nicht eine gleichwertige Ausbildung wie die Apotheker haben.

14.04. … hatte zwar bei der Staatsrechnung Baselland ein kleines Defizit veranschlagt, gleich mit rund CHF 56 Mio. hatte aber niemand gerechnet. Der Aufwand fiel zwar geringer aus als berechnet, aber beim Ertrag tut sich eine Lücke auf, welche dieses grosse Defizit möglich macht. Mit Blick auf die kommenden Jahre will die Baselbieter Regierung Reserven für den Konjunkturausgleich schaffen.

04.06. … hat beschlossen, für die projektierte Velobahn in Aesch kein Geld aus dem Sportfonds zu sprechen. Zuvor war die Rede von einem CHF-4-Mio.-Beitrag aus dem *Kasak-Fonds*. Die Bahn würde insgesamt CHF 11 Mio. kosten. Damit scheint das Vorhaben gestorben zu sein.

16.06. … verzichtet auf einen Ausbau der WB-Linie bis nach Salina Raurica, auf einen Spurausbau auf 1 m und auch auf einen Busbetrieb. Die Investitionen wären zu hoch, die S-Bahn decke den Bedarf genügend ab. Auch wird die Verlängerung der Tramlinie Nummer 14 nach Liestal verworfen.

26.10. … will trotz stark steigender Krankenkassenprämien die Beiträge zur Prämienverbilligung nicht erhöhen.

16.11. … gibt in einer Medienmitteilung bekannt, dass er sich mit allem rechtlichen und politischen Mittel gegen die Lagerung radioaktiver Abfälle beim Bözberg und am Jurasüdfuss zur Wehr setzen werde.

18.11. … hat beschlossen, die Motorfahrzeugsteuer ab 2012 nach der «Kraft» der Fahrzeuge auszurichten; kleine Wagen bezahlen wesentlich weniger als die *Offroader* und Sportflitzer.

Der Landrat …

14.01. … spricht einstimmig CHF 14,9 Mio. für das *Universitätskinderspital* (UKBB). Mit enthalten sind CHF 1,9 Mio. an die Umzugskosten des UKBB in den Neubau.

… bezahlt rückwirkend auf 2008 an die Seniorenuniversität nun auch die Erhöhung des Beitrags. Somit bezahlt der Kanton jährlich CHF 694'000.

… folgt in der Sache Sekundarschulkreise in allen Punkten der *Bildungskommission* und belässt damit alles beim Alten.

… nimmt die absolute Rekordzahl von 26 Vorstössen entgegen. Damit erhöht sich die Gesamtzahl der nicht behandelten Geschäfte auf 261. Im Hinblick auf die Wahlen 2011 befürchtet man ein Anschwellen der Eingabenflut.

28.01. … heisst das revidierte Landwirtschaftsgesetz in 2. Lesung gut. Dazu gehört auch eine spezifische Förderung einheimischer Landwirtschaftsprodukte.

11.02. … nimmt ein Postulat der SVP entgegen, das eine gesetzliche Grundlage für Drogentests an der Schule fordert und von den Bürgerlichen gutgeheissen und überwiesen worden ist.

… nimmt eine Motion zum Kulturleitbild mit 44:33 Stimmen bei 4 Enthaltungen an: Eine breit abgestützte Arbeitsgruppe soll das neue Kulturleitbild erarbeiten. In diesem sollen die Unterschiede zwischen ländlicher und städtischer Kultur klar definiert werden. Das Leitbild dient der Beurteilung, wer mit Vergabungen in welcher Höhe rechnen kann.

… schreibt nach langen Debatten das Postulat von *Klaus Kirchmayr (Grüne)* ab, das verlangte, Internetseiten auf Schulcomputern zu sperren.

11.03. … bewilligt einstimmig CHF 5,1 Mio. für die Asbestsanierung im Haupttrakt des *Gymnasiums Liestal*.

… übernimmt die Hälfte der CHF 3,8 Mio., die der Tram- und Busverkehr für 2008 den Kanton kostet. Die andere Hälfte muss von den Gemeinden übernommen werden.

… überweist die Petition von *Swiss Cycling* betreffend die Nutzung der Waldwege befürwortend an den Regierungsrat.

… heisst organisatorische Massnahmen für die Parlamentsreform zwar gut, lehnt aber eine Kommission für Aussenbeziehungen ab.

… lehnt die Petition der evangelischen Allianz ab, wonach keine Sexmessen in der *St. Jakobs-Arena* mehr durchgeführt werden dürfen.

25.03. … fordert, dass die Regierung in Sachen *Wisenbergtunnel* aktiv werden soll. Ebenso sollen grosse Firmen in die Lobbyarbeit einbezogen werden.

… nimmt die Forderung von *Kathrin Schweizer* (SP, Muttenz), die noch fehlenden 100 km im Radnetz möglichst schnell zu bauen, entgegen. *Regierungsrat Jörg Krähenbühl* meint, es sei noch genügend Geld für die Fertigstellung bis 2020 vorhanden.

… schreibt eine Motion von *Jürg Wiedemann* von den *Grünen*, in welcher ein Wechsel des Computersystems für die Schulen von *Macintosh* zu PC verlangt wird, deutlich ab.

… lehnt gemeinsame Kommissionen zusammen mit Basel-Stadt für partnerschaftliche Geschäfte ab.

… nimmt bezüglich der Abschnittgeschwindigkeits-Kontrolle, mit der in Arisdorf ein 1-jähriger Test ansteht, bereits erste Kritiken entgegen. *Patrick Schläfli* (FDP, Pratteln) will diese Art von Kontrollen nicht erlauben, wie er in einem Vorstoss formuliert.

… beschliesst, dass im Baselbiet in Zukunft 6 leitende Staatsanwälte tätig sein werden.

… spricht CHF 2,7 Mio. für die Aufstockung der *Psychiatrischen Klinik* in Liestal.

15.04. … verabschiedet einen Gegenvorschlag zur Volksinitiative zur Sanierung der 3 chemiemüllverseuchten Deponien in Muttenz. Danach soll keine Totalsanierung angestrebt werden. Auch die Kostenverteilung wäre eine wirkliche Verteilung und nicht eine einseitige Zuschanzung.

… lehnt ein Postulat von *Madeleine Göschke* (*Grüne*, Binningen), das *Akutspital* in Laufen zu schliessen, mit 56:9 Stimmen ab.

22.04. … diskutiert nach einer Motion von *Thomas de Courten* von der SVP noch einmal über die Kompetenzverteilung zwischen Landrat und Erziehungsrat. In der Neuabstimmung wurde der alte Entscheid bachab geschickt, womit der Erziehungsrat in Teilen der Bildungs- und Stufenplanentscheide «entmachtet» werden sollte.

… beschliesst, das Gymnasialgebäude in Münchenstein zu sanieren, es aber noch nicht zu erweitern. Die Kosten belaufen sich auf CHF 25 Mio.

06.05. … deckt *Regierungsrätin Sabine Pegoraro* mit harter Kritik von links bis rechts ein, wegen des nach Meinung der Politiker überdimensionierten Aufgebots zur Verhinderung des Harassenlaufs in Münchenstein/Grün 80. Vor allem der *Super Puma*-Einsatz sei unverhältnismässig gewesen.

… zieht den Gegenvorschlag des Regierungsrates der Volksinitiative der *Grünen* vor, worin es um erneuerbare Energien geht.

… stimmt beim Bruderholzspital mit 64:9 Stimmen für ein zügiges Voranschreiten bei der Planung. Dies gegen eine Motion der Grünen, die einen Planungsstopp verlangt hatte.

… schickt mit 59:11 Stimmen eine weitere Motion der *Grünen* bachab, die für den Verzicht auf eine kardiologische Abteilung im *Bruderholzspital* votierte, da das *Unispital Basel*, das *Claraspital* und das *Kantonsspital* in Liestal bereits über einen Herzkatheter verfügten.

20.05. … senkt das Kostendach für den Neubau des *Polyfeldes* in Muttenz auf CHF 300 Mio.

… lehnt die Initiative der *Grünen* «Weg vom Öl – hin zu erneuerbarer Energie» zu Gunsten des Gegenvorschlags der Regierung mit 72:3 Stimmen ab. Dennoch wollen die *Grünen* die Initiative nicht zurückziehen. Darum kommt es zu einer Volksabstimmung.

… lehnt eine dringliche Motion von *Christine Gorrengourt* von der CVP mit 44:35 Stimmen ab, die eine sofortige Arbeitsplatzverbesserung für das Personal in *Augusta Raurica* (einsturzgefährdete Decken, eindringende Pflanzen in das Mauerwerk …) verlangte.

10.06. ... verabschiedet das Ruhetagsgesetz: Danach soll das Rasenmähen am 1. August gestattet sein. Das nach der ersten Lesung noch genehmigte Recht auf Indoor-Sportveranstaltungen während der hohen Feiertage wurde ganz knapp wieder zurückgenommen.

... diskutiert in erster Lesung rege die Neugestaltung der Volksschule *(HarmoS)*; man ist mehrheitlich dafür, allerdings sagt die SVP deutlich nein und will das Referendum ergreifen.

... genehmigt einstimmig den CHF-12,5-Mio.-Kredit für die Einführung/den Ausbau der Fremdsprachen auf der Primarstufe.

17.06. ... sagt mit 54:30 Stimmen Ja zu *HarmoS*. Mit 45:37 Stimmen, bei 2 Enthaltungen, wird auch dem *Sonderpädagogik-Konkordat* zugestimmt. Dazu bewilligt er CHF 32 Mio. für die Umsetzung, verteilt auf die Jahre 2010 bis 2019. Die beiden Vorlagen kommen nun vors Volk.

... lehnt die Zulassung von 60-t-Lastwagen mit 68:6 Stimmen ab.

... unterstützt für die Jahre 2011 bis 2013 das Projekt «Take off» mit insgesamt CHF 1,68 Mio. «Take off» ist das Jugendsozialwerk des *Blauen Kreuzes* für Prävention und Integration, das seit 1999 läuft.

24.06. ... genehmigt trotz eines Defizits von CHF 56 Mio. die Staatsrechnung 2009 einstimmig, aber doch mit vielen Wenn und Aber.

... bewilligt ohne Gegenstimme CHF 7 Mio. für die Optimierung der EDV in der Kantonsverwaltung.

09.09. ... bewilligt für das *Justizzentrum* in Muttenz CHF 74 Mio. Nun kann nach 10-jährigem Hin und Her endlich losgelegt werden.

... nimmt – auf die dringliche Interpellation der *Grünen* hin – zur Kenntnis, dass gemäss *Gesundheitsdirektor Peter Zwick* für Planungsarbeiten zum *Bruderholzspital* bisher CHF 9,1 Mio. ausgegeben worden seien.

... bewilligt mit 74 Ja-Stimmen die Gründung einer Trägerschaft für die Agglomeration Basel.

... will eine Standesinitiative für den Gebrauch von Fussfesseln bei Verurteilten einreichen. Die seit 1999 gesammelten Erfahrungen seien durchwegs positiv.

... wird auf Anfrage von *Karl Willimann* (SVP, Füllinsdorf) durch *Sicherheitsdirektorin Sabine Pegoraro* darüber informiert, dass 82% der an Ausländer verhängten Bussen wegen Geschwindigkeitsübertretungen bezahlt werden. Eine Grenzsperre gegen nichtbezahlende Automobilisten sei nicht machbar.

23.09. ... bewilligt mit 48:34 Stimmen einen Zusatzkredit von CHF 17 Mio., die, verteilt auf 4 Jahre, dem *Basler Theater* zugutekommen sollen. Die definitve Entscheidung fällt das Volk.

... versucht mit Hilfe eines Mediators, die Diskussionen um die Hemmiker *Deponie Wischberg* und die Rutschung unterhalb der Deponie in den Griff zu bekommen.

14.10. ... weist einstimmig den organisatorischen Zusammenschluss der beiden *Spitäler Bruderholz* und *Laufen* an die Regierung zurück. Vorgängig hatten bereits die beiden *Spitaldirektoren* und die *Volkswirtschafts- und Gesundheitskommission* die Rückweisung beantragt.

... kritisiert den Bericht der Regierung und der *Fluglärmkommission beider Basel*. Zwar werde zur Kenntnis genommen, aber nicht gehandelt, monierte ein Landrat, ein anderer sprach von einer reinen Verwaltung der Lärmmessdaten ohne konkrete Verbesserungen.

28.10. ... bewilligt die Realisierung des *Margarethenstichs* bei Binningen. Damit wird das Leimental direkt an den *Bahnhof SBB* angeschlossen. Baubeginn ist 2014.

... spricht des weiteren CHF 38,6 Mio. für die Erneuerung der Traminfrastruktur.

... lässt das ‹Waldenburgerli› – mit 75 cm Spurbreite die schmalste Schmalspurbahn – weiterleben; weitergeführt bis nach Salina Raurica in Pratteln, wie verlangt, wird die Bahn aber nicht. Das Gebiet soll mit Bussen erschlossen werden.

... spricht mit deutlichem Mehr einen Baukredit von CHF 7 Mio. für die *Ruine Pfeffingen*, die in einem derart schlechten Zustand ist, dass sie saniert werden muss. Im Rat ist eine Sanierung unbestritten. Wann diese aber erfolgen wird, ist wegen der zurzeit klammen Finanzsituation nicht klar.

... nimmt zum defizitären Budget 22 Anträge entgegen. Die SVP verlangt gar eine Zurückweisung und ein Rückfahren des Staatshaushaltes um 3,5%.

... bewilligt einen Hörsaal im *Gymnasium Münchenstein* und lehnt gleichzeitig eine 3. Turnhalle ab.

... lehnt das Postulat von *Regula Meschberger* (SP, Birsfelden), wonach für Einbürgerungen künftig Einbürgerungskommissionen zuständig sein sollen (anstelle des Gemeinde- oder Bürgerrates), deutlich ab.

… weist die von der EVP/CVP-Fraktion eingereichte Motion, in Bern eine Standesinitiative für die Steuerbefreiung von Kinder- und Ausbildungszulagen einzureichen, ebenfalls deutlich ab.

11.11. … will mit einer Eingabe für eine Standesinitiative die Zulassung von Gigalinern (60-Tönnern) verhindern. Der Rat ist einstimmig dafür.

… beschliesst, das *Frauenhaus beider Basel* nach Anpassung des Finanzierungsmodells künftig partnerschaftlich zu tragen.

25.11. … diskutiert in 2. Lesung die Kompetenzverteilung betreffend Lehr- und Stundenpläne an der Volksschule. Es geht um die Abschaffung des *Bildungsrates* und eine Übertragung seiner Kompetenzen an den Landrat.

… legt nach intensiver Debatte nun tiefere Schülerzahlen pro Klasse fest: Primar- und Sekundarschulen umfassen neu 23, Klassen der Sekundarstufe A gar nur noch 20 Schüler und Schülerinnen.

… beschliesst die künftige Zahlung von jährlich CHF 150'000 an das *Sportmuseum* in Basel.

09.12. … diskutiert während eines ganzen Tages das Budget, weicht aber keinen Franken von der vorherigen Vorlage ab. Die bei der ersten Lesung opponierenden SVP und *Grünen* lenkten zum Teil ein und unterlagen dann in der Schlussabstimmung mit 61:13 Stimmen.

… gewährt zwar dem Staatspersonal keinen Teuerungsausgleich, führt dafür aber, stufenweise, eine 5. Ferienwoche ein, auch für Lehrkräfte.

Wahlen

22.09. Im Vorfeld der Ersatzwahlen in den Bundesrat, nötig geworden wegen der Rücktritte von *Moritz Leuenberger* (SP) und *Hans Rudolf Merz* (FDP), haben sich regionale Politiker zwar noch Chancen ausgerechnet, die aber bei den parteiinternen Ausmarchungen bald verflogen waren. – Gewählt wurden *Simonetta Sommaruga* (SP) im 4. und *Johann Schneider-Ammann* (FDP) im 5. Wahlgang. Somit bleibt das Patt bezüglich der Parteiverteilung weiterhin offen, da der Anwärter der SVP, *Jean-François Rime*, in beiden Wahlen scheiterte.

Abstimmungen

07.03. Kantonale Resultate zu den eidgenössischen Vorlagen:
Stimmbeteiligung: 43%

Verfassungsartikel über die Forschung am Menschen
62'551 Ja   15'876 Nein   angenommen
CH: 77,2% Ja

Volksinitiative «Gegen Tierquälerei und für einen besseren Rechtsschutz der Tiere (Tierschutzanwalt-Initiative)»
29'113 Ja   51'395 Nein   abgelehnt
CH: 70,5% Nein

BVG-Umwandlungssatz (Alters-, Hinterlassenen- und Invalidenvorsorge)
18'627 Ja   61'713 Nein   abgelehnt
CH: 72,7% Nein

Resultate zu den kantonalen Vorlagen:
Teilrevision Gastgewerbegesetz
69'042 Ja   9987 Nein   angenommen

13.06. Resultate zu den kantonalen Vorlagen:
Stimmbeteiligung: 25%

Trinkwasseruntersuchung und -aufbereitung
19'441 Ja   26'880 Nein   abgelehnt

Nichtformulierte Volksinitiative «Totalsanierung der Chemiemülldeponien in Muttenz»
17'303 Ja   29'094 Nein   abgelehnt

Nichtformulierter Gegenvorschlag «Totalsanierung der Chemiemülldeponien in Muttenz»
31'871 Ja   13'512 Nein   angenommen

Stichentscheid: Gegenvorschlag mit 28'594 zu 15'723 Stimmen angenommen

26.09. Kantonale Resultate zu den eidgenössischen Vorlagen:
Stimmbeteiligung: 37%

Änderung des Bundesgetzes über die obligatorische Arbeitslosenversicherung und die Insolvenzentschädigung (Arbeitslosenversicherungsgesetz, AVIG)
36'172 Ja   31'540 Nein   angenommen
CH: 53,4% Ja

Resultate zu den kantonalen Vorlagen:
Weg vom Öl (Initiative)
21'400 Ja   44'536 Nein   abgelehnt

Weg vom Öl (Gegenvorschlag)
40'315 Ja   24'283 Nein   angenommen

Stichentscheid: Gegenvorschlag mit 41'746 zu 17'092 Stimmen angenommen

HarmoS-Konkordat
37'415 Ja   29'098 Nein   angenommen

Änderung des Bildungsgesetzes (*HarmoS*-Konkordat)
36'988 Ja   29'000 Nein   angenommen

Konkordat Sonderpädagogik
38'326 Ja   25'877 Nein   angenommen

Änderung des Bildungsgesetzes (Sonderpädagogik)
37'773 Ja   26'498 Nein   angenommen

Änderung des Bildungsgesetzes (Bildungsraum Nordwestschweiz)
44'174 Ja   20'721 Nein   angenommen

28.11. Kantonale Resultate zu den eidgenössischen Vorlagen:
Stimmbeteiligung: 50%

Volksinitiative «Für die Ausschaffung krimineller Ausländer (Ausschaffungsinitiative)»
50'595 Ja   43'988 Nein   angenommen
CH: 52,3% Ja

Gegenvorschlag «Für die Ausschaffung krimineller Ausländer (Ausschaffungsinitiative)»
44'912 Ja   48'243 Nein   abgelehnt
CH: 52,6% Nein

Stichentscheid: Gegenvorschlag mit 45'973 zu 45'385 Stimmen angenommen

Volksinitiative «Für faire Steuern. Stopp dem Missbrauch beim Steuerwettbewerb (Steuergerechtigkeits-Initiative)»
42'886 Ja   49'476 Nein   abgelehnt
CH: 58,5% Nein

Resultate zu den kantonalen Vorlagen:
Polizeigewahrsam für GewalttäterInnen
84'642 Ja   4052 Nein   angenommen

Jubilarinnen und Jubilare

12.02. *Marie Weder-Furrer* feiert bei guter Gesundheit und bester geistiger Wachheit ihren 102. Geburtstag. Sie ist damit die älteste Einwohnerin von Gelterkinden.

22.02. *Fanny Hof* aus Münchenstein feiert heute den 100. Geburtstag.

27.02. *Werner Zeller* aus Niederdorf, wohnhaft im *Gritt-Seniorenzentrum Waldenburgertal*, feiert heute seinen 100. Geburtstag.

18.03. In Sissach feiern heute *Elisabeth* und *Theodor Wiedmer-Dill* diamantene Hochzeit. Beide Jubilare sind 83 Jahre alt und erfreuen sich einer noch guten Gesundheit. Mit Hilfe der Familie und der *Spitex* kann das Paar noch immer im eigenen Haus wohnen.

24.03. *Karl Niklaus-Sutter* feiert in Ormalingen seinen 101. Geburtstag.

12.04. Mit einer Neuuniformierung feiert der *Musikverein Konkordia* in Reinach seinen 100. Geburtstag. Der Verein hat zurzeit 60 Aktive.

27.04. *Virginia* und *Hans Ruepp-Lorenzini* feiern heute in Anwil diamantene Hochzeit.

16.05. *Jakob Baumann*, wohnhaft im *Altersheim Brunnmatt* in Liestal, feiert seinen 100. Geburtstag.

18.05. *Frieda Gysin* feiert im *Altersheim Birsfelden* ihren 100. Geburtstag.

21.05. Vor 100 Jahren genau wurde *Lilly Plattner*, wohnhaft in Reigoldswil, geboren. Sie ist noch bei bester Gesundheit.

26.06. *Margrit Breitenstein*, wohnhaft im *Alters- und Pflegeheim Gelterkinden*, wird 100 Jahre alt.

29.06. Die *Stiftung Pro Augusta Raurica*, welche die Römerstadt entscheidend mitgeprägt hat, ist 75 Jahre alt geworden. Zum Jubeltag wünscht man sich ein neues, zeitgemässes Römermuseum.

01.07. In Oltingen feiern *Elisabeth* und *Hans Dähler-Gerber* diamantene Hochzeit. Beide Jubilare sind 86 Jahre alt und leben noch immer selbstständig in ihrem Haus an der Hauptstrasse in Oltingen.

03.08. In Binningen feiert das Ehepaar *Alice* und *Walter Wyss-Läderach* seinen 60. Hochzeitstag.

12.08. *Klärli* und *Sepp Brigger-Nyffeler*, wohnhaft in Füllinsdorf, feiern diamantene Hochzeit bei guter Gesundheit.

21.08. In Reinach feiert *Maria Schweizer* ihren 100. Geburtstag. Sie ist bei guter Gesundheit und erledigt ihre Arbeiten in ihrem eigenen Haus noch immer selbst.

22.08. Mit einer Jubiläumsparade sowie einem Abendkonzert feierte der *Laufentaler Musikverein* in Laufen seinen 100. Geburtstag. Auch wurde der «Laufentaler Marsch», komponiert von *Walter Josef*, von den *Liesberger Brassband* hervorragend uraufgeführt. Dies ist Josefs 160. Marschkomposition.

27.08. Der *Flugplatz Sternenfeld* in Birsfelden ist vor genau 60 Jahren geschlossen worden. Was zuerst eine topfebene Grasfläche war, wurde später ausgebaut zu einem kleinen Flugplatz, der 1923 an den internationalen Flugverkehr angeschlossen wurde. In den 27 Jahren, die der Flugplatz seinen Dienst tat, verzeichnete man 145'133 Flüge mit 233'791 Passagieren. Lärmklagen gab es schon damals, und der wirtschaftliche Nutzen sei gering gewesen. Man wollte damals das Gebiet der Schifffahrt und der Elektrizitätsnutzung zuführen. 1950 wurde dann mit dem Bau der ersten Schleuse im Rhein begonnen.

02.09. In Ettingen feiern *Hilda* und *Ernst Thürkauf-Stöcklin* diamantene Hochzeit.

17.09. *Alice* und *Diego Floreani-Hadrys* aus Arlesheim feiern heute diamantene Hochzeit.

18.09. Bereits mit der 4. Generation in den Startlöchern betreiben die *Finkbeiners* in Liestal ihre Bäckerei. Das sind insgesamt 100 Jahre, die es jetzt zu bejubeln gilt.

06.10. In Binningen feiern *Annarösli* und *René Bianchi* eiserne Hochzeit.

01.11. Muttenz ist einer der 3 Standorte der *Aprentas*, das von BASF (vormals *Ciba*), *Novartis* und *Syngenta* geführte Ausbildungszentrum mit Wohnheim. Dieser Ausbildungsverbund bildet zurzeit 620 Lehrlinge in 14 verschiedenen Berufen aus. Die *Aprentas* feiert dieser Tage sein 10-Jahre-Jubiläum.

03.11. Vor 65 Jahren haben *Lotti* und *Hans Weiss-Völlmin* geheiratet und feiern somit ihre eiserne Hochzeit.

09.11. *Marie Buser-Marti*, die seit 5 Jahren im *Zentrum Ergolz* in Ormalingen wohnt, feiert bei guter Gesundheit ihren 102. Geburtstag. Die Jubilarin geht noch immer auf kleine Spaziergänge, dies mit Hilfe ihres Gehmobils. Sie lebte unter anderem in Basel und während 35 Jahren in Paris.

15.11. *Elisa* und *Hugo Stark-Kölliker*, die in Münchenstein wohnen, feiern eiserne Hochzeit.

15.11. *Anna Seeger-Kissling*, wohnhaft Bottmingen, kann ihren 100. Geburtstag feiern.

15.11. Der *Turnverein Liesberg* feiert mit einem grossen Fest sein 100-jähriges Bestehen.

16.11. Im *Alterszentrum am Bachgraben* in Allschwil feiert *Hedwig Assirelli-Bannier* ihren 100. Geburtstag.

01.12. Die *Pfarrei St. Nikolaus* in Reinach feiert nächstens ihr 500-jähriges Bestehen. Die frisch renovierte Kirche gleichen Namens strahlt in neuer Pracht. Damit wird den folgenden Feierlichkeiten ein würdiger, schöner Rahmen gegeben.

06.12. Seit 60 Jahren musiziert *Max Horand* beim *Musikverein Sissach*, wo er als Trompeter begann, dann zum Es-Horn und letzthin zum Euphonium wechselte. Für seine Verdienste, unter anderem auch für seine 23-jährige Vorstandstätigkeit, wurde Horand mit der *CISM-Medaille des Internationalen Musikbundes* ausgezeichnet.

08.12. In Münchenstein feiern *Berta* und *Niklaus Martin-Rychen* diamantene Hochzeit.

Totentafel

14.01. *Hans Degen*, geboren 1944, aus Liestal, *kantonaler Feuerwehr-Inspektor und Instruktor* sowie *Kommandant der Feuerwehr Liestal*.

16.01. *Werner Ernst*, ehemaliger beliebter Schulinspektor, geboren 1943, ist nach langer Krankheit verstorben.

18.01. *Paul Lienin* aus Muttenz, Jahrgang 1907, war der älteste noch aktive Schütze der Schweiz. Er schoss noch im letzten Jahr seinen 75. Kranz.

08.03. *Willy Burkhardt*, wohnhaft gewesen in Allschwil, Unternehmer, *Präsident im Verband der Industriellen*, *Bankrat bei der Basellandschaftlichen Kantonalbank*, starb kurz vor seinem 80. Geburtstag.

08.03. *Kurt Burgunder-Hufschmid*, wohnhaft gewesen in Sissach, geboren 1926. Burgunder war unter anderem Gründer des *Schwimmklubs Liestal*, Mitbegründer des *Eishockeyklubs Sissach* sowie Delegationsleiter der *Schweizerischen Eishockey-Nationalmannschaft*. Politisch war er als Bürgerrat und als *Präsident des Bürgerrates Sissach* engagiert.

27.03. *Peter Wyss*, geboren 1948, aus Gelterkinden. Wyss war lic. rer. pol. und während 10 Jahren *Vorsteher der kantonalen Finanzverwaltung*. Danach war er *Finanzchef der Basler Mediengruppe*. Er war auch tätig als *Präsident im Verwaltungsrat des Basler Theaters*.

29.03. *Felix Zivy*, geboren 1918, wohnhaft gewesen in Binningen, erfolgreicher Privatunternehmer im Rohstoffhandel, Handball-Internationaler.

29.04. In Liestal verstarb der langjährige protestantische Pfarrer *Fritz Fischer-Stahel* im 94. Lebensjahr. Er amtierte in Liestal während 22 Jahren von 1959 bis 1981.

24.05. In Ormalingen verstarb der amtierende Gemeindepräsident *Walter Baumann* in seinem 66. Lebensjahr.

27.05. In Reinach verstarb *Alfred Peter*, ehemaliger *Chefredaktor der Basler-Zeitung* und der *National-Zeitung*. Er war auch Verfassungsrat und während 12 Jahren im Landrat vertreten. 11 Jahre lang war er auch *Bankrat bei der Basellandschaftlichen Kantonalbank*. Peter stand in seinem 76. Lebensjahr.

30.05. *Theophil Albert Meier-Peter*, geboren 1919, ist gestorben. Er war von 1967 bis 1983 *Regierungsrat des Kantons Basel-Landschaft* in der *Kirchen- und Finanzdirektion*. Zuvor war er während 20 Jahren im Landrat vertreten, wo er auch 1960/61 als Präsident amtierte.

07.06. In Wintersingen verstarb der Gründer der *Sägesser Reisen AG*, *Ernst Sägesser-Gerber*, geboren 1918.

26.07. In Laufen verstarb der grosse Fussballkenner und das Ehrenmitglied des *Nordwestschweizerischen Fussballverbandes*, *Rolf Klopfenstein*, im 71. Lebensjahr. Er war Sportjournalist.

25.08. *Max Schneider-Martin* ist 94-jährig in Liestal verstorben. Er war ein grossartiger Künstler, bekannt sind vor allem seine Panoramabilder. *Schneider* war auch Ehrenbürger von Reigoldswil.

31.08. In Birsfelden ist der ehemalige, langjährige *Gemeindepräsident Gino Cereghetti* 83-jährig verstorben. Er amtierte von 1970 an als Gemeinderat für die FDP, von 1976 bis 1988 war er Gemeindepräsident. Sein Wirken hat viele positive Spuren hinterlassen.

08.09. *Yvonne Eckstein Schönthal*, in Arlesheim geboren 1952, *alt Landrätin* SP, *alt Gemeinderätin*, Mitglied der *Gemeindekommission*, Stiftungsrätin der Stiftung Burg Reichenstein.

20.09. Mit *Peter Gisin-Schmid*, geboren 1934, verstarb in Birsfelden eine namhafte schweizerische Country-Legende. Er brachte in den späten 1950er-Jahren zusammen mit *Bill Bohn* die Country-Musik in die Schweiz. Nach ersten Auftritten im Duo erweiterte sich die Gruppe dann und nannte sich The Country-Pickers. In vielen Radiosendungen zeigte er sein breites Wissen. Auch seine Schnitzelbänke, viele Jahre der ‹Drummelibank›, waren wunderbar 4-stimmig und voll träfen Witzes. *Gisin* war ein beliebter Zeichenlehrer an der *Sekundarschule Muttenz*. Der Chronist durfte 4 Jahre bei *Peter Gisin* den lockeren, aber guten Unterricht geniessen.

09.11. *Hans Wahl-Tobler*, wohnhaft gewesen in Bubendorf, ist in seinem 85. Altersjahr verstorben. *Wahl* war während 17 Jahren Bürgerrat, davon 7 Jahre als Präsident. Er war auch Ehrenmitglied im *Musikverein Bubendorf*.

28.11. In Muttenz verstarb die ehemalige Gemeinderätin, Schulpsychologin und Lehrerin *Charlotte Honegger-Herren* in ihrem 74. Lebensjahr.

11.12. In Arlesheim verstarb *Charles Röthlisberger* in seinem 71. Lebensjahr. Er war *Regionaldirektor bei den Basler Versicherungen*. Als Präsident des FC Basel in seiner schwierigsten Zeit zwischen 1987 und 1992 führte er den Verein aus der Krise.

Preise und Ehrungen

04.02. Die an der *AMS Muttenz* unterrichtende Klarinettenlehrerin, Orchestermusikerin und Solistin *Karin Dornbusch* erhielt aus den Händen des *schwedischen Königs* die Medaille *Litteris et Artibus*. Die Medaille wird verliehen für besondere Verdienste in den Bereichen Musik, Bühnendarstellung und Literatur. Die Medaille haben unter anderen auch schon *Astrid Lindgren* und *Björn Ulvaeus* von ABBA erhalten.

09.02. Pratteln wird als 14. Gemeinde des Kantons mit dem Label «Energiestadt» ausgezeichnet.

24.03. Das Wort «ausgezeichnet» passt in beiden Lesarten zum *Waldkindergarten Biel-Benken*: 1. erhält er den Preis von *Pro Natura* und 2. sind die Kinder, welche ihn besuchen, weniger krank. Die Eltern dürfen bei der Einschulung wählen, ob ihr Kind in den Wald- oder in den Hauskindergarten geht. Etwa ein Viertel entscheidet sich für den teilweise im Freien stattfindenden Unterricht.

14.04. *Cora Olpe* aus Bottmingen, 18 Jahre alt, Schülerin am *Gymnasium Oberwil*, gewann im Fach Biologie die Schweizerische Olympiade und darf mit dieser Auszeichnung am internationalen Wettbewerb in Südkorea teilnehmen.

20.07. Die 4 an die *Biologie-Olympiade der Mittelschulen* im koreanischen Changwon entsandten Schweizer und Schweizerinnen errangen alle eine Medaille. Die Bottmingerin *Cora Olpe* gewann die Bronzemedaille. In der Schweiz mussten sich die Teilnehmer gegen 903, in Korea gegen 200 Teilnehmer und Teilnehmerinnen aus 60 Nationen durchsetzen.

13.09. Der Reinacher Unternehmer *Peter Haecky* hat auf dem Parkhausdach ein grosses Stück Natur nachgebaut und gibt so seltenen Pflanzen ein Daheim. Der Erdboden ist 20 bis 50 cm tief und gibt den Pflanzen auch entsprechende Entfaltungsmöglichkeiten. Allerdings wird die Dachkonstruktion dadurch wesentlich mehr gefordert als bei einer «gewöhnlichen»

Dachbegrünung. Für sein Engagement wurde *Haecky* nun mit dem Qualitätslabel der *Stiftung Natur und Wirtschaft* ausgezeichnet.

01.10. Nach 2009 erhält das *Theater Basel* erneut den Preis als «Opernhaus des Jahres», der im deutschsprachigen Raum von 50 namhaften Kritikern vergeben wird.

06.10. Das Baselbiet hat mit *Erik Schröter* vom Oberwiler *Viva* einen neuen 16-Sterne-Koch. Er ist der 2. Baselbieter mit dieser hohen Auszeichnung.

19.10. Der erfolgreiche Orientierungsläufer *Fabian Hertner* aus Pratteln wird für seine Topleistungen unter anderem an den Weltmeisterschaften, wo er mit nur viel Pech den Titel verpasste und Zweiter wurde, mit dem diesjährigen *Sportpreis* ausgezeichnet. Die Cupsieger im Basketball, die *Starwings* aus Arlesheim/Birsfelden, erhalten diese Auszeichnung bei den Mannschaften.

19.10. Am *Grand Prix du Vin Suisse* errang die *Syydebändel-Genossenschaft* aus dem Baselbiet als einzige Vertreterin aus der Nordwestschweiz eine goldene Auszeichnung für ihren Blauburgunder.

21.10. Mit der *CISM-Medaille*, der höchsten Auszeichnung des *Europäischen Blasmusikverbandes*, wurde *Walter Meury* für sein 60 Jahre dauerndes Engagement in der *Blasmusik Blauen*, sowohl als Aktiver als auch als Funktionär, geehrt.

23.10. Der Baselbieter *Antoine Konrad* aus Sissach, als *DJ Antoine* bekannt, erhielt für sein aktuelles Album «DJ Antoine – 2010» den begehrten *Platin-Award*. Er hat insgesamt 1,1 Mio. Tonträger verkauft und dafür schon 25 *Goldene Schallplatten* erhalten.

26.10. *Susanne Würmli-Kollhopp* aus Buckten wird in Basel mit dem *Kulturpreis Basel-Stadt* ausgezeichnet. Sie ist seit über 30 Jahren Leiterin von verschiedenen Chören.

29.11. Der *Preis für Kunst*, verliehen von der *Basellandschaftlichen Kantonalbank*, geht an die Geschwister *Julia* und *Claudia Müller*, die aus dem Oberbaselbiet stammen. Der Preis ist mit CHF 10'000 dotiert.

01.12. Das weltweit älteste Verlagshaus, *Schwabe* in Muttenz, erhielt den *Kulturpreis des Kantons Basselland*. Zudem wurden *Michael Huber*, Figurentheaterspieler, sowie die Singgruppe «The Glue» ausgezeichnet. *Daniela Dill* und *Laurin Buser*, zwei Slam-Poeten, erhielten Förderpreise.

Aus der Sportwelt

27.02. Erfolge, Enttäuschungen und Naja-Ergebnisse erreichten die regionalen Athleten an der Winterolympiade in Vancouver, Kanada. Die Curler mit Teamleader *Markus Eggler* errangen den 3. Platz und somit die Bronzemedaille. Die Titelverteidigerin in der Skiakrobatik, *Evelyne Leu*, stürzte und schied aus, *Sabina Hafner* kam mit dem Bobbahn nicht so richtig zu Rande und wurde zu ihrer eigenen Enttäuschung nur 12. Die Eishockeyanerinnen erreichten überraschend den 5. Rang, wobei die beiden Baselbieterinnen *Sandra Thalmann* und *Darcia Leimgruber* grossen Anteil an diesem ausgezeichneten Ergebnis hatten.

07.03. Der neue Schweizer Meister im Crosslauf heisst *Lukas Schaub* aus Hölstein, der bereits eine Woche zuvor den Hallentitel in der gleichen Disziplin geholt hatte.

11.04. Die *Starwings Regio Basel*, beheimatet in Birsfelden, gewannen in Freiburg den Cupfinal der Basketballer gegen *Vacallo* in der Verlängerung knapp und entführten den ‹Kübel› erstmals ins Baselbiet.

09.05. Mit einem klaren 6:0-Sieg gegen den B-Ligisten *Lausanne-Sports* eroberte der *FC Basel* den Schweizer Cup. Der Final fand in Basel statt, wo 30'000 Zuschauer den Spielern zujubelten. Mit dem Prattler *Ferati* und dem Münchensteiner *Huggel* hatten auch Baselbieter ihren Anteil am Sieg.

13.05. Die *Primarschule Wintersingen*, die *Sekundarschulen Birsfelden* und *Liestal* sowie die *Steinerschule Münchenstein* gewannen den diesjährigen *Schulsport-Award*, an dem sich 44 Schulen aller Stufen beteiligten. *Landratspräsident Hanspeter Frey* überreichte die Auszeichnungen.

15.05. Der mit mehreren Baselbietern bestückte *FC Basel* wurde im letzten Spiel der Saison mit einem 2:0-Sieg in Bern *Schweizer Fussballmeister*. Damit erreichte der Verein das angestrebte «Double», Meisterschaft und Cupsieg in einer Saison.

31.05. An der *Orientierungslauf-EM* deklassierte *Fabian Hertner* aus Prattelen alle Mitkonkurrenten und gewann damit die Goldmedaille.

31.05. So tun als ob – eine beliebte Disziplin der Schweizer? Jedenfalls hat der Luftgitarrenakrobat aus Reinach, *Dirk Lüdi*, die Schweizer Meisterschaft für sich entschieden. Er wird die Schweiz wohl an den Weltmeisterschaften in Finnland vertreten.

02.06. An der *EM der Orientierungsläufer* in Bulgarien erlief sich die Männerstaffel mit Fabian Hertner aus Pratteln die Goldmedaille.

13.06. Was dem *FC Basel* recht ist, ist dem *TTC Rio Star* aus Muttenz billig. Der dominierende Tischtennisclub aus Muttenz siegte sowohl in der Meisterschaft als auch im Cup. Es war der 6. Meistertitel in Serie.

13.06. Etwa 4000 Turnerinnen und Turner präsentierten ihr Können in verschiedenen Disziplinen am *Kantonalen Turnfest* in Aesch. Auch wenn das Wetter nicht ganz bis zum Schluss mitmachte, ziehen die Veranstalter und die Teilnehmenden eine positive Bilanz.

20.06. Mit der Ankunft der letzten Etappe der *Tour de Suisse* und dem darauf folgenden Zeitfahren hoffte man in Liestal nicht nur auf ein spektakuläres Fest, sondern auch auf viele Zuschauer. Der strömende Regen verhindert aber einen Grossaufmarsch und hinterlässt enttäuschte Organisatoren.

18.07. Der für den *LC Basel* startende Muttenzer Leichtathlet *Raphael Fuchs* ist in Lugano Schweizer Meister über 1500 m geworden.

08.08. Der Orientierungsläufer *Fabian Hertner*, bereits mehrfacher Europameister, hat nun an den Weltmeisterschaften in Norwegen mit grossem Pech die Weltmeisterkrone verpasst, aber doch Silber gewonnen.

08.08. Beachsoccer heisst die Sportart, in der auf Sand zu sechst gefussballert wird. Während die *BSC Scorpion Basel* Schweizer Meister wurden, eroberten die *Chargers Baselland* nach einem Unentschieden und siegreichem Penaltyschiessen den Schweizer Cupsieg gegen die *Havana Shots* aus dem Aargau. Die Finalspiele fanden im Bahnhof in Zürich vor 1200 Zuschauern statt.

03.09. Dass es überhaupt die ratternden *Solex* noch gibt, dürfte vielen Menschen unbekannt sein. Ähnlich dem 2CV (‹Döschwo›), gehört er zu einer Epoche, die schon länger vorbei ist. Nun aber fanden in Pratteln die Schweizer Meisterschaften statt. Da wurde gestrampelt, geschräubelt und wurden Gewichtsverlagerungen ausprobiert, alles, was das *Solex* zu einem Kultrad macht, war zu sehen. Gewonnen hat zwar einer, das war aber nicht so wichtig – was zählte, waren die nostalgischen Erinnerungen. Übrigens: Kügelchen aus Tintenpatronen, in den Vergaser eingegeben, helfen bei Motorproblemen!

05.09. Prächtiges Wetter lockte viele Zuschauer an den Lettenweg in Allschwil, wo das erste *Allschwiler Schwingfest* stattfand. Der Anlass wurde zu einem grossen Erfolg, mit einer nächsten Ausgabe wird schon jetzt geliebäugelt.

09.09. Der Fallschirm-Zielspringer *Till Vogt* aus Allschwil erreichte an den Weltmeisterschaften in Montenegro unter 117 Bewerbern den 2. Rang. Und dies trotz seiner notorischen Höhenangst.

20.10. Nach 6-jährigem Kampf kommt er nun – der erste Golfplatz auf Baselbieter Boden. Gestern erfolgte der erste Spatenstich, verbunden mit dem Setzen einer jungen Eiche. Das Gelände ist 15 ha gross. Die Bahnen sind zusammen 2040 m lang. Es sind 9 Löcher zu treffen.

08.12. Der Spitzenbiathlet *Mario Dolder* trumpfte am *Swiss-Cup* mit einer ganz starken Leistung auf. Er holte sich 2 Mal den Sieg. *Lukas Meier* belegte am Sonntag zudem Rang 2, und so fuhr die *Langlaufgruppe Lausen* einen Doppelsieg ein.

Anhang

419 **Abkürzungsverzeichnis**

421 **Autorinnen und Autoren**

425 **Weitere Baselbieter Heimatbücher**

Abkürzungsverzeichnis

Abgesehen von den nachstehend aufgeführten Abkürzungen gelten diejenigen des «Handbuchs der Schweizer Geschichte», 2 Bde., Zürich (2. Aufl.) 1980. Bei Institutionen, Zeitungen etc. sind, falls möglich, die von diesen selbst verwendeten Abkürzungen zu berücksichtigen.

Institutionen

AAEB	Archives de l'Ancien Evêché de Bâle, Porrentruy (Archiv des ehemaligen Fürstbistums Basel)
AGGS	Allgemeine Geschichtsforschende Gesellschaft der Schweiz (nun: Schweizerische Gesellschaft für Geschichte, SGG)
AMA BL	Amt für Museen und Archäologie BL (Amt für Kultur; Hauptabteilung Archäologie und Museum)
AND BL	Amt für Naturschutz und Denkmalpflege
ARP	Amt für Raumplanung [folgt offizielles Kantonskürzel]
BAR	Schweizerisches Bundesarchiv, Bern
GA	Gemeindearchiv [folgt ausgeschriebener Name der Gemeinde]
GBH	Gesellschaft für Baselbieter Heimatforschung (nun: Gesellschaft für Regionale Kulturgeschichte Baselland, GRK BL)
GRK BL	Gesellschaft für Regionale Kulturgeschichte Baselland
KB	Kantonsbibliothek [folgt offizielles Kantonskürzel]
KB BL	Kantonsbibliothek Baselland
KM	Kantonsmuseum Baselland, Liestal [es gibt keine Institution gleichen Namens in einem anderen Kanton] (offizieller Name: Museum.BL)
LB	Schweizerische Landesbibliothek, Bern
OM	Ortsmuseum [folgt Name der Gemeinde]
SGG	Schweizerische Gesellschaft für Geschichte
SGUF	Schweizerische Gesellschaft für Ur- und Frühgeschichte
StA	Staatsarchiv [folgt Kantonskürzel]
StA BL	Staatsarchiv Basel-Landschaft
StA BS	Staatsarchiv Basel-Stadt
SWA	Schweizerisches Wirtschaftsarchiv, Basel
UB	Universitätsbibliothek [folgt Name der Stadt]
ZB	Zentralbibliothek [folgt Name der Stadt]

Periodika und Reihen

ABl BL	Amtsblatt des Kantons Basel-Landschaft
ABRZ	Augster Blätter zur Römerzeit
AMH	Augster Museumshefte
Arg	Argovia. Jahresschrift der Historischen Gesellschaft des Kantons Aargau
AS	Amtliche Sammlung der Bundesgesetze und Verordnungen der Schweizerischen Eidgenossenschaft
AS	Archäologie der Schweiz
ASHR	Aktensammlung aus der Zeit der Helvetischen Republik
Barth	Barth, Hans: Bibliographie der Schweizer Geschichte
BasBeitr	Basler Beiträge zur Geschichtswissenschaft [auch: BBG]
BasC	Basler Chroniken
BasJ	Basler Jahrbuch
BasS	Basler Stadtbuch
BasZG	Basler Zeitschrift für Geschichte und Altertumskunde
BaZ	Basler Zeitung
BBG	Basler Beiträge zur Geschichtswissenschaft [auch: BasBeitr]
BBl	Bundesblatt der Schweizerischen Eidgenossenschaft
BHB	Baselbieter Heimatbuch
BHbl	Baselbieter Heimatblätter
BN	Basler Nachrichten
BVb	Basler Volksblatt
BZ	Basellandschaftliche Zeitung, Liestal
EA	Amtliche Sammlung der ältern/ neuern Eidgenössischen Abschiede

FiA	Forschungen in Augst	VS	Volksstimme von Baselland, Sissach
GS BL	Gesetzessammlung für den Kanton Basel-Landschaft	ZAK	Zeitschrift für schweizerische Archäologie und Kunstgeschichte
HK	Heimatkunde [falls das Manuskript von 1863 gemeint ist, z.B.: HK Gelterkinden 1863]	ZGO	Zeitschrift für die Geschichte des Oberrheins
IH	Informationsheft der kantonalen Verwaltung, Liestal	ZSG	Zeitschrift für schweizerische Geschichte (Fortsetzung: SZG)
JbAK	Jahresberichte aus Augst und Kaiseraugst	ZSR	Zeitschrift für schweizerisches Recht

Monographien und Lexika

ADB	Allgemeine Deutsche Biographie
BUB	Basler Urkundenbuch
GLB	Gauss, Karl et al.: Geschichte der Landschaft Basel und des Kantons Basel-Landschaft
HBLS	Historisch-biographisches Lexikon der Schweiz
HDA	Handwörterbuch des Deutschen Aberglaubens
Id	Schweizerisches Idiotikon. Wörterbuch der schweizerdeutschen Sprache
KDM	Kunstdenkmäler [folgt Kantonskürzel]
LM	Lexikon des Mittelalters
MLB	Bruckner, Daniel: Historische und natürliche Merkwürdigkeiten der Landschaft Basel
ULB	Urkundenbuch der Landschaft Basel

Sonstiges

Diss	Dissertation
Hg.	Herausgeber/Herausgeberin
Jb	Jahrbuch
Liz	Lizentiat
Ms	Manuskript [gilt auch für Typoskript!]
PA	Privatarchiv
SA	Separatabdruck
Tgb	Tagebuch
Zs	Zeitschrift

(Linke Spalte Fortsetzung:)

Jbl	Jurablätter
JSG	Jahrbuch für schweizerische Geschichte (Fortsetzung: ZSG)
JSolG	Jahrbuch für solothurnische Geschichte
LS	Landschäftler, Liestal
NblGGG	Neujahrsblatt der Gesellschaft für das Gute und Gemeinnützige, Basel
NFG	Tätigkeitsberichte der Naturforschenden Gesellschaft BL
NoZ	Nordschweiz/Basler Volksblatt, Basel
NSBV	Nachrichten des Schweizerischen Burgenvereins
NZ	Nationalzeitung, Basel
NZZ	Neue Zürcher Zeitung
O	Ortschronik [folgt Name der Gemeinde]
QF	Quellen und Forschungen zur Geschichte und Landeskunde des Kantons Baselland
QSG	Quellen zur Schweizer Geschichte
RB	Regio Basiliensis
RP	Recht und Politik
RQ	Rechtsquellen [folgt Kantonskürzel]
SAVk	Schweizerisches Archiv für Volkskunde
SBKAM	Schweizer Beiträge zur Kulturgeschichte und Archäologie des Mittelalters
SJZ	Schweizerische Juristenzeitung
StB	Amtliches stenographisches Bulletin der Bundesversammlung
StJ BL	Statistisches Jahrbuch des Kantons Basel-Landschaft
StJ CH	Statistisches Jahrbuch der Schweiz
SVk	Schweizer Volkskunde
SZG	Schweizerische Zeitschrift für Geschichte

Stand 2010

Autorinnen und Autoren

Domenico Angelone, lic. phil., studierte Soziologie, Volkswirtschaft und Kriminologie an der *Universität Zürich* und promoviert zum Thema «Primäre und sekundäre Herkunftseffekte auf der Primarstufe». Zu seinen Forschungsschwerpunkten gehören aktuelle Fragen der Bildungssoziologie, internationale Schulleistungsvergleiche und Mehrebenenanalysen. Domenico Angelone ist Dozent für *Management Science* an der *Kalaidos Fachhochschule*.

Denise Battaglia, Jahrgang 1971, ist Journalistin. Sie hat auf dem zweiten Bildungsweg an der *Universität Basel* Philosophie, Pädagogik und Anglistik studiert. Sie lebt in Basel.

Lukas Boser, lic. phil. hist., geboren 1975 in Bern; Ausbildung zum Primarlehrer; anschliessend Studium der Geschichte, Erziehungswissenschaft und Ethnologie an der *Universität Bern*; zurzeit Assistent und Doktorand an der Abteilung «Allgemeine und Historische Pädagogik» des *Instituts für Erziehungswissenschaft der Universität Bern*, Forschungsschwerpunkte: Entwicklung des Mathematikunterrichts im 19. Jahrhundert, Vereinheitlichung von Massen und Gewichten.

Johann Christoffel, geboren 1957, studierte Geographie und Wirtschaftswissenschaften mit den Schwerpunkten Statistik, Ökonometrie und *Operations Research* an der *Universität Basel*. Anschliessend ist er als wissenschaftlicher Mitarbeiter beim *Statistischen Amt des Kantons Basel-Landschaft* eingetreten, dessen stellvertretender Leiter er 1995 wurde. Seit 2009 ist er Kantonsstatistiker des Kantons Basel-Landschaft.

Fritz Epple wurde am 15. August 1925 in Sissach geboren. Nach der Wahl in die *Landeskanzlei* übte er als Staatsbeamter verschiedene Funktionen aus. 1970 erfolgte die Wahl zum Adjunkten der *Schul- und Büromaterialverwaltung*, bei der er später als Vorsteher und Verlagsleiter wirkte. Politisch präsidierte er 1979/1980 den *Landrat*, und dem *Stadtrat in Liestal* gehörte er von 1984 bis 1992 an. Für den ehemals aktiven Leichtathleten bleibt der Sport auch heute noch das wichtigste Hobby. Regelmässiges Schwimmen, Nordic Walking und *Kieser Training* erhalten seine Fitness im Alter.

Pascal Favre, Erstberuf Primarlehrer. Studium von Botanik, Zoologie und Geographie an der *Universität Basel*. Promotion in Archäobotanik. Langjährige Tätigkeit als Ausstellungs- und Sammlungskurator sowie stellvertretender Leiter am *Museum.BL*. Seit 2005 Dozent und seit 2008 Leiter der Professur «Didaktik des Sachunterrichts und ihre Disziplinen» am *Institut Primarstufe, Pädagogische Hochschule der Fachhochschule Nordwestschweiz* (FHNW).

Brigitte Frei-Heitz, lic. phil. I Kunsthistorikerin, seit 1998 Kantonale Denkmalpflegerin. Neben der praktischen Denkmalpflege Verfasserin und Herausgeberin von verschiedenen Publikationen zu Themen der Denkmalmethodik, der Architektur- und Siedlungsgeschichte, der Ikonographie und der Gartengeschichte. Fachlicher Schwerpunkt bei der Gartendenkmalpflege. Mitglied verschiedener Stiftungen und Institutionen, unter anderen EKD und ICOMOS/Schweiz.

Barbara Gadient, Sissach, Lehrerin, seit 20 Jahren Fachfrau für Illettrismus und Kursleiterin.

Axel Christoph Gampp, Studium der Kunstgeschichte, Philosophie und Soziologie in Basel und Zürich. Seit 2002 Privatdozent für «Allgemeine Kunstgeschichte» in Basel mit Schwerpunkt in der Frühen Neuzeit. Seit 2008 gemeinsam mit Dr. Sabine Sommerer Kunstdenkmäler-Inventarisator für den Bezirk Waldenburg. Das Erscheinen des Bandes «Unsere Kunstdenkmäler – Bezirk Waldenburg» ist für 2014 geplant.

Seraina Gartmann, lic. phil., geboren am 8. Februar 1978 in Samedan, Schulen in Graubünden, Studien in Zürich und Basel, Gymnasiallehrerin in Muttenz. Lebt und arbeitet seit 2000 in der Regio Basiliensis. Mutter zweier Kinder.

Silvia Grossenbacher, Dr. phil. I, Studium der Pädagogik, Psychologie und Philosophie an der *Universität Zürich*. Von 1988 bis 1990 tätig im *Bundesamt für Statistik*. Seit 1991 wissenschaftliche Mitarbeiterin an der *Schweizerischen Ko-*

ordinationsstelle für Bildungsforschung in Aarau, seit 2001 stellvertretende Direktorin. Mit-Autorin verschiedener Trendberichte zu aktuellen Fragen im Bildungswesen sowie des «Bildungsberichts Schweiz 2010».

Thomas Gubler, Jahrgang 1956, ist seit 2004 Regionalredaktor der *Basler Zeitung* in Liestal. Zuvor gehörte er der BaZ-Redaktion «Schweiz» an. Er ist Jurist mit Schwerpunktgebieten öffentliches Recht, Agrarrecht, Strafrecht und Staatskirchenrecht. Vor seiner Redaktorentätigkeit war er Pressesprecher des *Schweizerischen Bauernverbandes* und juristischer Sekretär der *Römisch-katholischen Kirche Basel-Stadt*. Thomas Gubler ist verheiratet (zwei erwachsene Söhne) und lebt in Kienberg, SO.

Daniel Hagmann, Dr. phil., geboren 1966, wohnhaft in Basel. Historiker und Publizist (www.passager.net, www.erinnerungspfleger.ch). Leiter Kommunikation und Vermittlung im *Staatsarchiv Basel-Stadt*.

Jörg Hampe, geboren 1965, Dipl.-Kfm., MBA *(Knowledge Management)*, lebt in Binningen, Vater zweier Kinder. Studium der Betriebswirtschaft, Arbeits- und Organisationspsychologie und des Wissensmanagements an den Universitäten Hamburg, Osnabrück, Hagen sowie am *Institut für Kommunikationsforschung Luzern*. 15 Jahre im Management in Hamburger Unternehmen tätig. Seit 2005 Leiter «Verwaltung/Zentrale Dienste für Kantonsarchäologie und Kantonsmuseum» im *Amt für Kultur Basel-Landschaft*.

Markus Heinzer ist wissenschaftlicher Assistent an der Abteilung «Allgemeine und Historische Pädagogik» *(Institut für Erziehungswissenschaft)* an der *Universität Bern*. Er arbeitet an einem vom *Schweizer Nationalfonds* unterstützten Dissertationsprojekt zur Geschichte der Steuerung der lokalen Schulen im Kanton Bern durch die Schulkommissionen. Nach dem Lizentiat in Allgemeiner Pädagogik und Philosophie absolvierte er ein einjähriges Praktikum bei einer Organisation für Demokratieerziehung in Sarajevo (Bosnien und Herzegowina).

Peter Hellinger, lic. phil. I, geboren 1958, aufgewachsen in Laufen, Studium Geschichte und Germanistik in Basel, Lehrer am *Regionalen Gymnasium Laufental-Thierstein*.

David Marc Hoffmann, geboren 1959, hat in Basel und Paris Germanistik und Geschichte studiert, über Nietzsche promoviert und zusätzlich einen Master in *Advanced Studies in Museum Sciences* erworben. Er war 10 Jahre als wissenschaftlicher Mitarbeiter und Herausgeber im *Rudolf Steiner-Archiv* in Dornach tätig, bevor er 1996 beim Basler *Schwabe Verlag* als Lektor eingetreten ist; seit 2002 leitet er diesen Verlag. Er ist Mitglied des schweizerischen *PEN-Zentrums* und Präsident der *Stiftung Nietzsche-Haus* in Sils Maria.

Isidor Huber, geboren am 23. April 1960 in Zürich, Kindheit und Jugend in Hagenwil, TG, Maturität Typus B, 1987 Lizentiat in Französischer Literatur und Linguistik sowie Theologie an der *Universität Fribourg*, seit 1987 Lehrer am *Gymnasium Laufen*, 2001 Konrektor, 2007 Rektor. Verheiratet, drei Töchter. Wohnt mit seiner Familie («on y parle français») in Blauen. Präsident *Kirchenrat Blauen* seit 1997. Hobbys: Tagesaktualität, Politik, Sport, Musik, gute Krimis aus dem Norden (Nesser, Mankell, Nesbø).

Corinne Hügli, 1980 in Liestal geboren und aufgewachsen, studierte Publizistik- und Kommunikationswissenschaft, Betriebswirtschaft und Politologie an der *Universität Zürich* mit anschliessendem Nachdiplom in Wirtschaftsinformatik an der *Hochschule Luzern*. 3 Jahre war sie im Bereich *New Media Research* und in der Internetforschung tätig. Seit 2009 ist sie Stellvertreterin des Kantonsstatistikers des Kantons Basel-Landschaft.

Beatrice Kunovits-Vogt, Dr. phil., geboren 1957, wohnhaft in Arlesheim, aufgewachsen in Basel und Riehen, Psychologie- und Geschichtsstudium in Bern, mehrjährige Forschung in Sri Lanka, Promotion und Unterrichtstätigkeit in Ethnopsychologie an der *Universität Zürich*, 1991 Leiterin der Studienberatung, 1997 Leiterin *BiZ Binningen*, seit 2001 Leiterin der *Berufs-, Studien- und Laufbahnberatung* im *Amt für Berufsbildung und Berufsberatung des Kanton Basel-Landschaft*.

Martin Leuenberger, 1954, Dr. phil., von 1989 bis 1998 Leiter der *Forschungsstelle Baselbieter Geschichte* und Mitautor von «Nah dran – weit weg. Geschichte der Landschaft Basel und des Kantons Basel-Landschaft» (2001) und von 1998 bis 2008 Generalsekretär der *Bildungs-, Kultur- und Sportdirektion des Kantons Basel-Land-*

schaft. Seit 2008 Mitglied der Geschäftsleitung und Leiter des Koordinationsbereichs «Sekundarstufe II und Berufsbildung» bei der *Schweizerischen Konferenz der Kantonalen Erziehungsdirektorinnen und -direktoren* (EDK) in Bern. Er ist Mitglied der *Arbeitsgemeinschaft zur Herausgabe von Baselbieter Heimatkunden*.

Marc Limat, Studium von Zoologie, Botanik, Geologie und Paläobiologie an der *Universität Basel*. Langjährige Tätigkeit als Sammlungskurator, Leiter «Bildung und Vermittlung» sowie Leiter des *Museum.BL*. Davor Koordinator des *Oberrheinischen Museums-Passes*.

Christoph Manasse, lic. phil. I, geboren 1972, aufgewachsen in Basel. Schulen und Studium der Geschichte, Kunstgeschichte und «Neueren Deutschen Literaturwissenschaft» in Basel. Zwischen 2004 und 2009 wissenschaftlicher Mitarbeiter am *Staatsarchiv BL* und am *Archiv für Zeitgeschichte der ETH Zürich*, seit 2009 wissenschaftlicher Archivar und Leiter «Planarchiv» am *Staatsarchiv Basel-Stadt*. Ausserdem freier Mitarbeiter des *Historischen Lexikons der Schweiz*. Unter anderem Forschungen und Publikationen zur Geschichte der badischen 1848er-Revolution und zur Geschichte der Energie- und Wasserversorgung der Stadt Basel. Dissertationsprojekt über den Stuttgarter Schriftsteller und Juristen Karl Lieblich und dessen Idee einer interterritorialen Nation.

Charles Martin, Pratteln, freier Journalist/Publizist und Autor, geboren 1960 in Basel, aufgewachsen in Basel und Biel (Kanton Bern), zurück in der Nordwestschweiz seit 1998. Seit 1990 als freier Journalist tätig, zeitweise Anstellung als Redaktionsverantwortlicher einer kleinen Baselbieter Zeitung. Seit 2004 auch Kursleiter einer temporären Schreibwerkstatt in Basel. Glücklicher Ehemann und Vater von fünf erwachsenen Kindern sowie Grossvater von sechs Enkelkindern.

Gerhard W. Matter (geboren 1955), Studium der Geschichte und Geographie an der *Universität Zürich*. Ausbildung zum wissenschaftlichen Bibliothekar in Zürich/Toronto. Seit 1990 Kantonsbibliothekar. 2005 Eröffnung der neuen Kantonsbibliothek als eine der attraktivsten Bibliotheken der Schweiz. Engagement in der bibliothekarischen Ausbildung und Dozent an der *Universität Zürich*. Mitglied des wissenschaftlichen Beirates des Studiengangs «Informationswissenschaft» an der Hochschule in Chur und der deutschen Fachzeitschrift «Buch und Bibliothek».

Beatrice Montanari Häusler, geboren 1966, Dr. phil. des., Studium der Geschichte und Ethnologie an der *Universität Basel*, Dissertation über die Geschichte der *Volkshochschule beider Basel*, heute als Erwachsenenbildnerin im Bereich «Integration fremdsprachiger Migrantinnen und Migranten» tätig.

Urs Moser, geboren 1957 in Schaffhausen, ist Privatdozent für das Gebiet «Pädagogik» mit Schwerpunkt «empirische Bildungsforschung» und Leiter des *Instituts für Bildungsevaluation*, eines assoziierten Instituts der *Universität Zürich*. Zu seinen Forschungsschwerpunkten gehören die Schulwirksamkeitsforschung, internationale Schulleistungsvergleiche sowie Methoden der Leistungsmessung. Urs Moser ist Mitglied der nationalen *Projektleitung PISA*.

Jean-Luc Nordmann, lic. iur., geboren 1942, wohnhaft in Arlesheim, Studium der Jurisprudenz an der *Universität Basel*, 1967 bis 1971 Gerichtsschreiber am *Bezirksgericht Arlesheim*, 1971 bis 1978 Geschäftsleiter einer Personalberatungsunternehmung, 1978 bis 1991 Vorsteher des *Kantonalen Amtes für Industrie, Gewerbe und Arbeit Baselland*, 1991 bis 1999 Direktor des *Bundesamtes für Wirtschaft und Arbeit* (bis Ende 1997: BIGA), 1999 bis 2007 Direktor für Arbeit des *Staatssekretariats für Wirtschaft* (SECO), seit Februar 2007 pensioniert und diverse Mandate, so seit 2004 Präsident des *Fördervereins Universität Basel* (FUB).

Michael Rockenbach ist 1973 in Basel geboren und lebt heute mit seiner Familie in Therwil. Er hat in Basel Geschichte und Deutsch studiert und danach bis im Juli 2011 für die *Basler Zeitung* gearbeitet, die letzten zweieinhalb Jahre als Leiter des Ressorts «Region Land». Seit August 2011 ist er für die neue *TagesWoche* in Basel tätig. Die regionale und nationale Bildungspolitik – und damit auch das Projekt *HarmoS* – ist eines seiner Schwerpunktthemen.

Sibylle Rudin, 1962 in Olten geboren, lebt mit ihrer Familie in Sissach. Studierte Geschichte und Spanisch an der *Universität Basel*. Seit 2000 ist sie Teamleiterin in der *Kantonsbibliothek Baselland*.

Beat Rütti, Leiter des *Museums Augusta Raurica*. Jahrgang 1953. Aufgewachsen in Waldenburg. Matura am *Gymnasium Liestal*. Studium der Ur- und Frühgeschichte, mit Schwerpunkt provinzialrömische Archäologie, und Ethnologie an der *Universität Basel*. Promotion über die römischen Gläser aus Augst und Kaiseraugst. Ausgrabungstätigkeit im Kanton Zürich, Mitarbeit bei Ausstellungen in Schweizer Museen und wissenschaftlicher Mitarbeiter in *Augusta Raurica*. Seit 1995 Museumsleiter.

Barbara Saladin, geboren 1976 in Liestal, wuchs in Gelterkinden auf und lebt heute in Thürnen. Sie arbeitet als Journalistin und Redaktorin bei der *Volksstimme* und als Autorin diverser Bücher. Bisher sind von ihr mehrere Kriminalromane, verschiedene Kurzgeschichten und Kurzkrimis sowie ein Porträtbuch erschienen. Für «Welthund», den ersten Oberbaselbieter Kinofilm, schrieb sie das Drehbuch und war Projektleiterin.

Gottfried Schatz wurde am 18. August 1936 in Österreich geboren und studierte in Graz Chemie. Er forschte an der *Universität Wien*, am *Public Health Research Institute* der Stadt New York und an der *Cornell University* in Ithaca, NY, bevor er 1974 an das neu gegründete *Biozentrum* der *Universität Basel* übersiedelte. Seine Arbeiten befassten sich mit der Energieproduktion in lebenden Zellen. Er ist Mitglied zahlreicher wissenschaftlicher Akademien sowie Träger zahlreicher hochrangigen internationalen Preise und zweier Ehrendoktorate. Von 2000 bis 2004 war er Präsident des *Schweizerischen Wissenschafts- und Technologierates*. Als Student war er zudem Geiger im *Grazer Philharmonischen Orchester*. Derzeit betätigt er sich als Buchautor und Essayist.

Alby Schefer, Jahrgang 1947, chronischer Chronist mit Bühnenerfahrung, zurzeit vor allem auf den eigenen Brettern: Im kleinsten Theater Europas in Muttenz spiele ich den Unterhaltungsklaus in Sachen Singen und Kabarettieren. Ansonsten glücklich geschieden von meinem Beruf als ‹Primelilehrer› mit viel Zeit für GA-Ausfahrten mit der ‹ESBEEBEE›.

Peter Schmid, 1951, Dr. theol. h.c., Muttenz, Regierungsrat und Vorsteher der *Erziehungs- und Kulturdirektion Baselland* (1989 bis 2003), ehemaliger Präsident *Technikumsrat, Hochschulrat FHBB*, ehemaliger Vorsitzender der *Projektsteuerung FHNW*, Präsident des *Fachhochschulrates FHNW*. Vizepräsident des *Schweizerischen Evangelischen Kirchenbundes*, Mitarbeiter in Stiftungs- und Verwaltungsräten.

Pit Schmid, Leiter «Ausstellen und Vermitteln» am *Museum.BL*. Studium an der *Pädagogischen Hochschule der Fachhochschule Nordwestschweiz* (FHNW). Langjährige Tätigkeit am *Museum.BL* in Liestal als Gestalter, Ausstellungsmacher und Techniker. Davor Bildhauer und Kunstschaffender.

Martin Stohler, geboren am 1. Mai 1955 in Pratteln, aufgewachsen in Buckten. Wohnt seit 1975 in Basel. Altphilologe, Historiker, Korrektor.

Beat Stüdli, geboren 1982 in Aarau. Studium in Geschichte, Französischer Literatur- und Sprachwissenschaft an den *Universitäten Basel* und *Paris IV Sorbonne*. Lizentiatsarbeit bei Prof. Dr. Martin Lengwiler und Prof. Dr. Thomas Mergel: «Die Gründung und Befestigung eines glücklichen Freistaates. Politische Kultur im Baselbiet der 1830er-Jahre». Seit 2010 als wissenschaftlicher Mitarbeiter und Doktorand am *Historischen Seminar* der *Universität Basel* mit Forschungsgebiet «französische Sozialversicherungen 1900–1945».

Esther Ugolini-Hänggi, geboren 1967, lebt mit ihrer Familie in Laufen und arbeitet seit 1991 als Journalistin für verschiedene Publikationen. Ausbildung zur Buchhändlerin, bis 2011 redaktionelle Mitarbeiterin bei der *Basler Zeitung*.

Dominik Wunderlin, lic. phil., 1953 geboren in Liestal, Bürger von Zeiningen (AG) und Liestal. Kulturwissenschaftler/Publizist. Stellvertretender Direktor des *Museums der Kulturen Basel* und Leiter der Abteilung «Europa». Redaktor der *Baselbieter Heimatblätter*. Wohnhaft in Basel.

Weitere Baselbieter Heimatbücher

Alle Baselbieter Heimatbücher werden nur einmal und in einer relativ bescheidenen Auflage gedruckt. Deshalb sind einige frühere Ausgaben bereits vergriffen.
Im Folgenden finden Sie die letzten 10 Baselbieter Heimatbücher, die derzeit alle noch erhältlich sind und über den Buchhandel bestellt oder direkt beim Kantonsverlag bezogen werden können.

Rheinstrasse 32, CH-4410 Liestal
Telefon 061 552 60 20 / Fax 061 552 69 71
Web: www.verlag.bl.ch / E-Mail: verlag@bl.ch

Baselbieter Heimatbuch
Baselland zwischen
CH 91 und EG 92
Band 18, 1991
Diverse Autorinnen und Autoren
472 Seiten, illustriert, gebunden
ISBN 3-85673-104-0, CHF 36.70

Baselbieter Heimatbuch
Gesund und krank
Band 19, 1993
Diverse Autorinnen und Autoren
368 Seiten, illustriert, gebunden
ISBN 3-85673-105-6, CHF 36.70

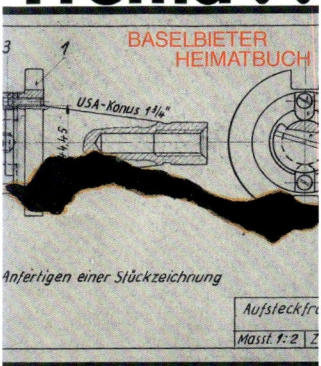

Baselbieter Heimatbuch
Fremd?!
Band 20, 1995
Diverse Autorinnen und Autoren
294 Seiten, illustriert, gebunden
ISBN 3-85673-106-4, CHF 40.80

Baselbieter Heimatbuch
Rückblenden
Band 21, 1997
Diverse Autorinnen und Autoren
272 Seiten, illustriert, gebunden
ISBN 3-85673-107-6, CHF 40.–

Baselbieter Heimatbuch
Es geht gleich weiter …
Band 22, 1999
Diverse Autorinnen und Autoren
356 Seiten, illustriert, gebunden
ISBN 3-85673-108-3, CHF 40.–

Baselbieter Heimatbuch
Klang – Musik im Baselbiet in Wort, Ton und Bild
Band 23, 2001
Diverse Autorinnen und Autoren
352 Seiten, illustriert, gebunden
ISBN 3-85673-109-1, CHF 39.–

Baselbieter Heimatbuch
drucksachen
Band 24, 2003
Diverse Autorinnen und Autoren
440 Seiten, illustriert, gebunden
ISBN 3-85673-110-5, CHF 39.–

Baselbieter Heimatbuch
Recht und Unrecht
im Kanton Basel-Landschaft
Band 25, 2005
Diverse Autorinnen und Autoren
550 Seiten, illustriert, gebunden
ISBN 3-85673-111-3, CHF 39.–

Baselbieter Heimatbuch
Heimat?
Band 26, 2007
Diverse Autorinnen und Autoren
424 Seiten, illustriert, gebunden
ISBN 978-3-85673-112-0, CHF 39.–

Baselbieter Heimatbuch
Wasser – lebendig,
faszinierend, gefährlich …
Band 27, 2009
Diverse Autorinnen und Autoren
560 Seiten, illustriert, gebunden
ISBN 978-3-85673-113-7, CHF 39.–

Rheinstrasse 32, CH-4410 Liestal
Telefon 061 552 60 20 / Fax 061 552 69 71
Web: www.verlag.bl.ch / E-Mail: verlag@bl.ch